을병조천록

乙丙朝天錄

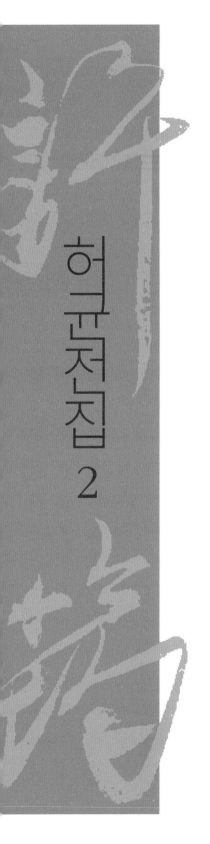

을병조천록

乙丙朝天錄

심경호 옮김

보고사
BOGOSA

少日聞仲兄語作詩必從陶謝開天來可稱大方

云稍長交李實之權汝章則以是言為

河漢每以韓杜陳蘇為宗及見崔東皋其持論每

以不襲古出新意為第一義不佞常服膺三家之

論未敢自決於衷蓋嘗悲歌三百篇西京以還樂

府古詩覩晉六朝唐宋諸名家暨　國朝何李諸

人所作熟讀而諷誦之所吟詠初頗清亮恨之千

而亦每改轍則涌々從意金石之聲微弗益以已

을병조천록 서문 1장a

兒創詞立意則堅硬傷雅離古者多迺知三家之
論不可相入迨此不已則龍袞之敝補以鹿繪奚
用於斧藻之觀手儳之詩凡三變者皆坐于此們
心咋措而已頃歲懲於洲翁焚筆硯矣不作詩矣
三歲餘矣容歲朝　天道逶迤苦無以解憂聊復
信手陶寫以寓一時之感懷久之濫於錦囊編成
三百六十餘篇其綺艷敷腴雖不逮前日尚和平
敦厚有過於少作以其不經意而得之故迺愈於
湛思潤索之所獲吾亦不自知其所由然矣凡之

을병조천록 서문 1장b

九月初六日渡鴨江

雜袂江風進脫舲舩連年頻客路幾日觀
照剗寒徽殘烟裊遠汀故鄉回首慶三十

七長亭

客歲過江之日丘邀宴望江寺賦詩相贈
今年又叨使价再涉鴨江則丘公以試武舉蒙
墓檄徃遼陽不獲屬舊會感而賦之
崔寺前年會幢旄絢塞天篇章中契潤談唉借留
連征筛勞重過離杯賁更傳遼闑行撤棘倘許再

을병조천록 본문 1장a

책을 엮으며

1.

46세, 인생의 전환점이 될 나이에 허균은 동지사 겸 진주부사로서 명나라로 향했다. 정치 생명을 건 행위였다. 그러나 지금 보면 그것은 그의 마지막 여행이었다. 귀국한 다다음 해(1618)에 역적으로 처형되고 말았기 때문이다. 허균은 자신의 운명을 조종하지 못했다. 장대한 관람을 즐기지도 못했고, 마음의 평온을 이루지도 못했다. 명나라 예부에 올리는 공식 요청서나 중급 관료들에게 청탁하는 많은 글들을 쓰다가 생손앓이의 고통을 겪었다.

46세, 허균 스스로 말했듯이, 공자가 천명을 알았던 50의 나이에 점점 가까워 가는 시기였다. 춘추시대 거백옥이라는 현자가 자신의 지난 49년간 잘못을 깨달았던 50의 나이에 육박한 시점이었다. 허균은 자신의 지난 날을 되돌아보고, 사상의 재 무장을 결심한 듯 독서에 매달렸다. 지난날 불교와 양명좌파의 심학에 심취했던 자신을 반성했다. 퇴계 이황과 월천 조목을 거슬러 주희의 학문으로 되돌아가야 한다고 생각했다. 하지만 그가 이 여행길에서 즐겨 읽은 책은 양명학파의 그것이었다.

허균이 부사로서 명나라로 향한 것은 외교상 두가지 목적 때문이었다.

첫째, 명나라에 대해 필기류에서 조선 왕가를 모함한 기록과 임진왜란 당시 조선이 왜와 내통했다고 잘못 적은 기록들을 삭제시켜 달라고 요청하고자 한 것이다. 허균은 종계변무의 문제를 재차 거론하고 또

다른 변무 안건을 결합시켜 쟁론화함으로써 정치적 위상을 확보하고
자 했다. 이 진주(陳奏)에 대해 명나라 예부는 검토해보겠다는 정도의
조칙이 내릴 수 있게 하는데 그쳤다.

둘째, 광해군이 생모(사친) 공비를 공성왕후로 격상시킨 것에 따라
공성왕후의 복식인 적위(적복)를 명나라에서 수령하여 사실상 광해군
의 왕권을 강화시키고자 했다. 이 계획은 명나라 예부급사중의 검토
단계에서 좌절되었다.

허균은 진주의 성과를 얻지 못한 채 한 겨울을 북경에서 보내고 봄
추위 속에 귀로에 올랐다. 강릉의 경포 북쪽 교산으로 돌아갈 것을 생
각하고 원주 명봉산의 모친 묘소 부근에 은둔할 것을 꿈꾸었다.

허균은 요동의 객점과 북경의 객관에서, 당나라 설조가 지은 「무쌍
전」과 명나라 왕세정 편으로 알려진 『검협전』을 탐독했다. 개인이 이
룰 수 없는 복수를 협객이 대신한다는 그 이야기들은 무기력한 처지의
사람들을 매료시키는 강렬한 화소를 지니고 있다. 그러나 음산하다.
협객은 비수를 팔뚝이나 머리에 숨겼다가 꺼내어 휘두르고, 처결 대상
의 머리를 잘라 주머니에 넣어 가지고 사라진다. 복수를 원했던 억울
한 처지의 당사자에게, 혹은 우연히 만난 사람에게 그 머리를 먹으라
고 권하기까지 한다. 그 기묘한 세계에 빠져들면 결국 두려움을 느끼
고 몸을 덜덜 떨게 된다. 인간 내면의 잔혹함을 환기할 때, 복수의 통쾌
함은 반감되지 않을 수 없다. 그것은 마(魔)의 세계이다.

46세의 허균은 『을병조천록』의 시에서, 그 희망의 실체, 그 좌절의
사실을 밝히고, 사상 혁신을 위한 결심과 음산한 만족에 대한 동경을
여과 없이 드러내었다. 이 결함계에서 인간은 슬퍼하거나 원망하지
않을 수 없다는 사실을 허균은 말하고 있는 듯하다.

2.

내가 허균의 『을병조천록』을 읽게 된 것은 2019년 5월의 일이다. 2019년 6월 27일(목) 강릉 녹색도시체험센터 1층 회의실(초당동)에서 열상고전연구회 제95차 정례학술발표회가 열렸는데, 나는 「허균의 기행시집 『을병조천록』에 관하여」라는 원고를 발표했다. 허균의 문학을 다루고 싶은 의욕은 박사논문을 작성할 때부터 가지고 있어서 당시에 연표까지 작성했으나, 이후 연구논저가 많이 나와 새로 검토할 내용이 더 없을 듯했다. 하지만 허경진 교수의 요청으로, 그 한 해 전인 2018년 10월 6일(토) 강릉시청 2층 대회의실에서 교산 허균 서거 400주기 추모 국제학술대회가 개최되었을 때 「허균의 풍악 기행과 시문」이라는 논문을 발표하면서, 허균에 관해 논할 부분이 남아 있다는 생각을 갖게 되었다. 또 2019년 『한국의 석비문과 비지문』에서 허균의 몇몇 비문을 다루면서, 허균에 관해 총체적인 이해가 필요하다는 생각을 굳혔다. 금번에 양천 허씨 강릉종중의 도움을 받아 『을병조천록』을 신역하게 되어, 감회가 새롭다.

이 번역본에는 부록으로 설조(薛調)의 「무쌍전(無雙傳)」과 왕세정(王世貞)의 『검협전(劍俠傳)』을 번역하여 실어두기로 한다.

허경진 교수님과 나의 딸 규영(揆英)이 교정을 보아주었기에, 감사드린다. 또한 보고사 편집부 이경민 씨의 노고에도 감사드린다.

2022년 12월 15일
회기동 작은 마당 집에서

차례

을병조천록 1부 (1615. 9. 6.~11. 24.)

을병조천록 2부 (1615.11.27.~1616.2.3.)

을병조천록 3부 (1616.2.3.~3.1.)

을병조천록 4부 (1616.3월 중)

부록

일러두기

1. 이 책은 국립중앙도서관 소장 필사본 『조천록(朝天錄)』 상하 2책(한古朝63-38)의 하권을 저본으로 삼는다. 이 필사본은 정세규(鄭世規, 1583~1661)의 구장본으로, 구 조선총독부 도서(1941년 5월 5일 收書)였다. 상권은 허봉(許篈)의 『하곡조천록(荷谷朝天錄)』 가운데 일부이고, 하권은 허균(許筠)의 『을병조천록(乙丙朝天錄)』을 후대인이 전사(轉寫)한 것이다.

2. 『을병조천록』은 최강현 님이 2004년에 자료를 발굴하여 해제를 작성하고 2005년에 번역본을 출판한 바 있다. 이후 새로운 정보들이 집적되었으므로 새로 역주할 필요가 있다고 판단되어 금번에 역자가 새로 번역하고 상세한 주석을 첨부하기로 한다. 기왕에 판독이 잘못된 부분은 바로잡되, 그 사실을 일일이 밝히지 않는다.

3. 허균은 사행 중에 북경 부근에서 가마를 타고 가면서, 혹은 옥하관 숙소에 머물면서 많은 책을 읽고 독후시(讀後詩)들을 남겼다. 그 가운데는 협객(협사)을 다룬 소설류가 있는데, 당나라 설조(薛調)가 지은 「무쌍전(無雙傳)」, 명나라 왕세정(王世貞) 편 『검협전(劍俠傳)』이 있다. 허균은 『검협전』의 편자를 왕세정으로 알았기 때문에 독후시의 제목을 「왕 사구의 『검협전』 뒤에 쓰다[題王司寇劍俠傳後]」라고 했다. 「무쌍전」과 『검협전』은 기왕에 각각 다른 방식으로 번역된 일이 있으나, 본 역자가 새로 번역하여 허균의 당시 심리와 사유를 이해하는데 도움이 될 수 있도록 이 책의 부록으로 제공한다. 단, 본문은 여러 이본들 가운데 가장 적합하다고 생각되는 어구를 선택하고 난해 어구의 해석은 본문 속에 작은 글자로 병기했다. 번잡함을 피해 교감기나 주석은 부기하지 않는다.

허균 『을병조천록』 신역 해제

1.

『을병조천록(乙丙朝天錄)』은 허균(許筠, 1569~1618)이 동지 겸 진주사행(冬至兼陳奏使行)의 부사(副使)로서 1615년(광해군 7) 9월 6일 압록강을 건너 북경으로 향했다가 이듬해 3월 1일에 의주로 귀환하여 3월 중 평양에 이르기까지 지은 시들을 모은 기행시집이다.

이 『을병조천록』은 국립중앙도서관 소장 필사본 『조천록(朝天錄)』 상하 2책의 하권으로 전한다. 그 상책은 권수(卷首)의 조호익(曺好益) 발문과 본문의 "만력 2년 갑술 5월 11일 갑신 맑음. 나는 성절사 박희립 공의 서장관으로 북경에 간다[萬曆二年甲戌五月十一日甲申晴, 余以書狀官, 隨聖節使朴公希立赴京]"라는 내용으로 보아 그 작가가 허균의 형 허봉(許篈)이라는 사실을 알 수 있다. 곧 상책은 허봉의 『하곡조천록(荷谷朝天錄)』 가운데 일부로, 7월 27일(기해)에 옥전현(玉田縣) 양번역(陽樊驛)에 도착하는 것으로 끝나 있다. 책의 크기는 세로 40.9 × 가로 32.4cm이다. 광곽(匡廓)과 계선(界線)은 없고, 매엽 9줄, 매줄 19자로 된 필사본이다. 상책에는 '동리거사(東里居士)'·'세규군칙(世規君則)'·'동래정씨(東萊鄭氏)'의 장서인(藏書印)이 있어, 인조 때 판서를 역임한 정세규(鄭世規, 1583~1661)가 소장했던 것임을 알 수 있다.

하책은 '을병조천록(乙丙朝天錄)'으로 되어 있으며, "황명 만력 병진

3월 3일 저녁에 촉재주인이 의주의 반금당에서 쓴다.[皇明萬曆丙辰三三
日夕燭齋主人書于龍灣之伴琴堂.]"라는 서문이 있다. 책의 형태는 상책과
같으나, 상책과 달리 장서인이 없다.

『을병조천록』은 2004년에 최강현 님이 발굴하여 해제를 작성하고,[1]
2005년에 번역본을 출판했다.[2] 시간이 상당히 흘렀으므로 금번에 새로
역주하기로 한다.

2.

허균은 정사(正使) 민형남(閔馨男)과 함께 1615년(광해군 7) 윤8월 9일
서울을 떠나 9월 6일 압록강을 건너고 11월 17일 북경에 도착하여 1616
년(광해군 8) 2월 3일까지 머물렀다. 그리고 2월 3일 북경을 떠나 3월
1일 의주(義州)로 귀환했다. 3월 3일에는 한시 360여 수를 묶어 서문을
지었다. 그 뒤 평양에 이르기까지 지은 시들을 추가하여 모두 382수를
편집했다. 허균은 스스로 쓴 서문에서 호를 '촉재주인(燭齋主人)'이라
했다. 1618년(광해군 10) 역적 모의의 괴수로 몰리어 갑자기 처형되었으
므로, 『을병조천록』은 허균의 현전하는 저술 가운데 최만년의 것이다.
『을병조천록』의 수록 한시는 다음과 같다.

> 1부(1615년 9월 6일부터 11월 24일) 102제 147수
> 2부(1615년 11월 27일부터 1616년 2월 3일) 174수
> 3부(1616년 2월 3일부터 3월 1일) 3권 50수
> 4부(1616년 3월 2일부터 3월 중순) 10제 12수

---

1 최강현, 「허하곡의 조천록을 살핌 ―국립중앙도서관 소장 필사본을 중심으로―」, 『한국
   사상과 문화』 22, 한국사상문화학회, 2003, 147−167쪽.
2 허균 저, 최강현 역, 『국역 을병조천록』, 국립중앙도서관, 2005.12.

허균은 일생 4차례 사행 길에 나섰다. 한번은 요동까지 갔고, 나머지 세 번은 북경까지 들어갔다. 마지막 두 차례 사행은 연이어 이루어졌다. 우선 1614년(광해군 6)에 천추 겸 사은정사로 북경을 다녀왔다. 이때의 활동에 대해서는 김중청(金中淸)의『구전선생문집(苟全先生文集)』에 실린 관련 자료들을 통해 살펴 볼 수 있다.[3] 그리고 이듬해(1615)에 변무의 일과 공성왕후(恭聖王后)의 적복(翟服)을 청하기 위해 파견된 동지 겸 진주부사로 북경으로 떠났다.

선조의 후궁 공빈 김씨(恭嬪金氏, 1553~1577)는 영돈녕부사를 지낸 김희철(金希哲)의 딸이다. 선조의 정비는 의인왕후(懿仁王后) 박씨, 계비(繼妃)는 인목왕후(仁穆王后) 김씨이다. 선조는 인목왕후 김씨의 적복을 명나라에 청하여 수령하고, 재위 36년인 1603년 6월 19일(갑진)에 계비 김씨를 왕후로 책봉하는 교서를 내렸다. 이에 비해 공빈 김씨는 선조의 후궁으로 들어가 임해군(臨海君) 이진(李珒, 1572~1609)과 광해군(光海君) 이혼(李琿, 1575~1641) 두 왕자를 낳았고, 이미 1577년(선조 10) 산후병으로 죽은 뒤였다. 이후 광해군이 즉위하여 1610년(광해군 2) 3월에 사친(私親)인 공빈 김씨에게 자숙단인 공성왕후(慈淑端仁恭聖王后)의 휘호를 올리고 봉자전(奉慈殿)이란 별전(別殿)을 두어 신판(神版)을 봉안하여 제사를 지내도록 명했으며, 능을 성릉(成陵)이라 했다. 앞서 정현왕후(貞顯王后)와 장경왕후(章敬王后)는 모두 후궁으로 들어와 나중에 왕후로 승격되었지만, 이들은 선조(先朝)인 성종과 중종이 왕위에 있을 때 직접 원래의 왕후를 폐한 뒤 예법에 맞게 계비로 맞아들이고 예를 근거해 사유를 갖추어 명나라에 책봉해주기를 청했다. 하지만 광해군은 자기 치세

---

3   朴現圭,「金中淸의『朝天錄』과 부정적인 許筠 모습」,『洌上古典硏究』22, 洌上古典硏究
    會, 2005.12, 5-28쪽. ; 朴現圭,「千秋 사행시기 허균의 문헌 관련 활동」,『東方學志』
    124, 延世大學校 國學硏究院, 2006.6., 261-285쪽.

때에 와서 이미 죽은 생모를 명나라에 책봉해주기를 청한 것이다. 결국 1613년(광해군 5) 12월에 공성왕후 책봉 주청사(恭聖王后冊封奏請使) 박홍구(朴弘耉)와 이지완(李志完)을 명나라에 보냈고, 1615년(광해군 7) 6월에 사은사 윤방(尹昉)이 명나라로부터 돌아오면서 공성왕후의 고명을 가지고 왔다. 그리고 이 1615년에 민형남(閔馨男)과 허균(許筠)을 파견하여 공성왕후의 적복을 청하기로 한 것이다. 민형남과 허균은 적복을 수령하지 못하고 이듬해 봄에 돌아 오고, 1616년(광해군 8) 11월에 이정귀(李廷龜)가 공성왕후관복주청사(恭聖王后冠服奏請使)로 차임되어 다음 해 적복을 받아오게 된다. 1623년 음력 3월 12일(양력 4월 11일) 반정으로 왕위에 오른 인조는 공빈(공성왕후) 묘소의 석물들을 헐도록 하고, 존호를 삭제하고 능호도 폐지하게 된다. 공빈 김씨의 무덤은 경기도 남양주시 진건읍 송능리 광해군과 임해군의 묘 인근에 자리하고 있다.

한편, 조선 조정에는 줄곧 명나라에 사신을 파견하여 종계(宗系)의 무함을 변정하고자 해 왔다. 즉, 이성계가 이인임(李仁任)의 후손이라고 기록된 것을 정정하려고 했던 외교 현안이다. 조선이 개국하던 때 윤이(尹彝)와 이초(李初)가 중국에 들어가 무함한 것에서 비롯되어, 명나라 태조(홍무제)의 유언집 『조훈장(祖訓章)』(『황명조훈』)에도 실렸다. 명나라 태종(영락제) 때인 1405년 칙명으로 이루어진 『영락대전(永樂大典)』, 명나라 효종 때인 1502년 칙명으로 이루어진 『대명회전(大明會典)』에도 전재되었다. 조선 조정은 『대명회전』의 수정을 요구하여 사절을 계속 파견했다. 그 결과 1589년(선조 22) 윤근수(尹根壽)가 명나라 신종의 칙지와 함께 『대명회전』의 완본(完本)을 바쳤다. 선조는 재위 23년(1590) 변무에 공적이 있는 사람들을 광국원종공신(光國原從功臣)에 녹훈했다. 그런데 1614년(광해군 6) 주청사 박홍구(朴弘耉) 등은 북경 객관에 머물다가 구입한 『오학편(吾學編)』·『엄산별집(弇山別集)』·『경세

실용편(經世實用編)』·『속문헌통고(續文獻通考)』 등 4종에 선왕을 모함
한 내용이 있다는 사실을 발견했다. 박홍구는 10월 10일 명나라 예부에
각 책의 해당 부분을 삭제하고 다시 간행해 달라고 청했는데, 예부는
"귀국하여 왕에게 보고해서 주문(奏文)을 가지고 와서 올리도록 하라."
했다. 그 해 천추사로 중국에 갔던 허균은 명나라에서 종계와 관련된
사항과 임진왜란 때 왜와 관련된 사항이 들어 있는 서책 11종을 구입했
다. 10월 10일(기축) 허균은 서장(書狀)으로 그 사실을 알렸다. 종계와
관련된 사항이 들어 있는 서적들은 다음과 같았다.

- 정효(鄭曉) 『오학편(吾學編)』 「사이고(四夷考)」
- 뇌례(雷禮) 『황명대정기(皇明大政記)』
- 왕기(王圻) 『속문헌통고(續文獻通考)』 「사예고(四裔考)」
- 풍응경(馮應京) 『경세실용편(經世實用編)』 「조선(朝鮮)」
- 요신(饒伸) 『학해위언(學海危言)』
- 왕세정(王世貞) 『엄산당별집(弇山堂別集)』 「사승공오(史乘攻誤)」
- 황광승(黃光昇) 『소대전칙(昭代典則)』
- 만표(萬表) 『작애집(灼艾集)』[4]
- 이묵(李默) 『고수부담(孤樹裒談)』

　그런데 임진왜란 뒤에 조선 조정은 명나라 서적에 부산을 일본의
땅으로 오기한 것과 왜란 때 조선이 일본과 우호를 맺으려 한 것은
다른 속셈이 있었기 때문이라고 기록되어 있는 것을 정정해 받고자
했다. 특히 다음 두 서적은 문제가 심했다.

---

4 『작애집(灼艾集)』: 『광해군일기』 중초본에 『애집』으로 되어 있어, 바로잡는다.

- 『속문헌통고(續文獻通考)』「논왜사(論倭事)」
- 『경세실용편(經世實用編)』「해방제설(海防諸說)」

　　1614년에 허균이 명나라 예부에 변무에 관해 정문(呈文)함으로써, 조선 조정은 그 처리 방안을 공론에 부치지 않을 수 없게 되었다. 이듬해 1615년(광해군 7) 2월 허균은 중국에서 돌아와 승문원 부제조가 되고, 5월에 문신 정시(庭試)에서 수석을 한 후 동부승지가 되었다. 6월 5일, 지난해 천추사(千秋使)로서 서책을 많이 무역하여 왔고, 변무사(辨誣事)에 관해 다방면으로 듣고 보아 치계했으며, 명나라 세종(世宗)이 친히 지은 잠(箴)과 어필(御筆)을 사 가지고 왔다는 이유로 가선대부(嘉善大夫)에 가자(加資)하라는 명이 있었다.

　　그 무렵 동지진하사 겸 진주사로 이정귀(李廷龜)가 임명되었으나, 민형남(閔馨男)으로 교체되었다. 이와 관련하여, 6월 5일에 사헌부는 형조 판서 이정귀가 김제남에게 아부했다는 이유로 파직을 청했으나 광해군은 허락하지 않았고, 이후 사간원 역시 아뢰었으나 따르지 않았으므로, 7월 초순에 이르러 정계(停啓)했다. 사신(史臣)의 기록에 의하면, 이때 이정귀가 변무주청 상사(辨誣奏請上使)가 되고 허균이 부사가 되었는데, 허균이 자신의 거짓된 정상을 덮고 그 공을 모두 차지하고자, 이정귀의 글과 말재주가 자기보다 나은 것을 꺼려 이이첨(李爾瞻)과 함께 제거를 모의하여, 마침내 계축년 옥사를 끌어다 대간을 사주해서 논핵하게 하고, 다시 민형남을 등용시켜 이정귀를 대신하게 했다고 한다. 8월 13일(정해)에는 민형남을 동지 겸 진주사(冬至兼陳奏使)로 삼았다. 이때 허균은 좌승지로 있었다.

　　윤8월 8일(임자) 중국 황제에게 보내는 주본(奏本)을 만들었다. 왕기(王圻)와 풍응경(馮應京)이 논한 도왜(島倭)와 조선에 대한 일은 1598년

(선조 31) 명나라 찬획주사(贊劃主事) 정응태(丁應泰)가 양호(楊鎬)를 모
함하는 과정에서 날조했을 것이라고 주장했다.[5] 광해군은 선정전에서
동지 겸 진주사 민형남과 부사 허균을 인견하고, 『엄산집』의 개간(改
刊) 요청을 명나라 예부에서 들어줄지 의문이라고 하면서, 4종의 책을
찾아오라고 했다. 이때 허균은 『임거만록』은 간본이 아니었다고 밝혔
다. 광해군은 『유씨홍서(劉氏鴻書)』[유중달(劉仲達) 편찬 『홍서』]를 얻어
오도록 하고, 만일 얻지 못하면 『임거만록』을 구입해 오라고 했다. 민
형남 등이 국왕의 관복(冠服)을 명나라에 청하려면 인정(人情)이 필요하
다고 하자, 광해군은 은자(銀子)를 가지고 가게 했다. 8월 10일(갑인)
동지 겸 진주사의 상사 민형남과 부사 허균은, 이번 사행은 '매우 중요
한 일'에 관계되므로 명나라 여러 아문의 요구가 다른 절행(節行) 때보
다 갑절이나 될 것이기 때문에 백선(白扇)·유선(油扇)·화석(花席)·화연
(畫硯)·유둔(油芚)·정문지(呈文紙) 등을 별도로 지급해 달라는 뜻을 이
미 윤허 받았지만 해조에서 마련해 주지 않는다고 아뢰었다. 광해군은
해조로 하여금 속히 지급하도록 명했다.

이 진주사행 때 서장관은 최응허(崔應虛)였다.[6] 허균은 또한 외가쪽
서족이자 서리(書吏)인 현응민(玄應旻), 그리고 한리학관 이장배(李長培)
를 대동했다.

『광해군일기』의 허균 관련 기록에는 사관이 허균의 인간됨을 비판하
는 평어가 반드시 붙어 있다. 허균이 종계변무의 일을 일으켰던 1614년
(광해군 6) 10월 10일(기축)의 기사 다음에는 사평이 있어, 중국의 곡필

---

5   정응태는 1598년(선조 31) 찬획주사(贊劃主事)로 있으면서 경리(經理)인 양호(楊鎬)를
    무함하여 탄핵했는데, 선조가 그의 억울함을 힘써 변명하자, 정응태가 화풀이로 조선
    을 무함했다는 것이다.
6   金中淸, 「陳林居謾錄事顚末疏」, 『苟全先生文集』 권4 疏.

문헌은 이미 우리나라에 유행하여 허균의 집에 본래 있던 책자이거나
『임거만록』의 예처럼 허균이 자신의 위작을 그 속에 넣은 것이며, 결국
허균이 종계변무를 저질렀다고 비난했다.[7] 현재 볼 수 있는 만력간본(萬
曆刊本)『임거만록』에는 들어있지 않지만, 어떻든 허균은 『임거만록』에
광해군 등극을 비난하는 내용도 더 있다고 주장했다.

　민형남과 허균은 1615년 9월 6일에 도강하여 70일이나 걸려 11월
17일 북경에 도착했다. 특히 산해관(山海關)에서 6일, 풍윤(豊潤)에서
5일, 통주에서 5일 머물렀다. 지난해 허균의 천추사행 때는 6월 2일
도강하여 43일만인 7월 16일 북경에 이르렀으니, 그 때에 비하여 오랜
시간이 걸린 셈이다. 11월 8일에 명 만력제는 변무 사안에 관해 조선
사신들에게 대답할 기본 방침을 정해 놓았다.[8] 즉, 명나라 예부는 조선
조정의 주문 내용 가운데 사찬(私撰) 문헌의 곡필을 일일이 잡아주는
것은 불가능하므로 주본을 사관(史館)에 전달하여 천하에 통유하는 방
안을 택했다. 진주사행이 북경에 도착한 이후로도 일은 순조롭지 않았
다. 명나라 대신 요영제(姚永濟)가 조선에 우호적이지 않았기 때문이었
을 듯하다. 1616년(광해군 8) 1월 26일에 허균 등은, 명 조정으로부터
사관(史館)에게 변무 내용을 적어 중국 경내에 통유하도록 하겠다는
전달을 받았다. 하지만 29일에 결재가 났어도 내달 3일은 조정의 치제
가 있어 칙서를 받을 수 없다는 소식을 들었다. 이때 사행 역관과 서반
(序班)이 명나라 방종철(方從哲) 각로(閣老)에게 애걸하여 전례를 깨고
칙서를 받아와야 했다.

7　『광해군일기』, 1616년(광해군 8) 1월 6일(정축) 조. 김중청(金中淸, 1566~1629)『구전
　선생문집(苟全先生文集)』 권4에 실린 「陳林居謗錄事顚末疏」는 사행 당시의 자기 행적
　을 변호하기 위해 지은 상소인데, 『광해군일기』의 기록은 그 상소를 근거로 한 듯하다.
8　『明神宗實錄』, 1615년(만력 43) 11월 8일(경진)조, 中央硏究院本, 책64, 10241~242쪽.

허균은 이 사행 길에 공문을 작성하느라 손이 아파 고생했다.[9] 그리고 칙서의 수령과 관련하여 조바심이나 기쁨, 임무를 완수했다는 안도감을 시로 표현했다. 관련 시들을 열거하면 다음과 같다.

1-78. 11월 19일 자금성에 들어가 조회를 보고[十九日見朝]

1-79. 11월 23일 조천궁에서 천자 알현 때의 의식을 연습하다[二十三日隷儀于朝天宮](是曉始雪)

1-91. 동짓날 자금성에 들어가 조회에 참가하고[至日入朝]

1-98. 예부가 장차 과참[10]하려고 하다가 중지했다는 말을 듣고 짓다[聞禮科將參寢有作]

1-99. 예부가 이와 관련하여 과참하지 않겠다는 문서를 의부에 보내왔는데, 표현이 불쾌하므로, 다시 시를 짓다[該科不參抄送儀部 辭意不快 故更賦]

1-100. 종계변무에 관한 복제에 '장차 사관으로 하여금 성안을 찬수하여 초출해서 해내에 보여야 합니다'라고 했다는 말을 듣고, 기쁨을 기록하여 이 시를 짓다[聞辨誣覆題 將令史館纂修成案 抄示海內云 志喜賦之]

1-102. 예부가 과참에서 다시 복제하지 않으려 하므로 괴로워 짓다[禮部以科參欲不覆題 悶而賦之]

2-1. 예부에 자문을 올리자 의조가 과의를 품신하여 복제를 청하겠다고 말하므로, 시를 지어 기쁨을 표시하다[呈文禮部 儀曹言欲稟科議爲覆請 賦而志喜]

2-4. 납일[동지 이후 세 번 째 술일(戌日)에 자금성으로 나아가 서쪽에서 예부 과관을 만나려고 기다렸으나 일이 잘 되지 않고 다만 두 사람의

---

9 『을병조천록』2-63. 생손앓이를 하여 짓다[患指有作].

10 명나라 때 제칙(制勅)에 잘못이 있으면 봉환(封還)하여 집주(執奏)했다. 안팎으로 장소(章疏)가 내려오면, 이·호·예·병·형·공(吏戶禮兵刑工)의 육과급사중(六科給事中)이 참서(參署)하여 6부에 보내 그 오류를 박정(駁正)했다. 과신(科臣)이 참박(參駁)하므로 '과참(科參)'이라고 했다.

각로를 만나보고 돌아오다[臘日詣闕 西候科官不利 只見兩閣下而回]

2-5. 12월 초5일 밤에 짓다[初五日夜作]

2-6. 12월 초6일 동성에서 기시교 과관을 만나 들은 이야기를 기록하다
[初六日見亓科於東省記其語]

2-24. 족손 허쟁이 황제의 칙지 초안을 가지고 먼저 돌아가기에 짓다[族
孫許㠱持聖旨先還有作]

2-27. 12월 23일 상을 받기 위하여 자금성에 나아가 즉흥으로 일을 노래
하다[卄三日以領賞詣闕卽事]

2-29. 사은의 예를 올리기 위하여 이른 아침에 대궐로 나아가며[謝恩早朝]

2-68. 1월 20일 칙지가 이미 내려졌다는 말을 듣고[念日聞勅旨已下]

2-78. 칙지 초안을 베껴 올린 지 이미 엿새가 되었으나 아직 칙지가 내려
오지 않으므로 근심이 되어 짓는다[寫勅進呈已六日而尙未下 悶而賦之]

2-80. 칙지가 1월 26일에 비로소 내려오다[勅旨卄六日始下]

2-81. 1월 29일에 이미 옥새를 눌렀지만 초3일에 제사를 준비하여 재계하
는 일 때문에 칙서를 받을 수 없다고 하므로 근심이 되어 또 짓는다[卄
九日言已安寶而初三日以祭齋不得受勅云 悶而又賦]

2-82. 역관들과 섭 서반이 홍려경 왕용현 및 장조칙방 왕민경과 도모해
서 방 각로에게 가까스로 애걸하여 초사흘에 관례를 깨고 칙서를 수령
하게 하도록 영한다고 하므로 기뻐서 또 짓는다[譯輩與葉序班 圖之于
鴻臚卿王用賢掌詔勅房汪民敬 僅得乞於方閣老 更令初三日破例受勅 喜
而又賦]

2-86. 초사흘 칙서를 수령하는데 나는 병 때문에 대궐에 나아가지 못하므
로 시를 지어 한스러운 마음을 기록한다[初三日受勅 余以病不詣闕 賦
以志恨]

1616년(광해군 8) 1월 6일(정축) 민형남과 허균이 북경에서 비밀로 치
계하기를, "국사(國史)와 야사(野史)에 있는, 본국을 무고하는 내용에
대하여 신들이 예부에 글을 올려 변무했습니다."라고 했다. 사행이 귀

국한 이후 5월 11일(경진)의 도목정사에서 민형남을 판돈녕부사 여천군으로, 허균을 형조판서로 삼았다. 광해군은 거듭 민형남과 허균에게 변무 진주의 공로를 치하했다.

3.

　1616년 3월 3일 저녁, 허균은 용만(龍灣, 의주)의 반금당(伴琴堂)에서, '을병 조천' 때 지은 시들을 엮으면서 서문을 지어, 자신의 시가 그간 세 차례 변화했고, 금번 조천 시들은 다시 또 한 차례 변화하여 '화평돈후(和平敦厚)' 미학을 저절로 구현했다고 자부했다. 『을병조천록』에는 중국시의 차운도 여러 편이다. 이 시들은 허균이 부단히 시학을 연찬했고, 고인의 정신 경계를 닮고자 고투한 사실을 잘 보여준다.

　허균은 절구와 고시를 통해 언어의 지시적 기능을 간명화하여 함축적 기능을 극대화하는 시학을 실천했다. 그리고 차운(次韻)을 통하여 고인의 정신 경계를 닮고자 노력했다. 특히 백거이(白居易)의 시에 차운하여 '달리(達理, 이치에 통달함)'의 경치를 추구하고, 도연명(陶淵明)의 시에 차운하여 귀거래(歸去來)의 간절한 생각을 토로했다. 그리고 일생을 돌아보는 자술시나 지난 추억에 젖는 회고시를 여럿 남겼다. 「병중에 회포를 기록하여 평생을 추억하다[病中記懷追平生]」 20수의 칠언절구 연작은 특히 주목된다.

　허균은 2-41 「언덕에 한 선비가 있도다'. 백낙천의 운을 쓰다[丘中有一士用樂天韻]」에서, 공명을 사모하지 않고, 고향에 돌아가 쉬고 싶다는 생각을 토로했다. 2-50 「백낙천의 〈달리〉 시의 운을 쓰다[用樂天達理韻]」는 백낙천의 2수 가운데 한 수에만 차운하여 '달리'의 경지를 추구했다. 또한 2-52 「도연명의 〈동방유일사〉 시의 운을 쓰다[用淵明東方有一士]」에서 은둔의 지향을 드러냈다. 「동방유일사」란 도연명의 「팔운시(八韻詩)」로, 곧, 도연명이 「의고(擬古)」라는 제목으로 남긴 9수 가운데 제5수를 말한다. 도연명은 「동방유일사」에서 독립 특행하는 지사를 동방일사에 가탁했는데, 허균은 도연명의 노래를 차용하여 스스로의 독립 특행 뜻을 밝혔다.

『을병조천록』 수록의 시들은 양적으로는 많지 않지만, 시의 소재와 주제가 매우 풍부하다. 원나라 시인들의 여러 염시(艶詩)에 차운(次韻)하기도 했다. 제화시도 여러 편이어서, 허균의 당시 심상 체계를 여실하게 보여준다. 다음은 대표적인 예들이다.

> 2-70. 대문진의 그림을 읊다[詠戴文進畵] : 명나라 대진(戴進, 1388~1462)의 그림에 대한 제영(題詠).
>
> 2-71. 주단의 그림에 적다[題朱端畵] : 명나라 주단(朱端)의 그림에 대한 제영.
>
> 2-74. 여기의 그림에 대해 장수붕 시체를 흉내 내어 쓴다[題呂紀畵效張壽朋體] : 명나라 여기(呂紀)의 그림에 대한 제영.

대진의 그림은 신선도이다. 대진은 절파(浙派) 화가로 조선의 화풍에 적지 않은 영향을 준 인물이다.

그리고 1-48 「길가에서 〈서상기〉 연희를 하는 자가 있기에[路左有演西廂戱者]」는 중국 동북부의 연희 유행 사실을 살피고 허균의 문예의식을 이해하는데 중요한 시이다.

을병 사행 때 허균은 교자를 타고 가면서도 책을 읽었다. 북경에 들어가기 전 통주(通州)에서부터 북경에서 조칙의 반포를 기다리는 사이에는 독후시를 여럿 남겼다. 그 가운데 명말 사상가의 책을 읽은 독후시가 들어 있다.

1-56. 가마 속에서 백 황문의 『난택행음권』을 읽다[興中讀白黃門瀿澤行吟卷] 칠언절구 6수 : 허균은 백 황문의 체를 얻어 시격이 바르게 되어, 왕세정이나 이반룡과 나란히 달려 선두를 다툴만하게 되었다고 했다. 허균은 또 백 황문의 「투두시(妬蠹詩)」 친필본을 얻고 감상했다고 밝혔다.

1-62. 무 안찰의 『거업치언』을 읽고[讀武按察舉業卮言] 칠언절구 2수 : 영평병비(永平兵備)로 있는 무지망(武之望)의 『거업치언』을 읽고 지은 독후시이다. 『거업치언』은 『중정거업치언(重訂舉業卮言)』(2권, 만력 27년각본)으로, 팔고문 연마에 필요한 지침서이다. '거업(舉業)'을 조충(雕蟲)과 같다고 하지 말라 하고, 공부를 착실히 하지 않으면 공교롭지 않게 된다고 지적했다. 그리고 "논술은 본래 경의에서 발하므로, 그것을 옮겨서 시를 공교하게 짓게 되는 것도 무방하다.[論述本因經義發, 不妨移着作詩工.]"라고 했다.

1-73. 이씨의 『분서』를 읽고[讀李氏焚書] : 이지(李贄, 1527~1602)의 『분서(焚書)』를 읽고 쓴 독후시이다. 전부터 잘 알고 있는 인물인 구탄(丘坦)이 『분서』 속에 언급되어 있는 것을 반가워했다.

1-74 원중랑의 「주평」 뒤에 쓰다[題袁中郎146)酒評後] : 원굉도(袁宏圖)의 「상정(觴政)」 부록에 대해 감상을 적은 시이다.

1-81. 「무쌍전」을 읽고 느낌이 있어[讀無雙傳有感] : 「무쌍전」은 당나라 설조(薛調)가 지은 전기소설(傳奇小說)이다. 당나라 덕종(德宗) 때를 배경으로 유진(劉震)의 딸 무쌍(無雙)과 유진의 생질 왕선객(王仙客)이 남녀 주인공으로 삼아 그들의 이합(離合)을 서술한 애정고사이다.

1-98. 밤에 「후한 일민전」을 읽고 느낌이 있어[夜讀後漢逸民傳有感] : 『후한서(後漢書)』 권83에 실려 있는 「일민열전(逸民列傳)」을 읽고 쓴 시이다. 「일민열전」은 야왕 이로(野王二老), 향장(向長), 양홍(梁鴻) 등 17항목이다.

2-39. 책팔이 왕 노인이 설날 책 한 권을 보내 왔는데, 곧 지금 어사 용우기 공이 저술한 『성학계관』이었다. 용공의 학문은 조예와 실천이 어떤지를 내가 알지 못하지만, 그 책을 읽고서 마치 정신이 버쩍 들 듯 터득한 바가 있었으므로, 돌이켜 보면 과거 40년 동안 읽은 책들이 비록

극히 해박하고 극히 정밀했다고 하여도 도의 경지에 들어가 본성을 회복하는 문데에는 조금도 도움이 되지 않았으므로, 이것은 입술과 혓바닥만 허비한 셈이었으니 어찌 애석하지 않겠는가. 절구 한 수를 지어 지나간 잘못을 뉘우친다[賣書人王老元曰贈一書 乃今御史龍公遇奇所述 聖學啓關也 公之爲學造詣實踐 吾不敢知 讀其書 醒然有得 回首四十年 所讀書雖極博極精 其於入道復性 毫無干預 是乃虛費脣舌也 豈不惜哉 賦一絶以懺前非云] : 『성학계관(聖學啓關)』은 곧 『성학계관억설(聖學啓關臆說)』로, 용우기(龍遇奇)가 감찰어사(監察御史)로 섬서성(陝西省)을 순안(巡按)할 때에 유생(儒生)들에게 강학(講學)한 이야기를 기록한 것이다. 8관(關)으로 구성된 3권의 책이다. 제1관은 미오(迷悟), 제2관은 농담(濃淡), 제3관은 박복(剝復), 제4관은 총달(寵達), 제5관은 사생(死生), 제6관은 성범(聖凡), 제7관은 내외(內外), 제8관은 면안(勉安)으로 되어 있다.

2-44. 장본청의 「심성설」을 읽고 느낌이 있어서[讀章本淸心性說有感] : 양명우파 장황(章潢, 1527~1608)의 「심성설」을 읽고 지은 독후시이다.

2-73. 「금뢰자」에 서시를 물에 빠뜨려 죽였다는 일이 있어 기뻐서 짓는데[金罍子有沉殺西施事喜而賦之] : 명나라 진강(陳絳, 1513~1587)의 저술인 『금뢰자』(新刻批點金罍子) 권2 「越沉西施於江」을 읽고 쓴 독후시이다.

허균은 11월 17일 북경 남관에 들어가기 수일 전 통주에 머물 때 이지의 『분서』에 대해 독후시를 지었다. 주지하다시피 이지는 『장서(藏書)』·『속장서(續藏書)』·『분서(焚書)』·『속분서(續焚書)』·『이씨문집(李氏文集)』 등을 남겼다. 그 가운데 『분서』는 1590년(만력 18) 마성(麻城)에서 판각했다. 이지는 노년에 친구가 없어서 '노고(老苦)'라고 자호하고, 『분서』 「외」편의 이름을 '노고'라고 했다. 「노고」의 권은 지금 전하는 판각본에는 실려 있지 않다. 허균은 『분서』 독후시에서, 이지가 불교와 유학의 깨달음을 같다고 본 것을 '세간횡의(世間橫議)'라고 했다. '횡의'는 부정적인 표현이다. 또한 허균은 자신이 이지를 알아 장차 참선의 열락으로

평생을 마치려 했던 지난 날을 후회했다.[11]

　　제1수
　　맑은 조정에서 독옹의 서적 태웠으나
　　그 도는 여전히 남아 죄다 태우질 못했네.
　　저 불교나 이 유학이나 같은 깨달음이라고
　　세간에서 멋대로 의론하여 절로 분분했지.
　　清朝焚却禿翁父, 其道猶存不盡焚.
　　彼釋此儒同一悟, 世間橫議自紛紛.

　　제3수
　　이 늙은이는 앞서 탁로의 이름을 알고서
　　장차 참선의 열락으로 평생을 마치려 했다.
　　글을 이뤄 비록 진시황의 분서는 만나지 않았어도
　　대간 탄핵을 세 번 받아 역시 마음이 상쾌하다.
　　老子先知卓老名, 欲將禪悅了平生.
　　書成縱未遭秦火, 三得臺抨亦快情.

　　허균은 이지의 영향을 받은 원굉도의 시문도 평소 즐겨 읽었다. 을병
사행 때는 원굉도의「주평」에 대해 독후시를 적었다.「주평」은 원굉도
가 39세 되던 1606년(만력 34 병오)부터 40세 되던 1609년(만력 35 정미)까
지에 지은 『상정(觴政)』의 부록으로 쓴 글이다.[12] 원공도의 술 비평은

11　1-73. 이씨의 〈분서〉를 읽고[讀李氏焚書].
12　『만력야획편(萬曆野獲編)』25권의「금병매」조에 기록된 것으로 보건대「상정」은 1606
　　년에 이미 완성했고 그 부록인「주평」은 1607년 여름에 지었음을 알 수 있다. 원굉도는
　　술을 마시지 못했으나 평소에 주도에 익숙했다.「여오돈지(與吳敦之)」서신에서 "나는
　　흥취가 높으나 술을 마시지 않는다." 했고,「행장」에서도 그가 "술을 마시지 못했으나
　　남이 술을 마시는 것을 매우 좋아했다.[不能酒, 最愛人飲酒.]"라고 밝혔다. 심경호 외,

강남의 풍류로 한 시대를 풍미했다고 신기해 하면서도, 구탄(丘坦)의
음주 태도를 묘사한 것은 실상과 맞지 않는다고 했다. 허균이 원굉도의
문학론에 어떻게 반응했는지에 대해서는 알려주지 않는다.[13]

> 원중랑의 술 비평은 시평과 흡사하여
> 강남의 풍류로서 한 때를 풍미했지.
> 홀짝홀짝 마시든 경쾌하게 기울이든 묘리 있으니
> 음주에 어찌 기묘한 신선풍만을 높이치랴.
> 石公評酒似評詩, 江右風流此一時.
> 細呷快傾俱妙理, 飮中寧獨行仙奇.

허균은 이지 및 원굉도의 학술, 문학 운동에 참여한 구탄과 진작
안면이 있었다. 금번의 을병 연행 때도 시를 남겼다.[14] 구탄은 일찌감
치 조선에도 사절 일행으로 왔었으나, 조선의 관료들에게 부정적인
인상을 남겼다. 허균은 그의 풍모를 예찬했지만, 그의 시문이나 학문
까지 찬양한 말을 남기지는 않았다.

한편, 용우기(龍遇奇)의 『성학계관(聖學啓關)』 즉 『성학계관억설(聖學
啓關臆說)』을 읽고 쓴 독후시는 허균이 당시 독서를 통해 지향한 것이

『역주 원중랑전집』 제9책(원서 제48권), 소명출판, 2004.12.

13　1-74. 원중랑의 「주평」 뒤에 쓰다[題袁中郞酒評後].

14　1-2. 지난 해 압록강을 건너는 날 구 유융[구탄(丘坦)]이 망강사 연회에 초청하시기에
　　시를 지어 드렸는데, 금년에 또 사신으로서 다시 압록강을 건너게 되니 구공이 무예
　　시험의 일로 힐책 공문을 받고 요양으로 가서서 옛 모임을 이을 수 없게 되었으므로
　　느낌이 있어 짓다[客歲過江之日 丘遊戎邀宴望江寺 賦詩相贈 今年又使价再涉鴨江 則丘
　　公以試武擧蒙臺檄 往遼陽 不獲屬舊會 感而賦之]. 지난 해의 망강사 연회에서 허균이
　　지은 시는 현전 여부를 알 수 없다. 서장관이었던 김중청(金中淸)의 「망강사에서 구
　　유격 탄의 운에 차운하다[望江寺次丘遊擊坦]」와 「구 유격의 운에 차운하다[次丘遊擊]」
　　가 『구전선생문집(苟全先生文集)』에 전한다.

'성학(聖學)'이었음을 알려 준다.[15]

> 설날에 처음으로 성학의 서적을 보고는
> 근래에 미혹했던 상념이 홀연 제거되었네.
> 평생 3천 권을 독파했어도
> 오직 몸뚱이를 좀벌레나 만드는데 마땅했군.
> 元日初觀聖學書, 向來迷念忽鎖除.
> 平生讀破三千卷, 只合將身作魚蠹.

허균은 양명우파인 장황(章潢)의 「심성설(心性說)」을 읽고 독후시를
남겼다.[16] 장황은 백록서원(白鹿書院)의 원장으로 있던 68세 때 강서(江西)
에서 마테오 리치(利瑪竇)를 만나고 백록서원에서 서학을 강론하게 하여,
서학과의 관련이 운위되는 인물이다.[17] 동호(東湖) 가에 차세당(此洗堂)을
세우고 강학을 했으며 백록동서원 원장으로 있으면서 「위학차제(爲學次
第)」를 학자들에게 제시했다. 남창(南昌) 일대에서 왕문(王門)의 학자들을

---

15 2-39. 책팔이 왕 노인이 설날 책 한 권을 보내 왔는데, 곧 지금 어사 용우기 공이
    저술한 『성학계관』이었다. 용공의 학문은 조예와 실천이 어떤지를 내가 알지 못하지
    만, 그 책을 읽고서 마치 정신이 버쩍 들 듯 터득한 바가 있었으므로, 돌이켜 보면
    과거 40년 동안 읽은 책들이 비록 극히 해박하고 극히 정밀했다고 하여도 도의 경지에
    들어가 본성을 회복하는 데에는 조금도 도움이 되지 않았으므로, 이것은 입술과 혓바
    닥만 허비한 셈이었으니 어찌 애석하지 않겠는가. 절구 한 수를 지어 지나간 잘못을
    뉘우친다[賣書人王老元이贈一書 乃今御史龍公遇奇所述聖學啓關也 公之爲學造詣實踐
    吾不敢知 讀其書 醒然有得 回首四十年 所讀書雖極博極精 其於入道復性 毫無干預 是乃
    虛費脣舌也 豈不惜哉 賦一絶以懺前非云].
16 2-44. 장본청의 「심성설」을 읽고 느낌이 있어서[讀章本淸心性說有感].
17 강서(江西) 남창(南昌) 사람으로, 자는 본청(本淸), 호는 두진(斗津) 혹은 청군(聽君)이
    다. 오여필(吳與弼)·등원석(鄧元錫)·유원경(劉元卿)과 함께 강우사군자(江右四君子)
    라 일컬어졌다. 79세 되던 만력 을사년(1605)에 순천부학(順天府學) 훈도(訓導)에 제수
    되었으나 부임하지 않았다. 『도서편(圖書編)』과 『주역상의(周易象義)』 20권을 저술했
    다. 黃宗羲, 『明儒學案』 권19 「江右王門學案」 9.

이끌었다. 당시 강우왕문학파는 신강왕학좌파(新江王學左派)의 양지현성설(良知現成說)을 비판했다. 다만 장황은 '지수(止修)'를 종지로 하는 정통파 이재(李材, 호 見羅)와 '귀적(歸寂)'을 주장한 우파의 강표(講豹, 호 雙江)에 모두 통했다. 그러나 좌파의 '폭(瀑)'을 비판하고, 스스로 사서오경(四書五經)을 연찬하여『논맹약언(論孟約言)』을 남겼다. 독서궁리의 끝에 '도상(圖象)의 유서(類書)'라고 일컬어지는『도서편(圖書編)』을 엮었다.

　한편 허균은 중국의 접협전과 협객전에 깊은 관심을 두었다. 12월 17일 북경 남관에 들어간 이후, 당나라 때 설조(薛調)가 지은「무쌍전(無雙傳)」을 읽고 독후시를 남겼다.「무쌍전」은 무협류 소설의 분위기가 들어있다.[18] 허균은 고생(고홍) 즉 고압아의 의리를 존숭하여, 1-81「〈무쌍전〉을 읽고 느낌이 있어[讀無雙傳有感]」의 마지막에서 '매국신(賣國臣)'을 꾸짖었다. 그리고 동짓날 직후, 북경 남관에 거처할 때 허균은 왕세정(王世貞)이 엮었다고 전하는『검협전(劍俠傳)』을 읽고 독후시를 지었다.『검협전』은 당송의 문언무협소설 33편을 모은 선본(選本)이다.『검협전』은 대개『태평광기(太平廣記)』「호협류(豪俠類)」를 기초로 편집한 것으로, 4권본과 1권본이 현존한다. 허균의 독후시[19]는 왕세정의『검협전』을 소재로 했으므로, 정두경(鄭斗卿)의「자객가(刺客歌)」가『사기』권86「자객열전」에 나오는 인물들을 대상으로 한 것[20]과 다르다. 허균은 등불을 밝히며『검협전』을 읽고서는 왕세정의 깊은 뜻을

18　왕벽강(汪辟疆)의『당인소설(唐人小說)』은 당나라 말 범터(范攄)의『운계우의(雲云溪友議)』에 실린 최교(崔郊)과 고비(姑婢) 고사가『무쌍전』과 유사하다고 지적했다.『태평광기(太平廣記)』권486에 수록되어 있고, 명나라 육채증(陸采曾)은 이를 근거로 전기극본『명주기(明珠記)』를 지었다.

19　1-92. 왕사구(왕세정)의「검협전」뒤에 쓰다[題王司寇劍俠傳後].

20　남은경,「鄭斗卿 俠客詩의 內容과 意味」,『한국한문학연구』제15집, 한국한문학연구회, 1992, 295쪽.

깨닫고, 자신도 협객의 오검(吳劒)을 빌려 인간세계의 불평사를 없애버리고 싶다고 했다. 그런데 왕세정은 별도로 장편시 「협객편(俠客篇)」과 「유협편(游俠篇)」을 남겼다. 「협객편」에서 왕세정은 해내에 어찌 불평이 없을 수 있겠느냐고 하면서 오구(吳鉤)가 협객의 소매 안에서 빛나고 있다고 했다. 그리고 「유협편」에서 왕세정은 곡학아세의 평진후(平津侯) 무리 때문에 세상이 불평등하게 되었다고 논했다. 허균은 왕세정의 그 뜻에 공감했다.

4.

『을병조천록』에서 허균은 자신의 일생을 돌아보며 서술하는 자술시나 회고의 심경을 토로한 시를 여럿 남겼다. 그 가운데 2-76 「병중에 회포를 기록하여 평생을 추억하다[病中記懷追平生]」 20수의 칠언절구 연작이 있다. 특히 제12, 제13, 제14, 제15, 제16수는 허균의 사상 편력을 이해하는데 매우 주요하다.

제14수
삼십년 이래 노자와 부처에 탐닉했으나
마음을 설하고 성(性)을 논함이 모두가 헛소리.
대도(大道)가 방책(경서)에 있음을 누가 알아서
수사(洙泗)의 연원을 한껏 탐구했던가?
三十年來老佛耽, 說心論性摠空談.
誰知大道存方策, 洙泗淵源得縱探?

제15수
지극한 도는 태극 이전에 생겼기에

선유는 성인을 바랐고 나는 현인을 바랐으니,
분잡한 희로애락을 잘 물리치고
인심의 미발 이전을 체인해야 하리라.
至道生於太極先, 先儒希聖我希賢.
紛然喜怒安排得, 只體人心未發前.

제16수
도산 사람(이황) 멀어지고 월천(조목)은 졸했으니
스스의 법통 지켜 누가 자양(주자)을 이을 건가?
온 세상 모두가 공리 때문에 잘못되었거늘
다시 어디에서 주염계·장횡거를 보랴?
陶山人遠月川亡, 師統誰能繼紫陽?
擧世盡爲功利誤, 更從何地見周張?

　허균은 주돈이, 장재, 주희를 유학의 정맥으로 보았으며, 그 학문을
조선에서 발전시킨 인물로 이황과 조목을 꼽아, 초기 퇴계학맥을 존중
했다.
　을병 조천의 기간 동안 허균이 최종적으로 도달한 사상적 경지는,
평양에 이르기 전에 낭(郎) 벼슬에 있는 아무개 씨의 안부 서한에 답하
여 써서 보낸 시에 잘 나타나 있다.[21] 허균은 이 시에서 자신이 현인을
닮고자 생각하고 있으며, "연원을 위로 거슬러 올라가면 주자와 이정
에서 주염계에 이르리."라고 스스로 기대했다.[22]

21　이 시보다 앞서 4-4 「왕구경은 촉땅 사람인데 우리나라에 머물러 용천과 철산 사이에
　　붙여 살고 있으면서 몹시 가난하여 어쩌지 못하고 있었는데, 마침 철산의 객관 차련관
　　에서 만났기에 안타까워서 지어 준다[王九經 蜀人也 留在本國 寓居龍鐵之間 貧不自聊
　　適相遇於車輦 憫而賦贈]」가 있다.
22　4-5. 아무개 씨가 서신으로 신안에 도착했는가를 묻고, "전날의 잘못을 깊이 뉘우치며,

2-45 「스스로를 경책하다[自警]」, 2-46 「요사이는 꿈이 잘 꾸이지 않으므로 짓는다[近來少夢有作]」, 2-49 「잡영(雜詠)」 등의 시는 허균이 만년에 정신적 안정을 얻기 위해 얼마나 고심했는지를 잘 말해준다.

확실히 『을병조천록』의 시들은 허균 만년의 심리와 사상을 이해하는 데 귀중한 단서들을 많이 포함하고 있다. 허균은 장황의 「심성설」을 보고, 사념을 끊고 욕심을 다 없애 원명의 깨끗함을 깨우치겠다고 다짐했으며, 결국 존덕성을 위해서는 도문학을 거치지 않으면 안된다고 『중용』의 가르침을 재확인했다. 왕수인의 치양지는 존덕성의 방편이었다고 평가하되, 도문학을 중시한 점에서 허균은 주자학의 공부법을 따르려 했음을 알 수 있다.

허균의 사상을 고찰하려면, 그와 양명학과의 관계를 전제하기보다는, 그가 교학적 권위주의나 권력의 황폐함을 부정하는 의식을 시문을 통해 드러낸 사실을 우선 확인하고 존중해야 할 듯하다.

참고문헌

許筠, 『惺所覆瓿藁』, 民族文化推進會, 서울, 1982 ; 한국고전번역원 제공 DB.
許筠, 『許筠全書』, 亞細亞文化社, 서울, 1983.
許筠 著, 崔康賢 譯, 『국역 을병조천록』, 國立中央圖書館, 서울, 2005.
金中淸, 『苟全先生文集』, 苟全先生文集國譯重刊推進委員會, 奉化, 1999.
崔應虛. 『조천일기』, 모덕사 소장 초서본과 정리본 2종. 국립문화재연구소 문화유산연

명교 중에 즐거운 경지가 이미 있음을 알겠습니다.”라고 했는데, 가만히 나와 마찬가지로 초탈하여 깨달은 것이기에, 기쁨을 이루 말할 수 없을 정도이므로 이 시를 지어서 위로의 말씀을 부치고 다른날 인증의 바탕으로 삼는다[⊠氏書 問到新安 深悔前非 已知名教中有樂地 暗與不佞同時超悟 喜不能言 賦此寄慰以資他日印正云].

　　구지식포털(http://www.nrich.go.kr).

權橃, 『朝天錄』, 임기중 편, 『연행록전집』 제2권, 동국대학교출판사, 2001.

許篈, 『荷谷先生朝天紀』, 임기중 편, 『연행록전집』 제6권, 동국대학교출판사, 2001.

李瀷, 『星湖僿說』, 國譯本 1-12, 民族文化推進委員會, 1979 ; 한국고전번역원 제공 DB.

李昉 等編, 『太平廣記』, 標點本 1-10, 北京 : 中華書局, 1994.

王世貞, 『弇州四部稿』, 影印本, 四庫明人文集叢刊 全七冊(弇州四部稿: 外六種), 上海古
　　籍出版社, 1993.

王世貞, 『劍俠傳』, 標點本, 上海古籍出版社, 2017.6 ; 우강식 역, 『검협전』, 지식을만드
　　지식, 2014.

黃宗羲, 『明儒學案』, 標點本, 中華書局, 1970.

永瑢, 『四庫全書總目提要』, 影印本 1-4, 商務印書館, 1968.

袁宏道 著, 沈慶昊 外 譯, 『역주 원중랑전집』 제9책(원서 제48권), 소명출판, 2004.12.

강명관, 「조선 후기 양명좌파의 수용」, 『오늘의 동양 사상』 16, 동양사상연구원, 2007.

강순애, 「月沙 李廷龜의 冠服奏請 陳奏正使와 관련된 送別 기록 연구」, 『서지학연구』
　　69, 한국서지학회, 2017.3.

구도영, 「조선 전기 대명 육로사행의 형태와 실상」, 『진단학보』 117, 진단학회, 2013.

남은경, 「鄭斗卿 俠客詩의 內容과 意味」, 『한국한문학연구』 15, 한국한문학연구회, 1992.

남은경, 「한·중 고전문학 속의 여성 이미지 비교 -《검협도전(劍俠圖傳)》의 여성 협객
　　을 중심으로-」, 『한국고전여성문학연구』 10, 한국고전여성문학회, 2005.6.

朴現圭, 「金中淸의 『朝天錄』과 부정적인 許篈 모습」, 『洌上古典研究』 22, 열상고전연구회,
　　2005.

박현규, 「千秋 사행시기 허균의 문헌 관련 활동」, 『東方學志』 124, 연세대학교 국학연
　　구원, 2006.

박현규, 「許篈이 도입한 李贄 저서」, 『中國語文學』 46, 영남중국어문학회, 2005.

박현규, 「북경(北京)에서의 허균(許筠) 족적(足跡) 고찰」, 『동방한문학』 53, 동방한문학회,
　　2012.

박현규, 「『乙丙朝天錄』에 드러난 許筠의 모습과 작품 세계」, 『대동한문학』 32. 대동한
　　문학회, 2010.

신항림, 「허균의 양명좌파(陽明左派) 수용에 대한 재론(再論) -『을병조천록(乙丙朝天
　　錄)』을 중심으로-」, 『한국한문학연구』 68, 한국한문학회, 2017.

심경호, 「허균의 기행시집 『을병조천록』에 대하여」, 『열상고전연구』 69, 열상고전연구회,
　　2019.10.

심규식, 『광해군 시대 관각문학 연구』, 고려대학교 대학원 국어국문학과 박사학위논문, 2023.2.

楊雨蕾, 「明淸시기 永平府夷齊廟의 변천과 조선 사신의 '백이·숙제 고사'에 대한 인식」, 『한국학논집』 77, 2019.

왕가(王珂)·한종진(韓鐘鎭), 「명청교체기 또 다른 최초의 해로조천록 - 최응허(崔應虛)의 조천일기(朝天日記)」, 『한중관계연구』 8-1, 원광대학교 한중관계연구원, 2022.2.

우강식, 「『劍俠傳』에 나타난 古典俠의 형상과 주제의식에 관한 연구」, 『중국소설논총』 50, 한국중국소설학회, 2016.12.

장진성, 「조선 중기 절파계 화풍의 형성과 대진(戴進)」, 『미술사와 시각문화』 9, 미술사와 시각문화학회, 2010.

전염순, 「허균(許筠)과 왕세정(王世貞) 시론 비교연구」, 『어문논집』 80권, 민족어문학회, 2017.8.

정길수, 「허균 문집 번역과 한문 고전 번역의 몇 가지 문제」, 『한국시가문화연구』(구 한국고시가문화연구) 30, 한국시가문화학회(구 한국고시가문화학회), 2012.

정길수, 「허균의 사상 전환 -『을병조천록』에 담긴 허균 만년의 생각」, 『한국문화』 64, 서울대학교 규장각 한국학연구원, 2013.12.

정길수, 「허균 문학론의 모순과 일관(一貫) -왕세정(王世貞) 혹은 의고문파(擬古文派) 문학론과의 연관-」, 『한국한문학연구』 51, 한국한문학회, 2013.

최강현, 「허하곡의 조천록을 살핌 -국립중앙도서관 소장 필사본을 중심으로-」, 『한국 사상과 문화』 22, 한국사상문화학회, 2003.

謝文華, 「好古博雅之實踐─論陸深與叢刻小說『古今說海』」, 『成大中文學報』 第六十三 期, 國立成功大學中文系, 2018.12.

林佳蓉, 「陳白沙與王陽明心學型態之比較」, 『東方人文學誌』 第2卷 第2期, 2003.6.

荒木見悟, 「陳白沙と湛甘泉」, 『陽明學の位相』, 硏文出版, 1992.

이항복 『조천록』의 노정과 허균 『조천록』의 노정 비교

이항복 『조천록』의 노정	허균 『조천록』의 노정
1598년 11월 10일 의주(義州)	1615년 9월 6일 압록강을 건너다.
12월 6일 강을 건너 진강성(鎭江城), 구련성(九連城)을 지나 철장둔(鐵場屯)[마아곡(磨兒谷)] 후가(侯家)에 묵다. 30리.	망강사(望江寺) 마우촌(磨隅村)
12월 7일 금석산(金石山)[정석산(頂石山)], 세천(細川), 송골산(松鶻山), 유전(柳田), 탕참(湯站), 안자산(鞍子山), 탕참하(湯站河), 연자암(燕子巖)을 지나 이도하(二渡河)의 오가(吳家)에 묵다. 70리.	세천(細川) 도중 손가둔(孫家屯)에 묵다. 쌍령(霅嶺) 옹북령(甕北嶺) 아래 묵다.
12월 8일 용산(龍山), 거주성(莒州城), 봉황산(鳳凰山), 건하(乾河), 유가둔(劉家屯), 백안동(伯顔洞), 마고산(磨菇山), 진동보(鎭東堡)[일명 송참(松站), 설리참(薛里站)]를 지나 송참(松站) 앞 강가 형가(邢家)에 묵다. 70리.	
12월 9일 대쌍령(大雙嶺), 소쌍령(小雙嶺), 장령(長嶺), 두령하(斗嶺河)[일명 옹북하(甕北河)], 팔도하(八渡河), 토문자(土門子), 서고산(西孤山)을 지나 통원보(通遠堡)[진이보(鎭夷堡)] 왕가(王家)에 묵다. 60리.	9월 9일 옹북령(甕北嶺)을 넘다. 통원포(通遠鋪)
12월 10일 조림자(稠林子), 제형산(弟兄山), 초하동(草河洞), 분수령(分水嶺), 선마장(騸馬場), 대흑산(大黑山), 가자산(架子山), 황계령(黃桂嶺)을 지나 연산관(連山館)의 해가(奚家)에서 묵었다. 60리.	
12월 11일(임술) 장군묘(將軍廟), 벽동(甓洞), 고령(高嶺), 노학취(老鶴嘴), 한가분(韓家墳), 첨수참(甛水站), 신수교(薪水橋), 청석령(青石嶺), 적수사(滴水寺), 삼가(三街), 낭자산(狼子山)을 지나 낭자령(狼子嶺) 아래 방가(方家)에 묵다. 70리.	왕장군 묘 사원(王將軍墓寺院) 고령(高嶺) 첨수참(甛水站) 청석령(青石嶺) 삼류하(三流河)
12월 12일(계해) 낭자령(狼子嶺), 두관참(頭冠站), 유하(柳河), 적양둔(賊養屯), 삼류하(三流河), 탕하(湯河), 왕상령(王祥嶺), 석문령(石門嶺), 냉천장(冷泉莊), 고려촌(高麗村), 석하(石河), 석하둔(石河屯), 서가둔(徐家屯)을 지나 요양(遼陽) 회원관(懷遠館)에 들었	냉천(冷泉)에 묵다. 요양(遼陽)에 묵다. *9월 16일 비를 만나다.

이항복 『조천록』의 노정	허균 『조천록』의 노정
다. 70리. 12월 13일 도사 아문(都司衙門)에 나아갔다.	
12월 19일 요양(遼陽)을 출발하여 화표주(華表柱)와 관왕묘(關王廟)를 구경하고, 서관(西關), 한가분(韓家墳), 팔리포(八里鋪), 수산포(首山鋪), 수산령(首山嶺), 주필산(駐蹕山), 사하포(沙河鋪), 사하(沙河), 장점포(長店鋪), 징청사(澄淸寺)를 지나 안산(鞍山)의 염가(閻家)에서 묵었다. 60리.	9월 19일 요동(遼東)을 떠나며 안산(鞍山)에 묵다. 해주위(海州衛)
12월 21일 사하(沙河), 사하포(沙河鋪), 석정포(石井鋪), 소마두포(小馬頭鋪), 건구포(乾溝鋪)를 지나 우가장(牛家莊)의 황가(黃家)에서 묵었다. 눈보라 속 50리.	
12월 22일 신대포(新臺鋪), 천비묘(天妃廟), 삼차하(三叉河), 삼관묘(三官廟), 서녕보(西寧堡)를 지나 사랑(沙嶺) 우가(于家)에 묵었다. 40리.	삼차하(三汊河)를 건너다. 사령을 나가며[出沙嶺]
12월 23일 고교포(高橋鋪), 부가장(富家莊)을 지나 고평(高平)의 왕가(王家)에서 묵었다. 60리.	
12월 24일 요참(腰站)[수십 리에 제독 동일원(董一元)의 정호대첩비(征胡大捷碑)], 연대(煙臺)를 지나 반산관(盤山館) 역사(驛舍)에서 묵었다. 60리.	
12월 25일 조구포(朝溝鋪), 평전포(平甸鋪), 화소교(火燒橋), 제승보(制勝堡), 동악묘(東嶽廟), 망성강(望城岡)을 지나 광녕(廣寧) 요가(姚家)에서 묵었다. 60리.	반산을 떠나며 가마 속에서 우연히 짓다[出盤山興中偶作]. 옥황행사에 배알하고[謁玉皇行祠]
12월 28일 서악묘(西岳廟) 구경. 의무려산(醫巫閭山), 팔면포(八面鋪), 십리포(十里鋪), 사탑포(四塔鋪), 장진포(壯鎭鋪), 사하(沙河)를 지나 여양(閭陽)의 하가(夏家)에서 묵었다. 50리. 이튿날 눈보라로 체류.	광녕(廣寧)에 묵다. 광녕(廣寧)을 떠남. 여양(閭陽)에 묵다. 십삼산(十三山)
12월 30일 신포(新鋪), 유림포(楡林鋪), 대릉하(大凌河)를 지나 능하소(凌河所) 왕가(王家)에 묵었다. 70리.	대릉하(大凌河)를 건넘.
기해년(1599) 정월 1일(신사) 자형산포(紫荊山鋪), 오금묘(吳金廟), 금주위계(錦州衛界), 소릉하(小凌河)를 지나 소릉하역(小凌河驛) 왕가(王家)에서 묵었다. 30리.	
정월 2일 망해사(望海寺), 송산소(松山所), 요철대(姚鐵臺), 관찰산(觀察山), 소홍라산(小紅螺山)을 지나 행산(杏山) 원가(袁家)에서 묵었다. 38리.	송산(松山) 행산(杏山)에 묵다.

이항복 「조천록」의 노정	허균 「조천록」의 노정
정월 3일 대홍라산(大紅螺山), 칠리하(七里河), 고교포(高橋鋪), 통해하(通海河), 탑산소(塔山所), 조례산(皁隷山), 쌍정산(雙頂山)을 지나 연산(連山)유가(劉家)에서 묵었다. 50리.	탑산(塔山)
정월 4일 서하(西河), 쌍수포(雙樹鋪), 건시령(乾柴嶺), 오영대(吳英臺), 정호대(淨胡臺), 석취아대(石嘴兒臺), 수산(首山), 영원위(寧遠衛), 여아하(如兒河), 흑송림산(黑松林山)을 지나 조장(曹莊) 왕가(王家)에서 묵었다. 50리.	쌍수포(雹樹鋪)
정월 5일 난정산(欄井山), 사하소(沙河所), 사하포(沙河鋪), 김가산(金家山), 곡척포(曲尺鋪)를 지나 동관(東關)의 유가(劉家)에서 묵었다. 50리.	조장(曹庄)을 거쳐 사하(沙河)에 이름.
정월 6일 육주하(六州河), 중후소(中後所), 쌍돈포(雙墩鋪), 사하(沙河)[수십 리 되는 곳에 염장촌(鹽場村], 고해(古海), 평현(平縣), 석탑(石塔)을 지나 사하 신가(申家)에서 묵었다. 50리.	중후소(中後所)
정월 7일(정해) 구아하포(狗兒河鋪), 전둔위(前屯衛), 석자하(石子河)를 지나 고령(高靈) 궁가(宮家)에서 묵었다. 50리.	사하(沙河)에서 전둔위(前屯衛)에 이름. 전둔위(前屯衛)를 떠나며
정월 8일 급수하(急水河), 중전소(中前所), 진원보(鎭遠堡), 팔리포(八里鋪), 망부대(望夫臺)[정녀사(貞女祠)]를 지나 관외(關外) 여가(呂家)에서 묵었다. 50리.	팔리참(八里站)
정월 9일(기축) 관(關)에 들어감. 망해정(望海亭)을 구경.	산해관 조중산가(曹重山家)에 묵음.
정월 10일(경인) 석하(石河), 반산포(半山鋪), 홍화점(紅花店), □□성(□□城), 범가점(范家店), 진황도(秦皇島), 석산채(石山寨), 우배정(牛背頂), 낭자하(娘子河), 탕사(湯沙), 단산(團山)을 지나 심하(深河) 최가(崔家)에서 묵었다. 60리. 정월 12일(임진) 유관(楡關), 유관하(楡關河), 소유관(小楡關), 백석포(白石鋪), 횡산포(橫山鋪), 낙정현(樂亭縣), 독산포(獨山鋪), 동녕교(東寧橋), 이구하(泥溝河), 자금산(紫金山), 능소탑(凌霄塔)을 지나 무령(撫寧) 이가(李家)에서 묵었다. 40리.	10월 초 산해관 조점(曹店)[조중산(曹重山)객점]을 떠남 *길가에서 서상기 연희를 하는 자가 있기에[路左有演西廂戱者] 심하(深河)를 떠나며 무령현(撫寧縣)

이항복 『조천록』의 노정	허균 『조천록』의 노정
정월 13일 양사(楊沙), 토이산(兎耳山), 선인정(仙人頂), 평산(平山), 배음포(背陰鋪), 요참(腰站), 조씨장(曹氏莊), 북류하(北流河),. 쌍망포(雙望鋪), 이가영(李家營), 노봉구(蘆峯口), 창려현(昌黎縣), 만류장(萬柳莊), 시호석(豺虎石), 근복사(近福寺), 개원사(開元寺), 노룡현(盧龍縣)을 지나 영평부(永平府)의 주가(朱家)에서 묵었다. 70리.	쌍망보(霋望堡)를 떠나 도중에
정월 14일 소만하(小灣河), 독석(獨石), 석제자(石梯子)를 지나 고죽성(孤竹城)에 들어가서 청성묘(淸聖廟) [청절사(淸節祠)]를 배알하고, 또 안하포(安河鋪), 야계타(野鷄坨), 사와포(沙窩鋪), 만주현(灣州縣)을 지나 심하역(深河驛) 유가(劉家)에서 묵었다. 70리.	영평부(永平府)를 떠나 난하(灤河)를 건넘. 칠가령(七家嶺) 곽소산장(宿郭小山庄)에 묵다.
정월 15일 요야산(拗爺山), 소청량(小淸凉), 대청량(大淸凉), 구산(求山), 신점(新店), 망우교(忙牛橋), 오리교(五里橋)를 지나 진자점(榛子店)의 동가(董家)에서 묵었다. 50리.	
정월 16일 낭와포(狼窩鋪), 철성감(鐵城坎), 석교(石橋), 판교(板橋), 사하(沙河), 은성포(銀城鋪), 압호산(壓虎山)을 지나 풍윤(豊潤) 왕가(王家)에서 묵었다. 50리.	진자점(榛子店)을 나와 풍윤(豊潤)에 묵다.
정월 17일 환향하(還鄕河), 용왕묘(龍王廟), 사하(沙河), 사류하포(沙流河鋪), 쌍교(雙橋), 양가하(梁家河), 양가점(梁家店), 한가점(韓家店), 오리교(五里橋), 불야암(佛爺庵), 진무묘(眞武廟)를 지나 옥전(玉田)의 여가(呂家)에서 묵었다. 80리.	사하점(沙河店) 사하점을 나서며[出沙河店] 옥전현(玉田縣)
정월 18일 팔리포(八里鋪), 석호교(石虎橋), 채정사(采亭寺), 대고류(大枯柳), 소고류포(小枯柳鋪), 구봉산(九鳳山), 황산(皇山), 진무묘(眞武廟), 제자산(梯子山), 별산(別山), 별산점(別山店), 황량돈(荒粮墩), 풍가둔(豊家屯), 광제교(廣濟橋), 운선사(雲禪寺), 신선정(神仙頂), 운량하(運粮河), 어양교(漁陽橋)를 지나 계주(薊州)의 왕가(王家)에서 묵었다. 80리.	진선령(眞仙嶺) 반산(盤山)을 바라봄 계주(薊州)에 들어가서
정월 19일 용석교(龍石橋), 독락사(獨樂寺), 공동산(崆峒山), 십리포(十里鋪), 시화산(柴火山), 백간포(白間	계문(薊門) 삼하(三河) 도중

이항복 『조천록』의 노정	허균 『조천록』의 노정
鋪), 공락점(公樂店), 석비아(石碑兒), 초하(草河), 고산(孤山)을 지나 삼사(三沙) 당가(唐家)에서 묵었다. 70리. 정월 20일 조림아(棗林兒), 백부도둔(白浮圖屯), 대신점(大新店), 소신점(小新店), 대니와포(大泥窩鋪), 소니와포(小泥窩鋪), 하점(夏店), 토이산(兎耳山), 고산(孤山), 유하둔(柳河屯), 마의파(馬醫坡), 소리(召里), 관음사(觀音寺), 양가장(楊家莊), 막가장(莫家莊), 화소둔(火燒屯)을 지나 통주(通州)의 대가(戴家)에서 묵었다. 70리. 여기서 이틀 동안 머뭄.	노하(潞河) 통주(通州)에서 새벽에 일어나 통주(通州)에 머물며
정월 23일 북경(北京)에 도착하여 동악묘(東嶽廟)를 관람하고, 묘문(廟門)에서 옷을 갈아 입고 조양문(朝陽門) 밖에 이르렀다. 정월 23일(계묘) 일행이 회동관(會同館) 남관(南館)에 머물렀다. 정월 27일(정미) 조현(朝見)을 하려고 5경에 동쪽 장안문(長安門) 밖에 나아가 있다가 동틀 무렵에 문이 열리자 다시 오봉문(五鳳門) 밖으로 나아가 있었다. 어로(御路)에 올라 오배 삼고두(五拜三叩頭), 이어서 광록시(光祿寺)의 마당으로 나아가서 황제가 하사한 술과 밥을 먹고 다시 어로(御路)로 나아가 일배 삼고두(一拜三叩頭). 3월 17일(병신) 조정에 하직 인사.	11월 16일 북경에 들어감. 17일 남관에 들어와 머물다[十七日 入寓南館]. 19일 자금성에 들어가 천자를 뵙고 [十九日見朝] 23일 조천궁에서 천자 알현 때의 의식을 연습하다[二十三日隸儀于 朝天宮](是曉始雪). 북경 서쪽 보리별원(菩提別院) 방문. 동짓날 자금성에 들어가 조회에 참가하고[至日入朝] 예부에 자문을 올림. 납월 초하루 눈이 살짝 내리기에 [臘月一日微雪] 12월 5일 납일에 자금성 서쪽에서 예부 과관을 만나려고 기다렸으나 만나지 못함. 초5일 밤에 짓다[初五日夜作]. 초6일 동성(東省) 12월 18일 *입춘(立春) *18일 경신 해시 초2각이 입춘. 12월 23일 자금성에 나아감. 대궐에서 사은의 예

이항복 『조천록』의 노정	허균 『조천록』의 노정
	*12월 28일 큰 눈이 내리다.
	*섣달 그믐 *설날 새벽 *인일(人日)
	*정월 보름
	1616년 1월 20일 칙지가 내려졌다고 들음.
	1월 26일 칙지가 26일에 비로소 내려오다[勅旨卄六日始下].
	북경. 2월 초하루 선조 승하일, 초 나흘은 선친 제삿날.
3월 18일(정유) 당에서 예부에 하직 인사. 저녁 나절 북경을 출발, 통주(通州)에 묵었다.	1616년 2월 3일 제경(帝京)을 출발하여 통주(通州)로
3월 20일(기해) 삼하(三河)에서 묵었다.	진자점(榛子店)에서 노룡(盧龍)
3월 21일(경자) 계주(薊州)에서 묵었다.	무령(撫寧)에서 산해관(山海關)에 이름.
22일(신축) 옥전(玉田)에서 묵었다.	산해관 조중산(曺重山) 객점에서
23일(임인) 풍윤(豊潤)의 곽가(郭家)에서 묵었는데, 여기서 사은사(謝恩使)를 만났다.	병을 앓음.
24일(계묘) 진자점(榛子店)을 지나 사하역(沙河驛)의 칠가령(七家嶺)에서 묵었다.	
25일(갑진) 영평부(永平府)에서 묵었다.	
3월 26일(을사) 무령현(撫寧縣)관내(關內)에서 묵었다.	
3월 27일(병오) 심하(深河)를 지나 산해관(山海關)에서 묵었는데, 차량(車輛)이 뒤떨어져 당도하지 못하므로, 여기서 6일간을 머물렀다.	
4월 4일(계축) 산해관을 지나서 날이 저물자 산해관 밖의 점가(店家)에서 묵었다.	산해관을 나섬
4월 5일(갑인) 고령(高嶺)을 지나 전둔위(前屯衛)에서 묵었다.	
4월 6일(을묘) 사하역(沙河驛)을 지나 동관(潼關)에서 묵었다.	동관(東關)
4월 7일(병진) 조장(曹莊)에서 묵었다.	
4월 8일(정사) 연산(連山)에서 묵었다.	연산(連山)
4월 9일(무오) 행산(杏山)에서 묵었다.	*한식(寒食)
4월 10일(기미) 소릉하(小凌河)를 지나 대릉하(大凌河)	진상서 묘(陳尙書墓)

이항복 「조천록」의 노정	허균 「조천록」의 노정
에서 묵었다.	대릉하(大凌河) 도중
4월 11일(경신) 십삼산(十三山)을 지나 여양(閭陽)에서 묵었다.	*청명일 여양(閭陽)에 들어감.
4월 12일(신유) 광녕(廣寧)에서 묵고 하루를 더 머물렀다.	
4월 14일(계해) 반산(盤山)에서 묵었다.	반산(盤山)
4월 15일(갑자) 고평(高平).	
4월 16일(을축) 사령(沙嶺)을 지나 우장(牛莊)에서 묵고 가던 도중에 서 급사(徐給事)를 만났다.	사령(沙嶺)
	삼차하(三叉河)
4월 17일(병인) 이 날 해주위(海州衛)를 지나 안산(鞍山)에서 묵었다.	안산(鞍山)
4월 18일(정묘) 수산령(首山嶺)을 넘어 요양(遼陽)의 회원관(懷遠館)으로 들어가 머물렀다.	수산포(首山舖)
	요동(遼東)
4월 21일(경오) 고령(高嶺) 밑의 촌사(村舍)에서 묵었다.	냉정(冷井)
4월 22일(신미) 토문자(土門子) 밑의 촌사에 당도했다.	연산관(連山關)
4월 23일(임신) 이도하(二渡河)에서 묵었다.	초하(삐河) 도중
4월 24일(계유) 강을 건넜다.	최가장(崔家庄)에 묵음.
	탕참(湯站)
	송골산(松鶻山)
	망강사(望江寺)
	1616년 3월 1일 압록강 도강.
	용만(龍灣)
	고진강(古津江)
	철산(鐵山) 객관 차련관(車輦館)
	납청정(納淸亭)
	가평관(嘉平館)
	박천(博川) 대정강(大定江) 선유
	대동서관(大同西館)
	1616년 3월 중 평양에 이름.

을병조천록
乙丙朝天錄

—

역주

〈을병조천록〉 서문

　젊어서(허균 1569년 생, 1588년 이전의 일) 둘째 형[1]이 말하길, "시 짓는 일은 반드시 도잠[2]과 사영운[3], 개원·천보[4] 연간의 성당 시인을 따라야 대가라 일컬을 수 있다."라고 했다. 손곡[5]도 그렇게 말했다. 조금 자라서는 이실지(李實之)[6] 및 권여장(權汝章)[7]과 사귀었는데, 그들은 이 말이

1　둘째 형 : 하곡(荷谷) 허봉(許篈, 1551~1588). 미암(眉巖) 유희춘(柳希春, 1513~1577)의 문하에서 공부하고, 1572년(선조 5) 춘당대시(春塘臺試) 병과(丙科) 3위(05/15)로 급제하여 벼슬길에 나아갔다. 1574년(선조 7) 성절사(聖節使) 서장관(書狀官)으로 북경을 다녀왔다. 율곡(栗谷) 이이(李珥, 1536~1584)를 탄핵한 죄로 갑산(甲山)에 유배되고 1585년(선조 18) 풀려난 후 방랑하다가 김화군(金化郡)에서 38세로 병사했다. 『하곡조천록(荷谷朝天錄)』·『이산잡술(伊山雜述)』·『북변기사(北邊記事)』·『독역관견(讀易管見)』·『해동야언(海東野言)』 등이 있었다. 일부는 전하지 않는다.

2　도잠(陶潛, 365~427) : 진(晉) 나라 은일지사. 자는 연명(淵明). 호는 오류선생(五柳先生). 사시(私諡)는 정절선생(靖節先生). 주좨주(州祭酒)를 시작으로 벼슬길에 나아가 팽택령(彭澤令)이 되었으나 80여일 만에 「귀거래사(歸去來辭)」 1편을 읊고 벼슬을 떠나 고향의 전원에서 지냈다.

3　사영운(謝靈運, 385~438) : 남조 송(宋)의 문신 겸 시인. 문제(文帝) 때 시중(侍中)이 되었으나, 참소에 걸려 사형되었다. 불교에도 조예가 깊어 『대반열반경(大般涅槃經)』 36권을 번역했다.

4　개원 천보 : 개원(開元)은 당나라 현종(玄宗)의 연호(713~741), 천보(天寶)는 당나라 현종의 두 번째 연호(742~754).

5　손곡(蓀谷) : 이달(李達). 본관은 원주(原州), 자는 익지(益之). 한리학관(漢吏學官)으로 있다가 물러나 시를 지으며 여생을 보냈다. 최경창(崔慶昌, 1539~1583), 백광훈(白光勳, 1537~1582)과 함께 삼당(三唐)이라는 별호를 들었다. 허균은 난설헌(蘭雪軒)과 함께 이달에게서 시를 배웠다.

6　이실지(李實之) : 이춘영(李春英, 1563~1606). 본관은 전주(全州), 호는 체소재(體素齋). 자가 실지이다. 1590년(선조 23) 경인 증광별시(庚寅增廣別試)에 급제했으나, 벼

너무 막연하다고[8] 여겨, 번번이 한유(韓愈)[9]와 두보(杜甫)[10], 진자앙(陳子昂)[11]과 소식(蘇軾)[12]을 종주로 삼았다. 그러다가 최동고(崔東皐)[13]를 만

슬은 종부시(宗簿寺) 첨정(僉正)에 그쳤다.

7 권여장(權汝章) : 권필(權韠, 1569~1612). 본관은 안동(安東), 호는 석주(石洲). 자가 여장이다. 동몽교관(童蒙敎官)이 되었으나 예조(禮曹)에 참예하라는 명을 어기고 강화로 내려갔다. 임숙영(任叔英)이 유희분(柳希奮)의 방종을 과거시험의 책문(策文)에서 공격했다가 삭과(削科)되자 「궁류(宮柳)」시로 풍간했다. 1621년 김직재(金直哉) 무옥(誣獄)에 연루된 조수륜(趙守倫)의 집에서 그 시고가 발견되어 심문을 당하고 함경도 경원부(慶源府)로 유배되어 가는 중 동대문 밖에서 술을 마시다가 작고했다.

8 막연하다고 : 원문은 '하한(河漢)'. 은하를 말하는데, 은하가 아득한 하늘에 있어서 분명하게 보이지 않듯이, 말하는 바가 막연하여 그 뜻을 알기 어렵다는 의미이다. 『장자(莊子)』 「소요유(逍遙遊)」에 "나는 그 말이 은하수처럼 한없이 계속되는 것 같아 놀라고 두렵다.[吾驚怖其言猶河漢而無極也.]"라는 말이 있다.

9 한유(韓愈, 768~824) : 당나라 시인이자 관리. 자는 퇴지(退之), 지금의 하남성(河南省) 맹현(孟縣) 사람. 25세에 과거 급제했으나, 오랫동안 벼슬을 얻지 못하다가, 사문박사(四門博士)를 거쳐 감찰어사(監察御史)가 되었다. 이때 항소(抗疏)의 일 때문에 광동성(廣東省) 양산현령(陽山縣令)으로 좌천되었다. 뒤에 형부시랑(刑府侍郎)이 되었으나, 척불(斥佛) 상소 때문에 다시 광동성 조주자사(潮州刺史)로 좌천되었다. 그 후 병부시랑을 거쳐 이부시랑이 되었다. 이부시랑을 지냈으므로 '한리부(韓吏部)'라 불리게 되고, 사후에 '문(文)'의 시호를 받았으므로 '한문공(韓文公)'이라고 불리게 되었다.

10 두보(杜甫, 712~770) : 당나라 시인. 자는 자미(子美). 20세부터 떠돌이로 돌아다니다가 엄무(嚴武)절도사(節度使) 아문의 절도참모 검교공부원외랑(節度參謀檢校工部員外郎)을 지냈다. 공부원외랑을 지냈으므로 후대에 '두공부'라고 일컬어졌다. 현전 시는 1,400여수가 있다.

11 진자앙(陳子昂, 660~702) : 당나라 문신 겸 시인. 자는 백옥(伯玉). 진사시에 합격한 뒤 정치 개혁에 관한 글을 올려 측천무후(則天武后)의 칭찬을 받았다. 인대정자(麟臺正字)가 되어 여러 벼슬을 거쳤으나, 정적의 모함에 빠져 43세로 옥사했다. 『진백옥집(陳伯玉集)』 10권이 전한다.

12 소식(蘇軾, 1037~1101) : 송나라 관료이자 문인. 자는 자첨(子瞻). 호는 동파거사(東坡居士). 과거에 급제한 후 전중승(殿中丞)이 되어 왕안석(王安石)의 신법을 시로 풍자했다. 이후 정치적 부침이 심했다. 『동파전집(東坡全集)』 150권이 전한다.

13 최동고(崔東皐) : 최립(崔岦, 1539~1612). 본관은 통천(通川), 자는 입지(立之), 호는 동고(東皐) 또는 간이(簡易). 1561년(명종 16) 신유 식년시 문과에 장원급제했다. 임진왜란 때 승문원 제조(承文院提調)를 지냈다. 그 뒤 형조참판(刑曹參判)을 지냈으며, 자청하여 간성군수(杆城郡守)로 나갔다. 허균은 선조 36년인 1603년에 사복시정에서 파직된 후

났는데, 번번이 그의 지론은 옛것을 답습하지 않고 새로운 뜻을 내는 것을 제일의(第一義)로 삼았다. 나는 늘 세 분의 시론을 가슴에 간직하면서도 속마음에 스스로 결단을 내릴 수가 없었다. 대개 일찍이 『시』 삼백편과 서경(서한) 이후 악부와 고시, 위·진과 육조와 당·송의 여러 명가들, 그리고 국조(國朝)[14]의 하경명(何景明)·이동양(李東陽)이 지은 것을 전부 취하여 숙독하고 풍송했더니, 음영한 시들이 처음에는 상당히 청량했으나, 근량이 부족한 것이 한스러웠다.[15] 노선을 바꾸어서 도도하게 뜻 가는 대로 따라가자, 금석 소리와는 조금 어긋났다.[16] 마침내 자기만의 생각으로 어휘를 창안하고 주제를 세우자, 굳세고 단단해서, 우아함을 상실하여 옛 시풍에서 떠난 것이 많았으므로, 마침내 저 세 분[17]의 시론과는 서로 참입(參入)할 수 없다는 사실을 알았다. 이와 같이 하여 그치지 않으면, 곤룡포의 헤진 곳을 성근 올의 비단[18]으

풍악을 여행하고 「동정부(東征賦)」를 지었는데, 간성군수로 있던 최립을 만나 그의 시문을 열람한 사실을 밝히고, 고문과 명산을 함께 본 것이 큰 수확이라고 말했다.

14 국조(國朝) : 본래 허균이 생존한 당대의 조선을 가리키는 말인데, 여기서는 명나라를 가리킨다.

15 근량이 부족한 것이 한스러웠다 : 왕세정(王世貞)의 『예원치언(藝苑巵言)』 권4에 다음과 같은 논평이 있다. "何仲默取沈雲卿‘獨不見’, 嚴滄浪取崔司勳「黃鶴樓」, 爲七言律厭卷. 二詩固甚勝, 百尺無枝, 亭亭獨上, 在厭體中, 要不得爲第一也. 沈末句是齊梁樂府語, 崔起法是盛唐歌行語. 如‘織官錦間一尺繡’, 錦則錦矣, 如全幅何? 老杜集中, 吾甚愛 ‘風急天高’一章, 結亦微弱; ‘玉露凋傷’, ‘老去悲秋’, 首尾勻稱, 而斤兩不足. ‘昆明池水’, 穠麗況切, 惜多平調, 金石之聲微乖耳. 然竟當於四章求之."

16 금석 소리와는 조금 어긋났다 : 위에 든 왕세정(王世貞)의 『예원치언(藝苑巵言)』 권4 논평을 참조.

17 삼가(三家) : 이실지(李實之), 권석주(權石洲), 최동고(崔東皐).

18 성근 올의 비단 : 원문은 ‘추증(麤繒)’이다. 어설픈 재주를 뜻한다. 소식(蘇軾)의 「동전이 떠나가면서 남긴 시에 화운하여[和董傳留別]」에서 “거친 비단과 큰 베로 일생을 감쌌지만, 뱃속에 시서가 있으매 기운이 절로 빛난다.[麤繒大布裹生涯, 腹有詩書氣自華.]”라고 했다.

로 보충하게 될 텐데, 도끼로 아로새긴[19] 외관을 어디에 쓰겠는가? 나의 시가 모두 세 번 변한 것은 모두 이것에서 말미암으니, 가슴을 문지르며 손가락을 깨물기만[20] 할 따름이다.

최근에 석주(石洲) 권필(權韠) 옹이 붓과 벼루를 태우고 절필한 것[21]을 본받아서, 시를 짓지 않겠다고 맹세한 것이 거의 서너 해가 되었다. 지난 해[광해군 7, 1615, 을묘] 중국에 사행가다가, 도중의 길이 어렵고 고통스러워서 근심을 풀 길 없어서, 짐짓 다시 손이 움직이는대로 마음 속을 베껴내어 한 때의 감회를 시에 우탁하니, 오랜 시간이 지나자 비단 시 주머니에 넘쳐 났으므로, 그것들을 엮어서 360여 편을 이루었다. 기려하고 고우며 쾌활하고 기름 짐[기염부유(綺艶敷腴)]은 비록 지난 날에 미치지 못하지만, 화평하고 돈후함[화평돈후(和平敦厚)]은 젊어서의 작품보다 지나친 점이 있었으니, 마음에 구상을 하여 얻은 것이 아

---

19 도끼로 아로새긴 : 원문은 '부조(斧藻)'이다. 수식(修飾)을 뜻한다. 양웅(揚雄) 『법언(法言)』「학행(學行)」에 "나는 그 덕을 수식하기를 서까래의 작은 기둥을 수식하듯 하는 이를 보지 못했다.[吾未見好斧藻其德, 若斧藻其棁者也.]"라고 했다.

20 손가락 깨물면 : 한유가 장철(張徹)에게 답한 시(「答張徹」)에, "미친 짓 한 것을 이미 손가락 깨물며 후회하니, 경계하는 글 남기고 인하여 가슴에 새기었네.[悔狂已咋指, 垂誡仍鐫銘.]"라고 했다. 한유가 전에 화산(華山) 정상의 험준한 곳에 올라갔다가 내려오지 못하고는 죽을 것이라고 생각하여 집안 식구들에게 유서를 남겨 절대 위험한 곳에 올라가지 말라고 경계한 일을 읊은 것이다.

21 붓과 벼루를 태우고 절필한 것 : 원문은 '분필연(焚筆硯)'이다. 여기서는 권필이 「궁류(宮柳)」 시로 필화를 입고 귀양길에 올랐다가 죽은 일을 가리킨다. 본래 한유(韓愈)의 「독서(讀書)」 시에 "(전략) 지난 날 처음 스승을 따르면서, 힘써 배우며 벼슬살이로 나아가길 희망했던 일 생각해 보니, 그때 어찌 감히 명성까지 얻고자 했겠는가? 오직 가난하고 미천한 지위 벗어나기만 기대했지. 책 읽느라 식사도 잊어 버렸으니 해는 이미 저물었고, 밤부터 아침까지 아궁이에 장작을 때었네. 그때 나는 '뜻을 얻게 된 이후, 즉시 붓과 벼루를 불살라 버리고, 고생했던 시절 조금이나마 보상받기 위해, 실컷 잠자고 먹는 일만 해야지.'라고 했다네.(후략)[念昔始從師, 力學希仕宦. 豈敢取聲名? 惟期脫貧賤. 忘食日已晡, 燃薪夜侵旦. 謂言得志後, 便可焚筆硯. 少償辛苦時, 惟事寢與飯.]"라고 했다.

니었기 때문에 마침내 깊이 사색하여 겨우 얻은 것보다 낮게 된 것으로, 나도 그것이 어떤 연유로 그러한지를 알지 못하겠다. 옛 사람과 비교한다면, 비록 나란히 함께 말을 몰아 내달릴 수는 없지만, 요컨대 세상에 쓰이는 것으로 말하면, 제대로 쓰임이 다하지 않았다는 한탄은 절로 없다. 식견이 있는 사람은 나의 말을 인가해줄 것인가 아닌가?

난우(蘭嵎) 주태사(朱太史)[22]가 내 문집의 서문을 구아(九我) 이각로(李閣老)[23]에게 청하면서 평하기를,[24] "시는 화천(華泉) 변공(邊貢)[25]의 맑은

---

22 주태사(朱太史) : 명나라 주지번(朱之蕃, 1575~1624). 자는 원평(元平), 난우(蘭嵎)는 그의 호이다. 명나라 신종(神宗) 34년(1606)사신으로 조선에 왔다. 허균은 원접사(遠接使) 유근(柳根)의 종사관으로 주지번을 만났다.

23 이각로(李閣老) : 명나라 문신 이정기(李廷機, 1542~1616). 자는 이장(爾長), 호는 구아(九我). 주지번(朱之蕃)의 부탁으로 허균의 『성소부부고(惺所覆瓿藁)』에 서문을 썼다. 저서로 『사서억설(四書臆說)』·『통감절요(通鑑節要)』·『이문절문집(李文節文集)』 등이 있다. 각로(閣老)는 재상 직의 관리를 높여서 부르는 말이다. 이정기는 1606년 예부상서 겸 동각대학사(東閣大學士)로 내각에 들어갔다가 1612년 치사(致仕)한 뒤였다.

24 난우~평하기를 : 주지번이 조선에 왔을 때 허균의 시문을 읽어 보고 전집을 보여달라고 청했으므로, 허균은 1613년(광해군 5) 문집 1부를 중국으로 보내면서, "해내(海內) 대방가(大方家)의 일언(一言)을 빌려 책머리를 장식하고 싶다."라고 부탁했다. 이때 주지번이 이정기에게 부탁했으므로, 이정기가 서문을 지어, 그것이 현전본『성소부부고』의 권수(卷首)에 실려 있다. "만력(萬曆) 계축년(1613, 광해군5) 계춘(季春) 하사일(下巳日)에 진강(晉江) 이정기 이장보(李廷機爾張父)는 쓴다."라고 서명했다. 이정기는 주지번의 평어를 인용했는데, 주지번은 허균의 시문에 대해 "그의 문(文)은 우여 완량(紆餘婉亮)하여 왕엄주(王弇州)의 만경(晩景)과 비슷하고, 시(詩)는 창달 섬려(暢達贍麗)하여 변화천(邊華泉)의 아치(雅致)가 있다.[其文紆餘婉亮, 似弇州晚境. 其詩暢達贍麗, 有華泉雅致.]"라고 했다.

25 변공(邊貢, 1476~1532) : 명나라 문인. 십재자(十才者)의 1인. 자는 정실(廷實), 호는 화천(華泉), 산동성(山東省) 제남(濟南) 사람. 벼슬은 호부상서(戶部尙書)에 이르렀다. 허균은 일찍이 「변화천집을 읽고서[讀邊華泉集]」를 지어 『성소부부고』 제2권 「시부 2 ○ 병한잡술(病閑雜述)」에 남겼다. "상서의 시는 비단에 꽃을 더한 격으로 좋으니, 심전기(沈佺期)·송지문(宋之問), 고적(高適)·왕유(王維)들아 너희는 뽐내질 마라. 자호(하양준)가 참으로 식자임을 믿겠네. 청고하고 농염하여 역시나 명가로세." 하양준(何良俊, 1506~1573)의 초자(初字)는 등지(登之), 후자(後字)는 원랑(元朗), 호는 자호(柘湖)로, 송강(松江) 화정(華亭) 사람이다. 가정(嘉靖) 31년(1552) 세공생(歲貢生) 신분

운치가 있고, 문장은 엄주(弇州) 왕세정(王世貞)[26]의 만년 경지와 비슷합니다."라고 했으니, 뜻밖에 지나치게 추켜준 듯하여서, 이것은 감당하지 못한다. 그렇기는 하지만, 남의 발 아래서 살아가는 것은 깊이 부끄럽게 여기는 바이기에, 차라리 닭의 부리가 되는 것이 낫지 않겠는가? 짐짓 이 시권의 머리에 이 글을 두어, 남들이 더 괴이하게 여기고 꾸짖게 만들 따름이다.

때는 명나라 만력(萬曆)[27] 병진(丙辰 : 1616) 3월 3일[28] 저녁, 촉재주인(燭齋主人)이 용만(龍灣 : 평안북도 의주)의 반금당(伴琴堂)에서 쓴다.

少日聞仲兄語 :"作詩必從陶·謝·開·天來, 可稱大方家."蓀谷亦云. 稍長, 交李實之·權汝章, 則以是言爲河漢, 每以韓·杜·陳·蘇爲宗. 及見崔東皐, 其持論, 每以不襲古出新意爲第一義. 不佞常服膺三家之論, 未敢自決於衷. 盖嘗悉取三百篇, 西京以還, 樂府古詩, 魏晉六朝, 唐宋諸名家, 暨國朝何·李諸人所作, 熟讀而諷誦之, 所吟詠初頗淸亮, 恨乏斤兩矣, 而改轍則滔滔從意, 金石之聲微乖. 遂以己見創詞立意, 則堅硬傷雅, 離古者多, 迺知三家之論, 不可相入. 若此

으로 특별히 남경 한림원 공목(南京翰林院孔目)에 제수되었다. 박학으로 이름이 높아서, 양신(楊愼)·호응린(胡應麟)·왕세정(王世貞)에 버금간다고 일컬어졌다. 저서로 『사우재총설(四友齋叢説)』·『하한림집(何翰林集)』·『자호집(柘湖集)』·『청림각집(淸森閣集)』·『하씨어림(何氏語林)』·『세설신어보(世說新語補)』·『서화명심록(書畫銘心錄)』·『계상청언(溪上淸言)』 등이 있다.

26 왕세정(王世貞, 1526~1590) : 명나라 문인. 자는 원미(元美), 엄주는 그의 호인데, 다른 호로 봉주(鳳洲)가 있다. 이반룡(李攀龍)과 나란히 일컬어졌다. 벼슬은 형부상서(刑部尚書)에 이르렀다.

27 만력(萬曆) : 명나라 신종(神宗)의 연호(1573~1620).

28 병진(丙辰, 1616) 3월 3일 : 『광해군일기(光海君日記)』 제100권, 광해군 8년 2월 29일(경오) 조에, "예조에서 글을 올려 왕께 아뢰기를, 이번에 동지 사은 겸 진주사로 갔던 민형남(閔馨男)과 허균이 황제의 칙서를 가지고 왔습니다.[禮曹啓曰 : 今此冬至謝恩兼陳奏使閔馨男許筠等賚來.]"라고 했다. 사신 일행이 의주(義州)에 도착한 날짜에 이 기사를 실어둔 것이다.

不已, 則龍袞之敝, 補以黼繪, 奚用於斧藻之觀乎? 僕之詩凡三變者,
皆坐于此, 捫心咋指而已.

頃歲懲於洲翁焚筆硯, 矢不作詩, 幾三歲餘矣. 客歲朝天, 道途艱
苦, 無以解憂, 聊復信手陶寫, 以寓一時之感懷, 久之溢於錦囊, 編成
三百六十餘篇, 其綺艷敷腴, 雖不逮前日, 而和平敦厚, 有過於少作,
以其不經意而得之, 故迺愈於湛思淵索之所獲, 吾亦不自知其所由然
矣. 比之古人, 雖不敢並駟〔*驅〕而馳, 要之用於世者, 自無不匱之恨.
知者印可吾言否?

蘭嵎朱太史問鄙集序於九我李閣老, 評曰 : "詩有華泉清韻, 文似弇
州晚境." 驟似過獎, 寔不敢當. 雖然向人脚下作生活, 所深恥也, 毋寧
作雞口乎哉? 聊以弁此卷, 以增人怪罵云.

時皇明萬曆丙辰三三日夕, 燭齋主人書于龍灣之伴琴堂.

을병조천록 1부

(1615.9.6.~11.24.)

1-1. 9월 6일 압록강¹을 건너며[九月初六日渡鴨江]

변방 술이 이별 소매 붙잡으나
강바람은 저녁나절 배를 내모네.
작년에도 올해도 사행 길에 나서나²
어느 날 천자를 궁중에서 뵐 것인가?
석양은 뉘엿뉘엿 차가운 변새를 가르고
안개는 잦아들어 먼 모래밭에 하늘하늘.
고향을 머리 돌려 바라보면
서른 일곱개 역참³을 지난 곳.

塞酒牽離袂, 江風進晩舡. 連年頻客路, 幾日觀天庭?
落照劃寒徼, 殘烟裊遠江. 故鄕回首處, 三十七長亭.

---

1 압록강(鴨綠江) : 원문은 '압강(鴨江)'. 다른 이름은 패수(浿水), 마자수(馬訾水), 익주
   수(益州水)이다. 압록강이라는 말은 고구려시대부터 쓰였다.
2 작년에도~나서나 : 허균은 1614년(광해군 6)에 천추 겸 사은정사로 북경을 다녀왔는
   데, 이 해(1615) 종계변무의 일을 처리하고 공성왕후의 적복(翟服)을 청하기 위해 동지
   겸 진주부사로서 북경으로 향했다.
3 역참 : 원문은 장정(長亭). 옛길에 5리와 10리마다 각각 정자를 두어 행인들이 쉴 수
   있도록 했는데, 5리마다 있는 것을 단정이라 하고, 10리마다 있는 것을 장정이라 했다.
   소식(蘇軾)의 「송운판주조봉입촉(送運判朱朝奉入蜀)」에 "꿈속에 서남쪽 찾아가는 길
   에, 묵묵히 장단의 정자를 헤아린다.[夢尋西南路, 默數長短亭.]"라고 했다.

해설 1 1615년 8월 13일(정해) 민형남(閔馨男)을 동지 겸 진주사(冬至兼陳奏使)로 삼고, 윤8월 8일(임자)에 광해군은 선정전에서 동지 겸 진주사 민형남과 부사 허균을 인견했다. 이날 명나라 황제에게 보내는 주본(奏本)이 완성되었다. 『광해군일기』에 수록된 주본에는 '원통한 무함을 통렬히 분별하여 밝게 씻어주기를 바라는 일'만 실려 있고, 공성왕후의 적복을 청하는 일은 실려 있지 않다. 진주사행의 서장관은 최응허(崔應虛, 1572~1636)였다. 사행 때 허균은 외가쪽 서족이자 서리(書吏)인 현응민(玄應旻)과 한리학관 이장배(李長培)를 대동했다.

해설 2 허균은 이 『을병조천록』에서 서장관에 관해 불과 한 번 언급했다.[4] 서장관 최응허는 명청교체기인 1621년 5월 사은부사로 사은정사 이경함(李慶涵), 서장관 안경(安璥)과 함께 해로를 통해 명나라에 갔다왔는데, 1621년 윤2월 22일부터 11월 20까지의 사행 임무를 『조천일기』(모덕사 소장)로 남겼다.[5] 본관은 경주, 자는 공진(拱辰). 최수준(崔秀俊)의 증손으로, 할아버지는 최언방(崔彦邦)이고, 아버지는 최완(崔岏)이며, 어머니는 노식(盧植)의 딸이다. 1601년(선조 34) 생원시에 합격한 뒤 1603년(선조 36) 식년문과에서 을과로 급제하였다. 선조 때 예조좌랑·병조좌랑을 역임하고, 광해군 때 『선조실록』 편수관이 되었다. 1611년(광해군 3) 경기도사로서 서경덕(徐敬德)의 치제관(致祭官)을 맡았다. 1616년(광해군 8) 서장관으로 갔다온 후, 전답 10결(結)과 노비 2구를 하사받았

---

4 2-65 「서장관이 천단과 국학에 노닐러 갔으나 나는 병이 들어 가지 못했다[行臺遊天壇國學余有病不赴]」 참조.

5 왕가(王珂)·한종진(韓鐘鎭), 「명청교체기 또 다른 최초의 해로조천록 – 최응허(崔應虛)의 조천일기(朝天日記)」, 『한중관계연구』 8-1, 원광대학교 한중관계연구원, 2022.2, 85~108쪽. 『조천일기』는 국립문화재연구소 홈페이지→ 연구마당→ 원문정보 통합서비스→ 미술→ 조선시대 개인일기 창에서 검색가능, https://portal.nrich.go.kr/kor/diaryList.do?menuIdx=1035

다. 장령·승지·수원부사 등을 역임했다. 인조반정 후 이이첨(李爾瞻)의
일당으로 폐모론에 앞장섰다 하여 탄핵되었다.

1-2. 지난 해 압록강을 건너는 날 구 유웅[구탄(丘坦)][6]이 망강사[7] 연회에
    초청하시기에 시를 지어 드렸는데,[8] 금년에 또 사신으로서 다시 압
    록강을 건너게 되니 구공이 무예 시험의 일로 힐책 공문을 받고
    요양[9]으로 가셔서 옛 모임을 이을 수 없게 되었으므로 느낌이 있어
    짓다[客歲過江之日 丘遊戎邀宴望江寺 賦詩相贈 今年又叨使价 再涉鴨江 則丘
    公以試武擧蒙臺檄 往遼陽 不獲屬舊會 感而賦之]

    강 언덕 절에서 지난 해 모였을 때
    번당과 사령기 하늘을 메워 현란했지.
    글 주고받으며 격조했던 정을 펴고
    웃고 이야기하며 느긋하게 머물렀네.
    사행 깃발 앞세우고 힘들여 거듭 들렀건만

---

6 구 유웅 : 구탄(丘坦, 1564~?). 자는 탄지(坦之), 호는 장유(長孺). 마성(麻城) 사람이
   다. 명나라 만력(萬曆) 연간에 제생(諸生)으로『춘추경(春秋經)』으로 과거에 응시했
   으나 여러 차례 낙방하자 1606년(만력 34) 석책(射策)으로 순천부(順天府) 무과(武科)
   의 해원(解元)을 했으며, 그 해 겨울 순천부 회원(會元)으로 합격했다. 해주참장(海州參
   將)으로 승진해서 6년간 재직했다. 요해(遼海) 진강(鎭江)[구련성(九連城)] 유격장군
   (遊擊將軍)으로 있다가 돌아왔다.
7 망강사 : 다른 조천록이나 연행록에는 나타나지 않는다.
8 시를 지어 드렸는데 : 작년에 허균이 지은 시는 전하지 않는다. 김중청(金中淸)의「망강사」
   시가 있어, 구 유격(丘遊擊) 탄(坦)에게 차운한다고 했다. 金中淸,「望江寺.次丘遊擊(坦)」,
   『苟全先生文集』권1. "良覿人間自有時. 關河何幸得瞻依. 已知氣槩逢時合. 曾仰聲名並海
   飛. 樽酒一堂眞勝會. 瓊琚數幅又華歸. 臨行欲謝慇懃意. 愧我詩成字字非." 단, 평성 제5
   微운으로, 허균의 차운시가 '연(筵)'자를 골라 평성 제1 先운을 압운한 것과 다르다.
9 요양(遼陽) : 지금의 요녕성(遼寧省)에 딸린 요하(遼河) 북쪽에 있는 요양시(遼陽市).

이별의 술잔을 다시 돌리지 못하다니.

요동 도독이 경비를 부디 철거해 주어

다시 연회 자리 오르도록 해락해 주었으면.

崖寺前年會, 幢旄絢塞天. 篇章申契濶, 談咲借留連.

征斾勞重過, 離杯負更傳. 遼圍行撤棘, 倘許再登筵.

해설 구탄은 이지(李贄)의 친구로서, 시문을 잘 짓고 서법에 뛰어났으며, 유람을 좋아했다. 공안삼원(公安三袁)과 긴밀하여, 원굉도(袁宏道)의 문집에 그와 주고받은 시문이 많다. 『남북유고(南北遊稿)』·『초구집(楚邱集)』·『도요집(度遼集)』 등을 남겼다. 『마성현지(麻城縣志)』에 전(傳)이 있다. 1574년(명나라 만력 24) 겨울, 원종도(袁宗道)가 그의 『북유고(北遊稿)』에 서문을 적어 이렇게 말했다. "그의 시는 한(漢)·위(魏) 사람의 시가 아니고 육조(六朝) 사람의 시가 아니며, 또 초당·성당·중당·만당 사람의 시가 아니라 구장유 씨의 시이다. 구장유의 시가 아니라 구장유이다. 그렇기에 이것으로 구장유 시를 논하고, 이 시로 구장유를 논하는 것이 모두 초부(焦腑, 끓는 속마음)에 관계되어 있다."(『白蘇齋類集』 권10) 이보다 앞서 1601년(선조 34) 39세 때 명나라 황태자의 책례(冊禮)를 거행한 것과 관련하여, 『선조수정실록』 선조 34년 10월 1일의 기사에 의하면, 명나라 신종(神宗)이 한림원 시강(翰林院侍講) 고천준(顧天峻)과 행인사 행인(行人司行人) 최정건(崔廷健)을 보내 황태자의 책봉 조서(冊封詔書)를 보내왔다. 조선 조정은 대제학 이정귀(李廷龜)를 원접사로 삼고 이호민(李好閔)을 의주 영위사(義州迎慰使)로 삼아 의주(義州)에서 영접하도록 했다. 이정귀는 이조 정랑 박동열(朴東說), 예조 정랑 이안눌(李安訥), 이조 좌랑 홍서봉(洪瑞鳳)을 종사관으로 삼고, 사인(士人) 권필(權韠)을 뽑아서 제술관을 삼았다. 『월사집』 별집 제5권 간첩

(簡帖)「구 유격 탄에게 답하는 서찰[答丘遊擊(坦)書]」이 있고, "병진년 (1616, 광해군 8) 조천할 때이다.[丙辰朝天時.]"라는 주가 있으며, 구탄의 서찰이 부록되어 있다. 『월사집』 권41 「팔억시발(八憶詩跋)」은 구탄이 요동 지방에 부임한 뒤에 지은 「팔억시」에, 구탄의 부탁을 받아 지은 발문이다. 『광해군일기』를 보면, 1618년(광해군 10, 무오) 6월 20일(정축)에 "진강(鎭江)의 참장(參將) 구탄이 자리를 옮겨 왕 군문(汪軍門)의 찬획(贊畫)으로 충원되고 신임 참장으로는 교일기(喬一琦)가 장차 상임 (上任)이 될 것이라고 의주 부윤(義州府尹)이 치계하여 보고했다."라는 기사가 있다. 『연행록총서』 수록 『귀암집』 제12권 「귀암이원정연행록 (歸巖李元禎燕行錄)」 1670년(현종 11, 경술) 7월 6일(경신) 기록에 따르면, 구련성(九連城) 아래 길가에 「장유구장군거사비(長孺丘將軍去思碑)」가 있는데, 1618년(명나라 만력 무오, 광해군 10)에 세운 것으로 용담산인(龍潭山人) 유국진(劉國縉)이 비문(碑文)을 지었다고 한다. 구련성은 일명 '진강성(鎭江城)'이라고 한다. 김군석(金君錫)은 1602년(선조 35) 7월부터 1709년(숙종 35) 9월까지 108년 동안 국조(國朝)에서 일어난 중요한 사건들을 편년체로 구성하여 『동각산록(東閣散錄)』 필사본 12책을 엮었는데, 그 가운데 진강 유격장군(鎭江游擊將軍) 구탄이 중강(中江) 개시 (開市)를 허락하지 않는다는 일로 우리나라에 화를 냈다는 기사가 있다. 『광해군일기』의 1618년(광해군 10) 3월 13일 조의 기사를 요약하면 다음과 같다. 진사 이건원(李乾元) 등이 상소하여, "진강의 유격 구탄이 중강에 개시(開市)하는 것을 허락하지 않는다는 이유로 우리나라에 화를 내고 있으니 뒷날 반드시 우리를 무함할 소지가 있습니다. 이극신 (李克信)이 또 변방에서 화근을 만들어 진강으로 하여금 성을 쌓고 병력을 증강시켜 우리나라의 일에 대비하게 했으니, 뒷날의 화는 필시 이보다 심할 것입니다. 변무(辨誣)하는 임무를 사은사(謝恩使)에게 맡

겨 속히 진강에서 성 쌓는 일을 그만두게 함으로써 중국인들이 그 성을 가리켜 '몇 년도에 조선이 배반하려 하자 이 성을 쌓았다.'라는 말을 하지 못하게 하소서." 했다.

1-3. 마우촌[10]에서 묵으며 꿈에 철옹성[11] 기녀 주옥을 보고서[宿磨隅村 夢見鐵甕妓珠玉] 주옥은 상사의 군관 최장련 율[12]의 정인이다.[玉乃上使軍官崔 長連崔之情人.]

혼과 혼이 만남은 본시 우연이 아니다만
푸른 이불 속에 국향[13]과 나란히 눕기란 어려우리.
간드러지게 양관곡[14] 부른다만
최랑의 꿈 속에 전해 옴만 하랴?
魂與魂逢本偶然, 翠衾難許國香聯.
纖歌猶唱陽關曲, 爭向崔郎夢裏傳?

10 마우촌(磨隅村) : 현재의 지명은 미상.
11 철옹성(鐵甕城) : 영변(寧邊)을 말한다.
12 최율(崔嵂, 1575~1652) : 상사 민형남의 군관. 본관은 강릉(江陵), 자는 백첨(伯瞻). 허목(許穆)이 작성한 묘갈명이 있다. 許穆, 「僉知中樞崔公墓碣銘」, 『記言』墓碣.
13 국향(國香) : 경국지색(傾國之色)을 뜻한다. 혹은 『춘추좌씨전(春秋左氏傳)』선공(宣公) 3년 정(鄭)나라 문공(文公)의 첩 연길(燕姞)이 꿈에 천사(天使)가 난초를 주며 "이 난으로 아들을 만들어 줄 것이니, 난은 나라 꽃 중에 향기가 으뜸이므로, 사람들이 그를 난처럼 친애하고 사랑할 것이다."라고 했다는 고사와 연관지을 수도 있다. 문공이 연길에게 난을 주며 잠자리를 하려 하자, 연길이 "제가 재능도 없는 몸으로 요행히 임신하더라도 사람들은 임금의 아이로 믿지 않을 것이니, 이 난을 증거로 삼아도 되겠습니까?" 하니, 문공이 좋다고 했다. 뒤에 아들을 얻어 난(蘭)이라 이름을 지으니, 바로 목공(穆公)이다.
14 양관곡(陽關曲) : 원이(元二)가 안서(安西)지방 사신이 되어 떠날 때에 왕유(王維)가 지어 준 「송원이사안서(送元二使安西)」에 곡을 붙여 부른 노래이다. 마지막 두 구를 세 번 반복하여 불렀으므로 양관삼첩(陽關三疊)이라고도 했다.

1-4. 세천¹⁵ 길에서[細川途中]

변새에 가을 기운 짙고
산촌에 어두운 구름 일어나,
찬 구름이 큰 사막에 흙비 쏟자
외론 새가 긴 숲에서 나오누나.
귀하게 여길 일은 나랏일 수행이니
어이 장석처럼 향수를 읊으랴?¹⁶
남아가 행차하는 이곳을
이국이라고 마음 아파 말아라.

塞國多秋氣, 山村起暝陰. 寒雲霾大漠, 孤鳥出長林.
所貴從王事, 寧堪發舃吟? 男兒行處是, 異地莫傷心.

1-5. 밤에 손가둔¹⁷에 묵으며[夜宿孫家屯]

아이 울고 길손 코 골아 잠 못 이루니
긴 밤이 한 해 같아 곱절 처량하다.

---

15 세천(細川) : 세포(細浦) 또는 세하(細河). 옛날에는 후수(候水)라 하고, 명나라 때는
   청하(淸河)라고 했다. 청나라 때 몽고명칭은 석일탑라하(錫日塔拉河), 한족 명칭은 마
   안하(馬鞍河)이다. 상류는 이마도하(伊馬圖河)로, 대릉하(大凌河)의 수계이다. 지금의
   요녕성(遼寧省) 서쪽 부신시(阜新市)에 딸린 지명으로, 조선의 의주(義州)에서 북경
   쪽으로 78리(31.2km) 지점에 해당한다.
16 장석처럼 향수를 읊으랴 : 전국 시대 월나라 사람 장석(莊舃)이 초(楚)나라에서 벼슬하
   며 부귀를 누렸지만 고국을 잊지 못하여 병중에 월나라 노래를 부르며 향수를 달랬다는
   고사가 있다. 『사기(史記)』「장의열전(張儀列傳)」에 나온다.
17 손가둔(孫家屯) : 중국 요녕성(遼寧省) 봉성시(鳳城市) 부근에 있던 마을 이름이다. 중국
   의 자료에는 청나라 강희(康熙) 연간에 손세룡(孫世龍)·손세호(孫世虎) 형제가 부근의

거센 바람은 사립 흔들며 장막에 불어오고
밝은 달빛은 창 뚫고 들어와 침상을 비추네.
세월 뉘엿뉘엿 흐르니 몸 또한 늙어가서
영총(榮寵)과 훼욕(毁辱)이 유유하여 스스로 놀라는데,
마굿간 말이 차츰 울어대고 마부들 소란하기에
일어나 바라보니 은하가 벌써 서쪽으로 기울었다.

兒啼客軒睡難成, 長夜如年倍愴情.
風力撼扉吹幔動, 月華穿牖到床明.
光陰冉冉身將老, 寵辱悠悠念自驚.
櫪馬漸嘶徒御鬧, 起看河漢已西傾.

1-6. 쌍령[18](霅嶺)

변새의 관문에는 구름이 검어도
추운 벼랑 들국화는 금빛이로군.
연년이 먼곳에 길손이 되어
번번이 타향에서 절기를 맞누나.
산마루 바위는 위태하게 기울었고
시내 흐름은 굽어가다 길게 뻗누나.
나랏일로 분주하여[19] 세월을 잊었더니

당가장(唐家莊) 양하묘(兩河廟)를 이곳에 옮기고 마을을 세웠고, 둔지에 경작을 했으므로 손가둔이라 한다고 했다. 하지만 허균의 시로 보아 손가둔은 그보다 유래가 오래다.

18　쌍령(霅嶺) : '雙嶺'을 말한다. 안시성(安市城)에서 북경 쪽으로 80리(32km)에 있는 고개이다. 대쌍령과 소쌍령이 있어, 소쌍령을 소장령(小長嶺)이라 했다.

19　나랏일로 분주하여 : 원문은 '구치(驅馳)'. 촉한(蜀漢) 제갈량(諸葛亮)의 「출사표(出師

내일이 바로 중양절(9월 9일).

絶塞關雲黑, 寒崖野菊黃. 頻年爲遠客, 佳節每他鄕.

嶺石危仍仄, 川流曲復長. 驅馳忘歲月, 來日是重陽.

[형식] 오언율시. 쌍운(雙韻). 쌍령을 노래하므로 일부러 쌍운을 사용했다. 즉 홀수구는 입성 운을 밟고 짝수구는 평성 운을 밟았다.

1-7. 옹북하[20]에 이르러 주인이 자라 세 마리를 그물로 잡아 왔기에 돈을 주고 사서 물속에 놓아 주다[到甕北 主人網三鼈 贖放水中]

아가미 꿰어지고 비늘 터져 기색이 아득아득
네가 죽어가는 것이 슬퍼 돈 주고 샀노라.
잘 가게 강 바다로 멀리 가서 나를 잊게나
이 늙은이는 원래 보답 받을 마음이 없어요.

鰓穿甲坼氣岑岑, 哀爾垂亡贖以金.

好去相忘江海遠, 老夫元沒責恩心.

1-8. 9일 옹북령[21]을 넘으며 짓다[九日踰甕北嶺作]

변새에 가까와 추위가 빨리 오고

表)」에 "이로부터 감격하여 마침내 선제께 촉한을 위해 분주히 노력할 것을 승낙하였습니다.[由是感激, 遂許先帝以驅馳.]"하였다.

20 옹북하(甕北河) : 원문은 '옹북(甕北)'. 소쌍령 즉 소장령(小長嶺)에서 북경 쪽으로 5리(2km)에 있는 지명.

21 옹북령(甕北嶺) : 일명 대장령(大長嶺) 혹은 대쌍령이라 불렸다. 아래에 옹북하(甕北河)

산이 깊어서 해도 쉬 기우누나.

된서리는 흰 기러기떼 이동을 재촉하고

싸락눈은 노란 국화꽃을 죄다 얼리네.

중양절에 모자 떨군 취광(醉狂)[22]이 여기 있어

높은 곳에 올라[23] 바라보니 갈 길 아직 멀어라.

구월 구일 좋은 명절에 이방의 길손 되어

늙은이 귀밑머리 해마다 희어지네.

塞近寒仍早, 山深日易斜. 嚴霜催白鴈, 輕雪凍黃花.

落帽狂猶在, 登臺望更賖. 佳辰頻作客, 衰鬢負年華.

1-9. 통원포[24](通遠舖)

흐헝 우는 말로 긴 강을 건너자니

가 있다.

22 중양절~취광 : 구월 구일 중양절에 진(晉)의 맹가(孟嘉)가 정서장군(征西將軍) 환온(桓溫)을 따라 용산(龍山)에서 술을 마시며 놀 때 바람이 불어 모자가 날아가 떨어졌으나 그 사실도 몰랐다. 환온이 손성(孫盛)에게 글을 지어 조롱하게 하니, 맹가가 뒤에 그 답으로 글을 지었다. 『진서(晉書)』 「맹가열전(孟嘉列傳)」 참고.

23 높은 곳에 올라 : 원문은 '등대(登臺)'인데, 여기서의 '대'는 반드시 누대를 가리키는 것이 아니라 높은 곳을 말한다. 9월 9일 중양절에는 붉은 주머니에 수유(茱萸)를 담아서 팔뚝에 걸고 높은 산에 올라가 국화주(菊花酒)를 마셔 재액(災厄)을 막는 풍속이 있었으므로 그런 풍류를 즐기지 못해 아쉬워하여 한 말이다.

24 통원포(通遠舖) : 통원보(通遠堡) 또는 진이보(鎭夷堡). 현 요녕성(遼寧省) 봉성시(鳳城市)에 속해 있다. 단동시(丹東市)의 가장 북부에 해당한다. 후대 연행 때의 일이지만 이의현(李宜顯, 1669~1745)이 1720년 작성한 『경자연행잡지(庚子燕行雜識) 하』에 보면 이러하다. "압록강을 건넌 후에 이틀을 노숙하고, 책문(柵門)에 들어간 뒤에야 비로소 참(站)에서 잤다. 그 참은 모두 30개인데 각 참마다 각각 찰원(察院) 하나씩을 설치했으니 우리나라 사신을 거처하게 하기 위해서이다. 그렇기 때문에 조선(朝鮮)·유원(柔遠) 등의 관명(館名)을 붙였다. 30참이란 봉황성(鳳凰城), 송참(松站), 통원보(通遠堡), 연산관(連

콸콸 흐르는 강에 저녁 물결 일어나네.
고향 본국은 하늘 바깥으로 차츰 멀어지고
절서의 때는 거듭 나그네 곁을 스쳐지나네.
해 기운 외로운 성에 뜬 구름 들어차고
바람 높은 옛 수루에 나뭇잎 우수수 지누나.
국화 꺾어[25] 멋진 절기에 응수하고 싶으나
술동이에 맑은 술 없으니 어어 할 건가?

蕭蕭征馬涉長河, 河水湯湯起夕波.
鄕國漸從天外遠, 歲時頻向客邊過.
孤城日昃浮雲合, 古戍風高落木多.
欲折菊花酬令節, 清樽無酒可如何?

1-10. 왕장군 묘[26]의 사원을 지나며[經王將軍墓寺院]

절이 제일 높은 산마루에 있어

山關), 첨수참(甛水站), 낭자산(狼子山), 요동(遼東), 십리보(十里堡), 심양(瀋陽), 변성
(邊城), 주류하(周流河), 백기보(白旗堡), 이도정(二道井), 소흑산(小黑山), 광녕(廣寧),
십삼산(十三山), 소릉하(小凌河), 고교보(高橋堡), 영원위(寧遠衛), 동관역(東關驛), 양
수하(兩水河), 산해관(山海關), 무령현(撫寧縣), 영평부(永平府), 사하역(沙河驛), 풍윤
현(豐潤縣), 옥전현(玉田縣), 계주(薊州), 삼하현(三河縣), 통주(通州)이다."

25 국화 꺾어 : 원문은 '절국화(折菊花)'. 일반적으로 국화에 대해서는 '국화를 딴다'는
   뜻의 '채국(採菊)'을 말하고 매화에 대해서는 '매화를 꺾는다'는 뜻의 '절매(折梅)'를 말
   하므로, 관용적 효현과 다르다.

26 왕장군 묘 : 누구의 묘인지 미상. 이항복(李恒福)의 『조천록(朝天錄)』(1598년 10월부터
   1599년 4월)에 보면, 1598년 12월 10일 조림자(稠林子), 제형산(弟兄山), 초하동(草河
   洞), 분수령(分水嶺), 선마장(騸馬場), 대흑산(大黑山), 가자산(架子山), 황계령(黃桂
   嶺)을 거쳐 연산관(連山館)에 묵고, 12월 11일 장군묘(將軍廟), 벽동(甓洞), 고령(高嶺),
   노학취(老鶴嘴), 한가분(韓家墳), 첨수참(甛水站), 신수교(薪水橋), 청석령(青石嶺), 적

중향대가 반공에 솟아 있다.

절 지은 것이 어느 시대인가?

이리저리 돌아보며 전년 일을 상상한다.

실낱 길은 벼랑으로 통하여 기울고

성근 범종 소리는 골짝 너머 전해 온다만,

외론 지팡이론 거듭 오르지 못하고

안개 낀 나무 숲에 여한이 가득하다.

寺在寂高巔, 香臺出半天. 經營問何代? 遊賞憶前季.

線路通崖仄, 疎鍾度壑傳. 孤筇負重陟, 餘恨滿林烟.

1-11. 고령^{27}(高嶺)

9월 10일 하늘에서 눈이 내리니

내 말은 지치고 나도 뼈가 부러질 듯한데,

높은 고개마루에 오르자니 길은 돌아나가고

세찬 바람이 벼랑을 치자 바위가 쪼개질 듯.

두 해에 세 번 이곳을 지나노라니

어느새 두 구레나룻이 흰 실로 되었구나.

고향 동산의 풍물이 먼 상상에 들어오나니

동쪽 울^{28}에는 국화 노란 꽃이 찬란하겠지.

수사(滴水寺), 삼가(三街), 낭자산(狼子山)을 고쳐 낭자령(狼子嶺) 아래 묵었다고 했다.
이항복은 '장군의 사당'이라고 했다.

27 고령(高嶺) : 일명 고가령(高家嶺). 통원포(通遠鋪)에서 북경 쪽으로 46리(약 18.4km)
에 있다. 조선후기의 연행로를 보면, 답동(畓洞)을 지나 연산관(連山關)으로 향하는데,
답동을 가려면 분수령(分水嶺), 고가령(高家嶺)과 유가령(兪家嶺)을 넘어야 했다.

九月十日天雨雪, 我馬虺隤骨欲折.
前登高嶺路盤迴, 疾風衝崖崖石裂.
我行二歲三到玆, 不覺霜鬖已成絲.
故園風色入遐想, 東籬正燦黃花枝.

1-12. 첨수참(甜水站)[29]

산마루 내려오는 길 미끄럽고
언덕의 고개는 길고도 멀건만,
초겨울 추위애 손발이 얼고
사람도 말도 자빠지고 넘어지네.
첩첩 바위는 둘러가는 돌 비탈을 끼고 있고
뭉친 구름은 높은 산 언덕을 덮고 있다.
앞에 임하여 넓은 강을 손으로 가리키고
건너자니 슬프게도 배도 다리도 없구나.
수레 몰아 가파른 산과 급한 여울 지나자니
물이 깊어 수레 몸통이 잠길 정도.
천자의 고장은 삼천리 아득한 길
요동 들판이 어이 이리 창망한가!
오직 왕명 받은 일이 급하거니

---

28 동쪽 울 : 도연명(陶淵明)의 「음주(飮酒)」 25수 중 제5수에 "동쪽 울 아래에서 국화꽃을
    따면서, 유연히 남쪽 산을 바라보네.[采菊東籬下, 悠然見南山.]"라는 구절에서 시상을
    거꾸로 사용했다.

29 첨수참(甜水站) : '甜'은 '恬'과 같다. 통원보에서 연산관(連山關)을 거쳐 북경으로 향하
    는 길에 있다. 연산관에서 40리 되는 지점인데, 대개 연산관에서 1박을 한 후 첨수참에
    서 점심을 먹었다.

하늘이 내리는 서리를 감히 피할건가?

오래된 보루에 시든 풀 가득하고

뿔나팔 소리는 석양에 구슬프니,

아득하여라 고향 동산 생각이여!

눈물 흘러내려 옷을 적시네.

下嶺經路滑, 壟坂脩且長. 初寒手足凍, 人馬顚且僵.

亂石夾廻磴, 屯雲冒高岡. 前臨指河水, 欲濟嗟無梁.

驅車涉峻湍, 水深沒車箱. 帝鄕三千里, 遼野何蒼茫!

只爲王事急, 敢避天雨霜? 古壘滿衰草, 角聲悲夕陽.

悠哉故園思! 涕下沾衣裳.

1-13. 청석령(靑石嶺)[30]

구름 속 위태한 돌길은 하늘에 솟고

험한 바위 삐죽삐죽하여 말이 나아가질 않누나.

세상살이 험난함은 그보다도 심하거늘

어째서 벼슬길에서 되려 선두를 다투나?

橫雲危磴勢參天, 狠石杈牙馬不前.

人世險巇猶有甚, 奈何名路却爭先?

---

30 청석령(靑石嶺) : 첨수참(甛水站)에서 연경(燕京) 쪽으로 10리 혹은 20리에 있는 지명.
병자호란 이후에는 봉림대군(鳳林大君, 효종)이 이곳을 지나며, "청석령 지나거냐? 초
하구 어디매요? 호풍도 참도 찰사. 궂은 비는 무슨 일고? 뉘라서 내 행색 그려내어
임 계신 데 드릴꼬?"라는 단가를 남겼다. 이의현의 『경자연행잡지』에는 이 고개에 푸른
돌이 많기 때문에 청석령이라고 불렀다고 했다. 청석령에서 서쪽으로 소석령(小石嶺)이
내려가는데, 그 곁의 호랑곡(虎狼谷)은 평탄한 편이되 10리를 돌아야 했다. 가까이에
태자하(太子河)가 있다. 연(燕) 나라 태자 단(丹)이 숨어 있던 곳이라고 하는데, 어떤
이는 탑자하(塔子河)가 태자하로 잘못 불린 것이라고 했다.

1-14. 삼류하(三流河)[31]

물살 무섭고 여울 울부짖어 말은 재갈 물리고
수레 틀은 험한 바윗길 가느라 삐걱거리네.
삼류하를 다 건너자 비로소 땅은 평평하다만
무슨 일로 사나운 바람은 수레 휘장을 찢는가?

波悍灘號馬頓銜, 車箱行軋石巉嵓.

三流渡盡方平地, 何事兜颺更裂襜?

1-15. 냉천[32]에 묵다[宿冷泉]

희미한 등불에서 번쩍 벽 틈으로 불빛이 들고
갈대 발 안에서 소곤소곤 낄낄대네.
국향과 거나했던 봄술 취기 깨어서는
청니[33]에서 묘련(妙蓮) 꽃 맺은 것을 보누나.[34]

---

31 삼류하(三流河) : 첨수참(甜水站)에서 연경(燕京) 쪽으로 50리에 있는 냇물. 한 가닥 물을 세 번 건너기 때문에 이름 붙인 것이며, 북쪽으로 태자하에 흘러간다.

32 냉천(冷泉) : 일명 냉정(冷井). 삼류하(三流河)에서 북경 쪽으로 20리, 석문령(石門嶺) 서쪽 5리 지점에 있는 지명. 냉정참(冷井站)이 있으며, 왕보대(王寶臺)라고도 한다. 조선후기 이해응(李海應)과 서유문(徐有聞)의 기록에 따르면 이곳에 자라봉[鼇峯]이 있는데, 자라의 중국어인 왕팔(王八)과 왕보(王寶)의 발음이 서로 비슷하여 '왕보대'라 이름이 붙여진 것이라고 한다.

33 청니(靑泥) : 본래 감숙성(甘肅省)에 있는 고개 이름인데, 여기서는 냉천 부근 진흙길을 그것에 견준 것이다. 청니는 감협(甘陜)에서 촉(蜀)으로 들어가는 요로로, 높은 절벽을 끼고 있고 비와 구름이 많아 길 가는 사람들이 진흙 때문에 애를 먹는다고 한다. 이백(李白)의 「촉도난(蜀道難)」에, "청니령은 어쩜 그리 꾸불꾸불한가? 백 발자국에 아홉 번을 꺾이면서 바위 뿌리 감도네.[靑泥何盤盤? 百步九折縈巖巒.]"라고 했다.

34 청니에서~꽃 맺은 것 : 주돈이(周敦頤)의 「애련설(愛蓮說)」에 "진흙탕에서 나와도 물

微燈閃壁隙光斜, 唉語呢呢葦箔遮.
薰坐國香春醉罷, 靑泥看結妙蓮花.

1-16. 요양[35]에서 달을 보면서 회포가 있어[遼陽見月有懷]

이 밤 밝은 달은 여느 날과 다른데
깊은 가을 길손은 요양에 와 있네.
남녘 밭둑의 작은 누각
돌아갈 꿈은 정말 멀고도 멀구나.

明月殊方夜, 深秋客在遼.
小樓南陌上, 歸夢正迢迢.

1-17. 16일 비를 만나[十六日逢雨]

요양의 구월에 찬비를 맞닥뜨려
썰렁한 가을빛이 흰 실 구렛나루를 물들이네.
나그네 길은 아득아득 하늘과 함께 멀고
돌아갈 날 더디거만 해는 다투어 내달리네.
된서리 덮힌 물가에 기러기 떼 어지럽고
바람 불자 펄렁이는 나뭇가지에 언 까치 매달렸다.
어느 누가 객점 창가에 부러 안부를 물으랴?

들지 않고[出於泥而不染]"라고 한 구절을 차용해서 연화를 묘사한 것이다.
35 요양(遼陽) : 1386년 명(明)나라가 동녕위(東寧衛)를 둔 곳이다. 전국 시대 연(燕)나라
    가 양평(襄平)에 해당하고, 현재의 요녕성(遼寧省) 동북지역에 속한다.

병든 나는 바야흐로 시 구절을 찾노라.

遼陽九月逢寒雨, 秋色蕭條入鬢絲.

客路迢迢天共遠, 歸心冉冉日爭馳.

濃霜覆渚賓鴻亂. 橫吹翻林凍鵲垂.

誰向僑膓煩問訊? 病夫方且探新詩.

1-18. 자앙[36]의 시에 차운하다[次子昻韻]

어두운 변새에 구름 가득 모이고

추운 산에 북녘 바람 불어오는데,

봉화대 연기는 북막을 뒤덮고

북과 피리 소리는 변방 성을 흔드네.

먼 하늘 기러기는 접하기 어렵고

등불은 가물거리다간 다시 밝누나.

짧은 시를 미처 다 재단하기 전

무한도 하여라 고향 그리는 마음.

塞黷屯雲積, 山寒朔吹生. 烽烟迷絶漠, 鼓角動邊城.

遠雁行難接, 衰燈翳復明. 小詩裁未就, 無限故鄕情.

해설 이 차운의 원운(原韻)은 진자앙(陳子昻. 659경-700경)의 초기 시
「낙제하여 서쪽으로 돌아가면서 유 좨주와 고 명부를 이별하며[落第西還

---

36 자앙(子昻) : 당나라 시인 진자앙(陳子昻, 661~702). 자는 백옥(伯玉). 광택진사(光宅進
士)로 인대 정자(麟臺正字)가 되어 측천무후(則天武后)에게 정치 개혁을 상주(上奏)했는
데, 정적의 모함으로 옥중에서 죽었다. 문집으로 『진백옥집(陳伯玉集)』(『陳拾遺集』)이
있다.

別劉祭酒高明府」이되, 운자의 순서를 그대로 따르지는 않았다. 시는 다음
과 같다. "별서가 주나라 땅 한 구석에 있어 귀로의 말에 올라 옛 서울로
들어가니, 땅은 함곡관에 이어지고, 강물은 광양성에 접해 있다. 멀리
누대가 솟아난 것을 바라보니, 길이 아득하고 안개와 아지랑이 피어나네.
깃이 떨어졌다 말하지 마오. 아무리 빈천해도 우정은 한결같다오.[別館分
周國, 歸驂入漢京. 地連函谷塞, 川接廣陽城. 望逈樓臺出, 途遙烟霧生. 莫言長落
羽, 貧賤一交情.]"진자앙은「감우시(感遇詩)」38수가 유명한데, 주희(朱熹)
가 그 시를 본받아「재거감흥이십수(齋居感興二十首)」를 지었다.

1-19. 19일 요동을 떠나며[十九日發遼東]

수레 타고 걷고 하여 초초하게 요양을 떠나니
구월 높은 바람에 잎이 벌써 노랗구나.
미끄러운 바위 짙은 서리에 관도가 고약하여
추운 날씨 짧은 해에 길손 마음 황망하다.
구름 끝 구중궁궐의 명군을 사모하고
동해 삼신산의 고향 생각 간절한데,[37]
산마루 돌아보면 매화 소식 아득하고
작은 다락 귀향 꿈만 어젯밤 날았다네.
車徒草草發遼陽, 九月高風葉已黃.
石滑霜濃官路惡, 天寒日短客心忙.
雲端九闕思明主, 海上三山憶故鄕.

---

37 바다위 삼신산 운운 : 허균의 고향이 강릉(江陵)이기 때문에 그곳을 삼신산에 견준
   것이다.

回首嶺梅消息遠, 小樓歸夢自悠揚.

1-20. 본 것을 적다[記所見]

아미 미인들은 머리 틀고[38] 이마에 노란 칠
따스하게 붉은 분단장[39] 바른 유행 차림.
덜컹덜컹 소달구지 타고서 어딜 가나?
외로워 우는 미인의 눈물이 붉은 치마 다 적시네.

蛾兒鬧髻額塗黃, 暖拭紅綿時世粧.
轆轆牛車向何處? 雙啼粉淚濕紅裳.

1-21. 안산[40]에 묵으며[宿鞍山]

한 말 크기 외론 성은 북쪽 변방[41]을 베고
슬픈 딱따기의 가을 소리는 성가퀴를 뒤흔드네.
연년으로 세 번 와서 번다해도 꺼리진 않으나
외론 몸 천리 밖서 마음 너무 서글프다.
바람에 휘장이 스산하여 깜짝 놀라 꿈을 깨고

---

38 머리 틀고 : 원문의 '뇨계(鬧髻)'는 뇨소계(鬧掃髻)의 준말. 뇨소장계(鬧掃妝髻)라고도
   한다. 당나라 때부터 여인들의 머리 꾸밈으로, 회오리 바람에 날리는 형상[표풍산권(飆
   風散鬌)]으로, 반아(盤鴉)라든가 타마(墮馬)라든가 하는 모습을 했다.
39 붉은 분단장 : 원문의 '홍면(紅綿)'은 '홍면(紅棉)'과 같다. 여성의 화장 용품이다.
40 안산(鞍山) : 지금의 만주에 있는 요녕성(遼寧省) 중부의 안산시(鞍山市).
41 북쪽 변방 : 원문은 '용황(龍荒)'. 용은 흉노족이 하늘에 제사를 지내던 용성(龍城)을
   가리키고, 황은 멀리 떨어진 변방이라는 뜻의 황복(荒服)을 가리킨다.

달빛에 장막이 영롱하여 새벽 냉기를 돋우네.

역리도 전에 겁 먹었던 길손을 동정하며

등불 밝혀 와서는 수레 덮은 서리를 쓸어주누나.

孤城斗大枕龍荒, 哀柝秋聲動女墻.

連歲三來煩不憚, 一身千里意堪傷.

風帷蕭撖驚殘夢, 月幌玲瓏佐曉涼.

郵吏亦憐曾怕客, 點燈來掃滿車霜.

1-22. 해주위[42]에 들어가서[入海州衛]

저녁 부슬비는 우박으로 변하고

쓸쓸하게 해주위에 들어가니,

바람은 탐욕스레 땅을 흔들어 포효하고

먼지는 놀라 튀어 하늘을 치며 떠돈다.

작은 수레에는 장막을 겹겹이 치고

첫추위는 해진 갗옷으로 막아내고는,

책 내던지고 얼근해서 잠자리에 드니

귀향의 꿈은 감호[43]에 배를 띄우네.

晚雨霏成霰, 蕭蕭入海州. 風饕掀地吼, 塵駭拍天浮.

小幰遮重幙, 初寒逗弊裘. 抛書酣盡睡, 歸夢鑑湖舟.

---

42 해주위(海州衛) : 요녕성(遼寧省) 서북부에 있는 지명. 지금의 부신시(阜新市) 해주구
(海州區). 서쪽에 학야(鶴野)가 있다.

43 감호(鑑湖) : 강릉시(江陵市)에 있는 경포호(鏡浦湖). 허균은 강릉 경포 북쪽의 사천면
교산(蛟山) 아래 강릉 김씨 외가에서 태어나고 성장했으며, 그곳에 거처가 있었다.

1-23. 삼차하[44]를 건너다[渡三岔河]

기슭의 출렁 다리를 간신히 교자로 건너자니
네 장정이 마주 들매 허벅지에 바람이 인다.
다리에선 말에서 내리라고 어머니 말씀하셨거늘
위험한 길을 어이하여 스스로 피하지 않는건가?
岸裊浮梁僅卸轎, 四夫扛渡足生颷.
逢橋下馬存慈訓, 履險緣何不自逃?

고생하여 다섯 번이나 요하를 건너니
20년 사이에[45] 귀밑머리 벌써 희었구나.
평탄한 땅도 험한 산길도 두루 밟았거니
이 마음이 환해(宦海) 풍파를 어이 두려워하랴?
勞生五度涉遼河, 二十年來鬢已皤.
平地險巇曾踏遍, 是心寧復畏風波?

1-24. 사령[46]을 나가며[出沙嶺]

망망하게 끝이 없는 대로[47] 땅

---

44 삼차하(三岔河) : 일명 삼도파(三道把). 삼도파는 청석령에서 북경 쪽으로 113리에 있었
    다. 거류하(巨流河)·혼하(渾河)·태자하(太子河)가 합하는 곳이라 하여 그렇게 불렀다.
    거류하는 과거의 요하(遼河)로, 요하의 동쪽을 '요동(遼東)'이라 하고 서쪽을 '요서(遼
    西)'라 했다.

45 20년 사이에 : 허균이 1597년(선조 30) 정유사행(丁酉使行)에 동행한 때부터 이번 사행
    인 1615년(광해군 7)까지가 18년이므로, 대략의 수를 말한 것이다.

46 사령(沙嶺) : 일명 사하보(沙河堡). 사하보는 삼도파에서 북경 쪽으로 50리에 있다.
    여기에는 관(關)이 있고 부근에 진무보(鎭武堡)가 있다.

긴 바람이 만리 밖에서 불어오네.

포류해[48]에 서리 마르고

혁련대[49]에 벌떼 일어나듯 하자,

도호부사 한번 행차했다 개선하여

누란[50]에서 적의 머리 베어 돌아와선,

황제의 위엄으로 사막을 청소하니

전장 용사들이 함매[51]를 그만두었네.

大鹵莽無際, 長風萬里來. 霜乾蒲類海, 蜂起赫連臺.

都護行將返, 樓蘭斬已廻. 皇威淸絶漠, 戰士罷嘴枚.

1-25. 도중에 꿈을 기록하다[途中記夢]

길고 긴 담장은 백 리에 둘러 있고

---

47 대로(大鹵) : 춘추시대 노(魯)나라 소공(昭公) 1년에 진(晉)나라 순오(荀吳)가 적(狄)을
   격파한 곳이다.

48 포류해(蒲類海) : 신강성(新疆省)에 있는 호수 이름이다.

49 혁련대(赫連臺) : 오호(五胡) 시대 하(夏)나라를 세워 2대 25년을 유지했던 수도(首都)인
   삭방(朔方)에 있었던 언덕이다. 혁련은 혁련발발(赫連勃勃)로, 흉노(匈奴) 거비(去卑)의
   후예이다. 자는 굴혈(屈孑), 시호는 무열(武烈)로, 진(秦)나라에서 벼슬하여 삭방(朔方)을
   지키다가 반란을 일으켜 통만(統萬)에 정도(定都)하고 대하천황(大夏天皇)이라 일컬었
   다. 재위 19년 동안 연호로 용승(龍昇)·봉상(鳳翔)·창무(昌武)·진흥(眞興)을 썼다.

50 누란(樓蘭) : 서역(西域)의 나라 이름이다. 한 무제(漢武帝) 때 사자(使者)가 그곳에
   갈 적마다 죽이고는 했으므로, 소제(昭帝) 때에 준마감(駿馬監) 부개자(傅介子)를 보내
   누란의 국왕을 베어 죽이고 그곳을 평정했다. 이백(李白)의 「새하곡(塞下曲)」에 "원컨
   대 허리에 찬 칼로 곧장 누란의 목을 베었으면.[願將腰下劍, 直爲斬樓蘭.]"이라 했다.

51 함매(銜枚) : 입에 막대를 가로질러 물게 하여서 말하거나 고함을 지르는 것을 방지하는
   것이다. 막대 모양이 젓가락처럼 생겼고, 양쪽에 끈을 매달아 목에 걸 수 있다. 『주례(周
   禮)』 「하관(夏官)대사마(大司馬)」에 "군사마(群司馬)가 방울을 흔들면 병거(兵車)의 보
   졸이 일어나 준비하고, 북을 쳐 전진을 명령하면 함매하고 전진한다."라고 했다.

언 땅 변새의 긴 강물에 기러기 슬피 우네.

가마에 들어앉아 적적하여 얼풋 잠 들어

꿈 속에 천자의 의장 따라 은대[52]에 들었다네.

長墻百里躡迂廻, 氷塞長河候鴈哀.

寂坐輿中成小睡, 夢隨天仗入銀臺.

1-26. 반산[53]을 떠나며 가마 속에서 우연히 짓다[出盤山輿中偶作]

조천을 사람들은 어렵다고 말하나

나는야 조천이 너무도 흥겨워라.

작은 가마 세를 내어 들어앉아 가노라면

이 마음 편한 곳이 바로 내 고향이거든.

朝天人說苦難量, 我道朝天興甚長.

傲得小輿盤膝坐, 此心安處是吾鄕.

연경 가는 역로로 삼천 리를 지나는데

해마다 중원 관광에 혼자 현인[54] 된 듯하니,

---

52 은대(銀臺) : 송(宋)나라 때 주문(奏文)이나 장계(狀啓)를 받던 관청. 조선의 승정원(承
政院)이 이에 해당한다.

53 반산(盤山) : 지금의 천진시(天津市) 계현(薊縣) 서북쪽에 있는 산. 청나라 때 직례(直隸)
순천부(順天府) 계주(薊州)에서 서쪽 25리에 위치한 반룡산(盤龍山)을 가리킨다. 명나라
문인 원굉도(袁宏道)가 이 산을 유람하고 쓴 「유반산기(遊盤山記)」가 유명하다. 또한 계주팔
경(薊州八景) 즉 어양팔경(漁陽八景)의 하나로 반산의 저물녘 비를 꼽는다. 8경은 즉 청지춘창
(靑池春漲, 봄에 불어난 푸른 못)·백간추징(白澗秋澄, 가을에 맑은 흰 개울)·채촌연제(采村
煙霽, 채촌의 안개 걷힌 풍광)·철령운횡(鐵嶺雲橫, 철령의 비낀 구름)·반산모우(盤山暮
雨, 반산의 저물녘 비)·독락신등(獨樂晨燈, 독락사의 새벽 등불)·공동적설(崆峒積雪,
공동산의 쌓인 눈)·폭수유빙(瀑水流氷, 폭수촌에 흘러오는 얼음) 등이다.

장안의 귀인들 있는 곳보다 훨씬 낫고말고
시시비비 귀 따가운 비방이 하늘 태울 곳보다.
朝京驛路過三千, 連歲觀周似獨賢.
猶勝長安諸貴底, 是非囂耳謗薰天.

바람이 모래를 말아올려 길을 분간 못하고
수레 장막 꼭꼭 드리워 새벽에도 캄캄하다.
홀연 송성각[55]에 들어앉은 듯하여
소동파의 영외 글[56]을 죄다 읽었네.
風捲飛沙路不分, 密垂車幔了晨曛.
脩然似坐松聲閣, 讀盡坡公嶺外文.

1-27. 옥황 행사[57]에 배알하고[謁玉皇行祠]

지난해에 사은표 받든 신하
이번에도 재관신[58]으로 알현한다오.

---

54 현인(賢人) : 은(殷)나라 기자(箕子)가 주(周)나라에 조회하러 가는 길에 은허(殷墟)를 지나다가 아낙네처럼 울지는 못하고 「맥수가(麥秀歌)」를 지어 불렀다는 고사를 환기하여, 그 현인처럼 중국으로 관광하러 가게 되었다고 말한 것이다.
55 송성각(松聲閣) : 솔바람 소리가 들리는 누각. 허균의 강릉 거처에 있던 누각인 듯하다.
56 소동파의 영외 글 : 영외는 중국의 남방 오령(五嶺) 밖으로, 유배지를 뜻한다. 소식(蘇軾)이 해주(海州)·혜주(惠州)·황주(黃州) 등 영외 지방에 유배되어 지은 시문이 많다. 황정견(黃庭堅)은 소동파의 영외 글에 대해, "사람의 이목을 총명하게 하여 마치 청풍이 바깥에서 이르러 오는 듯한 느낌이 들게 한다."라고 했다. 황주(黃州)로 귀양 갔을 때 저 유명한 「적벽부(赤壁賦)」를 지었다. 여기서는 소식이 혜주(惠州)에 유배되어 있을 때 송풍정(松風亭)에 거처했던 일을 상기한 듯하다.
57 옥황행사(玉皇行祠) : 옥황은 일명 옥황대제(玉皇大帝) 또는 옥황상제(玉皇上帝)라고도 한다. 옥황행사는 도관의 분관인 듯하다.

화려한 공훈[59]으로 금대 서대[60] 두른 귀인이

인간세계의 한 줌 먼지 됨을 보리라.

曾是前年奉表臣, 此來仍現宰官身.

丹靑勳業金犀貴, 看作人間一聚塵.

천존을 존봉하러 한 해에 몇 번 이르나?

화판같은 향으로 현도관[61]에 다시 예 올리네.

옥황상제여, 나의 귀전원을 허락하시려오?

부디 우리 왕께서 감호[62] 허여하시길 비노라.

尊事天尊歲幾徂? 瓣香今更禮玄都.

玉皇許我歸田否? 願就吾王乞鑑湖.

58　재관신(宰官臣) : 관세음보살(觀世音菩薩)이 중생을 제도(濟度)하기 위하여 몸을 바꾸
　　어 나타나는 33가지의 화신(化身) 가운데 13번째 화신으로서, 관직을 가진 몸으로 화신
　　한다는 것이다. 보살도는 보살의 수행, 즉 위로 보리(菩提)를 구하고 아래로 중생(衆生)
　　을 제도하는 길을 이른다. 『법화경(法華經)』에 의하면, 부처가 되려면 반드시 먼저 이
　　보살도를 행해야 한다고 했다.

59　화려한 공훈 : 원문은 '단청공훈(丹靑功勳)'이다. 단청(丹靑)은 한 선제(漢宣帝)가 곽광
　　(霍光)·장안세(張安世)·소무(蘇武) 등 공신(功臣) 11인의 초상(肖像)을 단청으로 채색
　　하여 기린각(麒麟閣)에 걸게 한데서 나온 말로, 국가에 큰 공훈을 세우고 공신에 책록
　　(策錄)되는 것을 의미한다. 『한서(漢書)』「소건전(蘇建傳) 소무(蘇武)」참조.

60　금대 서대 : 원문은 '금서대(金犀帶)'. 벼슬아치가 관복(官服)에 갖추는 띠. 1품인 벼슬아치는
　　서대(犀帶), 2품은 금대(金帶), 3·4품은 은대(銀帶), 5품 이하는 흑각대(黑角帶)를 띤다.

61　현도관(玄都觀) : 도사들이 수도하던 도관(道觀)이다. 본래 장안에 있는 도관이 시의
　　소재로 언급된다. 현도관에는 본래 꽃이 없었으나, 유우석(劉禹錫)이 낭주사마(朗州司
　　馬)로 좌천되었다가 10년 만에 돌아오니 선도(仙桃)가 가득하여 꽃이 붉은 노을같아서
　　시를 읊은 것이 있다. '다시 노님[再遊]'의 뜻을 함축한다.

62　감호(鑑湖) : 강릉의 경포. 앞의 주 참조.

1-28. 광녕[63]의 나그네 밤에 회포를 적다[廣寧客夜書懷]

광녕성 밖 변방의 먹구름 가득하고
별들도 침침하여 한 밤 더욱 캄캄하네.
늦가을 찬비 서리에 나뭇잎 모두 지고
나그네는 겨울 옷 없어 이에 탄식하네.
연행의 나그네길은 천리 아득하다만
해마다 내 말은 요하 건너기에 익숙하고,
나라의 부끄러움 아직 씻지 못했거늘
동짓날 인사하러 중국 조정에 나아가길 사양하랴?
대장부는 단연코 사방 경영에 뜻을 둔다만[64]
아녀자는 갈림길서 눈물 흘려 울었지.[65]
가슴 속 만권 서적[66]을 어디에다 사용할까?

---

63 광녕(廣寧) : 심양(瀋陽)에서 연경(燕京) 쪽으로 338리에 있는 지명.

64 사방~둔다만 : 원문의 '사방지(四方志)'는 천하를 경영하고자 하는 원대한 포부를 가리킨다. 『춘추좌씨전』 희공(僖公) 23년에 보면, 진(晉)나라 공자 중이(重耳)가 제(齊)나라에 이르자 제 환공(齊桓公)이 그를 장가보내 주고 말 20필을 주니, 중이가 안주했다. 시종들이 뽕나무 밑에서 계책을 논했는데, 누에 기르는 여자가 뽕나무 위에서 그 말을 듣고 중이의 아내 강씨(姜氏)에게 고했다. 강씨가 그 여자를 죽이고 중이에게 "그대는 사방을 경영할 뜻이 있는데, 그 이야기를 들은 사람이 누설할까 봐서 죽였습니다.[子有四方之志, 其聞之者, 吾殺之矣.]"라고 했다. 또한 『예기(禮記)』「사의(射儀)」에 보면, 남아가 태어나면 뽕나무 활[桑弧]과 쑥대 화살[蓬矢] 여섯 개로 천지 사방을 향해 한 개씩 쏘았다고 한다. 두보(杜甫)의 「전출새(前出塞)」 시에 "사방을 경영할 장부의 뜻을 지녔거늘 어찌 고궁을 사양할 수 있으랴?[丈夫四方志, 安可辭固窮?]"라고 했다.

65 아녀자는~울었지 : 당나라 왕발(王勃)의 시 「두 소부가 촉주의 임지로 가므로[杜少府之任蜀州]」에 "이 세상에 지기가 있는 한에는, 하늘 끝도 가까운 이웃인 걸. 헤어지는 이 마당에, 아녀자처럼 눈물 흘리지 말자꾸나.[海內存知己, 天涯若比隣. 無爲在岐路, 兒女共沾巾.]"라고 한 뜻을 뒤집어 사용했다.

66 만권(萬卷) : 북위(北魏) 때 처사 이밀(李謐)이 군서(群書)를 박람(博覽)하여 학식이 높았으나 벼슬할 뜻이 전혀 없었고, 온 재산을 기울여 많은 서적을 구입했다. 일찍이

천자에게 전(箋)을 올려 군주의 성심을 진달하리.

북풍은 쏴쏴 불고 기러기 떼 울며 떠나고

성근 장막 아래 촛불 다 타고 화로에는 재뿐.

관동에서 글 읽던 일이 꿈속에 들어오니

어느 때 도잠[67]처럼 귀거래 결행하랴?

廣寧城外塞雲黑, 星斗沉沉夜無色.

深秋木落天雨霜, 行子無衣坐嘆息.

燕關客路千里遙, 我馬連年慣度遼.

國恥未雪義當爾, 敢辭至日因趨朝?

丈夫端有四方志, 兒女臨岐漫揮淚.

胸中萬卷安所施? 且可箋天達誠意.

北風蕭蕭南鴈哀, 踈帷燭盡爐烟灰.

關東舊業入歸夢, 幾日陶潛歸去來?

<u>형식</u> 칠언고시 장편, 환운, 4구 1전운.

<u>해설</u> 광녕은 명나라 정통(正統)·성화(成) 연간에 활동한 학자 하흠(賀欽, 1437~1510)이 일시 거처한 곳으로, 허균은 그의 일을 떠올려, 자신이 강릉에서 학문에 뜻을 두었던 순수한 시절을 추억했다. 하흠의 자는 극공(克恭)으로 1466년에 진사에 합격했다. 원래 절강성(浙江省) 정해현(定海縣) 사람인데, 병적(兵籍) 정리를 하는 과정에서 요동 광녕위(廣寧衛)로 옮겨 왔다. 이후 의주(義州)에 있는 의려산(醫閭山)에 우거(寓居)하고

"장부가 만 권의 서책 가지는 것이 중요하거니, 어찌 백성 나라의 임금이 될 필요가 있겠는가?[丈夫擁書萬卷, 何假南面百城?]"라고 했다. 『위서(魏書)』「일사열전(逸士列傳) 이밀(李謐)」 참조.

67 도잠(陶潛): 「귀거래사(歸去來辭)」를 쓰고 시상리(柴桑里) 고향으로 돌아갔던 도연명(陶淵明)을 말한다.

호를 의려라고 했다. 사서오경과 『소학(小學)』을 중심으로 실천하는 것
을 목표로 하여, "학문의 요체는 고원(高遠)한 데 있지 않고, 경(敬) 공부
를 위주로 하여 방심(放心)을 수습하는 데에 있다."라고 했다.

1-29. 광녕을 떠나며[發廣寧]

맑은 새벽 성곽 문을 나섰더니
아침 해가 드넓은 평원에 휘황하다.
의무려산[68]에는 하늘이 씻은 듯 하고
떼구름은 높고 높은 산모퉁이에 머물러 있네.
사람 많고 물자 많아 분잡한 큰 도회
말 탄 이와 종자들이 수레몰이꾼과 뒤섞이고,
남자와 여자들이 갓과 옷깃을 잇대어
저마다 제 길 위를 바쁘게 달려가네.
길에서 만난 망녕된 교위가
사행의 창과 깃발 앞질러 달려간다만,
길가는 자들은 청도(淸道)를 하여
의지와 기개가 큰 거리에 비끼누나.
아아 나는야 기자 봉국의 조선[69]에서 온 나그네
오래도록 육신에 부림 받아 구속되어,

---

68 의무려(醫巫廬) : 요녕성(遼寧省) 북진현(北鎭縣) 서쪽에 있는 의무려산. 의려산(醫閭
山), 여산(閭山), 의무려산(醫无慮山)이라고도 한다.

69 조선 땅 : 원문은 '기봉(箕封)'. 기자(箕子)가 봉해진 땅이라고 해서 우리나라를 가리킨
다. 『사기(史記)』 권48 「송미자세가(宋微子世家)」에 보면, 기자가 주 무왕(周武王)의
봉함을 받고 백마를 타고 조선으로 왔다고 한다.

만리 먼 길에 허둥허둥 바쁘기만 하니[70]
누가 또 여행자의 이 괴로움을 동정해주랴?
내 수레 앞에 여덟 필 선도[71]는 없지마는
그래도 대장부라 일컫기 넉넉하고말고.
본뜻 잃으면 쑥뜸처럼 떠돌거나 무덤[72]으로 가리니
왕융[73]은 어찌 그리 어리석었던가?

淸曉出郭門, 旭日晃平蕪. 掃天醫巫廬, 族雲屯高嵎.

紛然大都會, 騎從雜車徒. 士女聯冠袡. 各自奔其途.

路逢妄校尉, 旄戟嚴前驅. 行者爲辟易, 志氣橫層衢.

嘆我箕封客, 長爲形役拘. 栖栖萬里道, 誰復憐羈孤?

車前無八騶, 亦足稱丈夫. 失志蓬纍行, 王融何太愚?

70 허둥허둥 바쁘기만 하니 : 원문은 '서서(栖栖)'. 『논어』「헌문(憲問)」에 미생묘(微生畝)가 공자를 일러 "구는 어찌하여 이리도 분주한가. 아첨하는 것이 아닌가?[丘, 何爲是棲棲者與? 無乃爲佞乎?]"라고 하였고, 『한서(漢書)』「서전(叙傳)」에 "성인과 철인이 다스릴 적에는 불안하고 다급하여 공자의 자리는 따뜻해지지 않았고 묵자의 굴뚝은 검어지지 않았다.[聖哲之治, 棲棲遑遑, 孔席不暖, 墨突不黔.]"라고 했다.

71 여덟 필 선두 : 원문은 '팔추(八騶)'로, 귀인의 행차 때 선도하는 여덟 필 기마를 뜻한다. 혹은 팔준(八駿)과 통한다고도 한다. 팔준은 주(周) 목왕(穆王)이 사랑하던 뛰어난 8필의 말이다.

72 무덤 : 원문에 '루(纍)'라 했다. 한(漢)나라 때 요동의 정 영위(丁令威)가 학으로 변신하여 돌아와 성문의 화표주(華表柱)에 앉았는데, 한 소년이 활로 쏘려고 하자 날아오르며 "집 떠난 지 천년 만에 돌아오니, 성곽은 그대로인데 사람은 아니로다. 어이하여 신선술 배우지 않고 무덤만 쌓였는가.[去家千年今始歸, 城郭如故人民非. 何不學仙家纍纍.]"라고 했다는 고사가 『수신후기(搜神後記)』에 전한다.

73 왕융(王融) : 후한 때 변절자 왕융(王隆)을 말한다. 왕융은 왕망(王莽)의 낭도(郎徒)이다가 두융(竇融)의 좌호군(左護軍)이 된 문장가로, 자는 문산(文山)이다. 두융은 자를 주공(周公)이라 하는데, 거록태수(鉅鹿太守)로 반란을 일으켜 하서 오부 대장군(河西五部大將軍)이 되었다. 광무제(光武帝)가 즉위하자 한(漢)에 투항하여 여러 벼슬을 지내고 후손들까지 영화를 누렸다.

1-30. 여양[74]에 묵으며[宿閭陽]

외딴 변경에 경보가 자주 전하니
외로운 성은 문을 서둘러 닫아거네.
찬 하늘에 슬픈 딱따기 소리 엄중하고
달빛 캄캄하니 뭇별이 선하누나.
사위어가는 촛불 빛이 귀향의 꿈을 깨워 말똥말똥하고
여럿이 부르는 노동요는 나그네 혼을 아프게 하네.
귀향의 마음이 향할 곳은 어느 곳인가?
된서리와 이슬이 정원에 가득하리.

絶塞頻傳警, 孤城早閉門. 天寒哀柝厲, 月黑衆星繁.
殘燭耿歸夢, 勞歌傷旅魂. 鄕心杳何處? 霜露滿中園.

1-31. 십삼산(十三山)[75]

번거[76]는 찬바람 피해 겹 장막을 둘러

---

74 여양(閭陽) : 광녕(廣寧)에서 연경(燕京) 쪽으로 40리에 있는 지명이다. 역참이 의무려
   산(醫巫閭山)의 남쪽에 있어서 '여양역'이라 불렀다. 지금의 요령성(遼寧省) 북진시(北
   鎭市)에 속해 있는 여양진(閭陽鎭)이다. 이곳에서부터 평지붕의 건물[無樑屋]들이 시
   작한다고 한다.

75 십삼산(十三山) : 여양역(閭陽驛)에서 연경(燕京) 쪽으로 40리에 있는 산. 석산참(石山
   站)이 있었다. 지금의 요령성(遼寧省) 금주시(錦州市) 석산진(石山鎭)을 말한다. 13개의
   봉우리로 이루어져 있다고 한다. 하지만 김선민(金善民)은 『관연록(觀燕錄)』의 1804년
   12월 9일 기사에서 석산(石山)의 중국 발음이 십삼(十三)의 발음과 같은 데서 석산(石山)
   이 십삼산(十三山)으로 와전된 것으로 보았다.

76 번거(藩車) : 휘장으로 차폐한 수레. 『한서』「유협전(游俠傳) 진준(陳遵)」에 "번거를
   타고 여항에 들어갔다.[乘藩車, 入閭巷.]"라 했고, 안사고(顔師古) 주에 "번거(藩車)는
   수레에 병폐(屛蔽)가 있는 것이다."라고 했다.

십삼산 가득한 산빛을 볼 수 없구나.

내 생애 네 번이나 이 산을 바라보았기에

금번에 보지 못해도 눈 앞에 삼삼하다.

무협[77]의 십이봉이 날아와 한 봉우리 더하여

하늘가에 부용같은 산이 몇 겹으로 푸른지?

바다 위 신선 안기생[78]이 나를 부른다면

생황 불며 학을 타고[79] 신선 자취 물으련다.

藩車畏風障重幔, 不視十三山色滿.

我生四度望玆山, 雖不見之森在眼.

飛來巫峽剩一峰, 天際芙蓉翠幾重?

海上安期倘招我, 欲從笙鶴問仚蹤.

1-32. 대릉하[80]를 건너며[渡大凌河]

말을 몰아 길고 긴 강을 건너자니

물 흐름에 저녁 파도 일어나는데,

황제의 씩씩한 군사들은 변경을 엿보고

---

77 무협(巫峽) : 사천성(四川省) 무산현(巫山縣)에 있는 산협(山峽). 전국시대 초 양왕(楚襄王)이 고당(高唐)에서 노닐다가 꿈에 무산(巫山)의 여자와 운우지락(雲雨之樂) 즐겼다고 한다. 무산십이봉(巫山十二峰)이 있다.

78 안기(安期) : 안기생(安期生). 안기생은 진(秦)나라 신선 하상장인(河上丈人)에게 수학한 신선이다.

79 생학(笙鶴) : 신선이 타고 다니는 학을 말한다. 생황[笙]으로 봉황 울음소리를 내며 이락(伊洛)에서 노닐던 왕자교(王子喬)가 도사 부구공(浮丘公)을 따라 숭고산(崇高山)에 올라가 30여 년 동안 신선술을 닦고는 구지산(緱氏山)에서 학을 타고 승천했다는 고사가 있다. 『열선전(列仙傳)』 「왕자교(王子喬)」 참고.

80 대릉하(大凌河) : 광녕역(廣寧驛)에서 연경(燕京) 쪽으로 65리에 있는 강이다.

여러 장수들은 나란히 창을 빗겨 들었다.

화려한 뿔나팔을 서리 하늘 아래 급하게 불 때

석양 아래 누런 구름들은 바다에 닿아 있네.

흉악한 돌개바람이 돼지 날에 분다 하니

길손들은 부디 조심하여 지나가시오.

[요동의 변새 사람들이 모두 말하기를 "개날과 돼지날에 바람이 불면, 반드시 오랑캐들이 변고를 일으킨다." 하더니, 오늘이 마침 돼지날인데, 또 바람이 크게 일어났으므로, 그 사실을 언급했다. 이때에 총병[81]이 바야흐로 행산(杏山)[82]에 군대를 주둔시키고 북쪽 오랑캐를 방어하고 있다고 한다.]

驅馬涉長河, 河流起夕波. 天驕方覘塞, 諸將竝橫戈.

畫角吹霜急, 黃雲接海多. 凶颷來亥日, 行子愼經過.

[遼塞人皆言: "戌亥日有風, 必有虜警"云. 而今日適亥日, 又有大風, 故及之. 時摠兵方在杏山, 駐兵防狄云.]

1-33. 송산(松山)[83]

검은 구름 아래 봉화 침울하여 살기 뭉치고

---

81 총병(摠兵) : 총병관(摠兵官). 여기서는 요동 총병을 말한다. 총병은 당초 출정(出征)하는 장수의 관명(官命)이었는데, 군무가 다단(多端)해짐에 따라 한 지방의 진수(鎭守)를 맡는 장수의 관명이 되었다. 『명사(明史)』「직관지(職官志)」 참고.

82 행산(杏山) : 요령성(遼寧省) 서남부에 위치한 금주시(錦州市) 부근으로, 행산보(杏山堡)라는 명칭으로 사행록과 연행록에 자주 나온다. 금주는 북경으로 들어오는 적을 방어하는 제1방어선으로, 허균의 뒤로 명·청 교체기에 치열한 전투가 벌어졌던 곳이다. 소현세자와 봉림대군이 이곳에 종군했다. 금주(錦州)·송산(松山)·행산(杏山)·탑산(塔山)을 '관외사성(關外四城)'이라고 한다.

83 송산(松山) : 일명 송산보(松山堡). 송산보는 대릉하에서 북경 쪽으로 43리에 있다. 위의 주에서 나왔듯이 금주(錦州)·송산(松山)·행산(杏山)·탑산(塔山)은 '관외사성(關外四城)'

백랑하[84] 북쪽은 오랑캐의 어두운 티끌 가득하다.

선우[85]가 변새 가까이와서 군대 문서 다급하자

명나라 진 총병[86]의 큰 깃발이 펄렁이니,

여섯 마리 말[87]로 북막(北幕)으로 달아나지 않게 해도

화살 석 대[88]로 떠도는 넋을 으를 수 있고말고.

높다른 산성에 해 저무니 가을바람 모질어

북과 나팔 소리 구슬픈 속에 일찍 성문을 닫네.

雲黑烽沉殺氣屯, 白狼河北虜塵昏.

單于近塞軍書急, 司馬陳兵大旆翻.

未遣六羸逃絶幕, 可能三箭懾遊魂.

高城落日秋風厲, 鼓角聲悲早閉門.

이라고 한다. 1728년(영조 4) 진하 사은 진주 겸 동지사(進賀謝恩陳奏兼冬至使) 이갑(李坤)의 『연행기사』에 의하면 "대릉하(大淩河) 14리→구릉하참(九淩河站) 4리→사동비(四同碑) 12리→쌍양점(雙陽店) 10리→소릉하참(小淩河站) 8리→소릉하교(小淩河橋) 3리→송산보(松山堡) 17리→행산(杏山) 18리→십리하점(十里河店) 10리"의 노정이 확인된다.

84　백랑하(白狼河) : 대릉하(大淩河)의 딴 이름이다. 요령성(遼寧省)에 있는 강이다.

85　선우(單于) : 흉노(匈奴)의 왕. 흉노는 만리장성과 몽고(蒙古) 지대에서 살던 북적(北狄)의 일파이다.

86　진 총병 : 원문은 '사마 진병(司馬陳兵)'으로 명(明) 나라 영원위(寧遠衛) 사람 진수(陳壽)를 말한다. 자는 본인(本仁)으로 성화(成化) 연간의 진사이다. 홍치(弘治) 연간에 우첨도어사(右僉都御史)가 되어 섬서성(陝西省) 등지를 순무(巡撫)하고, 형부상서(刑部尙書)에 올라 치사(致仕)했다. 청렴결백하여 40년 공직 생활에 집 한 칸이 없었다고 한다.

87　육라(六羸) : 흉노족의 선우가 타는 여섯 마리 말을 말한다. 한나라 위청(衛靑)과 곽거병(霍去病)이 흉노와 싸울 적에 한나라 군대가 유리한 형세였는데, 흉노의 선우가 육라를 타고 수백 기(騎)만을 거느린 채 곧바로 포위를 뚫고 달아난 일이 있다. 『사기(史記)』 「위장군열전(衛將軍列傳)」 참조.

88　삼전(三箭) : 당나라 장수 설인귀(薛仁貴)가 천산(天山)의 돌궐(突厥)을 공격할 때에 화살 세 발을 발사하여 세 명을 잇달아 사살하자, 10여 만이나 되는 돌궐의 군사들이 사기가 꺾여 모두 항복했는데, 이에 군중(軍中)이 "장군이 화살 셋으로 천산을 평정하니, 장사들이 길이 노래하며 한관에 들어가네.[將軍三箭定天山, 壯士長歌入漢關.]"라고 노래했다. 『신당서』 「설인귀전(薛仁貴傳)」 참조.

1-34. 행산[89]에서 앞 시[90]의 운을 써서[杏山用前韻]

변방 주둔 중앙군[91]의 딱따기는 추상같이 울리고
성곽 초루 잦아드는 뿔나팔은 황혼을 알리네.
서리 엉긴 무쇠 갑옷은 초겨울이라 더욱 무겁고
바람이 낚아채는 군기[92]는 뻣뻣하게 얼어 펄렁이네.
국경이 불안하니 누가 포악한 적을 막으랴?
수자리 군졸이 늙어가서 혼도 사그르드네.
담비 갖옷은 죄다 헤지고 금도[93]조차 무뎌져서
고생고생한 반초[94]는 왕궁만 바라보네.

鳴柝秋嚴戊己屯, 城譙殘角報黃昏.

霜凝鐵鎧寒初重, 風掣蝥弧凍自翻.

疆場未寧誰禁暴? 戍兵將老只消魂.

貂裘弊盡金刀澁. 辛苦班超望玉門.

---

89 행산(杏山) : 앞에 나왔듯이, 송산보(松山堡)에서 북경 쪽으로 18리에 있는 지명이다.
90 앞 시 : 1-33 「송산(松山)」을 말한다.
91 중앙군 : 원문은 '무기둔(戊己屯)'. 무기는 중앙을 상징하므로 무기둔은 중앙군이 주둔하고 있다는 뜻이다. 앞서 나왔듯이, 신흥 만주족들을 진압하기 위하여 명 나라 총병이 머물고 있는 곳을 말한다.
92 군기 : 원문의 '모호(蝥弧)'는 창·방패와 호시성(弧矢星)을 그린 깃발. 춘추 시대 정백(鄭伯)의 깃발 이름인데, 후에는 군대의 깃발을 지칭하는 일반적인 말로 쓰였다.
93 금도(金刀) : 『양서(梁書)』「왕규(王規)」에 황태자가 왕규의 죽음을 슬퍼하며 "갑자기 흰말이 틈을 지나듯 세월이 흘러 한 번 황천의 긴 밤으로 들어가면 금도는 서슬이 덮이고 긴 회수는 다 마르는 것처럼 된다.[一爾過隙, 一歸長夜, 金刀掩芒, 長淮絶涸.]"라고 했다.
94 반초(班超) : 후한(後漢)의 무신. 자는 중승(仲升). 명제(明帝) 때 출정하여 서역의 50여 국을 평정하고 서역 도호(西域都護)가 되어 31년 근무하다가 늙어서 수도로 돌아가기를 청하여 돌아왔다. 여기서는 서역 도호로서 오랫동안 수도의 궁궐 쪽을 바라보기만 하듯, 변방의 총병이 고향으로 돌아가지 못하고 장기간 주둔하고 있는 것을 비유했다.

1-35. 행산에 묵으면서 꿈을 기록하다[宿杏山記夢]

싸락싸락 차가운 겨울 비는 추녀 끝에 뚝뚝 울리고
자리에 누운 채 누런 닭이 새벽 알리는 소리를 듣네.
만리 멀리 멈추어 있는 구름[95]은 자욱하고 컴컴한데
꿈속에서 우리 땅 석주 성[96]에 되돌아가 이르렀다.

蕭蕭凍雨滴簷鳴, 臥聽黃鷄報曉更.
萬里停雲常靄靄, 夢中還到石州城.

1-36. 탑산[97]에서 추억하는 진상서 수[98][塔山所憶陳尙書壽]

준걸의 진 상서가 시절을 못 만나
처음에는 신세가 미천했었지.[99]
하물며 외적을 막는 병장(屛障)의 이 땅은

---

95 정운(停雲) : 친구에 대한 그리움을 말한다. 진(晉)나라 도연명(陶淵明)의「정운(停雲)」
    에 "자욱한 구름 멈추어 있고, 때때로 부슬부슬 비가 내리네.[靄靄停雲, 濛濛時雨.]"라
    는 구절이 있는데, 스스로 그 서문에 "정운(停雲)은 친구를 그리워하는 것이다.[停雲,
    思親友也.]"라고 밝혔다.
96 석주(石州) ; 평안북도 강계의 옛 지명이다. 본래 고구려의 땅이었는데 뒤에 발해·여진
    이 이 땅을 차지했다. 고려 때 독로강(禿魯江)이었다가 1361년(공민왕 10) 처음으로
    진(鎭)을 설치하고 만호(萬戶)를 두었으며, 뒤에 북계(北界)의 관할에 넣었다.
97 탑산(塔山) : 일명 탑산소(塔山所). 행산보(杏山堡)에서 북경 쪽으로 30리(12km)에 있
    는 지명.
98 진상서 수(陳尙書壽) : 명 나라 영원위(寧遠衛) 사람 진수(陳壽, 1440~1522).
99 미천했었지 : 원문은 '측미(側微)'. 『맹자』「공손추 상(公孫丑上)에 순(舜) 임금은 "밭
    갈고 질그릇 굽고 물고기 잡을 때로부터 황제가 되어서까지 남에게서 취하지 않는
    것이 없었다.[自耕稼陶漁, 以至爲帝, 無非取於人者.]"라고 했는데, 그 주석에 "순 임금
    은 측미할 때 역산(歷山)에서 밭을 갈고, 하빈(河濱)에서 질그릇을 굽고, 뇌택(雷澤)에
    서 물고기를 잡았다.[舜之側微, 耕于歷山, 陶于河濱, 漁于雷澤.]"라고 했다.

재주 있고 어진 이가 예로부터 드물던 것을?

어찌 알았으랴 십여 호 작은 마을이

충신의 인물이 드물게 될 줄을?[100]

형부상서 진수 공은 큰 명성이 있어

학문을 축적하여 황금 빛 대궐문[101]에 통했으며,

맑은 지절로 조정을 감동시켰고

정직한 기질로 천자의 위엄을 범할 듯 간언했네.

만년에는 위대한 사구[102] 되어서

어진 은택이 남방의 변경에 흡족하여,

수레 매달아두길[103] 즉각 몸을 빼어 그러했으니

잠자리엔 오로지 푸른 장막[104] 하나뿐이었네.

---

100 충신영인희(忠信令人希) : 『논어』「공야장(公冶長)」에 공자가 "열 집 정도의 작은 마을에도 반드시 나처럼 충신한 사람은 있겠지만 나처럼 배우기를 좋아하는 사람은 없을 것이다.[十室之邑, 必有忠信如丘者焉, 不如丘之好學也.]"라고 한 말에서 나왔다. 여기서는 아무리 작은 마을이라도 충신의 인물이 있을 터이지만, 척박한 땅이라서 그런 충신한 인물조차 드물게 만들었다는 뜻이다.

101 황금빛 대궐문 : 원문은 '금비(金扉)'이다. 금빛 나는 화려한 문으로, 대궐문을 의미한다.

102 사구 : 원문은 '상구(爽鳩)'로 소호씨(少昊氏) 때의 사구(司寇)이다. 제(齊)나라 지역을 맨 처음 통치했다는 전설상의 인물이다. 사구는 형부상서에 해당한다.

103 수레 매달아두길 : 원문은 '현거(懸車)'. 벼슬에서 물러나 고향으로 돌아감을 의미한다. 한(漢)나라 설광덕(薛廣德)이 연로하여 벼슬에서 물러나자 황제가 그에게 안거(安車)와 사마(駟馬)를 하사했는데, 고향 패군(沛郡)에 이르자 태수(太守)가 군(郡) 경계까지 나와 영접하고 온 고을 사람들이 기뻐했다. 이에 하사받은 안거를 매달아 놓고 자손에게 전하여 영광으로 여겼다고 한다. 『한서(漢書)』「설광덕전(薛廣德傳)」 참조.

104 푸른 장막 : 원문은 '청위(靑幃)'. 운(韻)을 맞추기 위해 사용한 어휘로, 실은 푸른 모포라는 뜻의 청전(靑氈)을 대신하여 사용했다. 청전은 선대로부터 전해진 귀한 유물이나 가문의 전통을 비유한다. 진(晉)나라 왕헌지(王獻之)가 누워 있는 방에 도둑이 들어와서 물건을 모조리 훔쳐 가려 할 적에, 그가 "도둑이여, 그 푸른 모포는 우리 집안의 유물이니, 그것만은 놓고 가는 것이 좋겠다.[偸兒! 靑氈, 我家舊物, 可特置之.]"라고 하자, 도둑이 질겁하고 도망쳤다고 한다. 『진서(晉書)』「왕희지열전(王羲之列傳) 왕헌

고향 마을에서 초초하게 달구지[105]를 타고다녀

보는 사람 모두 포의의 선비인 줄 의심했을 정도.

역사책에 명신이라 기록하니

덕을 씨뿌린단[106] 말이 공에게 들어맞는 말이네.

내가 온 것은 공의 시대에서 백년도 되지 않건만

옛날 살던 마을은 지금은 옛 모습이 아니라네.

정표하는 나무[107]도 찾아보기 어려우니

남은 후손들은 어디에 의지하는가?

날씨 추워지고 변새는 캄캄하며

구름이 해를 가려 음울한 기운이 깔렸구나.

서글프게 선현의 발자취를 방문하니

이 일이 외로운 기러기가 날아간 듯하다만,[108]

지(王獻之)」 참조.

105 달구지 : 원문은 '하택거(下澤車)'. 후한(後漢) 마원(馬援)이 관속(官屬)에게 말하기를
"내가 강개(慷慨)하여 뜻이 큰 것을 보고 나의 종제(從弟) 소유(少游)가 이르기를 '선비
가 한 세상을 살면서 의식(衣食)이 족하고 하택거(下澤車)를 타고 관단마(款段馬)를
몰면서 군의 하급 관리가 되어 조상의 선영(先塋)이나 지키면서 향리 사람들에게 선인
(善人)이라 불리면 그만이니, 그 나머지를 구하면 스스로 괴로울 뿐입니다.'라 했다."라
고 했다. 『후한서(後漢書)』 「마원열전(馬援列傳)」 참조.

106 덕을 씨뿌린단 : 원문은 '종덕(種德)'. 사람들에게 널리 은덕을 베푸는 것을 뜻한다.
『서경』 「대우모(大禹謨)」에 순(舜) 임금이 우(禹)에게 왕위를 선위하려고 하자, 우가
"저의 덕은 임무를 감당하지 못하여 백성들이 귀의하지 않거니와, 고요는 힘써 행하여
덕을 펴서 덕이 마침내 아래로 백성들에게 내려져 백성들이 그리워하니, 황제께서는
생각하소서.[朕德罔克, 民不依, 皐陶邁種德, 德乃降, 黎民懷之, 帝念哉.]"라고 했다.

107 작설(綽楔) : 문 위에 세워 효자(孝子)나 의사(義士)를 정표(旌表)하는 뜻을 나타내는
나무이다. 정려(旌閭)의 뜻으로 쓰인다.

108 외로운~듯하다만 : 원문은 '고홍비(孤鴻飛)'인데, '홍니(鴻泥)'의 뜻으로 사용한 말이
다. '홍니'는 진흙에 남긴 기러기 발자국으로, 흔적 없이 사라지는 허무한 자취를 뜻한
다. 소식의 시 「화자유민지회구(和子由澠池懷舊)」에 "우리 인생 이르는 곳마다 어떠한
가? 날아가는 기러기가 눈 진흙 밟은 듯하리. 진흙에 우연히 발자국 남기지만, 기러기

꽃다운 명성이 아득한 상상 속으로 들어와

옛 사적을 추억하다가는 한탄하누나.

진 상서가 구원[109]에서 일어나 살아올 수 있다면

이 사람과 나는 함께 돌아가리라.

豪俊未遇合, 其蹤初側微. 況茲一障地, 才賢從古稀?

豈知十室邑, 忠信令人希? 尙書有大名, 績學通金扉.

淸節動朝端, 直氣犯天威. 暮年大爽鳩, 仁澤浹南畿.

懸車遽抽身, 寢處唯靑幃. 草草下澤車, 見者疑布衣.

簡策紀名臣, 種德公庶幾. 我來未百年, 舊聞今已非.

綽[110]楔亦難覓, 餘胤何處依? 天寒關塞黑, 雲日昏陰霏.

悄然訪前躅, 事若孤鴻飛. 遺芬入遐想, 撫古還嗟唏.

九原如可作, 斯人吾與歸.

해설 진수(陳壽)의 자(字)는 본인(本仁)으로, 신감(新淦)[지금의 강서성 (江西省) 신간현(新干縣)] 사람인데 조부 때부터 영원(寧遠)을 본적으로 하게 되었다. 성화(成化) 8년(1472)의 진사(進士)로, 홍치(弘治) 13년(1500) 에 우첨도어사(右僉都御史)가 되어 섬서성(陝西省) 등지를 순무(巡撫)하 며 몽고 귀족 화사(火篩)의 침략을 막아냈다. 정덕(正德) 9년(1514) 도어사 (都御使)로서 섬서성을 순무하고, 섬서성에 진수(鎭守)한 요당(廖堂)의 탐학을 막았다. 정덕(正德) 10년(1515) 형부상서(刑部尙書)에 올라 치사했 다. 청렴결백하여 40년 공직 생활에 집 한 칸이 없었다고 한다.

날아가면 어디로 갔는지 어찌 알 수 있으랴?[人生到處知何似? 應似飛鴻踏雪泥. 泥上偶 然留指爪, 鴻飛那復計東西?]"라고 한 데서 온 말이다.

109 구원(九原) : 전국시대 진(晉)나라 경대부(卿大夫)의 묘지(墓地)를 일컫던 말로, 묘지 또는 황천(黃泉)의 뜻으로 쓰인다.

110 綽 : 필사본에 '掉'로 되어 있으나, 문맥에 따라 바로잡는다.

1-37. 쌍수포(雙樹舖)[111]

차가운 구름은 낮은 성가퀴를 짓누르고
북풍이 불어와 마른 나무 잎에 울어대네.
말이 나아가려니 진흙길은 너무도 미끄럽고[112]
몸이 온통 비에 젖어 마부는 몸을 다쳤구나.
관문을 닫을 시각 벌써 가까워져
길손의 급한 마음 갑자기 바빠지네,
진눈깨비 흩날리니 호산이 어둑하고
넓은 들판 위 하늘은 창망하여라.
멀리 영원성[113]을 바라보니
역시 내 고향은 아니구나.
오늘밤 마땅히 기숙하여야 하리니
가고 싶은 생각에 혼이 먼저 날아가네.
가는 길이 정겹기가 이와 같으니

---

111 쌍수포(雙樹) : 일명 쌍수보(雙樹堡) 또는 쌍석점(雙石店). 탑산(塔山)에서 북경 쪽으로
29리에 있는 지명이다. 1803년(순조 3) 동지사행의 『계산기정((薊山紀程)』에 따르면
"연산역(連山驛), 연대하(煙臺河)[일명 오리하(五里河)] 5리. 장춘하(長春河) 5리, 쌍수
보(雙樹堡) 1리, 쌍석령(雙石嶺) 1리, 건시령(乾柴嶺) 1리, 동팔리보(東八里堡)[계명산
(鷄鳴山)이 바라보이며 산에 구혈대(嘔血臺)가 있음] 8리. 동두대(東頭臺) 2리, 영녕사
(永寧寺) 1리, 영원위(寧遠衛) 5리. 모두 30리"의 노정이 확인된다.
112 진흙길은 너무도 미끄럽고 : 원문은 '니활활(泥滑滑)'. 자고새와 비슷한 죽계(竹鷄)라는
새는 그 울음소리가 '니활활(泥滑滑)'이라 한다고 한다. 전혀 뜻이 다르지만 그 표현을
빌려온 것이다.
113 영원성(寧遠城) : 지금의 요녕성(遼寧省) 흥성시(興城市)를 말한다. 사행 경로에 있는
역참 가운데 하나로, 고교보(高橋堡)와 동관역(東關驛) 사이에 있다. 허균의 사행 뒤에
명나라 장수 원숭환(袁崇煥, 1584~1630)이 요동 순무(遼東巡撫), 병부 상서(兵部尙書)
등을 지내면서 요동의 방어에 힘써 후금(後金)의 공격을 수차례 막아 냈다. 특히 후금이
산해관(山海關)으로 공격해 올 때 영원성(寧遠城)의 축성을 건의하게 된다.

돌아올 때 기쁨은 헤아릴 수 있고말고.
말을 속히 몰아야지 괜히 천천히 말아라
변방의 해는 쉬이 빛이 잠기므로.

凍雲壓女垣, 朔吹號枯桑. 馬行泥滑滑, 霝體僕夫傷.
閉關節已近, 客心太恩忙. 飛霙暗胡山, 鉅野天蒼茫.
遙睇寧遠城. 亦復非吾鄕. 今宵當寄宿, 欲往魂先翔.
去路情若斯, 回時喜可量. 速駕莫虛徐, 邊日易沉光.

1-38. 조장[114]을 거쳐 사하[115]에 이르러[歷曹庄拁沙河]

병새(垃塞)는 모두 구탈[116]이고
둔전의 경영은 토만[117]의 제도.
길 가는 사람은 급히 말을 달리고
사냥꾼은 수리를 쏘며[118] 한가로이 지내는군.

---

114 조장(曹庄) : 영원위(寧遠衛)에서 북경 쪽으로 12리에 있는 지명이다. 청돈대(靑墩臺)와 칠리파(七里坡) 사이에 있다. 지금의 중국 요령성 흥성시(興城市)에 있던 역참인데, 지금은 조장향(曹莊鄕)으로 되었다.

115 사하(沙河) : 일명 사하소(沙河所) 또는 중우소(中右所), 사하는 조장역(曹庄驛)에서 북경 쪽으로 12리에 있다. 명나라 때 진수지(鎭守地)로 '중우소(中右所)'로도 불렀다. 청나라 초기에 명나라의 건축 제도를 계승하여 성을 쌓았고, 강희 2년인 1663년에 병사를 거두고 '사하중우소(沙河中右所)'라 불렀으며, 간략하게 중우소·사하소·후소(后所) 등으로 불렀다. 강희 3년인 1664년에 영원위(寧遠衛)를 영원주(寧遠州)로 바꾸고 사하소를 영원주의 관할 아래에 두었다. 1778년 건륭제가 동순(東巡)할 적에 사하소성에 주필(駐蹕)하고 「잉주필사하소(仍駐沙河所)」 시를 짓는다.

116 구탈(甌脫) : 변방의 버려진 땅이나 이곳을 경계하기 위해 세운 보루를 지칭한다.

117 토만(土蠻) : 타타르[韃靼]. 1598년 4월에 타타르의 토만(土蠻)이 요동을 침공하자 이여송(李如松)은 4천여 경기병(輕騎兵)으로 정벌에 나섰다가 복병을 만나 전사했다.

118 수리를 쏘며 : 원문은 '석조(射鵰)'. 석조수(射鵰手)는 수리를 쏘아 잡을 만큼 뛰어난 사수(射手)라는 뜻이다. 『북제서(北齊書)』 「곡률광열전(斛律光列傳)」에 "곡률광이 일

비 갠 뒤 아침 해는 평평한 들에 둥글고
허공에 뜬 안개는 먼 산을 완전히 잠그었다.
사하에서 후리[119]를 만났더니
사마[120]는 소관[121]에 있다 알려주네.

並塞皆甌脫, 營田制土蠻. 行人驅馬急, 獵客射鵰閑.
霽旭團平野, 浮烟滅遠山. 沙河逢候吏, 司馬在蕭關.

1-39. 도중의 일을 기록하다[途中記事]

무수한 방울 소리가 자갈밭을 바삐 지나고
다투어 번화(蕃貨)[122]를 요양[123]부터 실어내네.

찍이 제 세종(齊世宗)을 따라 원교(洹橋)에서 사냥을 하다가 하늘을 나는 큰 새를 보고
활을 쏘아 단번에 맞혔다. 그러자 그 새가 마치 수레바퀴처럼 빙빙 돌다가 땅에 떨어졌
는데 큰 독수리였다. 승상 속형자고(屬邢子高)가 보고 탄복하기를 '이는 독수리를 쏘아
맞힌 솜씨이다.[此射鵰手也.]' 했다."라고 나온다.

119 후리(候吏) : 도로를 보수하거나 도적을 기찰(譏察)하고 빈객을 접대하는 일을 담당하
는 관리를 말한다.

120 사마(司馬) : 옛날 병조판서(兵曹判書)의 다른 이름. 여기서는 총병(總兵)을 가리키는
듯하다.

121 소관(蕭關) : 지금 영하(寧夏) 회족자치구(回族自治區) 고원(固原)의 동남쪽에 있었다.
육반산(六盤山) 산맥이 옆으로 관중(關中) 서북에 뻗어, 서북의 병장(屏障)을 이루었
다. 관중(關中)이란 말은 관(關)들의 중앙이라는 말로, 동쪽의 함곡관(函谷關), 서쪽의
산관 또는 대산관(大散關), 남쪽의 무관(武關), 북쪽의 소관(蕭關)으로 둘러싸인 지역
을 일컬었다.

122 번화(蕃貨) : 번병 지역의 물화. 당(唐)나라 때부터 시박사(市舶司)를 두어 번화(蕃貨)·
해박(海舶)·정각(征榷)·무역의 일을 맡게 했다. 송(宋)·명(明)도 그대로 따랐다.

123 요양(遼陽) : 명나라는 요양(遼陽)에 정료위(定遼衛)를 설치했다. 요령성(遼寧省)의 동
북 지역으로 여진족과 만주족의 활동 무대였다. 1621년 후금의 누르하치가 심양(瀋陽)
에서 요양으로 천도(遷都)한 후 요동성을 놔두고 동경성을 새로 쌓았다.

장사꾼은 자그마한 이익[124]이라도 바랄 뿐이니
관새 문에 도거리 장[125]이 있는 것이나 아닌지?

無數鈴聲過磧忙, 爭馱蕃貨自遼陽.

商人只望錐刀利, 毋奈關門有権場?

1-40. 사은사 서장관을 만나[逢謝恩使書狀官]

푸른 노새 재갈 버리자 날아갈 듯 가고
작은 소매에 채찍 끌며 인장 끈을 드리웠네.
나도 행대[126]일 적에는 이 복식에 홀 지녔지
그대를 만나보니 소년 시절 생각나누나.

青騾抛靮去如飛, 小袖拖鞭綏帶垂.

我亦行臺曾服笏, 逢君却憶少年時.

해설 사은사 서장관은 유여각(柳汝恪, 1598~?)이다. 1613년(광해군 5)
증광문과에 을과로, 동생 유여항(柳汝恒)은 병과로, 형제가 나란히 급제하
였다. 이듬해 홍문록에 뽑혀 홍문관의 정자·박사, 시강원 겸 설서를

---

124 자그마한 이익 : 원문은 '추도리(錐刀利)'. 추도(錐刀)는 작은 칼의 뾰족한 끝으로, 장부
(帳簿)를 기재할 때 사용하는 도필(刀筆)이다. 흔히 미세한 이익을 비유하는 말로 쓰인
다.『춘추좌씨전』소공(昭公) 6년(기원전 536) 조에 "백성들이 쟁단[소송 방식]을 알면
예를 버리고 형서를 증거로 끌어대면서 추도의 이익도 다투려고 할 것이다.[民知爭端
矣, 將棄禮而徵於書, 錐刀之末, 將盡爭之.]"라는 내용이 보인다.
125 도거리 장 : 원문은 '각장(権場)'. 송(宋)·요(遼)·금(金)·원(元)나라 때 변경에 설치하고
서 인근의 나라들과 호시(互市)를 열었던 시장을 말하는데, 이곳에서는 전매세(專賣稅)
를 거두었으며, 관부에서 발행한 증명서가 있어야만 교역할 수 있었다.
126 행대(行臺) : 서장관을 가리킨다. 본래 위진(魏晉) 시대에 지역 정벌이나 반란을 토멸하
기 위하여 지방의 주군(州郡)에 임시로 설치했던 출장소를 뜻했다. 하지만 조선 중기에
는 서장관을 가리키는 말로 사용했다.

거쳐 1615년(광해군 7) 광해군 생모 공빈김씨(恭嬪金氏)의 추숭(追崇)을 위해 설치한 존숭도감낭청(尊崇都監郎廳)으로 일하였다. 이후 정언·부수찬을 거쳐 사은사 김권(金權)을 따라 서장관으로 중국에 다녀왔다. 수찬에 이어 헌납의 직을 제수 받았다. 이 때 중시(重試)에 이이첨(李爾瞻)의 아들 이대엽(李大燁) 등과 함께 급제했다. 하지만 인조반정 후, 중시에 선발된 7인 모두 이이첨의 문객이고 부정이 개입되었다는 이유로 소급하여 급제를 취소당한다. 부교리·부수찬 등을 역임하던 중, 진위사(陳慰使)로 중국에 갔던 아버지 유간(柳澗)이 해로로 귀국하다가 배의 침몰로 죽게되자 품계를 올려주었다. 동래부사 재직시 관아의 기생을 속량(贖良)해주려 하다가 추고당하고, 가뭄을 당하여 근신 해야 할 때 음주를 하고 세금을 지나치게 부과했다는 죄로 파직되었다. 김권 일행이 사은사로 나간 것은 사은사 윤방(尹昉), 부사 이정신(李廷臣)과 서장관 윤홍국(尹弘國)이 중국으로부터 돌아오며 공성 왕후(恭聖王后)의 고명(誥命)을 가지고 온 것에서 기인한다. 6월 13일(무자)에 광해군이 교외에 나가 고명을 영접했다(『광해군일기』(중초본) 권32). 7월 3일(무신) 성모 추봉 후 8월 초순 전에 사신을 보내도록 전교했다. 7월 19일(갑자) 유여각을 사은사 서장관으로 삼았다. 8월 18일(임진) 광해군이 인정전에서 배표(拜表)하고, 사은사 김권, 부사 이형욱(李馨郁), 서장관 유여각이 떠나갔다. 『광해군일기』의 1616년(광해군 8, 병진) 2월 12일(계축) 기사에 사은사 김권, 부사 이형욱과 서장관 유여각이 '연경에 들어갔다.'고 되어 있으나, 귀환 기사인 듯하다.

1-41. 중후소[127](中後所)

절도사 중진이 변방에 가까워도

편적한 백성들이 토지를 편안히 여기네.

오랑캐 막는 성곽은 절로 정치하다만

변새의 길은 늘 다니기 어렵다네.

고목은 서리가 일찍 내려 시들게 하고

긴 강물은 성곽을 띠처럼 흘러 차가와라.

멀리 유람하여 험지를 자주 건너니

나그네 한탄에 이 한 해도 저무누나.

節鎭臨邊近, 編民戀土安. 防胡城自緻, 遠塞路常難.

木老凋霜早, 川長帶郭寒. 遠遊頻涉險, 羈恨歲將闌.

1-42. 사하에서 전둔위[128]에 이르기까지 모두 절구 8수를 짓다[自沙河前屯衛凡得八絶]

바람 급한 평원에 검은 수리는 먹을 걸 낚아채고

봉우리 아래서는 위아래를 보며[129] 말이 히힝 우누나.

거연[130]을 북쪽으로 바라보니 변방의 먼지 고요하군.

---

127 중후소(中後所) : 조장역(曹庄驛)에서 북경 쪽으로 65리에 있다. 요동 도사 광녕전둔위 (廣寧前屯衛)의 동쪽으로 50리에 있는 행림보(杏林堡)에 1428년(명나라 선덕 3년) 중후 천호소를 늘려서 설치했다. 『독사방여기요(讀史方輿紀要)』권37 참조. 청나라 때 네모 난 성으로 개축했다. 남쪽에는 가훈문(歌薰門), 서쪽에는 열택문(說澤門)이 있었다. 성 밖에 관제묘(關帝廟)가 있고, 뜰에는 강희·건륭의 두 비석을 세우게 된다.

128 전둔위(前屯衛) : 사하에서 북경 쪽으로 32리에 있다.

129 위아래를 보며 : 원문은 '길고(桔橰)'. 길고는 두레박인데, 여기서는 고삐 쥔 사람의 손놀림에 따라 거듭 부앙(俯仰)한다는 뜻이다. 『장자』「천운(天運)」에 "저 두레박틀은 사람이 당기는 대로 움직일 뿐, 자기가 사람을 당기는 것은 아니기 때문에, 내려가거나 올라오거나 사람들에게서 비난을 받지 않는다네,[彼(桔橰), 人之所引, 非引人也, 故俯仰而不得罪於人.]"라고 하였다.

130 거연(居延) : 한나라 때 서북 변경으로, 서북변의 방위를 굳건히 하기 위해 한 문제가

표요 교위[131]가 이미 요 땅을 넘어갔다 알렸지.

風急平原挈皂鵰, 桔槹峰下馬蕭蕭.
居延北望邊塵靜, 報道驃姚已度遼.

오랑캐들 둔치고 방목하는 곳이 사하[132]에 가까우니
병장(屛障) 척후(斥堠) 앞에 최근들어 출몰이 잦아라.
날 저무니 산 건너에 사냥 불이 보이고
나그네는 깜깜한 속을 조심하며 지나네.

胡兒屯牧近沙河, 障堠年來出沒多.
日暮隔山看獵火, 行人昏黑愼經過.

번방 아이는 어려서 활시위 당기는 일 익히고
술 마신 뒤 채찍 비껴들고 철총마[133]를 달리누나.
화살 우는[134] 소리가 구름밖에 울리는가 싶더니
놀란 기러기들 서너 줄이 높은 허공에서 떨어지네.

蕃兒生少習彎弓, 酒後橫梢[135]走鐵驄.

이민 간척 사업을 시작한 곳이다. 또한 북쪽 끝과 서북방에 봉수(烽燧), 우역(郵驛)을 두고 군사를 파견하여 둔전을 하고 수자리를 살게 했다. 거연해(居延海)가 있다.

131 표요(驃姚) : 한 무제(漢武帝) 때 흉노(匈奴)를 격파하여 표요 교위(驃姚校尉)에 임명된 곽거병(霍去病)을 가리킨다.

132 사하(沙河) : 사하소(沙河所). 앞의 주115 참조.

133 철총(鐵驄) : 철총이. 철총마. 몸에 검푸른 무늬가 박힌 말.

134 화살 우는 : 원문은 '명적(鳴鏑)'으로, 우는 화살을 말한다. 명전(鳴箭)이라고도 한다. 끝부분에 속이 빈 나무 깍지를 달아 화살을 쏘면 공기에 부딪쳐 소리가 나게 만들었다. 흉노족의 선우(單于) 두만(頭蔓)이 후처가 낳은 아들에게 자기 자리를 물려주기 위해 태자 묵특(冒頓)을 월지(月氏)에 볼모로 보내고 월지를 쳤다. 이에 월지가 묵특을 죽이려 하자 묵특이 명적을 가지고 돌아와서 자기 아버지인 선우를 비롯하여 계모와 계모가 낳은 동생까지 쏘아 죽이고 아버지 자리를 빼앗았다고 한다.

鳴鏑一聲雲外響, 數行驚鴈落高空.

여우가죽 옷[136]에 쇠띠 두르고 쌍궁을 끼고는
말 달려 빙하를 건너 까마귀를 쏘누나.[137]
뭇사람 속에서 자신의 몸과 솜씨[138]를 자랑하여
밧줄을 청해[139] 선우 다섯을 잡아 오겠다고 하네.

狐裘鐵帶挾雙弧, 馳渡氷河試射鳥.
衆裏自誇身手好, 請纓期致五單于.

일천 종(鍾) 오랑캐 술을 시 읊자마자 들이키고
한 곡조 비파를 마상에서 연주하네.

---

135 梢 : 필사본에 '捎'로 되어 있으나, 문맥에 따라 바로잡는다.

136 여우 가죽 옷 : 원문은 '호구(狐裘)'이다. 여우 가죽으로 만든 갖옷인데, 무용을 상징한다. 『춘추좌씨전』 양공(襄公) 4년 겨울 10월에 주(邾)나라와 거(莒)나라가 증(鄫)나라를 토벌하자 장흘(臧紇)이 증나라를 구원하기 위해 주(邾)나라를 침공했다가 호태(狐駘)에서 패했다. 국인들이 풍자하는 노래를 불렀는데, 그 노래에 "여우가죽 옷 입은 장흘이여, 우리 군대를 호태에서 패전시켰네. 우리 군주가 너무 어려 난쟁이를 장수로 보내셨네. 난쟁이여, 난쟁이여! 우리 군대를 주나라 군대에게 패전시켰네.[臧之狐裘, 敗我於狐駘. 我君小子, 朱儒是使. 朱儒朱儒! 使我敗於邾.]"라고 했다.

137 까마귀를 쏘누나 : 원문은 '석오(射烏)'이다. 한(漢)나라 명제(明帝)가 동쪽으로 순행을 나갔을 때, 까마귀가 수레 위에서 울자 호분랑(虎賁郎)이 활을 쏘아 그 까마귀를 잡고 「석오사(射烏辭)」를 지어 올렸다. 명제가 돈 백만을 하사하고 정자의 벽에다 모두 까마귀를 그리도록 했다 한다. 『문체명변(文體明辨)』 권1 「고가요사(古歌謠辭)」 수록.

138 몸과 솜씨 : 원문은 '신수(身手)'. 두보의 시 「애왕손(哀王孫)」에 "삭방의 건아들 좋은 몸과 솜씨일세.[朔方健兒好身手.]"라고 노래했다.

139 밧줄을 청해 : 원문은 '청영(請纓)'으로 '청장영(請長纓)'의 준말이다. 전쟁터에 나가 적을 격파하고 나라의 은혜에 보답하겠다는 뜻을 담고 있다. 한(漢)나라의 간의대부(諫議大夫) 종군(終軍)이 남월로 사신을 떠나면서, 남월왕을 설득하여 입조해 제후가 되게 하라는 황제의 명을 받고 "긴 밧줄을 주시면 반드시 남월왕을 사로잡아서 궐하에 바치겠습니다.[願受長纓, 必羈南越王, 而致之闕下.]"라고 스스로 청한 고사에서 따왔다. 『한서(漢書)』 「종군전(終軍傳)」 참조.

포류해¹⁴⁰의 검은 구름이 군진 따라 떨어지고
삭풍이 눈을 불어와 깃발 장대를 때린다.
千鍾虜酒吟初乾, 一曲琵琶馬上彈.
蒲海黑雲隨陣落, 朔風吹雪撲旌竿.

오랑캐 여자들은 변방에 투탁하여 한족 아내 되어
빗질 배워 트레머리 하고는 연지를 바른다만,
금련¹⁴¹은 아직 붉은 싸개로 발을 옥죄잖고
망아지에 굴레 걸어 안장 없는 기마를 시험하네.
胡婦投邊嫁漢兒, 學梳高髻抹臙脂.
金蓮未窄紅纏札, 猶勒生駒試騾騎.

가고가서 요서¹⁴² 19성을 죄다 지나자
목책¹⁴³이 줄 잇고 연영(連營)¹⁴⁴이 장대하다.
광녕위와 전둔위¹⁴⁵ 두 진은 모두가 요해지

---

140 포해(蒲海) : 포류해(蒲類海). 신강성(新疆省)에 있는 호수 이름이다.
141 금련(金蓮) : 아름다운 여인 곧 미인(美人)을 이름. 또는 기녀의 이름. 여기서는 전자를
    뜻한다.
142 요서(遼西) : 지금의 요녕성(遼寧省)에 딸린 영구시(營口市)의 옛 이름. 요하(遼河) 서쪽
    땅이라는 뜻이다.
143 저서(儲胥) : 책란(柵欄), 번리(藩籬). 『문선(文選)』에 수록된 양웅(揚雄)의 「장양부(長
    楊賦)」에, "곰과 큰 곰을 붙잡고 드센 산돼지를 끌며, 나무로 바깥을 에워싸고 죽창을
    포개어서 저서로 삼는다.[搹熊羆, 拖豪豬, 木擁槍櫐, 以爲儲胥.]"라고 했고, 이선(李
    善)의 주는 소림(蘇林)의 '나무로 에워싸 그 바깥을 목책으로 막고, 또 죽창을 포개어서
    바깥의 저서로 삼는다.[木擁柵其外, 又以竹槍櫐爲外儲胥也.]'라는 말과 위소(韋昭)의
    '저서는 번락의 부류이다.[儲胥, 蕃落之類也.]'라는 말을 인용했다.
144 연영(連營) : 연이은 군영. 당나라 우세남(虞世南)의 시 「종군행(從軍行)」에 "봉화는 금
    미에서 나오고, 연이은 군영은 무위를 내도다.[烽火發金微, 連營出武威.]"라고 했다.

긴 장벽 믿고 해자의 군병을 줄이지 말라.

行盡遼西十九城, 儲胥相望壯連營.

寧前兩鎭俱要害, 莫恃長墻濠減兵.

누가 삼위 땅을 덜어 호(胡)에게 주었나?[146]

남북을 오가는 사람이 실같은 외길로 통하네.

오랑캐 병사가 침략하여 바다까지 이를까 두려워

북경에 조회하려면 돛배의 순풍을 빌리려 하리.

誰捐三衛畀胡中? 南北行人線路通.

却恐虜兵侵到海, 朝京還借一帆風.

1-43. 전둔위[147]를 떠나며[發前屯衛]

객점 문 열자 행차 동탁 울리고

행인은 일어나 별을 이고 길을 가네.

---

145 광녕위와 전둔위 : 원문은 '영전(寧前)'으로, 요동 광녕위(廣寧衛)와 전둔위(前屯衛)를
합하여 이른 말이다. 하북성(河北省) 임유현(臨楡縣)의 동문(東門)으로 일명 '임유관(臨
楡關)'이라고도 하는 산해관(山海關)은 영평부(永平府) 무령현(撫寧縣)의 동쪽 1백 리
광녕위·전둔위의 서쪽 70리 지점에 있다.

146 누가 삼위 땅을~주었나 : 호중은 지금의 만주(滿洲) 전체를 가리킨다. 명 태조가 중국
을 통일한 후에 요왕(遼王) 아례실리(阿禮失里)와 타안이 귀순해 오므로 열하성(熱河
城) 이북 지역에 복여위(福餘衛)·태녕위(泰寧衛)·타안위(朶顏衛)의 삼위를 설치하고,
이들을 수용한 다음 아들 권(權)을 봉하여 영왕(寧王)을 삼고 이들을 감독하게 했다.
이곳은 원래 우량합(兀良哈)이 살던 지방으로 현재 열하성(熱河城) 이북의 지역이다.
그 후 성조(成祖)가 건문제(乾文帝)를 몰아내고 황제가 된 다음 이 땅을 건주본위(建州
本衛)·건주좌위(建州左衛)·건주우위(建州右衛)로 나누고 그 지휘사(指揮使)는 여진족
이 세습하게 했다. 『명사(明史)』「내안위전(朶顏衛傳)」 참조.

147 전둔위(前屯衛) : 중후소(中後所)에서 북경 쪽으로 50리에 있다.

겨울 서리 덮여서 길이 하얗고

초췌한 잎은 숲 지역에 나부끼네.

졸도들을 명하여 성곽 문을 나서니

어느 사이 한 장정[148] 거리를 왔군.

때는 10월 초순이거늘

추운 기운이 짐 말에 엄습하네.

푸른 산은 붉은 장성[149] 향해 공읍하고

붉은 해는 푸른 바다 위로 튀어오른다.

수레 휘장 걷고 대황[150]을 굽어보니

일 만리에 오랑캐 왕정[151]이 없도다.

외로운 연기는 대막[152]을 끊으며 일어나고

떠나는 새는 짙은 어둠 속으로 들어가네.

고향 쪽을 바라보아도 보기 어렵고

하늘과 강물은 함께 푸르러 구분 없구나.

---

148 장정(長亭) : 10리(4km)마다 있었던 역말의 객점(客店)을 말한다.

149 자새(紫塞) : 북방 변경의 요새지. 만리장성을 축조할 때 그곳 흙 색깔이 자줏빛이었던 데서 유래했다.

150 대황(大荒) : 중국에서 아주 먼 지역. 『산해경』 「대황북경 중(大荒北經中)」에 "대황의 가운데에 산이 있는데, 이름이 불함이다. 숙신씨의 나라가 있다.[大荒之中有山, 名曰不咸, 有肅愼氏之國.]"라는 구절이 보인다.

151 왕정(王庭) : 오랑캐 선우(單于)가 있는 곳이다. 『통감절요(通鑑節要)』 권14 「한기(漢紀) 효애황제(孝哀皇帝)」 4년 조의 양웅(揚雄)이 올린 상소에 "위청과 곽거병으로 하여금 군대를 조련하게 한 지가 전후로 십여 년이었습니다. 이에 서하에 배를 띄우고 사막을 횡단하며 전안산을 격파하고 왕정을 습격하여 그들의 땅 끝까지 이르게 했습니다. [使衛靑霍去病操兵, 前後十餘年. 於是浮西河, 絶大漠, 破寘顔, 襲王庭, 窮極其地.]"라고 했는데, 이중 '왕정'에 대해 『통감요해(通鑑要解)』에서는 "선우는 성곽이 없어서 그 집 앞의 땅이 정(庭)과 같기 때문에 이렇게 부른다."라고 했다.

152 대막(大漠) : '大幕'으로도 표기한다. 중국 북방의 큰 사막으로 흥안령(興安嶺) 서쪽에서부터 흑룡강성(黑龍江省)·찰합이성(察哈爾省)·외몽고·신강성의 변경이 걸쳐 있다.

원유(遠遊)는 내가 즐기는 바이거늘

아녀자들은 부질 없이 눈물 떨구었지.

먼 곳의 관람은 박망후 뗏목[153] 같고

장부의 뜻은 연연산 비명[154]과 같아라.

대장부로서 장차 임운자재(任運自在)하여

애오라지 남은 세월을 즐기련다.

店開征鐸動, 行人起戴星. 辰霜被路白, 悴葉飄林坰.

命徒出郭門, 已盡一長亭. 是時十月初, 寒氣襲輶[155]騈.

青山拱紫塞, 赤日騰滄溟. 褰帷頻大荒, 萬里無王庭.

孤烟起絶漠, 去鳥入杳冥. 故鄕望難見, 天水相與青.

遠遊吾所樂, 兒女漫涕零. 退觀博望槎, 壯志燕然銘.

丈夫且任運, 聊以娛餘齡.

1-44. 팔리참(八里站)[156]

누런 양과 야생 말은 드넓은 풀밭에 흩어지고

---

153 박망후 뗏목 : 원문은 '박망사(博望槎)'이다. 박망은 박망후(博望侯)로, 한(漢)나라 시대 서역(西域)의 통로를 개척하는 등 해외 원정의 공적을 세운 장건(張騫)의 봉호이다. 장건은 황하의 수원(水源)을 찾으라는 한 무제(漢武帝)의 명을 받고 서역(西域)에 나갔던 길에 뗏목을 타고 황하의 근원을 거슬러 올라가다가 한 성시(城市)에 이르러 견우와 직녀를 보고 왔다고 한다.

154 연연산 비명 : 원문은 '연연명(燕然銘)'이다. 후한의 거기장군(車騎將軍) 두헌(竇憲)이 흉노를 정벌하고 개선하여 연경(燕京)의 연연산(燕然山)에 세운 비(碑)의 글을 말한다. 두헌을 수행했던 반고(班固)가 지은 「봉연연산명(封燕然山銘)」을 비에 새겼다. 그 명에 "마침내 고궐을 넘어서 계록으로 내려가 적로를 경유하여 대막을 끊었다.[遂陵高闕, 下鷄鹿. 經磧鹵, 絶大漠.]"라고 했다.

155 輶 : 원문에 '輻'로 되어 있으나, 문맥에 따라 바로잡는다.

156 팔리참(八里站) : 일명 팔리보(八里堡), 팔리보는 전둔위에서 북경 쪽으로 64리에 있다.

변새의 나무 일천 장(章)은 모두가 흰 느릅나무.
성 위의 뿔나팔 소리가 낙조 아래 구슬픈데
북풍이 불어와 대선우[157]를 막아주네.

黃羊野馬散平蕪, 塞樹千章盡白楡.
城上角聲悲落日, 北風吹遏大單于.

1-45. 산해관[158]을 바라보며[望山海關]

금성[159] 일만 치(雉)가 층층 언덕을 둘러싸고
딱딱이 치고 겹문 달아 크나큰 방비가 장대하다.
웅장한 산해관이 손으로 가리켜 십 리 안짝
나그네 마음에 마치 귀향한 듯 환희하네.

金城萬雉繚曾岡, 擊柝重門壯鉅防.
指點雄關無十里, 客心歡喜似還鄉.

1-46. 산해관의 조중산[160] 집에 묵으며[宿山海關曹重山家]

화려한 집에 유숙하여 어느새 여섯 밤

---

157 대선우(大單于) : 흉노(匈奴)의 추장. 묵특(冒頓)의 후손으로 전조인(前趙人) 유연(劉
淵)이 초대 대선우가 되어 한왕(漢王)이라 칭하고 진(晉)나라 회제(懷帝) 영가(永嘉)
2년에 포자(蒲子)에 도읍했다.

158 산해관(山海關) : 하북성(河北省) 임유현(臨楡縣)의 동문, '임유관(臨楡關)'이라고도 한
다. 영평부(永平府) 무령현(撫寧縣)의 동쪽 1백 리, 요동 광녕위·전둔위의 서쪽 70리에
있다. 장성(長城)이 끝나는 곳으로 '천하제일관(天下第一關)'으로 일컫는 요해지이다.
동쪽과 남쪽으로는 바다에 임하고, 북쪽으로는 토이(兎耳)·복주산(覆舟山)에 연접하
며 숭산(崇山)에 기대어 있다.

159 금성(金城) : 쇠로 만든 성. 요새. 금성탕지(金城湯池)라는 성어로 자주 쓰인다.

한 해 걸러 거듭 오니 마치 귀향한 듯.

누헌의 창은 손님 맞아 시원스레 열려 있고

향기로운 단술을 빈객에게 맛보라고 권하네.

주인옹의 후의에 깊이 기뻐하나니

벽 구멍의 등불빛¹⁶¹을 빌려 쓰게 했기에.

비파곡은 슬펐고 장군은 떠나갔으니

자취 더듬고 감회 일으켜 절로 애처로워라.

[작년 11월에 와서도 이 집에서 머무는데, 준화¹⁶² 중군 우내평이 기마 천
명을 거느리고, 같이 이곳에 머물렀다. 그가 데리고 온 양구랑이라는 여인
이 비파를 잘 연주하였는데, 매일 나를 초청하여 즐겁게 술을 마셨으므로,
그 일을 언급했다.]

僑宿華堂經六夜, 隔年重到似還鄉.

軒牕窅窱迎人敞,¹⁶³ 餹醴芬甘勸客嘗.

深喜主翁多厚義, 得敎隙壁借餘光.

琵琶曲悄將軍去, 撫迹興懷秖自傷.

[去年仲冬來寓此舍, 遵和中軍, 宇內平, 領千騎, 同寓此. 所帶楊九娘, 善
琵琶, 日日邀余, 樂飮, 故及之.]

---

160 조중산(曺重山) : 원문은 조점(曺店)인데, 산해관의 숙소이다. 허균은 작년 사행 때도
조중산 집에 묵었다. 이번 사행의 귀로에도 조중산 집에 묵는다.

161 벽 구멍의 등불빛 : 불빛을 나누어 주는 훈훈한 정을 가리킨다. 송나라 매요신(梅堯臣)
의 「이웃에게 주는 시[贈隣居詩]」에 "벽구멍을 내어 등불 비춰 주고, 울타리 가까운
곳에서 우물을 나누네.[壁隙透燈光, 籬根分井口.]"라고 하였다.

162 준화(遵和) : 하북성 준화현(遵和縣).

163 敞 : 필사본에 '敝'로 되어 있으나, 문맥에 따라 바로잡는다.

1-47. 조중산¹⁶⁴ 객점을 이별하다[別曹店]

나라 일에는 일정의 기한이 있어
길손의 행차를 오래 머물 수 없다네.
거듭 올 일은 일자를 헤아리면 알겠지만
잠깐 사이 이별이 도리어 수심을 낳누나.
비 올 뜻은 중첩한 산굴을 감싸고
바람의 위세는 헤진 갖옷을 헤치네.
수레를 단속하여 서쪽 성곽을 나오니
구름 바깥에 황주(북경)가 은은하여라.

王事有程限, 客行難久留. 重來當計日, 蹔別却生愁.
雨意含重岫, 風威攪弊裘. 嚴車出西郭, 雲外隱皇州.

1-48. 길가에서 서상기 연희¹⁶⁵를 하는 자가 있기에[路左有演西廂戲者]

여복으로 분장하고 나풀나풀 춤 추며
북 치고 퉁소 불어 상점 거리 시끄럽다.
『서상기』 잡극을 연출해내니
최낭자¹⁶⁶의 끼친 향기가 지금도 전하네.

假粧雌服舞蹦躂, 搖鼓吹簫鬧市塵.
粉出西廂新雜劇, 崔娘遺臭至今傳.

---

164 조중산(曹重山) : 산해관 숙소의 주인. 앞에 나왔다.
165 서상기 연희 : 원문은 '서상희(西廂戲)'로, 원나라 왕실보(王實甫)가 지은 잡극 극본인
　　『서상기(西廂記)』를 공연(公演)하는 놀이이다.
166 최낭자 : 원문은 '최낭(崔娘)'으로, 당나라 원진(元稹)이 지은 「회진기(會眞記)」의 여주인
　　공 최앵앵(崔鶯鶯)을 말한다. '앵'자가 두 번 들어가므로 흔히 '쌍문(雙文)'이라 불렀다.

소년시절 일찍이 회진 시[167]를 읽어
원미지[168]가 지은 전기(傳奇)를 비루하게 여겼지.
사실 기록하며 이름 바꾼 것은 참으로 기량이다만
명예와 절개가 가장 먼저 어그러져 가련하여라.

少年曾讀會眞詩, 嘗鄙微之作傳奇.
紀實換名眞伎倆, 可憐名節寂先虧.

해설 『서상기(西廂記)』는 원나라 때의 희곡이다. 당나라 원진(元稹)의
「회진기(會眞記)」에서 취재한 『동서상(董西廂)』을 원나라 왕실보(王實
甫)가 각색하여 희곡화한 것이다. 당나라 덕종(德宗) 때 장군서(張君瑞)
라는 청년이 최앵앵이라는 미인을 사모하여 벌어지는 이야기이다. 금
나라 동해원(董解元)이 저술한 『서상탄창본(西廂彈唱本)』은 현삭서상
(絃索西廂)이라고 하며, 동서상(董西廂)이라고도 하는데, 왕실보의 『서
상기』는 이것에 근거한다고 알려져 있다. 원나라 관한경(關漢卿)은 왕
실보 『서상』에 대한 후속편을 지었다. 명나라 이지(李贄)의 『분서(焚
書)』 「잡술(雜述)」 2 '동심설(童心說)'이란 글은 『서상기』 등 원곡의 가치
를 동심의 토로에 연계시켰다. 그 글은 다음과 같다.
"무릇 동심이란 것은 거짓이 전혀 없고 순수하게 참되어, 최초의
일념의 본심이다. 만약 동심을 잃어버린다면 진심을 잃어버리는 것

---

167 회진시(會眞詩) : 미인을 만나는 시를 말한다. 원진(元稹)의 『회진기(會眞記)』에, "정원
(貞元) 연간에 미인 최앵앵이 아버지를 여의고 어머니와 함께 장안(長安)으로 돌아가는
도중에 포동(蒲東)의 보구사(普救寺)에 머물다가 장생을 만나 서로 시를 지어 화답하고
정까지 통했다."라고 했는데, 그 안에 장생이 지어 준 「회진시 30운(韻)」이 있다.
168 원미지(元微之) : 미지는 원진(元稹, 779~831)의 자(字)이다. 15세의 나이로 명경과(明
經科)에 급제했다. 백거이(白居易)와 함께 신악부운동(新樂府運動)을 주도했다. 시단
에서는 백거이와 함께 원·백(元白)으로 일컬어졌다.

이요, 진심을 잃어버린다면 참 사람을 잃어버리는 것이다. …… 비록 천하의 훌륭한 글이 있다 해도, 거짓 사람 때문에 완전히 없어져서 후세에 제대로 전해지지 못하는 것 또한 결코 적지 않다. 왜인가? 왜인가? 천하의 훌륭한 글은 일찍이 동심으로부터 나오지 않은 것이 없다. 동심이 언제나 존재한다면, 도리는 행해지지 않고, 문견(聞見)은 설 자리가 없어져, 언제든 좋은 글이 써지지 않는 때가 없고, 누구든 좋은 글을 쓰지 않는 사람이 없고, 어떤 글이든 새로운 형태를 창작해도, 좋은 글이 아닌 것이 없다. 좋은 시를 왜 꼭 옛날 『문선(文選)』에서 찾아야 하며, 좋은 글을 왜 꼭 선진(先秦) 시대의 것에서 찾아야 하는가? 후대로 내려와 육조 시대에 이르러 근체(당시)로 변화했고, 당대에 이르러 전기(傳奇)로 변화했고, 송·금 시대에 이르러 원본(院本 : 희곡)으로 변화했고, 원대에 잡극(雜劇)으로 변화했고, 『서상기(西廂記)』로 변화했고, 『수호전(水滸傳)』으로 변화했고, 지금의 과거 시험 문장으로 변화하였으니, 모두가 고금의 지극히 훌륭한 글이어서, 나온 시대가 빠르냐 늦느냐로 좋고 나쁨을 따질 수는 없다. 그러므로 나는 이에 근거해서 동심으로부터 느껴지는 대로 스스로 글을 쓰니, 더 이상 무슨 『육경』을 말하겠으며, 더 이상 무슨 『논어』·『맹자』를 말하겠는가?(夫童心者, 絶假純眞, 最初一念之本心也. 若失却童心, 便失却眞心, 失却眞心, 便失却眞人. …… 雖有天下之至文, 其湮滅于假人而不盡見于後世者, 又豈少哉? 何也? 天下之至文, 未有不出于童心焉者也. 苟童心常存, 則道理不行, 見聞不立, 無時不文, 無人不文, 無一樣創制體格文字而非文者. 詩何必古選? 文何必先秦? 降而爲六朝, 變而爲近體, 又變而爲傳奇, 變而爲院本, 爲雜劇, 爲西廂曲, 爲水滸傳, 爲今之擧子業, 皆古今至文, 不可得而時勢先後論也. 故吾因是而有感于童心者之自文也, 更說甚麽六經, 更說甚麽語孟乎?)"

1-49. 심하[169]를 떠나며[發深河]

하늘은 맑고 요사한 기운은 멎어
시내 평평하고 물색은 선명하다.
높은 성에 이제 막 아침 해 올랐으나
긴 수풀[170]은 여전히 안개에 감추어졌네.
사행의 행역은 비록 왕명의 일이지만
근육과 해골이 늙은 나이에 어이 견디랴?
일평생 강과 바다의 뜻[171]을 지녔건만
어느 날에나 귀전원 노래를 할 수 있을지?

天淨氣昏歇, 川平水色鮮. 高城纔上旭, 長薄尙藏烟.
行役雖王事, 筋骸奈暮年? 平生江海志, 幾日賦歸田?

1-50. 무령현(撫寧縣)[172]

무령현이 산해관 곁 가까이 있으나

---

169 심하(深河) : 직례성(直隸省) 무령현(撫寧縣) 동쪽에 있는 강 이름. 조선 사신이 연경에
갈 때 경유하던 심하역(深河驛)이 설치되어 있다. 이 역은 산해관(山海關)에서 60리
되는 지점에 있다. 『증보문헌비고(增補文獻備考)』권177 교빙고(交聘考) 7 부(附)「조
빙잡의(朝聘雜儀)」'연경노정(燕京路程)' 참고.
170 긴 수풀 : 원문은 '장박(長薄)'. 끊임없이 이어지는 무성한 초목의 숲. 『초사(楚辭)』
「초혼(招魂)」에 "갈대 우거진 여강으로 난 길이여 왼쪽에는 초목이 무성하고, 강 따라
가다가 못 가운데 들어감이여 멀리 바라보니 아스라이 사람 없구나.[路貫廬江兮左長
薄, 倚沼畦瀛兮遙望博.]"라고 했다
171 강과 바다의 뜻 : 원문은 '강해지(江海志)'로, 강과 바다에 숨고자 하는 뜻이다. 두보(杜
甫)의 시「자경부봉선현영회오백자(自京赴奉先縣詠懷五百字)」에 "강해에 숨을 뜻 지
녀, 소쇄한 마음으로 일월을 보내고 싶지 않은 것은 아니지만, 이 세상에 태어나 요순과
같은 성군을 만났기에, 차마 영원히 결별하지는 못하겠네.[非無江海志, 蕭灑送日月.
生逢堯舜君, 不忍便永訣.]"라고 했다.

쓸쓸하기는 만리장성과 비슷하다.

해마다 기근이라 기장과 쌀이 없고

백성들 곤궁하니 요역과 부세를 덜어 주네.

들판 광활하여 한 줄기 연기조차 끊어지고

시내가 동떨어져 오래도록 해가 비추는데,

안장 풀으려고 옛 객점에 투숙하니

주인의 반가운 영접을 받아 기쁘구나.

古縣臨關近, 蕭條類塞城. 年饑無黍稌, 民困減繇征.

野濶孤烟斷, 川落長照明. 解鞍投舊店, 喜得主人迎.

1-51. 도중에 버려진 널이 있어[途中有棄棺]

요동 풍속은 종래 부모도 매장하지 않기에

버려진 관이 벼랑과 물가에 무수하게 널려 있네.

이런 풍속이 관중에 있을 줄 누가 알았으랴?

호인의 풍속이 최근에 사람을 물들인 것 아닌지?

遼俗從來不葬親, 暴棺無數棄崖濱.

誰知此習關中在? 毋亦胡風比染人?

---

172 무령현(撫寧縣) : 직례(直隷) 영평부(永平府) 무령현(撫寧縣). 영평(永平)의 속현(屬縣)
으로, 한(漢)나라 때 양락현(陽樂縣)이다. 북제(北齊) 이후에 노룡(盧龍)으로 들어갔고,
금나라 때 무령현이 되었다. 산해관(山海關)에서 북경 쪽으로 100리에 있다. 서쪽으로
1리(里)의 별타산(別陀山)에서 출원하는 탕하(湯河)가 흐른다.

1-52. 쌍망보¹⁷³를 떠나 도중에 짓다[發雙望堡途中作]

백년 이래 백성들이 승평을 즐기고
군주의 덕을 입어 읍내 가옥이 호화롭다.
집터 하나¹⁷⁴ 받아 이 땅을 경작하여
추위 없고 굶주림 없이 여생을 마쳤으면.

百年民物樂昇平, 邑屋豪華被服明.
願受一廛耕此土, 無寒無餓了餘生.

날던 까마귀 떼는 석양빛 띠고 돌아오고
평야에 아지랑이 소멸하자 숲나무 경색이 열리네.
남쪽으로 바라보니 창려현¹⁷⁵까지 30리
지금도 한유¹⁷⁶ 같은 재사 있나 모르겠구나.

群鴉飛帶夕陽回, 平野烟消樹色開.
南望昌黎三十里, 不知今有退之才.

---

173 쌍망보(雙望堡) : 무령현(撫寧縣)에서 북경 쪽으로 가서, 십리대보(十里臺堡)에서 5리
에 노봉구(蘆峯口)가 있어, 산이 끊어져 길이 되었으며, 창려현(昌黎縣)을 빠져 나가는
산협이다. 음마하(飮馬河)를 지나서 배음보(背陰堡)가 있고 또 8리를 가면 쌍망보(雙望
堡)에 도달한다. 쌍망보에는 성이 있고 성 동쪽에는 돌 다리 둘이 있다..

174 집터 하나 : 원문은 '일전(一廛)'으로, 전(廛)은 집터를 말하고 일 전의 땅은 평민의
삶을 의미한다. 『맹자』「등문공 상(滕文公上)」에, 허행(許行)이 등문공을 찾아와 "일
전을 받아 백성이 되기를 원합니다.[願受一廛而爲氓.]"라고 말하는 대목이 있다. 주희
(朱熹)의 『집주(集註)』에 "전은 백성이 사는 곳이다.[廛, 民所居也.]"라고 했다.

175 창려(昌黎) : 하북성(河北省)의 현. 영주(營州)라고도 불렀다. 북쪽에 북쪽에 갈석산(碣
石山)이 있다.

176 한유 : 원문의 '퇴지(退之)'는 한유(韓愈, 768~824)의 자(字)이다. 한유는 하남성(河南
省) 하양읍(河陽邑) 출신인데, 할아버지의 관적(貫籍)이 창려(昌黎)라고 주장했다. 송
나라 희령(熙寧) 7년에 창려 백(昌黎伯)에 봉해졌으므로 '창려(昌黎) 선생'이라 불렸다.
저술로 『한창려집(韓昌黎集)』이 전한다.

동해의 안기생[177]은 아득히 멀리 떨어져 있고
선인봉 꼭대기는 상서로운 구름에 숨어 있다만,
소매 속에 오이만한 대추[178]를 휴대하여서
혹시 성옹[허균 자신]에게 차례로 맛보게 할지 몰라.
海上安期隔渺茫, 仙人峰頂裔雲藏.
袖中携得如瓜棗, 倘許惺翁取次嘗.

노쇠 질병이 심하여 구레나룻은 흰눈처럼 밝아도
나그네 마음은 왕명 받은 공무의 노정을 생각하네.
비루 먹은 말로 다시 어디에 투숙할 건가?
소슬한 가을바람이 우북평[179]에 불어오네.
衰病侵尋鬢雪明, 客心猶自念王程.
羸驂更欲投何處? 蕭瑟秋風右北平.

177 안기(安期) : 진(秦)나라 때 신선 안기생(安期生). 하상장인(河上丈人)에게 수학했다. 본래 낭야(琅琊) 부향(阜鄉) 사람으로 동해 가에서 약을 팔았는데, 사람들은 천세옹(千歲翁)이라 하였다. 진 시황이 동쪽에서 노닐다가 그를 만나 사흘 밤낮 동안 이야기를 나누고 많은 금은보화를 주었으나, 서찰 한 통과 붉은 옥으로 만든 신발[赤玉舃] 한 쌍을 남겼다. 그 서찰에 '몇 해 뒤 봉래산에서 나를 찾으라.' 했으므로, 진 시황이 서불(徐市)을 시켜 동남동녀(童男童女) 수백 명을 데리고 동해에 배를 띄워 봉래산을 찾아가게 하였다고 한다. 유향(劉向)의『열선전(列仙傳)』에 나온다.
178 오이만한 대추 : 원문은 '과조(瓜棗)'이다. 오이만한 대추. 한 무제 때 방사 소군(少君)이 "일찍이 해상(海上)에 노닐면서 신선 안기생을 만나 보았는데, 그는 크기가 오이만한 대추를 먹고 있었습니다."고 말했다는 데서 나왔다. 『사기(史記)』「봉선서(封禪書)」 참조.
179 우북평(右北平) : 요(遼) 땅의 영평부(永平府)를 가리킨다. 서한 때는 우북평(右北平), 위(魏)나라에서는 노룡(盧龍)이라 불렀다. 한나라 이광(李廣)은 흉노가 비장군(飛將軍)이라 부르며 두려워했던 장군인데, 이광이 우북평 태수로 있었으므로, 흉노가 우북평에 침략하지 못했다. 이광이 사냥을 나갔다가 호랑이를 보고 활을 쏘아 맞추었는데, 나중에 보니 큰 바위에 화살이 박혀 있었다고 한다. 영평부(永平府)에서 동쪽으로 6, 7리쯤 되는 곳에 사호석(射虎石)이 있다. 『사기』「이장군열전(李將軍列傳)」 참조.

1-53. 영평부¹⁸⁰를 떠나 백 도간¹⁸¹을 만나보고 곧바로 난하¹⁸²를 건너다
[發永平府見白都諫 仍渡灤河]

일행이 아침 일찍 노룡현¹⁸³을 출발하니
판자다리가 이도하(二渡河)¹⁸⁴을 압도하네.
성곽의 초루는 새로운 양식인데
관새의 길은 옛날 그대로 경과한다.
이별의 고통을 어찌 이루 다 말하랴?
끌어안은 지병은 어찌할 건가?
서쪽으로 바라보니 고죽국¹⁸⁵이 있어

180 영평부(永平府) : 계주(薊州)에 속한 지명으로 옛 이름은 고북평(古北平)이다. 쌍망보에서 북경 쪽으로 35리에 있다. 지금은 하북성 난현(灤縣)에 해당한다. 은(殷)나라 때는 고죽국(孤竹國)이고, 주나라 때는 유주(幽州) 지역이다. 『명일통지(明一統志)』에는 영평부의 '조선성(朝鮮城)'이 기자가 봉해진 지역이라고 했다. 또 고죽군(孤竹郡)에 이제묘(夷齊廟)가 있는데, 영평부 노룡현(盧龍縣)의 고죽성(孤竹城)의 옛터라고 하는 곳에 세워졌다.
181 백 도간(白都諫) : 1-56 「가마 속에서 백 황문의 『난택행음권』을 읽다[輿中讀白黃門灤澤行吟卷]」에서 말한 백 황문을 가리키는 듯하다.
182 난하(灤河) : 여기서는 영평부에서 북경 쪽으로 5리에 있는 지점을 말한다. 영평부 서쪽 20리쯤에 위치해 난하 이제묘(夷齊廟)가 있어, 청절사(淸節祠)라 했다. 난하의 지류가 청룡하(靑龍河)이다. 난하는 내몽고의 찰합이(察哈爾)에서 발원하여 열하(熱河)와 하북성 희봉구를 거쳐 노룡현(盧龍縣)으로 흘러 발해로 들어가는 강으로, 소난하(小灤河)와 대난하(大灤河)가 있다. 즉, 난하는 북쪽 개평(開平)에서부터 동남쪽으로 흐르는데, 하나는 천안현(遷安縣)을 거쳐 노룡현(盧龍縣)에 이르러 칠하(漆河)와 합류하고, 하나는 낙정현(樂亭縣)을 거쳐 바다로 빠진다. 『대명일통지(大明一統志)』 권5 「산천(山川)」 참조.
183 노룡현(盧龍縣) : 지금의 하북성에 딸린 지명. 난하(灤河)와 대릉하(大凌河) 사이에 있다. 노룡현의 노룡새(盧龍塞)는 흔히 십팔리보(十八里堡)라고 부른다. 조선 사신이 요동을 통해서 북경으로 들어갈 적에 지나가던 곳이다.
184 이하(二河) : 이도하(二渡河). 이항복(李恒福)의 『조천록(朝天錄)』에 보면 12월 7일(무오)의 일정으로 "금석산(金石山)[일명 정석산(頂石山)], 세천(細川), 송골산(松鶻山), 유전(柳田), 탕참(湯站), 안자산(鞍子山), 탕참하(湯站河), 연자암(燕子巖)을 지나 이도하(二渡河) 마을의 오가(吳家)에서 묵었다. 70리를 갔다."라고 했다.

백이의 채미가[186]를 길이 읊어 보노라.

早發盧龍縣, 徒杠壓二河. 城譙新制度, 關路舊經過.

敢道傷離苦? 其如抱病何? 西瞻孤竹國, 長詠採薇歌.

노란 대문 저택을 거듭 찾으니

기쁘게 맞아주어 허겁지겁[187] 할 정도.

다구(茶甌)는 물 먹는 재액[188]이 아니요

시권(詩卷)에서는 금성(金聲)[189]이 나네.

누대 올라 감상한 지난 일 잊지 못하고

머물기 어렵고 사행 일정에 맞추어야 하네.

돌아올 시기는 봄이 아직 늦기 전이니

---

185 고죽국(孤竹國) : 상(商)나라 때 제후의 나라. 지금의 하북성(河北省) 노룡현(盧龍縣)과 요녕성(遼寧省) 조양시(朝陽市) 일대에 있었으며, 백이(伯夷)와 숙제(叔齊) 형제의 나라라고 전한다.

186 채미가(採薇歌) : 백이(伯夷)가 지었다는 채미조(採薇操). 주(周)나라 무왕(武王)이 은(殷)나라를 멸하자 그것을 부끄럽게 생각하고, 주나라의 곡식을 먹지 아니하려 수양산(首陽山)으로 들어가 고사리[薇]를 꺾어 먹으면서 이 노래를 지어 불렀다고 한다.

187 허겁지겁 : 원문의 '도사(倒屣)'는 신발도 제대로 못 신고 거꾸로 나올 정도로 허겁지겁한 모양을 말한다. 『삼국지(三國志)』권21 「위서(魏書) 왕찬전(王粲傳)」에 "채옹(蔡邕)은 재학이 뛰어나고 조정에서 귀중하여 늘 수레가 길을 메우고 빈객이 자리에 가득했는데, 왕찬(王粲)이 문에 있다는 말을 듣고 신발을 거꾸로 신고 달려가 맞이했다.[邕才學顯著, 貴重朝廷, 常車騎塡巷, 賓客盈坐. 聞粲在門, 倒屣迎之.]"라고 했다.

188 물 먹는 재액 : 원문은 '수액(水厄)'으로, 차를 무리하게 많이 마시는 것을 말한다. 진(晉)나라 때 왕몽(王濛)이 차를 매우 좋아하여 손이 그의 집에 가면 반드시 차를 마시게 되므로, 당시 사대부들이 이를 매우 고통스럽게 여겨, 왕몽의 집을 방문할 때마다 반드시 "오늘은 수액(水厄)이 있을 것이다."라고 한 데서 온 말이다.

189 금성(金聲) : '척지금성(擲地金聲)'의 준말로, 뛰어난 작품에서 금석 악기의 아름다운 소리가 난다는 고사를 인용한 것이다. 진(晉)나라 손작(孫綽)이 「천태산부(天台山賦)」를 지은 뒤, 벗이었던 범영기(范榮期)에게 "그대가 이 글을 땅에 던져 본다면 금석의 소리가 나리라.[卿試擲地, 當作金石聲也.]"라고 한 말에서 유래한다. 『진서(晉書)』「손작전(孫綽傳)」 참조.

좋은 모임은 꽃이 환하게 피길[190] 기다립시다.

[주인이 내가 술을 마시지 않으므로 차를 권하길 세 사발이나 했다. 또 시권
(詩卷)을 주었다. 그 때문에 3, 4구에서 그 일을 언급했다.]

重謁黃門第, 欣逢倒屣迎. 茶甌非水厄, 詩卷有金聲.

未續登樓賞, 難淹赴節行. 回期春未晚, 佳會待花明.

[主人以余不飮, 勸茶三甌, 又以詩卷相贈, 故三四及之.]

난하를 다 건너니 평주[191]의 지경

고향과는 이 길로 멀어지네.

뭇산들은 안새[192]에 연결되고

여러 강물은 홍교[193]에 모인다.

햇살 내리쬐자 얼음이 녹아 깨지고

바람이 오살하자 나뭇잎 휘휘 날리네.

나그네 마음에 허투루 고개 자주 돌리니

정영위 학[194]이 저녁에 요동으로 돌아오누나.

---

190 꽃이 환하게 피길 : 원문은 '화명(花明)'이다. 당나라 왕유(王維)의 「조조(早朝)」 시에
"버들 빛 짙어가고 온갖 꽃 피어나니, 오봉성에 봄이 깊어가네.[柳暗百花明, 春深五鳳
城.]"라고 했다.

191 평주(平州) : 노룡현(盧龍縣)과 노룡새(盧龍塞)가 속한 지역. 노룡새는 십팔리보(十八
里堡)라고 부르는데, 우리나라의 사신이 요동을 통해서 북경으로 들어갈 적에 지나가
던 곳이다. 난하를 지나 야계이(野鷄坨), 사하역(沙河驛), 칠가령(七家嶺), 청룡교(靑龍
橋), 진자점(榛子店), 소령하(小鈴河), 풍윤현(豐潤縣)에 이르게 된다.

192 안새(雁塞) : 유관(楡關) 즉 산해관 북방의 지명이다. 흔히 북방 변새를 뜻하는 말로
쓴다.

193 홍교(虹橋) : 무지개다리. 양끝은 처지고 가운데는 둥글고 높다랗게 솟은 다리를 말한
다. 당시 난하에는 홍교가 많았던 듯하다. 칠가령(七家嶺)을 지난 곳의 청룡교(靑龍橋)
는 홍교로 유명했다.

194 정영위 학 : 원문은 '정학(丁鶴)'. 한(漢)나라 때 요동 사람 정 영위(丁令威)가 영허산(靈
虛山)에서 도를 닦아 신선이 된 뒤에 학(鶴)으로 변하여 돌아와 화표주(華表柱)에 앉아

度盡平州境, 鄕關此路遙. 衆山聯鴈塞, 群水集虹橋.
日射氷澌破, 風鏖木葉飄. 羈懷費回首, 丁鶴夕歸遼.

1-54. 칠가령[195]을 거쳐 곽소산장[196]에서 묵다[七家嶺宿郭小山庄]

꽃과 대숲 그윽한 누헌에 저녁 햇빛 해맑고
창문 열고 멀리 뭇 산들 높은 모습을 마주하네.
주인 영감 칠십 나이에 얼굴은 어린아이
신선 방술을 물어보니 웃으며 응답 않는군.

花竹幽軒暮景澄, 開牕遙對衆山登.
主人七十顔童稚, 試覓仙方笑不膺.

지금의 고개지·육탐미[197] 재주를 보아 놀랍고
서예와 그림이 1천 축이 무더기로 쌓여 있네.
서호[198]의 재택[199]마냥 모두가 기이하다만

시를 지었는데, 그 시에 "새여, 새여, 정 영위여, 집 떠난 지 천년 만에 오늘에야 돌아왔네. 성곽은 의구한데 사람들은 아니로세. 어찌 신선 아니 배워서 무덤이 총총한기?[有鳥有鳥丁令威! 去家千年今始歸. 城郭如故人民非, 何不學仙塚累累?]"라고 했다. 『수신후기(搜神後記)』권1 참조.

195 칠가령(七家嶺) : 난하(灤河)에서 북경 쪽으로 79리에 있다.
196 곽소산장(郭小山庄) : 곽소산의 산장. 곽소산은 누구인지 미상.
197 고개지·육탐미 : 원문의 '고륙(顧陸)'은 화가 고개지(顧愷之)와 육탐미(陸探微)를 병칭한 말이다. 고개지는 동진(東晉)의 화가로 초상화와 인물화에 뛰어났으며 그의 전신론(傳神論)은 중국 회화사에 지대한 영향을 미쳤다. 육탐미는 남조(南朝) 시대 송(宋)나라의 화가로 고개지의 제자이다.
198 서호(西湖) : 절강성 항주시(浙江省西湖市) 성밖 서편 고산(孤山)에 있는 큰 호수. 명성호(明聖湖), 전당호(錢塘湖), 상호(上湖), 외호(外湖) 등의 다른 이름들이 있다.
199 재택(梓澤) : 금곡원(金谷園)의 별칭으로 진(晉)나라 때의 부호 석숭(石崇)의 정원을

다만 나는 고산[200]으로 매화 탐방하러 가고파라.

驚觀當今顧陸才, 畵圖千軸積成堆.

西湖梓澤皆奇絶, 只欲孤山去訪梅.

1-55. 진자점[201]을 나와 도중에 짓다[出榛子店途中有作]

기풍[202]이 들을 뒤흔들고 언 시내는 깊은데
곳곳마다 마을 여염에선 저녁에 다듬이질 급하다.
누가 이 몸으로 하여금 자주 길손 되게 하는가?
다만 나의 천명을 따를 뿐이니 상심하지 말아라.

箕風振野凍川深, 處處村閭急暮砧.

誰遣此身頻作客? 只從吾命莫傷心.

빠른 구름이 해를 감싼 때 흙비는 시야를 어지럽히고[203]

말한다. 여기서는 곽소산장(郭小山庄)을 금곡원에 견준 것이다. 석숭이 빈객들을 모아
연회를 베풀면서 시를 짓지 못하는 사람에게는 술 3말을 벌주로 마시게 했는데, 이백
(李白)의 「춘야연도리원서(春夜宴桃李園序)」는 그 한 연회의 광경을 묘사한 것이다.

200 고산(孤山) : 서호 옆에 있는 산의 이름. 송(宋)나라 은사 임포(林逋, 967~1028)가 매화
나무를 심고, 학을 기르며 이 산에서 살아 매처학자(梅妻鶴子)라는 말이 있었다.

201 진자점(榛子店) : 칠가령(七家嶺)에서 북경 쪽으로 35리에 있다. 1683년에 사행길에
오른 김석주(金錫冑, 1634~1684)가 객점에서 계문란(季文蘭)의 시를 보고 소개한 이후
조선후기 사행에서 명소가 된다.

202 기풍(箕風) : 기(箕)는 '바람', 필(畢)은 '비'로, 그 두 별이 곧 풍우성(風雨星)이다. 기풍필우
(箕風畢雨)라 한다. 『서경』「홍범(洪範)」의 주(註)에 "바람을 좋아하는 것은 기성(箕星)이
고, 비를 좋아하는 것은 필성(畢星)이다." 했고, 또 "달이 동북쪽으로 가서 기성의 자리로
들어가면 바람이 많고, 서남쪽으로 가서 필성의 자리로 들어가면 비가 많이 온다."
했다.

203 시야를 어지럽히고 : 원문은 '한망(寒望)'. 흔히 스산하게 바라보는 시선을 말한다. 당
나라 당언겸(唐彦謙)의 시 「춘우(春雨)」에 "번화한 거리에 밤이 오니 비 내리고, 춘루

나무숲엔 안개 잔뜩하여 음침한 기운 맺혀 있네.

쓸쓸하게 옛 오두막이 창해 기슭에 있건만

귀거래 평생 계획은 동곳 던질 일[204] 저버렸구나.

鱟雲夾日霾寒望, 森木籠烟結暝陰.

寥落舊廬滄海岸, 半生歸計負投簪.

낡은 갖옷 구멍 나서 심한 추위 받지만

누가 비단과 실로 마름하고 다듬이질하랴?

짧은 해는 사행 길 노정을 재촉하고

삭풍은 불어와 여행에 지친[205] 마음을 꺾누나.

弊裘穿縫受寒深, 誰製錦純爲拭砧?

短日正催行客路, 朔風吹折倦遊心.

이 몸의 모책이 쓸 데 없어[206] 세월이 서글프고

하늘은 우람하여 음울한 새해 맞이 참담하다.

(春樓)는 스산하여 시야가 어지럽네.[綺陌夜來雨, 春樓寒望迷.]」라는 구절이 있다.

204 동곳 던질 일 : 원문의 '투잠(投簪)'은 벼슬을 버린다는 말이다. 공치규(孔稚珪)의 「북산이문(北山移文)」에 "옛날 소광(疏廣)은 벼슬을 버리고 바닷가에 은거했다고 들었는데, 지금 보니 그대는 난초 허리띠를 풀어버리고 속세의 갓끈을 매었도다.[昔聞投簪逸海岸, 今見解蘭縛塵纓.]」라고 했다.

205 여행에 지친 : 원문의 '권유(倦遊)'는 오랜 여행에 지치거나, 오랫동안 나그네로 떠도는 객지 생활에 싫증이 난 것을 뜻한다. 진(晉)나라 육기(陸機)의 시 「장안유협사행(長安有狹邪行)」에 "나야 본디 오랜 여행에 지친 객으로, 호걸스럽고 출중한 벗들이 많다오.[余本倦游客, 豪彦多舊親.]」라고 했다.

206 쓸데 없어 : 원문의 '확락(濩落)'은 너무 크고 텅 비어 쓸모가 없는 것을 말한다. 『장자』「소요유(逍遙遊)」에 "호락하여 쓸 데 없다[瓠落無所容]」라는 표현이 나오는데, 호락(瓠落)을 후인들이 확락(濩落)으로 사용했다. 두보의 시 「장안으로부터 봉선현으로 가면서 회포를 읊다[自京赴奉先縣詠懷]」에 "문득 쇄락해져, 흰머리로 고단함을 달게 여기네.[居然成濩落, 百首甘契濶.]」라고 했다.

국은을 못 갚고도 이 행역을 한다만

눈서리 빛 백발이 동곳 찌른 관모에 가득하구나.

身謀濩落悲年逝, 天宇崢嶸慘歲陰.

未報國恩猶此役, 不堪霜雪已盈簪.

1-56. 가마 속에서 백 황문[207]의 『난택행음권』[208]을 읽다[輿中讀白黃門灤
澤行吟卷]

백 황문의 시법이 절로 뛰어나서

시구 탁월하고 어휘 씩씩하며 주제도 새롭다.

비록 굴원처럼 못가 거닐며 시 읊었다[209]말해도

『이소』의 시인과 달라 원망함이 전혀 없구나.

黃門詩法自超倫, 句杰詞雄命意新.

縱道行吟如澤畔, 絶無哀怨似騷人.

---

207 백 황문 : 황문시랑(黃門侍郎) 백 씨인데, 백앙(白昂, 1435~1503)과는 별도의 인물일
    것이다. 백앙은 명나라 직예성(直隷省) 무진현(武進縣) 사람으로 천순(天順) 원년(1457)
    동진사(同進士)로, 예과 급사중(禮科給事中)이 되고, 유통(劉通)의 반란을 평정한 공으
    로 병부 시랑(兵部侍郎)에 올랐다. 호부 시랑(戶部侍郎)·도어사(都禦史) 등을 지내고
    홍치(弘治) 6년(1493)에 형부 상서(刑部尚書)가 되었다가 홍치 13년(1500)에 치사(致仕)
    했다. 사호는 강민(康敏)이다.
208 난택행음권(灤澤行吟卷) : 현정본을 찾지 못했다. 난택은 하북성(河北省)의 난하(灤河)
    를 가키리는 듯하다.
209 거닐며 시 읊었다 : 원문은 '행음(行吟)'아다. 전국시대 초(楚)나라의 충신 굴원이 소인의
    참소를 입고 조정에서 쫓겨나 택반(澤畔)을 행음(行吟)하다가 끝내 음력 5월 5일 상강(湘
    江)의 지류인 멱라수(汨羅水)에 투신 자결했다. 『초사(楚辭)』「어부사(漁父辭)」에 "굴원이
    쫓겨나서는 강가에서 노닐어 늪가를 거닐며 시가를 읊조릴 적에 안색은 초췌하고 형용은
    바싹 야위었다.[屈原旣放, 游於江潭, 行吟澤畔, 顔色憔悴, 形容枯槁.]"라고 했다.

태평성대인들 누가 절함(折檻)²¹⁰을 용납하랴?

다만 시율에서 새로운 공력을 붙였도다.

"천추의 대업을 되려 으스댈 것이랴?

귀인 수레와 관복이 이 사람[나 자신]²¹¹을 더럽혀서는 안 되리."

昭代誰容折檻忠? 只從詩律着新功.

千秋大業還堪詫? 不必軒裳溷乃公.

중원의 칠자²¹² 모두 신선 되었건만

근래 작품들은 분분하여 전할 것이 못 되기에,

만년에 백거이 체를 얻어 시격이 바르니

왕세정 · 이반룡²¹³과 나란히 선두를 다툴만 해라.

中原七子盡昇仙, 近作紛紜不足傳.

晚得白家詩格正, 並驅王李合爭先.

하늘이 주신 높은 재주를 어찌 오래 버려두랴?

사환(賜環)²¹⁴하여 이제 곧 옥당의 신선이 되리라.

---

210 절함(折檻) : 한(漢)나라 성제(成帝) 때 괴리 영(槐里令)으로 있던 주운(朱雲)의 고사이
다. 주운이 성제에게 "상방참마검(尙方斬馬劍)을 주면 간신을 참수하여 나머지 사람들
을 경계하겠다."라고 했다. 성제가 "누구냐?"라고 묻자 정승 장우(張禹)라 했다. 성제가
크게 노했으나 주운은 굽히지 않고 직간하며 어전(御殿)의 난간을 잡아당겨 부러뜨렸
다. 성제가 뒤에 주운의 말이 옳음을 깨닫고 난간을 그대로 두어 직간하는 신하의 본보
기로 삼게 했다. 『한서(漢書)』「주운전(朱雲傳)」 참고.

211 이 사람 : 원문의 '내공(乃公)'은 백 황문이 자기 자신을 가리킨 말이다. 허균이 백 황문
의 말을 인용하여 백 황문을 모범으로 삼아, 고관대작을 꿈꾸지 않겠다는 뜻을 드러낸
것이다.

212 중원 칠자(中原七子) : 명나라의 전칠자(前七子)와 후칠자(後七子)를 가리킨다.

213 왕세정 · 이반룡 : 원문의 '왕이(王李)'는 명나라 후칠자들의 맹주 왕세정(王世貞, 1526~
1590)과 이반룡(李攀龍, 1514~1570)을 말한다.

214 사환(賜環) : 죄가 있어 쫓겨난 구신(舊臣)을 사면하여 조정으로 다시 불러들이는 것을

천자의 조칙을 보불로 꾸미려면 웅필이 필요하니
선실²¹⁵에서 천자가 앞으로 다가 앉는 것을 보리라.
天賦高才豈久捐? 賜環行作玉堂仙.
皇猷黼黻需雄筆, 宣室當看席更前.

일찍이 「투두시(妬蠹詩)」 친필본을 얻었더니
시권에서 세 번 반복해 읽을수록 더욱 신기하여라.
내 몸도 어찌하면 이 책벌레²¹⁶와 같아서
책상자 원고를 조금씩 먹으며 세월을 마치랴?
曾獲親書妬蠹詩, 卷中三復益新奇.
此身安得如斯蠹, 散蝕箱編了歲時?

장군의 필법은 오흥 조맹부²¹⁷를 압도하여

뜻한다. 『순자(荀子)』「대략(大略)」에 "임금이 사람과 절교할 때에는 결을 쓰고, 절교한
사람을 돌아오게 할 때에는 환을 쓴다.[絶人以玦, 反絶以環.]"라고 했다. '결(玦)'은 고
리의 한 부분이 떨어진 옥으로 결별의 뜻을 나타내고, '환(環)'은 둥근 모양의 옥으로
다시 돌아오게[還] 하는 뜻을 나타낸다.

215 선실(宣室) : 한(漢)나라 미앙궁(未央宮)의 선실전(宣室殿). 가의(賈誼)가 좌천되어 장
사왕(長沙王)의 태부(太傅)로 있다가 1년 남짓 만에 소명(召命)을 받고 조정으로 돌아오
니, 문제(文帝)가 선실에 있다가 그에게 귀신의 본원(本源)에 대해 물었다. 가의가 귀신
의 유래와 변화 등을 자세히 이야기하다가 한밤에 이르자, 문제가 그 이야기에 빠져서
자기도 모르게 자리를 앞으로 당겨 가의 가까이로 다가왔다 한다. 『사기(史記)』「굴원
가생열전(屈原賈生列傳)」 참조.

216 책벌레 : 원문의 '두(蠹)'는 두어(蠹魚)이다. 당나라 황보구(皇甫口)의 『원화기(原化記)』
「하풍(何諷)」에서 『선경(仙經)』을 인용하여, "좀벌레가 신선 글자를 세 번 먹으면 변화
하여 이 물건이 된다고 했는데 이름이 맥망이다.[蠹魚三食神仙字, 則化爲此物, 名曰脈
望.]"라고 했다.

217 오흥 조맹부 : 원문은 '오흥(吳興)'으로, 남송말부터 원나라 때까지 서법으로 유명했던
조맹부(趙孟頫, 1254~1322)를 가리킨다. 조맹부의 자는 자앙(子昂), 호는 송설(松雪)
등이다. 한림학사 영록대부에 이르렀으며 사후 위국공(魏國公)에 봉해졌다. 그 서체를

새로운 시를 구매하여 손수 베꼈네.

목판에 새겨[218] 널리 전함은 호사가의 일이나

애석해라 현인의 깊은 뜻에 어이 합칭하랴?

將軍筆法壓吳興, 購得新詩手自謄.

災木布傳眞好事, 惜賢深意也堪稱?

해설 이 시에서 말한 백 황문은 백앙(白昻, 1435~1503)과는 다른 인물인 듯하다. 백앙은 황하 치수의 공적이 있으나, 시인으로서의 명성은 없었다. 홍치 2년(1489) 5월에 황하가 개봉(開封) 및 봉구(封丘) 형륭구(荊隆口)에서 터져 군읍이 피해를 입었는데, 9월에 백앙은 호부시랑으로서 산동(山東)·하남(河南)·북직례(北直隷)의 세 순무(巡撫) 직을 겸하고, 이듬해 25만명의 민부(民夫)를 조직하여 양무장제(陽武長堤)를 쌓아 범람을 막고, 중모(中牟)의 터진 하천을 회수(淮水)에 달하게 하고, 숙주(宿州) 고변하(古汴河)를 소통하여 사수(泗水)에 들어가게 했다. 허균은 황하 치수에 대해 언급하지 않았으므로, 그가 말한 백 황문은 별도의 인물인 듯하다.

1-57. 풍윤[219]에 묵으며[宿豐潤]

곽가점[220]에서 닷 새 묵으니

송설체라고 하며, 우리나라에서도 고려 말부터 조선 전기까지 크게 유행했다.

218 재목(災木) : 시문을 목판에 새기는 것을 말한다. 본래는 나무로 제기(祭器)를 만드는 일을 두고 한 말이었다. 한유(韓愈)의 「제유자후문(祭柳子厚文)」에 "어떤 물건이든지 이 세상에 나와서는 남의 재료가 되는 것을 원하지 않으니, 가령 나무가 하나의 제기(祭器)로 만들어져 아름답게 색칠되는 것도 바로 나무의 재앙이라고 해야 할 것이다.[凡物之生, 不願爲材, 犧尊靑黃, 乃木之災.]"라는 말이 나온다.

219 풍윤(豐潤) : 영평부(永平府)에서 160리, 진자점(榛子店)에서 북경 쪽으로 50리에 있다.

여생에 두 구레나룻 희어져 환하다.

그래도 보니 주인이 여전하여

전과 같이 웃으며 맞아 주네.

五宿郭家店, 餘生雪鬢明.

猶看主人在, 依舊笑相迎.

나그네 마음은 정말 벌벌 떨리니

추위 막을 옷을 누가 지어 줄까?

그나마 고향도 비출 달이 어여쁘게

밤새도록 창문 곁에 밝구나.

客意正惝慄, 寒衣誰爲成?

猶憐故鄕月, 終夜傍囪明.

1-58. 사하점[221](沙河店)

요동와 계주[222]의 강 흐름은 온통 모래라서

순천부(順天府) 계주(薊州)의 현(縣) 이름이다. 풍윤성 밖에 고려보(高麗堡)가 있었다. 명나라 초 『풍윤현지(豐潤縣志)』에 고려보에 대한 기록이 있는데, 혹은 고구려 유민들의 집거촌이라고도 간주되었다.

[220] 곽가점(郭家店) : 풍윤의 곽가 객점을 말한다. 이항복의 『조천록』에 보면 1598년 11월 23일(임인) 풍윤(豐潤)의 곽가(郭家)에서 묵었다고 했다. 이수광(李睟光)의 『속조천록(續朝天錄)』 신해년(1611, 광해군3) 8월부터 임자년(1612) 5월까지의 기록에 「풍윤 곽씨 집 벽에서 한석봉의 유묵을 보고[豐潤郭家壁上見韓石峯遺墨]」라는 시를 남겼다. 현재의 길림성(吉林省) 이수현(梨樹縣) 곽가점진(郭家店鎭). 곽가둔(郭家屯)[곽원(郭垣)], 곽가포(郭家鋪)과는 다른 곳이다.

[221] 사하점(沙河店) : 일명 사류하(沙流河). 사류하는 풍윤(豐潤)에서 북경 쪽으로 40리에 있다.

[222] 요동와 계주 : 원문은 '요계(遼薊)'. 요(遼)는 지금의 요령성(遼寧省)을 가리키고, 계(薊)

역이며 점포는 대부문 모래라는 이름이 붙었네.
서쪽으로 오면 번번이 사하에 유숙하니
읍호는 각가(脚家)[223]에게 물을 것도 없구나.
遼薊河流盡有沙, 驛舖多以此名加.
西來每入沙河宿, 邑號無勞問脚家.

1-59. 사하점을 나서며[出沙河店]

파리한 나의 말이 자빠져서 꼼짝 않으니
지친 나그네는 마음이 어떻겠는가?
추운 날 해는 평평한 나무숲[224]에 나직하고
남은 연기 멀리 빈터에서 일어나네.
거주하는 백성은 진작에 물난리 겪어
농사일의 호미질 쟁기질을 폐했구나.
우물 둘레 마을은 쑥덤불 엉겅퀴 편만하여
쓸쓸하기가 마치 난리 끝과 흡사하다.

는 북경시와 하북성 동북 지역을 이른다. 두 지역이 인접해 있기 때문에 아울러 말한 것이다.

223 각가(脚家) : 사신들이 왕래할 때 복물(卜物)의 거각(車脚)을 맡아보는 자를 말하는 듯하다. 명나라 말의 용례를 아직 찾아보지 못했다. 청나라 성조 강희(康熙) 경오년(1690, 숙종16)에 요동(遼東)과 봉성(鳳城)의 거호(車戶) 12인이 난두(攔頭)라고 일컫고 사신의 복물(卜物)의 거각(車脚)을 독점하고서 각가(脚價)를 곱절로 챙겼으므로 난두들은 재산이 넉넉해졌다는 기록이 있다. 『임하필기』 제22권 문헌지장편(文獻指掌編)「중강 개시(中江開市)의 시초」 참고.

224 평초(平楚) : 높은 곳에서 바라볼 때 나무숲이 가지런하게 보이는 모습이다. 사조(謝朓)의 「군내등망시(郡內登望詩)」에 "싸늘한 성 한눈에 조망하니, 가지런한 나무숲은 정말로 푸르구나.[寒城一以眺, 平楚正蒼然.]"라고 했다.

羸驂僵不動, 倦客意如何? 寒日低平楚, 殘烟起遠墟.

居民經水旱, 穡事廢菑畲. 閭井蓬藜遍, 蕭然似亂餘.

1-60. 옥전현²²⁵(玉田縣)

고을 이름이 언제부터 그런가 물으니
양옹²²⁶이 옥을 캐려고 밭에 나물 심은 뒤라네.
덕을 쌓아 상승²²⁷하는 것은 진정 쾌활하다만
세간 인연을 도리어 사모했다니 가련하여라.

---

225 옥전현(玉田縣) : 사류하(沙流河)에서 북경 쪽으로 40리에 있다. 연경에 갈 때 경유하던
역(驛) 가운데 하나로 풍윤현(豐潤縣)과 계주(薊州) 사이에 있다. 『대명일통지(大明一
統志)』 권1에 "북평성(北平城) 서북 130리, 계주 동쪽 80리에 무종성(無終城)이 있는데,
옛날 연(燕)나라 땅으로 옥전현(玉田縣)이라 한다."라고 하였다. 성문은 남전(藍田)이
다. 청나라 때 찰원을 새로 지어 당호(堂號)를 '회유(懷柔)'라 하고 조선 사행을 유숙하
게 했다. 옥전(玉田) 성안에 '부자형제숙질동과지문(父子兄弟叔姪同科之門)'이라는 금
글자를 문에 걸은 것이 있고, 현읍(縣邑)의 성 부근에는 거사비(去思碑)가 많았다.
226 양옹(陽雍) : 한나라 낙양 사람 양백옹(陽伯雍). 양옹백(楊雍伯)·양백옹(陽伯雍)·양백
옹(楊伯雍) 등으로도 쓴다. 『수신기(搜神記)』 권11 「양백옹종옥(楊伯雍種玉)」에 보면,
양백옹(楊伯雍)이 부모의 상을 당하여 무종산(無終山) 위에서 3년간 시묘살이를 하였
는데, 산 아래에서 물을 길어다가 차를 끓여서 지나가는 사람들에게 대가 없이 나누어
주었다. 어느 날 지나가던 사람에게 물을 주니 그가 돌 씨앗[石子] 한 섬을 주면서
높은 산돌이 있는 평평한 곳에 뿌리면 옥이 자라날 것이라고 하므로, 이를 받아서 뿌렸
더니 옥 나무가 자라났다고 하며, 그 땅을 옥전(玉田)이라고 불렀다는 전설이 있다.
227 상승(上昇) : 승천(昇天). '백일상승(白日上昇)' 혹은 '발택상승(拔宅上昇)'의 고사를 말
한다. 동진(東晉) 때 허 진군(許眞君)으로 불렸던 허손(許遜)이 홍주(洪州)의 서산(西
山)에 올라가 마흔두 식구나 되는 온 가족을 이끌고 신선이 되어 하늘로 올라갔다는
'발택상승(拔宅上昇)'의 전설이 있다. 『십이진군전(十二眞君傳)』 참조. 또 한(漢)나라
회남왕(淮南王) 유안(劉安)이 단약(丹藥)을 제련하여 온 가족을 이끌고 백일(白日)에
승천했는데, 그때 그 집의 개와 닭들까지도 그릇에 남은 약을 핥아 먹고는 뒤따라 하늘
로 올라가서, 닭은 하늘 위에서 울고 개는 구름 속에서 짖었다는 이야기가 전한다.
『신선전(神仙傳)』 「유안(劉安)」 참조.

縣名之設問何年? 云自陽雍種玉田.

積行上昇眞快活, 可憐還慕世間緣.

천고 옛날 황금대[228] 일은 아득하기만 하고

거친 들판에 소왕[229]을 문상하는 길손 없구나.

옥구슬 속옷과 옥 갑옷[230]은 황토에 묻혔으니

낙조 아래 슬픈 바람에 백양 숲이 울리네.

千古金臺事渺茫, 荒原無客弔昭王.

珠襦玉匣埋黃土, 落日悲風響白楊.

전랑(田郞)[231]의 옛 은둔 일을 묻고자 하지만

---

228 금대(金臺) : 황금대(黃金臺). 전국 시대 연(燕)나라 소왕(昭王)이 천하의 현사들을 초
　　빙하기 위하여 역수(易水) 동남쪽에 세웠다. 곽외(郭隗)가 천리마를 구하려면 이미 죽
　　은 말의 뼈도 500금을 주면 1년이 되지 않아 세 마리나 온다고 하는 우화를 자신부터
　　섬기라고 했던 건의가 기원이 되었다. 『전국책(戰國策)』 「연책(燕策)」 참조.

229 소왕(昭王) : 위의 금대(金臺) 주석에 나온 연(燕)나라 왕.

230 옥구슬 속옷과 옥 갑옷 : 원문의 '주유(珠襦)'와 '옥갑(玉匣)'은 한(漢) 나라 황제의 장례
　　에 쓰인 물품이다. 『서경잡기(西京雜記)』 권1에 "한나라 황제를 장사 지낼 때 주유와
　　옥갑을 썼는데, 옥갑은 갑옷 모양인 것을 금실로 이었다. 무제(武帝)의 묘에는 옥갑
　　위에 교룡·난새·봉황·거북·기린의 형상을 새겼는데, 세상 사람들이 이를 '교룡옥갑'
　　이라 불렀다."라고 했다. 한편, 소식(蘇軾)의 시 「박박주(薄薄酒)」에 "주유와 옥갑으로
　　만인이 전송하여 북망산으로 돌아가는 것이, 메추라기처럼 다 해진 옷 입고 홀로 앉아
　　아침 햇볕을 등에 쬐는 것만 못하다.[珠襦玉匣萬人祖送歸北邙, 不如懸鶉百結獨坐負
　　朝陽.]"라는 구절이 있다.

231 전랑(田郞) : 후한 말 전주(田疇). 전주는 자가 자태(子泰)이며 우북평(右北平) 무종(無
　　終)[지금의 옥전현(玉田縣)] 사람이다. 유우(劉虞)의 막료로 있다가 유우가 죽자 산속
　　에 은거했는데, 207년 조조(曹操)가 오환(烏丸)을 공격할 때 노룡구(盧龍口)로 조조의
　　군대를 안내하여 오환을 멸망시키는데 공을 세웠다. 고향에 오환이 침입하여 여러 고
　　관들을 죽인 일이 있었기 때문에 조조에 협조한 것이라고 한다. 조조가 정후(亭侯)로
　　봉하고 5백 호의 식읍을 내렸으나 사양했다. 나중에 오환에서 요동의 공손강(公孫康)
　　에게로 도망갔던 원소(袁紹)의 아들 원상(袁尙)이 효수되자 조조의 엄명에도 불구하고
　　곡을 했다. 『삼국지(三國志)』 권11 「위서(魏書) 전주전(田疇傳)」 참조.

끝없는 북녘을 바라보면 황폐한 개암나무뿐.

당시 노룡[232]의 절도사 꾀가 잘못 되었더라면

지금 이 땅에는 머리 풀어헤친 야만인이 득실하리라.

欲問田郞舊隱淪, 無終北望但荒榛.

當時若誤盧龍策, 此地應多被髮民.

곧은 돌로 잘 깎은 비석이 궁릉 귀부를 누르니

선정 베푼 이 누구이기에 거사비[233]가 있는가?

일만 사람 입이 비석이거늘[234] 어찌 비석이 필요했던가?

아첨하는 말[235]일랑 새기지를 말아야 하리.

貞珉戌削壓穹龜, 佳政何人有去思?

萬口是碑那待石? 不須鑱刻借諛辭.

---

232 노룡(盧龍) : 영평부(永平府)의 지명. 요서(遼西) 지방, 곧 난하(灤河)와 대릉하(大凌河) 사이에 있다. 수(隋)나라 때의 하북성(河北省) 무녕현(撫寧縣) 동쪽에 있었던 현(縣)이다. 『자치통감』에는 '幽州'로 되어 있는데, 당나라 대종(代宗) 광덕(廣德) 원년(763)에 유주 절도사(幽州節度使)가 노룡 절도사(盧龍節度使)를 겸하면서부터 '유주(幽州)'·'유주노룡(幽州盧龍)'·'노룡(盧龍)' 등으로 부르게 되었다.

233 거사(去思) : 거사비(去思碑)를 말한다. 후대의 기록에 의하면 옥전현에는 거사비가 많았다.

234 일반 사람 입이 비석이거늘 : 원문은 '만구시비(萬口是碑)'이다. 훌륭한 행실이 사람들의 입에 전해지는 것을 문자를 돌에 새기는 것에 비겨서 구비(口碑)라고 한다. 송나라의 유염(兪琰)이 쓴 『서재야화(書齋夜話)』의 "이름을 하필 돌덩이에다 새길 것인가. 노상에 행인의 입이 비석과 같으니.[有名何必鑴頑石, 路上行人口似碑.]"라는 구절에서 유래했다.

235 유사(諛辭) : 무덤 속의 사람에게 아첨하는 말이라는 뜻으로, 묘비의 글을 말한다. 즉 유묘(諛墓)의 언사라는 뜻이다. 후세에 묘도문자(墓道文字)를 흔히 유묘문(諛墓文)이라고 한다. 당나라 때 한유(韓愈)가 묘지명을 써주고 받은 금(金) 수근(數斤)을 절사(節士)인 유차(劉叉)가 채 가면서 "이는 모두 무덤 속의 사람에게 아첨하여 얻은 것이니, 나에게 주어서 장수를 비는 것만 못하다.[此諛墓中人所得也, 不若與劉君爲壽.]"라고 했다고 한다. 『신당서』 「유차열전(劉叉列傳)」 참고.

1-61. 꿈[夢]

진루²³⁶에 몰래 올라 섬섬옥수²³⁷를 어루더니
그 김에 홍수화를 봉황이 물고 가도록 허락했네.
한 베개²³⁸ 위 유선(遊仙)의 꿈을 놀라서 깨어보니
바람이 성근 휘장 말아올리고 달은 주렴에 걸렸구나.

偸上秦樓按玉纖, 綏花仍許鳳來啣.
驚回一枕遊仙夢, 風卷踈帷月在簾.

달두꺼비는 색채 영롱하고 옥 경대 같은 때
주렴 너머 바람이 서너 가지 매화를 시기하네.
초헌 놓아두고 걷는 일이 원래 용이하니
동쪽 이웃에서 말을 빌려 올 것도 없어라.

蟾彩玲瓏玉鏡臺, 隔簾風妬數枝梅.
輗車代步元容易, 莫向東隣借馬來.

---

236 진루(秦樓) : 진 목공(穆公)의 딸 농옥(弄玉)이 음악을 좋아하여 피리를 잘 부는 소사(蕭
史)와 결혼하여 두 사람이 잘 어울리므로 목공이 그들을 위하여 봉루(鳳樓)를 지어
즐기게 하매 그들이 노래 부르고 피리를 불면 봉황이 날아들더니, 하루는 이들 부부가
그 봉황을 타고 하늘로 올라 사라졌다고 한다.
237 옥섬(玉纖) : 섬섬옥수(纖纖玉手). 즉 가냘프고 고운 미인의 손을 말한다.
238 일침(一枕) : 전설에 나오는 신선의 베개. 『개원천보유사(開元天寶遺事)』 권1 「유선침
(遊仙枕)」에 "귀자국(龜玆國)에서 베개 하나를 진상했는데, 색깔은 마노와 같고 따뜻하
기는 옥과 같았으나 제작한 것은 매우 소박했다. 이 베개를 베고 자면 십주(十洲)·삼도
(三島)·사해(四海)·오호(五湖)를 모두 꿈속에서 볼 수 있었으므로 황제가 이 때문에
이름을 유선침이라 했다.[龜玆國進奉枕一枚, 其色如瑪瑙, 溫溫如玉, 其製作甚樸素. 若
枕之, 則十洲, 三島, 四海, 五湖盡在夢中所見, 帝因立名爲遊仙枕.]"라고 보인다.

1-62. 무 안찰의 『거업치언』을 읽고[讀武按察擧業巵言]

무공의 이름은 지망[239]인데, 바야흐로 영평 병비로 있다.[武公, 名之望, 方爲永平兵備.]

"과거 공부가 조충전각과 같다고 말하지 말라
공부에 집착 않음은 역시 공부하지 않는 것이네."
무 안찰의 말을 보면 논설이 투명하여
이는 마음이 신령한 곳이 신(神)과 통한 것이네.

休言擧業似雕蟲, 不着工夫亦不工.
看取武卿論得透, 是心靈處與神通.

팔고문[240]과 시가가 별나게 공교로워도
식취(識趣)와 신정(神情)은 저절로 같기에,
논술이 본디 경의에서 출발한다면
옮겨다가 시짓기 공부에 붙여도 무방하다 했도다.

時文歌詠縱殊工, 識趣神情也自同.
論述本因經義發, 不妨移着作詩工.

---

239 무지망(武之望, 1552~1629) : 자는 숙경(叔卿), 호는 양우(陽紆). 섬서(陝西) 임당(臨潼) 부광리(阜广里)[지금 서안(西安) 염량구(閻良區) 무둔진(武屯鎭) 광양촌(廣陽村)] 출신 이다. 의학가이기도 하여, 『제음강목(濟陰綱目)』과 『제양강목(濟陽綱目)』을 저술했다. 모문룡(毛文龍)의 견제 역할을 했다. 『승정원일기』 4책, 인조 3년(을축, 1625) 2월 13일 (임진) 조에, 주강에서 지사 이정귀(李廷龜)가 "중국 조정의 무지망(武之望)이 전년 9월 부터 순무 어사(巡撫御史)가 되어 자못 우리나라를 생각해 주어 힘을 다해서 주선하는 일이 있었으니, 지금 진인남(秦仁男)이 갈 때 혹 게송례(揭送禮)를 갖춰 은근한 뜻에 사례해야 하는데, 결정된 것이 없기에 감히 여쭙니다."라고 청하자, 인조는 아뢴 대로 하라고 전교했다.
240 팔고문(八股文) : 원문은 시문(時文)으로, 명·청 시대 과거시험의 문제를 말한다.

해설 무지망(武之望)의 자는 숙경(叔卿)이다. 1589년(명나라 만력 17) 진사에 급제하고 안휘(安徽) 뇌구현(霍丘縣) 지현이 되었다가, 1591년(만력 19) 강도(江都)[지금 강소(江蘇) 양주(揚州)] 현령이 되었다. 1594년(만력 22) 이부고공사주사(吏部考功司主事)에 발탁되고 1600년(만력 28) 병조(兵曹)에 개수되었다. 이후 태상시 소경(太常寺少卿)을 거쳐, 1624년(천계 4) 우부도어사(右副都御史)가 되어 내주(萊州)·등주(登州)의 순무(巡撫) 원가립(袁可立)을 수행했다. 1625년(천계 5) 3월 장반(張攀)을 요동으로 파견하고 여순(旅順)을 거점으로 삼았다. 5월에 후금이 여순을 공격하자 성을 훼손하고 돌아왔다. 동강(東江)의 피도(皮島)에 주둔한 모문룡(毛文龍)이 원가립의 절제를 받지 않고 흠차 진수산동등지도독부 도독(欽差鎭守山東等地都督府都督) 심유용(沈有容)과 불화하고, 또 무지망과도 화합하지 못했으며, 조선과도 조화하지 않았으므로, 무지망이 그를 탄핵했다. 모문룡은 발호하다가 원숭환(袁崇煥)에게 피살되었다. 『명사(明史)』「조선열전(朝鮮列傳)」에 관련 기록이 있다. 그 전에 무지망은 남경 이부우시랑(南京吏部右侍郎), 병부우시랑으로 전임되었다. 1626년(명나라 천계 6년) 휴직했다가, 1628년(명나라 숭정 원년) 남경 형부우시랑이 되고 다시 좌시랑이 되었다. 도찰원우도어사(都察院右都御史) 겸 병부시랑으로서 섬서(陝西) 삼변(三邊)의 군무를 총독하고 고원(固原)에 주둔했다. 이후 병란이 발생하여 이듬해 자살했다.

무지망의 『중정거업치언(重訂擧業卮言)』 2권은 1599년(명나라 만력 27)에 이루어졌으며, 사본이 길림대학도서관(吉林大學圖書館)에 있다. 명나라 판본으로는 수곡주씨(繡谷周氏) 만권루(萬卷樓) 각본 『신각관판거업치언(新刻官板擧業卮言)』 5권이 있는데, 북경사범대학도서관, 남경대학도서관, 항주대학도서관에 있다.241 이후 1835년(청나라 도광 15) 조읍 유씨(朝邑劉氏) 간본 『거업치언』 2권이 있어, 조읍 유씨 간본은 대북(臺北)

중앙연구언 부사년(傳斯年) 도서관에 소장본이 있다. 무지망은 시문(時文) 즉 팔고문의 기국(機局)과 격조(格調)가 시기에 따라 변화해야 한다고 주장했다. 무지망은 유학을 기초로, 의학이론과 양명심학을 융합하여 팔고문에 대해 논했는데, 제1권은 자신의 문론을 서술하고, 제2권부터 5권까지는 앞사람의 문론을 편집했다. 제1권은 내편 22편, 외편 8편이다. 내편은 팔고문의 신(神)·정(情)·기(氣)·골(骨)·질(質)·품(品)·재(才)·식(識)·이(理)·의(意)·사(詞)·격(格)·기(機)·세(勢)·조(調)·법(法)·취(趣)·치(致)·경(景)·채(采)를 논했다. 외편은 함양(涵養)·조예(造詣)·사법(師法)·의고(擬古)·독서(讀書)·통론(統論)·지론(支淪)·범론(泛論) 등을 다루었다.

1-63. 진선령(眞仙嶺)[242]

높디 높은 진선령 고개
돌연 솟아나 궁륭의 형세.
부여잡고 발 옮겨 정상에 다다르니
사방으로 산하가 통한다.
커다란 들은 대륙에 닿아 있으니
하나의 기운이 어이 이렇게 홍몽(鴻濛)한가?
동으로 바라보면 푸른 바다 끝이 없고

241 武之望, 『新刻官板擧業巵言』, 北京師範大學圖書館藏明刻孤本秘笈叢刊. 1-23, 제23 책, 北京師範大學圖書館 編, 廣西師範大學出版社, 2010.

242 진선령(眞仙嶺) : 다른 조천록이나 연행록에는 나타나지 않는다. 조선후기 이덕무(李德懋)의 연행에서는 옥전현(玉田縣)을 지나 별산점(別山店)[鼈山店], 계주(薊州), 방균점(邦均店), 삼하현(三河縣), 하점(夏店), 통주(通州), 조양문(朝陽門)의 노정이 나타나 있다.

태양이 목욕하려니 부상 쪽이 붉어지는군.
서쪽을 바라보며 천자의 수도를 가리키니
대궐문이 울울하고 창창한데,
변새의 성채에는 요망한 기운이 조용하고
쓸쓸하게 사막은 텅 비어 있네.
웅장한 경관이 정말로 절로 풍부하여
일흥(逸興)이 호탕하여 끝이 없도다.
높은 곳에 기대어 긴 휘파람 불자
만리 밖에서 하늘의 바람이 이르네.
빽빽한 저 기수원(祇樹園)²⁴³은
아래로 옛 영비궁²⁴⁴을 마주하네.
단청은 숲나무 바깥에 얼룩얼룩하고
범종은 차가운 구름 속에 울려 나네.
한스러워라 치류(승려)인지 황류(도사)인지
시끄럽게 굴 뿐, 도를 터득한 공덕이 없네.
한 바탕 웃고 호계²⁴⁵를 건넜다니

---

243 기수원(祇樹園) : 기수급고독원(祇樹給孤獨園)의 준말. 사찰을 뜻한다. 진(晉)나라 법
   현(法顯)의 『불국기(佛國記)』에, 인도(印度)의 급고독 장자(給孤獨長者)가 석가모니에
   게 사찰을 지어 기증하려고 기타태자(祇陀太子)에게 찾아가 그 정원을 팔도록 종용하
   자, 태자가 "그 땅에다 황금을 깔아 놓아야만 팔 수 있다." 했는데, 이에 장자가 재산을
   기울여 그곳에 황금을 깔아 놓자 태자가 절을 짓게 했다. 이 절이 바로 기원정사(祇園精
   舍)로서, 기타태자의 수목과 급고독 장자의 땅이란 뜻을 취해서 기수급고독원(祇樹給
   孤獨園)이라고 부르기도 한다.

244 영비궁(靈妃宮) : 영비는 일명 처비(處妃)로, 옛날의 선녀(仙女)이다. 영비궁은 지금의
   천진시 구성 (舊城) 동북 모서리에 있는 천후궁(天后宮)을 가리킨다. 낭낭궁(娘娘宮)이
   라고도 한다.

245 호계(虎溪) : 호계 삼소(虎溪三笑). 진(晉)나라 혜원법사(慧遠法師)가 평소에 호계 밖을
   나가지 않았는데, 하루는 도연명(陶淵明)과 육수정(陸修靜)이 찾아와 담소하다 돌아가

문득 혜원법사를 생각나게 하네.

高高眞仙嶺, 斗起勢穹窿. 躋攀盡其頂, 四望山河通.

鉅野接大陸, 一氣何鴻濛? 東眺極滄海, 浴日扶桑紅.

西瞻指帝里, 閭闔鬱蔥蔥. 塞垣氛祲靜, 蕭條沙漠空.

壯觀眞自富, 逸興浩無窮. 憑高發長嘯, 萬里來天風.

蔚彼祇樹園, 下對靈妃宮. 丹靑繢林表, 鍾梵寒雲中.

所恨緇黃流, 囂譁無道功. 一笑出虎溪, 令人思遠公.

1-64. 반산[246]을 바라보며[望盤山]

반산이 아스라이 구름과 나란하고

비췻빛이 허공에 떠서 또렷하게 보이네.

어이 하면 신선의 녹옥색 지팡이[247] 얻어서

석양 아래 나는 듯이 하늘 계단을 밟아볼까?

盤山縹緲與雲齊, 蒼翠浮空望不迷.

安得仙人綠玉杖, 夕陽飛步躡天梯?

해설 앞서 말했듯이 원굉도(袁宏道)의 「유반산기(遊盤山記)」가 저명하

매 두 사람을 배웅하며 자신도 모르게 호계(虎溪)를 건넜다가 호랑이의 울음소리를
듣고 비로소 정신을 차리고 셋이 크게 웃었다는 고사가 있다.

246 반산(盤山) : 일명 서무산(徐無山), 사정산(四正山), 반룡산(盤龍山), 전반산(田盤山).
지금의 요녕성(遼寧省) 천진시(天津市) 계현(薊縣)의 서북쪽에 있다. 계현은 옥전현(玉田
縣)에서 북경쪽으로 80리(32km)에 있으며, 반산은 북경시 평곡현(平谷縣)에 접해 있다.

247 녹옥색(綠玉杖) : 푸른 옥빛의 지팡이. 이백의 「여산요 시어 노허주에게 부치다[廬山謠
寄盧侍御虛舟]」에 "나는 본시 초나라 광인이니, 봉가를 부르며 공구를 비웃었지. 손에
녹옥장을 쥐고, 아침에 황학루를 작별했네.[我本楚狂人, 鳳歌笑孔丘. 手持綠玉杖, 朝
別黃鶴樓.]"라는 구절이 있다.

지만, 허균은 그 글에 대해 언급하지 않았다. 원굉도의 서두는 이러하다.

"그 가장 뛰어난 것을 서술하면, 초입에서 반천(盤泉)을 만나게 되고 다음 것이 현공석(懸空石)이며, 가장 높은 것을 반정(盤頂)이라 부른다. 계곡 물은 콸콸 흐르다가 반천에 이르러 떨어져 작은 못을 만든다. 흰 바위가 말려져 나오고, 바닥은 모두가 금모래이며, 작은 물고기의 수를 셀 수가 있고 꼬리며 지느러미까지 헤아릴 수 있으며, 떨어지는 꽃이 일렁이며 떠내려가서 그림자가 바닥에 비치다가, 물고기들이 뒤틀면 홀연 그림자도 함께 어지러워진다. 유람객들이 즐거워서 옷을 벗고 차츰 발을 물에 적시다가 갑자기 '너무도 시원하다'라고 크게 외치니, 모두가 뛰어들어 가슴까지 담근다. 조금 거슬러 올라가 바위 서너 개를 지나면 물이 더욱 콸콸거려 말이 들리지 않는다. 가끔 배꽃과 오얏꽃을 던지고 바라보면, 꽃잎이 돌다가 꺾이고 내달리고 춤을 춘다. 현공석의 서너 봉우리는 각각 벽 하나가 푸르게 깎여져 땅에까지 닿아있어, 바위가 허공에 붙어 서있는 것이 마치 신기(神氣)의 성정(性情)이 있는 것 같다. 정자가 절벽을 등지고 끊어진 계곡에 임하여 있는데, 계곡의 물소리가 위로 퍼져 소나무와 화답하는 듯하다. 그 옆이 상방(上方) 정사(精舍)로, 반산의 절승처이다. 반정은 마치 갓 뽑아 나오는 죽순 같이 날카로우면서도 둥근데, 위는 솔도파(窣都波 : 탑)로, 햇빛이 비끼면 그 그림자가 변방 너머까지 드리울 듯하며, 휘몰아치는 바람이 갑자기 불면 구름이 몸을 뒤집어 바다를 쓸어낼 듯하다. 그래서 발을 오래 머물지 못하고, 마침내 내려왔다. 내려오는 길은 우회하면서 궁벽한데다가, 또한 돌계단도 없다. 천문개(天門開)라 부른다. 상투같이 솟은 바위를 따라 길을 잡아 나가자, 손바닥처럼 트였는데, 산의 바위는 한결같이 오른쪽 어깨 너머에 있고 왼편으로는 허공을 밟을 듯해서 밑이 보이지 않으며, 큰 바위는 가운데가 끊어진 것이 여럿이었다."

장대복(張大復)은 "원굉도의 「유반산기」는 춘화(春花)나 미녀와 같이 완미(婉媚)한 풍조가 많다"라고 평하고, 진계유(陳繼儒)는 "이 글을 보면 곧 두려움에 전율을 느낀다(閱此便已悚慄)"라고 평했다.

1-65. 계주[248]에 들어가서[入薊州]

겨울 해는 짧은 동안 찬란하게 빛나고
차가운 모래밭에서는 빠각빠각 소리내네.
거친 마을은 사람 말수가 거의 없고
나그네 지치고 말은 걸음 더디다.
들 객점은 어양[249] 길에 점점이고
시내 다리 곁에는 의열사[250]가 늠름하다.
지나간 것이 모두 다섯 번
나도 몰래 살쩍이 흰 실로 되었군.
寒日暉暉短, 凉沙細細吹. 荒村人語少, 客倦馬行遲.
野店漁陽道, 河橋義烈祠. 經過凡五度, 不覺鬢如絲.

---

248 계주(薊州) : 지금의 요녕성(遼寧省) 천진시(天津市) 계현(薊縣)을 중심으로 하는 지역. 산해관(山海關) 서쪽에서부터 거용관(居庸關) 동쪽에 이르기까지의 요새지이며, 경사(京師)인 북경으로 바로 갈 수 있는 직로(直路)이다.
249 어양(漁陽) : 북경의 동북쪽에 있던 지명. 어수(魚水)의 남쪽이란 뜻이다. 현 북경시(北京市) 밀운현(密雲縣) 서남쪽 하북성(河北省) 계현(薊縣)에 해당하는 지역이다. 당나라 현종(玄宗) 때 계주(薊州)를 고쳐 어양이라 했다. 현종 천보(天寶) 14년(755)에 이 어양에서 안녹산(安祿山)이 반란을 일으켰다.
250 의열사(義烈祠) : 미상. 청나라 이후 훼철된 듯하다.

1-66. 계문[251]에서 우 장군[252]을 만나 긴 노래를 드리다[薊門逢宇將軍贈長歌]

작년에 산해관[253]에서 그대를 만나
보자마자 악수하며 환한 얼굴 펴보였으니,
교제 논하고 예술 담론하길 필설로 대신하고
단술 두고 슬(瑟)을 타며 구름머리 미녀를 끼고 있었네.
고요한 밤 슬픈 현악에 비바람 쏟아질 때
그대 위해 박자 맞춰 「도호가」[254]를 불렀지.
공은 지금 일천 기병의 우두머리에 위치하여
동쪽으로 관문 나가 교만한 오랑캐 제어하고,
옥문관 변새에서 봉화 연기 없도록 했다니
남아의 사업이 정말로 어여쁘도다.
만났다간 훌훌 헤어져 마음 절로 슬프고
뒷날 기약 손꼽아보니 아직 아득하여라.
사람이 살아서는 그래도 만날 경우 있어서

[나는 당시 작별에 임해 시를 주었는데, 아래와 같았다.

　양관 삼첩으로 손님을 전송할 때

---

251 계문(薊門) : 일명 계구(薊丘). 북경성 덕승문(德勝門) 밖 서북쪽에 있었다.

252 우장군(宇將軍) : 준화중군(遵和中軍) 우내평(宇內平).

253 산해관 : 심산(瀋山) 철로의 종점인 하북성(河北省) 임유현(臨渝縣)의 동문(東門)이다.
유새(楡塞), 유관(楡關)이라고도 한다. 천하제일의 관문이라고 불리는 요새처(要塞處)
이다.

254 도호가(都護歌) : 정도호가(丁都護歌). 악부(樂府)의 노래이다. 송나라 고조(高祖)의
사위 서규(徐逵)가 노궤(魯軌)에게 피살되었는데, 고조가 도호(都護)인 정오(丁旿)에게
서규를 장사 지내도록 했다. 그러자 서규의 처가 울부짖으며 찾아와 장례에 관한 일을
물어볼 때마다 정 도호를 애달프게 불렀는데, 그 소리가 몹시 애절했으므로 후대의
사람들이 이를 노래로 지어 불렀다고 한다. 『송서(宋書)』「악지(樂志)」 참조.

비파의 줄 팽팽하여 삭풍 아래 슬프다.

살아만 있으면 상봉할 일 있으리니

술동이 앞에선 영원한 이별을 말하지 마오.

지금 다시 상봉했으므로 이 시에서 운운한다.]

하표(賀表) 받들고 금년에 동지에 맞춰 가면서,

다시 조중산[255] 집을 찾아 동쪽 행랑에서 물었으나

공이 거기 안 계셔서 나는 눈물 훔쳤네.

비파 줄 끊어지고 수 놓은 병풍 앞 비었으며

아름다운 달은 수심하는 사람을 창틈으로 엿보니,

주인은 그대가 준화[256]에 있다 하여,

글 지어 서쪽으로 날아가는 기러기에 부쳤네.

어제 어양의 모씨[257] 집에 이르러,

조촐한 예를 갖추어 멀리 맞이하렸더니

공이 총용문에 있을 줄 누가 알았으랴?

오신다는 소리 듣고 뒷굽 부러져도 모를 만큼 기뻐라.[258]

---

255 조중산(曹重山) : 산해관 숙소의 주인. 허균은 작년 사행 때도 조중산 집에 묵었다. 이번 사행의 귀로에도 조중산 집에 묵는다.

256 준화(遵化) : 계주(薊州)의 속읍인 준화현(遵化縣). 연경과의 거리는 370리이다. 이곳 창서산(昌瑞山)에는 순치제 이후로 청조(淸朝)의 강희제(康熙帝)·건륭제(乾隆帝)·함풍제(咸豊帝)·동치제(同治帝) 등 다섯 황제와 서태후(西太后) 등 황후(皇后)·비빈(妃嬪)·왕자·공주들이 묻히면서 청동릉(淸東陵)이 조성되었다. 청나라 3대 황제 순치제(順治帝)는 북경을 점령하고 난 뒤 1650년 북경의 동쪽 지방인 준화 지역을 자신의 수궁(壽宮)으로 정했다. 이것이 청동릉의 시초이다.

257 모씨(毛氏) : 전국시대 조(趙)나라의 어진 선비. 모공(毛公).

258 절극(折屐) : 너무도 기뻐함을 형용한 말이다. 진(晉)나라 명신(名臣) 사안(謝安)이 바둑을 두고 있을 때에 조카 사현(謝玄)이 부견(符堅)을 격파했다는 서찰이 오자 기쁜 기색을 보이지 않다가 바둑을 끝낸 뒤에 내실로 들어가면서 기뻐하여 나막신 뒷굽이 부러지는 것도 깨닫지 못했다고 한다. 『진서(晉書)』「사안열전(謝安列傳)」참조.

성남 쪽 우점에서는 대장기가 굽었으나
굳센 모양 예전처럼 웅비·호표[259] 모습이네.
조나라 신릉군의 모공·설공 방문[260]보다 더 멋지니
천박한 사람이 어찌 각별한 은혜에 보답할까?
우정을 나눔에 중화와 동이의 차이가 있겠는가?
간담 서로 비추니 초 사람이 월 사람[261] 보듯함이 아니네.
계주의 술이 매워서 추위 속 사람을 녹여 주고
건장한 모발이 관모를 치올리듯 하며 노래가 격렬하여,
"운수의 기박함이 이광[262]과 같아
막부의 공적 조회문 작성을 면하지 못했다." 말한다만,
민지[263] 회맹에서 떨친 공훈이 당시에 있었으니

---

259 웅비·호표(熊羆虎豹) : 원문은 '비호(羆虎)'이다. 본래 맹수를 말하지만 용맹한 군사를 뜻한다.

260 공자의 모공·설공 방문 : 공자는 전국시대 위(魏)나라 소왕(昭王)의 아들 신릉군(信陵君)을 말한다. 진(秦)나라가 조(趙)나라를 포위하자, 신릉군은 자형 평원군(平原君)의 청을 듣고, 후영(侯嬴)의 계교를 써서 조나라의 어진 사람들인 모공(毛公)과 설공(薛公)을 찾아가 진비(晉鄙)를 살해하고, 조나라를 구한 일이 있다. 『사기』 「위공자열전(魏公子列傳)」 참조.

261 초 사람이 월 사람 : 전국시대 때 지금의 호북성(湖北省)과 호남성(湖南省)에 있었던 초와 절강성(浙江省)에 있었던 월나라를 일컬어서 서로의 관계가 소원했다.

262 이광(李廣) : 한(漢)나라 무신. 무제(武帝) 때의 북평태수(北平太守). 흉노(匈奴)와 여러 번 싸워 모두 이겨서 흉노는 그를 "비장군(飛將軍)"이라고 불렀다고 했다. 대장군 위청(衛靑)의 휘하로 흉노 정벌에 나갔으나 한 무제가 이광은 운수가 기박하므로 선우(單于)와 대적하지 못하도록 했으므로 공을 세우지 못했다. 『사기』 「이장군열전(李將軍列傳)」 참조.

263 민지(澠池) : 하남성(河南省) 임치현(臨淄縣)에서 발원하여 서북으로 흐르는 시수(時水)의 지류. 진(秦)나라와 조(趙)나라가 회맹한 곳이다. 진나라 소양왕(昭襄王)과 조나라 혜문왕(惠文王)이 민지에서 회합할 때, 소양왕이 조나라를 얕보고 압도하려 했을 때 혜문왕을 수행했던 인상여(藺相如)가 과감하게 나서서 수모를 막고 회맹의 주도권을 바꾸게 만들었다. 『사기』 「인상여열전(藺相如列傳)」 참조.

한번 접질렸다고 어이 기세가 시들한 적 있었나?

공은 이제 장군 깃발을 변방 성에서 돌려 왔고

나도 행장을 재촉하여 천자의 궐문으로 달려가니,

인간 세상의 이합 집산은 미리 헤아리기 어렵기에

여기 모여 미래를 점치지 못해 혼담이 슬프구나.

변방 구름 음산하여 눈이 내리려 하는데

북풍이 휘휘 불어 저녁 햇빛 희박하다.

일어나 관산(關山)을 보니 일천 리 아득하고

이별의 애 끊는 장이 가을 딱따기 소리에 끊어진다.

去歲逢君山海關, 見我握手開歡顔.

論交談藝代筆舌, 置醴楔瑟携雲鬟.

夜靜哀絃下風雨, 爲君擊節歌都護.

公時千騎上頭居, 東出關門制驕虜.

坐令玉塞無烽烟, 男兒事業絶可憐.

忽忽聚散情自愴, 屈指後期還杳然.

人生却有相逢地,

[僕臨別贈詩曰：“三疊陽關送客時, 琵琶絃緊朔風悲. 人生會有相逢地,

莫向樽前訣別離.” 今更相逢故更人,[264] 此詩語云.]

奉表今年趂冬至.

再訪曺家宿東廂, 公不在玆吾拭淚.

琵琶絃絶繡屛空, 佳月惱人窺牎櫳.

主翁言子在遵化, 裁書爲付西飛鴻.

昨到漁陽□毛氏, 要具菲禮遙相致.

---

[264] 故更人此詩語云 : '更人'은 잘못 들어간 듯하다. 한편, 아래의 '漁陽□毛氏'에는 한 글자
가 탈락되어 있다.

誰知公在摠戎門? 令我聞來折屐喜.

城南郵店屈旄麾, 依舊桓桓羆虎姿.

絶勝公子訪毛薛, 賤薄將何答恩私?

交情豈以夷夏別? 肝膽相投非楚越.

薊酒清冽照人寒, 壯髮衝冠歌激烈.

自言數奇如李廣, 未免幕府稽功狀.

澠池奮翼當有時, 一蹶何曾氣凋喪?

公今旋旆返塞垣, 我亦趣裝趨天閽.

世間離合難預料, 來會未卜徒傷魂.

邊雲黯慘雪欲落, 北風蕭蕭日色薄.

起望關山千里遙, 離腸斷盡秋聲柝.

⬚ 형식 ⬚ 칠언고시 44구. 4구 1전운.

1-67. 삼하[265] 도중(三河道中)

좌보[266]는 신명 있는 도성[267]에 이어지고

대지는 평탄하여 드넓어 눈이 피곤할 정도.

---

265 삼하(三河) : 계주(薊州)에서 북경 쪽으로 70리(28km)에 있는 지명. 옛날의 임구현(臨
駒縣)이다.

266 좌보(左輔) : 본래 한(漢)나라 삼보(三輔)의 하나인 풍익군(馮翊郡)을 말하는데, 여기서
는 북경의 왼쪽에 있는 요동을 가리키는 듯하다. 삼보는 전한(前漢) 때 경기를 다스리던
세 개의 행정 구역 또는 그곳에 둔 좌내사(左內史), 우내사(右內史), 주작도위(主爵都
尉)를 말하는데, 훗날 좌풍익(左馮翊), 우부풍(右扶風), 경조윤(京兆尹)으로 개칭되었
다. 『태평어람(太平御覽)』 권1 「삼보황도(三輔黃圖)」 참고.

267 신명 있는 도성 : 원문의 '신고(神皐)'는 신명(神明)이 모이는 신성한 지역을 뜻하는데,
황성 곧 도성을 가리킨다.

연계(燕薊)의 나무들은 일만 줄로 늘어서고
대산(岱山)의 구름[268]은 일천 리 솟아났구나.
드넓은 들판은 어이 이렇게 쓸쓸한가?
근심에 진정 우울하기만 하구나.
내 고향은 고개 돌려 봐도 아득하여라.
파도 드센 창해로 격절해 있기에.

左輔接神皇, 平看目力勞. 萬行燕樹直, 千里岱雲高.
原野何蕭瑟? 憂心正鬱陶. □鄕杳回首, 滄海隔波濤.

1-68. 노하(潞河)[269]

요동 삼하에서 통주[270]까지
그 사이 거리는 칠십리.
천자가 사는 곳이 이미 가까워
도시의 건물들이 점점 빗살 같고,
조운하는 운하가 그 사이에 터져
새머리 꾸민 배들 나루터에 어지러워,
지방에서 북경으로 물자를 나를 때면

---

268 대산의 구름 : 원문은 '대운(岱雲)'. 대(岱)는 오악(五嶽)의 동쪽 산인 태산(泰山)의 다른
   이름인 대악(岱嶽)을 말한다.
269 노하(潞河) : 북경의 동쪽에 위치한 지역으로, 북경과 항주를 연결하는 대운하의 북쪽
   종착지이기도 하다. 현재의 통주구(通州區)를 흐르는 강으로 각종 사행 기록에는 통주
   강(通州江), 외하(外河) 등으로 기록되어 있다. 사행의 경로에 있는 역참 가운데 마지막
   역참이다.
270 통주(通州) : 지금의 북경시 통주구(通州區)이다. 당시 직례성(直隸省) 순천부(順天府)
   에 소속된 지역으로 순천부의 동쪽 40리 지점에 있다.

수 백 명 사공들이 노질을 하누나.
밥 짓는 연기 집들은 수 만 호로 번성하고
노래와 피리 소리는 사방에서 일어나네.
아아! 벼슬 살아 객지를 행차하는 나는
두 해에 세 번이나 이곳을 찾아왔으니,
흑초구 해진 것[271]은 아깝지 않다만
구부정한 몰골이 나루터 관리에게 부끄럽군.

三河距通州, 其間七十里. 已近帝者居, 邑屋漸櫛庇.
漕河潰其中, 鷁首迷津涘. 委輸濟京師, 執櫂累千指.
人烟萬戶繁, 歌吹四面起. 嗟尒宦遊客, 二歲三來此.
不惜黑貂弊, 龍鐘愧津吏.

1-69. 느낌이 있어[有感]

평소 시구 찾느라 고생하길 사양하여
흥 이르면 시편 이뤄 묵은 시도 섞였더니,
통주에 이르러 시가 되려 1백 수
가련케도 쓸 데 없이 정신만 괴롭혔군.
쓸쓸하게 우정(역점)에서 하룻밤 자는데

그윽한 회포가 바쁘게 꿈속에 끌려가네.

서쪽으로 일만 리는 무슨 연고런가?

들판 나무도 강 위 구름도 어둑하구나.

平生覓句謝艱辛, 興至篇成雜腐新.

詩到通州還百首, 可憐無用祗勞神.

寥落郵亭一夜眠, 幽懷蔥蔥夢徒牽.

西來萬里緣何事? 野樹江雲亦黯然.

1-70. 연경 저자 노래[燕市行]272

나는야 연 땅 천 리를 가도록

감개하여 슬픈 노래 부르는 인사273를 못 만났네.

어찌 시절 못 만난 호걸들이 없을까?

단연코 위로 현명한 천자 있기 때문이라네.

황금대274 황폐하여 잡풀들 돋아나고

형가 추천한 전광 선생275 지금 어디 있는가?

---

272 연경 저자 노래[燕市行] : 원문의 '연시(燕市)'는 전국시대 연(燕)나라 수도 연경(燕京)의 저자(시장)를 말한다. 시시(柴市)라고도 불렸는데, 지금의 북경에 속한 지역이었다. 전국시대 때 형가(荊軻)가 연나라 저자에서 개백정들과 어울리며 놀다가 연나라 태자 단(丹)의 요청으로 진시황을 죽이러 떠났다. 원문의 '행(行)'은 한(漢)·위(魏)의 악부(樂府)에서 기원하면서 율격이 비교적 자유로운 가행(歌行)의 한 양식이다. 명나라 서사증(徐師曾)의 『문체명변(文體明辨)』「서설(敍說)」'악부(樂府)'에 "마음껏 길게 말하면서 잡다하게 노래하여 방도가 없는 것이 가(歌)이고, 걸음걸이를 맞추되 빨리 내달려 한껏 치달려서 술술 나아가 막히지 않는 것이 행(行)이다. 그 둘을 아울러 가행이라고 한다. [放情長言, 雜而無方者曰歌, 步驟馳騁, 疏而不滯者曰行. 兼之曰歌行.]"라고 했다.

273 슬픈 노래 부르는 인사 : 전국시대 형가(荊軻)와 같은 협객을 말한다.

274 황금대(黃金臺) : 연(燕)나라 소왕(昭王)이 국도(國都)의 동남쪽에 쌓아 놓고 천하의 어진 선비들을 모집했던 곳이다.

역수[276]의 차가운 물결은 날 저물자 절로 급하고
형가 보낼 당시 흰 옷의 빈객들은 모두 재가 되었네.
태자 단이 황금구슬 올리자[277] 암살의 짧은 계책 결단했고
진시황 궁 기둥에 기대 거만하게 흘기며 꾸짖었을 뿐.
애석하다. 형가의 졸렬한 검술이여!
공연히 번오기로 하여금 목을 찔러 피 흘리게 했도다.
찬 구름과 뭉친 눈이 하늘 사방에서 쏟아지니
북풍이 썰렁하여 사람 마음을 슬프게 하누나.
저자에서 축(筑)을 연주한 걸 그대여 웃지 말게.
아마도 당시의 고점리[278]와 같겠는가?
나는야 짧은 옷 허리춤에 칼을 차고서
돼지어깨살[279] 한 덩이 들고 말술 마시고,

---

275 전광(田光) : 전국시대 연(燕)나라 처사(處士)로, 연 태자 단(丹)이 그의 현명함을 알고
　　진왕(秦王)을 죽일 일을 의논하니, 자기는 나이가 많다고 거절하고, 형가(荊軻)를 추천
　　했다. 태자가 이 일을 누설하지 말 것을 부탁하자, 그리 하겠노라고 답한 뒤에, 남에게
　　의심받음을 탄식하고 자결했다.
276 역수(易水) : 하북성(河北省)에 있는 강의 이름. 전국시대 연 태자(燕太子) 단(丹)의
　　원수를 갚아 주기 위하여 진시황(秦始皇)을 암살하려는 자객으로 떠나는 형가(荊軻)가
　　길을 떠날 때에 전별하러 나온 많은 사람들에게 "바람 쌀쌀하니, 역수가 차갑구나.
　　장사 한번 가면 다시 돌아오지 아니하네.[蕭蕭兮易水寒, 壯士一去不復還.]"라는 시를
　　지어 단(丹)과 이별한 곳이다. 한 번 가면 다시는 돌아오지 못하는 이별의 뜻으로 쓰이
　　게 되었다.
277 황금구슬 올리자 : 『연단자(燕丹子)』의 연나라 태자 단과 형가의 고사에 나온다.
278 고점리(高漸離) : 전국시대 연(燕)나라 사람으로, 시장에서 개를 잡는 백정으로 살면서
　　축(筑)을 잘 연주하던 인물인데, 위(衛)나라 사람으로 연나라에 와서 놀고 있던 형가(荊
　　軻)와 친하게 지냈다. 형가가 진 시황 저격에 실패한 후 진(秦)나라로 들어가 진 시황을
　　죽이려고 축 속에 납덩이를 넣어 가지고 가서 진 시황을 쳤다. 그러나 진 시황의 종지뼈
　　만 상하게 하고 죽이지는 못했으며, 진나라에 잡혀 처형되었다. 『사기』「자객열전(刺客
　　列傳)」 참조.
279 돼지어깨살 : 원문은 '체견(彘肩)'. 홍문연(鴻門宴)의 장사 번쾌(樊噲)에 관련된 고사에

도박하는 무리 음료 파는 무리²⁸⁰ 쫓아 노닐리니
혹여 어진 사람이 백정 사이에 숨어 있을지 몰라.

我行燕地一千里, 不逢感慨悲歌士.

豈無豪傑未遇時? 端爲上有明天子.

黃金臺廢生草萊, 田光先生安在哉?

易水波寒暮自急, 賓客白衣俱塵灰.

金丸投盡短計決, 倚柱倨罵徒眦裂.

惜哉荊卿劍術踈! 空使於期頸流血.

寒雲醞雪天四垂, 北風蕭摵令心悲.

市中擊筑君莫笑, 恐類當時高漸離?

我欲腰刀衣短後, 持一匏肩沽斗酒.

去從博徒賣漿游, 倘有賢人隱屠狗.

해설 허균은 이 시에서 『사기』「자객열전」의 형가 고사를 소재로 삼았으나, 『사기색은(史記索隱)』에 인용된 『연단자(燕丹子)』에서도 화소(話素)를 선택했다. 즉 연나라 태자 단(丹)이 형가에게 황금구슬을 올렸다는 고사가 그것이다. 전광(田光)의 추천으로 형가가 태자 단을 만나게 된 후, 형가가 동궁의 연못에 있는 맹꽁이를 맞추려고 기와를 주

나온다. 항왕(項王)이 홍문연(鴻門宴)에서 한 고조를 죽이려 하는 것을 알고 번쾌(樊噲)가 한 고조를 도피시킨 다음, 머리털을 곤두세우고 눈을 부릅뜬 채로 항왕의 앞에 들어서자, 항왕이 번쾌의 모습을 보고 "장사로다, 술을 내려라. …… 돼지 어깨를 내려라.[壯士! 賜之卮酒. …… 賜之彘肩.]"라고 명하여, 번쾌가 다 마시고 나자, 또 항왕이 "장사여! 더 마실 수 있겠는가?[壯士! 能復飮乎?]" 하니, 번쾌가 대답하기를 "신이 죽음도 피하지 않을 터에, 술이야 어찌 사양하겠습니까.[臣死且不避, 卮酒安足辭!]"라고 했다. 『사기』「항우본기(項羽本紀)」 참조.

280 도박하며 음료 파는 무리 : 『사기』「위공자전(魏公子傳)」에 "지금 내가 들으니, 도박하는 무리 및 음료 파는 자들과 망녕되이 종유하니, 공자는 망녕된 사람일 뿐이다.[今吾聞之, 乃妄從博徒賣漿者游, 公子妄人耳.]"라고 했다.

워 던지자 태자 단이 형가의 환심을 사기 위해 쇠구슬을 받들어 올렸다. 또 형가가 천리마의 간이 맛 있다고 하자 말을 죽여 간을 바쳤다. 태자가 번오기 장군과 함께 화양대(華陽臺)에서 술을 마실 때 미인이 나와서 금(琴)을 연주하니 형가가 멋진 손이라고 하자, 태자가 그 미인의 손을 잘라 옥반에 담아 내었다고 한다. 이 일은 『사기』 본문에는 없다. 왕세정(王世貞)의 「협객편(俠客篇)」도 금환(金丸)과 마간(馬肝)을 인용했다.

1-71. 통주에서 새벽에 일어나[通州曉起]

닭이 선창하자 높은 성벽 문 열리고
성벽의 까마귀 떼가 새벽 종에 흩어지네.
역점 누각에는 기운 달빛 가득하고
강가 나무에는 묵은 구름 무겁구나.
나그네 꿈은 동 트는 잔야(殘夜)에 놀라 깨고
고향 관문은 첩첩 멀리 떨어져 있네.
어느 집 향기로운 규합에서
비단 장막 속 단잠이 바야흐로 깊을지?

鷄唱啓崇墉, 城鴉散曙鍾. 驛樓斜月滿, 江樹宿雲重.
客夢驚殘夜, 鄕關隔亂峰. 誰家香閤閭, 羅幕睡方濃?

1-72. 또 절구 4수를 지음[又得四絕]

사위어가는 등잔 불은 병풍 앞에 명멸하고

창가 달은 엿보아 휘장 안이 빈 것을 비웃네.
나비 꿈[281]은 창해의 광활함을 모르고
밤이면 날아서 예주궁[282]에 들어가네.

殘缸明滅背屛風, 牕月窺人笑帳空.
蝶夢不知滄海闊, 夜闌飛入藥珠宮.

끊어진 다리 남은 눈 속에 옥매 향기 뿜을 때
경옥의 달빛 깔린 길로 들 복판 못에 이르렀지.
상상하네, 작은 누정의 달 밝은 밤
고향에서도 타향의 나를 생각하고 있으려니.

斷橋殘雪玉梅香, 曾踏瓊瑤到野塘.
料得小樓明月夜, 故鄕能自念他鄕.

집에 신선 꿩이 있고 소봉(素封)[283]은 없어
초가집 엮어 일천 봉우리를 마주했다네.
분명 어느날 밤 차가운 창 아래 꿈에는
뜰 앞 소나무가 눈에 눌렸다 일어나리라.

家住仙翬乏素封, 結茅聊自面千峰.
分明後夜寒恩夢, 尙起庭前雪壓松.

---

281 나비 꿈 : 호접지몽(胡蝶之夢). 장자(莊子)가 꿈에 나비가 되어 즐겁게 놀았다는 고사에
   서 나왔다.
282 예주궁(藥珠宮) : 신선들이 사는 곳. 꽃술과 구슬로 잘 꾸민 화려한 궁전. 또 송(宋)나라
   진종(眞宗)이 세운 궁궐에 예주전(藥珠殿)이 있다.
283 소봉(素封) : 관작(官爵)과 봉읍(封邑)이 없으면서도 봉군(封君)처럼 부귀한 것을 말한
   다. 『사기』 「화식열전(貨殖列傳)」에 "요즈음 관직의 녹봉도 없고 작읍의 수입도 없으면
   서 즐거움이 관직과 작읍이 있는 사람과 비등한 자들이 있는데 그들을 명명하여 소봉이
   라 한다.[今有無秩祿之奉, 爵邑之入, 而樂與之比者, 命曰素封.]"라고 했다.

깁 휘장 부엌은 한기 엄습하여 달콤한 잠이 어렵고
벼슬 길 맛과 길손의 근심은 둘다 실컷 먹은 셈.
누워서 기러기 떼에 불어오는 북풍 소리를 듣다보면
어느땐가 봄꿈에 강남에 다다르리라.

紗廚寒襲睡難酣, 宦味羈愁兩飽諳.

臥聽北風吹鴈去, 帶將春夢到江南.

1-73. 이씨의 『분서』²⁸⁴를 읽고[讀李氏焚書]

맑은 조정에서 독옹의 서적 태웠으나
그 도는 여전히 남아 죄다 태우질 못했네.
저 불교나 이 유학이나 같은 깨달음이라고
세간에서 멋대로 의론하여 절로 분분했지.

清朝焚却禿翁父, 其道猶存不盡焚.

彼釋此儒同一悟, 世間橫議自紛紛.

구탄²⁸⁵이 나를 손님처럼 예우했으니
기린 봉황같은 풍모를 목도하여 즐거웠다.
늘그막에 이탁오의 인물론을 읽고는

---

284 분서(焚書) : 명나라 만력(萬曆) 연간에 요안지부(要安知府)를 지낸 이지(李贄, 1527~ 1602)의 책이다.

285 구탄 : 원문의 '구후(丘侯)'는 구탄(丘坦)을 말한다. 1-2 「지난 해 압록강을 건너는 날 구 유융[구탄(丘坦)]이 망강사 연회에 초청하시기에 시를 지어 드렸는데, 금년에 또 사신으로서 다시 압록강을 건너게 되니 구공이 무예 시험의 일로 힐책 공문을 받고 요양으로 가서서 옛 모임을 이을 수 없게 되었으므로 느낌이 있어 짓다[客歲過江之日 丘遊戎邀宴望江寺 賦詩相贈 今年又使价再涉鴨江 則丘公以試武擧蒙臺檄 往遼陽 不獲 屬舊會 感而賦之]」 시를 참고.

벌써 책 속 사람이 되어 있음을 알았네.

丘侯待我禮如賓, 麟鳳高標快覩親.

晩讀卓吾人物論, 始知先作卷中人.

이 늙은이는 이미 이탁오의 명성을 알고는

참선의 열락으로 평생을 마치려 했었기에,

글 이뤄 비록 진시황 분서는 만나지 않았어도

대간의 탄핵을 세 번이나 받아 마음이 통쾌하다.

老子先知卓老名, 欲將禪悅了平生.

書成縱未遭秦火, 三得臺抨亦快情.

해설 이지의 자는 굉보(宏甫), 호는 탁오(卓吾), 또는 온릉거사(溫陵居士)이다. 복건성(福建省) 천주(泉州) 사람인데, 회족(回族) 출신이다. 본명은 임재지(林載贄)였으나 개명했다. 54세에 벼슬을 그만 두고, 출가하여 불교를 독실히 믿었다. 혹세무민(惑世誣民)의 죄로 감옥에 들자 스스로 목을 찔러 자결했다. 저술로 『장서(藏書)』·『속장서(續藏書)』·『분서(焚書)』·『속분서(續焚書)』·『이씨문집(李氏文集)』 등이 있다. 『분서』는 이지가 1590년(만력 18)에 마성에서 출간한 저술이다. 이 책의 내용과 명명에 대하여는 이지의 「자서」에 나와 있다. "하나는 『분서』이니, 지기가 서신으로 물어 온 것에 대하여 답한 것으로, 그 내용이 근세 학자의 고황에 든 병을 대단히 절실하게 지적했으므로, 고질병에 걸린 자는 필시 나를 죽이려고 들 것이므로 태워버리려고 했다. 즉 그 뜻은 마땅히 태워버려야 하지 남겨 두어서는 안 된다는 말이다." 또 초굉(焦竑)은 그 서문에서, "이굉보는 이(夷)·유(游)에게 준 서찰을 모으고, 문답하고 논의했던 글들을 아울러서, '분서'라고 이름했다. 스스로 말하길, 이 책은 태워야 한다고 했다"라고 적었다.

1-74. 원중랑[286]의 「주평」 뒤에 쓰다[題袁中郎酒評後]

원중랑의 술 비평은 시평과 흡사하여
강남의 풍류가 한 때를 풍미했지.
홀짝홀짝 마시든 경쾌하게 기울이든 묘리 있으니
술 마시는 일에 어찌 기묘한 신선풍 한가지뿐이랴?

石公評酒似評詩, 江右風流此一時.
細呷快傾俱妙理, 飮中寧獨行仙奇?

일찍이 구준이 술잔 드는 걸 보니
반쯤 취하면 높이 시 읊어 기운이 웅대했도다!
원중랑의 우아한 해학은 정말 우습구나
오나라 소가 풀 뜯어먹는 일에 잘못 비유하다니.

曾覩丘侯把酒杯, 半酣高詠氣雄哉!
中郎雅謔眞堪笑, 錯比吳牛囓草來.

해설 1 원중랑 즉 원굉도는 호가 석공(石公)이다. 만력(萬曆) 연간의 진사(進士)로, 오현(吳縣) 지사를 지냈다. 원중랑의 시문을 판각한 여러 판본 가운데 1629년 무렵 패란거(佩蘭居) 간행의 육지선(陸之選) 편 『신각종백경증정원중랑전집(新刻鍾伯敬增定袁中郎全集)』 40권은 분체합편(分體合編)으로, 수록된 편목이 가장 완전하다. 하지만 허균은 이 판본을 볼 수 없었다. 허균이 접할 수 있었을 판본들은 아래와 같다.

---

286 원중랑(袁中郎) : 명나라 오령(吳令)을 지낸 문신(文臣) 원굉도(袁宏道). 중랑(中郎)은 그의 자(字)이다.

① 오군(吳郡) 원숙도(袁叔度, 無涯) 서종당(書種堂) 사각본(寫刻本) : 만력 (萬曆) 30(1602)년, 36(1608)년, 38(1619)년에 모두 7종이 간행되었다. 『폐협집(敝篋集)』 2권, 『금법집(錦帆集)』 4권(부록 : 『去吳七牘』), 『해 탈집(解脫集)』 4권, 『병화재집(瓶花齋集)』 10권, 『광장(廣莊)』 1권, 『병사(瓶史)』 1권, 『소벽당집(瀟碧堂集)』 20권(오군 『소벽당집』에는 두 종류가 있다. 하나는 20권본이고, 다른 하나는 『속집』 10권을 더한 것인데, 단 이 『속집』은 실은 『병화재집』이다). 이것을 아울러 '원중랑 7종'이라 한다. 전집은 아니지만 정본(精本)이라 할 수 있다.

② 수수(繡水) 주응인(周應麐) 교각(校刻) 『원중랑전집(袁中郎全集)』 : 만력 연간 간행. 모두 10종. 『광장(廣莊)』 1권, 『폐협집(敝篋集)』 2권, 『파연재집(破研齋集)』 3권, 『광릉집(廣陵集)』 1권, 『도원영(桃 源詠)』 1권, 『화숭유초(華嵩游草)』 2권, 『병사(瓶史)』 1권, 『상정(觴 政)』 1권, 『광언(狂言)』 2권, 『광언별집(狂言別集)』 2권.

③ 이밖에도 『광장(廣莊)』, 『병사(瓶史)』, 『묵휴(墨畦)』(『瓶花齋雜錄』), 『섬락일기(陝洛日記)』(『場屋後記』), 『서호유기(西湖遊記)』(『西湖記述』) 등이 별행본으로 유행했다.

『상정(觴政)』은 원굉도가 39세 되던 1606년(만력 34 병오)부터 40세 되던 1607년(만력 35 정미)까지 지은 글이다. 본래 주령(酒令) 즉 음주에 관한 정령(政令)이란 말이다. 초굉(焦竑)의 『필승속집(筆乘續集)』 권4에 다음과 같은 기사가 있다. "위 문후가 여러 대부와 술을 마시며 공승불 인(公承不仁)에게 '상정'을 짓게 했는데 지금의 주령과 흡사하다. 당나 라 때 문사들은 혹 경전와 사서를 주령으로 삼았다. 한유의 시에 '영 (令)은 예전의 일에 의거하여 한다'라고 했고, 백거이의 시에 '아름다운 영(令)을 한가롭게 징험하며 경사를 궁구한다'라고 한 것이 이것이다.

혹은 주사위(盧)를 던지며 바라는 눈이 나오라고 외치는 소리를 '영'이라 했다. 백거이 시의 '술에 취해 적삼 소매를 휘날리며 소령(小令)을 던지고, 웃음을 머금고 주사위 그릇을 던지며 대채(大采 : 좋은 운수)가 나오라 외치노라' 한 것이 이것이다."

해설2 원중랑은 1607년 여름에 「주평(酒評)」을 지었다. 그 내용은 다음과 같다.

"정미년(1607, 만력 35) 여름, 방자공(方子公, 方文僎) 등 여러 벗들과 월장원(月張園)에서 술을 마시며 누가 음호(飮戶 : 술의 대가)인지 서로 견주었는데 오랫동안 논쟁했으나 결정할 수 없었다. 내가 평하여 말했다. 유원정(劉元定 : 劉戩之)은 비 온 뒤에 콸콸 울리는 샘물이 한 번 가서 볼만 하기는 하지만 쉬이 끝나 아쉬운 것과 같다. 도효약(陶孝若 : 陶若曾)은 날랜 매가 토끼를 낚아채되 쳐서 때리는 것이 때가 있는 것과 같다. 방자공(方子公, 方文僎)은 헤엄치는 물고기가 물결 따라 노닐어 보글보글 소리내며 종일토록 즐거워하는 것과 같다. 구장유(丘長孺 : 丘坦)는 오 땅 소가 풀을 뜯어먹어서 그다지 빠르거나 통쾌하지는 않지만 수용하는 바가 자못 많은 것과 같다. 호중수(胡仲修)는 풍정(風情)이 많은 서양(徐孃, 徐妃)[287]이 한창 때를 추억하는 것과 같다. 유원질(劉元質)은 촉(蜀)나라 후주(後主, 劉禪)[288]가 고향을 그리워하되 그것이 본래 마음이 아닌 것과

---

287 서양(徐孃) : 서비(徐妃). 남조 양(梁)나라 담(郯) 사람. 이름은 소패(昭佩). 원제(元帝)의 비. 원제가 한쪽 눈이 애꾸인 것을 이유로 얼굴의 반쪽만 화장하고 원제를 기다렸다가 원제의 분노를 샀다. 원제의 가까운 신하인 기계강(暨季江)과 음통(淫通)했다. 『남사(南史)』 「본전(本傳)」에 보면, 서비가 '늙어서도 여전히 풍정이 많았다[雖老, 猶多風情]'고 했다.
288 촉후주(蜀後主) : 즉 후주(後主) 유선(劉禪). 한 번은 사마소(司馬昭)가 유선을 초빙하여 연회를 베풀고, 촉 땅이 상당히 그립지 않느냐고 물었는데, 유선은 "여기가 즐거워서 촉 땅을 생각하지 않습니다.[此間樂, 不思蜀.]"라고 답했다. 이 글에서는 유선이 고향을

같다. 원평자(袁平子 : 袁簡田)는 무릉 소년이 검술에 대하여 말하지만 아직 전장을 알지 못하는 것과 같다. 용군초(龍君超 : 龍襄)는 덕산선사(德山禪師, 宣鑒禪師)[289]가 용담화상(龍潭和尙)을 보기 전에 절로 승지(勝地)[290]를 드러낸 것과 같다. 원소수(袁小修 : 袁中道)는 적청(狄靑)[291]이 곤륜관(崑崙關)을 격파하여 기이함으로 군중을 복종시킨 것과 같다.[丁未夏日, 與方子公諸友, 飮月張園, 以飮戶相角, 論久不定, 余爲評曰 : 劉元定如雨後鳴泉, 一往可觀, 苦其易竟. 陶孝若如俊鷹獵兔, 擊搏有時. 方子公如游魚狎浪, 喁喁終日. 丘長孺如吳牛囓草, 不大利快, 容受頗多. 胡仲修如徐孃風情, 追念其盛時. 劉元質如蜀後主思鄕, 非其本情. 袁平子如武陵少年說劍, 未識戰場. 龍君超如德山未遇龍潭時, 自著勝地. 袁小修如狄靑破崑崙關, 以奇服衆.]"

1-75. 통주에 머물며 우연히 짓다[留通州偶作]

사가(謝家)[292]의 집을 빌려 닷새를 묵었는데

그리워하는 것은 본정(本情), 즉 본심이 아니라고 했다.

289 덕산(德山) : 덕산(德山) 선감선사(宣鑒禪師). 속성은 주(周)이다. 당나라 대중(大中) 연간에 덕산 고덕선원(古德禪院)의 주지였다. 선감대사는 봉갈(棒喝)로 수행자를 계발하는 방식을 즐겨 사용했다. 그래서 사람들은 "덕산노인은 늘 흰 몽둥이 하나만 들고서, 부처가 와도 때리고 조사가 와도 역시 때리니, 어찌 비교하랴?[德山老人尋常只據一條白棒, 佛來亦打, 祖來亦打, 爭奈較些子?]"라고 말했다고 한다. 처음에 촉(蜀)에서 나와 정주(鼎州 : 지금의 湖南省 常德市)에서 용담화상(龍潭和尙)을 만난 뒤로, 곧바로 덕산(德山)에서 수행을 했다.

290 승지(勝地) : 반드시 이길 곳. 생지(生地).『육도(六韜)』에 나오는 말이다.

291 적청(狄靑) : 송나라 때 분주(汾州) 서하(西河) 사람. 자는 한신(漢臣). 말 타고 활쏘기를 잘하여 조원호(趙元昊)가 반란을 일으켰을 때 연주지휘사(延州指揮使)가 되어 싸웠는데, 얼굴에 동(銅)으로 된 가면을 써서 적군들이 천신(天神)으로 알고 혼비백산케 했다 한다. 뒤에 농지고(儂智高)의 반란 또한 평정하여 추밀사(樞密使)에 배수되었다. 황우(皇祐) 4(1052)년 상원(정월 15일) 밤에 곤륜관(崑崙關)을 공격하여 서하(西夏)의 군사를 대파했다.

굽은 난간 깊은 규합에 휘장 친 방이 어릿어릿.

서늘한 바람이 바위를 치자 명주 이불 차갑고

담장 틈의 달빛은 주렴을 투과해서 흰색 벽이 빛난다.

일천 권 서책들은 미간의 졸음을 도발하고

한 사발 새 차는 더부룩한 내장을 씻어주네.

가장 어여쁜 것은 꽃술 머금은 한 그루 매화

서비[293]가 화장한 반쪽 얼굴 드러내듯 하네.

僑得謝家留五夜, 曲欄深閤暖帷房.

輕颸觸石紬衾冷, 隙月通簾粉辟光.

千卷古書[294]挑睡睫, 一甌新茗洗昏腸.

最怜獨樹梅含蘂, 纔露徐妃半面粧.

1-76. 북경에 들어가서 짓다[入京師有作]

황도[295]는 북쪽에 솟아나 중원을 압도하고

아름다운 기운이 용으로 되어 천자를 지켜주네.

---

292 사가(謝家) : 실제로 사씨 성의 집을 가리키는 것이 아니라 이 고장의 유지라는 뜻으로
사용한 듯하다. 사가(謝家)는 진(晉)나라 때 태부(太傅)를 지낸 사안(謝安)의 집안으로,
지체 높은 가문의 대칭으로 쓰인다. 집안에 자질이 우수한 자제가 많았다고 하여 사가
보수(謝家寶樹), 사가지란(謝家芝蘭), 보수생정(寶樹生庭) 등의 성어(成語)가 생겼다.

293 서비(徐妃) : 남조 양(梁) 원제(元帝)의 비(妃)를 가리키는지, 전촉(前蜀) 왕건(王建)의
후(后)를 가리키는지 미상이다. 원제의 비에 대해서는 앞에 나왔다. 왕건의 후는 서경
(徐耕)의 딸로 미모가 뛰어났으며 시를 잘 지었다. 여동생도 왕건의 아내가 되어 서후는
팽(彭)을 낳고, 여동생은 연(衍)을 낳았다. 후에 왕연이 즉위하여 술과 여자에 빠져
나라를 잃게 되어 서비도 피살되었다.

294 古書 : 필사본에 '古詩書'로 되어 있으나, '詩'는 잘못 들어간 듯하다.

295 황도(黃圖) : 도성(都城)을 이른다. 본래 도성의 궁관(宮觀), 능묘(陵廟), 명당(明堂)
등을 기록한 책인『삼보황도(三輔黃圖)』의 약칭인데, 전하여 도성을 지칭하게 되었다.

진 나라 산하는 사방 변새가 웅장하고
한나라 궁궐은 일천 문²⁹⁶이 울연하다.
시절 태평하여 태계²⁹⁷ 반듯한 시기에 속하고
예의 구비되어 천자의 존엄함을 비로소 아네.
어제 밤 관상대가 천문²⁹⁸을 점 쳐서
사성²⁹⁹ 빛이 자미원³⁰⁰을 비추었다 하는군.

黃圖峙北壓中原, 佳氣成龍擁帝閽.
秦地山河雄四塞, 漢家宮闕蔚千門.
時平方屬泰階正, 禮備始知天子尊.
昨夜觀臺占景緯, 使星光燭紫薇垣.

296 일천문 : 원문의 '천문(千門)'은 수많은 궁궐의 문을 가리키는데, 수많은 집의 문을
일컫기도 한다. 송나라 한유(韓維)의 시 「화경인원석(和景仁元夕)」에 "북과 피리 천문에
서 울리고, 활과 칼 만마에서 등등하네.[簫鼓千門沸, 弓刀萬馬騰.]"라는 구절이 있다.
297 태계(泰階) : 고대 별자리 이름으로 삼계(三階)라고도 한다. 상계(上階)는 천자, 중계(中
階)는 제후·공경·대부, 하계(下階)는 사(士)·서인(庶人)을 상징하는데, 삼계(三階)가
화평하면 천하가 평안하여 태평을 이룬다고 한다. 『한서』「동방삭전(東方朔傳)」 '태계
육부(泰階六符)' 주 참조.
298 경위(景緯) : 경(景)은 태양이고 위(緯)는 별이니, 천문(天文)을 말한다. 옛날에는 하늘
에 있는 별자리의 분야에 따라 땅의 구역이 나누어진다고 여겼다.
299 사성(使星) : 사신을 상징하는 두 별이다. 『후한서(後漢書)』「방술열전 상(方術列傳上)
이합(李郃)」에 "화제(和帝)가 즉위하여 사신을 나누어 보내니, 각자 미복(微服) 차림으
로 가서 각기 고을에 이르러 풍속을 관찰하고 가요를 채집했다. 사신 두 명이 익주(益
州)에 이르러 이합의 집에 투숙했다. 마침 여름날 저녁이라 노천에 앉아 있었는데 ……
이합이 별을 가리켜 보이며 '사성(使星) 둘이 익주 분야로 향하고 있다.' 했다."라고
한다. '사성'이 사신을 의미하게 되었다.
300 자미원(紫薇垣) : 천제(天帝)의 궁궐. 천궁(天宮), 자미궁(紫薇宮), 자궁(紫宮). 자미원
(紫微垣)은 북두성(北斗星)의 북쪽에 있는 성좌(星座)이며, 광한루(廣寒樓)는 달 속의
선궁(仙宮)인 광한궁(廣寒宮)의 누각으로, 둘 다 선계(仙界)를 가리킨다.

1-77. 17일 남관[301]에 들어와 머물다[十七日入寓南館]

일천 길 동화문[302]의 먼지가 얼굴을 때릴 때
사행 수레가 옥하 물가[303]를 향해 재촉하는데,
옥하관 사람들 분잡하게 모여 먼저 보려 다투니
저 사람은 지난해 하절 사신[304]이라 말하네.

千丈東華撲面塵, 征車催卸玉河濱.
舘人坌集爭先覩, 道是前年賀節臣.

---

301 남관(南館) : 조선 사신들의 숙소를 지칭한다. '남소관(南小館)'이라 부르기도 하고, '옥하관(玉河館)'이라고도 한다. 청나라 초기에는 명나라 때의 옥하관을 그대로 사용했다. 옥하관은 18세기 중반 이전까지 사용했던 숙소의 이름이며, 이후 남쪽으로 한 구역 떨어진 옥하교관(玉河橋館), 즉 회동관(會同館)을 숙소로 사용했는데, 이곳도 옥하관이라 불렸다. '옥하(玉河)'라는 말에 대해, 권복인(權復仁)은『수사한필(隨槎閑筆)』하권 「유서산기(遊西山記)」에서, "옥천산 아래에 돌아 흐르는 물이 서호(西湖)이다. 도성(都城)을 관통하여 대통교(大通橋)를 지나 백하(白河)로 흘러서 발해(渤海)로 들어간다. 모든 성 안의 물을 아울러 '옥하(玉河)'라고 하니, 그 근원이 옥천에 있기 때문이다." 라고 설명했다.

302 동화문 : 원문의 '동화(東華)'는 동화문(東華門)의 준말. 송나라 궁성 동쪽 문의 이름. 소식(蘇軾)의 시 「차운장영숙전목부종가경령궁(次韻蔣穎叔錢穆父從駕景靈宮)」의 자주(自註)에 "서호의 풍월이 동화문의 뿌연 먼지만 못하다.[西湖風月, 不如東華軟紅土.]"라는 구절이 있다. 소식의 시 「박박주(薄薄酒)」에서는 "은거하여 뜻을 구함엔 의리만을 따를 뿐, 동화문의 먼지나 북창의 바람은 아예 계교치 않는다네.[隱居求志義之從, 本不計較東華塵土北窓風.]"라고 했다.

303 옥하빈(玉河濱) : 현 북경시(北京市) 서북의 옥천산(玉泉山)에서 발원하여 대통하(大通河)로 들어가는 옥하의 물가를 가리키는데, 여기서는 이 옥하의 물가에 있는 당시 조선 사절들이 머무는 숙소인 옥하관(玉河館)을 말한다.

304 하절 사신 : 원문의 '하절신(賀節臣)'은 조선에서 중국 황실의 기념일을 축하하러 파견한 사신을 말한다. 허균은 46세 때인 1614년(광해군 6)에 천추사(千秋使)로 연경을 다녀온 일이 있다.

1-78. 19일 자금성에 들어가 천자를 뵙고[十九日見朝]

새벽기운 쓸며 푸른 문 궁궐[305]로 달려가자

엄중한 도성을 새벽 종이 여는데,

어진 이들 불러서 금마문[306]으로 모여들고

황태자는 아침 인사[307]하러 동룡문[308]을 여네.

여섯 형상의 봉황[309]은 천자 의장 뒤따르고,

까마귀 떼는 비원 소나무에 흩어져 머무누나.

누가 알랴 지난해의 나그네가

짙은 우악스런 은혜를 거푸 입는 것을?

拂曉趨淸禁, 嚴城啓曙鍾. 招賢集金馬, 問寢闢銅龍.

六象隨天仗, 群鴉散苑松. 誰知去年客, 重被渥恩濃?

새벽빛 아래 세 전각[310]이 활짝 열려

---

305 푸른 문 궁궐 : 원문은 '청금(淸禁)'. 한(漢)나라 때 궁궐의 문에 푸른빛 문양을 새겼기 때문에 이렇게 부른다.

306 금마문 : 원문의 '금마(金馬)'는 금마문(金馬門)의 준말. 금마문은 한(漢)나라 미앙궁(未央宮)의 문 앞에 구리로 만든 말이 있었으므로 붙여진 궁문(宮門)의 이름이다.

307 아침 인사 : 원문의 '문침(問寢)'은 문침시선(問寢視膳)의 준말로, 황태자가 왕과 왕비에게 문안을 드리는 일이다. 주 문왕(周文王)이 세자로 있을 적에 아침과 점심과 저녁 등 하루에 세 차례씩 아버지 왕계(王季)에게 문안을 올리고 수라를 살핀 데서 유래했다. 『예기(禮記)』「문왕세자(文王世子)」참조.

308 동룡(銅龍) : 한나라 때 태자가 거처하던 곳의 문이 용루문(龍樓門)이다. 문루(門樓) 위에 구리로 만든 용이 있었다. 『한서(漢書)』『성제기(成帝紀)』참조.

309 여섯 형상의 봉황 : 원문의 '육상(六象)'은 봉황이 가지고 있는 특징을 말한다. 봉황의 특징에는 육상(六象), 칠덕(七德), 구포(九苞)가 있다. 머리는 하늘을 형상하고, 눈은 해를 형상하며, 등은 달을 형상하고 날개는 바람을 형상하며, 다리는 땅을 형상하고 꼬리는 오위(五緯)를 형상한다. 『태평어람(太平御覽)』권915 우족부(羽族部) 2 '봉(鳳)'에서 『논어적쇠성(論語摘衰聖)』을 인용한 말 속에 나온다.

310 삼전(三殿) : 지금의 북경시 중심부에 있는 고궁박물원(故宮博物院)인 구 자금성(紫禁城)

상서로운 구름이 구층 하늘을 떠받드네.

멀리 바라보니 황도(黃道)가 열렸으나

자신전에는 아직 임어를 하지 않으셨네.

새벽달은 난패(鸞珮)[311]를 밝혀 주고

신선의 바람은 봉소(鳳簫)[312]와 함께 하강하누나.

속인으로서 이 발걸음이 얼마나 다행인가?

오문 앞 금수교[313]를 세 번이나 건너니.

曙色開三殿, 祥雲捧九宵. 遙瞻黃道闢, 未御紫宸朝.

曉月明鸞珮, 仙風下鳳簫. 塵蹤亦何幸? 三踊午門橋.

1-79. 23일 조천궁[314]에서 천자 알현 때의 의식을 연습하다[二十三日隷儀 于朝天宮]

에 있는 3대 전각(殿閣). 곧 태화전(太和殿) · 중화전(中和殿) · 보화전(保和殿)을 말한다.

311 난패(鸞珮) : 『예기』 「옥조(玉藻)」에 "옛날의 군자는 반드시 옥을 찼다. 오른쪽에는 치 · 각 소리가 나는 옥을 차고, 왼쪽에는 궁 · 우 소리가 나는 옥을 찼다. …… 이렇게 한 후에야 옥소리가 아름답고 맑게 울린다. 그러므로 군자가 수레에 타고 있으면 수레에 단 방울소리를 듣고, 걸어가면 허리에 찬 옥이 울린다.[古之君子·必佩玉, 右徵角左宮羽. …… 然後玉鏘鳴也, 故君子在車則聞鸞和之聲. 行則鳴佩玉.]"라고 했다.

312 봉소(鳳簫)는 농옥(弄玉)과 소사(蕭史)가 부는 퉁소를 가리킨다. 진(秦)나라 목공(穆公) 의 딸 농옥이 음악을 아주 좋아했으며, 소사는 퉁소를 잘 불어서 봉새가 우는 듯한 소리를 냈다. 이에 목공이 농옥을 그에게 시집보내고 누각을 지어주었다. 이들 두 사람 이 퉁소를 불면 봉황이 날아와서 모였으며, 두 사람은 그 뒤에 봉황을 타고 날아갔다고 한다. 『열선전(列仙傳)』 참조.

313 오문 앞 금수교 : 원문은 '오문교(午門橋)'이다. 지금의 북경 시내 중심부에 있는 구 자금성(紫禁城)의 정전(正殿)인 태화전(太和殿)의 남문을 태화문(太和門)이라 하는데, 그 앞 남쪽에 있는 다리가 금수교(金水橋)이고 그 앞 남쪽에 있는 문이 오문(午門)이다. 오문은 일명 단문(丹門)이라고도 한다.

314 조천궁(朝天宮) : 당시 명(明)나라 천자가 조회(朝會)를 베풀던 정궁(正宮)인 태화전(太 和殿)을 말한다.

이날 새벽 첫 눈이 내렸다.[是曉始雪.]

신령한 궁궐이 혁혁하게 크고 드넓은데

면체[315]를 설치하고 한나라 의식을 연습하네.

마루 앞에는 붉은 흙 안산을 세워두고

양 계단 지도리 끼고 천자의 난새 기를 세웠네.

새벽 붉은 노을이 자금성 대궐에 현란하고

행인 벽제하여 동위(彤圍, 대궐) 길을 여네.

일만 켤레 가죽신은 평층대에 모이고

패옥 찬 신료들은 딸랑이며 뒤따라서,

붉은 옷의 고관은 옥궤(玉几) 앞에 공수(拱手)하고

꿩깃 무늬 교차하다가 이무기 무늬로 바뀌더니,

가지런하게 원로[316]처럼 백관들이 나아가자

동곳과 긴치마는 빛이 번쩍번쩍하누나.

갈도(喝導) 소리는 구름 바깥에서 나오고

옥과 비단처럼 전각 처마가 나열되어 있는 곳에,

만세 소리[317]는 요임금같은 천자의 만수를 축복하고

---

315 면체(綿蕝) : 야외에서 예를 강(講)할 때에 띠[茅]를 묶어 세워서 높고 낮은 이들의 지위를 나타내기 위하여 설치했다. 면(綿)은 실로 노[繩]를 꼬아 만든 줄을 이르고, 체(蕝)는 띠를 베어 묶은 띠 묶음을 가리킨다. 『강희자전(康熙字典)』에서 『당운(唐韻)』과 『집운(集韻)』을 참조하여 '蕝'의 발음을 '子悅切'과 '租悅切'로 달았으므로 '절'로 읽는 것이 옳을 듯하지만 관습적으로 '체'로 읽는다. 한(漢)나라 초기에 숙손통(叔孫通)이 조정(朝廷)의 의례(儀禮)를 제정하기 위해 노(魯)나라의 유생(儒生) 30여 명을 불러 들여, 그들과 함께 야외(野外)에서 띠풀을 묶어 세워 존비(尊卑)의 차례를 표시한 뒤 예(禮)를 강론한 이야기가 『사기(史記)』「숙손통열전(叔孫通列傳)」에 나온다.

316 원로(鴛鷺) : 원앙새와 백로. 그 새들의 모습이 한아(閒雅)한 데에서 조정의 백관들이 질서 정연함을 일컫는 말로도 쓰였다.

317 만세 소리 : 원문의 '숭호(嵩呼)'는 숭산(嵩山)의 만세 소리. 신민들이 천자의 만세를

절하고 춤추는 의식[318]은 중화나 이적이 같아라.

마침 일양(一陽)이 돌아오는 때[319]를 당하여

갑작스런 눈이 실실 휘날려서,

풍년의 징후를 함께 기뻐하니

도포가 젖는다고 무어 사양하랴?

균천[320]의 곡이 막 끝나자

하반(賀班) 철수하고 보좌 신하들[321]도 물러나네.

바라는 바는 아름다운 절기에 맞추어

제왕의 의표[322]가 옥 뜰[323]에 임하셔서,

송축하는 것을 말한다. 한(漢)나라 무제(武帝)가 숭산에 오를 때 이졸(吏卒)들이 모두 만세 삼창을 소리 높여 지르는 소리가 사당에서 흘러나오는 것을 들었다는 고사가 있다. 『한서』 「무제본기(武帝本紀)」 참조.

318 절하고 춤추는 의식 : 원문은 '배무(拜舞)'. 조정의 하례 의식(賀禮儀式) 때 백관(百官)이 무릎을 꿇어 절하고 발을 구르며 춤추는 의식을 말한다. 한(漢)나라 조엽(趙曄)의 『오월춘추(吳越春秋)』 「구천귀국외전(勾踐歸國外傳)」에 "백관이 배무하자 천안이 펴지니, 우리 왕이 무슨 근심 해결하지 못하겠나?[群臣拜舞天顔舒, 我王何憂能不移?]"라고 하였다.

319 일양(一陽)이 돌아오는 때 : 원문은 '일양복(一陽復)'. 흉(凶)한 것이 가고 길(吉)한 것이 돌아옴을 이른다. 이는 음력 10월이 음(陰)이 가장 왕성한 때여서 양(陽)이 하나도 없다가 동짓달에 일양(一陽)이 처음 생기는 데서 온 말이다. 이 밖에 동지(冬至)를 가리키기도 한다. 『주역』 「복괘(復卦)」 참조.

320 균천(鈞天) : 하늘의 한복판으로 천제(天帝)가 머무는 곳이라고 한다. 춘추 시대 진(晉)나라 조 간자(趙簡子)가 병이 들어 의식을 잃었다가 이틀 반 만에 깨어나 대부(大夫)에게 이르기를 "내가 상제가 계신 곳에 가서 매우 즐거웠다. 온갖 신들과 균천에서 노닐었는데, 광악 구주와 만무가 삼대의 음악과는 달라 그 소리가 사람의 마음을 감동시켰다.[我之帝所甚樂, 與百神遊於鈞天, 廣樂九奏萬舞, 不類三代之樂, 其聲動人心.]"라고 했다. 『사기』 「조세가(趙世家)」 참조. 균천곡(鈞天曲)은 곧 균천광악(鈞天廣樂)의 준말로, 궁중 음악을 뜻한다.

321 보좌 신하들 : 원문은 '용기(龍夔)'로, 기룡(夔龍)과 같다. 순(舜) 임금의 두 현신(賢臣)이다. 『서경』 「순전(舜典)」에 보면, '기(夔)'는 악관(樂官)이고 '용(龍)'은 간관(諫官)이었다. 임금을 측근에서 보좌하는 신하를 뜻한다.

마침내 기자 봉해받은 조선 땅 사람[324]으로 하여금

몸소 군주의 팔채 눈썹[325]을 보게 해 주시는 일.

이 일은 역시 한 세대에 있기 어려운 일이기에

감탄하다가 마음이 서글프게 만들리니,

신료들 맨 아래에서 움츠리고 있으니

뜻을 지니고 있어도 누가 알아주랴?

태어나 떨어진 곳이 불행히 궁벽하여

아이들 비웃고 떠드는 대로 내맡겨 두다니,

[반열 끝에 소년 감생 5, 6인이 있어, 우리들이 동국 사람인 줄을 애당초
몰랐다가, 동국 사람인 것을 물어서 알고는 여럿이 서로 비웃고 웃으며 손
가락으로 가리키기에 언급한다.]

靈宮赫弘敞, 綿蕤習漢儀. 當軒植赭案, 夾陛陳鷺旗.

晨椒絢紫闥, 清蹕啓彤闈. 萬靴集平城, 璜珮鳴相追.

朱衣拱玉几, 交翟轉蟠螭. 濟濟鴛鷺行, 簪裾光陸離.

清喝出雲表, 玉帛羅殿楣. 嵩呼祝堯壽, 拜舞同華夷.

時當一陽復, 急雪飄絲絲. 共喜豊年徵, 袍霑那足辭?

鈞天曲纏闋, 班轙退龍夔. 所冀趁令節, 日表臨瑤墀.

322 제왕의 의표 : 원문은 '일표(日表)'. 해는 임금을 상징하므로, 제왕(帝王)의 의표(儀表)
를 뜻한다.

323 옥 뜰 : 원문은 '요지(瑤墀)'. 옥으로 꾸민 천자의 뜰로, 대궐의 뜰을 가리킨다.

324 기자~조선 땅 사람 : 원문은 '기봉인(箕封人)'. 기봉(箕封)은 기자(箕子)가 봉해진 땅이
라고 해서 우리나라를 가리킨다. 『사기』 「송미자세가(宋微子世家)」에 보면, 기자가
주 무왕(周武王)의 봉함을 받고 백마를 타고서 조선으로 왔다고 했다. 그러나 조선에서
는 기자가 주 무왕의 분봉을 받은 일이 없다고 부정하기도 했다.

325 팔채 눈썹 : 원문은 '팔채미(八彩眉)'. 임금의 눈썹을 가리킨다. 요(堯) 임금의 눈썹에
여덟 가지 색채가 있었다는 데서 나온 말이다. 『공총자(孔叢子)』 「거위(居衛)」에 "옛날
요 임금은 키가 10척이었고, 눈썹은 여덟 가지 채색으로 나뉘어 있었다.[昔堯身脩十尺,
眉分八彩.]"라고 한 데서 온 말이다.

逸令箕封人, 親覿八彩眉. 此事亦廣[326]世, 感嘆令心悲.

斂身百寮底, 有志誰見知? 墮地不幸遠, 嗤評任群兒.

[班末有年少監生五六人, 初不知余等爲東國人, 詢之, 群相嗤點, 故及之.]

1-80. 옛일을 추억하여[憶舊]

엷은 깁 휘장 살포시 쳐들고 대소변 통[327] 일에 숨었다가

검은 점[328]을 스스로 이마에 찍었다네.

오늘밤 반변[329]하니 누가 담당할까?

되려 은 아쟁[330]과 의갑[331]을 내던져 두었는걸.

---

326 廣 : 曠의 오기인 듯하다.

327 대소변 통 : 원문의 '측투(廁牏)'는 대소변 담는 그릇을 말한다. 한(漢)나라 만석군(萬石君) 석분(石奮)의 장자(長子) 석건(石建)은 효성이 깊었다. 『사기』「만석장숙열전(萬石張叔列傳)」에 보면, 낭중령이 되어 닷새마다 휴가를 얻으면 집에 돌아와서 어버이에게 문안을 드리고, 자제들이 기거하는 방에 들어가서 시자에게 몰래 물어 어버이의 속옷과 대소변 담는 그릇을 가져다가 직접 깨끗이 씻은 뒤에 다시 시자에게 돌려주었다고 한다.

328 검은 점 : 원문은 '현적(玄的)'이다. 『사기』「오종세가(五宗世家)」에 보면, "정희가 월경이 있어서 임금 모시기를 원하지 않았다.[程姬有所避不願進.]"라 하였고, 그 주에 『석명(釋名)』을 인용하여, "천자와 제후의 뭇 첩들은 차례로 군주를 모셨는데, 월경[月事]이 있게 되면 말로 하지 않고 붉은 색으로 얼굴에 점을 찍어 표지로 삼아[以丹注面的爲識] 여사(女史)로 하여금 보게 했다."라고 했다. 왕찬(王粲)의 「신녀부(神女賦)」에 "규방을 벗고 동곳비녀를 뽑고 현적을 칠하고 깃 비녀로 묶는다.[脫袿裳, 免簪笄, 施玄的, 結羽釵.]"라고 했다. 현적은 『예문유취(藝文類聚)』에서는 화적(華的)이라고 했다. 양신(楊愼)의 『단연총록(丹鉛總錄)』 권7 관복류(冠服類) '현적(玄的)'에도 나온다.

329 반변(絆變) : 월사(月事). 『물리소지(物理小識)』에 "호표의 가죽은 반변의 여인이 앉으면 털이 손상되므로, 월경에 들어간 여인은 모든 일에 기휘가 있다.[虎豹皮, 絆變女坐則毛壞, 入月女, 凡事有忌也.]"라고 했다. 『오주연문장전산고(五洲衍文長箋散稿)』 인사편(人事篇) 논예류(論禮類) 「논예잡설(論禮雜說)」 '당석진어변증설(當夕進御辨證說)'에 나온다.

330 은 아쟁 : 원문은 '은쟁(銀箏)'이다. 은 장식을 한 아쟁, 혹은 은 글자로 음조의 고저를

緩揭輕容隱厠腧, 自施玄的點眉頭.

今宵絆纞誰當且? 却把銀箏義甲投.

맑은 술은 향기가 은불락³³²에 엉기고,

단 샘물은 옥 군지³³³에 차갑게 스몄지.

담요를 적당히 잘라 모자 만들어 쓰고

까마귀 울고 달 지는 때까지³³⁴ 앉아 있노라.

淸酤香凝銀不落, 甘泉冷浸玉軍持.

穩裁子毻爲溫帽, 坐到烏啼月落時.

해설 첫 수는 모친을 봉양하다가 시종 신하가 되었으나 타국에 나와 군주를 모시지 못하는 일을 노래했다. 둘째 수는 현재의 추위를 견디 며 추억에 젖어 있는 상황을 노래했다.

표시한 아쟁이다. 대숙륜(戴叔倫)의 「백저사(白苧詞)」에 "난새 돌고 봉황 빙돌아 교태 로운데, 은 아쟁과 비단 장식 슬로 조화를 하네.[回鸞轉鳳意自嬌, 銀箏錦瑟聲相調.]" 라고 했다.

331 의갑(義甲) : 현악기 연주 때 손가락에 끼는 도구.

332 은불락(銀不落) : 술잔. 은화불락(銀花不落)이라고 한다. 『설부(說郛)』 수록 정해(鄭獬) 의 「굉기주(觥記注)」에 "풍도의 집에 수정불락 한 쪽이 있었다.[馮道家有水晶不落一 隻.]"라는 말이 있다. 백거이 시에 "은화불락을 그대에게 권한다.[銀花不落從君勸.]"라 는 말이 있다.

333 군지(君持) : 물병. 범어(梵語)의 음역으로 군지(君遲)·군치가(裙稚迦)라고도 한다. 천 수관음(千手觀音) 40수(手) 중의 군지수(軍持手)가 들고 있는 병이라는 뜻이다. 『낭야 대취편(琅琊代醉編)』 참조.

334 까마귀 울고 달 지는 때까지 : 원문은 '오제월락(烏啼月落)'. 당나라 장계(張繼)의 시 「풍교야박(楓橋夜泊)」에 "달 지고 까마귀 울고 서리는 하늘 가득한데, 강 단풍 고기잡 이 불 곁에 시름겨이 조는 때, 멀리 고소성 밖 한산사에서, 한밤중 종소리가 나그네 배에 들려오네.[月落烏啼霜滿天, 江楓漁火對愁眠. 姑蘇城外寒山寺, 夜半鐘聲到客船.]" 라고 했다.

1-81. 「무쌍전」³³⁵을 읽고 느낌이 있어[讀無雙傳有感]

유진 상서가 딸 무쌍 위해 좋은 배필 택하려 했기에
외생 왕선객에게 유씨 누이(무쌍)를 아내로 허락 않았네.
경원의 병사들이 함원을 범하자³³⁶
비로소 꽃다운 인연을 맺어 사랑하는 마음을 맡겼다만,
계하문이 서너 겹으로 깊숙해서
중대³³⁷ 쓴 유진은 높은 벽을 뚫을 수 없었지.
액정은 으슥하고도 멀고 방은 캄캄한데
이승에서는 신선을 따라갈 길이 없었다만,
왕랑(왕선객)은 뜻 굳게 지녀 죽어도 말지 않았으니
무쌍이 탄 관아 수레를 엿볼 수 있었던 것은 천행이었네.
뜻 높은 부평 고압아를 찾아보라고
무쌍은 깔개 아래에 비책을 적은 종이를 숨겨 두었지.
진정으로 사귐은 일만 금 재물도 아깝잖아
신기한 약이 홀연 모산[구곡산(句曲山)]에서 오자마자,

---

335 무쌍전(無雙傳) : 당나라 설조(薛調)가 지은 전기소설(傳奇小說). 당나라 덕종(德宗) 때를 배경으로 유진(劉震)의 딸 무쌍(無雙)과 유진의 생질 왕선객(王仙客)이 비환 이합(悲歡離合)하는 이야기를 다룬 애정고사이다.

336 경원(涇原)~함원(含元)을 범하니 : 경원은 감숙성(甘肅省) 화평현(化平縣)과 고원현(固原縣)에서 발원하여 섬서성(陝西省)에 이르러 위수(渭水)로 흘러 들어가는 경수(涇水) 주변의 들판이다. 함원은 섬서성 서안시(西安市) 동북의 당(唐) 대명궁(大明宮) 안에 있는 전각(殿閣)이다. 당나라 덕종(德宗) 4년에 경원 절도사(涇原節度使) 요영언(姚令言)이 반란을 일으켜 덕종이 봉천(奉天)으로 피난했다. 그 당시 태위이던 주자(朱泚)가 반군의 추대를 받아 장안(長安)에 들어와서 황제를 칭하고 대진(大秦)이라 국호를 정한 다음, 스스로 군사를 거느리고 봉천을 포위했다.

337 중대(重戴) : 당나라 때 유행하던 모자. 유진이 중대를 쓰고 4~5명의 여인을 데리고 개원문을 나서려다가 실패했다.

한 밤에 시신을 수레로 실어 뒷문 열고 내갔으니
죽은 이가 다시 살다니 얼마나 기이한가!
인연 맺고 덕을 갚아 두 책임 모두 다 했다만
열 명 죽어 한 사람 살다니 너무도 모질구나.
공자 무기(公子無忌)의 상객 후영은 문경지교 맺었으나
소국 섬기고 진나라 물리쳐 되려 웃음거리 될 만했지.
내가 듣자니, 절협은 의리의 무리라서
지기에게 보답하려고 자기 몸도 잊는다는군.
섭정이 눈 도려내고 형가가 폐족 된 것이 같아
그 강개함과 그 격렬함이 한숨 짓게 만드네.
고생(古生)이 처한 경우는 천하다 해도
마음 저버리고 등 돌리는 이보다 낫고말고,
줄곧 비단 주머니에 향기로운 서찰을 갈무리했으니
지척의 창 덮은 구름을 그대는 못 보았나?
나라 파는 신하들이 고금에 분분하다만
이 이야기 듣고는 어찌 얼굴이 붉어지지 않으랴?
묵경[먹]에게 알려서 내 말을 기록하게 하리니
고생에게 영혼 있다면 너를 보고 웃으리라.

尙書爲女擇佳配, 未許王甥娶劉妹.
涇原兵士犯含元, 始締芳姻托所愛.
啓夏之門深幾重, 重戴不得穿崇墉.
掖庭幽夐飾室黑. 此生無路攀仙蹤.
王郎秉志死不已, 得覿官車天幸耳.
富平押衙有心人, 褥下慇懃書滿紙.
交驩不惜萬金財, 大藥忽自茅山來.
半夜輿屍後門闢, 死者可作何奇哉!

諧緣酬德責兩盡, 殺十活一猶太忍.
縱云刎頸如侯嬴, 事小却秦還堪哂.
吾聞節俠義之徒, 欲報知己忘其軀.
聶抉荊廢同一致, 忼慨激烈令人吁.
古生所值雖云賤, 猶勝負心而背面.
錦囊依舊貯香牋, 咫尺總雲君不見?
紛紛今古賣國臣, 聽此寧不增漸靦?
爲報墨卿記吾語, 古生有靈應笑汝.

형식 칠언고시 32구. 4구 1전운.

해설 「무쌍전(無雙傳)」은 당나라 설조(薛調)가 지은 전기(傳奇)이다. 「유무쌍전(劉無雙傳)」이라고도 한다. 유진(劉震)의 딸 무쌍(無雙)과 유진의 생질 왕선객(王仙客)을 남녀 주인공으로 삼아 비환이합(悲歡離合)의 기이한 애정고사를 펼치고, 협객 고생(古生)과 모산(茅山) 묘약을 등장시켜 무협류 소설의 분위기를 조성했다. 「무쌍전」은 무협소설의 효시가 되었다. 허균은 「무쌍전」을 읽고 난 후에 이 시를 지어 마지막 구절에서 묵경(墨卿)[먹]에게 협객 고생의 영혼을 웃게 해주고 싶다는 자신의 말을 꼭 전해달라고 했다. 「무쌍전」의 대강 줄거리는 다음과 같다(원문과 번역은 이 책의 〈부록1〉을 참조).

당나라 덕종(德宗) 건중(建中) 연간에 유진(劉震)의 딸 무쌍(無雙)은 유진의 외생 왕선객(王仙客)과 어려서부터 정분이 돈독했다. 왕선객의 모친도 무쌍을 며느리로 맞고자 하여, 임종 때 유진에게 거듭 부탁했다. 하지만 왕선객의 신세가 고단하자, 유진은 파혼하기로 했다. 유진은 상서조용사(尙書租庸使, 세금 수납을 담당하는 조용사)로 있었다. 왕선객은 불안한 생각에, 물건을 내다 팔아 수백만 전을 마련한 뒤, 외삼촌과 외숙모 곁에서 시중드는 하인뿐만 아니라 천한 노복에 이르기까지 모

두 후하게 돈을 나누어 주었다. 그 후 경원절도사(涇原節度使) 요영언(姚
슈言)이 입경하여 난을 일으키자, 덕종은 출분했다. 유진은 왕선객을
불러 재물을 개원문(開遠門) 밖으로 내 가게 하고 무쌍과의 혼인을 허락
하고 자신은 외숙모와 무쌍을 데리고 계하문(啓夏門)으로 나가겠다고
했다. 하지만 반란군의 주자(朱泚)가 천자를 참칭하자 유진은 밖으로
나오지를 못하고, 그 사실을 안 왕선객은 재물을 버리고 양양(襄陽)으
로 돌아가 고향마을에서 3년 동안 살았다. 유진은 적에게 위직(僞職)을
받았는데, 난리가 평정된 후 부부는 처형되고, 무쌍도 궁녀가 되었다.
왕선객은 노복 새홍(塞鴻)을 우연히 만나 유진 집안의 소식과 다른 여
종들의 처지를 알았다. 그리고 아는 이들의 도움으로 부평현윤(富平縣
尹)이 되어 장락역(長樂驛)을 맡아 보게 되었다. 중사(中使)가 궁녀를 인
솔하여 원릉으로 소제하러 갈 때, 무쌍도 차출되어 가다가 역에 묵었
다. 왕선객은 새홍을 역리로 분장시켜 무쌍과 접촉하게 했고, 위교(渭
橋) 관리 관원인 체하여 다리 가까이에서 무쌍을 만날 수 있었다. 새홍
은 무쌍이 말한 방안에 있는 이불 아래서 화전(花箋)을 찾아 왕선객에
게 주었다. 그 서찰 끝에 무쌍은 부평현의 고압아(古押衙)에게 도움을
구하라고 했다. 무인으로서 호사(豪士)인 고홍(古洪) 즉 고압아는 모산
도사(茅山道士)의 묘약을 얻고, 무쌍의 여종이었던 채빈(采蘋)을 중사(中
使)로 분장시킨 다음, 무쌍이 역적의 무리라는 이유를 붙여 이 약을
내려 자진(自盡)하게 만들었다. 그리고 그 시신을 사서 대나무 광주리
에 담아 몰래 내 가서, 사흘 후 소생시켰다. 그런 뒤에 이 사정을 아는
새홍과 무쌍의 옛 종 채평(采苹) 등 십여 명을 전부 죽이고 자신도 목을
매었다. 왕선객과 무쌍은 강호로 도피했다가, 뒤에 귀향하여 부부해로
했다.

1-82. 창부탄(娼婦歎)

노선³³⁸이 살쩍 매만지자 비녀 꽂은 머리 흔들리고
아미산³³⁹ 희고희어 교태의 추파가 돌아나가네.
입술은 짙붉은 색 바랬으니 기름 살결 씻은 듯³⁴⁰
조개 묶은 듯한 이빨³⁴¹은 또렷하고 보조개 어여쁘다.³⁴²
수 놓은 치마 붉은 겹옷으로 수심겨워 무색하고
간드러진 가녀린 허리는 고단한 듯 힘이 없네.
거친 세파에 버려져 몸을 가벼이 했으니
창가³⁴³에 경국 미인³⁴⁴ 없다 그 누가 말했나?

---

338 노선(露蟬) : 이슬을 머금은 매미라는 뜻이나, 여기서는 아름다운 창부(娼婦)를 말한다.

339 미산(眉山) : 사천성(四川省)에 있는 지명. 아미산(峨眉山). 여기서는 눈썹이 아름다운 창부를 말한다.

340 기름 살결 씻은 듯 : 원문은 '세응지(洗凝脂)'. 당나라 현종(玄宗)이 양 귀비(楊貴妃)를 화청궁(華淸宮)의 온천(溫泉)에 데리고 가서 목욕을 시킨 일이 있으므로, 백거이(白居易)의 장한가(長恨歌)에 "쌀쌀한 봄날 화청궁 온천에 목욕하게 하니, 매끄러운 온천물에 기름 같은 살결 씻었네.[春寒賜浴華淸池, 溫泉水滑洗凝脂.]"라고 한 데서 온 말이다.

341 편패(編貝) : 『한서』「동방삭전(東方朔傳)」에, "신(臣) 삭(朔)의 나이는 스물 둘이고, 신장은 9척 3촌이며, 눈은 매달아 둔 구슬같고, 이빨은 묶어둔 조개 같습니다.[臣朔年二十二, 長九尺三寸, 目若懸珠, 齒若編貝.]"라고 한 표현이 있다.

342 보조개 어여쁘다 : 원문의 '교소천(巧咲倩)'은 『시경』「위풍(衛風) 석인(碩人)」에 "귀여운 웃음에 보조개가 예쁘고, 아름다운 눈동자 선명하도다.[巧笑倩兮, 美目盼兮.]"라고 했다.

343 의시(倚市) : 문에 기대어 손님을 유혹하는 창가. 『사기』「화식열전(貨殖列傳)」에 "가난한 사람이 부자가 되려면 농업은 공업만 못하고, 공업은 상업만 못하며, 자수하는 일은 저자에 의탁함만 못하다.[夫用貧求富, 農不如工, 工不如商, 刺繡文不如倚市門.]"라고 한 데서 온 말이다. 자수하는 일은 규방(閨房)의 얌전한 여자를 뜻하고, 저자에 의탁하는 것은 저잣거리에 기대어 웃음을 파는 탕녀(蕩女)를 뜻한다.

344 경국 미인 : 경국(傾國)은 경국지색(傾國之色)인 양귀비(楊貴妃)를 가리킨다. 현종이 양귀비의 미색에 빠져 나라를 위태롭게 했던 일을 말한다. 이연년(李延年)이 누이동생을 무제(武帝)에게 알리려는 목적에서 노래하기를, "북방에 미인이 있으니, 세상에 견

그대 무슨 일로 취미 화장에 이마를 찡기는가?
"오늘의 사람이 어제 사람이 아니기 때문이어요.
되려 부러워요, 홍녀[345]가 전준[346]에게 시집가서
머리 셀 때까지 친애하는 것이."

露蟬粘鬢釵頭顫, 眉山的皪嬌波轉.
脣朱濃褪洗凝脂, 編貝瑳瑳巧唉倩.
繡裙紅袷愁無色, 一搦纖腰困無力.
風塵留落身自輕, 孰云倚市無傾國?
問君何事翠眉嚬? 今日人非昨日人.
却羨紅女嫁田畯, 白頭偕老長相親.

[형식] 칠언고시. 12구. 4구 1전운.

1-83. 등잔 불꽃 노래[燈花謠]

아름다운 등잔이 밤마다 꽃을 절로 맺어
금 낱알[347] 늘어놓고 경옥 이삭 열지은 듯하다가,

줄 이 없게 홀로 뛰어나네. 한 번 돌아보면 남의 성을 망치고, 두 번 돌아보면 남의
나라를 망치네. 어찌 성 망치고 나라 망치는 걸 모르랴마는, 미인은 다시 얻기 어렵네.
[北方有佳人, 絶世而獨立. 一顧傾人城, 再顧傾人國. 寧不知傾城與傾國? 佳人難再得.]"
라고 했다. 『한서』「외척전(外戚傳)」'이부인(李夫人)' 참조.

345 홍녀(紅女) : '홍(紅)'은 베를 짜는 일을 하는 '공(工)'자의 뜻이다. '홍녀(紅女)'는 '공녀
(工女)'를 가리킨다.

346 전준(田畯) : 주(周)나라 때의 권농관(勸農官)이다. 『시경』「빈풍(豳風) 칠월(七月)」에
"삼양(三陽)의 1월에는 농기구를 수선하고 사양(四陽)의 2월에는 발꿈치를 들고 밭 갈
러 가거든 우리 처자식과 함께 저 남쪽 이랑으로 밥을 내가니 전준이 와서 기뻐하느니
라."라고 했다.

347 금 낱알 : 원문의 '금속(金粟)'은 등잔불 심지 끝에 타서 맺히는 꽃 모양의 불똥을 말한

잠깐 사이 옥 벌레[348]로 변하여 표표하니

이 어찌 인위로 공교하게 점철한 것이랴?

사람 마음 영험하여 하늘과 통해서

하늘이 길조 보이려고 신공이 수고롭구나.

왕비 적위[349] 받지 못하면 상감 효성에 죄송하고

국가 무함 못 씻으면 임금 연충[350]이 병들리라.

등불 꽃으로 알려 자주 기쁜 소식 보내와서[351]

우리 사행에 두 가지 큰 일을 얻게 된다면,

고국에 돌아가서 만호후를 원치 않고[352]

오호[353]의 신선 배에 서시[354]를 싣고 노닐리라.

다. 한유(韓愈)는 「영등화(詠燈花)」에서 등화를 "금빛 속에 금 낟알을 늘어놓은 듯하고, 비녀 머리에 옥 벌레를 꿰매놓은 듯하네.[黃裏排金粟, 釵頭綴玉蟲.]"라고 노래했다.

348 옥 벌레 : 원문의 '옥충(玉蟲)'은 등잔불 불똥을 말한다. 위에 든 한유(韓愈)의 「영등화(詠燈花)」 시에 나왔다.

349 적장 : 원문의 '적장(翟章)'은 적위(翟褘)를 말한다. 꿩의 무늬를 수놓은 왕비의 예복이다. 여기서는 광해군의 생모 공성 왕후의 적위를 말한다.

350 연충(淵衷) : 연못처럼 깊은 마음이라는 말로, 임금의 마음을 일컫는다.

351 자주 기쁜 소식 보내와서 : 원문은 '빈송희(頻送喜)'. 두보의 시 「양성군왕 태부인이 은명으로 등국태부인에 더해진 것을 삼가 경하하다[奉賀陽城郡王太夫人恩命加鄧國太夫人]」에 "위막이 막중한 성은을 입으니 반여가 기쁜 소식 자주 전하네.[衛幕銜恩重 潘興送喜頻]"라고 했다.

352 만호후를 원치 않고 : 원문은 '불원만호후(不願萬戶侯)'. 이백(李白)이 자기를 천거해 달라는 뜻으로 형주 자사(荊州刺史)로 있던 한조종(韓朝宗)에게 보낸 서찰 「여한형주서(與韓荊州書)」에서, "태어나서 만호후에 봉해지기는 굳이 원치 않고 다만 한 형주를 한번 알기를 바랄 뿐이다.[生不用封萬戶侯, 但願一識韓荊州.]"라고 했다.

353 오호(五湖) : 지금의 강소성(江蘇省)과 절강성(浙江省)의 경계에 있는 태호(太湖)를 말한다.

354 서자(西子) : 서시(西施). 오(吳)나라 임금 부차(夫差)의 총희(寵姬)가 된 월(越)나라의 미인이다. 오월 전쟁 후 범여(范蠡)가 서시를 데리고 떠났다고 한다. 단 허균은『금뇌자(金罍子)』를 읽고 월나라에서 서사를 물에 빠뜨려 죽였다고 생각하게 되어 시(2-73)를 짓는다.

蘭燈夜夜花自結, 金粟乍排瓊穗列.

須臾變作玉虫飄, 是豈有意工點綴?

人心靈處與天通, 天示吉徵勞神功.

翟章方缺謝孝念, 邦誣未洗疚淵衷.

爲報燈花頻送喜, 了得吾行兩大事.

歸來不願萬戶侯, 五湖仙舟載西子.

[형식] 칠언고시. 12구. 4구 1전운.

1-84. 살천석[355] 체를 본떠[效薩天錫體]

황금 생황은 참치옥(옥피리)[356]처럼 운치 췌약하고

손가락 끝은 계두육[357]처럼 연하게 벗겨졌네.

좁디좁은[358] 홍련은 노을같은 분(粉)을 감싸고

---

355 살천석(薩天錫) : 원나라 사람 살도랄(薩都剌). 천석(天錫)은 그의 자(字)이다. 호는 직재(直齋). 할아버지의 훈공으로 운대(雲代)의 유진(留鎭)이 되어 벼슬이 어사(御史)에 이르렀다. 산수에 놀기를 좋아하여 안경(安慶) 사공산(司空山) 태백대(太白臺)에 올랐다가 아름다운 산천에 매료되어 그 산에 들어가 80여 세를 살았다. 저술에 『안문집(雁門集)』이 있다.

356 참치옥(參差玉) : 옥 피리. 당나라 두목(杜牧)의 시 「망소화(望少華)」 3수 가운데 제3수에 "우인(신선) 따라 깊은 동구로 가서, 달 앞에서 가을날 참치옥 소리를 듣고파라.[好伴羽人深洞去, 月前秋聽玉參差.]"라고 했는데, 『유학경림(幼學瓊林)』에 보면 옥참치(玉參差)는 소(簫)의 이름이라고 했다.

357 계두육(鷄頭肉) : 당나라 현종(玄宗) 때 범양절도사(范陽節度使) 안녹산(安祿山)이 양귀비의 수양아들이라 하고 궁중에 마음대로 출입하여 양귀비와 간통했으며, 현종과 안녹산이 함께 앉아 양귀비의 젖[乳房]을 두고 희롱하면서 현종이 먼저 시 한 구절을 부르기를, "부드럽고 붉은 것은 새로 나온 닭의 벼슬이로다[軟紅新剝鷄頭肉]."라고 하자, 안녹산이 "미끄럽고 부드럽기는 북방의 타락과 같구나[滑膩凝如塞上酥]."라고 대답했다고 한다.

358 좁디좁은 : 원문은 '착착(窄窄)'. 육유(陸游)의 「소원(小園)」에 "좁디좁은 사립문에 낮고

뺨에 찬 기운 붙어 자그만 좁쌀이 돋아났구나.

金簧韻脆參差玉, 指尖軟剝鷄頭肉.

窄窄紅蓮裹粉霞, 臉着輕寒暗生粟.

낮은 담 남쪽 가로 높은 다락이 솟아

다락 위에선 이별하는 사람이 〈석주만〉[359]을 부르네.

한가한 수심[360]이 얼마나 되는가?

한 가람 봄물이 동쪽 향해 흘러가는 것과 같다네.

小墻南畔出高樓, 樓上離人唱石州.

多少閑愁問幾許? 一江春水向東流.

해제 살천석(薩天錫)은 유려청완(流麗淸婉)한 시풍을 특징으로 했다. 특히 염체(豔體)에 뛰어났다. 신흠(申欽)은 『청창연담(晴窓軟談)』에서 살천석이 서호(西湖)를 주제로 지은 절구(絶句) 6수를 소개했다. 또 살천석은 궁사(宮詞)를 잘 지어, 이수광(李睟光)도 『지봉유설(芝峯類說)』에서 언급했다. 허균도 「궁사」를 지은 것이 있다. 살천석으로부터 직접

낮은 울타리, 산가는 분수에 따라 정원과 연못 가졌구나.[窄窄柴門短短籬, 山家隨分有園池.]」라고 했다.

359 석주만(石州慢) : 원문은 '석주(石州)'. '석주만'은 송나라 사패(詞牌)로, 월조(越調)에 속한다. 상춘(傷春)의 뜻을 담은 가사를 붙였다.

360 한가한 수심 : 원문은 '한수(閑愁)'. 송나라 소옹(邵雍)의 「안락와중음(安樂窩中吟)」 제11수에 "술 마시되 만취하게 되지는 말 것이며, 꽃구경하되 만개할 때는 하지를 말아야지. 사람이 이런 일을 능히 알 수 있다면야, 어찌하여 양 미간에 괜한 시름 이르리오?[飮酒莫敎成酩酊, 賞花愼勿至離披. 人能知得此般事, 焉有閑愁到兩眉?]" 했는데, 주희(朱熹)가 이를 인용하면서 "소강절은 매사에 중간쯤에 이르렀을 때 문득 머물렀으니, 예를 들면 '꽃을 보되 만개한 모습은 절대 보지 말아야지.'라고 한 것이 그것이다.[康節凡事只到半中央便止, 如看花切勿看離披是也.]"라고 했다. 『주자어류(朱子語類)』 권100 「소자지서(邵子之書)」에 나온다

영향을 받은 것은 아니지만, 살천석을 비롯한 원대 시인이 궁사를 즐겨 지은 것과 관련이 있을 듯하다. 그런데 이『조천록』의 효체(效體)는 살천석의 '유려청완' 함을 본떴다. 허균은 이 때 살천석, 정학년(丁鶴年), 양유정(楊維楨), 관운석(貫雲石), 예찬(倪瓚) 등이 시를 본떠서 각각 칠언절구 2수씩을 지었다. 또한 황승(黃昇)의 시를 본떠 역시 칠언절구 2수를 지었다. 황승은 송나라 때 사인(詞人)이지만 만년에 원나라 치하에서 시수(詩愁)의 삶을 보냈다. 이로 보면, 당시 허균은 원대 시인의 시에 깊은 관심을 두었던 듯하다.

1-85. 정학년[361] 체를 본떠[效丁鶴年體]

굽은 난간 얼룩무늬 발을 비스듬히 걷었더니
그윽한 죽림[362]에 비 지나자 차가운 옥[363]이 쟁글쟁글.
넓찍한 대자리는 높은 바람에 황금 염교[364]처럼 차가워도
둥그런 지당 주름진 물결에는 원앙이 미역감누나.

---

361 정학년(丁鶴年) : 명나라 사람. 회회인(回回人)으로 색목인(色目人). 정효자전(丁孝子傳)의 주인공. 슬픈 주제의 시를 잘 지었다.

362 그윽한 죽림 : 원문은 '유황(幽篁)'. 왕유(王維, 699~759)의 시「죽리관(竹里館)」에 "그윽한 대나무 숲속에 홀로 앉아, 거문고를 타며 길게 휘파람 부네.[獨坐幽篁裏, 彈琴復長嘯.]"라는 구절에서 인용한 것이다.

363 차가운 옥 : 원문은 '한옥(寒玉)'으로, 대나무의 별칭이다. 당나라 옹도(雍陶)가「위처사교거시(韋處士郊居詩)」에서 "문밖엔 맑게 갠 저녁 가을도 저무는데, 만 가지 차가운 옥들 한 시내에 자욱해라.[門外晚晴秋色老, 萬條寒玉一溪煙.]"라고 했다.

364 황금 염교 : 원문은 '금해(金薤)'. 구불구불한 모양을 말한다. 염교의 잎을 거꾸로 한 것[倒薤葉書]은 전서(篆書)의 미칭(美稱)이다. 한유의 시「조장적(調張籍)」에 "평생 지은 수많은 문장이여, 금해의 필체로 주옥처럼 드리웠네.[平生千萬篇, 金薤垂琳琅.]"라는 말이 나온다.

斑簾斜捲闌干曲, 幽篁雨度鏘寒玉.
廣簟風高金薤凉, 廻塘波皺文鴛浴.

절세가인 찡그린 눈썹은 산 빛을 덜고
비녀 무거워 구름같은 머리결이 부숭부숭하다.
작은 누대의 향기로운 꿈을 한 번 깬 뒤로
섬섬 옥수로 한가하게 봉소를 비껴 부네.

佳人蹙損遠山眉, 鬟鬆釵重雲參差.
小樓香夢一番破, 玉纖閑捻鳳簫吹.

1-86. 양염부[365] 체를 본떠[效楊廉夫體]

조탁한 수정[366] 베개에 향옥을 기댄 듯
노을진 볼에 하나의 선으로 생육이 붉도다.
산들바람이 장막 안에 불자 훈풍이 표표하고
석 자 새우 수염이 찬 술에 일렁이네.

---

365 양염부(楊廉夫) : 양유정(楊維楨, 1296~1370). 염부는 자(字), 호는 철애(鐵崖)이다.
산음(山陰) 사람으로 원(元)나라 태정(泰定) 연간의 진사(進士)이다. 원말의 병란으로
벼슬에 나아가지 못하고 강남에 은거하여, '호산풍월복인(湖山風月福人)'으로 칭해졌
고 철적(鐵笛) 불기를 좋아하여 철적자(鐵笛子)로 칭해졌다. 명(明)나라가 들어서서
『송사(宋史)』와 함께 『요사(遼史)』·『금사(金史)』를 엮으려 하자 이에 반대하고 「정통
변(正統辨)」을 지어 부당함을 논했다. 『명사(明史)』 「양유정전(楊維楨傳)」 참고.

366 수정 : 원문은 '파려(頗黎)'로, '玻瓈'로도 적는다. 수정(水精)인데 범어로는 파려(頗黎)
이고, 중국말로는 간혹 수옥(水玉)이라고 부르기도 한다. 한유의 시 「청룡사에 노닐며
최대 보궐에 드리다[遊靑龍寺 贈崔大補闕]」에 "도사 두세 사람 그 사이에 자리잡고,
파려 그릇에 영액 담아 자주 입에 가져가네.[二三道士席其間, 靈液屢進頗黎盌.]"라는
구절이 있다.

頗黎琢枕支香玉, 臉霞一線紅生肉.
暗颸吹幕穩薰飄, 三尺鰕鬚樣寒渌.

조각한 안장의 홍질발³⁶⁷은 은 등자를 꿰어 신고
수 적삼 여인이 반쯤 찡그리자 황금 기린 같구나.
큰길로 춘색 찾아 가인과 놀러 가렸 했으니
이 몸이 꿈속 사람인 줄은 까맣게 몰랐도다.

雕鞍叱撥穿鐙銀, 綉衫半蹙金麒麟.
陌上尋春遊冶去, 不知身作夢中人.

1-87. 관운석³⁶⁸ 체(貫雲石體)

달무리³⁶⁹가 휘장으로 들어와 복사무늬 담석이 차갑고
천홍색 지분이 이마 눌러 수심찬 아미를 모으네.
계수 훈향 속에 꿈꾸며 울어 눈물로 화장 옅어지고
창문 밖 바람이 잎에 불어 낭간 옥 댓잎이 꺾였구나.

桂暈通幌桃簟寒, 檀點壓額愁蛾攢.

---

367 홍질발(紅叱撥) : 원문은 '질발(叱撥)'로, 명마(名馬)의 이름이다. 당 현종 연간에 서역에서 바친 한혈마(汗血馬) 여섯 필 가운데 홍색을 띤 말이다. 위장(韋莊, 836~910)의 시 「장안청명」에 "도성의 길에는 홍질발이 시끄럽게 울고, 푸른 버들의 높은 그림자에 그림 같은 그네로다.[紫陌亂嘶紅叱撥, 綠楊高影畫秋千.]"라고 했다

368 관운석(貫雲石) : 원나라 사람으로, 본명은 소운석해애(小雲石海涯), 자호는 산재(酸齋), 시호(諡號)는 문정(文靖)이다. 나면서부터 신체가 남달랐으며, 팔의 힘이 세었다. 장성하여 글을 많이 보아 입만 열면 시문이 되었는데, 악부(樂府)에 뛰어났다. 인종(仁宗) 때에 한림 시독학사(翰林侍讀學士)가 되어 지제고(知制誥)에 이르자 벼슬을 그만두고 전당(錢塘) 저자거리[市中]에서 약을 팔며 숨어살았다.

369 달무리 : 원문은 '계훈(桂暈)'. 계수나무 있는 달의 무리.

桂熏浥夢淚粧薄, 隔恩風葉摧琅玕.

초나라 하늘이 아득하여라 백운향은 어디에 있나?
형산 남쪽[370]으로 기러기들 띠 이뤄 첫서리에 떠나가자,
이별 간장이 하루에도 아홉 번 돌아나가고
주렴 사이로 물시계 소리 끊길 때까지 두런두런 말소리.

楚天渺渺雲何處? 衡陽雁帶新霜去.
消得離腸日九廻, 垂簾漏斷聞人語.

1-88. 황숙양[371] 체(黃叔暘體)

난고기름 등불 다하고 향불도 재로 된 때
비단 장막 반쯤 드리우고 문은 닫아 걸었나니,
금침 침상에 홀로 누워 눈처럼 흰 살결 차갑고
눈물 꽂은 베개를 칠하고 복사빛 뺨은 눈물 흔적.

蘭燈將燼香灺灰, 羅幬半垂門未開.
錦床孤臥雪膚冷, 淚花膩枕痕桃腮.

깊고 깊은 안마당엔 이른 아침 빗소리
동풍이 땅을 쓸고 방초에 불어오네.

---

370 형산 남쪽 : 원문은 '형양(衡陽)'. 형산은 오악(五嶽)의 하나로 호남성 형산현(湖南省衡山縣)에 있는 명산이다.

371 황숙양(黃叔暘) : 송(宋)나라 건안(建安) 사람 황승(黃昇). 황승은 '黃升'으로도 적는다. 숙양은 그의 자(字)이다. 호는 옥림(玉林) 또는 화암사객(花庵詞客)이다. 과거를 포기하고, 사(詞)를 지으며 살았다. 『산화암사(散花庵詞)』·『화암사선(花庵詞選)』 등이 있다.

묵묵히 일어나 앉으니 마음 더욱 쓰라린데

주렴 바깥은 꽃이 지고 봄이 벌써 늙었구나.

深沉庭院雨聲早, 東風剗地吹芳草.

起來無語更傷心, 簾外落花春已老.

1-89. 예운림[372] 체(倪雲林體)

소상강 물로 빚은 술 숙성하여 향기가 잔에 넘치고

촉나라 거문고는 가을날 잦은 음을 내어 원앙 현악 곡조[373].

남녀간 사랑 노래는 금루곡[374]을 낮게 불러

---

372 예운림(倪雲林) : 원나라 말년 사람 예찬(倪瓚)의 호. 자는 원진(元鎭). 결벽하고, 시와
그림과 글씨에 뛰어났다. 문집에 『청비각집(淸閟閣集)』이 있다.

373 원앙 현악곡조 : 원문은 '원앙사(鴛鴦絲)'. 온비경(溫飛卿)의 「무의곡(舞衣曲)」에, "매
미날개처럼 얇은 적삼, 기린 새긴 허리띠에 수심 누를 향내 풍기고. 앵황 소리내는
퉁소 훔치고 황금실 소리내는 호금을 가두었네. 퉁소의 관은 향난의 기운 머금어 아릿
다운 말로 흐느끼는 듯하고, 호금의 몸통은 흰눈같은 팔로 지탱되어 원앙 줄이 연주되
네.[蟬衫麟帶壓愁香, 儉得鷪篁鎖金縷. 管含蘭氣嬌語悲, 胡槽雪腕鴛鴦絲.]"라고 했다.
이익(李瀷)은 『성호사설(星湖僿說)』에서, 관(管)은 생(笙), 호(胡)는 비파(琵琶)로 보았
다. 북제(北齊)의 저연(褚淵)이 비파를 잘 타므로, 무제(武帝)는 금루병(金縷柄)과 은주
(銀柱)로 된 비파를 하사한 일이 있다. 앵황(鷪篁)은 관(管) 자를 끌어온 것이라고 보았
다. 쇄(鎖)는 사죽(絲竹)이 합주(合奏)하는 것인 듯하다고 했으나, 여기서는 투(儉)와
짝을 이루는 말로 보았다.

374 금루곡(金縷曲) : 남녀의 애정을 노래한 곡조의 이름. 거문고 악곡의 이름으로 「금루곡
(金縷曲)」 또는 「금루의(金縷衣)」라고도 한다. 당나라 함통(咸通) 연간에 회남(淮南)
이공(李公)이 강에서 놀 때 뱃사공이 상앗대를 잘못 놀려 이공의 시녀(侍女) 옷에 물이
튀기자 이공이 안색을 붉혔다. 마침 자리를 함께했던 막좌(幕佐) 배여경(裴餘慶)이 문
득 이공에게 시를 지어 바치기를 "아황처럼 고운 얼굴에 비단옷이요, 물총새 깃털 장식
옥비녀에 스치네. 물방울 튀겨 비단 저고리 젖었으니, 아마도 무산 신녀가 저녁 비에
돌아왔네.[半額鵝黃金縷衣, 翠翹浮動玉釵垂. 從敎水濺羅襦濕, 疑是巫山行雨歸.]"라고
했다. 『천중기(天中記)』에 나온다.

그대에게 권하노니 청춘의 시기를 저버리지 말라고.

湘醪醱醅香溢巵, 蜀琴秋緊鴛鴦絲.

艷歌低唱金縷曲, 勸君莫負靑春時.

흐르는 광음은 홀홀하여 사람을 기다리지 않아

짙푸른 머리 붉은 얼굴은 조락하기 쉽다네.

밤 깊어 사람들 흩어지고 술이 깨기 시작하면

수레바퀴같은 명월은 바다 속에 잠기었네.

流光忽忽不相待, 綠髮朱顔易凋改.

夜闌人散酒初醒, 一輪明月沉滄海.

1-90. 북경 서쪽에 보리 별원이 있으니, 곧 완위거사 오군 오백유[375] 씨가 참선하는 곳이다. 그의 표치를 존경하면서도 대면하여 이야기 나눌 길이 없으므로 삼가 옹·왕 두 분이 지은 시의 운을 써서 먼 곳에 계신 분에 대한 상상을 부친다[京師西偏有菩提別院 乃宛委居士 吳郡吳伯瑜氏所參禪處也 挹其標致 無路相晤 謹用翁王二公韻 以寄遐想云]

완위거사는 비야리성 장자[376]그 사람

---

375 오백유(吳伯瑜) : '유(瑜)'는 '여(與)'의 착오인 듯하다. 오백여(吳伯與)는 명나라 휘주부(徽州府) 선성(宣城) 사람으로, 자(字)는 복생(福生)이다. 1613년(만력 41)의 진사로, 호부주사(戶部主事), 절강포정사 참의(浙江布政司參議)를 거쳐 광동안찰사 부사(廣東按察司副使)에 이르렀다. 『내각명신사략(內閣名臣事略)』·『소문재집(素雯齋集)』이 있다.

376 비야(毘耶) : 인도(印度) 비야리성(毗耶離城)에 거주했던 유마힐(維摩詰) 즉 유마거사(維摩居士)를 가리킨다. 유마거사가 중생이 병들었으므로 자신도 병들었다면서 드러눕자, 석가모니가 문수보살(文殊菩薩)을 보내 문병하게 했는데, 문수가 불이법문(不二法門)에 대해서 물었을 때 유마가 아무런 대답도 하지 않자, 문수가 탄식하며 "이것이 바로 불이법문으로 들어간 것이다.[是眞入不二法門也.]"라고 했다는 이야기가 『유마경

기림의 방장실³⁷⁷을 열었으니,

샘물은 태액지³⁷⁸에서 흘러 이르고

산은 비원에서부터 달려 오네.

자취 숨겨 진세의 기심(욕망)이 그치고

공허에 탐닉하여 세속 생각은 재로 되어,

가을에는 산 위로 운행하는 달을 읊고

봄에는 냇가의 서둘러 피는 꽃을 감상하누나.

범종소리 바위 굴 은둔자 집에 표표하고

안개 저녁놀이 바위 대를 가두는데,

마음 등불은 승찬·홍인³⁷⁹에게서 전해 받고

시 모임은 종병·뇌차종³⁸⁰과 결성했네.

피안에 갈 때에는 뗏목 덜 것을 아나니

세속 등진 자취는 도배³⁸¹를 훨씬 뛰어넘었기에,

떨이채 들고 강론하시는 걸 모실 길 없으니

(維摩經)』「입불이법문품(入不二法門品)」에 나온다.

377 기림의 방장실 : 원문은 '기림장실(祇林丈室)'. 기림은 기원정사(祇園精舍) 곧 절을 뜻
하는 말이고, 장실은 방장실(方丈室)의 준말이다. 방장은 유마거사(維摩居士)의 방이
사방 1장이었던 데에서 화상(和尚)이나, 국사(國師) 등 높은 스님의 거실을 이른다.

378 태액(太液) : 북경 서원(西苑)의 태액지(太液池). 본래 한나라 때 장안(長安)의 건장궁
(建章宮) 북쪽에 태액지(太液池)가 있었던 것에서 기원한다.

379 승찬·홍인 : 원문은 '찬인(璨忍)'. 중국 선종(禪宗)의 초조(初祖)인 달마(達磨)로부터
혜가(慧可), 승찬(僧璨), 도신(道信), 홍인(弘忍), 혜능(慧能)까지를 육조(六祖)라 한다.

380 종병·뇌차종 : 원문은 '종뢰(宗雷)'. 진(晉)나라 때 혜원법사(慧遠法師)가 유유민(劉遺
民)·뇌차종(雷次宗)·종병(宗炳) 등 18명의 명사들과 여산(廬山)의 동림사(東林寺)에서
모임을 결성했다.

381 도배(渡杯) : 진·송 때 승려 배도(杯渡/杯度)의 고사. 늘 목배(木杯)를 타고 강을 건넜다
고 한다. 남조 양나라 혜교(慧皎)의 『고승전(高僧傳)』「신이(神異) 배도(杯渡)」 참조.
배도라고 하며 승려가 운유(雲遊)할 때 지참하는 물건을 가리키기도 한다.

멀리 상상하며 홀로 배회하노라.

[위의 것은 옹 학사³⁸² 운이다.]

居士毗耶是. 祇林丈室開. 泉從太液至, 山自御園來.

屏跡塵機息, 耽空俗念灰. 秋吟山月轉, 春賞澗花催.

鍾梵飄品戶, 煙霞鎖石臺. 心燈傳璨忍, 詩社結宗雷.

彼岸知損筏, 遐踪隔渡杯. 無由陪塵話, 延想獨低廻.

[右翁學士韻.]

고요한 자는 마음에 오묘함이 많고

흥겨우면³⁸³ 상념이 수고로움을 그치네.

한가한 자취는 구름과 함께 멀고

아득한 상상은 달과 같이 높다랗다.

견성(見性)하려면 먼저 손가락을 잊거늘³⁸⁴

구현(鉤玄)³⁸⁵하려면 몇 번 칼질해야³⁸⁶ 하나?

---

382 옹 학사(翁學士) : 미상.

383 흥겨우면 : 원문은 '도연(陶然)'. 이백(李白)의 시「난리를 겪은 후 군은을 입어 야랑으로 유배되어 옛날 노닐던 일을 생각하여 회포를 적어 강하 위태수 양재에게 드린다[經亂離後天恩流夜郎憶舊遊書懷贈江夏韋太守良宰]」에 "이곳 백리의 고을만은 태고 시대처럼 순박하여, 흥겹게 희황 이전의 사람으로 누워 지낸다.[百里獨太古, 陶然臥羲皇.]" 라는 구절이 나온다.

384 손가락을 잊고 : 원문은 '망지(忘指)'.『능엄경(楞嚴經)』에 "어떤 사람이 손가락으로 달을 가리켜 다른 사람에게 보였을 때 다른 사람이 그의 손가락을 인해서 응당 저 달을 보아야지, 만일 다시 그 사람의 손가락을 보고 그것을 달의 본체라고 여긴다면 그런 사람이야말로 어찌 달만 잃어버리겠는가? 그 손가락마저 잃게 될 것이다.[如人以手指月示人, 彼人因指, 當應看月, 若復觀指, 以爲月體, 此人豈唯亡失月輪? 亦亡其指.]"라고 한 데서 온 말이다.

385 구현(鉤玄) : 현묘한 이치를 파냄. 한유의「진학해(進學解)」에 보면 생도가 한유에 대해 "일을 기록한 것들은 반드시 요점을 제시하고, 말씀을 모은 것들은 반드시 현묘한 것을 캐내어, 많음을 욕심냈고 얻어내기에 힘을 써서, 자잘한 것이나 어마어마한 것 어느 것 하나 버리지 않으셨습니다.[紀事者必提其要, 纂言者必鉤其玄. 貪多務得, 細大不

주렴 틈 엿보고 새는 와서 지저귀고

헌함을 빙 둘러 소나무의 파도 음향 흩어지네.

담 너머 도망간 이[387]를 비열하다 여기나니

어찌 집사람을 버리고 도망갈 수 있으랴?

학문에서 당에 오르고[388] 정성껏 부모님 봉양하며[389]

견지하는 논설은 국풍·이소에 부합하네.

찾는 손님들은 모두 대단히 귀한 분들[390]

損.]"라고 했다.

386 칼질해야 : 원문은 '주도(奏刀)'이다. 『장자』「양생주(養生主)」에 "포정이 문혜군을 위해 소를 잡는데 그 솜씨가 매우 능숙해서, 손과 어깨와 발과 무릎의 동작에 따라 서걱서걱 소리를 내고 칼질하는 대로 쓱쓱싹싹 잘려 나가, 그 음향이 모두 음률에 맞아 은나라 탕왕의 상림 무악과 요 임금의 경수 음악의 음절에 조화되었다.[庖丁爲文惠君解牛, 手之所觸, 肩之所倚, 足之所履, 膝之所踦, 砉然嚮然, 奏刀騞然, 莫不中音, 合於桑林之舞, 乃中經首之會.]"라고 했다.

387 담 너머 도망간 이 : 원문은 '유원(踰垣)'. 『맹자』「등문공 하(滕文公下)」에 "옛날에 신하가 되지 않았으면 군주를 만나 보지 않았다. 단간목은 담장을 넘어 피했고, 설류는 문을 닫고 받아들이지 않았으니, 이는 모두 너무 심하다. 만나 보려는 정성이 절박하면 만나 볼 수 있는 것이다.[古者, 不爲臣, 不見, 段干木踰垣而辟之, 泄柳閉門而不內, 是皆已甚, 迫, 斯可以見矣.]"라고 했다. 단간목은 위 문후(魏文侯) 때의 사람이고, 설류는 노 목공(魯穆公) 때의 사람이다. 문후와 목공이 이 두 사람을 만나 보고자 했으나, 이들 두 사람은 만나 보려 하지 않았으니, 아직 신하가 되지 않았을 때이다.

388 승당(升堂) : 『논어』「선진(先進)」에서 공자는 당에 오르고 방에 들어감을 학문 조예의 정도로 비유했다.

389 정성껏 봉양하여 : 원문은 '색양(色養)'으로, 안색을 잘 살펴서 봉양한다는 뜻으로, 온화한 얼굴빛으로 부모를 섬기는 것을 말한다. 『논어』「위정(爲政)」에서 자하(子夏)가 효에 대하여 묻자 공자가 "얼굴빛을 온화하게 하기가 어려우니, 부형에게 일이 있으면 자제가 그 수고를 대신하고 술과 밥이 있으면 부형이 드시도록 하는 것을 곧 효라고 할 수 있겠는가?[色難, 有事, 弟子服其勞, 有酒食, 先生饌, 曾是以爲孝乎?]"라고 한 데서 유래했다.

390 대단히 귀한분들 : 원문은 '인각(麟角)'. 기린의 뿔이라는 말에서 학식이 높고 뜻이 고고한 사람을 가리킨다. 『북사(北史)』「문원열전(文苑列傳)」에 "학자는 소의 털과 같고, 성취한 자는 기린의 뿔과 같다.[學者如牛毛, 成者如麟角.]"라고 했다.

낳으신 아이들은 모두가 재사.[391]
고운 돌 비석의 탁본을 묵보(墨寶)로 삼나니
주옥같은 글씨가 그 휘호에서 나왔기에.
[위의 시는 왕 시어[392]의 운이다.]

靜者心多竗, 陶然念息勞. 閑蹤雲並遠, 邈想月同高.
見性先忘指, 鉤玄幾奏刀. 窺簾來鳥語, 遶檻散松濤.
每鄙踰垣去, 寧甘棄室逃? 升堂兼色養, 持論合風騷.
有客皆麟角, 生兒盡鳳毛. 貞珉鑴墨寶, 珠玉在揮毫.
[右王侍御韻.]

1-91. 동짓날 자금성에 들어가 조회에 참가하고[至日入朝]

황옥 수레[393]는 하늘 아래 엄중하고 상로[394]도 진설하여

---

391 재사 : 원문은 '봉모(鳳毛)'. 봉새의 털이라는 말에서 풍채(風采)나 문재(文才)가 뛰어난
   것을 가리킨다. 『남사(南史)』「사초종전(謝超宗傳)」에 보면 사영운(謝靈運)에게 봉(鳳)이
   란 아들이 있었고 봉에게는 또 초종(超宗)이란 아들이 있어, 신안왕(新安王)의 모친인
   은 숙의(殷淑儀)의 뇌사(誄詞)를 지어 올리자, 신안왕이 "초종에겐 특별히 봉황의 털이
   있어서 사령운이 다시 태어난 것 같다.[超宗殊有鳳毛, 靈運復出.]"했다고 한다. 또 『세설신
   어(世說新語)』「용지(容止)」에 보면 진(晉)나라 왕도(王導)의 아들 왕소(王劭)의 소자(小
   字)가 대노(大奴)였는데, 그 풍채가 부친처럼 비범하였기 때문에 환온(桓溫)이 "대노가
   봉의 터럭을 가지고 있는 것이 원래 당연하다.[大奴固自有鳳毛.]"라고 했다고 한다.
392 왕 시어(王侍御) : 미상.
393 황옥(黃屋) 수레 : 누런 비단으로 뚜껑을 덮은 천자의 수레를 의미한다. 『사기』「항우본
   기(項羽本紀)」에 "기신이 황옥거를 타고 소꼬리로 만든 깃발을 왼쪽에 꽂고서 말하기를
   '성 가운데 식량이 모두 떨어졌으므로, 한왕이 항복한다.' 했다.[紀信乘黃屋車傅左纛
   曰, 城中食盡, 漢王降.]"라는 기록이 보인다.
394 상로(象輅) : 옛날 천자(天子)에게는 옥로(玉輅)·금로(金輅)·상로(象輅)·혁로(革輅)·
   목로(木輅) 등 5로가 있었고, 신하에게는 하전(夏篆)·하만(夏縵)·묵거(墨車)·잔거(棧
   車)·역거(役車) 등 5승(乘)이 있었다.

큰 조정에 환패 차고 동곳 꽂고 관띠 두른 고관들이 모였구나.

붉은 구름이 덮개같아 청쇄[395]의 궁중이 단란하고

홍색 아침해가 바퀴처럼 올라와 자신전을 내리 쐬네.

절기[396]가 천자의 수명을 늘려주어

백성들을 홍균(洪鈞)[397]의 덕화에 들게 함을 함께 기뻐하노라.

원추새 반열[398]에 끼어 걸음 나아가길 지금 세 번째

화축(華祝)[399] 올릴 기회를 이국 사람에게 주시다니.

黃屋宵嚴象輅陳, 大廷環珮集簪紳.

彤雲蔭盖團青瑣, 紅旭丞輪射紫宸.

共喜歲陽延壽筭, 遂令民物囿洪鈞.

鵷行簉跡今三度, 華祝偏傾□[400]海人.

---

395 청쇄(青瑣) : 청색의 사슬 무늬를 이르는데, 한나라 때에는 궁궐 문에 청색의 사슬 무늬
를 그렸기 때문에 궁궐의 문을 청쇄문(青瑣門)이라고 불렀다.

396 절기 : 원문은 '세양(歲陽)'. 이를테면 세양초동(歲陽初動)은 동지가 끼어 있는 11월에
양(陽)이 처음 생겨, 복괘(復卦)의 상이 되기 때문에 이렇게 말한다.

397 홍균(洪鈞) : 도자기를 만들 때 돌리는 큰 물레를 말하는데, 흔히 대자연이 원기를 조화시
켜 만물을 생성하는 것을 뜻하는 말로 쓰인다. 두보(杜甫)의 시 「상위좌상(上韋左相)」에
"천하에 장수의 고장을 열고, 한 기운으로 우주를 다스리네.[八荒開壽域, 一氣轉洪鈞.]"
라고 했다.

398 원항(鵷行) : 조정 백관(百官)들의 행렬을 가리키는 말로, 원반(鵷班)·원로(鵷鷺) 등으
로 쓰기도 한다. 두보(杜甫)의 시 「동지일에 흥이 나서, 북성(상서성)의 옛 각로와 두
원의 지인들에게 삼가 부친다[至日遣興奉寄北省舊閣老兩院故人]」 2수 중 제1수에 "오
경 삼점에 조정 반열에 들어간다.[五更三點入鵷行.]"라는 구절이 있다.

399 화축(華祝) : '화봉삼축(華封三祝)'의 준말이다. 화(華) 땅의 봉인(封人)이 요(堯) 임금에
게 수(壽)·부(富)·다남(多男) 세 가지를 축원했던 데서 나온 말로, 이후 송축(頌祝)을
나타내는 말로 쓰이게 되었다. 『장자』 「천지(天地)」에 나온다.

400 팔사본에 한 글자 빠져 있다.

1-92. 왕 사구[401]의 『검협전』[402] 뒤에 쓰다[題王司寇劍俠傳後]

　　예로부터 검객은 대부분 신선이라서
　　한 순간에 일만 리를 훌쩍 날며,
　　번득이는 칼날 감추고 함부로 죽이지 않아
　　그런 후 대낮에 푸른 하늘로 올라간다지.
　　청성산 장인은 이 기술이 뛰어나
　　보배 칼집에 석 자 칼[403] 숨겨 두었다가,
　　적근산[404] 쇠로 만든 칼을 백원공에게 처음 주어
　　비수의 기술을 끝내 월 처자에게 전해 주었네.[405]
　　나머지 분분한 이들은 모두가 개백정[406]
　　다른 사람 원수를 대신 갚느라 목숨을 달게 버렸으니.
　　전저와 섭정[407]은 한 사람을 적으로 삼았으나

---

401 왕 사구 : 왕세정(王世貞, 1526~1590). 자는 원미(元美), 호는 봉주·엄주산인(弇州山人). 형부상서를 지냈으므로 '사구(司寇)'라고 했다.

402 검협전(劍俠傳) : 왕세정이 편찬한 것으로 알려진 검협 관련 소설집이다. 해설 참조.

403 석 자 칼 : 원문은 '삼척수(三尺水)'이다. 당나라 이하(李賀)의 시 「춘방정자검자가(春坊正字劍子歌)」에 "선배의 검갑 속의 삼척수는, 일찍이 오강에 들어가 용을 베었지.[先輩匣中三尺水, 曾入吳江斬龍子.]"라고 했다.

404 적근(赤堇) : 절강성(浙江省) 소흥현(紹興縣)의 동남쪽에 있는 산으로, 구야자(歐冶子)가 월왕을 위하여 이곳에서 검을 주조했다고 한다. 일명 주포산(鑄浦山)이라고도 한다.

405 백원공(白猿公)~전해 주었네 : 춘추 시대 조(趙)나라 처녀가 범려(范蠡)의 청으로 월왕(越王)에게 검술을 가르치려고 길을 가던 도중에 원공(袁公)이라는 사람을 만나 검술을 겨뤘는데, 원공이 그녀를 상대하다가 나무 위로 날아올라 다시 흰 원숭이로 몸을 바꿔 사라졌다고 한다. 『검협전』의 01 「노인화원(老人化猿)」이 곧 이 이야기이다. 원공이 바로 백원공이다.

406 개백정 : 원문은 '구도(狗屠)'이다. 전국 시대 자객 형가(荊軻)가 연시(燕市)에서 개백정[狗屠] 및 축 연주가 고점리(高漸離) 등과 어울려 날마다 술을 마시고 축 연주에 맞춰 노래를 불러 회포를 풀었다는 고사가 유명하다. 『사기』「자객열전(刺客列傳)」圖 참조.

407 전저(專諸)와 섭정(聶政) : 전저는 오(吳)나라 공자(公子) 광(光)을 위하여 왕료(王僚)를

형가[408]는 아이라서 정말 겁쟁이였도다.

진양 공자[당 태종 이세민(李世民)]는 삽상한 풍모

기세로 규염객을 압도하여 저상시키자,

규염객은 만금을 손에 쥐고 약사[409]에게 맡기고는

동쪽으로 수레를 장풍에 몰아 해랑을 고무시켰네.[410]

죽이려고 비수를 고기 배 속에 숨겨가지고 들어가 그를 찔러 죽였으나 자기도 그 자리에서 잡혀 죽었다. 공자 광은 곧 오왕(吳王) 합려(閭閭)이다. 섭정은 엄중자(嚴仲子)의 부탁을 받아 한(韓)나라 재상 한괴(韓傀) 즉 협루(俠累)를 찔러 죽이고 자기의 신분을 감추기 위해 스스로 자신의 얼굴을 난도질하고 자결했다. 『사기』「자객열전(刺客列傳)」참조.

408 형가(荊軻) : 전국시대 위(衛)나라 자객으로, 연(燕)나라 태자 단(丹)을 위해 진 시황(秦始皇)을 살해하려고 했다. 독항(督亢) 지도를 올려, 진 시황이 다 펼치고 그 안에 숨겨두었던 비수가 나오자, 형가는 왼손으로 진 시황의 옷소매를 붙잡고 오른손으로는 비수를 쥐고 찌르려 했으나, 진 시황은 기둥을 돌며 달아났으며, 최후에 비수를 던졌지만 맞추지 못했다. 이보다 앞서 진나라에 갈 때, 태자와 빈객들이 흰 의관을 하고 역수(易水) 가에 이르러 전별했는데, 고점리(高漸離)가 축(筑)이란 악기를 울리자 형가가 이에 화답하여 "바람이 소소하고 역수가 차니, 장사가 한번 가서 돌아오지 않으리라.[風蕭蕭兮易水寒, 壯士一去兮不復還.]"라고 노래했다. 『사기』「자객열전(刺客列傳)」참조.

409 약사(藥師) : 당나라 장수 이정(李靖, 571~649)으로, 약사는 이정의 자(字)이다. 이정은 처음에 수나라에서 종사했으나 이세민(李世民)에게 체포되어, 이세민의 부장으로서 활약했다. 이세민이 즉위한 후(태종) 행군총관(行軍摠管)으로서 돌궐을 원정해서 힐리가한(頡利可汗)을 붙잡았다. 토욕혼(吐谷渾)의 침입을 막는 공을 세워 위국공(衛國公)에 봉해지고 당 태종의 소릉(昭陵)에 배장(陪葬)되었다. 그의 이름을 붙인 『위공병법(衛公兵法)』·『이위공문대(李衛公問對)』는 당나라 때의 대표적인 병서이다.

410 진양공자~고무시켰네 : 수나라 말 이정(李靖)이 양소(楊素)의 기생 홍불(紅拂) 즉 장씨(張氏)를 만나 인연을 맺고, 그녀를 데리고 영석(靈石)을 지나다가 장중견(張仲堅)을 만났다. 장중견은 수염이 규룡(虯龍) 수염같다 해서 규염객이라 불렸다. 장중견은 이정과 함께 태원(太原)에 가서 이세민을 만나보고 그가 영주(英主)가 될 것임을 알고 자기 집과 재산을 이정에게 주며, "앞으로 10년 뒤 동남 수천 리 밖에서 이상한 일이 생길 것이니, 이는 바로 내가 득의하는 때이다."라 하고 떠났다. 10년 뒤 정관(貞觀) 연간에 이정은 어떤 사람이 해선 1000척과 갑병 10만을 거느리고 부여국으로 쳐들어와 왕위에 올랐다는 소식을 듣고는, 그가 규염객이라는 것을 알고 장씨와 함께 동남쪽을 향해 술을 뿌리면서 축원했다. 『설부(說郛)』권112상 「규염객전(虯髯客傳)」에 나오며, 『검객전』에 수록되었다. 성호 이익은 규염객이 발해 대씨(大氏)의 시조인 걸걸중상(乞乞仲象)

당시에 뜻있는 이는 봉래산 영주산에 숨었거늘

어디 한신이나 팽월처럼[411] 선뜻 젓담기려 했던가?

부소[412]에 나라 세웠다는 말은 헛소리이니,

진홍 신선국 대궐에 상상컨대 그 이름 적혀 있으리라.

벗나무 단지 기름진 우유젖을 최랑에게 권하고,

삼원 부인[413] 홍초는 한밤에 곤륜노 마륵에 업혀 담을 넘었구나.

마륵이 순식간에 몸을 날려 구름 바깥으로 오르니

일만 화살이 고슴도치 털처럼 쏟아진들 어이 상처 입히랴?[414]

이라는 실존 인물을 소재로 한 것이라고 했다. 『성호사설』 권17 「규염객(虯髥客)」.

411 한신이나 팽월처럼 : 한신(韓信)과 팽월(彭越)은 한나라 고조(高祖) 유방(劉邦)을 도와 공을 세웠으나 자신들의 재주를 믿고 독자적인 세력을 구축하려고 하다가 죽임을 당했다. 팽월은 항우(項羽)를 섬기다 한(漢)나라에 귀순하여 기공(奇功)을 세우고 양왕(梁王)에 봉해졌는데, 한신의 죽음을 보고 두려워한 나머지 병력을 동원하여 자신을 보호하다가 고조의 노여움을 사 마침내 효수(梟首)되었다. 『사기』 「회음후열전(淮陰侯列傳)」과 『사기』 「팽월열전(彭越列傳)」 참조.

412 부소(扶蘇) : 부여(扶餘)를 말한다. 『검협전』 수록 「규염객전」에서, 규염객이 부여국으로 쳐들어가 왕위에 올랐다고 했다.

413 삼원 부인 : 『검협전』의 「곤륜노(崑崙奴)」에 보면, 최생이 병 문안 갔던 일품(一品) 관원의 댁에 십원(十院)의 가희(歌姬)가 있었는데, 최생이 사랑하게 되는 홍초(紅綃)는 제3원(第三院)이었다. 최생이 일품 관원 집에 갔을 때 가희 홍초는 금구(金甌)에 담은 비도(緋桃)를 쪼개고 감락(甘酪)을 따라서 올렸다.

414 벗나무 단지~어이 상하랴 : 곧 『검협전』의 「곤륜노(崑崙奴)」를 제재로 삼은 것이다. 줄거리는 다음과 같다. 최생(崔生)은 부친의 명으로 고관의 문병을 갔다가 가기(歌妓) 홍초(紅綃)를 만나고, 홍초가 수수께끼를 던진다. 최생 집의 곤륜노 마륵(磨勒)이 수수께끼를 풀어주고, 또 고관 집의 개를 퇴치하여, 벽을 날아 올라가 최생을 홍초의 곁으로 데려다 준다. 최생과 마륵에게 홍초는 자신의 신상을 이야기하며, 자신을 고관 댁에서 빼내달라고 호소한다. 마륵은 최생과 홍초를 등에 업고 날아서 벽을 넘어, 홍초를 최생의 집으로 데려다 주었다. 이 사실을 안 고관은 홍초와 최생은 용서했지만, 마륵을 원수로 여겨 토벌하려고 한다. 마륵은 포박하러 오는 관군의 포위를 뚫고 사라진다. 곤륜노 마륵은 포위되자, "비수를 들고 높은 담위로 날아 올라, 새가 날 듯 휙휙 빠르고, 매처럼 신속하게 움직이는데, 화살이 비오듯 모였지만 하나도 적중하지 못했다. 경각의 사이에 간 곳을 모르게 되었다.[持匕首飛出高垣, 疾若翅翎, 瞥同鷹隼, 攢矢如雨,

수레 속 푸른 옷 하인들은 너무도 어리석었구나

함정에 빠졌지만 끝내 해악에서 벗어났네.

부평의 고압아는 혼인을 잘 이루어주었으니

시해(尸解)될 사람을 겨우 칼날 하나로 구했도다.[415]

삼하에 진을 두어 전장 먼지 맑아졌거늘

누가 외택남(外宅男)[416] 길러 겸병을 도모하게 했나?

홍선 낭자 눈에는 위성(魏城)이 온전치 않았고[417]

전씨 집 늙은 좋은 아해와도 같았네.

수놓은 도포 입고 오만계 틀어올리곤 갑자기 문을 열어젖히니

한 밤중 상 머리의 금합을 잃어버렸다네.

"네 목숨은 내 손안에 달려 있다." 하자

무릎은 꿇지 않았으나 도리어 간담이 서늘했다.

성공하고 단호하게 떠나가니 괜찮은 사람

남아 중 남아 노중련[418]과 같았네.

莫能中之. 頃刻之間, 不知所向.] 10수 년 후 최가의 사람이 낙양에서 약을 파는 마륵을 발견했는데, 나이를 전혀 먹지 않은 듯한 모습이었다.

415 부평의~시신을 구했네 : 앞서 본 『무쌍전(無雙傳)』의 고홍(古洪) 이야기이다.

416 외택남(外宅男) : 원문은 '외남(外男)'. 당나라 군벌 전승사(田承嗣, 705~779)의 사병(私兵). 전승사는 안록산의 부장(副將)이었는데, 무위장군(武衛將軍)에 이르러 반란을 일으켜 낙양을 함락시켰다. 안록산 사사명의 난이 평정된 후 투항해서 위박절도사(魏博節度使)를 거쳐 안문군왕(雁門郡王)에 봉해졌다. 대력(大曆) 10년(775) 이정기(李正己)와 결탁하여 이보신(李寶臣)과 주도(朱滔)를 이간시켰으나 사면되었다. 다음 해 이영요(李靈曜)의 반란을 원조했는데, 반란 진압 뒤 사면되었다. 대력 14년(779) 병사하자 절도사의 지위를 조카 전열(田悅)이 계승했다.

417 낭자의 눈에는~보이지 않아서 : 『검협전』 수록 「홍선(紅線)」의 이이야기이다. 「홍선」은 당나라 노주 절도사(潞州節度使) 설숭(薛嵩)의 하녀인 홍선(紅線)이 주인을 위기에서 구하는 내용이다. 아래에 노중련과 견주는 대목까지가 전부 홍선의 이야기이다.

418 노중련(魯仲連) : 전국시대 제(齊)나라의 고사(高士)이다. 조(趙)나라에 있을 때 진(秦)나라 군대가 조나라의 서울 한단(邯鄲)을 포위하여 위(魏)나라가 장군 신원연(新垣衍)

선자사 문지기는 곡강에서 어이 그리 노련하게 채찍을 휘둘렀나?

경윤(京尹)의 바쁘신 길을 범치 않도록 조심하라.[419]

병검(兵劍)의 논설들은 멋대로 높이 튄다만

비비(飛飛)는 여섯 발 탄환으로 자기를 죽이지 못하게 했네.[420]

옥침(玉枕)도 육군을 못 얻으면 근심뿐.

격구(擊毬) 몽둥이로 한 번 치니 전팽랑(田彭郎)이 자빠졌네.[421]

태화방[422] 안에 노류공이 있었으니

여러 사람 속에서는 참 영웅 알 수 없고 말고.

탑륜에서 염주 훔친 일[423]은 애들 장난일 뿐.

위국공 한기[424]는 서융을 막아냈다네.

절개 지킨 사람들이 존경 받을 만하니

천 년 뒤에 들어도 기개가 더욱 씩씩하다.

일 마친 이후 멀리 떠났기에 자취 곧 높았으니

흉인 제거하고 사악한 당인 흩어버림과 어떠하랴?

궁성과 사직에 간악한 자 남겨 법이 행하지 않기에

을 보내 진나라 임금을 천자로 섬기면 포위를 풀 것이라고 하였다. 이에 노중련은 "진나라가 방자하게 천자를 참칭한다면 나는 동해를 밟고 빠져 죽겠다." 하니, 진나라 장군이 이 말을 듣고 군사를 후퇴시켰다. 『사기』 「노중련열전(魯仲連列傳)」 참조.

419 선자사 문지기는~조심하라 : 『검협전』 수록 「선자사문자(宣慈寺門子)」의 이야기이다.

420 병검(兵劍)의~못하게 했네 : 『검협전』 수록 「승협(僧俠)」의 이야기이다.

421 격구~전팽랑이 자빠졌네 : 『검협전』 수록 「전팽랑(田彭郎)」의 이야기이다.

422 태화방(太和坊) : 태화궁(太和宮) 또는 태화전(太和殿)을 이르는 듯도 하나, 여기서는 태상노군(太上老君)이 머문다는 백옥경(白玉京)을 가리키는 듯하다. 유공(留工)은 불로장생의 약을 만드는 연단사(鍊丹士)이다.

423 탑륜에서 염주 훔친 일 : 『검협전』 수록 「반장군(潘將軍)」의 이야기이다.

424 위공(魏公) : 송(宋)나라 안양(安陽) 사람으로 위국공(魏國公)에 봉하여진 한기(韓琦)이다. 섬서 경략 안무초토사(陝西經略按撫招討使)를 거쳐, 사도 겸 시중(司徒兼侍中)에 이르렀다.

나라 좀먹고 백성 병들도록 자신은 영화 누리다니!

요악한 자들을 거느리기 어렵기에 몰래 스스로 척결하여

장안성을 대대적으로 수색하든 말든 내버려 두리라.

엄주 왕세정이 이 일을 전(傳)으로 남긴 것은 깊은 뜻 있어

등잔 심지 돋우고 무릎 치며 탄식하게 만드네.

내게 오구(吳鉤)라는 눈 서리 같이 흰 칼이 있다면

어찌 인간계의 불평사만 한정하여 처리하랴?

自古劍侯多作仙, 一瞬萬里行翩然.

深藏鋒鋩不試殺, 然後白日昇靑天.

靑城丈人工此技[425], 寶匣常韜三尺水.

赤菫初授白猿公, 匕首終傳越處子.

餘外紛紛盡狗屠, 借交報仇甘捐軀.

專諸聶政一人敵, 荊軻小兒眞懦夫.

晉陽公子姿颯爽, 氣壓虬髯色沮喪.

手挈萬金付藥師, 東駕長風鼓海浪.

當時有志栖蓬瀛, 肯甘葅醢同韓彭?

立國扶蘇是浪語, 絳闕想已書其名.

櫻甌沃酪勸崔郞, 三院夫人夜踰墻.

一朝飛身躡雲表, 萬矢集蝟奚能傷?

車中靑衣太憨騃, 陷人窖中終脫害.

富平押衙只諧姻, 僅借一刀求屍解.

三河置鎭戰塵淸, 誰畜外男圖兼幷?

娘子目中無全魏, 田家老奴如孩嬰.

綉袍烏結忽排闔, 半夜床頭失金合.

---

425 技 : 필사본에 '枝'로 되어 있으나, 문맥에 따라 바로잡는다.

制汝死命在吾拳, 此膝不屈還膽懾.

功成決去實可人, 魯連猶是男兒身.

曲江鞭背何老革? 愼勿犯驕京尹瞋.

論兵說劍縱陵厲, 未許飛飛六丸殫.

玉枕未獲六軍愁, 毬杖一擊膠郎斃.

太和坊裏老笛工, 衆裡不辨眞英雄.

塔輪偸珠直兒戲, 捨得魏公防西戎.

諸人立義皆可尙, 千載聞之氣益壯.

事了遐擧迹則高, 何似除兇散邪黨?

城社遺奸法不行, 蠹國病民身尊榮.

亂領妖腰暗自抉, 從他大索長安城.

弇翁傳此有深意, 挑燈擊節令人喟.

我有吳鉤霜雪明, 何限人間不平事?

형식 칠언고시. 60구. 4구 1전운.

해설 1 왕세정(王世貞)의 자는 원미(元美), 호는 봉주(鳳洲) 혹은 엄주산인(弇州山人)이다. 강소성(江蘇省) 태창(太倉) 사람으로, 우도어사 왕서의 아들이다. 가정(嘉靖) 26년(1547) 진사가 되었으며, 형부주사(刑部主事)를 제수받았다. 관직은 남경(南京) 대리시경(大理寺卿)을 거쳐 형부상서에 올랐다. 형부상서는 주나라의 사구(司寇) 직과 같다고 여겨, 그를 '왕 사구'라고 일컬었다. 왕세정은 아버지가 엄숭에 의해 박해를 당하자 장편 시를 지어 엄씨 부자의 죄악을 고발했으므로 세간의 칭송을 받았다. 이반룡(李攀龍)과 함께 복고파인 '후칠자'의 주요인물이 되었으며, 이반룡이 죽자 20년간 문단을 이끌었다. 편찬한 『예원치언(藝苑巵言)』은 문학을 논한 내용이 참신하여 이익(李瀷) 등 조선 지식인에게 깊은 인상을 남겼다. 엄숭에 대한 반박을 제재로 삼은 전기 극본 『명봉기(鳴

鳳記)』을 지었다고 전한다. 역사학 저작으로『사승고오(史乘考誤)』가 있고, 문집으로『엄주산인사부고(弇州山人四部稿)』174권이 있다.[426] 기존의 설에,『검협전』은 왕세정이 명나라 만력 연간에 협객 고사 30여 종을 모아서 편찬한 전기류 책자라고 했다. 실은 이 책은 왕세정이 당·송 시기의 문언무협소설(文言武俠小說) 33편을 모은 선집본(選輯本)이다.[427] 『태평광기(太平廣記)』「호협류(豪俠類)를 기초로 확장했으며, 늦어도 1569년에 엮은 듯하다. 뒷날 청나라 말 해파(海派) 예술가의 한 사람인 임웅(任熊, 1823~1857)[428]이 이 책에 근거하여『삼십삼검객도(三十三劍客圖)』를 이루었다.[429]『검협전』은 현재 4권본과 1권본의 두 종류가 전하며,『고금일사(古今逸史)』,『비서이십일종(秘書二十一種)』,『총서집성초편(叢書集成初編)』, 중집(重輯)『설부(說郛)』,『오조소설(五朝小說)』,『당

426 왕세정의 저술로『藺相如完璧歸趙論』·『觚不觚錄』·『讀書後』·『皇明盛事述』·『皇明異典述』·『皇明奇事述』·『嘉靖以來首輔傳』(四庫全書本)·『弇山堂別集』(四庫全書本)·『弇州四部稿』(四庫全書本)·『張司馬定浙二亂志』·『艷異編正集』·『伐檀齋集』등이 있다. 許建平,『王世貞書目類纂』(上下), 鳳凰, 2012.7.

427 余嘉錫,『四庫提要辨證』; 趙景深,『中國小說叢考』; 羅立群,「『劍俠傳』의 版本·作者及其意義」.

428 임웅의 자는 위장(渭長)·상포(湘浦), 호는 불사(不舍)이다. 절강(浙江) 소산(蕭山) 사람이다. 화법은 진홍수(陳洪綬)를 종주로 하고, 아우 임훈(任薰), 아들 임예(任預), 조카 임이(任頤)와 함께 '해상사임(海上四任)'으로 일컬어지고, 주웅(朱熊)·장웅(張熊)과 함께 '호상삼웅(滬上三熊)'으로 일컬어진다.

429 청나라 함풍 6년(1856) 간본『삼십삼검객도』2책 가운데 치천도사(淄川道士) 고사가 들어 있다. 이 고사는『성재잡기(誠齋雜記)』에서 나왔다. 독서인 강염부(姜廉夫)가 미녀 검선(劍仙)과 인연을 맺고 위기에 처했을 때 치천도사가 그를 구해준다는 이야기이다. 그림에는 '촉루진치(髑髏儘痴) 검선여사(劍仙如斯)'라는 제목이 적혀 있다. "촉루(髑髏)는 완전히 바보였고, 검선도 또한 이와 같았다"라는 뜻이다. 여자 검선은 강씨와 알기 이전에 이미 다른 검선과 교제한 일이 있었다. 뒤에 여자 검선이 강씨와 연애를 하자 앞서의 상대가 목숨을 빼앗으러 왔다. 치천도사는 그를 촉루로 만들고 상자에서 약을 꺼내서 뿌려서 촉루를 물로 만들었는데, 그림은 바로 그 광경을 그린 것이다. 치천도사는 절륜의 도술과 무술을 길다란 소매 속에 감추고 있는 인물이다.

인설회(唐人說薈)』, 『용위비서(龍威秘書)』, 『설고(說庫)』, 『예원군화(藝苑捃華)』 등 총서(叢書)에 수록되어 있다.[430] 『검협전』의 협객들은 자기를 알아준 사람을 위해 기꺼이 목숨을 바치고 출중한 무예와 호방한 행동으로 사람들을 압도하고 있다. 허균은 일찍부터 왕세정의 편저서를 접하거나 작품을 선록한 적이 있었고, 이번 진주사행에 왕세정의 『검협전』을 입수해서 읽으면서 자신도 협객의 오검을 빌려 인간계의 불평사만이 아니라 무지(無知)한 천군(天君)까지 없애버리고 싶다고 했다.

「무쌍전」과 「검협전」은 모두 협객이 등장하는 공통점을 가지고 있다. 허균의 「홍길동전」에도 의적 홍길동과 활빈당이 등장한다. 협객과 홍길동은 모두 호방성과 의협심이 강한 인물로 사회의 부조리를 무력이라는 수단을 동원하여 제거한다. 홍길동은 훗날 나라에서 준 병조판서의 자리를 버리고 해외로 나가 율도국이라는 새로운 나라를 건설했다. 『검협전』에는 당나라 전기 「규염객전(虯髯客傳)」을 각색한 「부여국왕(扶餘國王)」이 들어 있다. 「규염객」은 이세민에게 중국 대륙을 양보하고 부여국으로 들어가 군주를 제거하고 왕위에 올랐다. 「홍길동전」이 『검협전』의 「부여국왕」(또는 원전 「규염객전」)에서 나왔다고는 할 수 없으나, 두 소설 사이에 공통점이 있다는 것은 분명하다. 허균은 또 왕세정의 두 장편시 「협객편(俠客篇)」과 「협유편(游俠篇)」을 읽었다. 전자는 『엄주사부고(弇州四部稿)』 권16에 들어 있고 후자는 권18에 들어 있다.

해설 2 왕세정은 『엄주사부고(弇州四部稿)』 권161 설부(說部) 「완위여편(宛委餘編)」 6에 심괄(沈括)의 『몽계필담(夢溪筆談)』 가운데 '오구(吳鉤)' 이야기를 전재하고 자신의 견해를 밝혔다.

"당인의 시에는 오구를 말한 것이 많다. 오구란 것은 칼의 이름으로,

---

430 王世貞, 『劍俠傳』, 上海古籍出版社, 2017.6

칼날이 굽어 있다. 지금 남만에서 이를 사용하며, 갈당도(葛黨刀)라고 한다. 고찰하건대, 『오월춘추』에 보면, 합려가 막야검을 보검으로 삼은 후 다시 나라 안에 오구를 만들도록 하여, '좋은 오구를 만드는 자에게 백금을 시상하겠다.'라고 했다. 오나라에서는 오구를 만드는 사람이 아주 많았는데, 한 사람이 왕의 중한 상을 탐내어 그 두 아들을 죽여 그 피를 쇠에 묻혀 마침내 두 오구를 완성하고는 궁문에 나아가 상을 구했다. 왕이 연고를 묻자, 말하길 '제가 오구를 만들 때에 탐을 내어 두 아들을 죽여서 두 오구에 피를 발라 이루었습니다.'라고 했다. 왕이 많은 오구들을 들어보이며 '어느 것이 그것이냐?'라고 물었다. 오구 만드는 장인이 두 아들의 이름을 불러, '오홍(吳鴻)아, 호계(扈稽)야, 내가 여기에 있다! 왕이 너희가 신인 줄을 모른다.'라고 했다. 소리가 입에서 끊어지자마자, 두 오구가 모두 날아올라 아비의 가슴팍에 달라붙었다. 왕이 크게 놀라서는 백금을 시상하고, 신복했다고 한다. 이것이 오구가 이름을 얻게 된 연유인데, 만도(彎刀)와 흡사하다고 여겼다. ['唐人詩多有言吳鉤. 吳鉤者, 刀名也. 刃彎, 今南蠻用之, 謂之葛黨刀.' 按『吳越春秋』, 闔閭旣寶莫耶, 復令國中作鉤曰: '能爲善鉤者, 賞之百金.' 吳作鉤者甚衆, 而有人貪王之重賞也, 殺其二子, 以血釁金, 遂成二鉤, 詣宮門, 求賞. 王問其故, 曰: '吾之作鉤也, 貪而殺二子, 釁成二鉤.' 王以擧衆鉤以示之, '何者是也?' 鉤師向鉤而呼二子之名, '吳鴻·扈稽, 我在於此. 王不知汝之神也.' 聲絶於口, 兩鉤皆飛, 著父之胷. 王大驚. 乃賞百金. 遂服之. 此吳鉤之所由名, 以爲彎刀似也.]"

해설3 왕세정의 『엄주사부고』 속고(續稿) 권6에 「관운장이 초선을 베는 전기를 연기하는 자가 있기에 느낌이 있어 서술한다[見有演關侯斬貂蟬傳奇者 感而有述]」라는 시가 있다. 원나라 잡극 「관대왕월하참초선(關大王月下斬貂蟬)」의 연극을 보고 지은 시이다. 그 이야기에 따르면 관우는 『춘추』를 읽기 좋아하여 춘추의리를 존중했는데, 동탁을 한나라의 난신적자라고 보고, 초선을 홍안화수(紅顔禍水)라고 비판했다. 그런데 초선이 관우에게 끌려 돌연 그에게로 와서 관우의 용맹함을 크게 찬양하고 남편인 여포를 폄하했다. 관우는 크게 화를 내며, 먼저 초선이 여포를 모함한다고 질책하고, 이어서 그녀가 부녀자의 도리를 지키지 않았다고 말하면서, 청룡언월도로 그녀를 베려 했다. 사실은 진짜 사람이 아니라 달 아래 그림자를 베려 한 것인데, 뜻밖에 초선이 진짜로 칼에 베이고 만다는 내용이다. 왕세정의 시는 다음과 같다.

"지난날 동탁의 여희들 가운데 여포를 위한 여인으로는 초선이 가장 윗자리에 있어, 스스로 술자리 유악에 끼인 것을 자랑했지, 어찌 조신하게 이불과 홑이불을 끌어안고 잠을 청했던가? 하루 아침에 사세가 달라져, 옷을 바꿔입고 원수에게 아양을 떨어, 마음마다 한나라 왕의 장수를 가탁하고 말끝마다 온후 벼슬의 여포를 싫어한다 했네. 분통 떠뜨려 의리에 따라 매처럼 나꿔채고, 단봉의 눈동자 끝을 찢었으니, 춤옷만 남기고 외론 혼백 되었고, 오구에는 비린 피가 뚝뚝 떨어졌지. 이 일이 어찌 반드시 참이랴만, 천추의 한을 통쾌하게 할 만하네. 아침에 비파를 끌어안았다 하더니, 저녁에 다른 사람 배를 희롱하니, 이에 팔린 이야 무어 족히 말하랴만, 받아들인 이도 부끄럽지 않으랴? 차라리 초나라 우희(우미인)마냥 한 번 죽어 유방을 따르지 않은 것만 못하다네.[董姬昔爲呂, 貂蟬居上頭. 自誇預帷幄, 肯作抱衾裯? 一朝事勢異, 改服媚其仇. 心心托漢壽, 語語厭溫侯. 忿激義鶻拳, 眥裂丹鳳眸. 孤魄殘舞衣, 腥血濺吳鉤. 玆事豈必眞? 可以快千秋, 旦聞抱琵琶, 夕弄他人舟. 售者何足言? 受者能不羞? 寧如楚虞姬, 一死不徇劉.]"

해설 4 왕세정의 「협객편(俠客篇)」은 이러하다.

"칠국에서 인사를 기르느라 어이 분분했던가? 그 누가 웅자였나 신릉군이었다네. 딱딱이 치면서 조용하게 상좌에 걸터앉아 있으면, 칼을 놀려 강개하여 진나라 군사를 물리쳤네. 그밖의 녹녹한 여러 공자는, 날마다 춘색을 되돌려 서로 기려함을 다투었을 뿐. 솥을 늘어놓아 늘 삼천 인을 먹이고, 동곳으로는 산호를 갖추고 구슬 신발을 신었네. 그 가운데 송곳자루가 튀어나온 것을 그대는 보지 못했나? 한 조각 웅심을 지녀 누구 위해 죽을건가. 연나라 태자 단이 진시황을 원망할 때 흰 무지개가 해를 꿰었으니, 역수가 동쪽으로 흘러 우조 곡조가 빨랐다만, 진나라 궁전 기둥에 기대어 거만하게 매도하지만 대사가 사라졌으니, 애석해라 검으로 찌르는 기술을 연마하지 않았다니! 태자 단이 금환과 마간을 바쳤지만 무슨 소용 있었더냐? 전광 선생이 자결하다니 너무도 창졸했다. 함양에서 축을 연주하다가 청조로 바뀌니, 열사의 푸른 피와 은성한 서릿발이 가을풀을 물들였네. 명월은 도리어 박랑사에서 휘황하니, 창파가 어찌 제나라의 오호도를 민몰하랴? 오릉 자제가 사냥하고 얼근하게 취해 돌아올 때, 눈 부릅 떠 살인하여도 시비가 없었다네. 까까머리 종복이 기운 왕성하여 재상에 배수되자, 천자의 위엄과 권세로도 포의에게 겸손한 태도를 보였네. 황금 못둘레가 중로에 당했으나, 말을 내달려 지나가며 돌아보려 하지 않았으니, 오화마와 호백구로, 경박한 소년은 나의 무리가 아니로다. 사좌(만좌)의 사람들아 술잔을 기울이지 마오, 부디 협객행 노래를 들어주오. 해내의 만사가 어찌 공평하다 말하랴? 소매 속 오구는 눈 서리처럼 빛나누나. 문을 나서며 한 바탕 웃지만 갈곳을 잃어, 열흘이나 장안성 안에서 크게 수색했다네.[七國養士何紛紛? 誰其雄者信陵君. 擊柝雍容據上座, 鼓刀慷慨却秦軍. 其外碌碌諸公子, 借日廻春互爭綺. 列鼎常食三千人, 俱簪珊瑚躡珠履. 就中脫穎君不見, 一片雄心爲誰死. 燕丹恨秦貫白日, 易水東流羽聲疾. 倚柱倨罵大事去, 惜哉不講刺劍術! 金丸馬肝亦何益? 田光先生太倉卒. 咸陽擊筑變淸調, 碧血殷霜染秋草. 明月還輝博浪沙, 滄波豈沒齊王島? 五陵射獵倚醉歸, 眦眦

殺人無是非. 髡奴赫奕拜卿相, 天子威權下布衣. 黃金塢當中路, 走馬過之不肯
顧. 五花驄狐白裘. 輕薄少年非我儔. 四座酒莫傾, 請聽俠客行. 海內萬事何言
平? 袖中吳鉤霜雪明. 出門一笑失所向. 十日大索長安城.]"

해설 5 왕세정의「유협편(游俠篇)」은 2수이다. 제1수는 이러하다.

"누런 털 말 위에 비스듬이 앉아서, 꼬리 짧은 개 두 마리를 끌고는,
호매한 매는 부르는대로 쫓아와, 만리 하늘 바람 아래 교만하다. 평평
한 풀밭은 이불을 펴놓은 듯하고 버드나무는 푸른데, 신풍 술 두고 토
끼 어깨 삶아 다 익었네. 백일을 산이 머금었어도 돌아가려 하지 않고,
취하여 호인 여인을 끼고서 들에서 유숙했네. 돌아와서는 침 뱉으며
문성후 장량에게 말하길, 너희 무리는 오동 등걸 타고 남은 꼴에 부끄
럽지 않느냐? 한 말 크기 황금을 무어 따질 것 있으랴? 혼자 몸으로
서쪽으로 나가 질지 선우의 목을 끊으련다.⁴³¹[側坐犁眉騧, 雙牽短尾ㄋ.
豪鷹逐呼來, 萬里天風驕. 平蕪如袒楊柳綠, 新豐酒羙兔肩熟. 白日銜山不肯歸,
醉擁胡姬野中宿. 歸來唾謂文成侯. 汝曹襞下不自羞? 斗大黃金何足問? 獨身西
斷郅支頭.]"

제2는 이러하다.

"푸른 눈의 곤륜노는, 허리 춤에 명월주 두 알을 차고는, 한 잔 술에
그러마 허락하는 사이에, 촌심이 종횡으로 펴나갔네. 삼척 오구에 칠
척의 몸으로, 그대를 위해 한 번 내던져서 같은 날 먼지가 되련다. 흰
무지개가 해를 쏘자 해가 무색하고, 함양 길에 피 뿌리니 피 물결이
사람에게 뿌리네. 그대는 보지 못했나 평진후 공손홍의 저택에, 차문
(車門)의 집극 무사들이 밤에는 개미처럼 모여 있어, 건곤천지에 불평

---

431 전한 원제 때 진탕(陳湯)이 서역 부교위(西域副校尉)로서 군사를 동원하여 질지선우(郅
支單于)의 목을 베어 오니, 관내후(關內侯)로 봉해진 일이 있다.『한서』「진탕전(陳湯
傳)」참조.

이 이로부터 시작하는 것을? 어찌 그 불평을 한바탕 씻어 천자 은혜에
보답하여, 지심정리(軹深井里) 사람 섭정에게 어찌 족히 비의하지 않는
가?[碧眼崑崙奴, 腰間雙明月. 杯酒然諾間, 寸心縱橫發. 三尺吳鉤七尺身, 爲君
一擲同秋塵. 白虹射日日無色, 咸陽道血波濺人. 君不見平津邸, 車門戟士夜如
蟻, 乾坤不平從此始? 曷不一洗報天子, 軹深里人安足擬?]"

1-93. 새벽에 짓다[曉作]

서리 바람은 서걱거리고 달빛 잦아드는데
맑은 눈으로 글 읽으니 흥도 역시 무르익네.
베개 기대 꿈꾸다 돌아오니 창밖의 날이 새지 않았구나
등불 곁하여 오경의 추운 밤을 보냈지.

霜風淅瀝月光殘, 眼晴看書興亦闌.
欹枕夢回窓未曉, 一燈同度五更寒.

1-94. 느낌이 있어서[有感]

병에 찌든 뼈로 해마다 여행길에 올라
눈 서리가 구레나룻에 가득해도 괘념 않노라.
마음을 평안히 지녀 근골 늙어도 관계 없으나
책 보기에 눈이 차츰 메말라서 한스럽군.

病骨連年在客途, 任從霜雪滿髭鬚.
安心不管筋骸老, 只恨看書眼漸枯.

1-95. 즉사(卽事)

우주 하늘이 침침하게 가둔 곳
고단하게 거처하니 올해도 막바지.
섬돌의 서리는 차가운 나막신에 들러붙고
창가의 달빛은 찬 이불로 스며드는데,
하찮은 잔병에 사람들이 와서 문안하여
새 시만이 홀로 신음하는 나를 동무하네.
쓸쓸하게 한 탑상 위에서
책들 펼쳐두고 짐짓 마음껏 즐기노라.

空宇鎖沉沉, 單居歲已陰. 砌霜粘冷屐, 牖月浸寒衾.
小疾人來問, 詩新燭伴吟. 蕭然一榻上, 攤秩且娛心.

1-96. 앞 시[432]의 운을 써서[用前韻]

으슥한 휘장 안이 어둑어둑 컴컴하고
깊은 격자창 안에 달빛 쉬이 그늘지네.
추위는 여옹[433]의 베개를 침노하고
향내는 악군[434]의 이불에 옅어가네.

---

432 앞 시 : 1-95 「즉사(卽事)」.
433 여옹(呂翁) : 당(唐)나라 신선으로 이름 높은 여암(呂巖). 자는 동빈(洞賓) 또는 여조(呂祖)라고도 한다. 호는 순양자(純陽子) 또는 회도인(回道人) 회선생(回先生)이다. 황소(黃巢)의 난이 일어나자 종남산(終南山)에 자취를 숨겼다. 신선이 되어 8신선의 한 사람이 되었다고 한다.
434 악군(鄂君) : 옛날 월왕(越王)의 모제(母弟)인 악군 자석(鄂君子晳)을 어떤 월나라 사람이 매우 사모하여 노래하기를 "산에는 나무가 있고 나무엔 가지가 있는데, 나는 그대를

나그네 꿈은 진나라 나무[435]에 헤매고

고향 그리는 맘은 월노래 노래[436]에 사무치누나.

나라의 일 아직도 처리 못했기에

온갖 근심이 정녕 마음에 켕기네.

幽幬暖沉沉, 櫳深月易陰. 寒侵呂翁枕, 香褪鄂君衾.

客夢迷秦樹, 鄉情入越吟. 未扶公事了, 百慮正關心.

1-98. 밤에「후한 일민전」[437]을 읽고 느낌이 있어[夜讀後漢逸民傳有感]

인간세계 아내 맞고 시집가는 일이 어느 때 그치랴?

늙어가매 오악에 노닐 계획을 바야흐로 세우네.

좋아하건만 그대는 알지 못하네.[山有木兮木有枝, 心悅君兮君不知.]」라고 했는데, 마
침내 악군이 수놓은 이불을 그에게 덮어 주었다는 고사에서 온 말이다.『설원(說苑)』
「선설(善說)」 참조. 또한 악군이 배를 타고 가는데 월녀(越女)가 노래를 부르며 애모하
는 정을 보이자, 악군이 수놓은 이불[繡被]로 월녀를 싸서 데려와 사랑을 나누었다고
한다. 나중에 '악군수피'는 남녀의 사랑을 의미하는 전고가 되었다.

435 진나라 나무 : 원문은 '진수(秦樹)'. 진(秦) 지방에 있는 나무라는 말로, 광활한 땅을
  비유한다. 두보의「엄중승의 서역만조 열 수에 삼가 화운하다[奉和嚴中丞西城晚眺十
  韻]」에 "땅 평평하여 가람은 촉 땅에 흔들리고 하늘 넓어 나무숲이 진에 떴도다.[地平江
  動蜀, 天闊樹浮秦.]"에서 나온 말이다.

436 월나라 노래 : 원문은 '월음(越吟)'으로, 고향을 생각하고 고국을 그리워하면서 부르는
  슬픈 노래를 말한다. 장석(莊舃)은 월(越)나라 사람으로 초(楚)나라에 와서 현달했다.
  초왕(楚王)이 "장석은 월나라 사람인데, 지금도 월나라를 그리워하는가?" 하니, 중사
  (中使)가 "대개 사람이 병이 들면 고향을 그리워하는 법입니다. 장석이 월나라를 그리
  워한다면 월나라의 소리로 신음할 것이고, 월나라를 그리워하지 않는다면 초나라의
  소리로 신음할 것입니다." 했다. 그러자 초왕이 사람을 시켜서 알아보니, 장석이 과연
  월나라의 소리로 신음했다고 한다.『사기』「진진열전(陳軫列傳)」 참조.

437 후한 일민전(後漢逸民傳) :『후한서(後漢書)』권113 열전(列傳) 제73에 실려 있는「일민
  열전(逸民列傳)」. 야왕 이로(野王二老)·상장(向長)·양홍(梁鴻) 등 17항목으로 이루어
  진 열전이다.

만약 상자평(尙子平)[438]이 사람 수명을 맞춘다면
구학에 묻힘이 풍류와 비교해 어떤 줄을 왜 몰랐을까?

人間婚娶幾時休? 到老方謀五嶽游.
若使子平中壽夭, 未知丘壑孰風流?

구름 산은 짐짓 홀로 돌아가 쉴 만하니
세상 피하는데 무엇하러 배필을 데리고 가랴만,
당일 회계산[439]에 덕요(德耀)[440]가 없었더라면
끝내 채진(釆眞)의 유람[441]을 저버렸으리라.

雲山聊可獨歸休, 避世何勞挈好逑?

---

438 상자평(尙子平) : 후한(後漢)의 고사(高士)인 상장(向長)으로, 자가 자평(子平)이므로
　　상자평이라고 부른다. 『노자(老子)』와 『주역』에 정통했는데, 손괘(損卦)와 익괘(益卦)
　　를 보다가 "나는 부유함이 가난한 것만 못하고, 귀함이 천한 것만 못하다는 것을 알았으
　　나, 단지 죽음과 삶이 어떠한 관계인지 모를 뿐이다.[吾已知富不如貧, 貴不如賤, 但未
　　知死何如生耳.]"라고 했다. 일찍이 "아들딸을 결혼시키고 나면 집안일은 관심을 끊어
　　버리고 다시 상관하지 않겠다.[男女嫁娶旣畢, 敕斷家事勿相關.]"라고 말하더니, 광무
　　제(光武帝) 연간에 아들딸의 혼사를 마친 뒤에 교분이 두터운 북해(北海)의 금경(禽慶)
　　과 함께 오악(五嶽) 등의 명산을 두루 유람하다 생을 마쳤다고 한다. 『후한서』 「일민열
　　전(逸民列傳)」 참조.
439 회계산(會稽山) : 지금의 절강성(浙江省) 소흥시(紹興市)에 있는 지명 또는 산 이름.
　　옛날 월왕(越王)구천(句踐)이 오왕(吳王) 부차(夫差)와 싸워 패한 뒤 회계산에 들어가
　　와신상담(臥薪嘗膽)하여 마침내 부차와 다시 싸워 설욕한 고사가 있다.
440 덕요(德耀) : 후한 때 양홍(梁鴻)의 처인 맹광(孟光)의 자이다. 양홍의 뜻을 따라 함께
　　은거했으며, 남편을 위해 공경을 다하여 밥상을 올릴 때 눈썹에 맞추었다고 한다. 『후
　　한서』에는 자가 덕요(德曜)로 되어 있다. 『후한서(後漢書)』 「일민열전」 참조.
441 채진(釆眞)의 유람 : 참된 도를 얻는 놀이. 『장자(莊子)』 「천운(天運)」에 "옛날 지인은
　　인에서 길을 빌리고 의의 여관에 의탁하여 소요의 터전에서 놀고, 먹을 만큼 양식의
　　땅을 갈고, 남에게 베푸는 것을 의식하지 않을 정도의 채소밭을 경작했다. 소요는 인위적
　　으로 함이 없는 것이고, 먹을 만큼의 양식은 몸을 보양하려는 것이며, 베푸는 것을
　　의식하지 않는 채소 경작은 남에게 내놓지 않는다는 말이니, 옛날에 이것을 참된 도를
　　얻는 놀이라고 했다.[古之至人, 假道於仁, 託宿於義, 以遊逍遙之墟, 食於苟簡之田, 立於
　　不貸之圃. 逍遙, 无爲也. 苟簡, 易養也. 不貸, 无出也. 古者謂是釆眞之遊.]"라고 했다.

當日會稽無德耀, 可能終負朵眞遊

이름에서 도망함[442]은 남에게 안 알리려 함이거늘
끝내 남에 알려짐을 평소 어찌 기약했으랴?
장안에서 약 파는 일[443] 부지런히 하지 말게.
패릉[444] 깊은 곳에서 영지 먹는 일이 좋고말고.

逃名本欲沒人知, 終被人知豈素期?
莫向長安勤賣藥, 覇陵深處好餐芝.

맛난 것 잡숫게 하고 초상에 몸 망가뜨리면 정신도 손상하니
효념은 비록 깊어도 예는 망한다네.
한스러워라, 이 풍조가 진나라 시대[445]에 흘러

---

442 이름에서 도망함 : 원문은 '도명(逃名)'이다. 『초학기(初學記)』에서 한(漢)나라 조기(趙
     岐)의 『삼보결록(三輔決錄)』을 인용하여 "장후(蔣詡)의 자는 원경(元卿)이고, 집에 삼
     경(三逕)이 있는데, 오직 양중과 구중하고만 노닐었다. 이중(二仲)은 모두 청렴으로
     추대되었으나 명예를 피했다.[蔣詡 字元卿, 舍中三逕, 唯羊仲裘仲從之遊. 二仲皆推廉,
     逃名.]"라고 했다.

443 약 파는 일 : 원문은 '매약(賣藥)'. 후한의 한강(韓康)은 자가 백휴(伯休)인데, 경조(京
     兆) 패릉(覇陵) 사람으로, 약초를 캐다가 장안(長安)의 시중(市中)에 내다 팔았다. 30여
     년 동안 약초를 팔면서 값을 두 번 불러본 적이 없었다고 한다. 어떤 여자가 한강백에게
     약초를 사러 왔다가 값을 깎아 주지않자 화를 내며 "공이 바로 한백휴입니까? 그래서
     값을 두 가지로 하지 않습니까?[公是韓伯休邪? 乃不二價乎?]"라고 했다. 한강백이 탄
     식하기를 "나는 이름을 피하려고 했는데, 지금 하찮은 여인들까지 내가 있다는 것을
     다 알고 있으니, 약을 팔아서 무엇하랴.[我欲避名, 今區區女子皆知有我, 何用藥爲?]"라
     고 하고는, 패릉의 산중으로 들어갔다고 한다. 『후한서』「일민열전」참조.

444 패릉(覇陵) : 지금의 섬서성(陝西省) 서안시(西安市) 동북 쪽에 있는 한 문제(漢文帝)
     유항(劉恒)의 묘이다. 위에서 본 후한의 한강(韓康)이 어느 날 그와 값을 흥정을 하던
     어떤 여자가 자신의 이름을 알고 있다는 사실에 탄식하고는 패릉산(覇陵山) 속으로
     들어가 숨었다고 한다.

445 진나라 시대 : 원문은 '진세(晉世)'. 오호 십육국(五胡十六國) 시대의 동진(東晉, 317~
     420) 때를 가리킨다.

끝내 닭뼈⁴⁴⁶처럼 수척하여 침상에 버티게 만들다니.

毁容食旨覺神傷, 孝念雖深禮則亡.

堪恨此風流晉世, 遂令鷄骨竟支床.

해설 『후한서』「일민열전(逸民列傳)」에 입전(立傳)한 일민들은 '벼슬살이를 하지 않음(不仕)', '사직하고 떠남(辭去)', '기복하지 않음(不起)', '불러도 오지 않음(不至)', '은폐함(隱閉)'을 통하여 정계와 단절했다. 입전 인물은 13명이다. 즉 야왕이로(野王二老), 상장(向長), 봉맹(逄萌), 주당(周黨), 왕패(王霸), 엄광(嚴光), 정단(井丹), 양홍(梁鴻), 고봉(高鳳), 대치(臺佟), 한강(韓康), 교신(矯愼), 대량(戴良), 법진(法眞), 한빈노부(漢濱老父), 진류노부(陳留老父), 방공(龐公) 등이다. 범엽(范曄)의 「일민전론(逸民傳論)」은 다음과 같다.

『주역』[돈괘(遯卦) 단전(彖傳)]에 '돈(遯)을 시기에 맞춰하는 것의 의의가 크도다!」하고, 또 [고괘(蠱卦) 상구(上九)]에 "왕후를 섬기지 않고 그 일을 고상하게 한다." 했다. 이로써 요임금은 하늘을 본받았지만 영수(潁水)의 소부(巢父)·허유(許由)의 고상함을 굴복시키지 않았고, 무왕은 지극히 아름다웠지만 고죽국(孤竹國)의 백이(伯夷)·숙제(叔齊)의 결백을 끝까지 온전하게 했다. 이 아래로는 풍류가 더욱 번성하고 장왕(長往)의 궤도가 특수하지 않으며, 감동하여 초치하는 수가 한가지가 아니었다. 혹은 [장저(長沮)·걸익(桀溺)처럼] 은거하여 그 뜻을 구하고, 혹은 [설방(薛方)처럼] 회피하여 도를 온전히 하며, 혹은 [방맹(逄萌)처럼] 자기

---

446 닭뼈 : 원문의 '계골(雞骨)'은 수척한 상주의 모양을 가리킨다. 『세설신어(世說新語)』「덕행(德行)」에 "왕융(王戎)과 화교(和嶠)는 동시에 큰 초상을 당했다. 모두 효자로 알려졌는데, 왕융은 닭 뼈처럼 몰골이 앙상해서 침상에 누웠고 화교는 예에 맞추어 곡을 했다.[王戎和嶠同時遭大喪, 俱以孝稱, 王雞骨支牀, 和哭泣備禮.]"라고 했다.

를 고요히 하여 절조를 진중히 하고, 혹은 [사호(四皓)처럼] 위태한 처지를 떠나 안정을 도모하며, 혹은 [신도적(申徒狄)·포초(鮑焦)처럼] 세속을 더럽게 여겨 경개를 움직이고, 혹은 [양홍(梁鴻)·엄광(嚴光)처럼] 외물을 병통으로 여겨 청결함을 격동시켰다. 그러나 논두둑 밭두둑 사이에서 감심하고 강과 바다에서 초췌한 것을 보면, 어찌 반드시 물고기와 날새를 친히 여기고 숲과 풀을 즐기는 것이겠는가? 아무래도 성분(性分)이 이르는 바일 따름이다. 그러므로 [유하혜(柳下惠)는] 수치를 입은 빈객으로서 누차 쫓겨나도 그 나라를 떠나지 않았고, [노중련(魯仲連)은] 바다를 밟을 절개로서 천승의 제후도 그 본정을 옮기게 할 수가 없었다. 마침 거취를 고쳐 바꾸게 한다면 도와줄 수가 없다. 저 사람은 비록 옹색하게 고집스러워 이름을 파는 것과 같은 면이 있지만, 시끄럽고 먼지 많은 속을 매미 허물 벗듯이 벗어나, 환구(寰區) 바깥에 스스로를 두니, 지혜와 공교로움을 꾸며서 뜬 이익을 쫓는 자와는 다르도다! 순경(荀卿)이 말하길, "마음이 닦이면 부귀를 얕볼 수 있고, 도의가 무거우면 왕공의 신분도 가벼이 여길 수 있다."라고 했다. 한나라 황실이 중간에 미약해져서 왕망이 지위를 찬탈하여, 선비들은 의로운 분노를 속에 쌓은 것이 심했다. 이러한 때에 관모를 찢고 관면을 훼손하여, 서로 이끌고 떠난 자가 대개 이루 헤아릴 수 없을 정도였다. 양웅이 『법언(法言)』에서 "기러기가 저 보이지 않는 하늘 속으로 높이 날아가면 사냥꾼이 어떻게 쏘아 맞출 수 있겠는가?"라고 했는데, 환난을 멀리 피하는 것을 두고 한 말이다. 광무제는 유인(幽人)을 위해 자리를 피하여 고쳐 앉고, 그런 사람을 구하되 마치 미치지 못할 듯이 하여, 깃발과 비단과 포거(蒲車)로 징소하고 비식(賁飾)하는 물품이 바윗굴 속까지 줄이었다. 설방과 방맹의 경우에는 초빙해도 선뜻 이르러 오지 않았고, 엄광과 주당(周黨)과 왕패(王霸)는 이르러 왔어도 굴복시킬 수가 없었다. 만방의 사람들이 모두 초지를 내 이루고 뜻 있는 인사들은 인덕(仁德)을 잊지 않았으니, 이는 정말로 이른바 일인(逸人)을 거명함으로써 천하 사람들이 마음으로 귀의한 것이 아니겠는가? 숙종(肅宗)도 역시 정균(鄭均)을 예우하고 고봉(高鳳)을 징소하여 그 절개를 이루어주었다. 그 후 황제의 덕이 조금 쇠하여, 사얼(邪孼)이 조정을 담당하자, 당당한 처자(處子)처럼 홀로 경개(耿介)하여, 경상(卿相)과 지위가 동등하게 되자, 심지어 마침내 마침내 항분(抗憤)하여 돌아보지 않으므로, 대부분 그 중행(中行)을 잃어버렸다. 대개 그 진속을 끊어 돌아오지 않은 자와 일어서서 가버린 재[일곱 사람]를 함께 이 편에 배열한다. [易稱: '遯之時義, 大矣哉!'. 又曰: '不事王侯, 高尚其事.' 是以堯稱則天, 而不屈潁陽之高. 武盡美矣, 終全孤竹之絜. 自茲以降, 風流彌繁, 長往之軌未殊, 而感致之數匪一. 或隱居以求其志, 或迴避以全其道, 或靜己以鎭其躁, 或去危以圖其安, 或垢俗以動其槪, 或疵物以激其清. 然觀其甘心畎畝之中, 憔悴江海之上, 豈必親魚鳥樂林草哉? 亦云性分所至而已. 故蒙恥之賓, 屢黜不去其國. 蹈海之節, 千乘莫移其情. 適使矯易去就, 則不能相爲矣. 彼雖硜硜有類沽名者, 然而蟬蛻囂埃之中, 自致寰區之外, 異夫飾智巧以逐浮利者乎! 荀卿有言曰: '志意修則驕富貴, 道義重則輕王公'也. 漢室中微, 王莽篡位, 士之蘊藉義憤甚矣. 是時裂冠毀冕, 相攜持而去之者, 蓋不可勝數. 揚雄曰: '鴻飛冥冥, 弋人何簒焉?' 言其違患之遠也. 光武側席幽人, 求之若不及, 旌帛蒲車之所徵賁, 相望於巖中矣. 若薛方逢萌聘而不肯至, 嚴光周黨王霸至而不能屈. 群方咸遂, 志士懷仁, 斯固所謂擧逸人則天下歸心者乎? 肅宗亦禮鄭均而徵高鳳, 以成其節. 自後帝德稍衰, 邪孼當朝, 處子耿介, 與卿相等列, 至乃抗憤而不顧, 多失其中行焉. 蓋錄其絶塵不反, 同夫作者, 列之此篇.]

1-99. 예부가 장차 과참[447]하려고 하다가 중지했다는 말을 듣고 짓다[聞 禮科將參寢有作]

조칙[448]이 반포되나 적위(翟褘)[449] 하사 빠졌으니

우리 군주의 추모하시는 마음을 어떻게 위로하랴?

성심을 표전으로 올려 항고의 정성과 애원이 격렬하니

상주문 받들어 진술함이 나의 직분에 마땅한 일.

옛 사례를 끌어와 종자[450]에 견주지를 말아라

이 마음은 오로지 상천이 알아주시길 바라네.

예부 부서의 분들은 존친의 뜻을 품었을 터이거늘

조칙 봉환[451]하여 효치(孝治) 천명한 일을 본받지 않는가?

鸞誥雖頒翟服虧, 聖情何以慰追思?

---

447 과참(科參) : 과신(科臣)이 참박(參駁)하는 것을 말한다. 명나라 때 제칙(制勅)이 잘못이 있으면 봉환(封還)하여 집주(執奏)할 수 있었는데, 내외의 장소(章疏)가 내려오면 이(吏)·호(戶)·예(禮)·병(兵)·형(刑)·공(工) 육과(六科)의 급사중(給事中)이 참서(參署)하여 부부(付部)하고 그 잘못을 반박하여 바로 잡았다.

448 조칙 : 원문은 '난고(鸞誥)'이다. 난새가 그려진 고명(誥命)이라는 뜻에서 군주의 명령을 가리킨다.

449 적위(翟褘) : 천자가 내리는 왕후의 예복. 적복(翟服)이라고도 한다. 앞에 나왔다.

450 종자(宗子) : 『춘추전』에 "왕후(王后)가 적자(嫡子)가 없으면 나이 많은 자를 가려 세운다."라고 했고, 그 주석에 "서자 가운데 나이 많은 자[庶長]이다."라고 했다. 『가례(家禮)』「대소종도(大小宗圖)」의 주희의 설에 이르기를 "종자(宗子)만 적통(適統)으로 세워질 수 있고 비록 서자(庶子)가 맏이라고 하더라도 세워서는 안 된다. 만약 적자(適子)가 없을 경우에는 또한 서자(庶子)를 세우는 것이니, 이른바 세자(世子)의 동모제(同母弟)이다. 세자가 적통이 되고 만약 세자가 죽게 되면 세자의 친제(親弟)를 책립하는데 이 또한 차적(次嫡)이다."라고 했다. 세자(世子)의 동모제(同母弟)라는 것은, 세자가 적자인데 세자가 죽어 세자의 친동생[親弟]을 세우는 것이니, 이것이 차적(次嫡)이다. 서자는 세울 수가 없다는 뜻이다.

451 봉환(封還) : 내린 조명(詔命)이 도리에 맞지 않으면 그 조명을 해당 부서로 보내지 않고 봉(封)하여 군주에게 환송(還送)하는 것을 말한다.

賤誠控告精哀激, 奉奏敷陳職分宜.

舊例莫援宗子比, 此心唯賴上天知.

科垣等抱尊親念, 豈效封還闈[452]孝治?

1-100. 해당 과조에 대해 과참하지 않겠다는 문서를 의부에 보내왔는데, 표현이 불쾌하므로, 다시 시를 짓다[該科不參抄送儀部 辭意不快 故更賦]

주장(奏章) 진달하려다 그만두고 용대[453]는 교체되었거늘

상조(像曹)를 보내어 관례대로 헌작을 하다니,

계단 아래로 종종걸음 하여 구극[454]의 고관들을 쳐다보고

대궐 앞에 우뚝하게 서서 삼괴[455]에게 질의하네.

마음과 힘을 다할 뿐이지 어찌 고단하다고 사양하랴?

피 쏟고 간 도려내어[456] 글 짓지 못해 부끄럽구나.

다만 우리 왕의 절실한 성효에 힘 입어

봄바람에 적위(翟褘)[457] 들고 되돌아갈 수 있으리라.

陳章破緻遞容臺, 猶遣像曹酌例來.

---

452 闈 : 필사본에 '闋'로 되어 있으나, 문맥에 따라 바로잡는다.

453 용대(容臺) : 예를 행하는 곳을 뜻하는 말로, 예부(禮部)의 다른 이름. 예부의 다른
이름으로, 남성(南省)·예위(禮)·춘대(春臺) 등이 있다.

454 구극(九棘) : 구극위(九棘位)의 준말. 궁중에 심어 놓은 아홉 그루의 가시나무. 왼쪽에
는 고(孤), 경(卿), 대부(大夫), 오른 쪽에 공(公), 후(侯), 백(伯), 자(子), 남(男)들이 앉는
자리였다고 한다.

455 삼괴(三槐) : 삼공(三公)을 가리킨다. 주대(周代)에 조정 밖에 괴목 세 그루를 심고 일이
있으면 삼공이 그 괴목을 향해 앉아서 일을 결정했다는 데서 나온 말이다.

456 피 쏟고 간 도려내어 : 원문은 '역혈고간(瀝血剜肝)'이다. 한유(韓愈)의 시 「귀팽성(歸彭
城)」에 "간을 도려내어 종이로 삼고, 피를 쏟아 글씨를 쓴다.[剜肝以爲紙, 瀝血以書
辭.]"라고 한 데서 온 말이다.

457 적위(翟褘) : 천자가 내리는 왕후의 예복. 앞에 나왔다.

階下疾趨瞻九棘, 闕前危立叩三槐.
罄心彈力寧辭倦? 瀝血剟肝愧不才.
但恃吾王誠孝切, 春風擎得翟褘回.

1-101. 종계변무에 관한 복제[458]에 '장차 사관으로 하여금 문건을 찬수하여 초출해서 해내에 보여야 합니다'라고 했다는 말을 듣고, 기쁨을 기록하여 이 시를 짓다[聞辨誣覆題 將令史館纂修成案 抄示海內云 志喜賦之]

억울함 밝히도록 포고하라는 총우의 굴곡진 조칙
특별히 제술과 윤문을 큰 선비에게 허락하여,
국전(國典)과 사가(史家)의 치욕을 거듭 벗겨주라 하니
억지 이야기[459]가 감히 무함을 전하랴?
선왕의 열렬하신 공적은 북두 자루에 빛을 더하고
상제의 큰 은혜는 바다 밖에서도 흠뻑 젖으리.
이는 성스런 군주가 계승하고 조술하신 일
소신이 무슨 힘으로 큰 꾀를 도왔으랴?

昭冤播告寵章紆, 特許編摩付碩儒.
國典史家重刷恥, 郢書燕說敢傳誣?
先王丕烈星增炳, 上帝洪恩海幷濡.
自是聖神能繼述, 小臣何力翊宏謨?

---

458 복제(覆題) : 우리나라에서 보낸 주문에 의거하여 중국 예부에서 올린 제본(題本)을 말한다.
459 영서 연설(郢書燕說) : 견강부회의 억설. 영인(郢人)이 연(燕)나라 재상에게 보내는 외교 문서를 쓰다가 어두워서 촛불을 잡고 있는 자에게 "촛불을 들라.[擧燭.]"라고 말하고는 자신도 모르게 '거촉(擧燭)'이라는 글자를 써넣고 말았다. 이 글을 받은 연나라 재상은 촛불을 들라는 말을 어진 이를 등용하라는 비유라 생각하고 연왕에게 이 뜻을 고하여 연나라가 크게 다스려졌다. 『한비자(韓非子)』「외저설(外儲說)」 참조.

1-102. 표당⁴⁶⁰이 영춘화 한 화분을 보내왔으므로 절구 2수를 짓다[表堂送迎春花一盆爲賦二絕]

꽃은 월계수와 흡사하나 노란 빛이 조금 엷고
가지는 강과 바다 색이되 옥색이 더 진하네.
봄빛이 한 방 가득 되돌아오는 것을 맞이하니
그윽한 향이 시름 깊은 마음에 다시 엄습하리라.
花如月桂黃猶淺, 枝似江海縹更深.
迎得春光回一室, 暗香聊復襲幽襟.

풍모가 서리 이기는 국화보다 훨씬 나은 걸
얼음추위 견디라고 장막 치는 수고를 하랴?
동무하는 은자가 촛불 가져와 감상하니
작은 창문 마주하여 꽃 그림자 비끼누나.⁴⁶¹
風姿絕勝拒霜花, 耐凍寧勞繡幙遮?
來伴幽人持燭賞, 小囱相對影橫斜.

1-103. 예부가 과참에서 다시 복제하지 않으려 하므로 괴로워 짓다[禮部以科參欲不覆題 悶而賦之]

은혜로이 왕비의 봉작 내려 국모 의절 훌륭하니

---

460 표당(表堂) : 외가쪽 서족이자 서리(書吏)인 현응민(玄應旻)을 말한다.

461 꽃 그림자 비끼누나 : 원문은 '영횡사(影橫斜)'. 본래 매화 그림자를 묘사하는 말이지만, 허균은 이 시에서 영춘화를 동무로 삼아 이 표현을 빌려왔다. 임포의 시 「산원소매(山園小梅)」에 "성긴 그림자는 맑고 얕은 물에 비끼어 있고, 은은한 향기는 황혼 달 아래 떠 움직이누나.[疏影橫斜水淸淺, 暗香浮動月黃昏.]"라고 했다.

간쟁하는 소동파는 어찌 상관의 지위를 보았던가?

부끄러워라, 신이 요행히 사행의 전대⁴⁶² 맡았다만

상감의 맑은 마음에 효성만 더 격렬하게 했도다.

겨울 날 얼음 마시듯 해도⁴⁶³ 속으로는 번열이 이니

새벽부터 밤중까지 분주하여 지칠대로 지쳤다.

예부에선 좋은 말로 위로할 줄을 알아서

요 송강과 기 내무가 전출되길 기다리라 가르쳐주네.

[의제랑 김응봉이 말하기를, "내년에 요영제와 기시교가 당연히 다른 부서로 옮겨 갈 것이니 이를 기다려 다시 상주할 있을 것이다."라고 했다. 요는 송강 사람이고 기는 내무사람인 까닭에 결구에 그것을 언급했다.]

恩錫妃封亦毋儀, 諫坡何見品尊卑?

深慚賤价幸專對, 秖益清衷激孝思

冬日飲氷猶內熱, 夙宵奔命任身疲.

春官好語知相慰, 敎待松萊擢轉時.

[儀制郎金應鳳言: "明年姚永濟亓詩敎該轉他科. 可待此更奏也." 姚松江人, 亓萊蕪人, 故結句及之.]

해설 명나라 예과급사중 요영제(姚永濟)와 기시교(亓詩敎)는 공성왕

---

462 전대(專對): 외국에 사신으로 나가서 독자적으로 응대하여 사명(使命)을 완수하는 것을 말한다. 『논어』 「자로(子路)」에 "『시경』 삼백편을 줄줄 외면서도 정사를 맡겨 주면 알지 못하고 사방에 사명을 받들고 나가서 독자적으로 응대하지 못한다면, 아무리 많은 것을 알고 있다 한들 또 어디에 쓰겠는가?[誦詩三百, 授之以政, 不達, 使於四方, 不能專對, 雖多, 亦奚以爲?]"라고 한 데서 온 말이다.

463 얼음 마시듯 해도: 원문은 '음빙(飮氷)'. 『장자』 「인간세(人間世)」에 "내가 아침에 사신의 명을 받고 저녁에 얼음물을 마셨으니, 내 속이 뜨거워진 것 같구나.[今吾朝受命而夕飮氷, 我其內熱與.]"라는 말에 출전을 둔 표현이다. 사신으로 임명되어 두렵고 조심스러운 마음으로 사명을 다하는 것을 의미한다.

후 적위를 내리는 것을 반대했다. 요영제는 상해 사람이며, 1598년(명나라 만력 26)의 진사로, 형부주사(刑部主事)를 거쳐 예과급사중에 발탁되어 있었다. 한편, 기시교는 동림당(東林黨)에 저항한 3개의 당파 가운데 제당(齊黨)의 우두머리였다. 앞서 『광해군일기』[중초본] 권32, 광해 7년 7월 29일(갑술)에 관복을 다시 주청하는 것에 대해 광해군이 예관으로 하여금 의논하도록 전교한 말이 실려 있다. 당시 전교하기를, "관복을 다시 주청하지 않을 수 없다. 요영제가 그대로 본과(本科)에 남아 있으면 성사시키기가 어려울 듯하다. 요영제가 떠나갔는지 남아있는지의 여부를 살펴보고서 형세를 보아 진정(進呈)하기로 하고, 주청하는 문서를 아울러 마련하여 보내는 것이 어떻겠는가? 예관으로 하여금 의논해 아뢰게 하라."고 했다. 또 윤 8월 8일(임자) 광해군이 선정전에서 동지 겸 진주사 민형남과 부사 허균을 인견했을 때. 민형남이 아뢰길 "관복 청하는 일을 소신이 성지(聖旨)를 받들고 가는데, 요영제가 조정에 있으면 어떻게 해야 할지를 모르겠습니다."라고 했다.

• 9월 초6일부터 11월 24일까지, 지은 시는 무릇 147수이다.[自九月初六日至十一月二十四日. 詩凡一百四十七首.]

을병조천록 2부

(1615.11.27.~1616.2.3.)

2-1. 예부에 자문을 올리자 의조가 과의를 품신하여 복제를 청하겠다
고 말하므로, 시를 지어 기쁨을 표시하다[呈文禮部 儀曹言欲稟科議爲覆
請 賦而志喜]

예부[1]에 꿇어 호소하니 무릎 닿는 자리가 뚫어질 정도
전례 맡은 여러분이 혹여라도 동정해 주실지.
다만 정성 쌓으면 돌도 뚫을 수 있다[2]고 믿고
힘이 다해 회천[3] 못함 슬퍼하지 말지어다.
낭료들 모두 우리의 높은 충절 절실함에 감동하고
서리도 기쁜 소식 전하려고 은밀하게 도와주네.
정녕코 간원에서 논정하는 일을 기다리면
봉투에 담긴 유지가 구름 가에서 내리려니.

南宮跪訴膝將穿, 典禮諸公倘賜憐.
但恃積誠能貫石, 莫嗟無力可回天.
郎僚擧感危衷切, 胥史微將喜耗傳.
會待諫垣論定日, 一封兪旨下雲邊.

1　예부 : 원문은 '남궁(南宮)'이다.
2　돌도~있다 : 한(漢)나라 명장 이광(李廣)이 우북평 태수(右北平太守)로 있을 때 사냥을
　　나갔다가 호랑이로 착각하여 바위에 화살을 쏘아 바위를 관통했다는 사호석(射虎石)
　　고사를 말한다. 앞에 나왔다. 『사기』 「이장군열전(李將軍列傳)」 참고.
3　회천(回天) : 천자의 마음을 원상으로 되돌림을 말한다.

2-2. 새벽에 일어나서 짓다[曉起有作]

섣달이 가깝자 추위 더욱 심하고
나그네 마음은 한층 공허하기만 하다.
병들어 읊는 시는 월땅 음조를 띠고[4]
고향 꿈은 밤마다 요동벌로 돌아가네.
시각 알리는 누전[5]은 바람맞아 급한데
등불 꽃은 나부끼는 눈송이의 짝이 되네.
괴로운 마음은 어디에 있는가?
남은 달빛이 비쳐 주는 옥하교[6]라네.

臘近寒逾甚, 羈懷更沉寥.
病吟猶帶越, 鄉夢每歸遼.
漏箭迎風急, 釭花伴雪飄.
傷心在何處? 殘月玉河橋.

2-3. 납월[7] 초하루 눈이 살짝 내리기에[臘月一日微雪]

눈발[8]이 멋대로 행세하게 안 했건만,

---

4 월땅 음조 띠어 있고 : 원문은 '유대월(猶帶越)'이다. 여전히 월음(越吟)의 곡조를 띠고
  있다는 뜻이다. 월음은 고향을 생각하고 고국을 그리워하면서 부르는 슬픈 노래를 말
  한다. 전국 시대 월나라 사람 장석(莊舃)의 고사에서 나왔다. 앞에 나왔다.
5 누전(漏箭) : 옛날 물시계의 누호(漏壺) 안에 세운 시각의 눈금을 새긴 화살.
6 옥하교(玉河橋) : 지금 북경시 서북 옥천산(玉泉山)에서 시작하여 대통하(大通河)로
  흐르는 옥하에 놓인 다리. 명나라 때 조선 사신들이 북경에서 머물던 옥하관(玉河館)
  근처에 있다.
7 납월(臘月) : 음력 12월을 말한다. 동지(양력 12월 21~22일) 이후 세 번 째 술일(戌日)을
  납일(臘日)이라 하는데, 납일이 들어 있는 달이다. 조선에서는 태조 이후 동지후 제3

눈송이[9]가 어찌하여 납일 전에 내리는가?
섣달 첫날 새벽 아침 싸락눈을 처음 보니
새해에는 보리가 하늘까지 이어짐을 점치겠네.

未教滕六擅行權, 三白那能在臘前?
朔曉始看微霰集, 可占開歲麥連天.

2-4. 납일[10]에 자금성으로 나아가 서쪽에서 예부 과관을 만나려고 기다렸으나 일이 잘 되지 않고 다만 두 사람의 각로를 만나보고 돌아오다
[臘日詣闕 西候科官不利 只見兩閣下而回]

궁궐 서문 앞으로 새벽빛 떨치며 달려가니
북풍이 휘몰아쳐 살을 칼로 후벼내네.
납제일 당하여 올해도 다 저물고
죽을 힘 다해 말 몰고 내달려 노복(종)이 앓누나.
우리 군주 정성을 도출하여 은총의 은전 완전하니
질병이 잔약한 몸뚱이에 이르렀다 투정하랴?
두 아침이나 한림원[11] 관원 이르지 않으니

미일(未日)로 정하여 백신(百神)에게 납제(臘祭)를 올리어 나라가 평안하도록 보살펴 줄 것을 빌었다.

8 눈발 : 원문은 '등륙(滕六)'으로, 눈[백설, 白雪]의 다른 이름.
9 눈송이 : 원문은 '삼백(三白)'으로, 정월에 내리는 눈[백설, 白雪]의 다른 이름이다.
10 납일(臘日) : 중국에서는 동지(양력 12월 21~22일) 이후 세 번째 술일(戌日)을 말하지만, 조선에서는 동지 이후 세 번째 미일(未日)이었다. 이 해의 납일은 조선의 경우 음력 12월 5일이었다.
11 한림원 : 원문은 '사원(詞垣)'. 문장(文章)을 관장하는 관아이다. 곧 옛날의 한원(翰苑)이다. 여기서는 중국의 예부 과관을 가리키는 듯하다.

곤직¹²이 보좌하여 궁중이 무사함을 이제 알겠네.

西掖門前拂曙趨, 北風如刃割肌膚.

辰當蜡臘年將晦, 力竭驅奔僕已痛.

欲導主誠完寵典, 敢言灾疾逮屏軀?

連朝不值詞垣至, 袞職方知闕事無.

대궐 모서리 향불 연기는 해를 안아 떠 있고

멀리 작은 수레 끄는 부자 백성 보기 좋아라.

검은 옷 아전¹³ 길을 끼고 세 의장¹⁴이 늘어서고

붉은 방망이¹⁵로 문 앞의 여덟 마졸¹⁶이 인도하네.

신하는 혈성으로 번번히 강소(控訴)하느라 바쁘고

---

12 곤직(袞職) : 임금의 직무를 말한다. 여기서는 중국의 조정에서 벼슬하는 이들이 임금을 잘 보좌했다는 말이다. 『시경』「대아(大雅) 증민(烝民)」에 "곤직에 결함이 있거든, 중산보가 이를 깁도다.[袞職有闕, 惟仲山甫補之.]"라고 했는데, 이를 원용하여 한 말이다.

13 조의(皂衣) : 『한서(漢書)』「곡영전(谷永傳)」에 "하루 정도 만난 정분도 없고 좌우의 소개도 없이 발탁되어 조의의 관리가 되었다.[無一日之雅, 左右之介, 擢之, 皂衣之吏.]" 라고 한 말에서 인용했다.

14 세 의장 : 원문은 '삼장(三仗)'으로, 훈장(勳仗)을 말한다. 당나라 천자의 아위(衙衛)는 오장(五仗)으로 나뉜다. 공봉장(供奉仗)은 좌우에서 보위하고, 친장(親仗)은 친위(親衛)가 보위하고, 훈장(勳仗)은 훈위(勳衛)가 보위하며, 익장(翊仗)은 익위(翊衛)가 보위하고, 산수장(散手仗)은 친훈익위(親勳翊衛)가 보위했다. 모두 칼을 띠고 의장을 붙잡고 동서 낭하에 열좌했다. 『신당서』「의위지(儀衛志) 상」참조.

15 붉은 방망이 : 원문은 '적봉(赤棒)'이다. 본래 대관이 출행할 대 전도(前導)의 의장(倚仗) 가운데 하나이다. 『북제서(北齊書)』「왕엄전(王儼傳)」에 "위씨(魏氏)의 구 제도에 중승(中丞)이 출타하면 청도(淸道)하여, 황태자와 길을 나누어 가며, 왕공(王公)은 모두 멀리 수레를 멈추고, 소의 멍에를 벗겨 땅에 멍에를 멈추어 두었다가, 중승이 지나가길 기다는데, 혹 머뭇머뭇거리면 몽둥이로 몽둥이질을 했다.[皆遙住車, 去牛, 頓軛於地, 以待中丞過, 其或遲違, 則棒棒之.[魏氏舊制, 中丞出, 淸道, 與皇太子分路行, 王公皆遙住車, 去牛, 頓軛於地, 以待中丞過, 其或遲違, 則棒棒之.]"라고 했다.

16 여덟 마졸 : 원문은 '팔추(八騶)'로, 길을 다닐 때 앞길을 정리하는 여덟 사람의 마졸(馬卒)이다.

상군[17]은 따뜻한 말로 수작에 힘쓰누나.
예부[18]의 효유하는 뜻은 어느 때나 이룰건가?
흰눈이 진부한 사람[19] 머리에 가득하게 만들다니.

闕角香烟抱日浮, 小車遙引富民侯.
皂衣夾道排三伏, 赤棒當門導八騶.
臣子血誠煩每控, 相君溫語勉交酬.
容臺諭意知何日? 謾使陳人雪滿頭.

2-5. 초5일 밤에 짓다[初五日夜作]

북풍[20]이 흰눈을 흩뿌리며 모래도 말아 날리고
연경의 백 만 집들 추위로 꽁꽁 얼어붙게 하네.
종이 장막 사이로 밤 추위가 뼈에 맑게 스미고
꿈속의 밝은 달은 매화를 환히 비추네.

北風吹雪卷飛沙, 凍合燕京百萬家.

---

17 상군(相君) : 재상. 왕우칭(王禹偁)의 「대루원기(待漏院記)」에 "조정이 국초로부터 옛 제도를 인하여 재신의 대루원을 단봉문 오른쪽에 설치했으니 정사에 부지런함을 보인 것이다. 대궐에 새벽이 오고 동방은 아직 밝기 전에 재상이 길을 출발하면 횃불이 휘황 찬란하고, 상군(相君)이 이르면 쟁글쟁글 방울 소리가 울린다."라고 했다.

18 용대(容臺) : 예부를 말한다. 앞에 나왔다.

19 진인(陳人) : 진부한 사람을 말한다. 『장자(莊子)』 「우언(寓言)」에 "사람으로서 나이 많은 사람의 도리를 하지 못하면 사람의 도리가 없는 것이며, 사람으로서 사람의 도리가 없으면 이를 일러 진인(陳人)이라 한다.[人而無以先人, 無人道也, 人而無人道, 是之謂陳人.]"라고 했다.

20 북풍(北風) : 난세(亂世)를 만나 세상에 나가 훌륭한 일을 행하는 것이 적절하지 못한 때를 의미한다. 『시경』 「패풍(邶風)‧북풍(北風)」에 "북풍은 차갑게 불고, 눈은 펑펑 내리도다. 사랑하여 나를 좋아하는 이와, 손잡고 함께 가리로다.[北風其涼, 雨雪其雱. 惠而好我, 攜手同行.]"라고 했다.

紙帳夜寒清入骨, 夢中明月照梅花.

계수 꽃(달빛)이 광채 흘려 난간을 씻고
한 가락 퉁소 소리에 밤 어둠이 잦아드네.
머리 돌려 고향을 바라보니 구름바다 밖이려니
옥 다락 높은 곳에서는 추위를 못 견디시리라.[21]
桂華流彩洗闌干, 一曲鸞簫夜向殘.
回首故鄉雲海外, 玉樓高處不勝寒.

병든 몸 끌어안고 해마다 연경의 객이 되니
이 몸은 단연코 이 때문에 귀전원을 못하네.
최근에는 원앙[22] 빚을 다 갚느라
가물대는 등불을 동무하여 홀로 잠 청하네.
扶病連年客在燕, 此身端坐不歸田.
爾來償盡鴛鴦債, 只有殘燈伴獨眠.

겹 담장 너머 서쪽 이웃은 환대하여 웃고

---

21 옥다락~못 견디리라 : 원문은 '옥루고처불승한(玉樓高處不勝寒)'이다. 송나라 신종 때
  소식(蘇軾)이 시안(詩案) 때문에 해남(海南)으로 귀양 가 있으면서 「수조사(水調詞)」를
  지었는데, 그 가사에 "다만 임금이 계신 궁궐 높은 곳이 추위를 이기지 못할까 염려되
  네.[只恐瓊樓玉字, 高處不勝寒.]"라고 했다. 이 노래를 신종이 전해 듣고는 "끝까지 임
  금을 사랑하는구나." 하면서, 죄를 낮추어 여주(汝州)로 양이(量移)하게 했다고 한다.
  『송사(宋史)』「소식열전(蘇軾列傳)」과 『고금사문유취(古今事文類聚)』전집(前集)「동
  파애군(東坡愛君)」 참조.
22 원앙 빚 : 원문은 '원앙채(鴛鴦債)'. 정분이 다하지 못한 숙원을 말한다. 원나라 송매동
  (宋梅洞)의 「교홍전(嬌紅傳)」에 "다만 오호의 명월이 남아, 차라리 인내하여, 원앙 빚을
  다 갚을 수 있기만을 바라네.[但願五湖明月在, 且寧忍耐, 終須還了鴛鴦債.]"라고 표현
  한 것과 관련이 있다.

술 익자 호족 여인은 맛 보라며 손님 부르네.
통랑하게 양주곡²³을 창하고 단판²⁴ 박자 촉급한데
성에는 까마귀가 날고 달은 서리 같아라.

西隣歡笑隔重墻, 酒熟胡姬喚客嘗.
唱徹凉州檀板促, 城鴉飛起月如霜.

2-6. 초6일 동성에서 기시교 과관을 만나 들은 이야기를 기록하다[初六日見亓科於東省記其語]

혈성을 전(箋)으로 적어 기내무²⁵를 기다렸더니
소신 있는 발언²⁶으로 우리 호소²⁷에 답하네.
"봉전(封典)이 어찌 사사로운 정성 때문에 어그러지겠소?
기자 분봉한 조선 땅²⁸이 어이 중국 내번(內藩)과 다르겠소?

---

23 양주(凉州) : 지금의 감숙성(甘肅省)의 동부에 있는 지명인데, 여기서는 가곡의 이름이다. 양주곡은 본래 서량(西凉)에서 들어온 곡으로 요고(腰鼓)를 치면서 부르거나 비파를 타면서 부르는 이역 음조의 노래이다.

24 단판(檀板) : 단목(檀木)으로 만든 박판(拍板).

25 기내무(亓萊蕪) : 내무현(萊蕪縣) 사람인 기시교(亓詩敎)를 말한다. 한나라 때 내무 수령을 지낸 범염(范冉)처럼 정직하기를 은근히 기대한 말이다. 범염은 내무현(萊蕪縣)의 장(長)이 되었다가 뒤에 당인(黨人)의 금고(禁錮)에 걸려 생활이 아주 어려웠는데, 곤궁하게 살면서도 태연자약했으며 말과 용모를 조금도 바꾸지 않았다. 이에 당시 사람들이 노래하기를 "시루에 먼지가 이는 범사운(范史雲)이요, 솥에 고기가 사는 범내무(范萊蕪)라네.[甑中生塵范史雲, 釜中生魚范萊蕪.]"라고 칭송했다.

26 위언(危言) : 소신 있게 발언하는 말. 『논어』 「헌문(憲問)」에 "나라에 도가 있을 때에는 말과 행동 모두 소신 있게 해야 하지만, 나라에 도가 없을 때에는 행동은 소신 있게 하되 말은 겸손하게 해야 한다.[邦有道, 危言危行. 邦無道, 危行言孫.]"라고 했다. 단, 여기서는 반드시 긍정적인 의미로 인용한 것이 아니다.

27 호소 : 원문은 '유호(籲呼)'로, 『서경』 「태서(泰誓)」에 "원망해서 하늘에 호소한다.[無辜籲天.]"라는 말이 있다.

효심이 간절하면 비록 마땅히 용서해야 한다 하더라도
잘못된 관례는 끌어오기 어렵거늘 감히 속이겠소?
청원 반박해 돌려주는 일 피하려고 애써 체면 높였으니,
사사로운 정을 참고 예법 따름이 좋은 모책이라오."

披誠箋血候萊蕪, 却把危言答籲呼.
實典肯因私悃壞? 箕封寧與內藩殊?
孝心方切雖當恕, 謬例難援敢自誣?
勉廢駁還尊體面, 抑情從禮是良謨.

해제 명나라 예과급사중 기시교(亓詩敎)의 '위언(危言)'은 사친의 왕
후복 수령은 예법에 어긋나므로 청원의 전(箋)을 올렸다가 반박하는
봉서를 받는 박환(駁還)의 결과 체면을 구기는 일을 하지 말라고 반
대하는 내용이다. 허균은 그의 말을 그대로 인용하는 방식으로 이
시를 작성했다. 앞서 1613년(광해군 5) 12월에 광해군은 공성왕후 책
봉 주청사(恭聖王后冊封奏請使) 박홍구(朴弘耈)와 이지완(李志完)을 명
나라에 보냈고, 1615년(광해군 7) 6월에 사은사 윤방(尹昉)이 명나라로
부터 돌아오면서 공성왕후의 고명을 가지고 왔다. 그리고 1615년 민
형남(閔馨男)과 허균(許筠)을 파견하여 공성왕후의 적복을 청하고 한
것이다. 하지만 민형남과 허균은 적복을 수령하지 못하고 이듬해 봄
에 돌아 오게 된다. 1616년(광해군 8) 11월에 이정귀(李廷龜)가 공성왕
후관복주청사(恭聖王后冠服奏請使)로 차임되어 중국으로 향하게 된다.

---

28 조선 땅 : 원문은 '기봉(箕封)'으로 기자(箕子)가 봉해진 땅이라고 해서 우리나라를 가리
킨다. 『사기』 「송미자세가(宋微子世家)」에 보면. 기자가 주 무왕(周武王)의 봉함을 받
고 백마를 타고서 조선으로 왔다고 한다.

2-7. 북원[29]의 낡은 초가를 그리워하면서 앞 시의 운을 가지고 회포를 적다[懷北原弊廬用前韻記懷]

고향집 마당 세 길[30] 날로 거칠어가고
냇가 나무에 바람 높아 잎이 절로 호소하리.
만사가 밭 갈고 독서함만 못하니
은총이 남다르다만 관직은 연모하지 않는다오.
초헌과 관복[31]의 아이 연극으로도 짐짓 은둔할 만하지만[32]
일구일학(一丘一壑)[33]의 첫 맹서를 어이 뻔뻔하게 속이랴?
정승의 문 안에 술 취해 누워 결국 해악을 멀리했으니
완씨[34]가 몸 보전했던 일이 역시 큰 꾀였다네.

故園三逕日荒蕪, 溪樹風高葉自呼.
萬事不如耕讀好, 一官非戀寵恩殊.
軒裳兒劇聊依隱, 丘壑初盟肯厚誣?

---

29 북원(北原) : 지금의 강원도 원주시(原州市).
30 세 길 : 원문은 '삼경(三逕)'으로, 한(漢)나라의 은사(隱士) 장후(張詡)가 집으로 통하는 길을 세 가닥으로 내어두었던 고사에서 온 말이다.
31 초헌과 관복 : 원문은 '헌상(軒裳)'으로, 지체 높은 관원의 수레와 관복을 말한다.
32 짐짓 은둔할 만하지만 : '대은(大隱)'의 뜻을 말한 것이다. 몸은 번잡한 시조(市朝)에 있으면서 뜻은 속세를 벗어나 고원한 이상을 추구하는 것을 대은이라고 한다. 진(晉)나라 왕강거(王康琚)의 「반초은시(反招隱詩)」에 "소은은 산속에 숨고, 대은은 시조에 숨는다.[小隱隱陵藪, 大隱隱市朝.]"라고 했다.
33 일구일학(一丘一壑) : 원문은 '구학(丘壑)'이다. 은거하여 초야에서 산수를 즐기는 일 또는 그 거처하는 곳을 이른다. 『한서』「서전 상(敍傳上)」에 "한 골짜기에서 고기를 낚으니 만물이 그의 뜻을 범하지 못하고, 한 언덕에서 소요하니 천하가 그의 즐거움을 바꾸지 못한다.[漁釣於一壑, 則萬物不奸其志, 棲遲於一丘, 則天下不易其樂.]"라고 했다.
34 완씨(阮氏) : 위(魏)나라 사람 죽림칠현(竹林七賢)의 한 사람인 완적(阮籍)을 말한다. 자(字)는 사종(嗣宗)으로, 노장(老莊)과 술을 좋아했다. 벼슬이 산기상시(散騎常侍)에 이르렀으나, 어수선한 세상을 떠나, 강호에 숨어 몸을 보전했다.

醉臥相門終遠害, 全身阮氏亦宏謨.

2-8. 다시 앞 시의 운을 가지고 짓다[復用前韻]

명예 쫓는 길에 발 붙이니 내 몸 점점 미천해지고[35]
다투어 나아가며 무엇하러 팔 걷고 힘 주어 부르는가?
어물 냄새와 지초 향내[36]는 서로 다르고
맑은 위수와 흐린 경수[37]는 본성이 원래 다르다네.
눈앞의 평평한 들판이 바야흐로 위험하거늘
머리 위의 높은 하늘을 어이 거짓으로 속이랴?
늙어 몸을 명산에 투신함이 진정 나의 분수이니
평소 계책 없어 국가 모책[38]에 협찬하지 못하는 걸.

---

35 진무(榛蕪) : 황무(荒蕪)나 초매(草昧)와 같은 의미로도 쓰이나, 여기서는 '미천하다'라
  는 의미로 썼다. 두보(杜甫)의 시 「증위좌승장제(贈韋左丞丈濟)」에 "군께서 은밀히 천
  거해 준다면, 또한 미천한 제 자신을 족히 위로할 수 있으리라.[君能微感激, 亦足慰榛
  蕪.]"라는 구절이 보인다.

36 어물 냄새와 지초 향내 : 원문은 '포취지훈(鮑臭芝薰)'이다. 『공자가어(孔子家語)』에
  "착한 사람과 함께 있으면 마치 지초와 난초의 방에 들어간 것 같아서 오래되면 그
  향기는 맡지 못하더라도 곧 향내로 변화하게 되고, 불선한 사람과 함께 있으면 마치
  절인 어물 가게에 들어간 것 같아서 오래되면 그 냄새는 맡지 못하더라도 또한 그 냄새
  로 변화하게 된다.[與善人居, 如入芝蘭之室, 久而不聞其香, 卽與之化矣. 與不善人居,
  如入鮑魚之肆, 久而不聞其臭, 亦與之化矣.]"라고 한 데서 온 말이다.

37 맑은 위수와 흐린 경수 : 원문은 '위청경탁(渭淸涇濁)'이다. 위수는 감숙성(甘肅省) 위
  원현(渭原縣)에서 발원하여 섬서성(陝西省)을 거쳐 황해로 들어가는 강이고, 경수는
  감숙성 화평현(化平縣)과 고원현(固原縣) 두 곳에서 발원해서 합류하여 섬서성에 이르
  러 위수와 다시 합류하는 강이다. 경수는 맑고 위수는 탁하므로 청탁을 구분한다는
  뜻으로 '경위를 구분한다'라고 말한다.

38 국가 모책 : 원문의 '우모(訏謨)'는 국가의 계책을 가리키는 말이다. 『시경』「대아(大雅)
  억(抑)」에 "계책을 크게 하고, 명령을 살펴 정하며, 계획을 장구히 하고, 때에 따라

名途着脚漸榛蕪, 爭進何心奮臂呼?
鮑臭芝薰交自別, 渭淸涇濁性元殊.
面前平地方危險, 頭上高天敢矯誣?
投老名山眞我分, 素無籌策協訏謨.

2-9. 초7일 밤에 다시 앞 시의 운을 가지고 짓다[初七日夜又用前韻]

연경 교외에 삭풍이 불어서 된서리 말아오니
둥지에서 놀라 깬 새들이 나무 돌며 울부짖네.
고국은 다만 꿈속에서나 혼이 돌아가게 할 뿐
이국은 고향과는 말소리 다른 것을 어찌 하나?
자궁(慈宮)에 적복 내리는 걸 아낀다고 하여도
직필로 패관소설의 무함을 씻게 되었네.
김히 하느님의 크신 공을 제 공으로 삼으랴?
그저 문묵(글)으로 국가 모책 팔았을 뿐인 것을.

燕郊朔吹捲霜蕪, 驚起栖鳥繞樹呼.
舊國只敎魂夢返, 異鄕其奈語音殊?
慈宮縱斬褕衣錫, 直筆仍湔稗史誣.
敢以天功爲己力? 只將文墨賣邦謨.

해설 필사본에 2수처럼 되어 있으나, 앞의 시들(2-6, 2-7, 2-8)이 1수
의 칠언율시에 차운했고, 제3련의 첫 구에 압운하지 않은 것으로 보아,
전체를 1수로 보아야 한다.

고한다.[訏謨定命, 遠猶辰告.]"라고 했는데, '猷'는 '猷'와 같다.

2-10. 11일 새벽에 짓다[十一日曉作]

고향 정원을 지난 밤 꿈속에 돌아가
성근 버들 맑은 못 가 작은 누각에 있었다만,
깨고 보니 여전히 길손의 처지라 스스로 불쌍하다.
세찬 바람은 눈을 몰아 창문에 반점을 묻히누나.

鄕園昨夜夢中還, 疎柳淸池小閣間
覺後自憐猶作客, 急風吹雪打窓斑.

2-11. 또 꿈을 기록하다[又記夢]

시냇물 콸콸 흐르고 풀은 우뭇한데
일천 산을 다 지나자 해가 서쪽에 기울었군.
비바람은 한식 이후 일번(一番) 화신풍(花信風)[39]
살구꽃 떨어지고 두견이 울어대네.

溪流決決草萋萋, 行盡千山日已西.
風雨一番寒食後, 杏花零落杜鵑啼.

2-12. 왕 우승[40] 시를 읽고[讀王右丞詩]

중윤[41]의 명성은 해외로 잘 알려져

---

39 일번(一番) 화신풍(花信風) : 원문은 '일번(一番)'. 꽃소식을 알리는 바람을 '이십사번화
신풍(二十四番花信風)'이라고 한다. 24절기 중 소한(小寒)부터 곡우(穀雨)까지 120일
동안 닷새마다 꽃 소식을 알리는 새로운 바람이 부는데, 그때마다 절후에 맞는 꽃이
차례로 핀다고 한다. 육귀몽(陸龜蒙)의 「구(句)」에 "몇 방울 사옹우 내리고, 한 줄기
화신풍 부노라.[幾點社翁雨, 一番花信風.]"라고 했다. 『산당사고(山堂肆考)』에 참조.

망천[42]의 샘과 돌이 맑고도 기괴하네.

높은 시문과 빼어난 흥취 모두 세상에 드문 일

짙푸른 못 머리맡에서 글 읽고 시를 지었지.

中允聲名海外知, 輞川泉石更淸奇.

高文逸興俱間事, 凝碧池頭讀有詩.

해설 시의 내용으로 보아, 허균은 왕유(王維)가 망천장(輞川莊)에서
지은 시들을 읽으면서 귀거래의 상상을 한 듯하다.

2-13. 눈 온 뒤의 이른 아침을 읊다[詠雪後早朝]

회오리 바람이 눈을 날려 봉래 영주산[43]을 얼리니

벽옥 기와와 은 처마가 옥청궁에서 빛나네.

경쾌한 아침해가 지작관[44] 위로 점점 솟더니

지난 밤 구름이 봉황성에 갓 개누나.

---

40 왕우승(王右丞) : 당나라 왕유(王維). 만년에 상서우승(尙書右丞)을 지냈다. 자는 마힐
(摩詰)이다. 『왕우승집(王右丞集)』 6권이 전한다.

41 중윤(中允) : 벼슬 이름. 동궁(東宮)에 속한 벼슬로 시종(侍從) 또는 예의(禮儀) 등의
일을 맡았다.

42 망천(輞川) : 섬서성(陝西省) 남전현(藍田縣)의 지명. 왕유(王維)의 별장이 있었다.

43 봉영(蓬瀛) : 봉래(蓬萊)와 영주(瀛洲)의 병칭으로, 방장(方丈)과 함께 동해 가운데 있
다고 전하는 삼신산(三神山)을 말한다. 대개 동쪽 땅을 가리키며, 조선을 선향에 빗대
어 말하기도 한다. 여기서는 연경을 가리킨다.

44 지작관(鳷鵲觀) : 한나라 때 감천궁(甘泉宮) 밖에 있던 궁관(宮觀)인데, 이후 궁궐을
가리키는 말로 사용해 왔다. 지작(鳷鵲)은 후한(後漢) 장제(章帝) 때 조지국(條支國)에서
공물로 바쳤다는 새이다. 나라가 태평하면 무리를 지어 난다는 전설이 있다. 두보(杜甫)의
시(「宣政殿退朝晚出左掖」)에 "구름은 봉래전과 가까워 항상 오색이 찬란하고, 눈은 지작
관에 아직도 많이 남아 있네.[雲近蓬萊常五色, 雪殘鳷鵲亦多時.]"라는 표현이 있다.

향로의 향은 연기 기운이 동여매듯 에워싸고
계단 아래 주달 소리는 패옥 소리에 화답하네.
젊은 신선더러 영곡[45]을 부르게 한다면
이 시대의 사부가 서경[46] 것에 비하여 어떠하랴?

天飈吹雪凍蓬瀛, 璧瓦銀甍耀玉淸.
輕旭漸暾鳴鵲觀, 宿雲初霽鳳凰城.
爐香繚繞霏烟氣, 陛奏鏘鍧答珮聲.
欲遣仙郞歌郢曲, 一時詞賦孰西京?

2-14. 소군[47] 출새도(昭君出塞圖)

비단옷 차림 눈물 훔치며 비취 이마 찡그리니
바람이 모래를 날려 얼굴에 먼지 가득하다.
흰 풀이 하늘에 닿아 사막의 저녁이 음산하여
되놈 산은 한나라 궁의 봄과는 전혀 다르리.

羅衣拭淚翠眉嚬, 風卷飛沙滿面塵.
白草連天陰磧暮, 胡山不似漢宮春.

비파 한 곡조로 호 땅 하늘을 원망하나니

---

45 영곡(郢曲) : 춘추시대 초(楚)나라 수도였던 지금의 호북성(湖北省) 강릉현(江陵縣) 영
(郢) 지역의 사람들이 부르는 속된 노래이다.

46 서경(西京) : 서한(西漢)을 말한다. 궁중의 사부(詞賦)가 발달했던 시기이다.

47 소군(昭君) : 한(漢)나라 효 원제(孝元帝) 때의 궁녀 왕소군(王昭君). 소군은 자(字)이
고, 이름은 장(嬙)이다. 호한야(呼韓邪) 선우(單于)가 입조(入朝)하여 미인을 요구하자,
원제가 흉노와의 강화를 위하여 왕소군 등을 보냈다. 단, 왕세정은 왕소군이 가기를
자청했다고 보았다.

이것이 바로 호한야 선우[48]가 관새를 두드린 해로다.

융적과의 강화를 성공시킨 것은 공적을 기록할 만하니

옥안을 능연각[49]에 제일 먼저 그려 붙여야 하리라.

琵琶一曲怨胡天, 正是呼韓款塞年.

若道和戎功可錄, 玉顔先合畫凌烟.

해설　한나라 효원제의 궁녀 왕소군은 이름이 왕장(王嫱)인데 칙명으로 호한야 선우(呼韓邪單于)에게 시집가서 알지(閼氏)로서 명비(明妃)가되었다. 화가 모연수(毛延壽)에게 뇌물을 주지 않아 모연수가 그를 추하게 그려 결혼 정책의 희생이 되었다고 하는 말이 있다. 허균은 그설을 따랐다. 귀환 길에 지은 3-12「주인 집 벽에 왕소군 그림이 있기에 생각나는 대로 짓는다[主舍壁上有昭君圖漫賦之]」의 내용을 보면 그사실을 알 수 있다. 하지만 뒷날 이익(李瀷)은『성호사설(星湖僿說)』(僿說18經史01-83「昭君求行」)에서 역사 기록을 따르는 것이 옳다고 했으며, 뒤에 왕소군이 다시 호한(呼韓)의 아들 주루(株累)에게 시집가서두 딸을 낳았으므로, 스스로 흉노에게 가려고 원했을 수 있다고 보았다. 이익은, 송나라 왕림(王琳)이 엮고 진계유(陳繼儒)가 12권으로 정리한『야객총담(野客叢談)』의 내용이『한서』「흉노전」과 부합한다고 보았다.『운부군옥(韻府群玉)』에서는 뒤에 모연수를 기시(棄市)하고 화가유백(劉白)·번육(樊育)도 같은 날 저자에 내다 베었다고 했으나 이것은 의심스럽다. 또한 왕세정(王世貞)의「왕소군 그림에 적다[題昭君

---

48 호한(呼韓) : 호한야(呼韓邪) 선우(單于).

49 능연(凌烟) : 능연각(凌烟閣). 당 태종(唐太宗)이 정관(貞觀) 17년(643)에 공신들을 표창하기 위해 능연각(凌煙閣)을 짓고는 장손무기(長孫無忌)·두여회(杜如晦)·위징(魏徵)·방현령(房玄齡) 등 훈신(勳臣) 24명의 초상화를 그려서 여기에 걸어 놓게 하였다.『신당서(新唐書)』「태종황제본기(太宗皇帝本紀)」 참조.

圖」에 왕소군이 "뇌소(牢騷)와 울분을 이기지 못하여 가기를 원했다."
는 말이 있고, 이 말은 한나라 유흠(劉歆), 진(晉)나라 갈홍(葛洪), 양나
라 오균(吳均)의 설에 나온다. 『야객총담』도 『후한서』「흉노전」을 인
용하여, 원제가 양가의 딸을 뽑아 액정(掖庭)에 들이게 했을 때 호한
야가 내조하자 원제가 다섯 명을 그에게 내려 주려고 했는데, 왕소군
이 액정령에 청하여 지원했다고 적었다. 한나라 채옹(蔡邕)의 『금조
(琴操)』에, "본래 제 나라 왕양(王穰)의 딸로, 선우의 사신이 조하하자
원제가 연회를 베풀어 주고 후궁을 불러놓고, '누가 갈 수 있느냐?'고
물었을 때 성장을 하고 가기를 청했으며, 선우에게 이르자 「원광사유
가(怨曠思惟歌)」를 지었다고 했다. 이익은 이것이 「흉노전」의 기록과
합치한다고 인정했다. 허균은 왕세정의 시를 읽어보지 않았거나, 그
시를 읽었더라도 공감하지 않은 듯하다.

2-15. 귀국하는 유 서장관[50]을 전송하며[送柳書狀還朝]

　금란[51] 학사는 정말로 젊구료
　소쇄한 신선이 구름 바깥으로 나온 듯.
　사행 뗏목으로 가을에 은하수 근원을 거슬러 올랐으니
　비단 이불[52]을 새벽에 처음 옥당(홍문관)에서 사직한 뒤의 일.

50　유 서장(柳書狀) : 유여각(柳汝恪). 1-40 「사은사 서장관을 만나[逢謝恩使書狀官]」 참조.
51　금란(金鑾) : 금란파(金鑾坡)의 준말인데, 당나라 덕종(德宗) 때 학사(學士)의 집을 금
　　 난파 위로 옮겼다 하여 한림원의 별칭으로 쓰인다. 조선에서는 집현전(集賢殿)이나
　　 홍문관(弘文館)을 가리켰다.
52　비단 이불 : 원문은 '능피(綾被)'. 한림원에 처음으로 들어온 사람에게는 청기능피(靑綺綾
　　 被)·청릉단파(靑綾單帕)·자사리(紫絲履)·백포수건(白布手巾) 등을 내려 주었다. 『연
　　 감유함(淵鑑類函)』 권71 참조.

만리에 뻗친 서리 위엄이 요하를 맑게 했고

가벼운 갖옷 경쾌한 말로 휙휙 지나왔네.

기산·연산[53] 가장자리에 검은 구름 사라지고

혁련대[54] 앞에는 흰 풀만 무성했으리.

나도 아침에 표전 받들고 동지사행으로 와서

그대 좇아 곧바로 삼차수[55]를 건너선,

광녕성[56]에서 교분 나눠 두 손을 맞잡고는

몇 마디 말로 투합하여 지기로 허여했네.

내가 젊었을 때 그대 어른 모셨는데

윗대도 아래 항렬도 모두 정분이 가깝고,

전려가 우리 둘다 치악산[57] 아래 있어

늙어 귀휴하면 그대 이웃을 택하고 싶어라.

나그네 길 여관에서 만나 문득 이 말을 하며

벼슬 그만 두고 쉴 날이 언제냐고 번번이 묻누나.

황성 궁궐문이 구천 하늘 아래 열려서

함께 금마문으로 들어가 천자[58]를 알현했으니,

---

53 기산·연산 : 원문은 '기연산(祁連山)'으로, 기산(祁山)과 연산(連山)을 말한다. 기산은
    지금 감숙성 서화현(西和縣) 동북쪽에 있다. 제갈양(諸葛亮)이 위(魏)나라와 싸울 때에
    여섯 번이나 이 산에 올랐다고 한다. 연산은 지금의 요녕성(遼寧省)에 있는 산이다.

54 혁련대(赫連臺) : 오호(五胡) 시대 하(夏)나라를 세워 2대 25년을 유지했던 수도(首都)
    인 삭방(朔方)에 있었던 언덕이다.

55 삼차수(三岔水) : 압록강을 건너서 북경을 향하여 봉황성(鳳凰城)에서 6리(2.4km)에
    있는 시내. 삼차하(三叉河)라고도 한다.

56 광녕성(廣寧城) : 요녕성 북진현(北鎭縣)에 있는 성(城). 지금의 요녕성 금주시(錦州市)
    에 해당한다.

57 치악(雉岳) : 지금 강원도 원주시(原州市)에 있는 높이 1,288m의 치악산(雉岳山)을 말
    한다. 허균의 모친 묘가 원주에 있었다.

58 천자(天子) : 허균이 연경(燕京)에 부사로 갔을 때의 천자는 명나라 신종(神宗)으로,

나라 풍속은 융융하고 국운이 치성하여

밝은 조정 관리들은 원추새 행렬[59]이다만,

유관 쓴 선비들은 초췌하여 벼슬아치 밑에 있으니

누가 북학[60]이 진량[61]의 경우와 같다고 믿으랴?

이 때문에 길게 탄식하며 멀리 떠나가고 싶다만

봉래도 선계는 안개 놀로 어이 저리 아득한가?

유유한 헛된 세상에 누가 나를 알아주랴?

그저 그윽한 속내를 그대 향해 말할 뿐.

옥하관의 밝은 달이 술잔[62]을 비추는 때

술 기운에 박자 맞추며 또 소리 높여 노래하네.

그댄 이제 일 끝내고 날 두고 떠나가니

동쪽으로 고향을 바라보며 나는 얼마나 속상할까?

연호는 만력(萬曆)이었다.

59 원추새 행렬 : 원문은 '나원항(羅鵷行)'이다. 신하로서 조정의 반열에 나아가 부지런히 직무에 종사함을 비유한다. 『통감절요(通鑑節要)』 권30 「진기(晉紀) 안황제(安皇帝)」에 "여러 조(曹)의 사자를 일러 '부압'이라 했으니, 부압은 나는 것이 신속한 뜻을 취한 것이다.[謂諸曹之使爲鳧鴨, 取其飛之迅疾也.]"라고 했다. 원(鵷)은 새 이름인데, 날아갈 때 순서를 지키기 때문에 질서 있는 조정의 반열을 원열이라 부르게 되었다.

60 북학(北學) : 전국 시대 비속(鄙俗)한 남초(南楚) 지역 사람이 공자(孔子)의 도를 좋아하여 문명(文明)한 북쪽의 중국을 배우는 것을 말한다. 초나라의 진량(陳良)은 북학(北學)했다.

61 진량(陳良) : 위의 주에 나왔듯이 전국시대 초(楚)나라 사람이다. 진량을 사사(師事)했던 진상(陳相)이 자기 스승의 도를 배반하고 이단자(異端者)인 허행(許行)의 도를 배우므로, 맹자(孟子)가 그를 꾸짖어, "나는 '깊은 골짝에서 나와 높은 나무로 옮겨간다[出於幽谷, 遷于喬木.]'는 말은 들었어도, 높은 나무에서 내려가 깊은 골짝으로 들어간다는 말은 듣지 못했다."고 했다. 『맹자』 「등문공 상(滕文公 上)」 참조.

62 파라(叵羅) : 서역어의 음역으로 땅에 놓는 술그릇인데 입구가 넓고 바닥이 낮다. 술잔을 가리키는 말로 쓰인다. 이백(李白)의 「대주(對酒)」에 "포도주를 황금 술잔에 따라 마실 제, 십오 세 미인은 작은 준마를 타고 달려왔네.[蒲萄酒金叵羅, 吳姬十五細馬駄.]"라는 구절이 있다.

북경 산의 눈 꽃은 손바닥보다 크고.

얼음에 긴 강이 합하고 북풍은 웅장하다.

관새를 나올 적[63] 행색은 신선과 무어 달랐으랴만

돌아갈 날 손꼽으며 헤아리자니 홀로 서글퍼라.

봄이 오면 나 역시 조칙을 받들어서

고국 산천 돌아가면 복사꽃 봄이 한창이리니,

휴가 얻어 몸 건강히 지킬진 점치기 어려워도

부절 하나 얻어 동쪽 관찰사로 나가길 바란다네.

하늘이 부디 나를 도정절[64]로 간주하여

관직에 나아가도 팔십 일[65]을 안 넘긴다면

세모에는 마땅히 전사옹[66]이 되리니

---

63 관새를 나올 적 : 원문은 '출관(出關)'. 함곡관 영(函谷關令) 윤희(尹喜)가 누대에 올라 사방을 바라보는데 붉은 기운[紫氣]이 관문 위로 떠 오는 것을 보고는 진인(眞人)이 올 것이라 예측했는데, 얼마 뒤에 과연 노자가 푸른 소를 타고 왔다고 한다. 『열선전(列仙傳)』 상(上) 참조.

64 도정절(陶靖節) : 남북조 시대 동진(東晉)의 도잠(陶潛)을 말한다. 자는 연명(淵明)·원량(元亮)이고, 문 앞에 버드나무 다섯 그루를 심어 놓고 오류선생(五柳先生)으로 자호했다. 그의 사시(私諡)가 정절이다. 저서로는 『도연명집』이 있다.

65 팔십일(八十日) : 도잠(陶潛)이 80일 만에 팽택 영(彭澤令)을 그만두고 고향 율리(栗里)가 있는 심양(潯陽)으로 돌아가면서 「귀거래사(歸去來辭)」를 지은 일에 빗댄 것이다.

66 전사옹(田舍翁) : 본래 시골 늙은이란 말고 고지식한 사람을 가리킨다. 하지만 여기서는 세간의 영욕에서 벗어나 귀거래를 하여 유유자적하는 사람을 가리킨다. 삼국 시대 위나라 허사(許氾)가 유비(劉備)와 함께 이야기를 나누던 중, 자기가 한번은 진등(陳登)을 찾아갔더니 주인인 진등은 높은 와상으로 올라가 눕고 손님인 자기는 아래 와상에 눕게 하더라고 말했다. 유비는 "그대는 전답이나 집을 구하려고 다니는 사람이라서, 그대의 말이 채택할 만한 것이 없기 때문이다.[君求田問舍, 言無可采.]"라고 했다. 또 당나라 태종이 파조(罷朝)하고 난 뒤 노(怒)하여, "이 전사옹(田舍翁)을 죽여야겠다."고 하자, 문덕 왕후(文德王后)가 "누가 폐하의 비위를 거슬렀습니까?" 하니, "위징(魏徵)이 모든 일에 있어서 나를 조정에서 모욕을 주어 나로 하여금 항상 자득(自得)하지 못하게 한다." 했다는 고사도 있다.

공명을 이루려던 일을 돌이켜 보면 시들하구려.

金鑾學士年正少, 瀟洒仙標出雲表.

使槎遙泝銀漢秋, 綾被初辭玉堂曉.

萬里霜威霽遼河, 輕裘快馬翩翩過.

祁連山邊黑雲沒, 赫連臺前白草多.

我時奉表朝冬至, 追君直渡三岔水.

論交握手廣寧城, 片語相投許知己.

早年忝侍君大人, 上方下比皆情親.

田廬俱在雉岳下, 投老歸休願卜隣.

逆旅相值輒道此, 每問投簪何日是!

皇城宮闕九天開, 同入金門謁天子.

國風冲融運熾昌, 明廷濟濟羅鵷行.

儒冠憔悴百寮底, 誰信北學如陳良?

以玆長嘆欲遐擧, 蓬島烟霞杳何許?

悠悠浮世知我誰? 只把幽懷向君語.

玉河明月明叵羅, 酒闌擊節仍高謌.

君今竣事棄我去, 東望故園傷如何?

燕山雪花大於掌, 氷合長河北風壯.

出關行色何異仙? 屈指回期獨惆悵.

春來吾亦捧絲綸, 故山歸及桃花春.

乞身康健縱難卜, 借得一節而東巡.

天其以我爲靖節, 到官毋過八十日.

歲晚當爲田舍翁, 回首功名興蕭瑟.

[형식] 칠언고시. 44구. 4구 1전운.

[해설] 허균은 이 시에서 귀전원의 곳으로 치악산 아래를 거론했다.
광해군 원년인 1609년 9월 28일, 허균은 원주 명봉산(鳴鳳山) 법천사(法

泉寺)를 찾아가 그곳에 묻혀 있는 조선 초 유방선(柳方善)의 삶을 추모
했다. 허균은 법천사 부근에 어머니의 묘가 있어 종종 성묘를 갔으나
법천사에는 이때 처음 가 보았다. 마침 형조참의에 임명된 후 원주에
소 분(掃墳)하러 가 있었다. 허균의 부친 허엽(許曄)은 서평군(西平君)
한숙창(韓叔昌)의 딸인 청주한씨(淸州韓氏) 사이에서 허성(許筬)과 두 딸
을 낳았다. 사위는 박순원(朴順元)은 전함사(典艦司) 별제를 지냈고, 사
위 우성전(禹性傳)은 성균관 대사성을 지냈다. 또한 둘째 부인 강릉김
씨(江陵金氏)는 예조 참판 김광철(金光轍, 1493~1550)의 딸로, 허봉(許
篈), 난설헌(蘭雪軒)과 허균을 낳았다. 강릉시 사천면 사천진리에 김광
철이 살았던 집터가 있다. 이곳은 강릉 경포의 북쪽이다. 하지만 허균
의 모친은 임진왜란 직후 원주로 피난 가 있다가 죽었고, 원주 서면
노수(蘆藪)의 왼쪽에 묻었다. 허균의 첫 부인 안동 김씨는 임진왜란 때
남편, 시모와 함께 임명(臨溟, 강릉)으로 피해 있던 중에 먼저 죽었는데,
허균은 1595년 가을에 길주(吉州)에서 반장하여 강릉 외가에 묻었다가
1600년 3월에 원주 선산의 모친 묘 곁에 묻었다.

2-16. 밤에 앉아 회포를 서술하다. 이장배(李長培)[67]가 유 행대[68]를 이별
　　하면서 쓴 시의 운을 써서 짓다[夜坐述懷 用李學官柳行臺別詩韻]

　　해마다 황주(북경)에 길손되어 머무니

67　이장배(李長培) : 한리학관(漢吏學官)으로서 당시의 진주사행에 수행했다. 이문학관
　　(吏文學官)으로도 기록되어 있다.
68　유 행대 : 서장관(書狀官) 유여각(柳汝恪, 1598~?)을 가리킨다. 행대는 서장관을 뜻한
　　다. 중승(中丞)은 어사대(御史臺)의 장관을 뜻하는데, 서장관이 행대어사(行臺御史)의
　　직분을 겸하기 때문에 그렇게 말한다.

흰 머리털 부스스하고 구레나룻은 가을 서리.

물시계 시각은 구름 밖 궁궐 관아에서 전해지고

노래와 관악은 달빛 속 거리 누각에서 시끄럽다.

겨울 갖옷도 납일 지나자 여우 겨드랑이 털[69] 조잔하고

조칙[70]은 어느 때에야 곡두 글씨체[71]로 내려려나?

가는 세월도 옛 고향도 모두가 켕겨서

밤 등불 아래 수심을 이기지 못하네.

連年爲客滯皇州, 華髮蕭蕭兩鬢秋.

雲外漏更傳禁署, 月中歌管鬧街樓.

冬裘過臘凋狐腋, 詔綍何時降鵠頭?

徂歲舊鄕俱可念, 夜闌燈下不勝愁.

유관[72] 길로 옛 만리장성을 나서면

동쪽으로 돌아가면 봄풀 이미 자라 있겠지.

국가 일을 하며 새해에도[73] 머문다고 근심 말아라

---

69 여우 겨드랑이 털 : 원문은 '호액(狐腋)'인데, 여우 겨드랑이 아래 흰 털로 만든 귀한
    갖옷을 말한다. 육유(陸游)의 「동야(冬夜)」 시에 "백 전을 주고 초석을 사 놓고 보니,
    비단 요인들 어찌 이보다 좋으랴? 한 필 베로 거친 갖옷 지어 놓으니, 호사스러운 여우
    갖옷을 어디에 쓰랴?[百錢買菅席, 錦茵亦何加? 疋布縫麤裘, 安用狐腋奢?]"라고 했다.
70 조칙 : 원문은 '조발(詔綍)'. 발(綍)은 『예기(禮記)』 「치의(緇衣)」의 "임금의 말이 실과
    같아도 그 나오는 것은 끈과 같고, 임금의 말이 끈과 같아도 그 나오는 것은 밧줄과
    같다.[王言如絲, 其出如綸, 王言如綸, 其出如綍.]"라고 한 말에서 나왔다.
71 곡두 글씨체 : 원문은 '곡두(鵠頭)'. 진(晉)나라 때 왕문도(王文度)에게 이 곡두 글씨체
    로 쓴 조판(詔板)을 내렸던 고사에서 나왔다. 전하여 임금의 조서(詔書)를 가리킨다.
72 유관(楡關) : 산해관(山海關)에서 북경(北京) 쪽으로 80리(32km)에 있는 관새. 지금의
    요녕성(遼寧省) 조양시(朝陽市) 동북 지역이다.
73 새해에도 : 원문은 '세서(歲序)'로, 세월이 절서 따라 바뀌는 것을 말한다. 후한의 공융
    (孔融)이 친구 성헌(盛憲)의 구명(救命)을 위해 조조(曹操)에게 보낸 「논성효장서(論盛
    孝章序)」에서 "세월이 멈추지 않고 계절이 유수처럼 흘러 어느새 벌써 나이 오십을

이 마음은 원래 공명을 위한 것 아니었네.

신풍[74]의 나무 빛깔은 따스한 봄을 맞아

장락궁의 종소리[75]는 맑은 새벽을 알려 주네.

어찌하여 매화 핀 뒤에야 옛 동산을 가는가?

몇 사람이나 꽃 구경을 함께 갈 수 있을지?

楡關路出古長城, 及到東歸草已生.

王事莫愁淹歲序, 此心元不爲功名.

新豊樹色迎春暖, 長樂鍾聲報曉晴.

奚得故園梅發後? 幾人能作看花行?

해설 광해군 7년인 1615년 8월 18일(임진)에 왕이 인정전에서 배표(拜表)하고는 뜰에 내려가서 사은사 김권(金權), 부사 이형욱(李馨郁), 서장관 유여각(柳汝恪)을 전송했다. 그런데 태백산본『광해군일기』번역본의 광해군 8년 병진(1616, 만력) 2월 12일(계축) 기사에 사은사 김권(金權)·이형욱(李馨郁)과 서장관 유여각(柳汝恪)이 연경에 들어갔다는 기록이 있다. 그들이 돌아온 사항을 잘못 기록한 듯하다. 원문은 "丙辰二月十二日癸

맞았는데 …… 이 세상 친구들 거의 모두가 낙엽처럼 지고 오직 남아 있는 것을 회계의 성효장뿐입니다.[歲月不居, 時節如流. 五十之年, 忽焉已至. …… 海內知己, 零落殆盡. 唯有會稽盛孝章尙存.]"라고 했다. 이 글을 '공융비세서(孔融悲歲序)'라고 부른다.『문선(文選)』권41에 수록되어 있다.

74 신풍(新豊) : 북경(北京)에서 조선(朝鮮) 쪽으로 약 130리(약 52km)에 있는 신점(新店)과 이 신점에서 역시 조선 쪽으로 298리(119.2km)에 있는 풍윤(豊潤)을 말한다.

75 장락궁의 종소리 : 원문은 '장락 종성(長樂鍾聲)'. 장락궁은 섬서성(陝西省) 장안현(長安縣) 서북의 옛 성안에 있었던 진(秦)나라 흥락궁(興樂宮)을 한 고조(漢高祖)가 중수한 궁궐이다. 당나라 전기(錢起)가 지은 「각하 배 사인에게 드린다[贈闕下裵舍人]」에 "장락궁 종소리는 꽃 바깥에 다하고, 용지의 버드나무 빛은 빗속에 깊구나.[長樂鍾聲花外盡, 龍池柳色雨中深.]"라는 시구의 뜻을 이용했다. 배 사인을 '염사인(闔舍人)'으로 표기한 시집도 있다.

丑. 謝恩使金權·李馨郁·書狀官柳汝恪入京.”이다.

2-17. 거듭 앞의 운으로 짓다[疊前韻]

연일 밤 꿈에 경포 호수 남쪽으로 돌아가니
작은 누각 여전하고 대나무 숲은 가을이네.
멀리 푸른 구름은 해금강에 이어 있고
붉은 소매 기녀들은 강 다락에 기대 있겠지.
도연명이 동쪽 울 아래 국화 따던 일[76] 생각난다만
혹시라도 들 물가로 매화를 찾아갈 수 있으려나.
지난날의 유람을 회상하다가 낙담한 지금
객점 창밖에 차가운 달이 향수 젖은 나를 비추네.

連宵歸夢澤南州, 小閣依然竹樹秋.
遙望碧雲連海岱, 想應紅袖凭江樓.
空思採菊東籬下, 倘得尋梅野水頭.
回首舊遊今落莫, 一窓寒月照鄕愁.

현도[77] 땅이 옛 용성[78]에 접한 구역.
귀국 노정을 헤아릴 때마다 백발이 생기네.
누가 알까 몸 둘 곳 있음[79]이 그나마 못난 벼슬 때문임을?

---

76 동쪽 울 아래 국화 따던 일 : 원문은 '채국동리하(採菊東籬下)'이다. 도연명(陶淵明)의
「음주(飮酒)」 25수 중 제5수에 "동쪽 울타리 아래에서 국화꽃을 따면서, 유연히 남쪽
산을 바라보네.[采菊東籬下, 悠然見南山.]"라고 했다.

77 현도(玄菟) : 한사군(漢四郡)의 하나로 알려져 오며, 평양(平壤) 지역으로 비정되어 왔
다. 지금은 요동(遼東) 지역으로 보고 있다.

78 옛 용성(龍城) : 지금의 평안도 의주(義州). 일명 용만(龍灣).

세상 속임은 헛된 이름 탓이기에 부끄러워라.

정원의 매화는 찬 기운 깨뜨려[80] 바람에 부드럽고

기전(畿甸)의 보리는 온기 맞아 겨울 눈 개었으리.

봄기운 이르러 산 바다에 벌써 꽃들 피어나

꿈속에선 공연히 영동으로 길 떠난다오.

玄菟地接古龍城, 每筭歸程白髮生.

誰識容身緣拙宦? 却慚欺世坐虛名.

苑梅破凍風初軟, 甸麥迎暄雪已晴.

春到海山花事早, 夢中空作嶺東行.

2-18. 17일 일을 진술하여 감회를 쏟아내다[十七日賦事寫懷]

납일 지난 지 열흘도 안 되어,

흙이 따뜻하자 토맥이 먼저 융융하다.

천문[81]에는 고운 햇살의 해 더디 지고

일만 나무에는 온화한 바람 일어나네.

화협의 기운은 구역 외에 통하고

가는 세월은 객중에 또렷하다.

---

79 몸 둘 곳 있음 : 원문은 '용신(容身)'. 두보(杜甫)의 「위좌상에게 올림[上韋左相]」에 "운명을 무함에게 묻지 못할레라, 공자 맹자도 몸 둘 곳이 없었다오.[巫咸不可問, 鄒魯莫容身.]"라고 했다.

80 찬 기운 깨뜨려 : 원문은 '파동(破凍)'. 송나라 이청조(李淸照) 사(詞) 「접련화(蝶戀花)」에 "따스한 햇살 맑은 바람이 처음으로 추위를 깨뜨리니, 버들 눈과 매화 뺨, 벌써 춘심이 동하누나.[暖日晴風初破凍, 柳眼梅腮, 已覺春心動.]"라고 했다.

81 천문(千門) : 수많은 궁궐의 문을 가리키는데, 수많은 집의 문을 일컫기도 한다. 송나라 한유(韓維)의 시 「화경인원석(和景仁元夕)」에 "북과 피리 천문에서 울리고, 활과 칼 만마에서 등등하네.[簫鼓千門沸, 弓刀萬馬騰.]"라는 구절이 보인다. 앞에 나왔다.

봄을 맞는 입춘절이 내일이니
나그네 회포가 무슨 일로 다하랴?

過臘未旬朔, 土暄先脈融.
千門遲麗景, 萬樹盡和風.
協氣通區外, 徂年了客中.
迎春明日是, 羈懷坐何窮?

지난 해 사행 마치고 귀국하던 길
궁음의 기운이 눈발 속에 정말 추웠어도,
사행 타는 수레가 평양을 출발하여
황해도 제안[82]에서 역말을 갈아탈 때,
난향이 물씬 곁에 가까이 앉았고
밤새도록 월계수 촛불은 가물거렸다.
지난날 즐거움을 오늘 꿈에 보리라
멋진 달이 구름 끝에 살짝 숨었으니.

去歲還朝路, 窮陰雪正寒.
征車發平壤, 驛騎替齊安.
逼坐蘭香馥, 通宵桂燭殘.
舊歡今夜夢, 佳月隱雲端.

2-19. 입춘[83](立春)

오만관[84]에서 입춘을 맞이하니

82　제안(齊安) : 황해도 황주(黃州).

자금성 뜰에서 어느 시각 윤음을 내리려나?

나그네 걸음을 한탄 말라 그나마 큰 나라로 와서

먼 곳 사람 적시는 황제의 덕을 함께 기뻐하니.

동북풍[85] 간들간들 자금성 비원에 불어오고

아침 해 길게 늘어져[86] 붉은 대궐에 휘황하다.

채색 쟁반에 내온 은승[87]과 절기 물품들

상상되누나, 고국 동산에는 매화와 버들 새로우리.

烏蠻館裏逢立春, 螭陛幾時頒鳳綸?

莫恨羈蹤猶上國, 共喜皇仁霈遠人.

條風細細吹紫籞, 旭日纚纚輝彤宸.

茱盤銀勝且節物, 想見故園梅柳新.

2-20. 춘첩자를 쓰다[書春帖]

북경성은 봄빛이 천문[88]을 에워싸고

---

83 입춘(立春) : 24절기의 하나. 양력 2월 3~4일경. 입춘첩(立春帖)을 써서 새로 맞는
     1년의 길상(吉祥)과 벽제(辟除)를 기원했다. 이 해 음력 12월 18일이 입춘이었다.

84 오만관(烏蠻館) : 지금의 귀주성(貴州省)과 사천성(四川省) 운남성(雲南省) 등지에 살
     고 있는 오만족(烏蠻族)들의 사신이 머무는 객관(客館). 여기서는 오만족이 관리하는
     객관. 앞에 나왔다.

85 동북풍 : 원문은 '조풍(條風)'. 팔풍(八風)의 하나로, 입춘(立春)에 부는 바람이다. 춘분
     (春分)에는 명서풍(明庶風), 입하(立夏)에는 청명풍(清明風), 하지(夏至)에는 경풍(景
     風), 입추(立秋)에는 양풍(涼風), 추분(秋分)에는 창합풍(閶闔風), 입동(立冬)에는 부주
     풍(不周風), 동지(冬至)에는 광막풍(廣莫風)이 분다.

86 길게 늘어져 : 원문은 '리리(纚纚)'. 굴원(屈原)의 「이소(離騷)」에 "계수나무를 들어 난초를
     꿰어 달고, 호승으로 노끈을 길게 꼬리라.[矯菌桂以紉蘭兮, 索胡繩之纚纚.]"라고 했다.

87 은승(銀勝) : 은박지를 오려서 만든 채화(彩花)로, 옛날 입춘일(立春日)에 이것을 백관
     들에게 하사하면 백관들이 이것을 머리에 꽂고 봄맞이를 했다.

자금성 안개 낀 꽃은 봄 햇살 아래 고와라.

다만 내 마음 평안하고 몸에 병이 적었으면

이 몸의 맑은 복은 모두가 황제의 은총.

帝城春色鎖千門, 紫禁烟花麗日暄.

但得心安身少病, 此身淸福盡皇恩.

새 해의 축원하는 바가 어찌 고관이겠나?

관동으로 부절[89] 얻어 돌아가길 구하노라.

도서 5천 권을 묶어서 가면

허물어진 오두막이 사명산[90]에 변함 없으리.

新年所祝豈高官? 乞得關東蕩節還.

束取圖書五千卷, 弊廬依舊四明山.

88 천문(千門) : 궁궐 안 전각들의 문이다. 앞에 나왔다.

89 부절(符節) : 원문은 '탕절(蕩節)'이다. 『울료자직해(尉繚子直解)』 주에, "탕(蕩)은 마디
가 짧은 대나무로 사자(使者)들이 말하는 탕절(蕩節)인데, 새겨서 부절로 만들었다.
한(漢)나라에는 동호부(銅虎符)와 죽사부(竹使符)가 있었는데, 동호부로는 군대를 동
원하고 죽사부는 군수(郡守)가 사용했다."라고 했다.

90 사명산(四明山) : 중국 절강성(浙江省)에 있는 산이다. 당나라 때 풍류로 이름이 높았던
하지장(賀知章)이 사명광객(四明狂客)으로 자호(自號)하고 그곳에서 은거했다. 이백
(李白)의 시 「술잔을 마주하여 하 비서감을 그리워하며[對酒憶賀監]」에서, "사명산에
미친 나그네 있었으니, 풍류 넘치는 하계진이로다. 장안에서 만나자마자, 나를 적선인
이라 불렀었지. 그 옛날 술을 그리도 좋아하더니, 어느새 소나무 아래 진토되었구나.
금구(금거북)로 술을 바꾸어 먹던 곳에서, 벗을 생각하며 눈물로 수건을 적시네.[四明
有狂客, 風流賀季眞. 長安一相見, 呼我謫仙人. 昔好杯中物, 翻爲松下塵. 金龜換酒處,
却憶淚沾巾.]"라고 했다. 여기서는 강원도 강릉시 경포호(鏡浦湖) 북쪽 사천면(沙川面)
의 교산(蛟山)을 사명산에 견준 듯하다.

2-21. 18일 경신⁹¹인데 해시 초2각이 입춘절이므로 느낌이 있어서 이 시를 지어 현응민(玄應旻)과 이장배(李長培) 두 사람에게 보이다[十八 日庚申 而亥初二刻爲立春節 感而賦之 示玄李生]

연경 사람들은 모두 유람에 실컷 물린 이들
함께 좋은 날을 만나 저마다 마음이 서글프네.
이 해가 아직은 저물지 않아 을묘년
이 밤이 장차 반이 가도 아직은 경신의 날.
객창 휘장 아래 등불 가물거리면 한 살을 더 먹으리니
거리 누각에 울리는 새벽종이 이미 봄을 알려주네.
불룩한 배의 오이⁹²를 제외하고 내 어찌 바라랴?
다만 해질녘 경치를 신음하듯 읊어 애처로워라.

燕京俱是倦遊人, 共値良辰各愴神.
今歲未昏猶乙卯, 此宵將半尙庚申.
燈殘客幌俄添齒, 鍾動街樓已報春.
除得腹彭吾豈敢? 只憐流景坐吟呻.

2-22. 우연히 읊다[偶吟]

살다보니 이미 백발⁹³의 침범을 받아

---

91 을묘 12월 18일(경신). 양력 표기의 광해군 6년(1615)의 음력 12월 18일로 되어 있다.
92 불룩한 배의 오이 : 원문은 '복팽(腹澎)'. 한유의 「성남연구(城南聯句)」에 "떫은 과실을 깎으니 껍질은 쭈글쭈글하고, 쓴 오이를 쪼개니 배는 불룩하구나.[澁旋皮卷齲, 苦開腹 彭亨.]"라고 한 데서 온 말이다.
93 백발 : 원문은 '이모(二毛)'. 중년에 귀밑머리가 처음으로 희어진 것을 말한다. 진(晉)나 라 때 반악(潘岳)의 「추흥부(秋興賦)」 서문에 "내 나이 32세에 비로소 이모가 나타났

집을 옮겨 죽림의 은거를 허락하지 않네.
진퇴는 하늘에 달려 있나 내게 달려 있나?
옥당이고 초가이고 전혀 무심하도다.
人生已受二毛侵, 未許移家隱竹林.
進退在天還在我? 玉堂茅舍摠無心.

시비와 영욕이란 상관하지 않으리라
명리의 관두에서 발붙이기 어렵구나.
우스워라 일생토록 나같은 빙씨자[94]는
풍설도 사랑하고 한기도 견딘다네.
是非榮辱莫相干, 名利關頭着脚難.
堪笑一生氷氏子, 愛他風雪耐他寒.

2-23. 이장배(李長培) 이문학관이 〈처음으로 조회에 참여하고〉[95]의 '농
(濃)'자 운으로 지어 보여주기에 다시 두 수를 지어 답한다[李學官用初
見朝濃字韻見示再賦二首以復]

새벽 기운 떨치고 구진 별[96] 옮겨가면

다.[余春秋三十有二, 始見二毛.]"라고 한 데서 유래했다.

94 빙씨자(氷氏子) : 우박. 진(晉)나라 왕침(王沈)이 지은 「석시론(釋時論)」에, 우박[氷氏
    子]이 춥고 음습한 곳에서 햇빛 찬란한 곳으로 가려고 동야장인(東野丈人)에게 길을
    묻자, 동야장인이 공(公)의 집안에 공이 나고 경(卿)의 집안에 경이 나는 법이므로 한기
    (寒氣)에 찌든 이는 열기를 얻을 방도가 없다고 대답을 했다.

95 처음으로 조회에 참여하고 : 원문은 '초현조(初見朝)'로, '朝' 앞에 존대의 빈칸이 있다.
    「초현조」는 1-78 「19일 자금성에 들어가 천자를 뵙고[十九日見朝]」 시를 말한다.

96 구진(鉤陳) : 하늘의 자미원(紫微垣) 안에 있는 별로, 천자의 육군(六軍), 근위군 등을
    상징하는데, 전하여 궁중(宮中)을 가리킨다. 여기서는 별을 말한다. 양웅(揚雄)의 「감

일천 관원이 궁궐의 종 소리에 맞춰 모이네.

경옥 피리 소리에 봉황이 춤 추고[97]

옥 수레[98] 몰아 용이 날아오르길[99] 기다리는데,

맑은 기운[100] 흰 서리는 손바닥에서 날리고

남은 추위에 흰눈은 소나무를 뒤덮고 있네.

평명에 백수달[101] 궁문이 열리고

보불 무늬 옥좌에는 상서로운 구름[102] 짙어라.

拂曉鉤陳轉, 千官趁禁鍾.

瓊簫儀舞鳳, 玉輅候飛龍.

灝氣霜飄掌, 餘寒雪覆松.

平明開獸闥, 黼座矞雲濃.

「천부(甘泉賦)」에 "복구진사당병(伏鉤陳使當兵)"이라는 구절이 있는데, 이선(李善)의 주에 "구진은 신(神)의 이름인데, 자미궁(紫微宮) 밖의 영진성(營陳星)이다."라고 했다.

97 봉황이 춤추고 : 원문은 '의무봉(儀舞鳳)'으로, '의봉(儀鳳)'은 『서경』「익직(益稷)」에 "소소(簫韶)를 아홉 번 연주하자, 봉황이 와서 춤을 추었다.[簫韶九成, 鳳凰來儀.]"한 데서 유래하여 태평성대를 가리킨다.

98 옥로(玉輅) : 천자가 타는 다섯 가지 수레 가운데 하나로, 옥으로 만든 수레이다. 이밖에 금으로 만든 금로(金輅), 상아로 만든 상로(象輅), 가죽으로 만든 혁로(革輅), 나무로 만든 목로(木輅) 등이 있다.

99 비룡(飛龍) : 『주역』「건괘(乾卦) 구오(九五)」에 "나는 용이 하늘에 있다.[飛龍在天]"라는 말이 나오고, 그 「문언(文言)」에 "구름은 용을 따르고 바람은 범을 따르나니, 성인이 출현하면 만물이 모두 우러러보게 마련이다.[雲從龍, 風從虎, 聖人作而萬物覩.]"라는 말이 나온다.

100 호기(灝氣) : 천지 사이에 가득 찬 정대(正大)하고 강직(剛直)한 기운을 말한다.

101 백수달 : 원문은 '수달(獸闥)'. 한(漢)나라 장안(長安)의 궁문(宮門) 이름인 백수달(白獸闥) 즉 백수문(白獸門)을 말한다. 원래는 백호문(白虎門)이었는데, 당 태조(唐太祖)의 성명이 이호(李虎)이기 때문에 이를 휘(諱)하여 호(虎)를 수(獸)로 고쳤다.

102 상서로운 구름 : 원문은 '율운(矞雲)'. 밖은 적색(赤色)이고 안은 청색(靑色)인 구름이라고 한다.

밤새 고향의 꿈을 꾸다가

새벽[103] 종소리에 놀라 잠을 깨었네.

가는 해는 청토(靑兎, 을묘)[104]를 떠나고

귀로는 노룡(盧龍)[105]에 아득하다.

객점의 탑상에서 등불 빛만 동무하자니

황폐한 고향동산[106]의 국화 소나무가 그리워라.

나그네 마음은 정말 너무도 근심스럽고

뻣뻣한 구레나룻은 흰눈과 서리마냥 새하얗구나.

[진백옥[107]의 팔측자체(여덟 측성 글자 체)를 본받다.]

---

103 새벽 : 원문은 '후야(後夜)'로, 불교에서 말하는 육시(六時) 가운데 새벽의 시각을 가리
키는 명칭이다. 불가(佛家)에서 1주야를 여섯으로 나눈 시각을 육시라고 하는데, 그
명칭은 각각 신조(晨朝)·일중(日中)·일몰(日沒)·초야(初夜)·중야(中夜)·후야(後夜)
이다.

104 청토(靑兎) : 십이진(十二辰)의 자(子), 축(丑), 인(寅), 묘(卯), 진(辰), 사(巳), 오(午),
미(未), 신(申), 유(酉), 술(戌), 해(亥)는 각각 쥐[鼠], 소[牛], 범[虎], 토끼[兎], 용(龍),
뱀[蛇], 말[馬], 양(羊), 잔나비[猿], 닭[鷄], 개[狗], 돼지[猪]에 해당하므로, 묘(卯)를
토(兎)라 했다.

105 노룡(盧龍) : 수(隋)나라 때의 하북성 무령현(河北省撫寧縣) 동쪽에 있었던 현(縣)의
이름. 당(唐)나라 때에는 하북성(河北省) 북부와 열하성(熱河省) 남부에 설치했던 진
(鎭)의 이름으로 범양절도(范陽節度)라고 했다. 앞에 나왔다.

106 황폐한 고향동산 : 원문은 '황원(荒園)'. 도연명(陶淵明)의 「귀거래사(歸去來辭)」 첫 구
절에 "고향에 돌아가세. 전원이 황무해지거늘 돌아가지 않으랴?[歸去來兮, 田園將蕪胡
不歸?]"라는 말을 바꾸어 쓴 것이다.

107 진백옥(陳伯玉) : 진자앙(陳子昻, 661~702). 자가 백옥(伯玉)이다. 당나라 예종(睿宗)
광택(光宅) 1년(684)에 진사시에 급제하고 벼슬이 우습유(右拾遺)에 이르렀다. 그의
「감우시38수(感遇詩三十八首)」는 위(魏)나라 완적(阮籍)의 영회시(詠懷詩)를 모방하
여 지은 것인데, 주희도 그 시를 본받아 「재거감흥(齋居感興)」 시를 지었다. 단, 당
고종(唐高宗)의 후비(后妃)인 측천 무후(則天武后)가 예종(睿宗)을 폐위시키고 스스로
제위(帝位)에 올라 국호를 주(周)라 참칭했는데, 이때 진자앙이 주나라가 천명(天命)을
받았다는 내용과 송(頌)을 지었다. 『신당서(新唐書)』「진자앙열전(陳子昻列傳)」 찬(贊)
에 "자앙이 무후에게 유세하여 명당과 태학을 부흥시켰는데, 그 말은 매우 고상하나
자못 괴이하고 우습도다. …… 장님은 태산을 보지 못하고, 귀머거리는 우렛소리를 듣

一枕故鄉夢, 驚回後夜鍾.
徂年謝靑兎, 歸路杳盧龍.
客榻伴燈火, 荒園念菊松.
羈懷正愁絶, 危鬢雪霜濃.
[效陳伯玉八仄字體]

해설 이 시의 평측은 다음과 같다. "仄仄仄平仄, 平平仄仄平. 平平仄平仄, 平仄仄平平. 仄仄仄平仄, 平平仄仄平. 平平仄平仄, 平仄仄平平." 진백옥(진자앙) 체란 5언의 제3자에 모두 측성자를 사용하는 체를 말한다. 본래 제1구에 제3자는, 제3구의 제3자, 제5구의 제3자, 제7구의 제3자는 평성이어야 하지만 그 규칙을 의도적으로 파괴한 평측법이다.

2-24. 족손 허쟁[108]이 황제의 칙지를 가지고 먼저 돌아가기에 짓다[族孫許崝持聖旨先還有作]

무함 밝혀 의리 현창하니 천자의 성은이 크고
황제의 훈령이 간곡하여 추장과 허여가 융성하다.
덕음을 제대로 국왕의 옥좌 앞에 진설하리니
관새를 나가는 행색에 이미 봄바람 살랑이네.

昭誣彰義聖恩洪, 帝訓丁寧獎與隆.
好把德音陳玉陛, 出關行色已春風.

지 못하니, 자앙은 말에 있어 그 귀머거리와 장님일 것인저![子昻說武后興明堂太學, 其言甚高, 殊可怪笑. …… 瞽者不見泰山, 聾者不聞震霆, 子昻之於言, 其聾瞽歟!]라고 비판한 내용이 있다.
108 족손(族孫) 허쟁(許崝, 1573~1663) : 본관은 양천(陽川). 자는 탁보(卓甫)이다.

경색은 달려가서 섣달 그믐[109] 핍박하니
동쪽으로 고향 바라보는 마음이 어떠하랴?
귀환하는 사행을 객지에서 거듭 전송하며
집 사람에게 보낼 한 통 글월을 부탁한다.

馳景駿駿逼歲除, 故園東望意如何?
客中再送還鄕使, 爲寄家人一紙書.

해설 허균의 족손(族孫) 허쟁(許崢)은 1606년(선조 39) 무과에 급제하고 곧 선전관에 임명되었는데 영창대군(永昌大君)이 강화로 쫓겨갈 때 선전관으로 따라갔다. 이어 절충장군(折衝將軍)·가을파진첨절제사(加乙波鎭僉節制使)를 거쳐 조방장(助防將)으로 승임되어 1년 동안 함흥에 있다가 할머니상을 당하여 사직했다. 뒷날 1622년(광해군 14) 첨지중추부사, 이듬해 결성병마도위(結城兵馬都尉)를 지내고 1627년(인조 5) 정묘호란 때 위장(衛將)으로 인조를 따라 강화에 호종하며, 그 뒤 부산진첨절제사가 되고 1634년 인동도호부사(仁同都護府使)가 된다. 1636년 병자호란 때 내승 겸 선전관으로 왕과 함께 남한산성에 피난했다가 이듬해 호종의 공으로 동지중추부사에 오르며, 낙안·장흥의 부사를 역임하고, 1641년 어머니상을 당하여 전려(田廬)로 돌아간다. 1652년(효종 3) 자헌대부(資憲大夫), 1662년(현종 3) 정헌대부(正憲大夫)에 오른다. 허목(許穆, 1595~1682)이 1665년(현종 6)에 「허동추묘음기(許同樞墓陰記)」(記言別集 권21)를 짓는다.

---

109 섣달 그믐 : 원문은 '세제(歲除)'로, 제석(除夕)이라고 한다. 음력 섣달 그믐날 밤을 가리키는데 제야(除夜)라고도 한다.

2-25. 20일에 회포를 쏟아내다[念日寫懷]

오랜 객살이로 귀환 계획 잊고 있다가

오늘 아침 갑자기 서글퍼지네.

흐르는 광음은 번개 치듯 빠르고

돌아갈 생각은 내달리는 시냇물 같아라.

공자가 천명 알았던 일이 어찌 멀랴?[110]

거백옥이 지난 잘못 깨달은 것은 나보다 앞선 일[111]

관모를 나무에 걸고[112] 그만 둘 날 언제인가?

문양의 밭[113]이 황폐하도록 버려두다니.

久客忘還計, 今朝忽悵然.

---

110 공자가~어찌 멀랴 : 공자가 말한 지천명(地天命)의 오십이 박두했다는 뜻이다. 『논어』 「위정(爲政)」의 공자 말에 "나는 열다섯에 학문에 뜻을 두고, 서른에 자립하며, 마흔에 사리(事理)에 의혹하지 않고, 쉰에 천명을 알며, 예순에 귀로 들으면 그대로 이해되고, 일흔에 마음에 하고자 하는 바를 좇아도 법도에 넘지 않았다.[吾十有五而志于學, 三十而立, 四十而不惑, 五十而知天命, 六十而耳順, 七十而從心所欲不踰矩.]"라고 했다.

111 거백옥은~앞선 일 : 거비각이선(遽非覺已先) : 거(遽)는 춘추시대 위(衛)나라의 현대부(賢大夫)로 자가 백옥(伯玉)인 거원(遽瑗)을 가리킨다. 『회남자(淮南子)』 「원도훈(原道訓)」에 "거백옥은 나이 50이 되어서 49년 동안의 잘못을 알았다.[遽伯玉行年五十 而知四十九年之非]"라고 했다. 과거사를 회고하여 현재까지의 잘못된 행위를 깊이 후회할 나이가 되었다는 뜻이다.

112 관모를 나무에 걸고 : 원문은 '괘관(掛冠)'으로, 관을 벗어서 걸어 놓는다는 것은 벼슬을 그만두는 것을 뜻한다. 왕망(王莽)이 자식을 죽였는데, 방맹(逢萌)이 이것을 보고는 삼강(三綱)이 끊어졌다 하여 즉시 동도(東都) 성문(城門)에 관을 벗어 걸어 놓고 떠나버린 데서 온 말이다. 『후한서(後漢書)』 「방맹렬전(逢萌列傳)」 참고.

113 문양의 밭 : 원문은 '문양전(汶陽田)'. 산동성(山東省) 곡부현(曲阜縣)의 다른 이름인 문양(汶陽)에 있는 밭이라는 말이다. 『논어』 「옹야(雍也)」에, 계씨(季氏)가 민자건(閔子騫)을 비읍(費邑)의 읍재(邑宰)로 삼자 민자건이 말하기를, "부디 나를 위해서 잘 말씀드려 주십시오. 만일 다시 나를 부르는 일이 있다면 나는 그때 저 문수 가에 가서 있을 것입니다."라고 한 데서 연유한 말이다. 은퇴하여 고향으로 돌아가는 것을 문양전(汶陽田)이라 하게 되었다.

流光同掣電, 歸思若奔川.

孔命知奚遠? 遽非覺已先.

掛冠何日是? 廢盡汶陽田.

해는 저물건만 귀거래하기 어려워

나그네 근심 속에 홀로 문 닫고 지내네.

올해도 이제 십 여 일 뿐

고국은 일 천 산이 가로막고 있구나.

약 주머니 덕분에 병이 조금 나았고

책 찌에 제목 쓰며 심심함을 깬다네.

하늘 가에서 짐짓 무료한 나날 보내면

장차 꿈속에서는 귀향을 허여하리.

歲盡歸難得, 羈憂獨閉關.

今年餘十日, 故國隔千山.

藥裹因除病, 書籤爲破閑.

天涯聊自遣, 且許夢中還.

2-26. 상사[114]께서 주신 세 편의 율시 가운데 두 수는 곧 내가 통주에서
북경에 들어올 때에 지은 시[115]의 운이고 한 수는 내가 족손 허쟁을
전송하면서 지은 시이므로, 이에 그 시에 화운한다[上价貽三律 二卽用
僕通州入京詩韵 而一卽送崝孫之作 仍和之]

---

114 상사(上使) : 원문은 '상개(上价)'. 여기서는 지은이와 동행한 정사(正使) 지애(芝厓)
민형남(閔馨男)을 가리킨다.

115 북경에~지은 시 : 1편은 통주에서, 1편은 북경에 들어가자마자 지은 시이다. 즉, 1-75
「통주에 머물며 우연히 짓다[留通州偶作]와 1-76 「북경에 들어가서 짓다[入京師有作]」
를 말한다.

같은 탑상에서 잠드니 장막에 향내 배고
느즈막히 일어나선 햇살이 방에 가득하여 놀란다.
이 몸이 만 리 타국의 나그네라 서글프고¹¹⁶
양 구레나룻이 온갖 근심에 세월 흔적 안타깝네.
흰눈 내린 달밤 경치를 시 재료로 쓴다만
술잔 들어 이별의 쓰린 창자를 씻어내긴 어려워라.
훌륭하신 시에 속된 기운 없음을 감사드리나니
규방 여인이 음녀의 화장을 부끄러워하는 듯.

困眠一榻帳凝香, 晏起俄驚日在房.
萬里此身悲遠客, 百憂雙鬂惜流光.
但將雪月供吟料, 難把杯觴浣別腸.
多謝好詩無俗韻, 幽閨羞學倚門粧.

벼슬 전¹¹⁷ 마음 찾아 언제 북원¹¹⁸으로 돌아가랴?
작년 올해 사명 띠고 구중궁궐 알현하여,
하늘 가 객점 베개에서 된서리는 구레나룻 침범하고
꿈속의 거친 동산은 흰눈이 문을 에워싸고 있네.
이 몸은 본디 유유자적함을 분수로 삼았기에
귀한 분들 좇아 존대받는 걸 싫어하니,

116 이 몸이~서글프고 : 두보(杜甫)가 56세 중구일에 객지에서 지은 「등고(登高)」에 "만 리에 슬픈 가을 항상 나그네 몸이요, 백년에 많은 질병 혼자 오르는 산이로다.[萬里悲秋常作客, 百年多病獨登臺.]"라고 한 구절이 있다.
117 벼슬 전 : 원문은 '초복(初服)'으로, 본래 출사(出仕)하기 전에 입던 옷이란 말로, 처음 살던 곳으로 돌아가 은거한다는 뜻이다. 굴원(屈原)의 「이소(離騷)」에 "물러나 다시 나의 초복을 손질하리.[退將復修吾初服.]"라고 한 데서 온 말이다.
118 북원(北原) : 강원도 원주. 허균의 모친이 원주에 묻혀 있다.

복명(復命) 후 만일 관동 부절[119]을 혹 주시면
편한 두건 청릉 도포[120]로 궁궐 액정[121]을 나오련다.

初服何時返北原? 連年銜命謁重閽.
天涯客枕霜侵鬢, 夢裏荒園雪擁門.
已分此身從自適, 厭迫諸貴學相尊.
還朝倘賜關東節, 便襆靑綾出掖垣.

두 통의 상주문을 천자의 섬돌에 바치니
조정의 의론이 이미 결정나고 말았네.
패사의 무함을 씻어주어 은총이 우악하나
적위[122]의 경사는 어그러져 한탄이 다시 얽어매네.
상감의 효사(孝思)를 성취 못함은 정성이 옅어서이니.
우리 사절이 무슨 낯으로 고국으로 돌아가랴?
가서 선왕을 근성(覲省)하여 예부 의론을 진달하고
내년에 다시 청하여 천자의 뜻을 돌이키도록 하자.

兩封敷奏赤墀邊, 廷論從違事已焉.
稗史滌誣恩縱渥, 翟章虧慶恨還纏.

---

119 관동 부절 : 원문은 '관동절(關東節)'로, 강원도 관찰사의 외직을 말한다.
120 청릉 도포 : 원문은 '청릉(靑綾)'. 여기서는 청포(靑袍)를 가리킨다. 청포(靑袍)는 당나
  라 때 팔품(八品)·구품(九品)의 관원이 입는 관복(官服)으로, 전하여 미관말직(微官末
  職)을 의미한다. 강원도 관찰사는 종2품의 높은 관직이지만 관직에 연연하지 않는다는
  뜻에서 청릉 도포 운운한 것이다.
121 액원(掖垣) : 액성(掖省)과 같은 말로, 대궐을 가리킨다. 당나라 때 문하(門下)와 중서
  (中書) 양성(兩省)이 금중(禁中)의 좌우에 있었던 데서 유래했다. 두보의 시 「제성중원
  벽(題省中院壁)」에 "대궐 곁의 대울타리엔 오동나무가 열 장인데, 통문의 마주한 처마
  밑은 항상 침침하도다.[掖垣竹坤梧十尋, 洞門對霤常陰陰.]"라고 했다.
122 적위(翟褘) : 원문은 '적장(翟章)'. 꿩의 무늬를 수놓은 왕비의 예복이다. 여기서는 광해
  군 생모 공성왕후를 위해 청한 왕비 복을 말한다.

孝思難就緣誠淺, 使節何顔向國旋?

好去觀先陳部議, 明年申請可回天.

2-27. 23일 상을 받기 위하여 자금성에 나아가 즉흥으로 일을 노래하다
[廿三日以領賞詣闕卽事]

중국 땅엔 봄이 오려 하여

단문과 대궐[123]에는 남은 눈도 녹고,

봄바람은 궁중 후원에 불어오며

맑은 기운이 장안에 가득하다.

새해 돌아와[124] 설날[125]이 가까워져

천은(天恩)를 함께 받아 만민들 기뻐하고,

먼 나라 신하도 은총의 하사를 받아

비단 도포에 흰 깁 겹옷을 걸쳤으니,

승화전[126]에 해가 돌고

---

123 단문과 대궐 : 원문은 '단위(端闈)'로, 대궐의 정문인 오문(午門)과 정궁(正宮)을 가리킨다.

124 새해 돌아와 : 원문은 '헌세(獻歲)'로, 새해가 오고 봄기운이 발양하는 것을 말한다. 『초사(楚辭)』「초혼(招魂)」에 "해가 새로이 이르고 봄기운이 발양하건만, 나만 혼자 쫓겨나서 남으로 가네.[獻歲發春兮, 汩吾南征.]"라고 한 데서 온 말이다.

125 설날 : 원문은 '삼원(三元)'으로, 음력 정월 초하루를 가리킨다. 이날은 년(年)·월(月)·일(日)의 시작이기 때문에 삼원이라고 한다. 남조(南朝) 양(梁)나라 종름(宗懍)의 『형초세시기(荊楚歲時記)』에 "정월 초하루는 삼원의 날이다."라고 했다.

126 승화전(承華殿) : 본래 한나라 무제가 서왕모(西王母)를 만났던 곳이다. 여기서는 자금성의 궁전을 가리킨다. 한나라 무제는 7월 7일에 승화전에 있을 때 갑자기 청조(青鳥) 한 마리가 서쪽에서 날아와 전각 앞에 이르렀는데, 무제가 동방삭(東方朔)에게 물었더니 동방삭이 "이것은 서왕모가 오려는 것입니다.[此西王母欲來也.]"라고 대답했고, 잠시 뒤에 서왕모가 이르렀다고 한다. 이 고사는 『예문유취(藝文類聚)』「한무고사(漢武故事)」 등에 전한다.

좌액문¹²⁷에 구름이 열리누나.

객조¹²⁸ 관리는 상품을 이리저리 살피고

종복들까지 두루 은혜를 입었네.

하패¹²⁹ 찬 재상은 황각¹³⁰으로 달려가고

성관¹³¹ 쓴 고관은 중서성 자원¹³²을 끼고 있는데,

그 참에 듣자니 여러 원로들이 상소하여

간쟁한 신하의 억울함을 다투어 논쟁했다네.

["어사 유광복¹³³이 간쟁한 일이 감(監)에 계류중이었는데, 이날 각부(閣

---

127 좌액문(左掖門) : 대궐의 정문(正門) 좌우에 있는 작은 문을 좌액문(左掖門)·우액문(右掖門)이라고 한다. 『한서(漢書)』「고후본기(高后本紀)」에 "장(章)이 주발(周勃)에게 병사 1천 인을 요청하여 미앙궁(未央宮)의 액문(掖門)으로 들어갔다."라고 했는데, 안사고(顔師古) 주에 "정문의 양쪽에 있어, 마치 사람이 옆구리에 끼고 있는 것과 같다."라고 했다.

128 객조(客曹) : 외국 사신을 담당하는 주객사(主客司). 전국(戰國)시대부터 있던 관청으로서 한대(漢代)에는 객조(客曹), 남주객조·북주객주가 있었고, 진(晉)대에는 좌·우·남·북의 객조로 나뉘었으며, 당(唐)대에는 주객 낭중(主客郞中)을 두어 제번(諸藩)의 조공을 관장케 했다.

129 하패(霞佩) : 고관의 패옥(佩玉)을 말한다. 본래는 선녀들이 차는 패옥을 가리키는 말이다.

130 황각(黃閣) : 재상을 가리킨다. 한(漢)나라 승상(丞相)이 나라 일을 보던 곳을 황각이라 불렀는데, 그곳 문을 황색으로 칠했기 때문이다. 당나라 때에는 문하성(門下省)도 황각이라 불렀다.

131 성관(星冠) : 중서성의 관료들이 쓰는 모자. 본래 칠성관(七星冠)이라고도 하는 모자의 일종으로, 신선들이 쓰는 모자라고 한다.

132 자원(紫垣) : 자미원(紫薇垣)의 준말. 자미성(紫薇省). 당나라 때 중서성(中書省)의 앞뜰에 목백일홍(木百日紅)인 자미를 심었으므로 중서성을 자미성이라고 불렀다.

133 유광복(劉光復) : 급사(給事) 유광복(劉光復, 1566~1623). 명나라 지주부(池州府) 청양(靑陽) 사람으로, 자는 돈보(敦甫), 호는 정일(貞一), 만년의 호는 견초(見初)이다. 만력(萬曆) 26년의 진사이다. 제기 지현(諸暨知縣)에 제수되었다가 어사(御史)에 발탁되었다. 1615년(만력 43), 정격안(挺擊案)이 일어나자, 신종(神宗)이 정신(廷臣)을 자녕궁(慈寧宮)으로 불렀을 때 유광복이 복공왕(福恭王)이 인효(仁孝)하고 과실이 없다고 신설(申說)하다가 신종의 노여움을 사서 정장(廷杖)을 받고 하옥되었다. 7년 동안이나 금고되었다가 신종(만력제)가 임종 때 사면하여 민적(民籍)을 회복시켜 주었다. 광종(光宗)이 등극함에

部)[134]의 과도(科道)[135]가 모두 글월을 올려 말끔하게 석명했다." 했기 때문에
그것을 언급했다.]

上國春將至, 端圍雪欲殘.

東風吹禁苑, 淑氣滿長安.

獻歲三元逼, 同恩萬寓歡.

遠臣添寵賚, 袍錦疊羅紈.

日轉承華殿, 雲開左掖門.

客曺來驗賞, 臺隷遍蒙恩.

霞珮趨黃閣, 星冠擁紫垣.

仍聞諸老疏, 爭訟諫臣冤.

[御史劉光復言事在監, 是日閣部科道, 皆上章淸釋云, 故及之.]

해설 유광복(劉光復)은 1615년의 '정격안(梃擊案)'에 연루되었다. 1615년
5월, 장차(張差)라는 자가 몽둥이를 들고 황태자 주상락(朱常洛)의 자경궁
(慈慶宮)에 난입하여 사람을 마구 때리다가 붙잡혀 형부로 넘겨졌다.
형부에서는 광증(狂症)에서 비롯된 사건으로 보고 장차를 처형하는 것으
로 종결지으려 했다. 그런데 제뢰주사(提牢主事) 왕지채(王之寀)가 장차를
취조하여 정귀비(鄭貴妃)의 측근 환관 방보(龐保)와 유성(劉成)이 자경궁
에서 사람을 죽이라고 지시했다는 진술을 받아냈다. 왕지채가 이 사실을
상주하여 조정은 정쟁에 휩싸였다. 동림당(東林黨) 관리들은 정귀비가
자신의 아들 주상순(朱常洵)을 황태자로 세우려고 주상락을 해치려 하였

20여 명의 대관(臺官)이 하루 만에 모두 제수되었다. 단, 유광복은 광록시승(光祿寺丞)이
되는 데 그쳤다. 얼마 뒤 죽었다. 문집으로 『견초집(見初集)』이 있다.

134 각부(閣部) : 명·청 시대 내각(內閣) 또는 내각 대신의 별칭이다.

135 과도(科道) : 과도관(科道官). 명·청 때 육과(六科)의 급사중(給事中)과 도찰원(都察院)
의 15도 감찰어사(監察御史)를 통칭한 말이다. 풍속을 감찰하고 관리를 규찰하며 황제
에게 간언하는 임무를 띠었다. 『명사』「직관지(職官志)」참조.

다며 정귀비와 그의 아버지 정국태(鄭國泰)를 사건의 배후로 지목했다. 하지만 비동림파(非東林派) 관리들은 왕지채가 사실을 날조한 것이라고 했다. 신종을 실은 제3남인 주상순을 편애했다고 한다. 신종은 장차와 방보·유성을 처형하는 것으로 사건을 마무리지으려 했다. 이 사건으로 정귀비와 그의 일가는 세력이 크게 약화되고, 황태자로서 주상락의 지위는 공고해졌다. 주상락은 이후 즉위하여 광종(光宗)이 된다. 유광복은 복공왕(福恭王)인 주상순을 편들었기 때문에 고초를 겪었다.

2-28. 상사[136]의 시에 차운하다[次上价韻]

벼슬길 신속한 특진[137]은 바랄 마음 없으니
귀국할 흥취만 나날이 훨훨하게 하여주오.
차츰 보니 절서가 몰래 밀고뺏어 봄철이 찾아와
도리어 기쁘네 조물주의 교묘한 알선이.
어릿한 꿈은 삼신산 바다 밖을 멀리 헤매니
화창한 봄빛이 옥 섬돌에 바야흐로 고우리라.
고국 동산에 화신풍이 지금 저러하여
강가 매화가 납일 전에 터진 것을 보는 듯.

仕路無心望九遷, 只教歸興日翩然.
漸看春序潛推欸, 却喜天工巧幹旋.
昏夢遠迷瑤海外, 韶光方麗玉墀邊.

---

136 상사(上使) : 여기서는 정사(正使) 민형남을 가리킨다.
137 신속한 특진 : 원문은 '구천(九遷)'으로, 일 년에 아홉 번 승진하는 것을 말한다. 당나라 한유(韓愈)의 「상장복야서(上張僕射書)」에 "날마다 천금의 하사를 받고, 일 년에 아홉 번 그 관직이 오르다.[日受千金之賜, 一歲九遷其官.]"라고 했다

故園花信今如許, 想見江梅破臘前.

정좌에 어찌 세속 근심이 침탈하게 두랴?

서책만을 지녀 지음이 되어,

뜬세상 무궁한 일들을 죄다 버리니

공문(불교)의 못다한 마음[138]을 홀연 깨닫는 듯.

해마다 먼길 여행에 구레나룻 더욱 희어지고

귀거래의 평생 계획은 운림[139]을 저버렸네.

나그네 회포에 새해 오길 고대했건만

막상 새해를 만나선 여한을 금치 못하누나.

靜坐寧教俗慮侵? 只携書卷作知音.

盡捐浮世無窮事, 忽悟空門未了心.

連歲遠遊添雪鬢, 半生歸計負雲林.

旅情苦待新年至, 將值新年恨不禁.

2-29. 사은의 예를 올리기 위하여 이른 아침에 대궐로 나아가며[謝恩早朝]

단문[140]을 활짝 여니 새벽 경색이 차가운데

---

138 못 다한 마음 : 원문은 '미료심(未了心)'으로, 다하지 못한 마음. 인연을 가리킨다. 소식
(蘇軾)이 시사(時事)를 논하다가 감옥에 갇혀 괴로운 날을 보내면서 아마도 살아남지
못할 것이라고 짐작하고는 아우 자유(子由)에게 영결(永訣)을 고한 시의 마지막 부분
에, "너와 함께 대대로 형과 아우로 지내면서, 내생에서도 다하지 않을 인연을 다시
맺자꾸나.[與君世世爲兄弟 又結來生未了因]"라는 표현이 나온다.

139 운림(雲林) : 은자가 사는 곳을 말한다. 당나라 왕유(王維)의 「도원행(桃源行)」에 "당시
에 깊은 산속에 든 줄만 알았더니, 맑은 시내 몇 번 건너 운림에 당도했던가?[當時只記
入山深, 淸溪幾度到雲林?]"라고 했다.

140 단문(端門) : 북경 황성(皇城)의 정문인 천안문과 자금성의 정문인 오문(午門) 사이에

궁정 붉은 뜰에 칼과 패옥 찬 문무관이 원추·난조[141]처럼 모이네.
휘황하게 이지러진 달은 황금방에 밝고
뉘엿뉘엿 맑은 구름은 승로반[142]에 모여 있다.
감히 잔디 뿌리 엉기듯[143] 백관들[144]과 함께 하길 바라랴?
뒤웅박 매달리듯[145] 삼한에 갇혀 있어 안타깝구나.
아침 끝나도록 현신들 지나감을 다 보고는
혹여 조선 땅[146]에 이난[147] 있음을 알 듯도 하여라.

있는 문이다. 북경의 내성에서부터 자금성에 이르기까지 정양문(正陽門)·대청문(大淸門)·천안문(天安門)·단문(端門)·오문(午門) 등 다섯 개 문이 일직선 위에 놓여 있었는데, 현재는 대청문을 제외한 네 개의 문이 남아 있다.

141 원추·난조 : 원문은 '원난(鴛鸞)'. 봉황의 일종인 원추(鴛雛)와 난조(鸞鳥)로 조정의 반열을 뜻한다. 이에 비해 균(麕)은 미록(麋鹿), 즉 노루와 사슴으로 산림이나 초야를 뜻한다. 백거이(白居易)의 시 「서림사에 묵은 뒤 이른 아침 동림사 만 상인의 법회에 참석하러 가면서 최 십이 원외에게 부치다[宿西林寺 早赴東林滿上人之會 因寄崔十二員外]」에 "귀양 가며 대궐 떠나매 원난이 멀어지고, 늙어서 여산에 들어가니 미록이 따른다.[謫辭魏闕鴛鸞隔, 老入廬山麋鹿隨.]"라고 했다.

142 승로반(承露盤) : 원문은 '노반(露盤)'. 한(漢)나라 무제(武帝)가 일찍이 신선을 사모하여, 건장궁(建章宮)에 20장(丈) 높이의 구리 기둥을 세우고 이슬을 받는 선인장(仙人掌)을 그 기둥 위에 설치하여 이슬을 받아서 옥가루에 타서 마셨다는 고사에서 온 말이다. 『한서』 「교사지(郊祀志)」 참조.

143 잔디 뿌리 엉기듯 : 원문은 '여련(茹連)'. 뜻을 같이하는 현인들과 함께 때를 만나 조정에 진출하여 국가 대사를 도모하는 것을 비유한 말이다. 『주역』 「태괘(泰卦) 초구(初九)」에 "서로 뒤엉켜 있는 잔디 뿌리를 뽑아 올리듯, 동류와 어울려 함께 나아오니 길하다.[拔茅茹, 以其彙, 征吉.]"라고 했다.

144 백관들 : 원문은 '백벽(百辟)'. 『시경』 「문왕(文王)」에 "하늘이 하는 일은 소리도 냄새도 없다만, 오직 문왕을 본받으면 만방이 다 진작하여 믿으리라.[上天之載, 無聲無臭, 儀刑文王, 萬邦作孚.]"라고 했다.

145 포계(匏繫) : 한 곳에 매달린 뒤웅박이라는 말로, 여기에서는 자유롭게 다니지 못하는 처지를 비유한다. 『논어』 「양화(陽貨)」에 "내가 어찌 뒤웅박처럼 한 곳에 매달린 채 먹기를 구하지 않을 수가 있겠는가?[吾豈匏瓜也哉, 焉能繫而不食?]"라고 탄식한 공자의 말이 보인다.

146 조선 땅 : 원문은 '기봉(箕封)'. 기자(箕子)가 봉해진 땅이라고 해서 우리나라를 가리킨

洞啓端門曙色寒. 彤庭劒珮集鵁鸞.

輝輝缺月明金牓, 冉冉晴雲簇露盤.

敢冀茹連參百辟? 只嗟匏繫限三韓.

終朝閱盡群賢過, 倘識箕封有二難.

천자의 의장이 새벽에 엄중하니 자금성이 헌창하고

전각 앞 갈도(喝導)로 동곳에 관띠의 고관들 인도하네.

명성은 전부 견줄 이 없는 사람들

내 몸 내 집 편케 함[148]은 어느 누가 제일인가?

요행히 관모와 의상으로 우공[149]을 닦으나

티끌·이슬로 요임금의 인덕에 답하랴?

옥황이 붉은 구름 속에 공수(拱手)하고 계시니

청도[150]의 시종신에게 물어 의식을 본받으련다.

다. 『사기』「송미자세가(宋微子世家)」에 보면. 기자가 주 무왕(周武王)의 봉함을 받고 백마를 타고서 조선으로 왔다고 한다.

147 이난(二難) : 두 가지 얻기 어려운 것, 곧 어진 주인과 아름다운 손님을 말한다. 여기서는 성군(聖君)과 현신(賢臣)이 만나는 것을 말한다. 왕발(王勃)의 「등왕각서(藤王閣序)」에 "네 가지 아름다움이 갖추어지고 두 가지 어려운 일이 아울러 갖춰졌다.[四美具, 二難幷.]"라는 표현에서 온 말이다.

148 내 몸 내 집 편케 함 : 원문은 '강제(康濟)'로, 수신제가(修身齊家)의 뜻이다. 소옹의 「하사음(何事吟)」에, "어째서 사람들은 깊이 고심을 하는가? 세상을 벗어나 조용히 읊조린다네. 천균의 쇠뇌처럼 신중하게 움직이려면, 쇠뇌를 백 번 단련하듯 갈고 닦아야 하리라. 낚시질한다면서 생살의 칼자루를 잡고, 가만히 바둑돌 놓으면서 마음속은 전쟁이라니! 맛좋은 술 한 잔 하며 마음 편히 지내며, 숲 속에서 때때로 홀로 술잔 기울이려 하노라.[何事敎人用意深? 出塵些子素沈吟. 施爲欲似千鈞弩, 磨礪當如百鍊金. 釣水誤持生殺柄, 著碁閒動戰爭心! 一盃美酒聊康濟, 林下時時欲自斟.]"라고 했다

149 우공(禹貢) : 각 지역의 특성에 맞추어 세금과 공물(貢物)을 매기는 것이다. 우(禹) 임금이 구주(九州)를 나누고 산세를 따라 물길을 소통시켰으며 토질에 맞추어 공물을 내게 한 데서 비롯되었다. 『서경』「우공(禹貢)」참조.

150 청도(淸都) : 옥황상제가 산다는 천상의 궁전을 가리킨다. 『초사(楚辭)』「원유(遠遊)」

天仗晨嚴敞紫宸, 殿頭淸喝引簪紳.

聲名總是無雙士, 康濟誰爲第一人?

幸襲冠裳修禹貢, 敢將塵露答堯仁?

玉皇深拱彤雲裏, 欲問淸都法從臣.

2-30. 28일 큰 눈이 내리다[卄八日大雪]

납일이 다했는데 대설이 온통 나무를 뒤덮고

배꽃과 매화는 들쭉날쭉 때 어기고 피어나네.

하얀 띠와 은술잔[151]은 저절로 밑 빠지고

경옥 다락 보옥 전각은 다투어 우뚝우뚝하네.

양고주와 금장막[152] 이야기도 역시 헛되고

노새 타고 파교[153]에서 시 지음도 유쾌할 것 없네.

참조.

151 호대은배(縞帶銀杯) ; 눈이 오는 풍경을 비유한 말이다. 당나라 한유(韓愈)의 시 「영설
증장적(詠雪贈張籍)」에 "수레를 따르니 흰 띠가 뒤집히고, 말을 좇으니 은 술잔이 흩어
지네.[隨車翻縞帶, 逐馬散銀盃.]"라고 했다.

152 양고주와 금장막 : 고아금장(羔兒金帳)으로, 고아는 양고주(羊羔酒)이다. 송나라 때
찹쌀과 양고기 등으로 빚은 맛 좋은 술 이름인데 일명 고아주(羔兒酒)라고도 불린다.
원나라 송백인(宋伯仁)의 『주소사(酒小史)』에, 산서(山西)에서는 양고주라고 했다. 송
나라 황도풍월주인(皇都風月主人)의 『녹창신화(綠窓新話)』에 다음 이야기가 실려 있
다. 도곡(陶穀)이란 학사(學士)가 당 태위(黨太尉) 집에 있었던 기생을 사서 돌아오는
길에 눈 녹인 물로 차를 끓이면서 "당 태위 집에서는 이러한 풍류를 몰랐겠지?" 하자,
대답하기를 "그는 거친 사람이니, 어찌 이러한 풍류가 있겠습니까? 다만 따뜻한 금
장식 휘장[소금장(銷金帳)] 안에서 가기(歌妓)의 노래를 들으며 양고주를 마실 줄 알
뿐입니다." 하니, 도곡이 부끄러워했다고 한다.

153 파교(灞橋) : 섬서성(陝西省) 남전현(藍田縣)에서 발원하여 장안(長安)의 동쪽을 흐르는
위수(渭水)의 지류인 파수(灞水)에 가설한 다리. 이곳 사람들은 이별할 때에 이 다리에서
버들가지를 꺾어 송별의 뜻을 전했다고 한다. 당 소종(唐昭宗) 때의 재상 정계(鄭綮)가

한가하게 학창의[154] 걸치고 새 차를 끓이려고
섬계[155]에서 배 타고 곧장 돌아가고파라.

臘盡大雪忽滿樹, 梨花梅花參差開.
縞帶銀杯自減沒, 瓊樓玉宇爭崔嵬.
羔兒金帳亦徒爾, 驢子灞橋非快哉.
閑按鶴氅煮新茗, 剡溪直欲乘船回.

2-31. 그믐날 새벽에 짓다[晦日曉作]

홀홀하게 이 한 해도 다 하려 하고
아스라한 곳[156]의 밤도 다 되어가거늘,
어느 누구도 잣술[157] 권하는 이 없고

시를 잘 지었는데, 혹자가 "상국은 요즘 새로 지은 시가 있는가?[相國近有新詩否?]"
문자, "시상이 눈보라 치는 파교의 나귀 등 위에 있는데, 이런 곳에서 어떻게 시를 얻을 수
있겠는가?[詩思在灞橋風雪中驢子上, 此處何以得之?]"라고 했다. 성당(盛唐)의 맹호연
(孟浩然)이 나귀 등에 타고서 눈발이 휘날리는 파교(灞橋) 위를 지나갈 때에야 그럴듯한
시상이 떠올랐다고 하는데, 이를 두고 송나라 소식(蘇軾)의 시 「증사진하충수재(贈寫眞何
充秀才)」에서 "또 보지 못했는가, 눈 속에 나귀 탄 맹호연이, 눈썹을 찌푸리고 시를 읊느라
어깨가 산처럼 솟은 것을?[又不見雪中騎驢孟浩然, 皺眉吟詩肩聳山?]"이라고 읊었다.
154 학창의(鶴氅衣) : 신선의 풍모를 뜻하는 말이다. 진(晉)나라 무제(武帝) 정황후(定皇后)
의 오빠인 왕공(王恭)이 언젠가 학창의를 입고 눈을 구경하고 있었는데, 맹창(孟昶)이
울타리 사이로 이 광경을 엿보다가 "이분은 참으로 신선 속의 사람이다.[此眞神仙中
人.]"라고 찬탄했다고 한다. 『세설신어(世說新語)』 「기선(企羨)」 참조.
155 섬계(剡溪) : 절강성(浙江省) 조아강(曹娥江)의 상류. 진(晉)나라 왕자유(王子猷)가 눈
이 오는 밤에 이곳에 살고 있는 대규(戴逵)를 찾아갔던 곳으로 유명하며, 대규가 살고
있는 시내라는 뜻으로 대계(戴溪)라고도 불렀다.
156 아스라한 곳 : 원문은 '초초(迢迢)'. 두보의 시 「설날에 종무에게 보이다[元日示宗武]」
에 "여기저기서 객지에서 정월을 만나니, 아스라이 먼 땅에서 체류하네. 떠돌이 신세로
백주를 다시 드노니, 늙은 몸에는 오직 명아주 평상이 어울리는군.[處處逢正月, 迢迢滯
遠方. 飄零還柏酒, 衰病只藜牀.]"이라 했다.

문에는 복숭아 부적¹⁵⁸을 이미 바꾸었네.

고국에 돌아가긴 어렵고

새봄 되었어도 병이 여전하니,

스스로 서글퍼라 몸과 그림자만이¹⁵⁹

동무하여 기구한 처지¹⁶⁰를 지키는 것이.

['수기(守畸)'가 이본에는 '벽등(壁燈)'으로 되어 있다. '동무하여 외론 벽 등
불을 지키는 것이'로 풀이된다.]

忽忽年將盡, 迢迢夜向徂.

人無勸栢酒, 門已換桃符.

故國歸難得, 新春病未蘇.

自憐形與影, 相伴守畸孤.

[守畸一作壁燈.]

---

157 잣술 : 원문은 '백주(栢酒)'. 위에 든 두보의 시「설날에 종무에게 보이다[元日示宗武]」
에 나온다. 정월 초하루에 마시는 도소주에 잣을 넣기 때문에 이렇게 부른다.

158 복숭아 부적 : 원문은 '도부(桃符)'로, 도인부(桃印符) 또는 도인(桃印)이라고도 한다.
길이 6촌의 복숭아나무 부적에다 붉은 글씨 또는 오색 글씨로 재액을 물리치는 주문을
써서 문에 걸어놓던 것이다. 한(漢)나라 때 복숭아나무 인장을 가지고 악귀를 물리쳤으
며, 단오가 되면 오색 비단에 전서를 수놓은 부적을 서로 주고받아 병풍과 휘장에 붙여
두어 사악한 기운을 물리쳤다고 했다. 붉은 글씨로 쓰기 때문에 적령부(赤靈符) 혹은
적자부(赤字符)라고도 하며, 신인(神印)이나 영부(靈符)라고도 한다. 호공이 만들었다
는 전설이 있어 호공부(壺公符)라고도 한다.

159 몸과 그림자만이 : 원문은 '형여영(形與影)'으로, 형영상조(形影相弔)를 뜻한다. 자신의
몸과 그림자만이 서로를 위로한다는 말이다. 이밀(李密)의「진정표(陳情表)」에 "외롭
게 홀로 서서 몸과 그림자가 서로 위로할 뿐이었고, 할머니 유씨가 일찍부터 병에 걸려
항상 침상에 누워 계셨기 때문에 신은 할머니를 모시며 탕약을 올리는 일을 결코 그만
두거나 떠난 적이 없었습니다.[煢煢孑立, 形影相吊, 而劉夙嬰疾病, 常在牀褥, 臣侍湯
藥, 未嘗廢離.]"라고 했다.

160 기구한 처지 : 원문은 '기고(畸孤)'. 외롭고 고단찬 처지를 말한다. 소식(蘇軾)의 시
「학탄(鶴歎)」에 "내 삶은 부처 사는 것 같아 참으로 외로운데, 석 자의 긴 다리로 파리한
몸을 지탱하노라.[我生如寄良畸孤, 三尺長脛閣瘦軀.]"라고 했다.

2-32. 우연히 읊다[偶吟]

수놓은 옷 입고[161] 장대한 유람[162] 노래할 나이였더니
거듭 오니 어느새 흰눈같은 백발이 가득하네.
고향은 멀리 삼천리 밖에 떨어져 있어
지난 자취 19년을 돌이켜 회상하네.[163]
총우에도 훼욕에도 안심하는 것을 분수로 알기에
기쁨도 근심도 한결같은 마음으로 받아들이련다.
귀향도 객유도 모두가 나의 운명
하느님 믿고 가거나 머물거나 자유자재할 따름.

衣繡丁季賦壯遊, 重來不覺雪盈頭.
故鄕遙隔三千里, 陳迹回思十九秋.
已分此身安寵辱, 休將一念受歡愁.
還家作客皆吾命, 只恃天公任去留.

---

161 수놓은 옷 입고 : 원문은 '의수(衣繡)'. 벼슬길에 들어서 출세하는 것을 뜻한다. 한(漢)나라 주매신(朱買臣)이 불우한 환경에서 독실하게 공부하다가 50세의 늦은 나이로 입사(入仕)하여 구경(九卿)의 지위에까지 올랐는데, 무제(武帝)가 그를 회계 태수(會稽太守)에 임명하면서 "부귀하여 고향에 돌아가지 않으면 비단옷을 입고 밤에 다니는 것과 같다.[富貴不歸故鄕, 如衣繡夜行.]"라고 말한 고사에서 유래한다. 『한서』「주매신전(朱買臣傳)」참조.
162 장대한 유람 : 원문은 '장유(壯遊)'. 『사기』의 저자 사마천(司馬遷)이 20세부터 중국 천하를 주유한 사실을 가리킨다. 또한 두보(杜甫)가 「장유(壯遊)」라는 시에서 자신의 과거 행적을 읊으며, "지금도 한(恨)이 남아 있으니, 부상(扶桑) 끝까지 가보지 못한 것이라네.[到今有遺恨, 不得窮扶桑.]"라고 한 것을 가리키기도 한다.
163 지난 자취~회상하네 : 1597년 음력 4월 2일 문과 중시에 장원 급제하고 이후 명나라 사신을 접견하는 접반사(接伴使)가 되어서 명나라 사신 주지번(朱之蕃)을 수행하면서부터 사행의 일로 분주하게 지냈던 옛일을 회상한 것이다.

2-33. 섣달 그믐 저녁[除夕]

오만관[164]에서 제야를 맞으니

고향 산천 생각나 한스러움 새롭구나.

상상컨대 집에서는 아녀자들 모여

먼 길의 이 나그네를 등불 앞에서 말하겠지.

烏蠻館裏逢除夕, 憶着鄕山恨益新.

想得家中兒女會, 燈前亦說遠遊人.

해마다 고단하게 중국 사행 길에 있어

이날에 이를 때마다 집에 있지 못하네.

밤 새도록 잠 못 이룸은 새해맞이[165] 아니요

바다 구름 끝 아득한 고향을 그리워해서라네.

連年倦作朝天客, 每到玆辰不在家.

終夜未眠非守歲, 故鄕遙憶海雲涯.

작년 오늘 서쪽 교외에 머물 때

마침 탁문군[166]이 적적한 나를 짝하여 주었건만,

---

164 오만관(烏蠻館) : 중국 남방의 오랑캐족인 오만족이 관리하는 객관. 앞에 나왔다. 조선
    사신이 묵는 옥하관과 붙어 있어서 그 모두를 오만관이라 부르기도 했다고 한다.
165 새해맞이 : 원문의 '수세(守歲)'는 제석(除夕)에 잠을 자지 않고 새해 아침이 밝아 오길
    기다려 새해를 맞는 것을 말한다. 두보(杜甫)의 시 「두위댁수세(杜位宅守歲)」에 "아융
    의 집에서 그믐날 밤샘을 하며, 초반에 이미 꽃을 송축했네.[守歲阿戎家, 椒盤已頌花.]"
    라고 했다.
166 문군(文君) : 탁문군(卓文君). 탁문군은 한(漢)나라 촉군(蜀郡) 임공(臨邛)의 부호(富豪)
    인 탁왕손(卓王孫)의 딸이다. 사마상여(司馬相如)가 거문고를 연주하여, 과부였던 탁
    문군을 유혹하고 함께 성도(成都)로 갔는데, 가난하여 살 길이 없자 자신은 품팔이를
    하고, 탁문군은 목로주점을 열고 술을 팔았다. 『사기』「사마상여열전(司馬相如列傳)」

백미[167]가 지금 희게 되어 너무도 한스럽고
객중에서 헛되이 보내니 이 밤이 가련하다.

去年此日㶚西郊, 賴有文君伴寂寥.

恨殺白眉今轉白, 客中虛度可憐宵.

2-34. 설날 시험삼아 붓을 들어 막료 지애[168] 어른께 올리다[元日試筆奉呈
芝崖僚丈]

상서로운 연무는 해를 감싸 봉래산 뒤덮고
일만 집 총총하여 맑은 기운 촉성되네.
춘색은 사람을 뇌쇄하여 도리어 늙기 쉽고
동풍은 나를 보내어 귀거래하라 부추기네.
공명을 손에 넣는 일이 핍박한다만
통달과 궁색은 하늘의 일이니 꾀하기 부끄러워라.
옛 서적 가져다 연구하며 저녁 해를 전별하고
내 형상이 운대[169]에 그려지든 말든 상관 않노라.

참조. 여기서는 허균이 후처를 그리워하여 말한 듯하다. 후처는 동인의 당수 김효원(金
孝元)의 딸이다.

167 백미(白眉) : 여러 형제 중에 가장 뛰어난 사람을 말한다. 삼국시대 촉한(蜀漢) 사람
마량(馬良)의 다섯 형제가 모두 재주가 뛰어났는데, 그중에 흰 눈썹을 지닌 마량이
특히 뛰어나서 "마씨 다섯 형제 중에 흰 눈썹[白眉]이 가장 뛰어나다."라는 말이 유행했
다. 『삼국지(三國志)』「촉서(蜀書) 마량전(馬良傳)」 참조. 또 『서경잡기(西京雜記)』 권
2에 "사마상여의 아내 탁문군의 눈썹이 아름다워 마치 먼 산을 바라보는 것과 같았으므
로, 그 당시의 사람들이 이를 본받아 화장을 하면서 원산미(遠山眉)를 그렸다."라고
했다. 여기서는 형제들 중 백미로 꼽히던 허균 자신을 가리키는 듯하다.

168 지애(芝崖) : 상사 민형남(閔馨男)의 호.

169 운대(雲臺) : 후한의 명제(明帝) 때 공신을 추념하기 위해 공신 28명의 초상화를 모셔
놓은 곳이다.

瑞烟籠日罩蓬萊, 萬戶蔥蔥淑氣催.
春色惱人還老易, 東風送我好歸來.
功名入手從相逼, 通塞由天恥自媒.
討取古書聊餞日, 任他形像繪雲臺.

해설 민형남의 본관은 여흥(驪興), 자는 윤보(潤夫), 호는 지애(芝崖), 시호는 장정(莊貞)이다. 목서음(睦敍欽)의 3남 목겸선(睦兼善)이 그의 사위이다. 1600년(선조 33) 별시 문과에 급제하여 승문원에 등용된 후, 1613년(광해군 5) 익사형난(翼社亨難) 공신이 되어 여주군(驪州君)에 봉해지고, 이듬해 진향사(進香使)가 되어 명나라에 다녀왔다. 1615년 동지 겸 진주사가 되어 부사 허균과 함께 명나라로 향했다. 인조반정 후 모든 훈작(勳爵)이 삭탈된다. 1624년(인조 2) 이괄(李适)의 난 때 행재소로 가서 왕을 알현하고 춘천부사(春川府使)에 복직되어 동지의금부사(同知義禁府事)에 이른다. 병자호란 때 총관(摠管)으로 남한산성에서 왕을 호종하고, 1657년(효종 9) 판중추부사에 이르러 기로소(耆老所)에 들어간다. 임상원(任相元)의 『염헌집(恬軒集)』에 「보국숭록대부 행의정부우찬성 겸 판의금부사 민공 행장(輔國崇祿大夫行議政府右贊成兼判義禁府事閔公行狀)」이 있다.

2-35. 또 지애[170] 어른의 〈제석에 보여주는 시〉에 차운하다[又次除夕示韻]

뉘엿뉘엿 해는 자주 흘러가고
날듯이 양양하던 기운도 점차 사그라드네.
창백한 얼굴로 고국 일을 슬피 추억하는데

---

170 지애(芝崖) : 상사(上使) 민형남(閔馨男). 위에 나왔다.

청토(을묘) 해[171]는 오늘 새 아침을 바치네.

천자의 서울에는 새벽 꽃에 안개 자욱하고

요하 왕래하는 역로는 아득도 하여라.

향수로 구레나룻은 흰빛이 더한다만

춘색은 혹시라도 넉넉할 수 있으려나.

荏苒年頻逝, 飛揚氣漸銷.

蒼顔悲故國, 靑歲獻今朝.

帝里烟花早, 遼河驛路遙.

鄕愁添鬢雪, 春色倘相饒.

2-36. 설날 느낌이 있어[元日有感]

어려선 기쁜 마음으로 이 날을 기다려

갖옷과 쾌마[172]로 유람객들 따랐더니,

생각해보니 20년 전 일이기에

3천 리 밖 이 몸을 되려 한탄하네.

명리는 결국 모두 지난밤 꿈

아지랑이 속 꽃이 시야에 드는 새봄이로다.

훌훌 떠나 산방 주인 되는 것이 어떠할까?

일만 권 도서들을 차례로 진열해두고.

---

171 청토 해 : 원문은 '청세(靑歲)'이다. 갑자로 을(乙)의 해를 말한다. 앞에 을묘년을 청토
(靑兔)라고 표기한 것이 있다.

172 갖옷과 쾌마 : 원문은 '경구쾌마(輕裘快馬)'로, 가벼운 갖옷과 잘 달리는 말을 뜻하며,
부유하고 여유로운 삶을 상징한다. 『논어』 「공야장(公冶長)」에서 자로가 "수레와 말과
가벼운 갖옷 입는 것을 친구들과 함께하여 해지더라도 유감이 없고자 합니다.[願車馬
衣輕裘, 與朋友共, 敝之而無憾.]"라고 말한 것이 있다.

少日歡情待此辰, 輕裘快馬逐遊人.
尋思二十年前事, 却嘆三千里外身.
名利到頭都昨夢, 烟花入眼且新春.
何如去作山房主? 萬卷圖書次第陳.

2-37. 앞 시[173]의 운을 가지고 지어서 현응민[174]에게 보이다[用前韻示玄生]

늙으매 봄날 방초 감상할 흥도 없고
원컨대 기원(절)에서 주인이 되고파서,
방온[175]처럼 거사의 업을 수행하려 했건만
배휴[176] 같이 재신의 몸이 된 것을 보다니.
바람이 버들가지 끌어당겨 아침 조망이 헷갈리고
흰눈이 매화 화장 압도하며 초춘 경색을 시샘하네.
물색이 새로울수록 고향 생각 간절하기에
주아부[177]의 남은 원한을 그대에 진술하노라.

老來無興賞芳辰, 願向祇園作主人.

---

173 2-36 「설날 느낌이 있어[元日有感]」를 가리킨다.
174 현응민 : 원문은 '현생(玄生)'. 허균의 외가쪽 서족인 현응민(玄應旻)이다.
175 방온(龐蘊) : 당나라 형양(衡陽) 사람. 자는 도원(道元). 강서(江西)에 있는 마조(馬祖)를 찾아보고 선종(禪宗)에 통달했다. 세상에서는 방거사(龐居士)라고 일컬었다.
176 배휴(裴休) : 당나라 사람. 자는 공미(公美). 진사과에 급제한 뒤 병부시랑(兵部侍郎)을 거쳐 선무군절도사(宣武軍節度使) 및 소의(昭義)·하동(河東)·형남(荊南)·봉상(鳳翔) 등지의 4절도사를 역임했다. 배휴에 대하여 선종(宣宗)이 말하기를, "참 선비다![眞儒者!]"라고 했다고 한다.
177 주아부 : 원문은 '세장(細將)'. 한(漢)나라 장군 주아부(周亞夫)의 별칭인 세류장군(細柳將軍)을 줄인 말이다. 지금의 섬서성(陝西省) 함양현(咸陽縣) 서남에 둔영(屯營)을 두고, 그 주변에 버드나무로 울을 하여 그 이후 막부(幕府)를 유영(柳營)이라고 부르게 되었다.

龐蘊欲修居士業, 褻休還見宰官身.
風牽柳帶迷朝望, 雪壓梅粧妬早春.
物色漸新鄉思切, 細將遺恨對君陳.

2-38. 설날 새벽에 꿈속에서 원나라 학사 우도원 집[178]과 우리나라 쌍매
당 이첨[179]을 뵙고는 깨어나 그 일을 기록하다[元曉夢見勝國學士虞道園
集國朝雙梅堂李詹 覺而記之]

우도원은 갈포 적삼 베 모자에 멋진 수염
문채와 풍류로 썩은 선비를 탄복시키네.
꿈속의 길조를 사람들이 해석할 수 있을까?
나 또한 걸휴하여 서호 가에 누우리라.
[우공이 늙어 은퇴하고 서호에서 살았기 때문에 언급한 것이다.]

葛衫布帽好髭鬚, 文彩風流服豎儒.
夢裏吉徵人解否? 乞身吾亦臥西湖.
[虞公退老, 居于西湖, 故及之.]

178 우도원 집[虞道園集] : 도원은 호이고, 이름이 우집인 원나라 문인. 자는 백생(伯生),
   시호는 문청(文淸)이다. 3세에 글을 읽기 시작하여 유학(儒學)에 밝아 추천으로 벼슬길에
   나아가 규장각 시서학사(奎章閣侍書學士)가 되어『경세대전(經世大典)』을 찬수했다. 살도
   랄(薩都剌)·오내(吳萊) 양유정(楊維楨)과 함께 원대 사걸(元代四傑)로 일컬어진다. 저술
   로『도원학고록(道園學古錄)』·『도원유고(道園類稿)』·『평요기(平猺記)』등이 있다.
179 이첨(李詹) : 고려 말 문장가. 본관은 홍주(洪州 : 지금의 홍성). 자는 중숙(中叔). 호는
   쌍매당(雙梅堂), 시호는 문안(文安). 1365년(공민왕 14) 감시(監試)에 합격하고 3년 뒤
   친시(親試)에 다시 급제하여 검열(檢閱)이 되었다. 여러 벼슬을 거쳐 지중추부사(知中
   樞府事)가 되었으나, 홍주(洪州)로 유배되기도 했다. 조선 건국 후 이조전서(吏曹典書)
   를 거쳐 지의정부사(知議政府事)로 명나라 성조(成祖)의 등극을 축하하는 진하부사(進
   賀副使)로서 중국에 다녀왔다. 문집으로『쌍매당집(雙梅堂集)』이 전한다.

쌍매당 맑은 시는 구절구절 당나라 시
혼과 혼이 만나 마음 뜻이 곧 가깝다만,
만년에 도정절[180]이
북창 아래 희황 성세의 몸[181]을 보전한 일과 어떠한가?

淸詩句句逼唐人, 魂與魂逢意便親.
何似晚年陶靖節, 北窓完得羲熙身?

2-39. 책팔이 왕 노인이 설날 책 한 권을 보내 왔는데, 곧 지금 어사 용우기[182] 공이 저술한 『성학계관』[183]이었다. 용공의 학문은 조예와 실천이 어떤지를 내가 알지 못하지만, 그 책을 읽고서 마치 정신이 버쩍 들 듯 터득한 바가 있었으므로, 돌이켜 보면 과거 40년 동안 읽은 책들이 비록 극히 해박하고 극히 정밀했다고 하여도 도의 경지에 들어가 본성을 회복하는 데에는 조금도 도움이 되지 않았으므로, 이것은 입술과 혓바닥만 허비한 셈이었으니 어찌 애석하지 않겠는가. 절구 한 수를 지어 지나간 잘못을 뉘우친다[賣書人王老 元日

---

180 도정절(陶靖節) : 도연명(陶淵明). 사시(私諡)가 정절선생(靖節先生)이다.
181 희황 성세의 몸 : 원문은 '희희신(羲熙身)'이다. 태곳적 희황(羲皇)의 희희호호(熙熙皞皞)한 시대 사람이란 뜻이다. 도잠(陶潛)의 「여자엄등소(與子儼等疏)」에 "오뉴월 중에 북창 아래에 누워 있으면 서늘한 바람이 이따금씩 스쳐 지나가곤 하는데, 그럴 때면 내가 태곳적 희황(羲皇) 시대의 사람이 아닌가 하는 생각이 들기도 한다.[五六月中, 北窓下臥, 遇涼風暫至, 自謂是羲皇上人.]"라는 말이 나온다. 또 이백(李白)의 시(「經亂離後天恩流夜郎憶舊遊書懷贈江夏韋太守良宰」)에 "이곳 백 리의 고을만은 태고 시대처럼 순박하여, 흥겹게 태고 시대의 사람으로 누워 지낸다.[百里獨太古, 陶然臥羲皇.]"라는 구절이 있다. 여기서는 이집이 조선조에 들어와 중국에 사신으로 갔다온 일을 비판하여, 자기 자신이 중국 사행에 자주 오르는 것을 자조한 것이다.
182 용공우기(龍公遇奇) : 명(明)나라 길안(吉安) 사람. 자는 재경(才卿), 호는 자해(紫海). 1601년(만력 29)의 진사로, 벼슬이 감찰어사(監察御史)에 이르렀다.
183 성학계관(聖學啓關) : 원명은 『성학계관억설(聖學啓關臆說)』이다.

贈一書 乃今御史龍公遇奇所述聖學啓關也 公之爲學造詣實踐 吾不敢知 讀其書
醒然有得 回首四十年 所讀書雖極博極精 其於入道復性 毫無干預 是乃虛費脣舌
也 豈不惜哉 賦一絕以懺前非云]

설날에 처음으로 성학의 책을 보고는
근래에 미혹했던 상념이 홀연 제거되었네.
평생 3천 권을 독파했어도
오직 몸뚱이를 좀벌레[184]나 만드는데 마땅했었다니.

元日初觀聖學書, 向來迷念忽銷除.
平生讀破三千卷, 只合將身作魚蠹.

해설 『성학계관억설(聖學啓關臆說)』은 지은이 용우기(龍遇奇)가 감찰
어사(監察御史)로 섬서성(陝西省)을 순안(巡按)할 때에 유생들에게 강학
(講學)한 이야기를 기록한 것으로, 8관(關)으로 구성된 3권의 책이다.
제1관은 미오(迷悟), 제2관은 농담(濃淡), 제3관은 박복(剝復), 제4관은
총달(寵達), 제5관은 사생(死生), 제6관은 성범(聖凡), 제7관은 내외(內
外), 제8관은 면안(勉安)이다. 『사고전서(四庫全書)』 자부(子部) 6, 유가
류존목(儒家類存目) 2에 '절강순무채진본(浙江巡撫採進本)'이 저록되어
있다. '성학'을 표방했으나, 요강(姚江) 일파에 속한다.

2-40. 느낌이 있어[有感]

진종일 가시밭 넝쿨 속을 가고 가니

---

184 어두(魚蠹) : 책을 갉아먹는 좀벌레. 백어(白魚)·의어(衣魚)·담어(蟫魚)·병어(蛃魚)·
   두어(蠧魚)라고도 한다.

평지 찾으려 한다만 막힌 길을 어쩌겠나?

황혼에 비로소 장안 길로 나오고는

황성 길이 아홉 갈래[185] 두루 통함을 믿게 되었네.

終日行行荊棘叢, 欲尋平地奈途窮?

黃昏始出長安道, 方信皇衢九軌通.

추운 날 으슥한 산골이 처음 침울해져

일천 봉우리가 어지러이 검은 구름 감싸더니,

잠깐 사이 만리 장풍이 불어와서

얼음바퀴 달[186]을 말아 벽공으로 떠올리네.

寒日初沉幽硐中, 千峰淰淰黑雲籠.

須臾萬里長風至, 捲出氷輪上碧空.

2-41. '언덕에 한 선비가 있도다', 백낙천[187]의 운을 쓰다[丘中有一士 用樂
天韻]

언덕에 한 선비가 있어

본시 공명을 사모하지 않고서,

바라길 성도의 가게에서

---

185 아홉 갈래 : 원문은 '구궤(九軌)'이다. 『주례』「고공기(考工記) 장인(匠人)」에 "국중에
남북으로 아홉 갈래와 동서로 아홉 갈래의 길을 두는데, 남북으로 난 길은 수레 아홉
대가 나란히 달린다.[國中九經九緯, 經涂九軌.]"라고 한 것을 가리킨다.

186 얼음바퀴 달 : 원문은 '빙륜(氷輪)'으로, 달의 이칭이다. 소식(蘇軾)의 시에 "설봉의 이
지러진 곳에 빙륜이 오른다.[雪峯缺處上氷輪.]"라고 했다.

187 낙천(樂天) : 당나라 시인 백거이(白居易)의 자(字). 호를 향산거사(香山居士)라 했다.
벼슬은 형부상서(刑部尚書)에 이르렀다. 「비파행(琵琶行)」과 「장한가(長恨歌)」 등이
유명하다. 『백씨장경집(白氏長慶集)』이 전한다.

엄군평¹⁸⁸처럼 점을 팔려 했거늘,

잘못하여 속세 그물에 걸려

해마다 길고도 먼 여행을 한다만,

허무한 영광 따윈 눈에 차지 않기에

뭇 아이들과 다투길 부끄러워 하네.

온갖 사물은 모두 일체이거늘

하필 나의 형체에 구애되랴?

연경 관문에는 풀이 푸르러가고

뭇새들은 비로소 봄 소리를 내는데,

오랜 객살이에 한 해가 바뀌니

유유해라 고향 그리는 마음이여!

고향의 산수가 좋으니

귀거래하여 침명¹⁸⁹에 안분하리라.

丘中有一士, 本不慕功名. 願向成都肆, 賣卜如君平.

誤被塵網牽, 頻年長遠行. 浮榮不滿眼, 恥與群兒爭.

萬物皆一體, 何必拘吾形? 燕關草將綠, 衆禽始春聲.

久客時歲變, 悠哉故園情. 故園山水好, 歸去安沉冥.

언덕에 한 선비가 있어

산에 들어가되 깊지 않을까 걱정하여,

---

188 엄군평(嚴君平) : 한(漢)나라 엄준(嚴遵)의 자(字). 엄준은 성도(成都)에서 점을 쳐서 많은 돈을 벌어 시골로 내려가 『노자(老子)』를 읽고 『노자지귀(老子指歸)』를 지었다고 한다.

189 침명(沉冥) : 자취를 깊이 숨기는 것을 말한다. 『한서』「왕공양공포전(王貢兩龔鮑傳)」 서두에 "촉 땅의 엄군평이 자취를 숨기고 욕심 없이 지내고 있는데, 구차하게 드러나는 행동을 하지 않고 구차하게 얻는 일을 일삼지 않는다.[蜀嚴湛冥, 不作苟見, 不治苟得.]" 라고 했다.

높은 산 넓은 강[190]의 운취를 자득하니

거문고 울리려 수고할 것이 무엇인가?

덤덤하게 그로써 형체로부터 떠나

섣달 그믐에도 추위와 음기를 잊었으니,

소부[191]와 달리 귀도 씻지 않거늘

어찌 연릉계자[192] 말대로 황금을 주을건가?

엷고 가벼운 구름은 시내 골짜기에 드리우고

자혜로운 바람은 궁륭같은 숲에 머무나니,

나도 물러나 초은(招隱)[193]을 하고 싶으나

---

190 높은 산 넓은 강 : 원문의 '아양(峨洋)'은 산과 물을 가리킨다. 종자기(鍾子期)의 친구 백아(白牙)가 산을 생각하며 거문고를 타면 종자기가 "좋구나. 우뚝 솟은 것이 태산 같도다.[善哉! 峩峩兮若泰山.]" 하고, 백아가 물을 생각하며 거문고를 타면 종자기가 "좋구나. 물이 넘실넘실하는 것이 강하 같도다.[善哉! 洋洋兮若江河.]"라고 한 데서 온 말이다. 『열자(列子)』 「탕문(湯問)」 참조.

191 소부(巢父) : 요(堯) 임금 때의 고사(高士). 기산(箕山)에 숨어 나무 위에 집을 꾸리고 살았다고 하여 얻은 이름이다. 요 임금이 허유(許由)에게 천하를 주겠다고 하자 허유는 더러운 소리를 들었다고 영수(潁水)로 가서 귀를 씻었다. 마침 소부가 송아지에게 물을 먹이려다가 그 사실을 알고 더러운 귀를 씻은 물을 송아지에게 먹일 수 없다면서 상류로 올라갔다고 전한다. 『고사전(高士傳)』 참조.

192 연릉계자 : 원문은 '연릉(延陵)'으로, 연릉은 지금 강소성(江蘇省) 무진현(武進縣)의 지명이다. 춘추시대 오(吳)나라 땅의 읍이었는데, 계찰(季札)이 봉해진 곳이다. 계찰을 연릉계자(延陵季子)라고도 부른다. 연릉계자가 먼 길에 올랐다가 금이 떨어져 있는 것을 발견했다. 당시 여름 오월이었는데 갖옷 입고 땔나무 하는 자[披裘而薪者]가 있기에 연릉계자가 "저 금을 주워 가시오." 했다. 그러자 그 사람이 낫[鎌]을 던지며 눈을 부릅뜨고는, "어찌하여 당신은 고고하게 처신하면서 남은 깔봅니까? 풍채는 장대하면서 말은 비속합니까? 내가 여름 오월에 갖옷을 걸치고 나무는 지고 있지만, 어찌 남이 흘린 금을 가져가겠습니까?[何子居之高, 視之下, 儀貌之壯, 語言之野也? 吾當夏五月, 披裘而薪, 豈取金者哉?]"라고 했다. 뒤에 피구부신(披裘負薪)이란 성어가 나왔다.

193 초은(招隱) : 「초은사(招隱士)는 한(漢)나라 유안(劉安)의 문사(文士)들 중 소산(小山)에 속하는 문사가 지은 것으로, 산중 생활의 궁고(窮苦)함을 형용하여 은사들을 풍자했다. 그런데 "계수나무가 떨기로 남이여 산의 깊은 곳이로다. 아름답고도 무성함이여 가지가 서로 얽혔도다.[桂樹叢生兮山之幽, 偃蹇連蜷兮枝相繆.]"라고 산중 풍경을 절묘

세상 염려가 분잡하게 침범하기에,

노을 바깥 자취를 길이 그리워하여

밤낮으로 슬픈 읊조림을 이루네.

좋은 시절을 어그러뜨리지 않으려면

힘써라! 나는 그 마음을 아노라.

丘中有一士, 入山恐不深. 自得峨洋趣, 何勞奏鳴琴?

冥然坐離形, 歲暮忘寒陰. 不洗巢父耳, 寧拾延陵金?

鮮雲垂潤谷, 惠風竚穹林. 我欲去招隱, 俗慮紛相侵.

永懷霞外蹤, 日夕成悲吟. 佳期倘不渝, 勖哉我知心.

해설 허균은 2-41 「언덕에 한 선비가 있도다', 백낙천의 운을 쓰다[丘中有一士用樂天韻]」에서, 고향에 돌아가 쉬고 싶다는 간절한 생각을 토로했다. 2-50 「백낙천의 〈달리〉 시의 운을 쓰다[用樂天達理韻]」에서는 백낙천의 「달리」 2수 가운데, 한 수만 차운해서 '달리(達理)'를 추구했다. 또한 2-52 「도연명의 〈동방유일사〉 시의 운을 쓰다[用淵明東方有一士]」에서 '비돈(肥遯)'의 지향을 드러냈다.

2-42. 이장배(李長培) 학관이 〈설날에 지은 두 율시〉[194]의 운자를 써서 보여주기에 화운하여 회포를 펼쳐 보이다[李學官用元日二律韻見贈 和以抒懷]

고향 초가집 명아주[195]만이 꿈에 드니

하게 묘사했으므로, 좌사(左思)와 육기(陸機) 등이 이 계열의 작품을 지어 산중의 청려(淸麗)한 풍경을 형용하면서 산림 은거를 찬미하는 양식으로 바뀌었다.

194 설날에 지은 두 율시 : 2-34 「설날 시험삼아 붓을 들어 막료 지애 어른께 올리다[元日試

귀향의 흥취를 나그네 길에 늘 재촉하네,

집 있어도 먹을 것 없어 가난은 병이지만

이 한 몸이 천리를 갔다가 다시 돌아갈 곳이라네.

자취 감추는 일은 거미의 은둔[196]을 평소 사모하니

간알과 진취로 짐독의 매개[197]를 무어 번거롭히랴?

상상컨대 고향 산에는 봄이 이미 이르렀겠지

하늘 가 어느 곳이 망향대[198]일까?

園廬入夢但蒿萊, 歸興長從客裏催.

無食有家貧是病. 一身千里去還來.

藏蹤素慕蜘蛛隱, 干進寧煩鴆鳥媒?

想見故山春已到, 天邊何處望鄕臺?

훼욕과 명예로 눈썹을 무어 찡그리랴?

筆奉呈芝崖僚丈]」를 말한다.

195 고향 초가집 명아주 : 원문은 '호래(蒿萊)'로, 호리(蒿里)의 명아주를 뜻한다. 호리는 태산의 남쪽에 있는 산으로, 죽은 사람의 혼백이 이곳에 머문다는 전설로 인해 흔히 묘지를 이른다.

196 거미의 은둔 : 원문은 '지주은(蜘蛛隱)'. 『금루자(金樓子)』「잡기(雜記)」에 "초국(楚國)의 공사(龔舍)가 초왕(楚王)을 따라 천자를 조현(朝見)하러 가서 미앙궁(未央宮)에서 잤다. 그날 밤 밤알만큼 크고 붉은 거미가 쳐놓은 그물에 벌레들이 걸려들어 꼼짝 못하고 죽는 것을 보고 '벼슬은 곧 사람의 그물이다.'라고 탄식하고는 벼슬을 그만두고 물러나니, 사람들이 비웃으며 그를 '지주은(蜘蛛隱)'이라 했다."라고 나온다. 『고금사문유취』 후집 권50 「충치류(蟲豸類) 호지주은(號蜘蛛隱)」에도 실려 있다.

197 짐독의 매개 : 원문은 '짐조매(鴆鳥媒)'이다. 짐새[鴆鳥]는 흑색이고 목이 길며 눈과 부리가 붉은 새로, 살무사를 잡아먹고 사는데, 몸에 독이 있어서 그 털을 음식이나 술에 넣어서 먹으면 사람이 죽는다고 한다. 후세에는 대개 독약을 비유하는 말로 쓰였다.

198 망향대(望鄕臺) : 당(唐)나라 왕발(王勃)의 시 「구일승고(九日升高)」에 "구월 구일 중양절에 망향대에 올라서, 낯선 자리 타향에서 이별 술잔 나누네.[九月九日望鄕臺, 他席他鄕送客杯.]"라고 했다. 자신이 여전히 부평초처럼 객지에서 떠돌고 있다는 뜻으로 한 말이다.

기롱과 참소에 뼈마디 부서지든말든.
우환을 배부를만큼 실컷 거친 터에
오직 성명한 천자를 믿는 아침.
황은을 무겁게 머금어 매번 감동하니
나라를 멀리 떠났다고 탄식 말아라.
세 해를 북경 옥하관에서 보내매
시흥이 풍요로움을 문득 깨닫노라.

毁譽眉寧皺? 譏讒骨任銷.
飽經憂患地, 只恃聖明朝.
每感銜恩重, 休嘆去國遙.
三年玉河舘, 詩興覺便饒.

2-43. 인일[199](人日)

인일의 날씨 맑아 이 해의 상서 점치고
집집마다 술을 빚어 봄빛을 감상하네.
시를 지어 시성 두릉노인[200]에 보내고파라
나무 가득한 매화에 괜스레 애간장 끊는다고.[201]

---

199 인일(人日) : 음력 초 7일의 아름다운 이름. 고대에 이 날의 날씨가 어떠한가에 따라 그 해 일년의 풍흉을 점쳤다고 함.

200 두릉노인 : 원문은 '두릉로(杜陵老)'. 당나라 시인 두보(杜甫)로, 두소릉(杜少陵) 또는 소릉야로(少陵野老) 또는 두릉포의(杜陵布衣)라고 일컬어진다. 두보는 자가 자미(子美)인데, 한(漢) 선제(宣帝)의 무덤인 두릉 서쪽에 살며 시를 공부했다. 진사시에 응시하여 실패하고, 현종(玄宗)에게 부(賦)를 지어 바치고 벼슬길에 올라 검교공부 원외랑(檢校工部員外郞)에 이르렀다.

201 시를 지어~애간장 끊는다고 : 두보(杜甫)가 성도(成都)의 초당(草堂)에 우거(寓居)할 때, 그의 친구 고적(高適)이 시 「인일기두이습유(人日寄杜二拾遺)」에서 "인일에 시를

人日晴明占是祥, 家家釀酒賞年光.
題詩欲寄杜陵老, 滿樹梅花空斷腸.

2-44. 장본청[202]의 「심성설」을 읽고 느낌이 있어서[讀章本淸心性說有感]

심재[203] 석 달이 어찌 헛일이겠는가?
방촌의 마음이 만 가지 이치를 먼저 용납하네.
경(敬)을 주로 하여 공 이루어 하늘을 대월(對越)[204]하니
다시 무슨 물건을 영대[205]에 둘까?

心齋三月豈徒哉? 方寸先容萬理來.
主敬功成天對越, 更將何物置靈臺?

본성은 착하다고 하는 말이 어찌 나를 속이랴?
학문이 성명(誠明)에 이르면 비로소 앎을 얻네.

써서 초당에 부쳐, 고향 생각하는 친구를 멀리 가련해하노라.[人日題詩寄草堂, 遙憐故
人思故鄕.]」라고 했던 고사를 끌어와 먼 곳의 친구를 그리워하는 뜻을 부친 것이다.
202 장본청(章本淸) : 명나라 남창(南昌) 사람 장황(章潢). 본청은 그의 자이다. 고학(古學)
　　에 잠심하여 백록서원(白鹿書院)에서 후학을 길렀다.
203 심재(心齋) : 마음을 텅 비워 모든 잡념을 없애고 순일하게 하는 것을 말한다. 『장자』
　　「인간세(人間世)」에 "오직 도는 텅 빈 곳에 모이나니, 텅 비게 하는 것이 바로 심재이
　　다.[唯道集虛, 虛者心齋.]"라고 했다.
204 대월(對越) : '대월상제(對越上帝)'의 준말로, 하늘에 계신 상제를 우러러 마주 대하는
　　것처럼 정성을 다한다는 뜻이다. 『시경』 「주송(周頌) 청묘(淸廟)」의 "하늘에 계신 분을
　　대하고 사당에 계신 신주를 분주히 받든다.[對越在天, 駿奔走在廟.]"라는 말에서 유래
　　했다.
205 영대(靈臺) : 『장자(莊子)』 「경상초(庚桑楚)」의 "영대 속에 들어오게 해서는 안 된다.[不
　　可內於靈臺.]" 구절의 '영대(靈臺)'에 대해 곽상(郭象)의 주는 "마음이다."라고 풀이했다.
　　한편 「덕충부(德充符)」의 '영부(靈府)'에 대해 성현영(成玄英)의 소(疏)는 "정신의 집으
　　로, 이른바 마음이다."라고 풀이했다.

다만 본심을 해 달 같이 한다면야
유유한 그밖의 것은 다시 무어 영위하랴?

人言性善豈吾欺? 學到誠明始得知.
但使本心如日月, 悠悠餘外更何爲?

끊어내어 제거하면 사념은 재가 되니
정각(淨覺)의 원명(圓明)은 오묘도 해라!
힘들여 가까스로 인욕을 소멸시켜도
도심 붙잡을 길은 알지 못한다네.

斷除邪念已成灰, 淨覺圓明亦妙哉!
用力僅消人慾盡, 不知操得道心來.

부지런히 문학(問學)한다고 날 어리석다 마시게
높이 오르려면 낮은 데서부터임을 그 누가 알랴?
비록 백안(伯安)[206]이 존덕성(尊德性)을 했다지만
일생 오로지 치량지(致良知)를 풀이했을 뿐.

孜孜問學莫吾嗤, 誰識升高必自卑?
縱使伯安尊德性, 一生唯解致良知.

해설 장황(章潢, 1527~1608)의 자는 본청(本淸), 호는 두진(斗津) 혹은 청군(聽君)이다. 강서(江西) 남창(南昌)의 사람이다. 오여필(吳與弼)·등원석(鄧元錫)·유원경(劉元卿)과 함께 강우사군자(江右四君子)라고 일컬어졌다. 동호(東湖)에 차세당(此洗堂)을 건립하고 강학했다. 백록동서원(白鹿

---

206 백안(伯安): 왕수인(王守仁, 1472~1528). 자는 백안(伯安), 호는 양명(陽明)이다. 주자학을 비판하고 육구연의 심성론(心性論)을 계승하여 지행합일(知行合一), 치양지(致良知) 같은 독자적인 사상을 내세웠다.

洞書院) 강석(講席)을 맡아 「위학차제(爲學次第)」를 학자들에게 제시했다. 68세로 백록서원(白鹿書院)의 원장으로 있을 때 마테오 리치(利瑪竇)에게 강의를 청하기도 했다. 1605년(만력 33) 순천부학(順天府學) 훈도(訓導)에 추천되었으나, 79세였으므로 부임하지 않았다. 장황의 「심성설」은 양명학을 강론한 문장이다. 허균은 「심성설」을 보고 사념을 끊고 욕심을 다 없애 원명의 깨끗함을 깨우치면 어느새 도심이 다가오고, 또 부지런히 배우면 치량지(致良知)를 이해한다고 했다. 청나라 황종희(黃宗羲)의 『명유학안(明儒學案)』 권19 「강우왕문학안(江右王門學案) 9」에 '장황'을 두었다. 황종희는 강우왕문(江右王門)을 개괄하여, "요강(姚江)의 학은 다만 강우가 그 전승을 얻을 따름이다.(중략) 이 때 월중(越中)에 유폐(流弊)가 착출(錯出)하여, 사설(師說)을 떠받들고 학자의 입을 막는데, 강우만 홀로 이것을 분쇄하여 양명의 도가 이에 힘입어 실추되지 않았다. 대개 양명의 일생 정신은 모두 강우에 있었고, 또 그 감응(感應)의 이치가 마땅하다."(권16 「江右王門學案」序)라고 서술했다. 강우왕문학파(江右王門學派)를 왕학의 정통으로 보고, 왕학좌파의 양지현성설(良知現成說)의 유폐를 비판한 것이다. 장황의 학문에 대해서는 "지수(止修)를 논한 것은 이견라(李見羅)[이재(李材)]에 가깝고 귀적(歸寂)을 논한 것은 섭쌍강(聶雙江)[섭강표(聶豹)]에 가깝다"(『明儒學案』권24)라고 평가했다. 좌파 양지현성설은 '포(暴)'와 '탁(濯)'을 거치지 않은 있는 그대로의 마음을 중시했지만, 장황은 그 주장을 비판했다. 그리고 『논맹약언(論孟約言)』·『주역상의(周易象義)』·『학시원체(學詩原體)』·『서경춘추측의(書經春秋測義)』·『학예절기(學禮節記)』 등을 저술하고 강학을 중시했다. 『주역상의(周易象義)』 10권은 『사고전서』에 들어갔다. 42세 되던 1568년(융경 2) 남창(南昌)에 차세당(此洗堂)을 건립하고 강학의 장소로 삼았다. 또한 36세 되던 1561년(가정 41)부터 1577년(만력 5)까지 유서(類書) 『도서편(圖書編)』을 엮었는데, 처음

이름은『논세편(論世編)』이었다가 1583년(만력 11) 무렵 서명을 바꾸었다. 단, 장황이 죽은 후 보정(補訂)이 이루어졌다. 장황의 사후 제자 만상렬(萬尙烈)이 1613년(만력 41) 병부상서 서종용(徐宗溶) 등의 도움을 받아 판각을 시작하고 서문을 작성했다. 이후 1623년(천계 3) 응천부(應天府, 남경) 병부시랑 악원성(岳元聲)의 서문을 받아 간행했다. 이와는 별개로 여러 판본이 나오기도 했다. 허균은『도서편』을 열람할 수 없었을 것이다.

2-45. 스스로를 경책하다[自警]

새벽부터 순과 도척[207] 각각 근실했으나,
도척은 버리고 순을 스승삼을 줄 알아야 하리.
순과 도척 그 사이엔 설 곳이 없어
순을 안 따르면 누구를 따르랴?
['從'자는 다른 이본에는 '爲'로 되어 있다.]
鷄鳴舜跖共孳孳, 捨跖須知舜是師.
舜跖之間無立地, 不思爲舜更從誰?
[從一作爲.]

---

207 순과 도척 : 원문은 '순척(舜跖)'으로, 순(舜)임금과 도척(盜跖)을 나란히 거론했다. 순의 성은 요(姚)로, 전욱(顓頊)의 5세손이다. 역산(歷山)에서 농사 지으며 효도하여 요(堯)의 두 딸을 아내로 맞이했고, 28년간 요의 정치를 보좌하다가 요가 붕어하고 왕위를 물려받았다. 도척은 유하혜(柳下惠)의 아우인데, 9천 명의 졸개를 거느린 큰 도둑으로, 사람 죽이기를 즐겼다. 『장자』에 「도척」편이 있다. 『맹자』「진심 상(盡心上)」에 "새벽에 닭이 울자마자 일어나서 부지런히 선행을 힘쓰는 자는 순 임금의 무리이고, 새벽에 닭이 울자마자 일어나서 부지런히 이익을 구하는 자는 도척(盜跖)의 무리이다. 순 임금과 도척의 구분을 알고자 한다면, 다름이 아니라 이(利)와 선(善)의 사이에 있을 뿐이다.[鷄鳴而起, 孳孳爲善者, 舜之徒也, 鷄鳴而起, 孳孳爲利者, 跖之徒也. 欲知舜與跖之分, 無他, 利與善之間也.]"라고 했다.

안연은 석달 동안 인을 어기지 않았다지만[208]

지극한 도는 본시 어버이 잘 모심에서 연유하니,

다만 이 마음을 얻어 늘 어둡지 말아라.

순은 어떤 사람이며 나는 어떤 사람인가?[209]

縱云三月不違仁, 至道初由善事親.

但得此心常不昧, 舜何人也我何人?

2-46. 요사이는 꿈이 잘 꾸이지 않으므로 짓는다[近來少夢有作]

가슴 속 지극한 이치는 하늘과 통하는데

분화(紛華)한 세상사는 돌아보면 일념으로 공(空).

노자[210]를 근래에는 다시 꿈에 보지 않으니

이제부턴 주공[211]을 뵈올 것이 분명하네.

胸中至理與天通, 回首紛華一念空.

老子近來無復夢, 可知從此見周公.

---

208 안연은~어기지 않았다지만 : 『논어』 「옹야(雍也)」에 나오는 말이다.

209 순은~사람인가 : 『맹자』 「등문공 상(滕文公 上)」에 나오는 말이다.

210 노자(老子) : 주(周)나라 사람. 『도덕경(道德經)』을 지었다. 본명은 이이(李耳). 초(楚)의 고현(苦縣) 사람으로, 자는 백양(伯陽)이다. 일명 중이(重耳) 혹은 노담(老聃)이라고 한다. 어머니가 81세에 임신하여 낳았기 때문에 '노자(老子)'라고 일컫는다고 전한다. 주나라 벼슬에서 수장사(守藏史)와 주하사(柱下史)를 지냈다. 공자(孔子)가 찾아가 예(禮)를 배웠다고 한다.

211 주공(周公) : 주(周)나라 무왕(武王)의 아우. 이름은 단(旦). 어린 조카 성왕(成王)을 도와 섭정하여 인정을 베풀어 나라의 기틀을 이룩한 뒤에 성왕이 장성하자 정권을 돌려주었다. 공자가 젊은 시절에는 꿈속에 가끔 주공을 보았는데, 늙어서는 다시는 꿈속에서 주공을 만나지 못하자, "심하다, 나의 쇠함이여! 내가 다시 꿈속에 주공을 만나지 못한 지가 오래되었다.[甚矣吾衰也! 久矣吾不復夢見周公.]"라고 했다. 『논어』 「술이(述而)」 참조.

2-47. 현응민이 '인(仁)'자 운의 시[212]에 화운하여 보여 주기에 기뻐서 답하다[玄生和仁字韻見示 喜而報之]

역행(力行)[213]은 원래 인에 가까우니
수신(修身)이 어버이 모심에 있음을 누가 아는가?
천하의 지성(至誠)이 진성(盡性)이니
이 도를 사람에게서 멀어지게 말지어다!

力行元自近乎仁, 誰識修身在事親?
天下至誠爲盡性, 莫敎斯道遠於人!

2-47-附. 현응민(玄應旻) 시

한 집이 겸양으로 일어나고 어짊으로 일어나니
이야말로 충군과 애친이로다.
만사는 성(誠)과 경(敬) 밖에선 못 구하는 걸
이 몸이 어찌하여 남에게 멸시받는가?

一家興讓復興仁, 只是忠君與愛親.
萬事不求誠敬外, 此身何敢侮於人?

---

212 '인(仁)'자 운의 시 : 2-45 「스스로를 경책하다[自警]」 제2수.

213 역행(力行) : 『중용장구』 제20장에 "나면서부터 그것을 알고, 배워서 그것을 알고, 애를 써서 그것을 아는데, 그 알게 되어서는 다 같아지는 것이다. …… 배우기를 좋아함은 지에 가깝고, 힘써 행함은 인에 가깝고, 부끄러움을 아는 것은 용에 가깝다.[或生而知之, 或學而知之, 或困而知之, 及其知之, 一也. …… 好學近乎知, 力行近乎仁, 知恥近乎勇.]"라고 했으며, 그 집주에 "애를 써서 앎과 힘써 행함은 용이다.[困知勉行者, 勇也.]"라고 했다.

2-48. 이장배(李長培)[214] 학관이 '인(仁)'자를 압운했으므로 다시 차운하다[李學官押仁字韻又次之]

본성 알고 본심 앎이 모두 어짊이니
고래로 어진 이가 어찌 양친 버리랴?
오직 효제로 나의 덕을 닦으면
하늘에도 남에게도 부끄럽지 않으리.[215]

知性知心摠是仁, 古來仁者豈遺親?
但從孝悌修吾德, 不愧于天不怍人.

2-48-附. 이장배(李長培) 시

지혜 얻음은 물론 인을 택함[216]에 있어
평소에 일념이 어버이 이룸[217]에 두어왔네.

---

214 이학관(李學官) : 이문학관(吏文學官) 이장배(李長培).

215 하늘에도~않으리 : 맹자는 "군자가 세 가지 즐거움이 있으니, 천하에 왕 노릇하는 것은 여기에 끼지 않는다. 부모가 다 생존하고 형제가 무고한 것이 첫 번째 즐거움이요, 위로는 하늘에 부끄럽지 않고 아래로는 사람에게 부끄럽지 않은 것이 두 번째 즐거움이요, 천하의 영재를 얻어서 교육시키는 것이 세 번째 즐거움이다.[君子有三樂, 而王天下不與存焉. 父母俱存, 兄弟無故, 一樂也; 仰不愧於天, 俯不怍於人, 二樂也; 得天下英才而敎育之, 三樂也.]"라고 했다. 『맹자』「진심 상(盡心上)」 참조.

216 인을 택함 : 원문은 '택리인(宅里仁)'이다. 『논어』「이인(里仁)」에서 공자가 "인에 거처함이 아름다우니, 가려서 인에 처하지 않는다면 어찌 슬기로움이 될 수 있겠는가?[里仁爲美, 擇不處仁, 焉得知?]"라고 한 데서 온 말이다.

217 어버이 이룸 : 원문은 성친(成親)이다. 『예기(禮記)』「애공문(哀公問)」에 보면, "애공이 '감히 묻겠습니다. 무엇을 어버이를 이룬다고 합니까?' 하자, 공자가 대답하여 '군자란 사람이 성취한 아름다운 이름이니, 백성들이 아름다운 이름을 돌려주어 군자의 아들이라고 이른다면 이것은 그 어버이로 하여금 군자가 되게 하는 것이니, 이것은 그 어버이를 이루어주는 이름이 됩니다.'라고 했다.[公曰: '敢問何謂成親?' 孔子對曰: '君子也

백년 목숨에 분수 밖의 주작(走作)일랑 막았으니

놔둬라 마음 다잡아 환란 걱정하는[218] 사람은.

得智無論宅里仁, 平居一念在成親.

百年走作防非分, 任是操心慮患人.

2-49. 잡영(雜詠)

손꼽아 보니 돌아갈 기약 가까워져

나그네 회포를 억지로 누그러뜨리네.

긴긴 낮을 소비하러 책을 보고

남은 추위 겁 나서 문 닫고 있다네.

세상살이 재미가 늙을수록 괴로워,

남들 뜻에 맞추기가 말로에 어렵구나.

문학의 상념과 벼슬살이 흥이 겸하니

누가 일시에 소진함을 깨닫는가?

屈指歸期近, 羈懷强自寬.

看書消永晝, 閉戶㤼餘寒.

世味衰年苦, 人情末路難.

文思兼宦興, 誰覺一時闌?

者, 人之成名也. 百姓歸之名, 謂之君子之子, 是使其親爲君子也. 是爲成其親之名也
已.']라는 문답이 있다.

218 환란 걱정하는 : 원문은 '여환(慮患)'이다. 『맹자』「진심 상(盡心上)」에 "사람의 덕스러운
지혜와 기술적인 재능은 항상 위기 속에서 나온다. 오직 외로운 신하와 서얼의 자식은
마음가짐을 극도로 조심하고 환란을 깊이 걱정하기 때문에 사리에 통달하는 것이다.[人之
有德慧術知者, 恒存乎疢疾. 獨孤臣孼子, 其操心也危, 其慮患也深, 故達.]"라고 했다.

은총과 모욕이 비환의 바탕임을
40년을 돌아보아 깨닫노라.
육신은 편안 방자한 탓에 게으르고
마음은 영리와 명예에 들볶이는 걸,
초헌과 관면의 벼슬은 진정 환몽 같고
문장은 한 푼 돈이 되질 않으니,
그것이 늙어서의 절개를 온전히 지켜
책끈 끊어져 세 번 묶는 일[219]만 하랴?

寵辱悲歡地, 回頭四十年.
身緣安肆惰, 心被利名煎.
軒冕眞同幻, 文章不直錢.
何如全晚節, 三復絶韋編?

2-49-附. 상사[220]의 화운[上使和韻]

눈물이 늙어 꽃도 도움 안 되고
근심 많으니 술이 어찌 위로 되리?
해를 이어 객지의 날을 보내고
병도 많은데다 봄추위까지 심하여라.
고국에 돌아가고픈 마음만 급하여
새로 보내신 시에 화답하기 어렵다만,

---

219 책끈~묶는 일 : 위편삼절(韋編三絶)한다는 뜻이다. 위편삼절은 공자가 만년에 『주역』
을 열심히 읽어서 묶은 가죽 끈이 세 번이나 끊어져 다시 묶었다는 고사이다. 『사기』
「공자세가(孔子世家)」에 나온다.
220 상사 : 민형남.

길게 읊으며 짐짓 스스로 달래니
높은 흥이 다하지는 않았구나.
淚老花無賴, 憂繁酒豈寬? 經年爲客日, 多病又春寒.
故國歸心促, 新詩和意難. 長吟聊自遣, 高興未全闌.

천자의 수도에서 인일(人日)을 맞으니
춘왕정월(春王正月)이 병진(丙辰)에 속하네.
내 몸에는 자그마한 소망도 다시 없고
하사품에는 아홉 번 달인 약이 있구나.
병중이라 자주 거울을 보고
주머니에는 동전 없는 지 오래.[221]
그대 높은 가창은 화운(차운)이 드물리니
나는 거칠고 모자라 주옥에 부끄러워라.
帝里逢人日, 王春屬丙年. 身無再少望, 賜有九回煎.
病裏頻看鏡, 囊中久乏錢. 唱高知和寡, 荒拙愧珠編.

2-50. 백낙천[222]의 〈달리〉 시의 운을 쓰다[用樂天達理韻]

천군이 처음에는 적연(寂然)하다가

221 주머니에는~오래 : 진(晉)나라 완부(阮孚)가 검은 주머니 하나를 차고 회계(會稽) 지방을 유람했는데, 그 이유에 대해 "단 일 전을 주머니에 두고 보노니, 주머니가 텅 비면 부끄러울까 염려해서이다.[但有一錢看, 囊空其羞澁.]"라고 했다. 두보(杜甫)의 시 「공낭(空囊)」에 "주머니가 비면 민망할 듯 싶어, 동전 한 닢 남겨두어 들여다 본다오.[囊空恐羞澁, 留得一錢看.]"라고 했다. 여기서는 이를 토대로 주머니에 일전(一錢)도 없을 만큼 청빈하다고 강조한 말이다.
222 백낙천(白樂天) : 당나라 시인 백거이(白居易). 앞에 나왔다.

때로는 능히 감통(感通)도 하네.

처음에 조존(操存)[223]하는 때에는

마치 옥황상제가 법궁에 앉은 듯해도,

갑자기 상념이 분잡하게 일어나서

초췌하거나 풍후함에 따라 근심하거나 기뻐하네.

안자[224]의 요절을 한탄하지 말고

원헌[225]의 가난함을 슬퍼하지 말아라.

도가 의지에 있으면 태평하니

이치 따라 살며[226] 종말을 기다리라.

다만 인욕을 다 없앨 수 있다면

가을 달이 차가운 하늘에 밝듯 하리라.

세간의 부와 귀를 등한히 하나니

어찌 아이들과 같을 수 있으랴?

안택[227]이 어느 곳에 있는가?

---

223 조존(操存) : 마음을 잡아 굳게 지키는 것을 말한다. 『맹자』「고자 상(告子上)」에 보면 "공자께서 '잡으면 보존되고 놓으면 잃으며 수시로 드나들어 방향을 알 수 없다.' 했으니, 마음을 말씀하신 것이 아니겠는가?[孔子曰：“操則存, 舍則亡, 出入無時, 莫知其鄕.” 惟心之謂與?]"라고 했다.

224 안자(顔子) : 공자(孔子)의 제자. 이름은 회(回). 자는 자연(子淵), 한 번의 잘못은 다시는 되풀이하지 않아서 공자의 여러 제자들 중에서 가장 어진 사람으로 인정되었다. 32세에 죽자, 공자가 탄식하며 "하늘이 나를 버렸다!"고 통곡했다.

225 원헌(原憲) : 춘추시대 노(魯)나라 사람. 공자의 제자. 자는 자사(子思). 자공(子貢)이 그의 집 앞을 지나다가 자사의 몰골이 말이 아닌 것을 보고, "선생은 어디 병이 있습니까?"라고 물으니, 자사가 "재물이 없는 것을 가난하다 하고, 사람의 도리를 배우고도 실행하지 않는 것을 병이라고 하므로, 나는 가난하다고 생각하지도 않고 병이 있다고도 생각하지 않는다."고 했다.

226 이치 따라 살며 : 원문은 '순리(順理)'. 송나라 장재(張載)가 지은 「서명(西銘)」의 "살아서는 순리를 따를 것이요, 죽어서는 편안하리라.[存吾順事, 沒吾寧也.]"에서 가져온 말이다.

227 안택(安宅) : 마음 편히 살 수 있는 집이라는 뜻에서 '인(仁)'을 말한다.

안택은 오직 내 눈[228] 안에 있다네.

天君初寂然, 有時能感通.

當其始操存, 如帝坐法宮.

倏然念紛起, 憂喜隨悴豐.

莫嘆顔子夭, 莫悲原憲貧.

道在意卽泰, 順理聊待終.

但令人欲盡, 秋月明寒空.

世間閑富貴, 肯與群兒同?

安宅是何所? 只在阿堵中.

해설 백거이의 「달리」는 오언장편 2수이다. 허균은 그 제1수에 차운했다. 백거이의 첫째 수는 다음과 같다. "어떤 것이 장성하기만 하고 늙지 않겠는가? 어느 시운이 궁하기만 하고 통하지 않겠는가? 저 음률과 꼭 같아서, 완연히 변했다가 처음 음으로 돌아간다네. 나의 운명은 어찌 이다지도 박복하여, 초췌한 일만 많고 풍성한 일은 적은가? 장년에 이미 남보다 먼저 늙어서, 잠깐 편안했다가 도리어 길이 궁하여라. 나는 나의 운명을 어찌할 수 없어, 맡기고 순종하며 종말을 기다리노라. 운명도 나를 어찌할 수 없어, 마음은 텅 비어 있는 것 같아라. 흐리멍텅 자연의 조화와 함께하고, 혼연히 세속과 같이 하고 살아가노라. 누가 능히 이러한 고통에 앉은 채로, 그 안에서 거스르며 살아갈 수 있겠는

---

228 눈 : 원문은 '아도(阿堵)'. 육조(六朝) 시대의 구어(口語)로 '이것'이라는 뜻인데, 여기서는 눈동자를 가리킨다. 『진서(晉書)』 「문원열전(文苑列傳)」을 보면, 진(晉)나라 고개지(顧愷之)가 사람을 그리고는 여러 해 동안 눈동자를 찍지 않았는데, 그 스스로 "사체(四體)를 잘 그리고 못 그리는 것은 신묘한 경지와 관계가 없다. 그림에 정신을 불어넣어 전해 주는 것은, 바로 이것 속에 있기 때문이다."라고 말했다고 한다. 『세설신어』 「교예(巧藝)」에서는 고개지가 "정신을 전해서 그대로 비추어 베껴내는 일은 바로 눈동자에 달려 있다.[傳神寫照, 正在阿堵中.]"라고 했다고 요약해 두었다.

가?[何物壯不老? 何時窮不通? 如彼晉與律, 宛轉旋爲宮. 我命獨何薄, 多悴而少
豐? 當壯已先衰, 暫泰還長窮. 我無奈命何, 委順以待終. 命無奈我何, 方寸如虛
空. 舂然與化俱, 混然與俗同. 誰能坐此苦. 齟齬於其中?]"

　　백거이의 둘째 수는 다음과 같다. "서고(舒姑)가 변하여 샘이 되고,
우애(牛哀)가 병들어 호랑이가 되었도다. 간혹 버드나무가 팔꿈치에서
생기고, 간혹 남자가 변하여 여자가 되기도 했네. 새와 짐승, 물과 나
무, 본래는 백성과 함께하지 않았다네. 어렴풋이 생겨나 온갖 모양으
로 변하여도, 죽어서 흙으로 돌아감을 바라지는 않노라. 온갖 몸들은
이미 죽었거늘, 어찌 주인이 될 수 있겠는가? 하물며 저 시간과 운명의
사이에 있어서야, 바뀌어 일어나는 것을 어찌 다 헤아리랴? 시운이
다가 옴을 막을 수 없고, 명운이 떠나감을 어찌 잡을 수 있겠는가?
오직 호연함을 길러야 마땅하니, 나는 달인의 말을 듣겠노라.[舒姑化爲
泉, 牛哀病作虎. 或柳生肘間, 或男變爲女. 鳥獸及水木, 本不與民伍. 胡然生變
遷, 不待死歸土. 百骸是己物, 尙不能爲主. 況彼時命間, 倚伏何足數? 時來不可
遏, 命去焉能取. 唯當養浩然, 吾聞達人語.]"

2-51. 소강절[229]의 〈용문도중〉[230] 시의 운을 쓰다[用康節龍門道中韻]

　　근년 본 일이 갈수록 시비가 또렷하니
　　어부와 초부처럼 이 생을 마침이 마땅하리라.
　　백이와 유하혜[231]는 고매했어도 끝내 지혜에 부림 당했고

---

229 소강절(邵康節) : 송나라 소옹(邵雍). 강절은 시호(諡號).
230 용문도중 : 소옹(邵雍)의 칠언율시 「용문도중작(龍門道中作)」을 말한다. 해설 참조.
231 백이와 유하혜 : 원문은 '이혜(夷惠)'. 백이(伯夷)는 은(殷)나라 고죽군(孤竹君)의 아들

소부와 허유[232]는 결백한 듯해도 명예 구함[233]에 가까웠네.

슬픔과 기쁨, 얻음과 잃음 모두 순리를 따르기에

영광과 모욕, 상승과 침하는 놀랄 일이 못 되네.

조만간 벼슬에서 벗어나[234] 방외(方外)로 가려 하니

오직 명월은 남아서 나의 길벗 되어 주리라.

年來見事漸分明, 只合漁樵了此生.

夷惠縱高終役智, 巢由似潔近求名.

悲歡得喪皆隨順, 榮辱升沉未足驚.

早晩脫身方外去, 只留明月伴吾行.

해설 소옹(邵雍, 1011~1077)의 「용문도중작(龍門道中作)」은 칠언율시로, '경(庚)'운을 압운했다. 『이천격양집(伊川擊壤集)』에 들어 있다. "물리와 인정은 절로 분명하거늘, 어찌 일찍이 일생에 척척하랴? 재능을 드러낼까

로, 숙제(叔齊)의 형인데, 은나라를 멸한 주(周)나라의 녹을 먹지 않으려고 동생 숙제와 함께 수양산(首陽山)에 들어가서 고사리를 캐어 먹으며 지조를 지켜 '성지청자(聖之淸者)'로 일컬어졌다. 유하혜(柳下惠)는 춘추시대 노(魯)나라 대부(大夫)로서 선정을 베푼 전금(展禽)으로, 이름은 획(獲), 자는 계(季)이며 유하(柳下)는 그가 살던 지명이고 혜(惠)는 그의 시호(諡號)인데, 세상 사람들은 '성지화자(聖之和者)'라고 일컬었다.

232 소부와 허유 : 원문은 '소유(巢由)'. 요(堯)임금 때의 고사(高士)이던 소부(巢父)와 허유(許由)를 말한다. 앞에 나왔다.

233 명예 구함 : 원문은 '구명(求名)'. 『주자대전(朱子大全)』 권67 「양생주에 대한 설[養生主說]」에서 "대개 학문을 하면서 이름을 구하는 것은 절로 자기 수양을 위한 학문을 하는 것이 아니니 말할 것도 없고, 만약 이름이 자기에게 누가 되는 것을 두려워하여 학문을 하는 힘을 다 쏟지 않는다면, 그 마음가짐이 또한 이미 공정하지 않고 조금씩 악으로 들어가는 것이다.[蓋爲學而求名者, 自非爲己之學, 蓋不足道; 若畏名之累己, 而不敢盡其爲學之力, 則其爲心, 亦已不公而稍入於惡矣.]"라고 했다.

234 벼슬에서 벗어나 : 원문은 '탈신(脫身)'. 두보(杜甫)의 시 「증이백(贈李白)」에 "공은 한림학사를 지낸 사람으로, 벼슬 버리고 산림 속의 정취를 일삼아, 또한 양주·송주에 두루 노닐면서, 바야흐로 요초를 캐려 하는구려.[李侯金閨彦, 脫身事幽討. 亦有梁宋遊, 方期拾瑤草.]"라고 했다.

숨길까는 내게 달려 있어 계산이 섰다만, 세상에 쓰일지 버려질지는 시기에 따르기에 명분을 정할 수 없구나. 시야에 가득한 구름과 산은 모두 즐거움이요, 터럭 하나의 영광과 모욕은 놀랄 일 아니로다. 왕공귀족의 문은 듣자니 후문[235]의 바다처럼 깊다 하니,[236] 삼십년 이래 휘휘 팔 휘둘러 멀리했도다.[物理人情自可明, 何嘗戚戚向平生? 卷舒在我有成筭, 用捨隨時無定名. 滿目雲山俱是樂, 一毫榮辱不須驚. 侯門見說深如海, 三十年來掉臂行.]"

2-52. 도연명[237]의 〈동방유일사〉 시의 운을 쓰다[用淵明東方有一士韻]

동방에 한 사람 선비가 있으니
겉으론 말랐으나 정신은 완전하다.
때때로 손님이 찾아오면

---

235 후문(侯門) : 권세가(權勢家)의 집을 뜻한다. 한나라 성제(成帝) 때 태후의 동생인 왕담(王譚)·왕상(王商)·왕립(王立)·왕근(王根)·왕봉시(王逢時)를 한꺼번에 관내후(關內侯)에 봉한데서 나온 말이다. 곧, 평아후(平阿侯) 왕담(王譚), 성도후(成都侯) 왕상(王商), 홍양후(紅陽侯) 왕립(王立), 곡양후(曲陽侯) 왕근(王根), 고평후(高平侯) 왕봉시(王逢時) 다섯 사람이 모두 같은 날 봉작되어 그들을 오후(五侯)라고 했다. 『한서』「원후전(元后傳)」 참조.

236 귀족의 문은~깊다 하니 : 당나라 최교(崔郊)의 시 「떠나간 여종에게 주다[贈去婢]」에 이러하다. "공자왕손이 꽁지에 일어나는 먼지를 좇다시피하지만, 녹주같은 눈물을 떨구어 비단 수건을 적신다. 후문에는 한 번 들어가면 바다같이 깊어, 이로써 연정 품은 남성은 길가는 이가 되고 마네.[公子王孫逐後塵, 綠珠垂淚滴羅巾. 侯門一入深如海, 從此蕭郎是路人.]" 당나라 원화(元和) 연간에 수재 최교(崔郊)가 양주(襄州)의 고모 댁에 부쳐살다가, 고모댁 여종을 사랑하게 되었다. 하지만 고모댁 가세가 기울어 여종을 양주 사공(司空) 우적(于頔)에게 팔아야 하여 사랑이 결실을 맺지 못하자, 최교는 한식절에 사공 집 바깥에서 그녀가 나오기만을 기다리다가, 마침내 두 사람이 만나 이 시를 주어 마음 속을 토로했다고 한다. 우적이 뒤에 이 시를 읽어보고 최교를 불러 일만 관의 돈을 주어 혼인하게 했다는 이야기가 있다. 『운계우의(雲谿友議)』와 『전당시화(全唐詩話)』 등에 나온다.

237 도연명 : 진(晉)나라 은일사(隱逸士) 도잠(陶潛).

일어나 헌 의관을 주섬주섬.

비록 바위틈 굴에서 살지라도

검은머리에 어린애 얼굴.

아내 자식에게 작은 누조차 안 끼치거늘

명리의 관문에 어찌 나아가랴?

다만 앉아서 흰 구름이

일천 봉우리 끝에 기멸함을 바라보네.

바람과 시내가 오음에 맞춰 격동하기에

아쟁이나 거문고를 연주할 일 없고.

고고한 자취는 아득하여 더의잡기 어려워라

붉은 하늘에 공작과 난새가 비상하듯 하누나.

힘써라! 저와 같이 늙기를 원할진댄

이 맹서를 꼭 지켜 식게 하지 말아라.

東方有一士, 外槁神內完. 有時見客來, 起攝弊衣冠.
雖居岩石間, 綠髮仍童顏. 不貽妻子累, 肯躡名利關?
但坐觀白雲, 起滅千峰端. 風泉激宮徵, 不必牙琴彈.
高蹤邈難攀, 赤霄翔孔鸞. 勖哉同老願, 此盟期不寒!

해설 「동방유일사」는 도연명의 「팔운시(八韻詩)」로, 곧, 「의고(擬古)」라는 제목으로 남은 9수 가운데 제5수를 말한다. 그 시는 다음과 같다. "동방에 한 선비가 있어, 옷 입은 것이 늘 몸을 다 가리지 못하고, 삼순에 아홉 번 밥을 먹고, 십년에 한 번 새 관을 써서, 쓰라림과 고달픔을 이에 비할 바 없거늘, 늘 좋은 얼굴을 하고 있다고 했다. 내가 그 사람을 보고 싶어서, 아침에 떠나 황하의 관소를 넘어가니, 푸른 소나무는 길 양편에 자라나 있고, 흰 구름은 처마 끝에 묵는다. 내가

일부러 온 뜻을 알고는, 거문고 들어 나를 위해 타는데, 위의 현에서는
이별한 학을 놀래키고, 아래 현에서는 외론 난새를 조종하는 듯하네.
바라건대 여기 남아 그대의 곳에서 머물며, 이제부터 세한까지 지내고
싶다오.[東方有一士, 被服常不完. 三旬九遇食, 十年著一冠. 辛苦無此比, 常有
好容顔. 我欲觀其人, 晨去越河關. 靑松夾路生, 白雲宿簷端. 知我故來意, 取琴
爲我彈. 上絃驚別鶴, 下絃操孤鸞. 願留就君住, 從今至歲寒.]"

　유향(劉向)이 엮은『설원(說苑)』에 보면 자사(子思)가 삼순구식(三旬九
食)했다고 한다. 동방의 선비도 삼순구식할 만큼 가난했다. 하지만 그
정신은 맑기에 늘 좋은 얼굴을 하고 있다고 했다. 그의 거처는 푸른
소나무가 길을 끼고 양켠에 자라나 있고 흰 구름이 처마 끝에 묵는
곳이다. 게다가 그는 거문고를 타면 위의 현에서는 이별한 학을 놀래
키고 아래 현에서는 외로운 난새를 조종할 정도다. 도연명은 동방일사
의 정신 경계를 노래하면서 스스로의 지향을 밝혔다. 즉, 도연명은 독
립 특행하는 지사를 동방일사에 가탁한 것이다. 훗날 성호 이익도 도
연명의 노래를 차용하여 스스로의 지향을 밝혔다.

2-53. 진 백사[238]의 〈밤에 앉아서〉 시의 운을 쓰다[用陳白沙夜坐韻]

　내 삶은 비웃음 사고 또 동정심 살 만하니
　뜬 세상 출처행장(出處行藏)은 하늘의 말만 듣노라.
　젊어서는 사장(詞章)으로 짐짓 장난하다가
　늙으면서 선정(禪定) 그 또한 헛일 되었네.
　저 거백옥[239]이 지난 잘못 알았던 나이에 가깝고

---

238 진백사(陳白沙) : 명나라 학자 진헌장(陳獻章). 백사는 호이며, 자는 공보(公甫)이다.

양귀산[240]이 『주역』 배우던 나이를 만나,
낙민[241]을 사숙하여 나쁘지 않음을 알았으니
창 앞에 뜰의 풀이 가득하든 말든.[242]

吾生堪笑也堪憐, 浮世行藏只聽天.

少日詞章聯戲爾, 老來禪定亦徒然.

近他伯玉知非歲, 值得龜山學易年.

私淑洛閩知不惡, 任敎庭屮滿牕前.

해설 진헌장(陳獻章, 1428~1500)의 자는 공보(公甫), 호는 실재(實齋), 시호는 문공(文恭)이다. 광동(廣東) 신회현(新會縣) 회성(會城) 도회향(都會鄕)[지금 강문시(江門市) 신회구(新會區) 회성가도(會城街道)] 사람인데 뒤에 백사리(白沙里)[백사향(白沙鄕)]로 이주하여, 백사선생(白沙先生)으로 호칭되었다. 모룡필(茅龍筆)을 제작하여 글씨를 썼는데 자체(字體)가 창경(蒼勁)하여 풍격을 갖추었다고 평가된다. 1444년(정통 9) 광동 향시에 합격하고 1447년(정통 12) 예부회시(禮部會試)에 참여하여 부방(副榜)에

---

239 거백옥(蘧伯玉) : 거원(蘧瑗). 앞에 나왔다.

240 양귀산(楊龜山) : 송나라 양시(楊時). 양시는 자를 중립(中立)이라 하며, 귀산은 호이다. 정호(程顥)의 제자로 공부하다가 정호가 죽자 그 아우 정이(程頤)의 문하생이 되었다. 진사 시험에 합격하여 벼슬이 용도각직학사(龍圖閣直學士)에 이르러 치사하고, 후학 양성에 진력했다. 편서로 『이정수언(二程粹言)』이 있고, 저술로 『귀산집(龜山集)』이 있다.

241 낙민(洛閩) : 하남성(河南省)의 성도 낙양(洛陽)과 복건성(福建省)의 민중(閩中)을 합하여 부르는 말로 정주학(程朱學)을 가리킨다. 즉, 정호(程顥)·정이(程伊) 형제의 낙파와 주희의 민파를 합쳐서 이른 말이다.

242 창 앞에~가득 하든 말든 : 염계(濂溪) 주돈이(周敦頤)가 창 앞의 풀을 깎지 않고 "자신의 의사와 일반이다.[與自家意思一般.]"라고 말했다. 즉 창 앞의 풀은 천지의 생생(生生)의 기를 구현하는 것으로서 인간의 생명 현상과 같다고 하여 깎지 않았다고 한다. 『성리대전(性理大全)』 권39 「주자(周子)」와 『근사록(近思錄)』 권14에 나온다.

들어 국자감에 들어가 글을 읽으면서 두 차례 예부 시험에 나아갔으나 등제하지 못했다. 강서(江西)로 가서 강재(康齋) 오여필(吳與弼, 1391~1469)에게 반년간 수학한 후 귀향했다. 39세 되던 1464년(천순 8) 북경에 가서 국자감 제주(國子監祭酒) 형양(邢讓)의 칭찬을 받았다. 1465년(성화 원년) 봄 자신의 춘양대(春陽臺)에 학관을 두고 강학했다. 1466년(성화 2) 순덕현(順德縣) 지현(知縣) 전보(錢溥)의 권유로 다시 북경의 태학(국자감)에 유학하고, 1468년(성화 4) 무진(戊辰) 과고(科考)에 참여하여 부방(副榜)에 들었다. 뒤에 여러 차례 회시에 참가했으나 실패했다. 1483년(성화 19)「걸종양소(乞終養疏)」를 올리자, 헌종은 귀향을 허가하고 한림원검토(翰林院檢討)의 직을 주었다. 진헌장은 1435년 왕진(王振)의 정권 농단, 1449년 토목지변(土木之變), 1457년 영종(英宗)의 탈문지변(奪門之變)과 복벽(復辟) 등 혼란기를 거치면서 일생 청빈하게 살았다. 저술로『백사시교해(白沙詩敎解)』와『백사집(白沙集)』이 있다. 제자로 담약수(湛若水)·양저(梁儲)·이승기(李承箕)·임집희(林緝熙)·장정실(張廷實)·하흠(賀欽)·진무열(陳茂烈)·용일지(容一之)·나복주(羅服週)·반한(潘漢)·섭굉(葉宏)·사우(謝佑)·임정환(林廷瓛) 등이 있다. 중국 영남학파(嶺南學派)의 창시자로, 1584년(만력 12) 공묘(孔廟)에 배종할 것을 조칙으로 허가받았다. 영남에서 유일하다. 명나라 고반룡(高攀龍, 1562~1626)은 진헌장이 증점(曾點)에서 소옹(邵雍)으로 이어지는 학맥을 이었다고 보았다. 명말 청초의 황종희(黃宗羲)는 "명대 학문은 백사(白沙)에 이르러서 비로소 정미(精微)한 데 들어갔다. 그 가장 중요한 공부는 함양(涵養)에 있다. (중략) 왕양명(王陽明)에 이르러 커졌다. 두 선생의 학문이 가장 가깝다고 하겠다."라고 평가했다. 청나라 장정옥(張廷玉) 등은『명사(明史)』를 편찬하면서, 명대 사상에 대해 강서(江西) 오여필(吳與弼)의 숭인학파(崇仁學派), 그 제자 호거인(胡居仁)의 여간지학(餘干之學)과 함께 진헌장·담약수의 강문지학(江門之學)을 인정했다. 현대의 풍우란(馮友蘭, 1895~1990)은 진헌장이 신비주의 사유를 특징으로 한다고 보았다.[243]

2-54. 이장배(李長培) 학관이 〈잡영〉[244]에 화운했으므로 다시 읊어서 답하다[李學官和雜詠韻 再賦以報]

어느새 몸이 늙고 쇠하여
허리 띠 헐렁해져 자주 놀라네.
운산의 초복(初服)[245]은 멀어지고
백로와 갈매기와는 옛 맹세가 식었구나.[246]
풍속이 야박하여 원수 불러오기 쉽고
맑은 시절이라 세상일 사절[247]이 어렵네.
떠날지 머물지 결정 못하고
근심하며 앉았자니 물시계 시각 깊어간다.

---

243 荒木見悟:「陳白沙と湛甘泉」,『陽明學の位相』, 研文出版, 1992. ; 林佳蓉,「陳白沙與王陽明心學型態之比較」,『東方人文學誌』第2卷 第2期, 2003年 6月, 頁171-193.

244 잡영 : 2-49「잡영(雜詠)」을 가리킨다.

245 초복(初服) : 출사(出仕)하기 전에 입던 옷으로, 처음 살던 곳으로 돌아가 은거한다는 뜻이다. 굴원(屈原)의 「이소(離騷)」에 "물러나 다시 나의 초복을 손질하리.[退將復修吾初服.]"라고 했다.

246 옛 맹세가 식었구나 : 원문은 '구맹한(鷗盟寒)'이다. 물새와의 지난날 맹세가 식었다는 말로, 자연에 은거하겠다는 맹세를 어겼다는 뜻으로 사용한다. 송나라 육유(陸游)의 시 「숙흥(夙興)」에 "학의 원망은 누굴 의지해 풀까? 백구와의 맹세 이미 식었을까 염려되네.[鶴怨憑誰解? 鷗盟恐已寒.]"라고 했다.

247 세상일 사절 : 원문은 '사사(謝事)'이다. 소식(蘇軾)의 시 「중소 시승이 벼슬을 그만두고 은잠산으로 돌아가는 것을 전송하며[贈仲素寺丞致仕歸隱潛山]」에 "잠산의 은군자는 금년의 나이 일흔넷인데, 연보라 눈동자 푸른 머리칼로 방금 세상일 사절했네.[潛山隱君七十四, 紺瞳綠髮方謝事.]"라고 했다.

未覺身衰瘁, 頻驚帶漸寬.
雲山初服遠, 鷗鷺舊盟寒.
薄俗招仇易, 淸時謝事難.
去留俱不決, 愁坐漏將闌.

오랜 객지생활에 귀향 생각 한스러우나
올해가 작년보다는야 낫고말고.
옛 시를 짐짓 스스로 화답하고
햇차는 공을 들여 끓게 만드네.
글빚 갚지 않고 달아나 부끄러운데
누가 능히 술값을 내어주려나?
병 문안 하는 사람 하나 없으니
마주하는 것은 오로지 청편(靑編, 책).

久客思歸恨, 今年勝去年.
舊詩聊自和, 新茗强敎煎.
已愧逋書債, 誰能饋酒錢?
無人來問疾, 相對獨靑編.

2-54-附. 이장배(李長培) 시

앓고 또 괴로워 시인의 비장이 늙고
수심과 기만으로 주호(酒戶)가 헐렁하다.
높은 노래가 초나라 음곡[248]이라 놀랍고

---

248 초나라 음곡 : 원문은 '초곡(楚曲)'. 남국인 초나라 곡조인데, 여기서는 조선의 곡조라
　　는 뜻이다. 춘추 시대 초나라의 영인(伶人) 즉 악관(樂官)인 종의(鍾儀)의 고사를 끌어

깊은 술잔은 연경의 추위를 물리치네.

연분은 있으나 등용[249]이 늦었으니

안면 익히기 어려운 탓이 아니었다네.

호기 있게 시 읊으며 진종일 취하니

꽃과 새와 이 봄 내내 함께 하자 약속하네.

病悶詩脾老, 愁欺酒戶寬. 高歌驚楚曲, 深酌却燕寒.

有分登龍晚, 非緣識面難. 豪吟盡醉日, 花鳥約春闌.

맑은 기운이 얼굴에 따사로워라

기구한 여행도 이미 반년.

풍진 속에서도 스스로 즐기니

기름과 불[250]이 끊이지 말았으면.

일천 잔 술을 당겨 마시니 좋구나 좋아라

만 번 뽑힐 청동전같은 문장[251]은 물론이고.

왔다. 진 혜공(晉惠公)이 군부(軍府)를 시찰하다가 종의가 묶여 있는 것을 보고는 "남쪽 나라 관을 쓰고 잡혀 있는 저 자는 누구인가?[南冠而縶者誰也?]"라고 묻자, 유사(有司) 가 "정나라 사람이 바친 초나라 포로입니다.[鄭人所獻楚囚也]"라고 대답하니, 혜공이 그의 결박을 풀어 주게 하고 그가 악관 출신이라는 말을 듣고는 거문고를 주며 음악을 연주하게 하자 종의가 초나라 음악을 연주했다. 진 혜공이 범문자(范文子)의 말에 따라 그를 예우하여 고국으로 돌려보내 두 나라의 화목을 도모했다는 기사가 『춘추좌씨전 (春秋左氏傳)』 성공(成公) 9년 조에 나온다.

249 등용(登龍) : 등용문객(登龍門客)의 준말로, 중망을 받고 있는 현자에게 인정을 받는 것을 말한다. 후한의 선비들이 이응(李膺)의 인정을 받으면 명성이 높아지므로 그의 접대를 받는 것을 "용문에 오른다.[登龍門.]"라고 했다고 한다. 『후한서』 「이응열전(李 膺列傳)」 참조.

250 기름과 불 : 원문은 '고화(膏火)'로, 오욕칠정(五慾七情)에 들볶여 자신을 해치는 것을 비유한다. 『장자』 「인간세(人間世)」에 "산의 나무는 유용하기 때문에 벌목을 자초하고, 유지(油脂)는 불을 밝힐 수 있어서 자기 몸을 태우게 만든다.[山木自寇也, 膏火自煎 也.]"라고 했다.

저녁 꽃들이 하나같이 두 눈을 어지럽혀
묵은 책들은 읽어볼 흥이 나질 않누나.

淑氣新面暖, 畸遊已判年. 風塵足自樂, 膏火莫相煎.

好引千鍾酒, 休言萬中錢. 昏花一亂眼, 無興到陳編.

2-55. 장난삼아 읊다[戱吟]

복야는 강 건넌 뒤 삼일만에 술이 깨니[252]
어찌 술 마신 뒤 다경[253]을 찾으려 했겠나?
미관말직이 무어라고 밀랍 씹는 것[254]에라도 견주랴?
아첨의 말은 졸다가 병풍에 머리 부딪힐[255] 지경.

---

251 만 번~문장 : 원문은 '만중전(萬中錢)'이다. 당(唐)나라 때 장작(張鷟)은 문장이 뛰어나
  서 여덟 번의 제거(制擧)에 모두 갑과(甲科)로 합격했다. 당시 원외랑(員外郎) 원반천
  (員半千)이 공경(公卿)들을 대하며 장작을 칭찬하여 "장작의 문장은 마치 청동전 같아
  서 만 번을 뽑아도 만 번을 다 적중한다.[鷟文辭猶靑銅錢, 萬選萬中.]"라고 했다. 사람
  들이 장작의 문장을 '만선만중(萬選萬中)'이라 하고, 장작을 '청전학사(靑錢學士)'라 불
  렀다. 『신당서(新唐書)』 「장천열전(張薦列傳)」.

252 복야는~술이 깨니 : 남조 송나라 유의경(劉義慶)의 『세설신어(世說新語)』 「임탄(任誕)」
  에 주의(周顗)의 일을 기록하여, "[진나라가] 강을 건너 온 지 서너 해가 되도록 (주의는)
  늘 크게 술을 마셨다. 일찍이 사흘 동안 깨지 않은 적이 있었으므로, 당시 사람들이
  삼일복야라고 불렀다.[過江積年, 恒大飮酒, 嘗經三日不醒. 時人謂之三日僕射.]"라고
  했다. 『진서(晉書)』 「주의전(周顗傳)」에도 나온다.

253 다경(茶經) : 당나라 육우(陸羽)가 지은 2권의 책. 차에 관한 일을 기록했다.

254 밀랍 씹는 것 : 원문은 '작랍(嚼蠟)'. 밀랍은 꿀에 비하여 아무런 맛도 없으므로 맛이
  없는 것을 가리킨다. 『능엄경(楞嚴經)』의 "아름다운 여인이 누워 있는 것을 보면 밀랍
  을 씹듯 하라.[當橫陳時, 味如嚼蠟.]"에서 온 말이다.

255 병풍에 머리 부딪힐 : 원문은 '두촉병(頭觸屛)'. 졸음이 와서 자신도 모르게 병풍에 머리
  를 부딪치게 됨을 이른 말이다. 『한서(漢書)』 「진만년전(陳萬年傳)」에 "진만년이 병들
  었을 때 그의 아들 함을 와상 아래로 불러 놓고 경계의 말을 이를 적에 한밤중에 이르자
  함이 졸다가 머리로 병풍을 받았다.[萬年嘗病, 召咸敎戒於牀下. 語至夜半, 咸睡頭觸屛

채석강[256] 돛배 하나 호탕한 백구[257]보다 높이 솟고
민산과 아미산[258]은 천 길 높이로 하늘에 꽂혀 있네.
바람 타고 이 적선[259]을 찾아 가고싶다만
밝은 달 아래 바다는 객성[260]을 담그었네.

僕射渡江三日醒, 肯從酒後覓茶經?
微官何物齒嚼蠟? 詔語自敎頭觸屛.
采石一帆凌浩蕩, 岷峨千丈揷空冥.
乘風欲訪謫仙去, 明月海天涵客星.

風.]”라고 했다.

256 채석강(采石江) : 안휘성(安徽省) 마안산시(馬鞍山市) 서남에 있는 장강(長江). 당나라
시인 이백(李白)이 최종지(崔宗之)와 함께 채석강에서 뱃놀이를 하던 중에 물에 비친
달을 따려 하다가 물에 빠져 죽었다고 전한다. 『당재자전(唐才子傳)』 '이백(李白)' 참
고. 송(宋)나라 매요신(梅堯臣)의 시 「채석강 달 아래 곽공보에게 주다[采石月贈郭功
甫]」에, “채석강 달빛 아래 이 적선을 찾으니, 한밤중 비단 도포로 낚싯배에 앉아 있었
지. 취중에 강 속에 달린 달을 사랑하여, 손으로 달을 희롱하다 몸이 뒤집혔다네. 굶주
려 침 흘리는 교룡 입에 떨어지진 않았으리니, 응당 고래 타고 하늘로 올라갔으리라.[采
石月下訪謫仙, 夜披錦袍坐釣船. 醉中愛月江底懸, 以手弄月身翻然. 不應暴落飢蛟涎,
便當騎鯨上靑天.]”라고 했다.

257 호탕한 백구 : 원문은 '호탕(浩蕩)'. 두보(杜甫)의 시 「봉증위좌승장(奉贈韋左丞丈)」에
“흰 갈매기가 아득한 물결 속에 숨거든, 만 리를 날아가도록 누가 능히 길들일까?[白鷗
沒浩蕩, 萬里誰能馴?]”라고 했다.

258 민산과 아미산 : 원문은 '민아(岷峨)'. 사천성(四川省) 송반현(松藩縣)에 있는 민산(岷
山)과 사천성 아미현(蛾眉縣)에 있는 산. 모두 높고 험하기로 유명하다.

259 이 적선 : 원문의 '적선(謫仙)'은 '하늘나라 신선이 땅 위로 귀양왔음' 또는 '하늘나라
신선이 땅 위로 귀양 온 사람'을 가리킨다. 여기서는 당나라 때 시선(詩仙) 또는 시종(詩
宗)으로 일컬어졌던 이백(李白)을 가리킨다. 이백은 자를 태백(太白)이라 하고, 호를
청련(靑蓮) 또는 청련거사(靑蓮居士)라고 했다.

260 객성(客星) : 보통 절강성 항주(杭州) 동려(桐廬) 부춘강(富春江)가에 은거했던 엄광(嚴
光)을 말한다. 동학이었던 광무제(光武帝)와 한 침상에서 잠을 자면서 광무제의 배에
발을 올리고 잤는데, 이튿날 신하들이 급히 상주하기를 “객성이 황제와 좌위를 범했습
니다.[客星犯帝座.]”라고 했다. 그러나 여기서는 달을 잡으려고 했던 이백이 물에 빠진
것을 두고 한 말이다.

2-56. 백낙천을 본받다[效樂天]

예로부터 처신이 인륜에 어긋난다지만
은둔자가 경륜 비웃는 걸 누가 알랴?
승진과 침몰은 소석침류[261]하는 곳에 이르지 않고
앙화와 복록은 당국인[262]이나 뒤쫓는 법.
장한[263]이 어찌 육기[264]를 부러워하랴?
석가[265]의 부가 완함[266]의 가난함에 미치랴?

---

261 소석침류(漱石枕流) : 진(晉)나라의 고사(高士)인 손초(孫楚)가 장차 숨어 살려고 하면
서 "돌을 베게 삼고 흐르는 물에 양치질하련다.[枕石漱流.]"라고 말해야 할 것을 "물을
베고 돌로 양치질하련다.[枕流漱石.]"라고 잘못 말했는데, 왕제(王濟)가 잘못을 지적하
자, 손초가 "물을 베는 것은 속진에 찌든 귀를 씻어 내기 위함이요, 돌로 양치질하는
것은 연화(煙火)에 물든 치아의 때를 갈아서 없애려 함이다."라고 했다. 『세설신어(世
說新語)』「배조(排調)」에 나온다.

262 당국인(當局人) : 본래 직접 바둑을 두는 사람을 말하는데, 정권을 잡은 사람이란 뜻으
로 사용한다. 당 현종(唐玄宗)의 명으로 원담(元澹) 등이 『예기(禮記)』의 주석본을 만들
었는데, 우승상 장열(張說)이 새 주석본은 필요 없다고 하자, 원담이 "당사자는 헷갈린
다 하지만, 옆에서 보는 사람은 자세히 살필 수 있습니다.[當局稱迷, 傍觀見審.]"라고
한 데서 파생되어 나왔다. 『당서(唐書)』「원행충전(元行沖傳)」참고.

263 장한(張翰) : 진(晉)나라 오군(吳郡) 사람. 자는 계응(季鷹). 낙양(洛陽)에 들어가 동조연
(東曹掾)이 되었는데, 가을바람이 불자 고향인 오중(吳中)의 순채(蓴菜)국과 농어[鱸]회
를 그리워하며 "인생이란 자기 뜻에 맞게 사는 것이 중요한데, 무엇하러 수천 리 타향에서
고생하며 명예와 작위를 구하겠는가?" 하고는 벼슬을 버리고 돌아갔다고 한다.

264 육기(陸機) : 진(晉)나라 문신이며 시인. 자는 사형(士衡). 어려서부터 글재주가 뛰어났
다. 동생 운(雲)과 같이 낙양에 들어가서 태자세마(太子洗馬)가 되어 벼슬이 하북대도
독(河北大都督)에 이르렀다. 『육평원집(陸平原集)』이 있다.

265 석가(石家) : 진(晉)나라 부호(富豪) 석숭(石崇). 석숭은 자를 계륜(季倫)이라 했다. 형
주자사(荊州刺史)를 거쳐 위위(衛尉)로 있을 때에 남을 시켜 해상무역(海上貿易)을 하
여 왕개(王愷) 양수(羊琇) 등과 서로 호화 사치를 경쟁했다. 가밀(賈謐)을 섬기다가
가밀이 복주(伏誅)되자 파면되었다. 집에 예쁜 여자 녹주(綠珠)가 있었는데, 손수(孫秀)
가 그 여자를 탐내어 석숭에게 달라고 하니, 녹주가 누각에서 떨어져 자살했다. 이에
손수가 크게 노하여 석숭을 참소하여 석숭은 가족까지 몰살 당했다.

266 완함(阮咸) : 진(晉)나라 때 죽림칠현(竹林七賢)의 한 사람. 완적(阮籍)의 조카. 비파를

평호²⁶⁷ 천리에 달빛이 배에 가득하고
돌아가는 언덕에는 늦봄 꽃이 만개했네.

自古處身非人倫, 誰知隱逃笑經綸?
昇沉不到枕流地, 禍福每追當局人.
張翰寧歆陸機貴? 石家爭及阮咸貧?
平湖千里滿船月, 歸越岸花開晚春.

주덕(酒德)이 유백륜²⁶⁸을 뒤따르지 못해
대각에서 사륜²⁶⁹을 물리도록 기초했네.
애모²⁷⁰라서 세속 못 따를 줄 알았다만
헛된 이름이 사람 그르칠 줄 누가 믿었겠나?
딱따기 치며 관문 지킴²⁷¹은 봉양 위한 봉급 살이²⁷²

잘 탔으며 월금(月琴)이라는 악기를 새로 만들었다. 벼슬이 시평태수(侍平太守)에 이르렀다.

267 평호(平湖) : 절강성(浙江省) 평호(平湖)를 말하는데, 여기서는 강릉의 경포를 빗대어
   한 표현이다.

268 유백륜(劉伯倫) : 진(晉)나라 때 죽림칠현(竹林七賢)의 한 사람인 유영(劉伶). 백륜은
   그의 자(字)이다. 평소 술을 1곡(斛)씩을 마시고 5두(斗)로 해장을 하였다고 하며, 「주
   덕송(酒德頌)」을 지어 술을 예찬했다. 또 사람을 시켜 삽(鍤)을 메고 따라다니게 하면
   서, "내가 죽거든 그 자리에 묻어 달라.[死便埋我.]"라고 했다고 한다. 『진서(晉書)』
   「유령열전(劉伶列傳)」 참고.

269 사륜(絲綸) : 조칙(詔勅). 여기서는 교서(敎書)를 말한다.

270 애모(崖貌) : 거만한 풍모. 애안(崖岸)의 풍모라는 말이다.

271 딱따기 치고 관문 지킴 : 원문은 '포관격탁(抱關擊柝)'이다. 관문 지키고 딱따기 치는
   낮은 관리. 부모를 봉양하기 위해 부득이 벼슬을 할 경우 맡을 수 있는 낮은 직책을
   의미한다. 『맹자』「만장 하(萬章下)」의 "높은 자리를 사양하고 낮은 자리에 처하며, 녹봉이
   많은 것을 사양하고 적은 것에 처함은 어떻게 하여야 마땅한가? 관문을 지키고 목탁(木柝)을
   치는 일이다.[辭尊居卑, 辭富居貧, 惡乎宜乎? 抱關擊柝.]"라는 말에서 유래했다.

272 봉급 살이 : 원문의 '위록(爲祿)'은 최소한의 봉급 때문이라는 말이다. 『맹자』「만장
   하(萬章下)」에 맹자가 벼슬에 나아가는 도리에 대해 설명하면서 "지위가 낮은데도 고위
   직의 일을 말하는 것은 죄받을 일이요, 남의 조정의 높은 지위에 서 있으면서 도가

해진 옷에 비루먹은 말²⁷³이어도 편안하리라.

조각배로 들꽃 피어날 동쪽으로 가면

고향에 돌아가면 산과 물이 온통 봄이리.

酒德未追劉伯倫, 厭從臺閣掌絲綸.

早知崖貌不宜俗, 誰信浮名能誤人?

擊枊抱關聊爲祿, 弊衣羸馬且安貧.

扁舟東去野花發, 歸及故園山水春.

해설 허균은 이 3수 연작시의 제목에서 '백낙천을 본받다'라고 했는데,
백거이의 시에 차운한다는 것이 아니라 백거이의 시풍과 정신세계를
따른다는 뜻이다. 백거이는 나이가 몇 살이든, 젊다거나 늙었다거나
여기지 않고 적절한 연령이라고 만족해했다. 관직이 어떤 품계에 있든
정말 적절한 상태에 있다고 흡족해했다. 50세 때 지은 「서액의 초가을
숙직하는 밤 속마음을 적다」(西掖早秋直夜書意)에서는 "오품 벼슬은 천하
지 않고, 오십 나이는 요절이 아니지"(五品不爲賤, 五十不爲夭)라고 했다.
한림학사로 있던 36세 무렵에 지은 「송재자제(松齋自題)」는 그의 정신
세계를 잘 드러내는 대표적인 작품이다. "늙지도 않고 젊지도 않다,
서른을 넘긴 나이. 천하지도 않고 귀하지도 않다, 일명(낮은 관직)을

행해지지 않는 것은 부끄러운 일이다.[位卑而言高, 罪也. 立乎人之本朝而道不行, 恥
也.]"라고 했다.

273 떨어진 옷 비루 먹은 말 : 원문은 '폐의이마(弊衣羸馬)'이다. 장적(張迪)의 「행로난(行路
難)」에, "상수 동쪽 가는 행인이 긴 한숨 짓나니, 집 떠난 지 십 년토록 아직 못 돌아갔
네. 해진 갖옷 파리한 말로 여행 길 몹시 어려워라, 하인들도 모두 굶주려 근력이 거의
없구나. 그대는 못 보았나 침상 머리 황금이 다하면, 장사도 얼굴빛을 잃는다는 것을.
용도 진흙 속에 묻힌 채 구름을 못 만나면, 저 하늘에 오를 날개가 돋을 수 없는 거라오.
[湘東行人長歎息, 十年離家歸未得. 弊裘羸馬苦難行, 僮僕盡飢少筋力. 君不見牀頭黃金
盡, 壯士無顔色. 龍蟠泥中未有雲, 不能生彼昇天翼.]"라고 했다.

얻어 조정에 오른 지위. 재주 작아 분수 차기 쉽고, 마음 넉넉하니 몸도 늘 느긋하다. 내장을 채우는 것은 모두 맛난 음식, 무릎을 들일 만하면 곧 편안한 거처. 하물며 이 소나무 서실에, 금(琴) 하나 서너 질 책을 두고, 책은 심해(甚解)를 구하지 않고, 금(琴)을 타며 즐긴다. 밤에는 군주의 문에 들어가 숙직하고, 저물녘 돌아와 내 초가에 누워서는, 형해를 천리의 움직임에 맡기고, 방촌을 늘 공허하게 둔다. 이런 식으로 하루 또 하루, 저절로 편안하고, 어둑하고 또 묵묵하니, 똑똑하지도 어리석지도 않도다.[非老亦非少, 年過三紀餘. 非賤亦非貴, 朝登一命初. 才小分易足, 心寬體長舒. 充腸皆美食, 容膝卽安居. 況此松齋下, 一琴數帙書. 書不求甚解, 琴聊以自娛. 夜直入君門, 晚歸臥吾廬. 形骸委順動, 方寸付空虛. 持此將過日, 自然多晏如. 昏昏復默默, 非智亦非愚.]" 이 시에서 백거이는 창가에 소나무가 있는 무릎 들일 만한 거처에서 금(琴) 하나와 서너 질 책을 두고 유유자적한다고 했다. 또 책은 읽더라도 '심해(甚解, 깊은 이해)'를 구하지 않는다고 했다. 무릎 들일 만한 거처란 도연명의 「귀거래사(歸去來辭)」에 나오는 말이고, 심해를 구하지 않는다는 표현 역시 도연명의 「오류선생전(五柳先生傳)」에 나오는 말이며, '오려(吾廬, 내 초가)'란 말도 도연명의 시 「산해경을 읽고[讀山海經]」에 나오는 말이다. 허균은 도연명에서 백거이로 이어지는 탈속(脫俗)과 한정(閑靜)의 세계를 동경했다.

2-57. 정월 보름날 밤에 병이 들어 누워 있으면서 심회를 쓰다[上元夜病臥書懷]

　　정월 보름 좋은 명절에 관등놀이 성대하여
　　곳곳마다 거리 누각에 채붕이 옹기종기.
　　등촉이 하늘 비추고 꽃이 바다같다 한다만

중처럼 앉은 병든 몸을 누가 가련히 여기랴?
불꽃 나무²⁷⁴ 밝히는 하시²⁷⁵를 그리워만 하고
은교에서 광릉까지²⁷⁶ 밟아 보지 못했네.
까마귀에게 약밥 먹이는 고국 풍속 생각나고
귤 하사²⁷⁷ 연회에 참여한 일 기억나네.

上元佳節盛觀燈, 處處街樓簇彩棚.
共說燭天花似海, 誰憐抱病坐如僧?

---

274 불꽃 나무 : 원문의 '화수(火樹)'는 등불이나 불꽃놀이 등이 휘황찬란한 것을 비유하는
말이다. 당(唐)나라 소미도(蘇味道)의 「정월십오야(正月十五夜)」에 "화수와 은화가 합
하니, 별 다리의 철쇄가 열린다.[火樹銀花合 星橋鐵鎖開]" 했다. 『고사성어고(古事成語
考)』 세시조(歲時條)에 '화수은화합(火樹銀花合)'에서는 등불이 휘황찬란한 것을 가리
킨다고 했다.
275 하시(河市) : 본래 송나라 개봉(開封) 남쪽 변하(汴河) 가의 저잣거리. 여기서는 도성의
강 연안에 펼쳐진 저자를 가리킨다.
276 은교에서 광릉까지 : 은교는 당(唐)나라 도사(道士) 나공원(羅公遠)이 중추절에 계수나
무 한 가지를 공중에 던져 만든 은빛 다리이다. 나공원은 이 다리를 이용해서 현종(玄宗)
과 함께 월궁(月宮)에 올라 선녀들의 춤을 구경하고 「예상우의곡(霓裳羽衣曲)」을 듣고
돌아왔다는 전설이 있다. 『설부(說郛)』에 나온다. 광릉은 옛날 초(楚)나라의 도읍이
있던 곳으로, 지금 강소성(江蘇省) 양주시(揚州市) 서북쪽 일대이다. 정월 대보름 밤에
밝혀 놓는 등불이 매우 성대하여 천하의 장관(壯觀)이었다. 『고금사문유취(古今事文類
聚)』 전집(前集) 권7 「천시부(天時部)」에 '광릉관등(廣陵觀燈)' 항이 있다. 여기서는 평
양 연광정 일대를 말하는 듯하다. 후대의 조정만(趙正萬, 1656~1739)의 시 「연광정에서
이웃 고을 여러 수령들과 함께 순상(관찰사)을 모시고 관광을 하면서 연회석에서 '등(燈)'
자를 압운하여 함께 짓다[練光亭與隣倅諸人 同巡相觀燈 席上押燈字共賦]」에서 "팔일에
술동이 앞에서 함께 달 구경을 하고, 4년 만에 관새 밖에서 다시 관등을 하네, 남쪽
누대의 옥 부절은 참좌(막료)를 맞이하고, 원석(정월 대보름)에 은교에서 광릉에 올랐
네.[八日尊前同玩月, 四年關外再觀燈. 南樓玉節延參佐, 元夕銀橋上廣陵.]"라고 했다.
277 귤 하사 : 원문은 '전감(傳柑)'. 조선에서 제주도 공물인 귤이 올라오면 연회를 열어
신하들에게 귤을 나누어 주던 것을 가리킨다. 본래 북송 때 상원일(上元日) 밤이면
궁중에서 근신들에게 연회를 베풀었는데, 귀척들이 다투어 황감(黃柑)을 근신들에게
주던 것을 전감이라 했다. 소식(蘇軾)의 시 「상원에 누상에서 모시고 술을 마시며[上元
侍飮樓上]」에, "돌아오니 한 등잔의 불빛만 남아 있는데, 그래도 전감이 있어 아내에게
주었네.[歸來一盞殘燈在, 猶有傳柑遺細君.]"라고 했다.

空懷火樹明河市, 未踏銀橋至廣陵.

藥飯飼烏思國俗, 傳柑參宴記吾曾.

2-58. 이장배(李長培) 학관이 '성(醒)'자와 '윤(倫)'자 두 운의 시[278]에 화운하여 보여주므로 다시 읊어서 답하다[李學官和醒倫二韻以示 再賦而酬]

맑은 세상에 깨어 있음[279]을 과시할 것도 없으니

그대 모름지기 실컷 마시고 『이소경』[280]을 읽게나.

근심 끝에 승경지에서 홍우[281]를 곁하고

꿈속의 고향 산천은 허망한 취병[282]이로군.

은교로 푸른 바다 건너자고 약속했으니

황금 부월이 하늘에서 내리길 기다려 보게.

봉래산 가는 길에 생학[283] 소리 아득하고

하늘 밖 문창성[284]은 주성(酒星)에 연했구나.

---

278 '성(醒)' 자와 '윤(倫)' 자 두 운의 시 : 앞의 시는 2-55 「장난삼아 읊다[戲吟]」이다. 뒤의 시는 2-56 「백낙천을 본받다[效樂天]」 2수 중 제1수이다.

279 깨어 있음 : 원문은 '독성(獨醒)'이다. 초(楚)나라 굴원(屈原)이 지은 「어부사(漁父辭)」에 "온 세상이 모두 탁하거늘 나 홀로 맑으며, 뭇사람 모두 취했거늘 나 홀로 깨어 있어, 이 때문에 추방당했도다.[擧世皆濁我獨淸, 衆人皆醉我獨醒, 是以見放.]"라고 했다.

280 소경(騷經) : 굴원(屈原)이 지은 『이소(離騷)』.

281 홍우(紅友) : 소식(蘇軾)이 황토촌(黃土村) 지주(地主)에게서 선사 받은 술의 이름. 일반적으로 술의 별칭으로 일컬어진다.

282 취병(翠屛) : 푸른 산 또는 이끼가 덮인 푸른 바위를 말한다.

283 생학(笙鶴) : 신선이 생황을 불면서 타고 날아가는 학. 앞에 나왔다.

284 문성(文星) : 문창성(文昌星)의 준말. 문창성은 자미원(紫薇垣) 밖의 북두칠성 중 꼭지별을 제외한 나머지 여섯 별. 인간의 화복(禍福)을 주관한다고 한다. 주성(酒星)은 술을 주관한다는 별로, 술을 매우 좋아하는 사람을 비유한다. 이백(李白)의 시 「월하독작(月下獨酌)」에 "하늘이 만약 술을 좋아하지 않았다면, 주성이 하늘에 있지 않으리라.[天若不愛

[나는 귀국하면 반드시 관동에 부절을 얻어, 군과 함께 풍악 유람을 하자고
약속했으므로 이렇게 운운했다.]

淸世無勞誇獨醒, 君須痛飮讀騷經.

愁邊勝地仗紅友, 夢裏故山虛翠屛.

共約銀橋躡滄海, 待看金鉞下靑冥.

蓬萊歸路杳笙鶴, 天外文星聯酒星.

[僕還朝, 當乞東節, 約與君, 同作楓嶽之遊, 故云云.]

그대는 뛰어난 재주로 무리를 초월하고
정단[285]처럼 경술 밝아 진작에 해박했네.
그대 명성은 원래 여남의 선비[286]를 압도했고
광태(狂態)는 족히 우리들과 합칭할 정도.
만일 평원후[287]가 대은[288]에 편안했다면

酒, 酒星不在天.]"라고 했다. 당나라 배열(裴說)의「회소대가(懷素臺歌)」에 "두보와 이백
과 회소는, 문성과 주성과 초서성이라오.[杜甫李白與懷素, 文星酒星草書星.]"라고 했다.
285 정단(井丹) : 후한 때 은사. 자는 대춘(大春), 오경(五經)에 정통하여 "오경 분륜 정대춘
(五經紛倫井大春)"이라고 평가되었다. 분륜은 음양이 순환해서 만물이 빚어져 나온다
는 뜻이다. 신양후(信陽侯) 음취(陰就)가 연(輦)을 타고 가려 할 때 정단이 웃으면서
"옛날 걸왕이 사람에게 수레를 끌게 했다고 들었습니다만, 어쩌면 이 경우가 해당되지
않겠습니까?[吾聞桀駕人車, 豈此耶?]" 하니, 음취가 결국 연을 타지 못했다는 고사가
전한다. 음취는 후한 광무제 유수(劉秀)의 황후 음여화(陰麗華)의 동생이자, 명제(明帝)
의 외삼촌이다. 『후한서』「일민열전(逸民列傳) 정단(井丹)」 참고.
286 여남의 선비 : 원문은 '여남사(汝南士)'이다. 중국 여남 지방은 현사가 많다고 일컬어져,
위(魏)나라 주비(周斐)가『여남선현전(汝南先賢傳)』5권을 지었다. 진번(陳蕃)·서치
(徐穉)·범방(范滂) 등의 전이 실려 있다.
287 평원(平原) : 삼국시대 위(魏) 나라 때 평원후(平原侯)에 봉해진 조식(曹植)을 가리킨다.
조식은 문재(文才)가 대단히 뛰어났으며, 사조(詞藻)가 부려(富麗)하여 세상에서 수호
(繡虎)라고 칭송되었다. 『삼국지』「위서(魏書) 진사왕식전(陳思王植傳)」 참조.
288 대은(大隱) : 소은(小隱)과 중은(中隱)과는 또다른 은둔의 방식. 몸은 번잡한 시조(市朝)
에 있으면서 뜻은 속세를 벗어나 고원한 이상을 추구하는 데 있는 사람을 가리킨다.

곡역후(曲逆侯)[289]가 늘 가난하진 않았으리라.

남아는 도리어 언젠가 입신할 날 있으리니,

적인걸 문[290]에서 도리춘[291]을 고대하진 마시게.

君有俊才超等倫, 井丹經術夙紛綸.

佳名元壓汝南士, 狂態足稱吾輩人.

但使平原安大隱, 懸知曲逆不長貧.

男兒還有立身日, 莫待狄門桃李春.

못난 재주라 절륜하지 못해 부끄럽게 여기더니

청운 길에서 요진 탐내 푸른 인끈 찼다만,

티끌 세상에서 오만한 관리[292]되기 싫증나서

진(晉)나라 왕강거(王康琚)의 「반초은시(反招隱詩)」에 "소은은 산속에 숨고, 대은은 시조에 숨는다.[小隱隱陵藪, 大隱隱市朝.]"라고 했다.

289 곡역(曲逆) : 곡역후(曲逆侯) 진평(陳平). 진평은 한(漢)나라 고조(高祖)의 신하로 천하를 통일하는 데 큰 공을 세워 곡역후(曲逆侯)에 봉해지고, 좌승상이 되어 여씨(呂氏)의 난을 토벌하고 문제(文帝)를 옹립했다. 젊은 시절 빈민가에 살았는데, 거적문 밖에 장자(長者)의 수레바퀴 자국이 많이 나 있었다고 한다. 마을에서 토지 신에게 제사를 지낸 뒤 사람들에게 고기를 균등하게 나누어 주자 마을의 부로들이 칭송하는 말을 듣고, "아, 내가 천하를 요리할 수만 있다면, 역시 이 고기처럼 해 줄 터이다.[嗟乎! 使平得宰天下, 亦如是肉矣.]"라고 했는데, 과연 그의 말대로 되었다고 한다. 『사기』「진승상세가(陳丞相世家)」 참고.

290 적문(狄門) : 당나라 현신(賢臣)인 적인걸(狄仁傑)의 문하를 이른다. 도리(桃李)는 그의 문하에 있던 수많은 현사(賢士)를 비유한 말이다. 적인걸이 수십 인의 인재를 천거하여 모두 명신(名臣)이 되었으므로 혹자가 적인걸에게 말하기를 "천하의 도리가 공의 문에 다 있도다."라고 했다. 『신당서』「적인걸열전(狄仁傑列傳)」 참조.

291 도리춘(桃李春) : 위의 적인걸 고사 참조. 또한 이백(李白)의 시「영양에서 원단구가 회양으로 가는 것을 이별하며[潁陽別元丹丘之淮陽]」에 "소나무와 잣나무는 아무리 춥고 고통스러워도, 복사꽃과 오얏꽃이 봄빛 좇는 것을 부끄러워한다네.[松柏雖寒苦, 羞逐桃李春.]"라고 했다.

292 오만한 관리 : 원문은 '오리(傲吏)'. 낮은 벼슬에 있으면서 세상을 오시(傲視)하고 예법에 구애받지 않는 고사(高士)를 말한다. 장자가 칠원(漆園)의 벼슬아치로 있을 때, 초

강호에서 산인(散人)[293]이라 일컬어지길 바라노라.

오두막 감싸 안은 소나무 대나무가 나의 벗이요

서적들이 시렁에 가득하여 가난하지 않아라.

관모 벗어두고[294] 떠나며 귀거래를 읊고

벽도 천 그루의 봄 경치를 머물러 감상하리.

自愧謏才非絶倫, 濫津雲路着靑綸.

厭從塵土作傲吏, 欲向江湖稱散人.

松竹擁廬猶是伴, 簡編盈架未爲貧.

掛冠行且賦歸去, 留賞碧桃千樹春.

2-58-附. 이장배(李長培) 시

술 있으면 취하고 술 없으면 맨정신

동자 같은 얼굴이라 단경[295] 욀 일 없구나.

위왕(楚威王)이 사자(使者)를 보내 후한 폐백을 주고 재상으로 맞이하려 하자, 장자가 웃으면서 사자에게 "나를 더럽히지 말고 빨리 가거라.[亟去, 無汚我.]"라고 하여 물리쳤다. 『장자』「추수(秋水)」에 나온다. 진(晉)나라 곽박(郭璞)이 "칠원에는 오만한 관리가 있고, 노래자에게는 빼어난 아내가 있었네.[漆園有傲吏, 萊氏有逸妻.]"라고 읊었다. 『문선(文選)』 권21 「유선시 칠수(游仙詩七首)」에 나온다.

293 산인(散人) : 세간에서 쓸모 없는 사람. 당나라 시인 육귀몽(陸龜蒙)은 천수자(天隨子)라고 자호했다. 또 송강포리(松江浦里)에서 강호산인(江湖散人)이라 자호하고 세속을 멀리한 채 한적하게 살았다.

294 관모 벗어두고 : 원문의 '괘관(掛冠)'은 벼슬을 그만두는 것을 뜻한다. 왕망(王莽)이 자식을 죽이자, 방맹(逢萌)은 삼강(三綱)이 끊어졌다 개탄하여 즉시 동도(東都)에 관을 벗어 걸어 놓고 떠나버렸다. 『후한서』「방맹열전(逢萌列傳)」 참고, 앞에 나왔다.

295 단경(丹經) : 신선들이 읽는 책. 한나라 회남왕 유안(劉安)이 팔로단경(八老丹經) 36장을 받아 단약(丹藥)을 연단하여 이를 먹고 대낮에 승천하니 개와 닭이 솥 속에 남은 약을 핥아먹고 또 승천하여 닭은 천상에서 울고 개는 구름 속에서 짖었다고 한다. 『신선전(神仙傳)』에 나온다.

먼지 세상의 일은 물에 돌 던진 듯하고

해안의 한 정자는 산이 병풍처럼 안고 있네.

빙그레[296] 오만하게 웃으니 누가 번거롭히랴?

자취 숨김[297]은 별난 기술 없이 자연스럽다.

사람 만나면 관모 건다는 말에 귀를 막나니

하늘 위의 소미성[298]은 괜스레 있을 뿐.

有酒醉來無酒醒, 童顔不用誦丹經.

塵寰萬事水投石, 海岸一亭山擁屛.

莞爾詎堪煩笑傲? 自然無術作沉冥.

逢人塞耳掛冠語, 天上少微空有星.

사조[299]는 재주 있어 출중했으나

임공자[300]는 낚시 드리울 계책 없었네.

참 신선의 골법은 옥황상제 향안리[301]

---

296 빙그레 : 원문은 '완이(莞爾)'. 굴원의 「어부사」에 "어부가 빙그레 웃고는 뱃전을 두드
   리고 떠나면서 노래하기를 '창랑의 물이 맑으면 내 갓끈을 씻고, 창랑의 물이 흐리면
   내 발을 씻으리라.' 했다.[漁父莞爾而笑, 鼓枻而去, 乃歌曰 : 滄浪之水淸兮, 可以濯吾
   纓; 滄浪之水濁兮, 可以濯吾足.]"라고 나온다.

297 자취 숨길 : 원문은 '침명(沉冥)'. 『한서』 「왕공양공포전(王貢兩龔鮑傳)」의 서두에 "촉
   땅의 엄군평이 자취를 숨기고 욕심 없이 지내고 있는데, 구차하게 드러나는 행동을
   하지 않고 구차하게 얻는 일을 일삼지 않는다.[蜀嚴湛冥, 不作苟見, 不治苟得.]"라고
   했다. 앞에 나왔다.

298 소미(少微) : 별의 이름. 대미(大微)의 서쪽에 있는 4개의 별. 사자자리의 40, 41, 42번
   별과 주성에 해당되는데, 사대부의 자리 또는 처사를 비유한다. 여기서는 처사를 비유한다.

299 사조(謝朓) : 남제(南齊) 때의 시인으로, 자는 현휘(玄暉)이고, 진군(陳郡) 양하(陽夏)
   사람이다. 사부(辭賦)에 매우 능했다. 『남사(南史)』 「사조열전(謝朓列傳)」 참고.

300 임공자(任公子) : 『장자』 「외물(外物)」에 보면, 임공자가 큰 낚시와 굵은 낚싯줄을 만들
   어 50마리의 불깐 소를 미끼로 삼아 회계산에 걸터앉아서 동해에 낚싯줄을 드리우고
   날마다 낚시질을 했는데, 1년이 되도록 한 마리도 낚지 못하다가, 이윽고 산같이 큰
   고기를 낚아 많은 사람들을 배불리 먹였다고 한다.

대은의 풍류는 금마문의 사람.[302]

환해(宦海)[303]의 파란(波瀾)은 기울어졌다간 안온하고

재상 문벌의 가세(家世)는 귀했다가도 가난해지네.

어느 때에야 한낮에 비단 관복으로[304] 고향을 술렁일건가?

마침 사명산[305]의 봄빛이 한창일 때로다.

謝朓有才高出倫, 任公無計可垂綸.

眞仙骨法玉皇吏, 大隱風流金馬人.

宦海波瀾傾復妥, 相門家世貴能貧.

何時畫[306]錦動鄉里? 會及四明山色春.

---

301 옥황상제 향안리(香案吏) : 원문은 '옥황리(玉皇吏)'. 당나라 원진(元稹)이 일찍이 월주
   자사(越州刺史)로서 회계(會稽)에 있을 적에, 회계의 산수를 자랑하고자 백거이(白居
   易)에게 「이주택과어낙천(以州宅夸於樂天)」이라는 시를 지어 보냈는데, 그 시 가운데
   "나는 본디 옥황상제의 향안리였는데, 인간세상에 귀양 와서도 작은 봉래산에 산다오.
   [我是玉皇香案吏, 謫居猶得小蓬萊.]"라고 했다.

302 금마문의 사람 : 원문은 '금마인(金馬人)'. 금마문에 은둔한 사람. 한나라 무제(武帝)
   때 낭관(郞官) 동방삭(東方朔)이 술이 거나할 때면 "속세에 숨어도 지내고, 금마문에서
   세상을 피하기도 하네. 궁전 안에서도 세상 피하고 몸을 온전히 할 수 있는데, 왜 굳이
   깊은 산속의 띳집 아래에 숨어 살겠는가[陸沈於俗, 避世金馬門. 宮殿中可以避世全身,
   何必深山之中蒿廬之下?]"라고 노래했다고 한다. 『사기』「골계열전(滑稽列傳)」참고.

303 환해(宦海) : 명환지해(名宦之海). 당나라 안진경(顏眞卿)이 18, 9세쯤 되었을 적에 한
   도사(道士)가 그의 집에 들러 북산군(北山君)이라 자칭하면서 이르기를 "자네의 청간
   (淸簡)하다는 이름이 이미 금대(金臺)에 기록되어 있어, 장차 속세를 초탈하여 선관(仙
   官)이 되어 올라가게 될 것이니, 스스로 명환지해(환해)에 빠져서는 안 된다."라고 한
   데서 온 말이다. 『태평광기(太平廣記)』권32 「안진경(顏眞卿)」참조.

304 한낮에 비단 관복으로 : 원문은 '주금(晝錦)'. 구양수(歐陽脩)의 「상주주금당기(相州晝
   錦堂記)」에 "이처럼 한 선비가 그 시대에 뜻을 이루어 의기가 성해지는 것을, 옛사람은
   이를 일러 '의금지영', 곧 비단옷을 입고 고향으로 돌아오는 영광이라 했습니다.[此一介
   之士, 得志當時而意氣之盛, 昔人比之衣錦之榮也.]"라고 했다.

305 사명산(四明山) : 중국 절강성(浙江省)의 산. 당나라 하지장(賀知章)이 이곳에 은둔하
   여 사명광객(四明狂客)으로 자호(自號)했다. 만년에 벼슬을 그만두고 도사가 되어 경호
   (鏡湖)를 하사받아 그곳에 은거했다. 『구당서』「하지장열전(賀知章列傳)」참조. 여기
   서는 강릉 경포 북쪽 사천면의 교산 일대를 사명산에 견주어서 말한 것이다.

구레나룻 반쯤 하얀 이를 누가 짝하랴?

재주와 정취 시들해서 노륜[307]에게 부끄럽네.

몽장(蒙莊)[308]의 달명(達命) 설이 어찌 나를 속이랴?

한나라 때 잠부[309]는 참 괜찮은 사람이로다.

연 땅 요동 하늘 아래로 사행을 따라오니

술값과 시 빚으로 완전히 가난하진 않아라.

황금대[310] 위에서 긴 휘파람 부나니

꽃 무성한 산에 또 한 해 봄이 왔구나.

雪鬢半生誰比倫? 才情落拓愧盧綸.

蒙莊達命豈欺我? 漢代潛夫眞可人.

燕地遼天隨遠役, 酒錢詩債不全貧.

黃金臺上發長嘯, 又是一年芳山春.

---

306 晝 : 畫의 잘못인 듯하다.

307 노륜(盧綸) : 당나라 태종 때 대력십재자(大歷十才子) 가운데 한 사람으로, 자는 윤언(允言)이다. 시를 잘하여 태종으로부터 찬사를 받았고, 벼슬은 검교호부낭중(檢校戶部郎中)에 이르렀다. 『신당서』「노륜열전(盧綸列傳)」 참조.

308 몽장(蒙莊) : 장주(莊周) 즉 장자. 초나라 몽현(蒙縣) 출신이었기 때문에 붙여진 이름으로, 몽수(蒙叟)라고도 칭한다. 뒤의 '달명(達命)'은 『장자』「달생(達生)」의 "생명의 실정을 통달한 사람은 어떻게 할 방법이 없는 삶을 이루기 위해 애쓰지 않고, 운명의 실상을 달관한 사람은 어찌할 수 없는 명을 벗어나기 위해 애쓰지 않는다.[達生之情者, 不務生之所無以爲, 達命之情者, 不務知之所無奈何.]"라는 대목에 나오는 말이다.

309 잠부(潛夫) : 후한 때 「잠부론(潛夫論)」 10권 35편을 지은 왕부(王符). 세상에 용납되지 않는 데 대하여 발분(發憤)하여 당시의 폐정(弊政)을 통렬히 논했다.

310 황금대(黃金臺) : 전국시대 제(齊)나라가 연(燕)나라를 침공하여 연왕 쾌(噲)를 살해하자, 쾌의 아들 소왕(昭王)이 즉위해서 치욕을 씻기 위해 현사를 초빙하려고 쌓은 누대이다. 처음에 곽외(郭隗)가 자신부터 섬기라고 하자, 소왕이 몸을 낮춰 곽외를 스승으로 섬기면서 황금대를 만들어 놓고 어진 선비들을 불렀다. 『사기』「연소공세가(燕召公世家)」와 『전국책(戰國策)』「연책(燕策)」 참조.

2-59. 이장배(李長培) 학관의 시에 '관모 건다는 말에 귀를 막나니'라는 말이 있어서 '윤(倫)'자 운을 사용하여 그에 답하다[李詩有塞耳掛冠之 語 用倫字韻答之³¹¹]

> 재주 없이 요행이 월등한 은총 입어
> 흰머리로 난파³¹²에서 삼가 왕명을 기초했다만,³¹³
> 어이 헌상³¹⁴의 분들이 이 선비에게 자문하게 하랴?
> 끝내 이 사람을 구학³¹⁵에 두어야 하리라.
> 동방삭의 삼동 글공부³¹⁶를 뒤미쳐 따르고
> 사마상여가 네 벽만 있었듯 여전히 가난하네.³¹⁷

---

311 팔사본에는 '答之' 두 자를 작은 글씨로 기록했다.

312 난파(鑾坡) : 당나라 덕종(德宗)이 한림원(翰林院)을 옮긴 곳으로, 이후 한림원의 별칭으로 일컬었다.

313 왕명을 기초했다만 : 원문의 '연륜(演綸)'은 임금의 윤언(綸言)을 연역(演譯)한다는 말이다. 곧 교서(敎書) 등을 기초하는 것을 말한다. 『예기(禮記)』「치의(緇衣)」의 "왕이 한 말이 실 같으면 밖으로 퍼지는 것은 윤(綸) 같다."에서 온 것이다.

314 헌상(軒裳) : 대부(大夫)들이 타던 초헌과 입던 옷으로, 귀한 지위 또는 귀한 자리에 있는 사람을 말한다.

315 구학(丘壑) : '일구일학(一丘一壑)'을 줄인 말. 은거하여 초야에서 산수를 즐기는 일 또는 그 거처를 이른다. 『한서』「서전 상(敍傳上)」에 "한 골짜기에서 고기를 낚으니 만물이 그의 뜻을 범하지 못하고, 한 언덕에서 소요하니 천하가 그의 즐거움을 바꾸지 못한다.[漁釣於一壑, 則萬物不奸其志, 棲遲於一丘, 則天下不易其樂.]"라고 한 구절에서 유래했다.

316 동방삭의 삼동 글공부 : 원문은 '방삭삼동업(方朔三冬業)'이다. 방삭은 동방삭(東方朔)의 줄임말이다. 삼동(三冬)은 가난한 집 선비들이 글을 읽을 수 있는 겨울철 3개월의 농한기를 말한다. 한 무제 때 동방삭(東方朔)이 상서(上書)하여 "신은 나이 13세에 글을 배우기 시작하여 삼동에 배운 문사만으로도 쓰이기에 넉넉합니다.[年十三學書, 三冬文史足用.]"라고 했다. 『한서』「동방삭전(東方朔傳)」 참조.

317 사마상여가~가난하네 : 사마상여(司馬相如)가 한 경제(漢景帝) 때 무기상시(武騎常侍)로 있다가 병으로 사퇴하고, 탁문군(卓文君)을 만나 고향 성도(成都)로 돌아갔으나, 집이 가난하여 사면이 벽뿐이어서 탁문군의 친정 집이 있는 임공(臨邛)으로 가서 술을 팔아 살아가니, 탁문군의 친정 아버지 탁왕손(卓王孫)이 종 100명과 현금 백만 냥을

벼슬 쉬겠다 늘 말한다고 그대 웃지 마오.

몽혼은 항상 감호(경포대)에서 봄 경치 즐긴다오.

非才徼寵越常倫, 白首攀坡耐演綸.

肯使軒裳稽此士? 終令丘壑置斯人.

追尋方朔三冬業, 依舊相如四壁貧.

每道休官君莫笑, 夢魂長在鑑湖春.

평천장[318]이나 이도리[319]와 어이 비교하랴?

완화계[320]에서 낚시줄을 다듬으련다.

천지는 버려진 품물을 용납할 수 있으니

숲 동산은 진부한 사람[321]의 와유(臥遊)가 합당하네.

밭 늙은이와 들 노인은 맞이하여도 떠나지만

주어 마침내 부자가 되었다고 한다.

318 평천장(平泉莊) : 당나라 이덕유(李德裕)의 별장. 이덕유는 현 하북성(河北省) 찬황현
   (贊皇縣) 서북 장릉촌(張楞村)에 있는 옥천사(玉泉寺)에 별장을 두고, 또 하남성(河南
   省) 낙양현(洛陽縣)에 평천장을 두었다. 이덕유는「평천산거계자손기(平泉山居戒子孫
   記)」에서 "후대에 이 평천을 파는 자는 내 자손이 아니며, 평천의 나무 하나 돌 하나라도
   남에게 주는 자는 훌륭한 자제가 아니다.[後代鬻平泉者, 非吾子孫也. 以平泉一樹一石
   與人者, 非佳子弟也.]"라고 자손을 경계했다.

319 이도리(履道里) : 백거이(白居易)가 형부 상서(刑部尙書)로 치사(致仕)한 뒤 동도(東都)
   이도리(履道里)에 살면서 향산(香山)에 석실을 짓고 못을 파고 나무를 심었으며, 팔절탄
   (八節灘)을 만들었다고 한다.『구당서(舊唐書)』「백거이열전(白居易列傳)」참조. '이도'
   는『주역』「이괘(履卦) 구이(九二)」에 "행하는 도가 평탄하니 그윽한 사람이라야 정하고
   길하다.[履道坦坦, 幽人貞吉.]"라는 말에서 나왔다.

320 완화계 : 원문은 '화계(花溪)'이다. 중국 성도(成都)에 있는 완화계(浣花溪)로, 두보가
   만년에 은거하던 초당이 있었던 곳이다. 빈한한 생활 속에 시를 읊으며 살아가는 모습
   을, 성도 완화계의 초당(草堂)에서 시를 읊으며 살아간 두보(杜甫)에 빗대어 한 말이다.

321 진부한 사람 : 원문은 '진인(陳人)'이다.『장자』「우언(寓言)」에 "사람으로서 나이 많은
   사람의 도리를 하지 못하면 사람의 도리가 없는 것이며, 사람으로서 사람의 도리가
   없으면 이를 일러 진인(陳人)이라 한다.[人而無以先人, 無人道也, 人而無人道, 是之謂
   陳人.]" 했다. 앞에 나왔다.

금붕어와 은 순채 먹으니 어이 가난하랴?

만사가 지족(知足)³²²보다 좋은 것 없나니

흰 머리라고 어찌 무릉³²³의 봄을 등질건가?

平泉履道肯同倫? 欲向花溪理釣綸.

天地自能容棄物, 林園只合臥陳人.

田翁野老邀皆去, 金鯽銀蓴食豈貧?

萬事不如知足好, 白頭寧負武陵春?

2-60. 노새 주인이 왔으므로 기뻐서 읊다. 상사 지애³²⁴의 운을 쓰다[騾
主來喜吟 用芝崖韻]

상궐³²⁵에서 입춘 교령 반포한 후

오비³²⁶에서 칙지 글을 올릴 때,

오는 기일을 저쪽은 저버리지 않았다만

귀환 계획 더뎌질까 나는 혐의한다.

요하 동쪽 벌판에는 풀잎들 새로 돋고

맑은 난하³²⁷에는 벌써 얼음이 풀렸으리.

---

322 지족(知足) : 『노자(老子)』에 "만족함을 알면 치욕스럽지 않고, 그칠 줄을 알면 위태롭
지 않아 장구할 수 있다.[知足不辱, 知止不殆, 可以長久.]"라고 했다.

323 무릉(武陵) : 무릉도원(武陵桃源)의 준말. 도잠(陶潛)이 지은 「도화원기(桃花源記)」에
나오는 지명으로, 이 세상과 멀리 떨어진 별천지(別天地)를 뜻한다.

324 지애(芝崖) : 이번 진주사행 정사 민형남(閔馨男)의 호.

325 상궐(象闕) : 대궐의 문. 옛날에는 교령(敎令)을 이 문에 붙였으므로, 이후 교령의 뜻으
로도 썼다. 상위(象魏)와 같다.

326 오비(鼇扉) : 한림원(翰林院)을 뜻하는 오금(鼇禁)의 문을 가리킨다.

327 난하(灤河) : 상도하(上圖河)의 지류로 열하성(熱河省)과 하북성(河北省)을 흘러 발해
(渤海)로 들어간다.

위수 물가³²⁸에서 뒤돌아 보는 곳에
도리어 두릉³²⁹의 슬픔이 있으리라.

象闕頒春後, 鼇扉進勅時.
來期渠不負, 歸計我嫌遲.
遼左初生草, 淸漇已釋澌.
渭濱回首處, 還有杜陵悲.

2-61. 연일 눈이 내리어 우연히 읊다. 상사 지애의 운을 쓰다[雪下連日偶
吟 用芝崖韻]

연경은 내리는 눈이 봄철 들어 잦아서
해진 솜옷의 병든 몸에 찬 기운 침노하며,
종이 휘장은 바람에 흔들려 고향 꿈 끊어지고
봉당 화덕에는 불길 없어 나그네 시름 새롭다.
빙설 붙자 사도온³³⁰은 시 붓으로 재단하고

---

328 위수 물가 : 원문은 '위빈(渭濱)'. 위수는 감숙성(甘肅省) 위원현(渭源縣)에서 발원하여
  섬서성(陝西省)을 거쳐 황해로 들어가는 강이다. 옛날 강태공(姜太公) 여상(呂尙)이
  이 강가에서 낚시질을 하다가 주(周)나라 문왕(文王)을 만나 발탁된 고사가 있다. 여기
  서는 도성 가까이의 강물로, 도성을 떠나기 아쉽다는 뜻을 말한 것이다.
329 두릉(杜陵) : 두소릉(杜少陵) 곧 당나라 시인 두보(杜甫)를 말한다. 두보의 시 「봉증위
  좌승장(奉贈韋左丞丈)」에 "아직도 종남산을 사랑하여, 맑은 위수 가에서 머리 돌려 바
  라보노라.[尙憐終南山, 回首淸渭濱.]"라고 했다. 차마 장안(長安)을 떠나지 못하고 위
  수(渭水) 가에서 종남산을 바라보며 충정을 토로했다고 해석된다.
330 사도온(謝道蘊) : 진(晉)나라 왕응지(王凝之)의 아내이다. 어릴 때 숙부 사안(謝安)이
  눈이 내리는 것을 보고 "분분한 하얀 눈이 무엇과 흡사한가?[紛紛白雪何所似?]" 묻자,
  조카 사랑(謝朗)은 "공중에다 소금 뿌린 것이 그런 대로 비슷합니다.[撒鹽空中差可擬.]"
  라고 했으나, 질녀 사도온은 "버들솜이 바람 따라 일어난다고 표현함만 못합니다.[未若
  柳絮因風起.]"라고 했다 한다. 『세설신어』 「언어(言語)」 참조.

얼음 얼자 도연명³³¹은 두건으로 술 걸렀네.

나무 뚫어 꽃 만든단 말은 참으로 농담이니

파교 시인³³² 어깨를 높이 솟게 만드네.

燕京雨雪入春頻, 敗絮侵寒褁病身.

紙帳撼風鄉夢斷, 地爐無火客愁新.

氷粘道蘊裁詩筆, 凍合淵明漉酒巾.

穿樹作花眞戲語, 尙敎肩聳灞橋人.

2-62. 정월 보름날 밤에 거리에 나가도 좋다는 말을 듣고 느낌이 있어서 짓다. 상사 지애의 운을 쓰다[聞元宵放街有感而作 用芝崖韻]

정월 대보름 밤이라 천하가 즐거운데

제왕의 도성 연경은 가장 뽐낼만 하네.

조칙 내려 금오(金吾)의 법금을 풀어주고

군은으로 자금성 관아 출근을 정지시켰지.

별모양 둥근 등불 찬란하게 밝고

달모양 조개 장식은 어지럽게 얽혀 있으리.

---

331 연명(淵明) : 진(晉)나라 은일시인 도잠(陶潛). 이백(李白)이 도연명의 고사를 차용하여 지은 시 「희증정율양(戲贈鄭溧陽)」에, "소금은 본래 줄이 없고, 술 거를 땐 갈건을 사용한다오. 맑은 바람 불어오는 북창 아래 누워, 스스로 복희 시대 사람이라 말하누나.[素琴本無絃, 漉酒用葛巾. 淸風北窓下, 自謂羲皇人.]"라고 했다.

332 파교(灞橋) 시인 : 파교는 위수(渭水)의 지류인 파수(灞水)의 장안 동쪽에 놓은 다리이다. 소혼교(銷魂橋)라고도 한다. 당나라 시인 맹호연(孟浩然)이 눈이 내리는 속에 나귀를 타고 파교에 가서 매화를 구경한 일이 있었는데, 소식(蘇軾)의 시 「하충 수재를 그대로 베껴서 주다[贈寫眞何充秀才]」에 맹호연을 읊어 "또 보지 못했는가, 눈 속에 나귀를 탄 맹호연이 눈썹을 찌푸리고 시를 읊으매 어깨가 산처럼 솟음을?[又不見雪中騎驢孟浩然, 皺眉吟詩肩聳山?]"라고 했다. 앞에 나왔다.

병으로 누워 맑은 감상을 홀로 하며
바다 끝 고향 산을 생각하리라.

元宵天下樂, 帝里寂堪誇.
詔弛金吾禁, 恩停紫殿衙.
星毬明燦爛, 月蚌亂交加.
病臥孤淸賞, 家山憶海涯.

2-63. 생손앓이를 하여 짓다[患指疒有作]

종기가 파종처럼 뾰족하여 혈맥이 상하니
회생하려면 명의에게 의지해야 하리라.
이 몸의 사지 육신이 모두 내 것 아니거늘
달 보면 손가락 잊는 일[333]을 수고롭게 하랴?

腫發䔔尖百脈傷, 回生悉藉大醫王.
此身四大皆非我, 一指何勞見月忘?

평소 음양에 해 끼칠 짓을 하지 않았으나
『주후비급방』[334]을 섭양 비방으로 헛되이 보관했지.

---

333 달 보면 손가락 잊는 일 : 손가락은 가르침[敎]을 비유하고 달은 불법(佛法)을 비유한다. 『능엄경(楞嚴經)』에 "어떤 사람이 손가락으로 달을 가리켜 다른 사람에게 보였을 때 다른 사람이 그의 손가락을 인해서 저 달을 보아야 하지, 만일 그 사람의 손가락을 보고 그것을 달의 본체라고 여긴다면 그 사람이 어찌 달만 잃어버리겠는가? 손가락마저 잃게 될 것이다.[如人以手指月示人, 彼人因指, 當應看月, 若復觀指, 以爲月體, 此人豈唯亡失月輪, 亦亡其指.]"라고 한 데서 온 말이다.

334 주후 비급안 : 원문의 '주후(肘後)'는 동진(東晉) 시대 갈홍(葛洪, 281~341)이 저술했다는 『주후비급방(肘後備急方)』이다. 갈홍의 자(字)는 치천(稚川)이고 호(號)는 포박자(抱朴子)이며, 단양(丹陽)의 구용(句容) 사람이다. 신선도인법(神仙導引法)을 좋아했다.

하늘이 손끝에서 이 악창을 만들어
붓 놀려 희문(戲文) 짓는다고 꾸짖는 것이려니.

平生無寇致陰陽, 肘後虛藏攝養方.
天向指端生此癰, 想嗔拈筆戲文章.

2-64. 새 대궐의 꿈을 꾸고. 상사 지애의 운을 쓰다[夢新闕 用芝崖韻]

언덕을 재어서 중지를 다하고
공역에 맞추어 공인들을 모아서,
서까래를 깎아내니 붉은 해 아래 선명하고
용마루 날아갈듯 푸른 하늘에 맞서는군.
굉장한 규모는 한나라 제도를 낮춰보고
훌륭한 송가(頌歌)는 임금의 충심에 화협하네.
성대한 일을 미천한 꿈에 미리 보여 주어
밤 하늘 아래 중동(重瞳)의 순임금[335]을 모셨다네.

揆丘殫衆智, 趨事集群工.
刻桷明紅旭, 翔甍抗碧空.
宏規卑漢制, 善頌協宸衷.
盛事先微夢, 中宵侍舜瞳.

2-65. 서장관[336]이 천단과 국학[337]에 노닐러 갔으나 나는 병이 들어 가지

---

[335] 중동(重瞳)의 순임금 : 원문은 '순동(舜瞳)'. 『사기』 「항우본기(項羽本紀)」에 "내가 들으니 주생(周生)이 말하기를, '순 임금의 눈이 중동(重瞳)이었다.'라고 했는데, 또 들으니, 항우도 중동이라고 했다.[吾聞之周生曰: 舜目蓋重瞳子. 又聞項羽亦重瞳子.]"라 했다.

못했다[行臺遊天壇國學 余有病不赴]

교사 제단과 벽옹 물[338]은 옛날 그대로일텐데

병들어 다시 노닐지 못하니 되려 한숨 나오네.

상상컨대 해치[339]가 올라가 웅크리고 잠든 곳에

상림원[340]의 아지랑이 낀 버들가지 하늘거리겠지.

郊壇璧水舊淹留, 病裏還嗟負更遊.

想得豸抱登睡處, 上林烟柳弄春柔.

2-66. 우연히 이루다, 앞 시[341]의 운을 쓰다[偶成 用上韻]

이 몸은 빈 배[342]라 멋대로 가고 머무나니

---

336 서장관 : 원문은 '행대(行臺)'이다. 당시 서장관은 최응허(崔應虛)이다.

337 천단 국학(天壇國學) : 천단(天壇)은 북경시 숭문구(崇文區) 정양문(正陽門) 밖 영정문(永定門) 안 대가로(大街路) 동편에 있는 제천단(祭天壇)이다. 처음에는 천지단(天地壇)이라고 했다가, 사교 분사(四郊分祀) 제도에 따라 천단이라고 했다. 국학(國學)은 현 북경시 동성구(東城區) 안정문(安定門) 안 성현가(成賢街)에 있는 국자감(國子監)의 옛 이름이다.

338 벽옹 물 : 원문은 '벽수(璧水)'. 필사본에는 '璧水'로 되어 있으나, 문맥에 따라 바로잡는다. 주나라 때 천자의 학궁은 둥그렇게 물로 에워싼 모습이 벽(璧)과 같았으므로 벽옹(辟雍)이라고 했다. 이에 비해 제후국은 반달 모양으로 만들었으므로 반수(泮水)라고 했다고 한다.

339 치(豸) : 신수(神獸)의 하나인 해치(獬豸). 본래 신령스러운 양(羊)으로, 곡직(曲直)을 잘 분별했다고 전한다. 초(楚)나라 왕이 그것을 잡아 관을 만들었으며, 진(秦)나라가 초나라를 멸망시키고 난 후 법 집행하는 관원에게 쓰도록 하였다. 이것이 해치관(獬豸冠)이다. 『후한서(後漢書)』「여복지(輿服志)」 참조. 한편, 어사(御史)를 치사(豸史)라 했다.

340 상림(上林) : 천자(天子)의 어원(御園).

341 앞 시 : 2-65「서장관이 천단과 국학에 노닐러 갔으나 나는 병이 들어 가지 못했다[行臺遊天壇國學余有病不赴]」참조.

342 빈 배 : 원문은 '허주(虛舟)'로, 무심하고 담박한 마음을 비유한다. 『장자』「산목(山木)」의 "배를 나란히 하여 하수를 건널 때, 빈 배가 와서 나의 배와 부딪친다면 아무리

누가 육근을 가지고 천유(天遊)를 방해할까?[343]
질 좋은 쇠 백번 불려[344] 강건하면 꺾이기 어려운 걸
유곤[345]처럼 손가락에 감길만큼 부드럽게 되지 말라.
身似虛舟任去留, 誰將六鑿攘天遊?
精金百鍊剛難折, 莫作劉琨繞指柔.

후(侯)의 분봉으로 유(留)를 청할 것[346]도 없으니
빨리 귀국하여 적송자[347]와 동무하여 놀리라.

속 좁은 사람이라도 성을 내지 않는다.[方舟而濟於河, 有虛船來觸舟, 雖有惼心之人不怒.]"라는 구절에서 유래했다.

343 육근은~방해할까 : 원문은 '육착양천유(六鑿攘天遊)'인데, 육착은 인간이 지니고 있는 여섯 감정인 육정(六情)을 말한다. 『장자』「외물(外物)」에 "사람의 마음에는 그 무엇에도 구속되지 않는 천유가 있다. 방에 공간의 여유가 없으면 며느리와 시어머니가 다투고, 마음에 천유가 없으면 여섯 개의 감각을 담당하는 기관이 서로 싸운다.[心有天遊. 室無空虛, 則婦姑勃谿, 心無天遊, 則六鑿相攘.]"라고 했다.

344 백번 불려 : 원문은 '백련(百鍊)'. 백번 단련한 강철로, 의지가 아주 굳셈을 말한다. 진(晉)나라 유곤(劉琨)이 단필제(段匹磾)에게 구류(拘留)되자 반드시 죽게 되리라고 예상하고는 별가(別駕) 노심(盧諶)에게 오언시(五言詩)를 지어 주었는데, 그중에 "어찌 생각했으랴. 백번 단련된 강철이라고 자신했던 내가, 손가락에 감을 정도로 부드럽게 변할 줄이야?[何意百鍊剛, 化爲繞指柔?]"라고 한 데에서 유래한 말이다. 『진서(晉書)』「유곤열전(劉琨列傳)」 참고.

345 유곤(劉琨) : 진(晉)나라 위창(魏昌) 사람. 자는 월석(越石). 혜제(惠帝) 때에 무공으로 광무후(廣武侯)가 되고, 원제(元帝) 때에는 제강좌(制江左)로 일컬어졌으며, 시중태위(侍中太尉)가 되어 중망(重望)이 있었으나 피살되었다. 시호는 민(愍)이다. 손가락 고사는 위의 '백련' 주석에 나와 있다.

346 후(侯)의~청할 것 : 장량(張良)이 한 고조(漢高祖)의 모신(謀臣)으로 큰 공을 세워, 한 고조 유방(劉邦)이 3만 호의 식읍을 주겠다고 했으나, 자신이 유방을 처음 만난 곳이 유현(留縣)이므로 유후(留侯)로 봉해 달라고 청했다. 유방이 이를 들어주었으므로 유후(留侯)가 되었다. 『사기』「유후세가(留侯世家)」 참조.

347 적송자(赤松子) : 전설상의 신선. 『사기』「유후세가(留侯世家)」에 보면, 한(漢)나라 건국 후 장량(張良)이 유후(留侯)에 봉해진 뒤에 "이제부터는 인간 세상의 일을 버리고 적송자를 따라 노닐고 싶다."라고 했다.

감호(경포) 가의 고향 초가가 생각나누나

매화는 죽서루³⁴⁸에 피고 방초는 부드러우리라.

未必侯封自請留, 早歸須伴赤松遊.

園廬坐憶鑑湖上, 梅發竹西芳草柔.

2-67. 우연히 이루다. 또 '회(灰)'자를 얻어 짓다[偶成 又得灰字]

구레나룻은 눈서리, 마음은 식은 재

명성을 쫓기보다 얼른 귀거래해야 하리.

고향 산방의 봄빛이 먼 상상 속에 들어오니

산새 한 울음소리에 산꽃이 죄다 피었겠지.

鬢似雪霜心似灰, 徇名只合早歸來.

山房春色入遐想, 幽鳥一聲花盡開.

뜬 세상 인정은 죽은 재에 오줌 누는 격³⁴⁹

적공이여 훈계 마시게³⁵⁰ 떠난 손님 돌아온다고.

---

348 죽서루(竹西樓) : 지금 강원도 삼척시(三陟市) 오십천(五十川) 가에 있는 누각. 조선시
대 관동팔경(關東八景)의 한 곳이었다.

349 죽은 재에 오줌 누는 격 : 원문은 '닉사회(溺死灰)'. 한(漢)나라 때 양 효왕(梁孝王)의
중대부(中大夫)였던 한안국(韓安國)이 어떤 일로 처벌받게 되자, 몽현(蒙縣)의 일개
옥리(獄吏)인 전갑(田甲)이 그를 욕했다. 이때 한안국이 "죽은 재라고 하여 다시 불붙지
말라는 법이 있다더냐?[死灰獨不復然乎]" 하자, 옥리가 "불이 붙기만 하면 오줌을 싸버
리리라.[然卽溺之.]" 했다. 그로부터 얼마 후, 한안국이 다시 양(梁)의 내사(內史)가
되자, 전갑이 찾아가 사죄했다고 한다. 『사기』「한장유열전(韓長孺列傳)」 참조.

350 적공이여 훈계 마시게 : 원문은 '적공휴계(翟公休誡)'. 한(漢)나라 적공에게 인간심리의
전변(轉變)을 경계할 것도 없다고 하는 말이다. 한 나라 문제때 적공(翟公, 책공)이
정위(廷尉)가 되었을 때는 빈객들이 앞 다투어 찾아왔는데, 그가 파면되자 빈객이 한
사람도 찾아오지 않아서 문밖에 새그물[雀羅]을 칠 정도로 적적했다. 뒤에 그가 다시

사명산[351] 아래 경포(감호) 서쪽 길에는
다만 강가의 꽃이 날 기다려 피리라.

浮世人情溺死灰, 翟公休誠客還來.
四明山下湖西路, 只有江花待我開.

대지에 미양[352]이 돌아와 악관[353] 재도 날리고
인심은 소멸하고 도심이 오리니,
밤중 우레 소리를 들을 것도 없어라
일천 문과 일만 호[354] 문 열리는 것을 보리라.

地復微陽應琯灰, 人心銷盡道心來.
不須半夜聞雷動, 方見千門萬戶開.

정위에 임명되자 빈객들이 예전처럼 서로 앞을 다투어 찾아오므로, 그는 인정이 시류에 따라 변하는 것에 분개하여 자기 집 문에다 크게 써 붙이기를 "한번 죽고 사는 데서 사귀는 정을 알 수 있고, 한번 가난하고 부유한 데서 사귀는 태도를 알 수 있고, 한번 귀하고 천한 데서 사귀는 정이 바로 드러난다.[一死一生, 乃知交情; 一貧一富, 乃知交態; 一貴一賤, 交情乃見.]"라고 했다. 『사기』「급정열전(汲鄭列傳)」 참조.

351 사명산(四明山): 본래 당나라 하지장(賀知章)이 만년에 벼슬을 그만두고 경호(鏡湖)를 하사받아 은둔한 산인데, 여기서는 강릉 경포 북쪽의 교산을 가리키는 듯하다. 앞에 나왔다.

352 미양(微陽): 곧 동지(冬至)에 생기는 일양(一陽)이다. 『주역』복괘(復卦) 상사(象辭)에 "우뢰가 땅 속에 잠재한 것이 복이니, 선왕이 그것을 인하여 동짓날에 관문을 닫는다.[雷在地中復, 先王以, 至日閉關.]"라고 했다.

353 관(琯): 옥으로 만들고 구멍이 여섯 개 있어 피리[笛]와 흡사한 악기이다. 역법(曆法)을 연구하는 이들이 절기의 변화를 따질 때 사용했다. 『대대례기(大戴禮記)·소간(少間)』에 "서왕모가 와서 백관(白琯)을 헌상했다.[西王母來獻其白琯.]"라고 했고. 노변(盧辯)의 주(注)에 "관은 절기를 살펴보기 위한 것이다.[琯所以候氣]"라고 했다.

354 일천 문과 일만 호: 원문은 '천문만호(千門萬戶)'. 본래 한(漢)나라 장안(長安)의 건장궁(建章宮)이 그 규모가 커서 '천문만호'라고 했다. 즉, 『사기』「효무본기(孝武本紀)」에 "이에 건장궁을 지었는데, 그 규모가 천문만호였다.[於是作建章宮, 度爲千門萬戶.]"라고 했다.

2-68. 1월 20일 칙지가 이미 내렸다는 말을 듣고[念日聞勅旨已下]

황제의 윤음이 한림원³⁵⁵에 내렸다 하니
6일에는 이제 곧 옥새를 찍으리라.
귀국 시기 결정되어 되려 기뻐라
유관³⁵⁶ 동쪽으로 무성한 풀을 보는듯.

帝綸聞已降金閨, 六日行當踏璽泥.
却喜歸期今始定, 楡關東望艸萋萋.

2-69. 한낮 꿈을 꾸다. 다시 '회(灰)'자를 쓰다[畫夢 復用灰字韻]

황금 향로 향불이 물에 젖어 재 될 때
꿈에 오의항³⁵⁷ 안으로 들어갔더니,
적막한 붉은 누각 술집에 저녁 해 비끼고
주인 없는 주렴 안을 행화가 비치더라.

金爐香委水沉灰, 夢入烏衣巷裏來.
寂寞朱樓斜日暮, 杏花無主映簾開.

---

355 한림원 : 원문의 '금규(金閨)'는 한(漢)나라 때 궁궐의 문인 금마문(金馬門). 조칙(詔勅)을 작성하는 일을 맡은 문학에 뛰어난 인재가 벼슬하여 드나드는 곳이었다. 여기서는 한림원을 가리킨다.
356 유관(楡關) : 산해관(山海關). 하북성(河北省) 임유현(臨楡縣)의 동쪽 관문 이름으로, 만리장성(萬里長城)의 기점(起點)이다. 임유관(臨渝關)이라고도 한다. 예부터 '천하제일관(天下第一關)'이라 일컬어지는 요새이다.
357 오의항(烏衣巷) : 강소성(江蘇省) 남경시(南京市) 중화문(中華門) 밖 진회하(秦淮河) 남쪽 언덕에 있던 마을 이름. 양진(兩晉) 시대에 왕씨(王氏)와 사씨(謝氏) 등 귀족이 살았다고 한다.

2-70. 대문진[358]의 그림을 읊다[詠戴文進畵]

봉래산[359] 어슴프레하고 동천(洞天) 으슥한데
바다 뒤덮은 구름이 침침하게 십주[360]를 가두었네.
당년에 광활하게 기운 서린 그곳에
옥패 찬 신선들이 단구[361]에 모였으리.

蓬萊縹緲洞天幽, 雲海沉沉鎖十洲.
想得當年槃礴處, 衆仙環佩集丹丘.

당절[362]은 영롱하게 푸른 하늘에서 강림하고
반도[363]는 갓 익어 요궁 잔치에 올랐네.
붉은 옷 인물은 낫도 숫돌도 버려두고 낚싯대 잡고 있으니.[364]

---

358 대문진(戴文進) : 대진(戴進, 1388~1462). 명나라 전당(錢塘)[지금의 절강성(浙江省) 항주(杭州)] 사람으로, 이름은 진(進)이고, 문진(文進)은 그의 자(字)이다. 호는 정암(靜庵) 또는 옥천산인(玉泉山人)이다.

359 봉래(蓬萊) : 신선(神仙)이 산다는 삼신산(三神山)의 하나. 발해(渤海) 안에 있다고 한다. 우리나라에서는 금강산(金剛山)을 가리킨다.

360 십주(十洲) : 신선이 산다는 열 개의 섬. 곧 봉린주(鳳麟洲)·생주(生洲)·염주(炎洲)·영주(瀛洲)·원주(元洲)·유주(流洲)·장주(長洲)·조주(祖洲)·취굴주(聚窟洲)·현주(玄洲)를 가리킨다. 동방삭(東方朔)이 지었다는 『해내십주기(海內十洲記)』가 있다.

361 단구(丹丘) : 신선이 산다는 곳으로 낮과 밤이 모두 밝다고 한다.

362 당절(幢節) : 당기(幢旗)와 부절(符節)의 줄인 말. 곧 높은 벼슬아치 행차 때의 의장(儀仗)이다.

363 반도(蟠桃) : 신선 세계에 있다는 큰 복숭아. 이 복숭아 한 알을 먹으면 오래 산다고 전한다.

364 붉은 옷의 ~ 낚싯대 잡고 있으니 : 화가 대진(戴進)은 본래 단공(鍛工)이었는데, 그림을 배웠다. 명나라 선종(宣宗)에게 「추강독조도(秋江獨釣圖)」를 그려 바쳤는데, 옛 수법을 계승하여 낚시하는 사람을 홍포(紅袍) 입은 모습으로 그렸다. 그런데 시기하는 사람이 홍포는 조정의 관복이며, 조정 관료가 낚시한다는 것은 말이 되지 않는다고 모함하여, 선종이 그의 그림을 채택하지 않았다. 이후 대진은 궁핍하게 지내야 했다고 한다.

재주 높아도 천명에 통하지 못했기에,

幢節玲瓏降碧空, 蟠桃初熟宴瑤宮.

紅衣把釣休鎌錯, 自是才高命未通.

나무꾼은 도끼자루 썩는 것도 잊고[365] 바둑 구경

생각이 극도로 유현(幽玄)하니 바둑돌 더디 놓네.

일만 리 붉은 하늘[366]로 학을 타고 올라가니

푸른 연기가 해를 에워싸 요지[367]가 컴컴하다.

樵柯忘爛坐看棋, 思入幽玄落子遲.

萬里赤霄人上鶴, 碧烟籠日暗瑤池.

오색깃 깃발[368] 새털 부절로 열 지은 신선들

경옥 소반에 옥 복숭아를 바쳐 올리고는,

구름 속 금모[369]의 적강을 맞이하려고

---

365 나무꾼은 ~ 잊고 : 원문은 '초가망란(樵柯忘爛)'이다. 진(晉)나라 왕질(王質)이 석실산(石室山)으로 나무를 하러 갔다가 동자(童子) 몇 명이 바둑을 두면서 노래하는 것을 보고는 곁에서 구경했다. 동자가 대추씨처럼 생긴 것을 주기에 먹었는데, 배가 고픈 줄을 몰랐다. 얼마 있다가 동자가 "왜 안 돌아가는가?" 하기에, 왕질이 일어나 도끼를 보니 자루가 썩어 있었다. 집으로 돌아와 보니 함께 살던 사람들은 하나도 남아 있지 않았다고 한다. 『술이기(述異記)』 참조.

366 붉은 하늘 : 원문은 '적소(赤霄)'이다. 두보(杜甫)의 「적소행(赤霄行)」에 "공작은 소에 뿔이 있는 줄 알지 못하고, 목말라 샘물 마시다가 소뿔에 받히네. 적소와 현포를 왕래하며, 파란 꼬리 황금 무늬가 욕보는 것을 사양하지 않는구나.[孔雀未知牛有角, 渴飮寒泉逢觝觸. 赤霄玄圃須往來, 翠尾金花不辭辱.]"라고 했다.

367 요지(瑤池) : 신선 세계에 있다는 못 이름. 주(周)나라 목왕(穆王)이 서왕모(西王母)를 만났다는 곤륜산(崑崙山)의 못이다.

368 예정(霓旌) : 무지개 같이 아름다운 깃발. 우모(羽毛)로 만든 오색기(五色旗)이다.

369 금모(金母) : 서왕모(西王母). 금(金)이 서방에 속하므로 서왕모를 금모(金母)라 칭한 것이다. 『태평광기(太平廣記)』 제1권에 인용된 전촉(前蜀) 두광정(杜光庭)의 『선전습

상 머리에 팔낭오[370]를 두어 연주하누나.

霓旋羽節列仙曹, 捧出瓊盤摘玉桃.

迎得雲中金母降, 案頭先置八琅璈.

햇살이 가르는 상서로운 구름은 옥대를 품고

대라천[371] 위에는 학이 빙글빙글 나는구나.

누굴 통해 헌원 노인[372]에게 말을 전하나?

공동산[373] 찾아가 도를 묻지 말라고.

劃日祥雲抱玉臺, 大羅天上鶴飛回.

憑誰寄語軒轅老, 莫向崆峒問道來.

운당[374] 세운 바람 수레[375]로 동군(봄의 신)을 끌어오고

아지랑이 알록달록 오봉[376] 해가 바다 노을 만들어도,

적송자[377] 작별하곤 푸른 하늘로 솟구치자

유(仙傳拾遺)』「목공(木公)」에 "푸른 치마 입고 천문(天門)으로 들어가 금모(金母)에게 읍하고 목공(木公)에게 절하네.[著靑裙, 入天門, 揖金母, 拜木公.]"라고 했다.

370 팔낭오(八琅璈) : 한 무제(漢武帝)가 즐기던 여덟 개의 옥돌로 만들어진 오(璈)라는 악기를 말한다.

371 대라천(大羅天) : 도교의 최고 신선인 원시천존(元始天尊)이 있는 하늘. 대라천 아래에 삼청(三淸)이 있고, 대라천에는 36개 동부(洞府)가 있다고 한다.

372 헌원(軒轅) : 황제(黃帝)의 이름. 지금의 하남성(河南省) 신정현(新鄭縣)의 지명인데, 황제(黃帝)가 그 언덕에서 출생하여 헌원씨라고 한다고 전한다. 황제는 토덕(土德)을 왕으로 보는 오행 사상에 의거한 호칭이다.

373 공동(崆峒) : 헌원 노인 즉 황제(黃帝)가 광성자(廣成子)에게 도를 물었다는 곳이다. 『장자』「재유(在宥)」 참조. 후대에는 지금의 요녕성(遼寧省) 천진시(天津市) 부근에 해당하는 계주(薊州)에 이 산이 있다고 간주되었다.

374 운당(雲幢) : 의장(儀仗)의 일종으로, 구름 무늬를 그린 깃발.

375 표어(飆馭) : 신(神)이 타는 수레로 바람을 타고 하늘을 난다고 한다.

376 오봉(鼇峯) : 거오(巨鼇)가 등에 진 산봉우리라는 말로, 삼신산(三神山)을 뜻한다.

옥동자[378] 한가히 보는 축은 자색 경옥 글이로군.

雲幢飇馭引東君, 烟緽鼇峰海日曛.

顧別赤松騰碧落, 玉童閑軸紫瓊文.

고소대[379] 그림이 너무도 빼어나다

어려서 윤씨 집[380] 보물을 감상한 적 있었지.

동풍이 십리에 불어와 주렴을 말고

붉은 소매 여인들이 다투어 백 사인[381]을 구경하네.

繪出姑蘇最絶倫, 少時曾賞尹家珎.

東風十里珠簾捲, 紅袖爭看白舍人.

호숫가 정자가 봉래산 마주하여 너무도 맑고

해상의 난새 참마[382]도 더위잡을 수 있을 듯.

마침 이 그림 펼쳐놓고 우객(신선)들 맞이하자

학 탄 신선 생황 소리가 구중천 오색 구름 속에 들리누나.

377 적송(赤松) : 신선 적송자(赤松子). 앞에 나왔다.

378 옥동(玉童) : 이백(李白)의 「고풍(古風)」에 "학의 등에 올라탄 한 선객이, 날고 날아
하늘을 올라가서, 구름 속에서 소리 높이 외치어, 내가 바로 안기생이라고 하네. 좌우
에는 백옥 같은 동자가 있어, 나란히 자란의 생황을 불어 대누나.[客有鶴上仙, 飛飛凌
太淸. 揚言碧雲裏, 自道安期名. 兩兩白玉童, 雙吹紫鸞笙.]"라고 했다.

379 고소(姑蘇) : 춘추 전국시대 오나라의 수도. 지금의 강소성(江蘇省) 소주부(蘇州府)에
해당하는데, 고소성은 그 성(城)이고, 고소대는 오왕 부차(夫差)가 월(越)나라를 격파
하고, 미인 서시(西施)를 위하여 쌓은 대(臺)라고 한다.

380 윤씨 집 : 윤두수(尹斗壽)·윤근수(尹根壽) 집안을 가리키는 듯하다.

381 백 사인(白舍人) : 당 헌종 때의 백거이(白居易)를 말한다. 한림학사(翰林學士)·강주
사마(江州司馬)·충주 자사(忠州刺史) 등을 거쳐 중서 사인(中書舍人)까지 올랐다가 외
직을 청하여 중앙 정계에서 물러났다. 『구당서』「백거이열전(白居易列傳)」 참조.

382 난새 참마 : 원문은 '난참(鸞驂)'으로 난새가 끄는 수레를 말한다. 신선들이 타는 수레라
고 한다.

湖亭淸絶對蓬山, 海上鸞驂若可攀.
會展此圖延羽客, 九霄笙鶴五雲間.

해설 허균의 이 연작시는 대문진(戴文進) 즉 대진(戴進)의 여러 신선도를
감상하고 작성한 것이다. 그런데 제2수에서는 즉 대진(戴進)의 「추강독조
도(秋江獨釣圖)」 일화를 언급했다. 대진은 본래 단공(鍛工)으로, 애완이나
부녀자의 수식을 만들면서 인물과 화조를 정교하게 주물하여 값이 일반
공인의 곱절이나 나갔다. 어느날 저자에서 자신이 만든 금 장식이 녹여지
는 것을 보고는 불후의 이름을 얻기 위해서는 다른 것을 해야 하겠다고
생각하게 되었다. 마침 어떤 사람이 비단에 그림으로 그릴 것을 추천했으
므로 이후 그림을 그리게 되었다고 한다. 대진은 직업화가인 절파(浙派)의
중심 인물로 되었다. 조선시대 안견(安堅)의 작품으로 알려져 있는 「사시
팔경도」, 조선 중기 이흥효(李興孝)의 「사시도」, 김명국(金明國)의 「설중
귀로도」는 대진의 화풍을 모방한 것이라고 한다.383 그러나 대진의 신선
도 계열 작품이 조선에 영향을 끼친 사실에 대해서는 잘 알 수가 없다.
대진은 그림으로 이름이 나 있을 때 인지전(仁智殿)에서 선종에게 「추강독
조도(秋江獨釣圖)」를 바치게 되었다. 당시 대조(待詔)의 직에 사정순(謝廷
循)·예단(倪端)·석예(石銳)·이재(李在) 등이 있어 모두 서화로도 유명했
다. 대진이 「추강독조도」를 올려 선종이 감상할 때 사종순이 곁에서
아뢰길, "홍포는 조정의 품복인데, 어떻게 낚시를 한단 말입니까?"라고
했다. 선종이 끄덕였다. 이후 대진은 대단히 궁핍하게 지냈다고 한다.

---

383 장진성, 「조선 중기 절파계 화풍의 형성과 대진(戴進)」, 『미술사와 시각문화』 9, 미술
사와 시각문화학회, 2010, pp.202-221.

2-71. 주단[384]의 그림에 대해 적다[題朱端畵]

안개 덮인 울창한 나무숲에 밤 빛이 열려
하늘 아래 꽃과 달 모습이 누대 앞 못에 잠기네.
새들이 문 두드려[385] 봄 잠을 놀라 깨니
길손이 술을 싣고 찾아 온 듯하다.

烟樹慈蘢夜色開, 一天花月浸池臺.
敲門剝啄驚春睡, 想有遊人載酒來.

높은 누대 고운 정자에 경옥 물이 휘감아 도는데
어지러운 모래톱의 너른 평상에 기대었다가 잠들었더니,
평평한 십리 호수에 저녁 안개 걷히자
어부의 피리소리가 외로운 배에 일어나네.

高臺芳樹匝瓊流, 閑倚匡床睡亂洲.
十里平湖開夕靄, 數聲漁笛在孤舟.

해설 주단은 젊어서 아주 가난해서 고기잡고 나무하며 생활했다. 절파(浙派)의 명인이다. 1501년(명나라 홍치 14) 징소되어 궁에 들어가고, 선종(宣宗) 정덕(正德) 연간(1506~1521) 화사(畵士)로서 인지전(仁智殿)에 숙직하고 금의위지휘(錦衣衛指揮)를 제수받고, '일초도서(一樵圖書)'의 어제를 하사받았으므로, 호를 일초(一樵)라고 하게 되었다. 산수화는

---

384 주단(朱端) : 명나라 해염(海鹽) 사람. 자는 극정(克正), 호는 일초(一樵). 산석(山石)과 화조(花鳥)와 인물과 묵죽(墨竹)을 잘 그렸다.

385 문 두드려 : 원문의 '박탁(剝啄)'은 손님이 찾아와 문을 두드리는 소리이다. 당나라의 한유(韓愈)가 지은 「박탁행(剝啄行)」의 "똑똑, 똑똑똑, 대문을 두드리니, 손님이 문에 이르렀네.[剝剝啄啄, 有客至門.]"라는 구절에서 연유한다.

마원(馬遠)과 하규(夏圭)를 종주로 삼고, 인물화는 성무(盛懋)를 배웠으며, 화조화는 여기(呂紀)를 본받고, 묵죽화는 하영(夏永)에게 배웠다.

2-72. 이장배(李長培) 이문학관이 '회(灰)'자 운 시[386]에 화운하므로 다시 절구 2수를 지어서 사례한다[李學官和灰字韻又賦二絕以謝]

들어앉아 화롯불 끼고 재 위에 글을 쓰니[387]
여전히 봄 추위가 장막에 드네
이 군의 시가 읽을수록 좋은 덕에
병든 나의 객수를 열어 없애주누나.
擁爐深坐自書灰, 尚有春寒入幕來.
賴得李君詩律好, 病中令我客懷開.

시율은 재 버린[388] 자에게 가하는 경형보다 엄한데
그대의 풍격이 두릉[389]에서 연유하기에 기쁘다네.
맑은 날 창가에서 읽으니 바람이 볼에서 일어나
상쾌하기가 하늘 구름이 만리에 걷히듯 하여라.

---

386 '회(灰)'자 운 시 : 2-67「우연히 이루다. 또 '회(灰)'자를 얻다[偶成 又得灰字]」.

387 재 위에 글을 쓰니 : 원문은 '서회(書灰)'. 당나라 이군옥(李群玉)의 시「화로전좌(火爐前坐)」에 "외론 등불이 환하여 잠 이루지 못하고, 비바람은 서쪽 숲에 가득하다. 이러저러 마음에 켕기는 일들을, 심야에 이르도록 재 위에 쓰노라.[孤燈照不寐, 風雨滿西林. 多少關心事, 書灰到夜深.]"라고 했다.

388 재 버린 : 원문은 '기회(棄灰)'로, 재를 함부로 버린다는 뜻이다.『사기』「이사전(李斯傳)」에 "상군(商君)의 법은 재를 길에 버리는 자에게 경형(黥刑)으로 다스렸다."라고 했다. 경형은 문신을 통한 형벌로, 묵형(墨刑)을 말한다. 자자형(刺字刑)이다.

389 두릉(杜陵) : 본래 섬서성(陝西省) 장안성(長安城) 동편에 있는 한(漢)나라 선제(宣帝)의 능이다. 당나라 현종(玄宗) 때의 시인 두보(杜甫)가 이 능 서쪽에 살고 있어서 스스로 두릉포의(杜陵布衣) 또는 소릉야로(少陵野老)라고 한 데에서, 두보를 가리킨다.

詩律嚴於刑棄灰, 喜君風格杜陵來.

晴牕一讀風生頰, 快若天雲萬里開.

2-73. 『금뇌자』[390]에 서시[391]를 물에 빠뜨려 죽였다는 일이 있어 기뻐서
짓는다[金罍子有沉殺西施事 喜而賦之]

아아, 소백 범여[392]가 서시 싣고 달아남을 슬퍼했더니

이 책을 읽고서야 의심이 풀렸다네.

오자서[393]가 너로 인하여 죽었기에

월왕이 결국 치이[394]에게 내려 주었구나.

390 금뇌자(金罍子) : 명나라 진강(陳絳)이 지은 44권의 책이름. 왕충(王充)의 『논형(論衡)』
을 모방하여 고사를 널리 인용하고, 자기의 의견을 편 것이다.

391 서시(西施) : 춘추시대 월나라에서 미인계로 오나라 임금 부차(夫差)에게 보내어 그
총희(寵姬)가 되었던 미인이다.

392 소백(少伯) : 춘추 전국시대 월(越)나라 초삼호(楚三戶) 사람 범여(范蠡)의 자(字). 범여는
구천(句踐)을 섬겼다. 구천이 20여 년 간 와신상담(臥薪嘗膽) 끝에 오(吳)나라를 무찌르
고, 회계(會稽山)의 치욕을 씻자, 범여는 배를 타고 제(齊)나라로 가서 성명을 바꾸어
치이자피(鴟夷子皮)라고 했다. 다시 도(陶)로 가서 숨어살며 스스로 도주공(陶朱公)이라
했다. 일설에는 서시(西施)를 데리고 오호(五湖)로 가서 숨어 살았다고도 한다.

393 오자서(吳子胥) : 춘추시대 초(楚)나라 사람. 성과 이름은 오원(吳員). 초 평왕(楚平王)
이 아버지 사(奢)와 형 상(尙)을 죽이자 오(吳)나라의 도움으로 원수를 갚았음. 월왕
구천(句踐)이 화친을 요구하자 오왕 부차(夫差)는 허락했으나, 오자서는 부차에게 그
부당함을 간(諫)하다가 자결을 명령받았다. 부차가 그의 충성심에 감복하여 화려한
칼을 주었다. 오자서는 오나라가 망하는 것을 눈뜨고 볼 수 없다면서 눈알을 뽑아 동문
에 매달아 달라고 했으나, 부차는 그의 시신을 말가죽으로 만든 자루에 담아 강물에
띄워 버렸다. 그뒤 9년 만에 오나라는 멸망했다.

394 치이(鴟夷) : 말가죽으로 만든 자루. 여기서는 죽은 오자서를 말한다. 위에 말했듯이,
오왕 부차가 오자서의 시신을 담아 물에 띄워버렸다. 또 범여(范蠡)가 월왕을 도와
오나라를 멸한 뒤에 서시를 데리고 바다를 건너 제(齊)나라에 들어가서 이름을 치이자
피(鴟夷子皮)로 바꾸었다고 한다.

每嗟少伯載西施, 及覩玆書始釋疑.
爲是子胥因爾死, 越王終亦賜鴟夷.

간악한 달기[395]를 효수하여 주 무왕은 백기에 매달았고
서시를 물에 던져 월나라 현인은 요망한 혼백을 도륙했네.
금뇌자처럼 충분히 해박하지 않는다면야
누가 범여의 천추 억울함[396]을 씻어주랴?

梟妲周曾懸白旄, 沉施越亦戮妖魂.
向非博洽金罍子, 疇雪千秋范子寃?

해설 허균이 『금뢰자(金罍子)』에서 인용한 것은 그 권2의 「월침서시어강(越沉西施於江)」이다.

『금뢰자(金罍子)』44권은 명나라 진강(陳絳, 1513~1587)이 엮었다. 상·중·하 3편으로, 상편 20권, 중편 12권, 하편 12권이다. 체제는 동향의 왕충(王充)의 『논형(論衡)』을 본받아, 고사를 널리 인용하고 논단(論斷)과 고증(考證)을 가했다. 진강(陳絳)은 절강(浙江) 소흥부(紹興府) 상우현(上虞縣)의 민적(民籍)으로, 자는 용양(用陽)이다. 절강 향시(鄕試)의 제16명 진사로, 1544년(명나라 가정 23) 갑진과(甲辰科) 동진사출신(同進士出身)이다. 산동부사(山東副使)를 지냈다. 1564년 요동(遼東) 광녕성(廣寧城)을 증수했다. 강서좌포정사(江西左布政使)에 오르고, 여러 관직을 거쳐 광록

395 달기(妲己) : 은(殷)나라 마지막 왕인 주(紂)의 아내. 포악한 여인의 상징으로 일컬어질 뿐 아니라 나라를 망하게 한 악녀(惡女)로 간주된다.
396 범여의 천추 억울함 : 원문은 '범자원(范子寃)'. 범여는 춘추시대 초(楚)나라 사람이다. 위에 나왔듯이 월왕(越王) 구천(句踐)을 도와서 오(吳)나라를 멸망시켜 회계(會稽)의 치욕을 씻어 주고는, 서시(西施)를 데리고 바다를 건너 제(齊)로 들어갔다. 그 후 도(陶)에 숨어살며 돈을 많이 벌어 도주공(陶朱公)이라는 부호가 되었다. 여기서는 범여가 서시를 데리고 떠난 것을 무함이라고 본 것이다.

시경(光祿寺卿)이 되었으며, 가의대부(嘉議大夫) 직례(直隸) 응천부부윤(應天府府尹)에 이르러 사직했다. 묘가 상우(上虞) 곤륜산(崑崙山)에 있어, 2007년에 도승학(陶承學) 찬술의 글을 새긴 묘지명(墓誌銘)이 발견되었다.[397] 『금뢰자』의 원래 서명은 『산당수초(山堂隨抄)』인데, 도망령(陶望齡)이 산삭을 하고 편찬자 진강의 거처에 금뢰산이 있었으므로 이 서명으로 바꾸었다.[398]

허균의 『한정록』 제1권 「은둔(隱遁)」의 '순화중조기충명일(淳化中詔起种明逸)」은 『금뢰자』에서 다음 내용을 취해 왔다.

순화(淳化, 송 태종 연호) 연간에 조서를 내려 충명일(种明逸)[충방(种放)]을 부르니, 그 어미가 노하여, "항상 너에게 학도를 모아 놓고 가르치지 말라고 권했더니, 결국 남들에게 알려져 편히 살 수 없게 되었구나. 몸이 이미 은거했는데, 학문이 무슨 소용이냐! 나는 너를 버리고 깊은 산중으로 들어가겠다." 했다. 충방이 병을 칭탁하고 태종의 소명(召命)을 받지 않았다. 충방의 어머니는 붓과 벼루 등을 태워버리고 충방과 함께 인적이 드문 궁벽한 곳으로 이사했다. 진종(眞宗)이 동봉(東

---

397 台灣傅斯年圖書館藏 『續鑴山堂遺集』 附錄, 陶承學, 「明嘉議大夫應天府府尹罍山陳公配丁恭人合葬墓誌銘」.

398 『금뢰자』의 명나라 만력 연간 원각본 10책본은 도망령 서, 서왈경(舒曰敬) 서, 진욱(陳昱) 작성 범례(凡例), 차임원(車任遠) 후서(後序)가 있다. 후인본(後印本) 12책본에는 위의 서문과 범례 이외에, 서대빙(徐待聘) 서, 진민성(陳民性) 후서, 진지등(陳志鐙) 발(跋)이 있다. 이 두 판본은 북경대학도서관에 소장되어 있다. 이밖에 명나라 태창(泰昌) 연간에 『신각비점금뢰자(新刻批點金罍子)』 44권이 간행되었다. 진강이 죽은 후 장경원(張京元)이 그 유고를 산정하여 『산당유집(山堂遺集)』 4권을 이루어, 1593년(만력 21) 서왈경(舒曰敬)이 간행했고, 1606년(만력 34) 도망령이 원고본을 저본으로 증광하고 지금 서명으로 바꾸었으며, 이유정(李維楨) 비점(批點)을 받아 강도(江都)에서 판각했다. 미국 국회도서관에 10책이 있다. 『續修四庫全書』 子部 1124冊(上海 : 上海古籍出版社)에 明泰昌間刊本 紅叶山古籍文庫 『新刻批點金罍子』 四十四卷(明李維楨序明張京元序明徐待聘序明舒曰敬序陶望齡序陳永楨跋)이 수록되었다.

封 동쪽으로 나아가 여러 선제의 능을 참배함)할 때에 은사(隱士) 양박(楊璞)
을 만나 "경(卿)이 떠나올 때에 시를 지어 전송한 사람이 있었느냐?"
하니, 양박이 다음과 같이 대답했다. "신의 첩(妾)이 시를 지어 신을
전송하기를, '실의하여 술을 탐하지 말고, 지나치게 시 짓기 즐기지
마오. 이제라도 관청에 잡혀갔다가, 늙은 목 잘리어 돌아오리라.[且休
落魄耽酒杯, 更莫猖狂愛作詩. 今日捉將官裏去, 這回斷送老頭皮.]' 했습니다."
이 시를 본 진종은 웃고서, 양박에게 비단을 하사하고 산중으로 돌아
가게 했다. 충방의 어머니와 양박의 처는 아들과 남편의 은거를 잘 도
왔다고 이를 만하다. 충방은 끝내 만절(晩節)이 좋지 못하여 그 명예를
상실했으니, 이는 아마도 어머니가 없었기 때문일 것이다.

그리고 『한정록』 제3권 「한적(閑寂)」의 '유사인고빈(有士人苦貧)'은
『금뢰자』에서 다음 내용을 취해 왔다.

어떤 사인(士人)이 가난에 쪼들린 나머지 밤이면 향(香)을 피우고 하
늘에 기도를 올려, 갈수록 더욱 성의를 다하자, 어느날 저녁 갑자기
공중에서, "상제(上帝)께서 너의 성의를 아시고 나로 하여금 너의 원하
는 바를 물어오게 하셨다."는 말이 들리므로, 대답하기를, "제가 하고
자 하는 바는 매우 작은 것이지 과도하게 바라는 것이 아닙니다. 바라
건대, 이 인생은 의식(衣食)이나 조금 넉넉하여 산수 사이에 유유자적
하다가 죽었으면 만족하겠습니다." 하자, 공중에서 크게 웃으면서, "이
는 천상계 신선의 낙(樂)인데, 어찌 쉽게 얻을 수 있겠는가? 만일 부귀
를 구한다면 할 수 있을 것이다." 했다. 이 말이 헛된 말이 아니다.
내가 보건대, 세상의 빈천한 자는 기한(饑寒)에 울부짖고 부귀한 자는
또 명리에 분주하여 종신토록 거기에 골몰한다. 의식이 조금 넉넉하여
산수 사이에 유유자적하는 것은 참으로 인간의 극락이건만 천공(天公)
이 매우 아끼는 바이기에 사람이 쉽게 얻을 수 없는 것이다. 비록 그러

나 필문 규두(蓽門圭竇)에 도시락 밥을 먹고 표주박 물을 마시면서 고요
히 방 안에 앉아 천고의 어진이들을 벗으로 삼는다면 그 낙(樂)이 어떠
하겠는가? 어찌 반드시 낙이 산수 사이에만 있겠는가?

2-74. 여기[399]의 그림에 대해 적다. 장수붕 시체를 흉내 내어 쓴다[題呂紀畵 效張壽朋體]

장수붕은 강우의 시객이다. 오산·서호 등을 읊은 모두 10영이 있다. 현응민은
그 졸렬함을 웃었지만 나는 그 졸렬함이 사랑스러워서 문득 그 시체를 흉내내어
보았다.[壽朋, 江右詩客也. 吳山西湖皆有十詠. 玄生笑其拙吾愛其拙輒效之.]

공작이 너울너울 내려앉나니
한 쌍이 꽃 핀 바위틈에 마주 살고 있구나.
황금빛 꼬리를 곱다고 아끼지 말라!
사람들이 황금 꼬리 뽑아가려 생각하니.
孔雀舞㛋㛋, 雹栖跱巖卉.
莫愛金尾鮮! 人思拔金尾.

산계(山鷄)가 자기 털을 아껴
번번이 물에 제 모습 비춰 보네,
차라리 깃털이 추해 살아갈지언정
고운 깃털 때문에 죽지는 말아라.

---

399 여기(呂紀, 1477~?) : 명나라 절강성(浙江省) 은현(鄞縣)[지금의 절강성 영파시(寧波市)] 사람으로, 자는 정진(廷振)·정손(廷孫), 호는 낙어(樂漁)이다. 명나라 효종 때 화사(畵師)로 인지전(仁智殿) 금의지휘사(錦衣指揮使)로 근무했다. 영모(翎毛)에 능했으며 간간이 산수와 인물도 그렸다.

山鷄愛其毛, 照形每臨水.
寧作毛醜生, 不作毛美死.

하얀 꿩들은 바위틈에 모여 있고
기러기 떼는 물가에서 장난치네.
월상[400]에서 왔는가 묻지를 말라.
이 역시 형산 남쪽에서 이르렀다네.[401]

白雉集巖幽, 群鴈戲川沚.
爲問越裳來, 亦自衡陽至.

동백은 겨울에 저절로 붉고
아름다운 벌레들은 목에 수를 놓은 듯.
물오리 새끼들이 추위에 겁을 먹었는지
갑자기 그 어미 곁으로 달려오네.

冬栢冬自紅, 華虫頸如繡.
鳧雛似怯寒, 却來傍其母.

해설 장수붕(張壽朋)의 자는 충화(沖龢), 적관(籍貫)은 강서(江西) 건창부(建昌府) 남성현(南城縣)으로, 1583년(만력 11) 계미 회시(癸未會試)를

---

400 월상(越裳) : 월상씨(越裳氏)의 준말. 옛날 교지(郊趾)의 남방에 있던 나라. 또는 그 나라 사람. 주 성왕(周成王) 때에 주공(周公)이 섭정하여 천하가 태평해지자, 월상씨(越裳氏)가 중역(重譯)을 거쳐 말을 전하고 주공에게 '흰 꿩[白雉]'을 바치며 "우리나라 노인들이 말하기를 '하늘에 풍우가 거세지 않고 바다에 해일이 일지 않은 지 지금 3년이 되었다. 아마도 중국에 성인이 계신 듯한데, 어찌하여 가서 조회하지 않는가?[天之不迅 風疾雨也, 海不波溢也, 三年於玆矣. 意者中國殆有聖人, 盍往朝之?]'라고 하기에 조공 을 바치러 왔다."라고 했다. 『한시외전(韓詩外傳)』 참조.
401 이 역시 ~ 이르렀다네. : 중원에 성군이 나서, 월상씨가 꿩을 바쳤듯이, 지금 중국이 태평하여 형산에서 기러기가 왔다는 뜻이다.

보고 진사가 되었다. 형부주사(刑部主事)에 제수되었으나, 태안주(泰安州) 동지(同知)로 좌천되고, 여주부판(廬州府判)으로 마쳤다. 『심식와집(深息窩集)』이 있다. 또 청나라 유장성(兪長城) 선평(選評)의 『장노수고(張魯叟稿)』1권이 전한다. 『소창자기(小窓自紀)』의 만력 연간 판각본에 서문을 남겼다.[402] 장수붕은 『한비자』의 원판본을 번각한 『한자(韓子)』를 간행했는데, 그 판본이 북경대학도서관에 있다.

2-75. 우연히 지었다[有作]

매화 갓 지고 버들가지 부드럽자
쌓인 눈 모두 녹고 길어진 해가 고와라.
네 계절 경치 중 봄 경색이 으뜸이요
인생 백년 멋진 놀이는 술 잔치뿐.
객관에서 병든 몸 끌어안아 상심낙사(賞心樂事) 어기고
고향 산이 꿈속에 들어와 잠을 설치네.
어느 때나 깃발 앞세우고 산해관 빠져 나가
패강[403]의 꽃과 달 아래 실컷 마셔 취하랴?

梅花初謝柳條嫩, 積雪盡消長日妍.
四時佳景獨春色, 百歲勝遊唯酒筵.
客館抱痾違樂事, 鄉山入夢費昏眠.

---

402 『小窓自紀』四卷 別紀四卷 淸紀四卷 艷紀十四卷[明湯賓伊序, 明焦竑序, 明兪恩燁序, 明施鳳來序, 明沈明龍序, 明張壽朋序, 明吳逵序, 王宇序, 何偉然序, 朱謀瑋序.] 明萬曆間刻本.

403 패강(浿江) : 지금의 평안남도 평양 시내를 꿰뚫어 흐르는 대동강(大同江)을 말한다. 단, 역사적으로는 현재의 대동강이 아니라는 설이 있다.

幾時行斾出關去, 爛醉湞江花月天?

2-76. 병중에 회포를 기록하여 평생을 추억하다[病中記懷追平生]

박복하여 열 두 살에 고아되는 슬픔을 겪어
뜰 지나다가 『시』 익혔느냐는 부친 말씀[404]을 더 듣지 못했네.
반평생 실의에 빠져 선친의 가르치심 어기고
부끄럽게 벼슬 탐해 상대부[405]까지 오르다니.

譾薄堪悲十二孤, 聞詩無復過庭趨.
半生落拓荒先訓, 慙愧官叨上大夫.

몸가짐은 이전부터 검속하질 않아서[406]
진흙길에서 떠밀리느라 세월을 허비했다만,
다방과 술집이 인간 세상에 가득하기에
지위에 만족할 뿐[407] 고관 제수[408] 바라지 않았노라.

---

404 뜰 지나다 ~ 부친 말씀 : '정훈(庭訓)'을 말한다. 『논어』 「계씨(季氏)」에 보면 공자의
    제자 진강(陳亢)이 공자의 아들 백어(伯魚)에게 선생님에게서 별도로 가르침을 받았느
    냐고 묻자, 부친 공자가 홀로 뜰애 서 있을 때 종종걸음으로 뜰을 지나가는데 시(詩)와
    예(禮)를 배웠느냐고 물으신 일이 있다고 대답했다는 고사에서 나왔다.
405 상대부 : 조선의 당상관(堂上官)을 말한다.
406 검속하질 않아서 : 원문은 '핍정휴(乏町畦)'이다. '정휴(町畦)'는 '휴진(畦畛)'과 같아,
    선인과 악인, 군자와 소인을 엄격히 갈라 보는 것을 뜻한다.
407 지위에 만족할 뿐 : 원문은 '소위(素位)'. 『중용』 14장 "군자는 현재의 위치에 따라 행하
    고, 그 밖의 것을 원하지 않는다.[君子素其位而行, 不願乎其外.]"에서 가져왔다.
408 고관 제수 : 원문은 '석규(析珪)'로, '析圭'로도 표기한다. 제왕이 작위에 따라 옥규(玉
    圭)를 반포하는 것을 말한다. 『한서』 「사마상여전(司馬相如傳)」에, "옛날에는 부절을
    쪼개어 봉하고, 옥규를 잘라서 작위를 주었다.[故有剖符之封, 析圭而爵.]"라고 했는데,
    '圭'는 다른 텍스트에 '珪'로 되어 있다고 했다. 안사고(顏師古) 주(注)는 여순(如淳)의

操行從前乏町畦, 泥塗甲子費推擠.
茶坊酒肆人間世, 素位無心望析珪.

선행해도 이름 없고 악에도 형벌 없는 세상
하늘 더럽히는 참소 비방 일어도 괘념않았네.
늙어가며 양주 꿈[409] 이미 깬 뒤로
짐짓 금마문[410]에서 세성(歲星)[411]이 되었다니.

爲善無名惡不刑, 熏天讒謗任轟霆.
老來已罷楊州夢, 聊向金門作歲星.

병 많은 잔약한 몸이 너무도 졸렬하여
어머니와 형의 사랑에도 세월 허송했기에,[412]

설을 인용하여, "석(析)은 가운데를 나누는 것[中分]이다. 흰 부분은 천자가 보관하고 푸른 부분은 제후가 보유한다.[白藏天子, 靑在諸侯.]"라고 했다. 후대에는 관직을 제수하는 것을 말한다. 당나라 이예(李乂)의 시 「여름날 사마 원외와 손 원외가 북쪽으로 가는 것을 전송하며[夏日送司馬員外孫員外北征]」에, "규옥을 나누어 부절 집고 가며, 관인을 지참고 깃발 나누어 받았네.[析珪行仗節, 持印且分麾.]"라고 했다.

409 양주 꿈 : 원문은 '양주몽(楊州夢)'. 세속의 즐거움을 좇으며 허무하게 세월을 보내는 것을 뜻한다. 당나라 두목(杜牧)이 강남의 양주(楊州)에서 회남 절도사(淮南節度使) 우승유(牛僧孺)의 막료(幕僚)로 있을 때 홍등가(紅燈街)로 풍류를 즐기는 등 환락을 실컷 맛보았는데, 뒤에 낙양에 와서 허환(虛幻)의 당시 일을 술회하며 「견회(遣懷)」 시를 지어, "십 년 만에 양주의 꿈을 한번 깨고 보니, 청루에서 박정하다는 이름만 실컷 얻었구나.[十年一覺楊州夢, 占得靑樓薄倖名.]"라고 했다.

410 금문(金門) : 금마문(金馬門)의 준말. 한(漢)나라 미앙궁(未央宮) 정문에 황금으로 만든 말을 세워 놓았기 때문에 붙여진 이름이다.

411 세성(歲星) : 목성(木星). 복성(福城)이라고도 한다. 훌륭한 근신(近臣)을 비유한다.

412 세월 허송했기에 : 원문의 '거저(居諸)'는 일거월저(日居月諸)의 준말로, 세월이 흘러가는 것을 말한다. 『시경』 「패풍(邶風)」 일월(日月)에 "해와 달이시여, 지상을 비추어 주시니, 이와 같은 사람이여, 옛 도리로 처하지 않는구나.[日居月諸, 照臨下土, 乃如之人兮, 逝不古處.]"라고 했다.

경전 전념하는 학구에게 부끄러워
집에 전하는 사부[413] 서적을 독파했다네.

多病屛軀任拙疎, 母兄嬌愛貸居諸.
專經學究猶慙恥, 讀破家傳四部書.

염정(艷情)이 비단 시주머니[414]에서 처음 나올 때
온정윤·이상은[415] 진관·황정견[416]이 일시에 모인 격,
의협시와 신악부를 즐겨 지었더니
지금도 사람들은 「석춘사」[417]를 외고 있네.

艷情初出錦囊詩, 溫李秦黃萃一時
喜作狹斜新樂府, 至今人誦惜春詞.

금화전[418]과 옥서[419]에서 소년 시절 노닐고
삼주[420]에 인끈 차고 나가 쉴 만했으니,

---

413 사부(四部) : 옛 목록학에서 경(經)·사(史)·자(子)·집(集)을 이른다.
414 비단 시주머니 : 원문은 '금낭(錦囊)'. 당나라 시인 이하(李賀)가 출타할 때 종[奚奴]의
   등에 자신이 지은 시를 넣을 비단 주머니를 지고 다니게 했던 고사에서 유래했다. 해낭
   (奚囊)이라고도 한다. 『신당서(新唐書)』 「문예열전(文藝列傳) 하(下)」 '이하(李賀) 참조.
415 온정윤·이상은 : 원문은 '온이(溫李)'. 만당(晚唐)의 온정윤(溫庭筠)과 이상은(李商隱)을
   아울러 일컬었다.
416 진관·황정견 : 원문의 '진황(秦黃)'은 북송의 황정견(黃庭堅)과 진관(秦觀)을 아울러
   가리킨다.
417 석춘사(惜春詞) : 가는 봄을 아깝게 여기는 마음을 표현한 노래. 당나라 온정균(溫庭筠)
   의 작품이 유명하다. 허균이 자신의 시를 온정균의 시에 빗댄 것이다.
418 금화전 : 한나라 때 미앙궁(未央宮) 안에 있던 궁전. 성제(成帝)가 일찍이 이곳에서
   『상서(尙書)』와 『논어(論語)』 등의 강론을 들었다. 후대에는 경연(經筵)이나 서연(書
   筵)을 뜻했다.
419 옥서(玉署) : 옥당(玉堂). 홍문관의 별칭.
420 삼주(三州) : 삼척(三陟). 허균은 1607년(선조 40) 3월에 삼척부사(三陟府使)로 나갔다
   가 5월에 파직되어 돌아와 7월에 사복시 정(司僕寺正)이 되었다.

관직이 상서에 이른 것이 역시 영화롭다만
한 언덕 한 골짜기⁴²¹ 또한 풍류스러웠다네.

金華玉署少年遊, 佩印三州汔可休.
官至尙書亦榮矣, 一丘一壑且風流.

글은 내 말을 잘 전하면 그만이라
후미진 것 찾고 기괴한 것 들춰낼 필요 없네.
문사가 삼협 물 쏟는 듯⁴²² 해야 하지.
분칠하고 눈썹 그려 서시⁴²³ 닮을 필요 없지.

爲文只可達吾辭, 未必冥搜極怪奇.
但得詞源傾峽水, 不須粧抹效西施.

구름 위로 솟는 기상⁴²⁴을 당시 누가 감상하랴?

---

421 한 언덕 한 골짜기 : 원문의 '일구일학(一丘一壑)'은 은거 또는 은거지를 말한다. 『한서』
　　권100 「서전 상(敍傳上)」의 "한 골짜기에서 고기를 낚으니 만물이 그 뜻을 범하지
　　못하고, 한 언덕 위에서 소요하니 천하에 그 즐거움을 바꿀 것이 없다.[漁釣於一壑,
　　則萬物不奸其志, 棲遲於一丘, 則天下不易其樂.]"에서 유래했다. 앞에 나왔다.
422 삼협 물 쏟는 듯 : 원문은 '경협수(傾峽水)'. 두보(杜甫)의 시 「취가행(醉歌行)」에, "문장
　　의 근원은 삼협의 물을 기울인 듯하고, 필력의 전진(前陣)은 천군을 쓸어버릴 기세이
　　네.[詞源倒流三峽水, 筆陣獨掃千人軍.]"라고 했다.
423 서시(西施) : 춘추시대 월나라 미인. 월왕(越王) 구천(句踐)이 오왕(吳王) 부차(夫差)에
　　게 패하고 회계(會稽)에서 복수를 다짐할 때, 범여(范蠡)가 서시를 오왕에 바쳐 황음(荒
　　淫)에 빠지게 했다. 이에 따라 월나라는 오나라를 정복하게 되었는데, 서시는 범여를
　　따라 오호(五湖)로 달아났다고 한다. 단, 앞서 보았듯이 허균은 서시가 범여를 따라
　　달아났다는 설을 부정했다.
424 구름 위로 솟는 기상 : 원문은 '능운(凌雲)'. 한(漢)나라 사마상여(司馬相如)의 문장을
　　'능운건필(凌雲健筆)'이라 일컫는다. 사마상여는 무제(武帝)가 신선을 좋아하는 것을
　　알고 「대인부(大人賦)」를 지어 바쳤는데, 무제는 "표표히 구름 위에 치솟는 기상이 있
　　고, 천지 사이에 노니는 듯한 의취가 있다.[飄飄有凌雲之氣, 似游天地之間意.]"라고
　　평가했다. 『사기』 「사마상여열전(司馬相如列傳)」 참조.

분분하게 부화한 비평은 듣고 싶지 않아라.

병들어 무릉에 누웠어도[425] 세상을 깔보았지만

사마상여는 탁문군의 반려로 만족했다네.[426]

當時誰解賞凌雲? 浮議紛紜不欲聞.

病臥茂陵猶慢世, 相如堪伴卓文君.

명리 길로 내달리는 기술이 본디 성글어

표주박 물 마시는 누항[427]의 한가함을 사랑했으니,

평생 공후의 저택을 알지 못했거늘

문밖에 오는 장자의 수레를 누가 돌렸던가?

趨走名途術本疎, 一瓢顔巷愛閑居.

平生不識公侯宅, 門外誰迂長者車.

강릉의 옛 별장[428]은 택상(宅相)[429]이 열리고

---

425 병들어 무릉에 누웠어도 : 사마상여는 병이 들어 효문원 영(孝文園令)을 그만두고 무릉
(茂陵)에서 여생을 보냈으므로, 사마상여의 별칭으로 보통 무릉을 쓴다. 사마상여가
죽고 난 뒤 한 무제가 사신을 보내 그의 저술을 모두 가져오게 했는데, 오직 황제에게
봉선(封禪)하기를 권하는 글 한 편만이 남아 있었다고 한다. 『사기』 「사마상여열전」
참조.

426 병들어 ~ 만족했다 : 사마상여가 임공(臨邛) 부호 탁왕손(卓王孫)의 집에서 거문고를
타서 탁왕손의 딸로서 과부였던 탁문군을 꾀어 성도(成都)로 갔으나, 살길이 막연하자
임공에 목로집을 차려 놓고 탁문군에게는 술을 팔게 하고 자신은 곁에서 그릇을 씻으면
서 살았다. 그 뒤 사마상여가 부귀하게 되어서 무릉(茂陵) 사람의 딸을 첩으로 삼으려고
했는데, 탁문군이 함께 사랑을 이어 갈 수 없다는 내용으로 「백두음(白頭吟)」을 지어
절교를 통보하자, 사마상여가 그만두었다. 『한서(漢書)』 「사마상여전(司馬相如傳)」 참
조. 여기서 탁문군은 후처 선산 김씨(善山金氏)를 빗대어 말한 것이다.

427 표주박 물 마시는 누항(陋巷) : 원문은 '일표안항(一瓢顔巷)'이다. 안자(顔子)가 도시락
밥과 표주박 물로 안빈(安貧)했던 누추한 마을을 말한다.

428 강릉의 옛 별장 : 지금 강원도 강릉시(江陵市) 경포 북쪽 사천의 교산 아래 있었다.
현재 관련 유적지로 애일당(愛日堂) 터가 있다.

경포(감호) 가에 초가 지으니 봉래산[430]이 가까워라.

벼슬 그만 두면 갈 곳 없음[431]을 다행히 면했으나

한스럽기는 청명 시절 한 번도 못 간 사실.

舊業江陵宅相開, 結廬湖岸近蓬萊.

休官幸免歸無所, 只恨明時欠一回.

섬강과 치악[432]은 바로 나의 고향[433]

누가 동산을 만들어두고 늙은 나를 기다릴까?

간청하여 관동으로 부절 지니고 나갈 수 있다면

가을쯤 소봉호(小蓬壺)[434]에 편안히 누우련다.

---

429 택상(宅相) : 훌륭한 외손을 뜻한다. 진(晉)나라 때 위서(魏舒)는 어려서 고아가 되어 외가 영씨(寧氏) 집에서 자랐는데, 영씨가 집을 지으려고 할 때 집터를 보는 사람이 "반드시 귀한 외손을 두겠다."라고 했다. 위서의 외조모는 위서가 그 아이라고 생각했고 위서 자신도 "외가를 위하여 내가 이 집터의 상(相)을 성취하겠다.[當爲外氏, 成此宅相.]"라고 하더니, 뒤에 과연 현달했다는 고사가 있다. 『진서(晉書)』「위서전(魏舒傳)」참조.

430 봉래(蓬萊) : 삼신산의 하나. 여기서는 금강산(金剛山)을 가리킴.

431 갈 곳 없음 : 원문은 '귀무소(歸無所)'. 『시경』「빈풍(豳風) 구역(九罭)」에 "기러기는 날아서 물가를 따르나니 공이 돌아갈 곳이 없으랴?[鴻飛遵渚, 公歸無所?]"라고 한 데서 온 말이다. 이 시는 주공(周公)이 동산(東山)에 가 있을 때 동인(東人)들이 주공이 곧 그곳을 떠나 조정으로 돌아가게 될 것이라는 소식을 듣고 주공을 그리워하여 부른 노래라고 간주되어 왔다.

432 섬강(蟾江)과 치악(雉嶽) : 섬강은 지금의 원주시를 휘감아 돌아 흐르는 강이다. 치악은 곧 치악산으로, 태백산(太白山) 줄기이며, 원주시 남쪽에 있다.

433 고향 : 원문은 '분유(枌榆)'로, 선산 있는 고향을 말한다. 선산은 과천 상초리(지금의 서울시 서초동)에 있었지만, 어머니 묘가 원주 병봉산에 있어, 여기서는 원주를 가리킨다. '분유'는 옛날 한 고조(漢高祖)가 고향 풍(豐) 땅에 느릅나무 두 그루를 심어서 토지의 신으로 삼았던 분유사(枌榆社)의 고사에서 온 말로, 본래 제왕의 고향을 가리키다가 뒤에는 선산 있는 곳을 뜻하게 되었다.

434 소봉호(小蓬壺) : 봉호는 삼신산의 하나인 봉래산의 별칭으로, 모양이 병과 같다 하여 그렇게 부른다. 금강산을 봉래산 혹은 봉호라고 했으므로, 소봉호는 대개 소금강을 가리킨다. 여기서는 원주 치악산(雉嶽山)을 가리키는 듯하다.

蟾江雉嶽是枌楡, 誰築山園待老夫?
乞得關東新使節, 秋來歸臥小蓬壺.

금단[435] 한 알을 평생에 잘못 먹어
망녕되이 구름 타고 백옥경에 오르려 했다가,
늦게야 백양[436]의 미묘한 법[437] 깨달아
삼보[438] 채우자는 것이 나의 정성이었다네.

金丹一粒誤平生, 妄意乘雲上玉京.
晩悟伯陽微妙法, 塞吾三寶固吾精.

『능가경』 4권[439]을 탐독해서

---

435 금단(金丹) : 도사(道士)가 정련(精練)한 황금의 정(精)으로 만든 알약. 먹으면 장생
    불사한다고 믿었다.
436 백양(伯陽) : 도교(道敎)의 개조(開祖)로 알려진 노자(老子) 이이(李耳)의 자(字)이다.
    혹은 『위백양칠반단사결(魏伯陽七返丹砂訣)』을 가리키는 듯하다.
437 미묘한 법 : 무상심심미묘법(無上甚深微妙法). 부처가 깨달은 진리. 본래 위가 없는
    깨달음이며, 깊고 또 깊어서 중생의 사량분별(思量分別)로는 도저히 그 깊이를 알 수
    없다는 뜻이다. 『사기』 「노장신한열전(老莊申韓列傳)」의 끝에 보면, "태사공은 말한
    다. '노자는 도를 귀하게 여기는데 '허무'라는 것이고, 자연을 따르는 무위 속에서 반응
    하여 변화하는 것이다. 그러므로 노자가 지은 책은 말이 미묘하여 알기 어렵다.[太史公
    曰 : 老子所貴道, 虛無, 因應變化於無爲. 故著書辭稱微妙難識.]"라고 했다.
438 삼보(三寶) : 『도덕경(道德經)』 67장에 "나에게는 세 가지 보배가 있는데, 나는 그것을
    지니고 보전해 왔다. 첫째는 자비요, 둘째는 검약이요, 셋째는 감히 천하보다 앞서지
    않음이다.[我有三寶, 持而寶之. 一曰慈, 二曰儉, 三曰不敢爲天下先.]"라고 했다.
439 능가경(楞伽經) : 석가모니가 능가성(楞伽城)에서 설했다고 전하는 경전으로 여래장사
    상(如來藏思想) 형성에 중요한 위치를 차지하는 불경. 한역본(漢譯本)으로는 구나발타
    라(求那跋陀羅)가 443년에 번역한 『능가아발타라보경(楞伽阿跋陀羅寶經)』 4권, 보리유
    지(菩提留支)가 513년에 번역한 『입능가경(入楞伽經)』 10권, 실차난타(實叉難陀)가
    700~704년에 걸쳐 번역한 『대승입능가경(大乘入楞伽經)』 7권 등 세 가지가 있다. 신라
    때에는 『입능가경』이 가장 많이 유통되었고, 최근에는 7권본 『대승입능가경』이 유통되
    고 있다. 무분별(無分別)에 의한 깨달음[覺]을 강조한다. 의식(意識)의 본성에 의지하여

방촌을 날마다 깨어 있게[440] 하여,

나는야 절로 마음 안정하는 방법 있으니

헛되이 구담[441]에게 신령을 구걸하랴.

貪讀楞伽四卷經. 便教方寸日惺惺.

吾家自有安心法, 枉向瞿曇苦乞靈.

삼십년 이래 노자와 부처에 탐닉했으나

마음을 설하고 성(性)을 논함이 모두가 헛소리.

대도(大道)가 방책(경서)에 있음을 누가 알아서

수사(洙泗)[442]의 연원을 한껏 탐구했던가?

三十年來老佛耽, 說心論性摠空談.

誰知大道存方策, 洙泗淵源得縱探?

지극한 도는 태극[443] 이전에 생겼기에

선유는 성인을 바랐고 나는 현인을 바랐으니,[444]

모든 현상이 스스로의 마음이 나타낸 바임을 철저하게 깨닫는다면 집착하는 자[能取]와
집착하게 되는 대상[所取]의 대립을 떠나서 무분별의 세계에 이를 수 있다고 주장한다.

440 깨어 있게 : 원문은 '성성(惺惺)'. 당나라 승려 서암(瑞巖)이 매일같이 자신에게 "주인옹
(主人翁)은 깨어 있는가?[主人翁惺惺否?]"라고 묻고서, 자신이 "깨어 있노라.[惺惺.]"
라고 답하면서 마음을 다스렸다고 한다. 주인옹은 마음을 표현한 말이다. 송(宋)나라
때 사양좌(謝良佐)도, "경은 항상 성성하게 하는 법이다.[敬是常惺惺法.]"라고 했다.
『심경부주(心經附註)』 1권 「역곤지육이조 주(易坤之六二條注)」 참조.

441 구담(瞿曇) : 구담미(瞿曇弥, Gautam). 석가의 출가 이전 성(姓). 흔히 석가를 가리킨
다. 기존 번역본에서 '적담(翟曇)'으로 판독하고, '묵적(墨翟)과 담무갈(曇無竭)'을 뜻한
다고 풀이한 것은 잘못이다.

442 수사(洙泗) : 수수(洙水)와 사수(泗水). 모두 물 이름인데, 공자(孔子)가 이 근처에서
후학을 길렀으므로 원시유학(原始儒學)을 상징한다.

443 태극(太極) : 천지가 아직 열리지 아니하고, 혼돈(混沌)의 상태로 있던 때, 곧 하늘과
땅 음과양이 나누어지기 이전을 말한다.

분잡한 희로애락을 잘 물리치고
인심의 미발 이전을 체인해야 하리라.

至道生於太極先, 先儒希聖我希賢.
紛然喜怒安排得, 只體人心未發前.

도산 사람⁴⁴⁵ 멀어지고 월천⁴⁴⁶은 졸했으니
스승의 법통 지켜 누가 자양⁴⁴⁷을 이을 건가?
온 세상 모두가 공리 때문에 잘못되었거늘
다시 어디에서 주염계·장횡거⁴⁴⁸를 보랴?

陶山人遠月川亡, 師統誰能繼紫陽?
擧世盡爲功利誤, 更從何地見周張?

---

444 선유는~바랐네 : 북송(北宋)의 주돈이(周敦頤)는 『통서(通書)』「지학(志學)」에서 "선
비는 현인이 되기를 원하고, 현인은 성인이 되기를 원하며, 성인은 하늘처럼 되기를
원한다.[士希賢, 賢希聖, 聖希天.]"라고 했다.

445 도산인(陶山人) : 퇴계(退溪) 이황(李滉, 1501~1570). 본관이 진보(眞寶), 자는 경호(景
浩), 호는 퇴계 외에 도수(陶叟), 퇴도(退陶), 시호는 문순(文純)이다. 중종 29년(1534)
문과에 급제하여 정자(正字)를 거쳐 홍문관 수찬(弘文館修撰), 성균관 사성(成均館司
成)에 오른 뒤 사직했다. 인종 원년(1545) 잠시 전한(典翰)이 되었다. 거듭된 부름에
단양군수(丹陽郡守)로 있다가 내직의 공조참판(工曹參判)을 제수받았으나 사양하고
나아가지 않았다.

446 월천(月川) : 퇴계 이황의 제자 조목(趙穆, 1524~1606)으로, 월천은 그의 호이다. 본관
은 횡성(橫城), 자는 사경(士敬)이다. 안동 예안 다래 마을, 곧 월천에 살았다. 벼슬에
뜻을 두지 않고 학문에만 몰두하여 대학자로 존경을 받았다. 저서에 『월천집』이 있다.

447 자양(紫陽) : 남송 주희(朱熹)의 별호. 안휘성(安徽省) 흡현(歙縣) 성(城) 남쪽에 있는
산 이름인데, 주희가 거기서 나서 학문에 대성하여 뒤에 사람들이 서원을 세우고 자양
서원(紫陽書院)이라 했다.

448 주염계·장횡거 : 원문은 '주장(周張)'. 즉 북송 때 학자들인 주돈이(周頓)와 장재(張載).
주돈이의 자는 무숙(茂叔), 호는 염계(濂溪). 「태극도설(太極圖說)」과 『통서(通書)』 등
을 지었다. 장재의 자는 자후(子厚), 호는 횡거(橫渠). 이기일원설(理氣一元說)을 주장
하며 수양론(修養論)을 펴서 주희의 학설에 영향을 주었다.

권여장[449] 죽은 후로 세상에 사람 없어
괴이하게도[450] 궁함이 이르러 나하고만 친하구나.
생사간에 정을 나눔은 오로지 이묘(二妙)뿐[451]
봄바람에 그리워져 눈물이 수건 가득하네.

汝章亡後世無人, 弔詭窮來我獨親.
存沒交情唯二妙, 東風相憶淚盈巾.

청명 시절 은퇴는 아무래도 인정이 아니기에
미력이나마 충성 다해 은총에 보답하려 했으나,
도가 합하면 머무르고 어그러지면 떠나는 법[452]
안분하여 남은 여생을 마치련다.

淸時言退亦非情, 但竭愚忠答寵榮.

---

449 권여장(權汝章) : 권필(權韠). 본관은 안동(安東), 호는 석주(石洲), 자가 여장이다. 동
    몽교관(童蒙教官)이 되었으나 사양하고 강화(江華)로 가서 살았다. 광해군의 비(妃)
    유씨(柳氏) 일가들의 세력을 「궁류시(宮柳詩)」로 풍자했다가 함경도 경원부(慶源府)로
    정배되었는데, 동대문을 나가다 이별주를 마시고 생을 마쳤다. 앞에 나왔다.

450 괴이하게도 : 원문은 '적궤(弔詭)'이다. 『장자』「제물론(齊物論)」에 "공자도 그대와 함
    께 모두 꿈을 꾸고 있다. 또 그대에게 꿈을 꾼다고 말하는 나도 꿈을 꾸고 있는 것이다.
    나의 이런 말을 일러 '지극히 의문스러운 것[弔詭]'이라고 한다."라고 했다.

451 이묘(二妙) : 본래 같은 관직에 있으면서 함께 재주가 뛰어난 두 사람을 가리키는 말이다.
    진(晉)나라 때 위관(衛瓘)과 삭정(索靖)이 모두 초서를 잘 썼는데, 위관은 상서령(尙書
    令), 삭정은 상서랑(尙書郞)의 벼슬에 있었으므로, 사람들이 일대이묘(一臺二妙)라고
    불렀다. 『진서(晉書)』「삭관열전(衛瓘列傳)」 참고. 여기서는 권필의 형제를 가리키는
    듯하다. 단, 권필은 권벽(權擘)의 넷째 아들인데, 권별(權撇·權撇)에게 양자로 나갔고,
    생가의 형으로는 권인(權靭)·권위(權韠)·권온(權韞)이 있고, 아우로는 권도(權韜)·권
    겹(權韐)이 있다. 따라서 '이묘'는 권필 이외의 누구를 가리키는지 확실하지 않다.

452 도가 ~ 떠나는 법 : 『예기(禮記)』「내칙(內則)」에, "마흔 살이 되어야 비로소 벼슬을
    하는데, 사물에 대하여 계책을 내고 사려를 내어서 도리에 합치할 것 같으면 복종하고
    불가할 것 같으면 그만두고 떠나간다.[四十始仕, 方物出謀發慮, 道合則服從, 不可則
    去.]"라고 했다.

道合則留違則去, 只輸安分了餘生.

세 번 조천하여 살쩍은 이미 성글고
담비 갖옷 다 헤지고 생선 반찬 없구나.[453]
주머니 비어 부끄럽다고[454] 집사람아 비난 마시게.
산방에 만 권 서적을 더할 수 있으리니.

三度朝天鬢已疎, 貂裘弊盡食無魚.
家人莫謫囊羞澁,[455] 添得山房萬卷書.

재주 없고 학술 없이 헛된 이름 훔쳤을 뿐
자그만 노력인들 세상살이에 보탬 있었으랴?
종계의 무함을 씻어 조종의 덕을 밝혔으니
이 몸은 가까스로 헛된 삶을 면했도다.

無才無學竊虛名, 豈有微勞裨世程?
只洗厚誣明祖德, 此身纔得免虛生.

---

453 생선 반찬 없구나 : 전국시대 풍환(馮驩)이 제(齊)나라 맹상군(孟嘗君)의 문객(門客)이
   되었으나 제대로 대우를 받지 못하자, 손으로 칼을 두드리며[彈鋏], "긴 칼아, 돌아가야겠
   다. 먹자 해도 생선이 없구나.[長鋏歸來乎! 食無魚.] 긴 칼아, 돌아가야겠다. 밖에를
   나가려 해도 수레가 없구나.[長鋏歸來乎! 出無車.]"라고 노래했다. 그러자 맹상군이
   좌우에게 명하여 풍환의 요구를 들어주게 했다고 한다. 『사기』 「맹상군열전(孟嘗君列
   傳)」 참고.
454 주머니 비어 부끄럽다고 : '완낭수삽(阮囊羞澁)' 고사를 거꾸로 인용했다. 동진의 완부
   (阮孚)는 죽림칠현의 한 사람인 완함(阮咸)의 아들이다. 관직에 오르기는 했으나 권세에
   초연했다. 검은색 주머니를 지니고 회계산(會稽山)을 유람했는데, 어떤 사람이 주머니
   안에 무엇이 들어 있느냐고 묻자, 완부는 "아무 것도 없소. 한 푼만 두고 주머니를
   보면, 부끄러움을 면할 수 있을 뿐이오.]"라고 대답했다. 두보도 시 「빈 주머니[空囊]」에
   서 "주머니가 비면 부끄러울까봐, 동전 한 닢 남겨두었지.[囊空恐羞澁, 留得一錢看.]"라
   고 읊었다. 앞에 나왔다.
455 澁 : '삽(澁)'과 발음이 같아, 같은 뜻으로 사용했다.

[형식] 칠언절구, 수구입운(首句入韻)

제1	上平聲七虞 : 孤, 趨. 夫.	제2	上平聲八齊 : 畦, 擠. 珪.
제3	下平聲九靑 : 刑, 霆. 星.	제4	上平聲六魚 : 疎, 諸. 書.
제5	上平聲四支 : 詩, 時. 詞.	제6	下平聲十一尤 : 遊, 休. 流.
제7	上平聲四支 : 辭, 奇. 施.	제8	上平聲十二文 : 雲, 聞. 君.
제9	上平聲六魚 : 疎, 居. 車.	제10	上平聲十灰 : 開, 萊. 回.
제11	上平聲七虞 : 楡, 夫. 壺.	제12	下平聲八庚 : 生, 京. 精.
제13	下平聲九靑 : 經, 惺. 靈.	제14	下平聲十三覃 : 耽, 談. 探.
제15	下平聲一先 : 先, 賢. 前.	제16	下平聲七陽 : 亡, 陽. 張.
제17	上平聲十一眞 : 人, 親. 巾.	제18	下平聲八庚 : 情, 榮. 生.
제19	上平聲六魚 : 疎, 魚. 書.	제20	下平聲八庚 : 名, 程. 生.

[해설] 허균은 제1수에서 열두 살에 부친을 잃은 일, 제2수에서 젊어서 몸가짐에 검속하지를 않았지만, 고관을 바라지 않고 자신의 지위에 만족했던 일, 제3수에서 관직에 나가 참소와 비방을 들어야 했던 일을 말했다. 제4수는 자라서는 모친와 형의 사랑을 받았으나 세월을 허송한 후 학구에게도 미치지 못하는 자신이 부끄러워 집안에 소장된 많은 서적을 독파한 일을 회상했다. 제5수는 염정시를 즐겨 짓다가 의협시와 신악부의 시풍으로 사람들의 주목을 받은 일을 말했다. 제6수는 삼척부사로 나가 산수를 즐기던 일을 추억했다. 제7수는 시문에서 모방을 배격하고 기세(氣勢)와 달사(達辭)를 지향한 사실을 말했다. 제8수는 사마상여(司馬相如)의 능운기(凌雲氣)를 존숭한다고 밝히고, 사마상여가 탁문군(卓文君)에 의지한 일을 상상하며 부인(후처)의 내조를 새삼 고마워했다.[456] 제9수는 명리 길을 내달리는 기술이 성글어 누항의 한

---

456 허균은 20세 때인 1588년에 둘째 형 허봉(許篈)이 금강산에서 죽는 변고를 당했다. 24세 때인 1592년 4월 임진왜란이 일어났을 때 어머니 김씨[강릉김씨(江陵金氏) 참판

가함을 사랑했다고 말했다. 제10수는 강릉의 외가에 옛 별장이 있으나 청명한 시절에 벼슬 살아 은퇴하지 못한 사실을 아쉬워했다. 제11수는 선영이 있는 치악의 고향을 그리워했다. 제17수는 권필이 죽은 이후의 고독감을 토로하고, 제18수는 청명한 시절에 은퇴한다는 것은 정리에 맞지 않으므로 충성을 다해 군은에 보답하려 한다는 결심을 토로했다. 제19수는 종계의 무함을 씻어 조종의 덕을 밝혔으므로 가까스로 헛된 삶을 면했다고 안도했다.

그런데 이 연작시의 제12수부터 제16수까지에서 허균은 자신의 사상을 형성해 나온 과정을 말했다. 제12수는 도교의 외단법에 빠졌다가 노자의 오묘한 법을 사색하게 되었다고 밝혔고, 제13수는 『능가경』을 읽으며 성성법(惺惺法)을 실천했지, 불교 자체에 귀의하지는 않았다고 말했다. 제14수는 삼십년 이래 노자의 설과 부처의 설에 탐닉했으나 그것들은 마음을 설하고 성(性)을 논한 내용이 모두 헛소리이며 수사(洙泗)의 연원을 탐구해야 한다는 점을 깨달았다고 말했다. 제15수는 주희가 말하듯 인심의 미발 이전 공부에 공을 들여야 한다고 확인했다. 제16수는 주희의 법통을 이은 퇴계 이황과 월천 조목의 학맥이 끊어지지 않을까 우려했다.

2-77. 우연히 육엄산 심[457]의 문집을 읽었는데 '어떤 사람이 『원사』를 가지고 있기에 20맥(2천 전)을 주고 얻었다고 했고, 시에 "돈주머니에서 꼭 삼순의 끼니에 쓸 돈을 덜었더니 서가에 한 다발 책이 더했네.

(參判) 김광철(金光轍)의 따님] 및 부인 김씨[안동김씨(安東金氏) 김대섭(金大涉)의 따님]와 함께 피난길에 나서서 함경도 남동쪽의 단천(端川)으로 갔다가, 첫아들을 갓 낳은 부인을 피난길에 잃었고, 첫아들도 뒤에 죽었다. 그리고 앞서 언급했듯이, 이후 허균은 김효원(金孝元)의 딸인 선산김씨(善山金氏)와 결혼하여 딸과 아들을 낳았다.
457 육엄산(陸儼山) : 육심(陸深, 1477~1544). 명나라 남직례(南直隷) 송강부(松江府)[현재

고전 서적[458]이 늘 손에 있다면야 초가집에서 생선 먹지 못해도 혐의
않으리."라고 했으므로, 시를 읽으면서 아주 나의 소박한 소원에
들어맞고 옛 사람이 나보다 앞서 내 마음을 제대로 파악한 것이기에,
마침내 그 운자를 하나하나 사용하여 화운한다[偶閱陸儼山深集有人持
元史至用二十陌得之 詩云：'囊中恰減三旬用 架上新添一束書 但使典墳常在手
未嫌茅舍食無魚'讀之深協鄙願 古人實獲我心 遂步韻和之云]

해마다 연경 길에 비록 너무 힘들어도
고인들의 많은 서적 옮겨올 수 있다네.
돈 주머니와 낭탁을 다 턴다고 웃지 마오
단연코 이 몸은 책벌레[459]가 되겠소.
連歲赴朝雖太苦, 只輸多得古人書.
傾囊罄篋人休笑, 端欲將身作蠹魚.

집과 선산에는 병란 후 옛 서적[460]이 없어
세상에서 못 보던 책들을 얻고 싶어 했기에,
이곳에 이르러 수 만권 구입하여 소장하니
등불 아래 충어[461]를 변별함도 나쁘지 않군.

의 상해(上海)] 사람. 초명은 영(榮), 자는 자연(子淵). 엄산(儼山)은 호이다. 1505년
진사가 되어 첨사부 첨사(詹事府詹事)를 역임하였다. 시호는 문유(文裕)이다. 문장과
서예에 뛰어났다. 저술로『남순일록(南巡日錄)』·『남순일기(南巡日記)』·『회봉일기(淮
封日記)』·『촉도잡초(蜀都雜鈔)』·『과장조관(科場條貫)』·『사통회요(史通會要)』·『동
이록(同異錄)』·『고기기록(古奇器錄)』·『하분연한록(河汾燕閒錄)』·『춘풍당수필(春風
堂隨筆)』·『엄산집(儼山集)』등 수 십 종이 있다.
458 전분(典墳)：삼황 오제(三皇五帝)의 책인 삼분오전(三墳五典)의 준말로, 고서(古書)를
가리킨다.
459 두어(蠹魚)：어두(魚蠹). 책을 갉아먹는 좀벌레. 백어(白魚)·의어(衣魚)·담어(蟫魚)·
병어(蛃魚)라고도 한다. 앞에 나왔다.
460 분적(墳籍)：분전(墳典). 삼분오전(三墳五典)의 준말이다. 위에 나왔다.

家山兵後無墳籍，欲得人間未見書.
到此購藏幾虫卷，不妨燈下辨虫魚.

해설 육심(陸深)은 어려서 서정경(徐禎卿)과 함께 글을 읽었고, 뒤에 왕양명의 부친 왕화(王華)의 문생이 되었다. 1501년(홍치 14) 신유과(辛酉科) 응천(應天)의 향시 제1명 거인(擧人)이 되고, 1505년(홍치 18) 진사가 되었으며, 한림원서길사(翰林院庶吉士)에 선발되어 편수(編修)에 제수되었다. 환관 유근(劉瑾)이 권력을 농단하면서 남경 예부 정선사주사(南京禮部精膳司主事)에 임명되었다가 유근이 복주(伏誅)된 후 편수에 다시 임명되었지만, 병 때문에 귀향했다. 1516년(정덕 11) 복직하고 이듬해 회시동고관(會試同考官)에 임명되었다. 1528년(가정 7) 국자감좨주(國子監祭酒)에 승진했다. 1529년(가정 8) 항소(抗疏)로 연평부 동지(延平府同知)에 유배되었다가 산서(山西)와 절강(浙江)의 제학부사(提學副使)를 지내고, 1533년(가정 12) 강서우참정(江西右參政), 다음해 섬서우포정사(陝西右布政使), 사천좌포정사(四川左布政使)가 되었다. 1538년(가정 15) 광록시경(光祿寺卿)에 배수되고, 다음해 태상시경(太常寺卿) 겸 시독학사(侍讀學士)가 되었다가 첨사부첨사(詹事府詹事)로 나아갔다. 1542년(가정 19) 벼슬을 그만두고 귀향했다. 예부시랑(禮部侍郎)에 추증되고 시호는 문유(文裕)이다. 글씨를 잘 썼다. 『명사』「문원전(文苑傳)」에 입전되었다. 상해 포동(浦東)의 육가취(陸家嘴)는 그 고택이 있었던 곳이다. 『엄산문집(儼山文集)』 100권과 속집 10권, 『엄산외집(儼山外集)』 44권이 있어, 이를 합하여 『엄산집』이라고 한다. 『사고전서』에 들어 있다. 『엄산집』 권7에 칠언절구 「어떤

---

461 충어(虫魚) : 물명(物名), 어휘(語彙)를 뜻한다. 한유(韓愈)의 「황보식의 〈공안원지시〉를 읽고 그 뒤에 쓰다[讀皇甫湜公安園池詩書其後]」에 "'이아'에서 벌레와 물고기 주석내는 것은 정녕 큰 뜻 지닌 사람의 할 일 아니네.[爾雅注蟲魚，定非磊落人.]"라고 했다.

사람이 『원사』를 가지고 있기에 20맥(2천 전)을 주고 얻었다[人持元史至用二十陌得之]」가 있다. 허균이 인용한 시로, 글자의 차이가 없다.

육심에 대해서는 당시 하양준(何良俊, 1506~1573)과 진계유(陳繼儒, 1558~1639)가 모두 '박아(博雅)'라고 평가했다. 문징명(文徵明, 1470~1559)도 「육문유공전집서(陸文裕公全集序)」에서 육심의 박학에 대해 언급했다. 육심은 왕수인(王守仁)의 토역(討逆) 공적을 인정했으나, 심학의 말류가 학문을 버리는 경향을 반대하고 '육경이 모두 심학[六經皆心學]'이라는 설을 제출했다. 육심은 전칠자(前七子)의 이몽양(李夢陽)·하경명(何景明)과 함께 관직에서 서로 교분이 있어서, 세 사람이 함께 원개(袁凱)의 『해수집(海叟集)』을 교선(校選)하기도 했다. 이몽양과 특히 교분이 두터웠다. 단, 복고와는 또 다른 방향에서 고학(古學)을 추구하고, 공자의 박학(博學) 전통을 이었다. 육심은 「이학괄요서(理學括要序)」(『儼山集, 卷51)에서 이렇게 말했다. "옛날 성현은 그 뜻이 광(廣)하고 학문이 박(博)하며 그 지킴이 약(約)했다. 뜻이 넓었으므로 천하의 급무를 이루고자 했다. 학문이 박(博)했으므로 천하의 전고를 두루 알고자 했다. 지킴이 약(約)했으므로 이 마음의 신명을 도외시한 적이 없다. 약(約)이 아니면 해박할 수 없고 박(博)이 아니며 급무를 제대로 완수할 수 없다.[自昔聖賢其志廣, 其學博, 其守約. 志廣, 故欲以成天下之務. 學博, 故必以周天下之故. 守約, 故嘗不外乎此心之神明. 蓋非約不足以該博, 非博不足以濟務.]".

육심은 필기소설 총서 『고금설해(古今說海)』를 편집했는데, 이 책은 아들 육집(陸楫)에 의해 1544년에 출간되었다. 명나라 중엽 '호고박아(好古博雅)' 풍조의 산물이다. 또한 소설이 전초(傳抄)나 단각본(單刻本) 형태로 유행하는데서 벗어나 체계적으로 정리, 출판, 전파되는 계기를 마련했다. 육집은 『겸가당고(蒹葭堂稿)』을 남겼다. 당금(唐錦)의 「고금설해인(古今說海引)」에 서술된 내용에 의거하여 그 편찬자를 육집(陸楫)

으로 보기도 하지만, 서적의 명명, 서목(書目)의 검선(檢選), 각공(刻工)
의 유래 등등으로 볼 때 육심이 편찬을 주도했다고 보는 설이 유력하
다. 다만 그는 『고금설해』 편찬 중에 비통(臂痛)을 앓아서 검토나 교정
을 할 수 없었다. 그 아들 육집도 허약하고 일이 많았으므로, 『고금설
해』·『엄산외집(儼山外集)』 및 『두진론(痘疹論)』 등의 편찬과 교정은 외
생(外甥) 황표(黃標)에게 맡겼다.

2-78. 칙지 초안을 베껴 올린 지 이미 엿새가 되었으나 아직 칙지가 내려오
   지 않으므로 근심이 되어 짓는다[寫勅進呈已六日而尚未下 悶而賦之]

   윤음을 중서성에서 단정하게 정서하여
   존엄한 자신전(紫宸殿)에 바친 지도 엿새남짓.
   내일 아침에 옥새 찍긴 이미 틀린 듯하니
   무슨 수로 귀국 수레 마련할지 알 수가 없네.
   늦고 빠름은 천자 뜻에 관계한다고 누가 말했나?
   혹시 행휴462가 역관에게 묶여 있는 것이 아닌지.
   여기 머물러 병을 요양하기에 나는 나쁘지 않다만
   오경 초 사위어가는 촛불 아래 꿈을 깨고 만다네.
   綸言楷寫自中書, 投進宸嚴六日餘.
   已向明朝違踏璽, 不知何計得回車?
   誰云久速關龍袞? 恐是行休係象胥.
   留此養痾吾不惡, 夢回殘燭五更初.

---

462 행휴(行休) : 인생이 장차 끝나가는 노년을 뜻한다. 진(晉)나라 도연명의 「귀거래사(歸
   去來辭)」에 "만물이 때를 얻음을 부러워하고, 내 삶이 끝남을 슬퍼하네.[羨萬物之得時,
   感吾生之行休.]"라고 한 데서 나온 말이다.

2-79. 매(梅)

강남은 납월에 매화 벌써 쇠잔하다만

계주 북쪽[463]은 초춘에도 아직 피지 않누나.

경옥 꾸러미 터지자 고치 밤톨의 소뿔[464] 열매를 지녔다가

때마침 좋은 바람이 그윽한 향을 그래도 보내오네.

江南臘月已殘梅, 薊北初春尙未開.

半析瓊苞含繭栗, 好風猶送暗香來.

하늘하늘 옥 체질이 검은 먼지[465] 견뎌내고

흰눈에 눌린 경옥 피부가 이른 봄에 요염하다.

막막하게 찬 기운이 작은 장막으로 침입하니

밤 깊어 동무하여 꽃도 사람도 애석해한다네.

輕盈玉質耐緇塵, 雪壓瓊肌媚早春.

漠漠輕寒侵小幕, 夜深相伴惜花人.

---

463 계북(薊北) : 북경시(北京市) 덕승문(德承門) 서북 쪽을 계주(薊州)라고 한다. 계북은
　　계주(薊州)의 북쪽이라는 뜻이다.

464 고치 밤톨의 소뿔 : 원문의 '견율(繭栗)'은 본래 송아지의 작은 뿔이 누에고치나 밤톨처럼
　　작은 것을 가리키는데, 제수를 범칭하기도 한다. 『예기』「왕제(王制)」에 "하늘과 땅에
　　제사 지내면서 쓰는 소는 그 뿔이 누에나 밤톨만하다.[祭天地之牛角繭栗.]"라고 했다.

465 검은 먼지 : 원문은 '치진(緇塵)'으로, 세속의 더러운 때를 비유한다. 참고로 남조(南朝)
　　제(齊)나라 사조(謝朓)의 시 「수왕진안일수(酬王晉安一首)」에 "그 누가 경사에 오래 머물
　　수 있으랴? 검은 티끌이 흰옷을 물들이거늘.[誰能久京洛? 緇塵染素衣.]"이라고 했다.
　　진(晉)나라 육기(陸機)의 시(「爲顧彦先贈婦」)에도 "도성엔 먼지가 너무도 많아, 흰옷이
　　새까맣게 물들었구려.[京洛多風塵, 素衣化爲緇.]"라고 했다. 진여의(陳與義)의 「화장구
　　신수묵매(和張矩臣水墨梅)」 다섯 절구 가운데 세 번째 수는 "찬란하여라 강남의 흐드러
　　진 매화꽃은, 이별한 뒤 몇 번이나 떠나는 봄을 보았는가? 도성에서 만나니 모두 그
　　모습 그대로인데, 다만 검은 먼지가 흰옷 물들임이 한스럽구나.[粲粲江南萬玉妃, 別來幾
　　度見春歸? 相逢京洛渾依舊, 惟恨緇塵染素衣.]"라고 했다.

2-80. 칙지가 26일에 비로소 내려오다[勑旨卄六日始下]

경륜이 오늘 비로소 명광전[466]에서 내려와
체류하던 객이 듣고는 기뻐 미칠 듯하네.
자니[467]로 봉한 칙서 받들고 귀로에 오르면
들꽃 향내 속에 요양[468]에 이르리.

絲綸今始降明光, 滯客聞來喜欲狂.
擎得紫泥歸去早, 野花香裏到遼陽.

2-81. 29일에 이미 옥새를 눌렀지만 초3일에 제사를 준비하여 재계하는 일 때문에 칙서를 받을 수 없다고 하므로 근심이 되어 또 짓는다
[卄九日言已安寶而初三日以祭齋不得受勑云 悶而又賦]

오늘 옥새 누른다지만 나는 의심하며
다음날 천자께 작별했던 옛 규정을 생각하네.
진퇴는 남에게 매여 있어 힘쓰기 어려우니
한가히 앉아 시 읊는 것만 못하다네.

今朝安寶我還疑, 二日辭朝憶舊規.
進退係人難用力, 不如閑坐且吟詩.

그깟 병 때문에 지리하다 한탄 말자

---

466 명광전 : 원문의 '명광(明光)'은 한(漢)나라의 궁전인 명광전(明光殿)이다. 이곳에서 천자의 조칙(詔勅)을 작성했다.

467 자니(紫泥) : 조서(詔書)를 금낭(錦囊)에 담아 자니(紫泥)로 입구를 봉한 뒤 인장(印章)을 찍어서 반포한다. 그 조서를 '자고(紫誥)'라고도 일컬었다.

468 요양(遼陽) : 지금의 요녕성(遼寧城) 요양시(遼陽市).

북경 성문을 나서면 병도 나을 수 있으리라.
계문의 아지랑이 낀 어린 나무[469] 상상하나니
동풍에 고향 복사나무도 작은 가지 움직이겠지.

無嗟一病尙支離, 得出都門病可醫.
坐想薊門烟樹色, 東風已動小桃枝.

2-82 역관들과 섭 서반이 홍려경 왕용현[470] 및 장조칙방 왕민경과 도모해서 방 각로에게 가까스로 애걸하여 초사흘에 관례를 깨고 칙서를 수령하게 하도록 영한다고 하므로 기뻐서 또 짓는다[譯輩與葉序班 圖之于鴻臚卿 王用賢掌詔勅房汪民敬 僅得乞於方閣老 更令初三日破例受勅 喜而又賦]

사흘만에 천자께 작별하고 칙령 받아 돌아가리니
기틀을 돌리기 어렵다고 누가 말했나?
중간에 비합[471]은 굳이 힐문하지 말아라

---

469 계문의 아지랑이 낀 어린 나무 : 원문은 '계문연수(薊門烟樹)'. 연경팔경(燕京八景) 또는 연산팔경(燕山八景)의 하나이다. 본래 '계문비우(薊門飛雨 계문에 날리는 비)'였으나 명나라 영락(永樂) 연간에 '계문연수'로 고쳤다. 건륭 16년에 다시 '계문비우'로 고쳤다. '연경팔경'은 금나라 때 생긴 말인데, 청나라 건륭 16년인 1751년에는 어정팔경(御定八景)이라고 했다. 태액추풍(太液秋風 태액지의 가을바람)·경도춘음(瓊島春陰 경도의 봄빛)·금대석조(金臺夕照 황금대의 석양 빛)·계문비우(薊門飛雨 계문에 날리는 비)·서산청설(西山晴雪 서산의 개인 눈)·옥천박돌(玉泉趵突 옥천의 출렁거리는 물결)·노구효월(蘆溝曉月 노구의 새벽달)·거용첩취(居庸疊翠 거용관의 첩첩한 푸른 산)이다.

470 왕용현(王用賢) : 명나라 은현(鄞縣) 사람. 이름은 육(毓). 용현(用賢)은 자(字)이며, 자호는 향운파노인(香雲坡老人)이다. 송경(宋璟)과 임포(林逋)를 흠모하여 뜰에 매화나무를 심어 관상하고, 시와 그림과 글씨에 뛰어나 삼절(三絶)이라고 일컬어졌다.

471 비합(椑闔) : 권모술수 혹은 음모를 뜻한다. 참고로 허목(許穆, 1595~1682)의 『기언(記言)』 제55권 속집 수고(壽考) 「늙었다는 이유로 물러나기를 청하면서 스스로 기술한 175자[以老乞退自述百七十五言]」에 "주(周)나라 도가 쇠하여 백가가 다투어 일어나 겸애(兼愛)·위아(爲我)·비겸(飛箝)·비합(椑闔)·형명(刑名)·술수(術數)·기궤(奇詭)·휼

돌아가는 기러기 쫓아 옛 관문(산해관)을 나가리라.

三日辭朝受勅還, 此機回幹孰云艱?

中間椑闔毋勞詰, 且逐歸鴻出故關.

2-83. 2월 초하루는 선조대왕께서 승하하신 날이고 초나흘은 나의 아
　　버님께서 돌아가신 날472이어서, 객지에 머물면서 군주와 부친의 제
　　삿날을 연하여 맞게 되었으므로, 눈물을 흘리면서 짓는다[二月初一
　　日是宣考昇遐之日 初四日先子捐館之日 客中連逢君父忌宸 涕泣以賦]

금화전473에 가까이 모셔

옥음을 친히 자주 들어,

총애의 영광은 말조(광휘)474를 되돌렸으나

신선 모는 선왕 수레475가 신하 버리고 떠났네.

　사(謿詐)가 일어나 천하가 크게 어지러워졌다."라고 했다.

472 초사일 돌아가신 아버님께서 운명하신 날이다[初四日先子捐館之日] : 『양천허씨자산
　　공파세보(陽川許氏慈山公派世譜)』 권1에 의하면, 허균의 부친 허엽(許曄)은 1517년(중
　　종 12, 정축) 12월 29일 출생하여 1580년(선조 13, 경진) 2월 초나흘에 작고했다고 한다.
　　1579년 경상도관찰사로 부임했다가 병을 얻어 동지중추부사로 전임하고 1580년 봄에
　　사직소를 올리고 서울 집으로 돌아오다가 2월 4일에 경상도 상주 객관에서 객사했다.
　　경기도 시흥군에 안장되었다. 신도비문은 노수신(盧守愼)이 지었고, 글씨는 한호(韓
　　濩)가 썼으며, 전액(篆額)은 남응운(南應雲)이 썼다. 1968년 묘소가 시흥에서 경기도
　　용인군 원삼면 맹리로 이장되었다.

473 금화전(金華殿) : 금화(金華)는 '금화지업(金華之業)', '금화지연(金華之筵)' 등으로 쓰
　　이는 말로, 한나라 성제(成帝)가 금화전(金華殿)에서 『서경』과 『논어』 등의 강론을 들
　　은 데서 유래한다. 경연(經筵)이나 서연(書筵)을 가리키는데, 여기서는 경연을 가리킨
　　다. 『한서(漢書)』 「서전 상(敍傳上)」 참조.

474 말조(末照) : 여휘(餘輝)와 같은 말로, 덕의 광휘를 뜻한다. 여기서는 선조 말년에 총애
　　를 입은 사실을 말한다.

475 선어(仙馭) : 신선이 타고 오르는 수레인데, 임금의 죽음을 의미하는 말로 쓰인다. 여기
　　서는 선조의 죽음을 가리킨다.

정교(화악)⁴⁷⁶에는 구름이 길고 멀고

교산(왕릉 산)⁴⁷⁷의 풀은 또 봄을 맞았으리.

하늘 끝 먼 곳에서 기일(忌日) 맞으니

쇠약한 이 눈물이 홀연 수건을 적시네.

昵侍金華講, 親聆玉語頻.

寵光回末照, 仙馭棄孤臣.

鼎嶠雲長遠, 橋山草又春.

天涯逢諱日, 衰涕忽沾巾.

나이 열두 살에 아버지를 여의고

어린 시절 고아 처지를 애통해 했으니,

영원히 유명을 받들지 못하고

아버지의 가르침⁴⁷⁸도 오래 받지 못했네.

제사에 변변찮은 제수도 올리지 못하여

비 이슬 흠뻑 젖어⁴⁷⁹ 마음이 슬프구나.

---

476 정교(鼎嶠) : 정악(鼎嶽). 삼각산(三角山)을 가리킨다. 정에 발이 세 개 달려 있는 것처럼 삼각산도 세 봉우리로 이루어져 있으므로 이렇게 일컬었다.

477 교산(橋山) : 본래 하북성(河北省) 탁록현(涿鹿縣) 동남쪽에 있는데, 산 위에 황제(黃帝)와 당요(唐堯)의 사당이 있다. 『사기』「오제본기(五帝本紀)」에 "황제(黃帝) 헌원씨(軒轅氏)가 죽자 교산(橋山)에 장사 지냈다."고 되어 있고, 『열선전(列仙傳)』에는 "헌원은 스스로 죽을 날을 잡아 신하들과 이별했고, 교산에 돌아와 장사 지냈는데, 산이 무너졌을 때 관은 비어 있고 신과 칼만 들어 있었다."라고 되어 있다. 여기서는 선왕의 왕릉이 있는 산을 말한다.

478 아버지의 가르침 : 원문은 '과정(過庭)'. 공자의 아들 백어(伯魚)가 뜰을 지날 적에, 시(詩)를 공부하라는 부친의 가르침을 받았던 고사에서 유래한다. 정훈(庭訓)이라 한다. 『논어』「계씨(季氏)」 참조.

479 비 이슬 흠뻑 젖어 : 원문은 '우로수(雨露濡)'. 비와 이슬이 내리는 때가 되어 두려운 생각이 든다는 말로, 돌아간 부모를 사모한다는 뜻이다. 『예기(禮記)』「제의(祭義)」에 "군자는 천도에 맞추어 봄에는 체 제사를 지내고 가을에는 상 제사를 지내나니, 가을에

평생 부모님께 효도 못한 한이 깊어⁴⁸⁰

반포⁴⁸¹하는 산새를 보며 곡을 한다네.

十二嚴親背, 童年慟羉孤.

永違遺命奉, 長廢過庭趨.

祀事蘋蘩阻, 哀情雨露濡.

平生風木恨, 反哺哭林鳥.

2-84. 병중에 네 가지를 추억하는 시[病中四憶詩]

병중에 멀리 자염공⁴⁸²을 추억하니

서리와 이슬이 내리거든, 군자가 그것을 밟으면 반드시 슬픈 마음이 생기나니, 이는 날이 추워져서 그런 것이 아니다. 또 봄에 비와 이슬이 내려 땅이 축축해지거든, 군자가 그것을 밟으면 반드시 섬뜩하게 두려운 마음이 생겨, 마치 죽은 부모를 곧 만날 것 같은 생각이 들게 된다.[君子合諸天道 春禘秋嘗, 霜露既降 君子履之, 必有悽愴之心, 非其寒之謂也. 春雨露既濡, 君子履之, 必有怵惕之心, 如將見之.]"라고 했다.

480 부모님께 효도 못한 한이 깊어 : 원문은 '풍목한(風木恨)'이다. '풍목(風木)'은 '풍수(風樹)'와 같은 말로, 공자가 길을 가는데 고어(皐魚)라는 사람이 길에서 칼을 안고 슬피 울고 있기에 까닭을 물었더니, "나무는 고요하고자 하여도 바람이 그치지 않고 자식이 봉양하고 싶어도 어버이는 기다려 주지 않는다.[樹欲靜而風不止, 子欲養而親不待.]"라고 하고는, 서서 울다가 말라 죽었다는 고사에서 온 말이다. 『한시외전(韓詩外傳)』 권9에 나온다.

481 반포(反哺) : 까마귀 새끼가 자란 뒤에 어미 새에게 먹을 것을 물어다가 준다는 뜻으로, 사람이 어버이에게 진 은혜를 갚음을 말한다..

482 자염공(紫髯公) : 당시 붉은 수염의 인물로는 윤안국(尹安國, 1569~1630)이 있지만, 그는 서인이어서 의문이다. 윤안국의 본관은 양주(楊州)이고, 자는 정석(廷碩), 호는 설초(雪樵)이다. 윤응상(尹應商)의 아들로, 박세당(朴世堂)의 외조부이다. 1616년(광해군 8) 분조(分朝)의 승지(承旨)로 발탁되었고, 동지사로서 명나라에 갔다 오고, 1617년 여름 천추사로서 북경에 파견되었다. 1618년(광해군 10) 인목대비 폐위의 정청(庭請)이 있자 서인으로서 참여했으나 이후 벼슬을 그만두고 송추(松楸)로 물러났다. 1623년 인조반정이 일어나서 서인들이 정권을 잡자, 장례원 판결사에 임명되었다. 1626년(인조 4) 동지사에 임명되어 9월 17일 북신구(北汛口)에서 돛을 달고 각화도(覺華島)로 향하던 중 배가 침몰하면서 익사했다. 김상헌(金尙憲)의 「참의 윤정경(尹定卿)이 천조

진창의 벼슬길에서 웅대한 기운 꺾지 않았네.

쌀 구하며 주려 죽을 지경이라 한탄하지 말라.

동방만청[483]이 어이 언제까지고 곤궁하랴?

病中遙憶紫髥公, 不向泥塗氣挫雄.

索米莫嗟飢欲死, 東方曼倩肯長窮?

병중에 멀리 와서 늙은 문군[484] 추억하니

벽 뿐인 집에서 봄날 빈궁이 극한에 이르렀으리.

「백두음」[485] 읊기가 반드시 더 괴롭지는 않았으리라

사마상여[486]에게 구름 위 솟구칠 부[487] 지을 흥이 없었으니.

(天朝)에 조회하러 가는 데 주다[贈尹參議定卿朝天]」(『淸陰先生集』 권2)에 "조회하러 가는 사신 수염 붉은 저 노인, 만 리 먼 길 돛배 타고 만 리 바람 받고 가리. 멀리 황도 바라보며 하늘가를 향해 가면, 오색구름 많은 곳이 바로 옥황 궁궐.[朝天使者紫髥翁, 萬里征帆萬里風. 遙望帝鄕天際去, 五雲多處玉宸宮.]"이라 했다.

483 동방만천(東方曼倩) : 한(漢)나라 때 동방삭(東方朔)을 말한다. 만천은 그의 자이다. 문사(文辭)에 능하고 해학(諧謔)도 잘했다. 속설(俗說)에는 그가 서왕모(西王母)의 복숭아를 훔쳐 먹고는 장수(長壽)했으므로, 삼천갑자 동방삭(三千甲子東方朔)이라 일컫는다."고 한다. 『한서』 「동방삭전(東方朔傳)」에 "신 동방삭이 굶주려 죽게 되었습니다. 신의 말이 쓸 만하면 특별히 예우를 해 주고 쓸 수 없으면 파직하여 장안에서 쌀을 구하러 다니지 않도록 하소서."라고 했다. 동방삭이 한 무제(漢武帝)에게 말하기를, "난쟁이 광대는 키가 삼 척(三尺)인데 봉록(俸祿)이 일낭속(一囊粟)이고, 신(臣) 삭(朔)은 키가 구 척(九尺)인데도 역시 일낭속을 받으므로, 난쟁이 광대는 배가 불러서 죽을 지경이고, 신 삭은 배가 고파서 죽을 지경입니다."라고 했다.

484 문군(文君) : 사마상여(司馬相如)의 부인 탁문군(卓文君). 여기서는 허균의 후처 선산 김씨(善山金氏)를 말한다. 김효원(金孝元)의 딸이다. 선산 김씨가 낳은 딸은 소훈 허씨(폐세자 이질의 후궁)이고 아들은 허굉(許宏)이다.

485 백두음(白頭吟) : 탁문군이 남편 사마상여(司馬相如)가 다른 여자에 한눈을 팔자 질투심에서 늙음을 한탄하여 「백두음(白頭吟)」을 지어 남편에게 주어 사마상여의 마음을 돌리게 했다는 노래이다. 앞에 나왔다.

486 상여(相如) : 탁문군의 남편 사마상여(司馬相如). 여기서는 허균이 자기 자신을 빗대어 한 말이다.

病中遙憶老文君, 立壁春貧到十分.
末必白頭吟更苦, 相如無興賦凌雲.

병중에 멀리 옛 산방을 추억하나니
일천 축 상아 찌의 도서를 누가 주장하는지?
어찌하면 휴가 얻어 임하(林下)로 떠나가서
따스한 바람 맑은 날 담황색 서적[488]을 열람하랴.

病中遙憶舊山房, 千軸牙籤孰主張?
安得乞身林下去, 暖風晴日閱縹緗?

병중에 멀리 감호(경포) 전장을 추억하니
끝없는 봄 물결이 큰 배도 받아들일 정도였지.
다만 두렵구나 동풍이 별스럽게 불어와
끊어진 다리 옆 작은 매화나무 향을 날려보낼지 몰라.

病中遙憶鑑湖莊, 無限春波欲受航.
只恐東風吹特地, 斷橋飄盡小梅香.

2-85. 행장을 수습하여 곧 떠나게 되었으므로 장난삼아 읊는다[束裝將
發 戲吟]

학 날리려고[489] 금구 포기할[490] 뜻은 내게 없나니

---

487 구름 위 솟구칠 부 : 원문은 '능운(凌雲)'. 사마상여는 한 무제에게 「자허부(子虛賦)」를
올린 것이 계기가 되어 문재(文才)를 높이 인정받았다. 그의 「대인부(大人賦)」를 '능운
부(凌雲賦)'라고 한다. 한 무제가 「대인부」를 읽고 "기분이 들떠 마치 신선이 되어 구름
을 타고 올라가서 천지 사이에 노니는 것 같다.[飄飄有凌雲之氣, 似游天地之間意]"라고
칭찬한 데서 나온 말이다. 『사기』 「사마상여열전」 참고.
488 겸상(縹緗) : 담황색(淡黃色)의 비단 종이. 서적의 외질(外帙)을 말한다.

산의 물자 충분하여 경영할 만하여라.

여행 짐에는 다만 서적 천 권뿐

장차 가져다가 후생을 가르칠 수 있으리.

放鶴抛龜本不情, 山資已足亦經營.

行裝只有書千卷, 且可持還敎後生.

세 번 천자의 계단에 달려가니 구레나룻 성성하고

여윳돈 다 쏟아서 간청(簡靑)[491]을 구입했네.

어이 명주(明珠)로 귀환의 낭탁을 더럽히랴?[492]

책 읽거나 글 쓰면서 남은 세월 보내리라.

三趨天陛鬢星星, 費盡囊[493]金購簡靑.

---

489 학 날리려고 : 원문은 '방학(放鶴)'. 송나라 서호처사(西湖處士) 임포(林逋)의 고사를 취해 왔다. 임포가 매화(梅花)와 학(鶴)을 사랑하여, 학 두 마리를 길렀다. 임포의 부재 시에 손님이 오면 동자(童子)가 우리를 열어 학을 날리면 임포가 거룻배를 노 저어 돌아왔다고 한다. 『송사』「은일열전(隱逸列傳) 임포(林逋)」참조.

490 금구 포기할 : 원문은 '포구(抛龜)'로, 관리의 패물을 판다는 뜻이다. '구'는 황금으로 주조한 거북 형상의 꼭지가 달린 관인(官印)이라고도 하고 관원들이 지녔던 패물(佩物) 이라고도 한다. 이백(李白)의 시「술을 마주하여 하감이 그리워서[對酒憶賀監]」에 보 면, 이백이 처음 장안(長安)에서 하지장(賀知章)을 만났을 때 하지장이 이백의 문장을 보고 크게 감탄하여 차고 있던 금구를 술과 바꾸어 함께 마셨다고 한다.

491 간청(簡靑) : 청간(靑簡). 역사서. 두보(杜甫)의 시(「秋日夔府詠懷奉寄鄭監審李賓客之 芳一百韻」)에 "운대에선 하루 종일 공신(功臣) 그림 그리는데, 청사는 누굴 위해 엮어질 것인가?[雲臺終日畫, 靑簡爲誰編?]"라는 구절이 있다.

492 명주로 귀환의 낭탁을 더럽히랴 : 명주(明珠)를 가져왔다고 오해받은 옛 사람 일을 의식하여 한 말이다. 후한의 복파장군(伏波將軍) 마원(馬援)이 교지(交趾)를 정벌할 때에 율무를 먹고 열대지방의 장기(瘴氣)를 이겨 내었으므로 교지를 평정하고 환군(還 軍)하면 율무를 수레에 가득 싣고 돌아왔는데, 그가 죽은 뒤 그를 미워하는 자들이 '명주와 무늬 있는 무소뿔[文犀]을 수레에 가득 싣고 왔다.'고 모함하자, 광무제가 이 말에 속아 크게 노했다고 한다. 『후한서』「마원열전(馬援列傳)」참조.

493 囊 : 필사본에는 竹변의 아래가 '贏'로 되어 있으나, 와자(訛字)인 듯하다.

肯把明珠累歸橐? 欲將文字送餘岭.

2-86. 초사흘 칙서를 수령하는데 나는 병 때문에 대궐에 나아가지 못
하므로 시를 지어 한스러운 마음을 기록한다[初三日受勅 余以病不詣闕
賦以志恨]

작년 하직 때 궁궐 음식 내려주고
금년에 조칙을 문화전[494]에서 수령하니,
영지함의 옥찰이 요궁에서 내려와
중사(내신)가 친히 한림원에 전하리라.
우러러 보면 천자의 단의[495] 빛이 휘황하고
구천[496]의 해무리가 부상에서 열려올 때,
용 조각 섬돌에서 아묵(鴉墨) 조서 받들고
동쪽으로 춘명문[497]을 나서 고향으로 향하리.
나라 치욕 씻기 전에 벌써 천자 명을 받으니
상주문 올려 정성 보여 천자가 청취하셨구나.
우와 창[498]은 못났고 공민왕 요[499]는 군주답지 못했으니

---

494 문화전(文華殿) : 북경 자금성 내의 전각으로 황제의 편전과 경연 장소로 사용되었다.
태화전(太和殿) 동쪽 담장 너머에 있으며 뒤편에 문연각이 있다.
495 단의(丹扆) : 천자가 제후를 만날 때에 자리 뒤에 둘러치는 붉은 빛의 머리병풍이다.
496 구천(九天) : 하늘의 가장 높은 곳. 또는 궁중(宮中). 하늘을 아홉 분야로 나누어 일컫는
말이다.
497 춘명문(春明門) : 본래 당나라 도성인 장안(長安)의 동쪽 세 문 가운데의 중문(中門)인
데, 뒤에 서울을 가리키는 말로 쓰였다. 당나라 유우석(劉禹錫)의 시「화영호상공별모
란(和令狐相公別牡丹)」에 "또 다른 도성으로 떠나감이 먼 이별이 아니라 말하지 마오,
춘명문만 나서면 바로 하늘 끝이라오.[莫道兩京非遠別, 春明門外卽天涯.]"라고 했다.
498 우((禑)와 창(昌) : 고려 제 32대왕 우왕(禑王 : 1364~1388, 재위 1374~1388)과 제33대

조용히 읍손함은 하늘이 정한 일.

왕실 선계 무함을 씻은 것은 고황제 때부터로

사책과 보첩의 오류 답습은 그나마 환히 밝혔으나,

왜구 불러들여 수복하려 했다[500]고 누가 말했나?

삿된 설이 여태껏 비방과 중상으로 공교하다.

우리 임금 정성과 효성으로 통쾌하게 씻고자

피 쏟고 간 망가뜨리며 얼른 사실을 진술했으니,

소신이야 국가 모책에 무슨 도움 주었겠나?

다만 충심을 다하여 필설을 폈을 따름.

남궁(예부)의 복의(覆議) 간청을 팔방에 반포하여

밑에서 수식하란 황제 훈령이 회광(回光) 사실 밝혔다.

간곡한 칙유가 사사로운 글들의 무함을 씻어내니

큰 글씨로 특별히 적어 명산에 갈마두리라.

동국 천리의 윤리도덕이 다시 펴니

이백년 이래로 이런 거조가 없었거늘,

미천한 이 몸이 무슨 죄로 손가락을 앓는 건가?

침침한 두 아이(병마)[501]야 너를 깊이 원망한다.

왕 창왕(昌王 : 1381~1389, 재위 1389). 『고려사』에서는 신우(辛禑)와 신창(辛昌)으로
다루어 고려는 공민왕 때에 망한 것으로 보았다.

499 요(瑤) : 고려 제31대왕 공민왕(恭愍王 : 1330~1374, 재위 1351~1374)의 휘(諱).

500 왜구 불러들여 수복하려 했다 : 명나라 왕기(王圻)의 『속문헌통고(續文獻通考)』「논왜
사(論倭事)」와 풍응경(馮應京)의 『경세실용편(經世實用編)』「해방제설(海防諸說)」은
부산을 일본의 땅으로 오기하고, 왜란 때 조선이 일본과 우호를 맺으려 한 것은 다른
속셈이 있었기 때문이라고 적었다. 이 기록의 뿌리는 1598년(선조 31) 명나라 찬획주사
(贊劃主事) 정응태(丁應泰)가 양호(楊鎬)를 모함하는 과정에서 날조된 듯하다.

501 두 아이 : 원문은 '이수(二豎)'로, 병마(病魔)의 별칭이다. 춘추 시대 진 경공(晉景公)이
병이 들어 진(秦)나라의 이름난 의원을 불렀는데, 그 사이에 경공이 꿈을 꾸었다. 꿈속에

누워 듣자니 동료들은 모두 조정으로 향하여
새벽에 동곳 패옥 차리고 오문[502] 다리로 달려갔다는군.
지난 일을 아득히 상상할 뿐 다시 보지 못하기에
베개 어루만지며 혼이 암울하게 꺼지누나.
방초 우거진 난하[503]와 나무 늘어선 계문[504]
먼저 견여를 빌려서 귀국 길 오르며,
오색 구름[505] 돌아보니 고릉(觚稜)[506]이 멀고
봉래산은 시야에 들지 않아 수심이 비오듯 하네.

去歲辭朝撤宮饌, 明綸跪受文華殿.
芝函玉札降瑤宮, 中使親傳翰林院.
仰看丹宸色焚煌, 九天曙暈開扶桑.
龍墀稽首捧鴉墨, 東出春明向故鄉.
未湔國恥旋丞命, 封奏披誠動宸聽.
禍昌非類瑤不君, 揖遜雍容寔天定.
璿源濚累自高皇, 史牒襲謬猶章章.

서 병이 두 아이[二豎]로 변하더니, 둘이서 말하기를, 이번에 오는 용한 의원에게 다칠지 모르므로, 황(肓)의 위와 고(膏)의 아래에 숨어 있자고 했다. 꿈에서 깨어난 경공이 의원에게 진찰을 받았는데, 병이 고황에 들어 있어 치료할 수 없다고 했다. 과연 경공은 얼마 지나지 않아 죽고 말았다. 『춘추좌씨전』 성공(成公) 10년 조에 나온다.

502 오문(午門) : 제왕이 있는 궁성의 정문(正門)으로, 곧 북경 자금성(紫禁城)의 정문 이름이다. 오문의 안에 태화문(太和門)이 있고 태화문의 안쪽에 태화전이 있다.

503 난하(灤河) : 청룡하(靑龍河)에서 북경(北京) 쪽으로 2km 지점에 있는 강. 근처에 수양산(首陽山)과 이제묘(夷齊廟)가 있다. 앞에 나왔다.

504 계문(薊門) : 지금 북경성의 덕승문(德勝門) 밖 서북쪽에 있었던 계문관(薊門關)을 말한다. 연도 팔경(燕都八景)의 하나인 계문연수(薊門煙樹)가 유명하다. 지금 북경시 해정구(海淀區) 학원로(學院路)에 계문연수비(薊門煙樹碑)가 있다.

505 오색 구름 : 원문은 '오운(五雲)'. 제왕의 처소를 비유하는 말이다.

506 고릉(觚稜) : 전각(殿閣)의 가장 높고 뾰족한 모서리인데, 여기서는 궁궐을 가리킨다.

孰云招寇因復地? 邪說至今工謗傷.

吾王誠孝思痛雪, 瀝血隳肝亟陳列.

小臣何力翊邦謨? 只竭衷□[507]抒筆舌.

南宮覆請頒八方, 帝訓下飾昭回光.

勑諭丁寧洗私箧, 大書特書名山藏.

環東千里倫再叙, 二百年來無此擧.

賤軀何罪指生瘴? 二竪沉沉深怨汝.

臥聞同寀盡造朝, 簪珮晨趨午門橋.

緬想前事難更覩, 令我撫枕魂暗銷.

灤河芳屮薊門樹, 先借肩輿引歸路.

五雲回首隔觚稜, 蓬萊目斷愁如雨.

[형식] 칠언고시. 36구. 4구 1전운.

• 작년 11월 27일부터 금년 2월 초3일까지 시가 모두 174수이다.[自去年十一月二十七日止 今年二月初三日, 詩凡一百七十四首.]

---

507 □ : 한 글자가 빠져 있다.

을병조천록 3부

(1616.2.3.~3.1.)

3-1. 천자의 서울을 출발하여 통주[1]로 향한다[發帝京向通州]

새벽 기운 떨치고 견여로 도성을 나오니

돌아가는 마음에 이별 혼이 서글프네.

입춘의 바람[2]이 초목을 어루만져

봄말 풍화의 해가 교외 들에 넘치누나.

일만 리 요양[3] 길

삼년 사이 거듭 보았던 궁궐 담.

다시 오리라고는 예견하기 어려워

머리 돌려 도성의 남문을 바라보노라.

拂曙肩輿出, 歸心更別魂.

條風揉草樹, 化日盎郊[4]原.

萬里遼陽道, 三年禁掖垣.

重來難預卜, 回首國南門.

1　통주(通州) : 지금의 북경시(北京市) 통현(通縣).

2　조풍(條風) : 팔풍(八風)의 하나로, 입춘에 부는 바람이다. 춘분에는 명서풍(明庶風), 입하에는 청명풍(淸明風), 하지에는 경풍(景風), 입추(立秋)에는 양풍(涼風), 추분(秋分)에는 창합풍(閶闔風), 입동에는 부주풍(不周風), 동지(冬至)에는 광막풍(廣莫風)이 분다고 한다. 앞에 나왔다.

3　요양(遼陽) : 지금의 요녕성(遼寧省) 요양시(遼陽市).

4　郊 : 필사본에 '郊郊'로 되어 있으나, 한 글자는 연문(衍文)이다.

3-2. 진자점[5]에서 노룡현[6]까지 절구 여덟 수[自榛子店抵盧龍縣得八絕]

난주[7]를 새벽에 출발하며 객로 재촉해서
천안(遷安)[8]에 이르자 눈이 번쩍 뜨인다.
길에 가득 동풍이 얼굴에 따뜻하고
일찍 핀 꽃이 친구를 기다린 듯 반기기에.
灤州曉發客行催, 行到遷安眼忽開.
一路東風吹面暖, 早花如待故人來.

비는 먼지를 적시고[9] 날은 더디 개지만
길가 나무들에는 모두 꽃이 피어 자라났군.
이 길손은 병들어 춘흥 없어 가련터니
평주[10]에 닿아서야 비로소 시를 짓노라.
雨浥輕埃霽日遲, 道邊花木摠榮滋.
自憐病客春無興, 行到平州始有詩.

---

5 진자점(榛子店) : 칠가령(七家嶺)에서 북경 쪽으로 35리, 사하점(沙河店)에서 북경 쪽으로 20km에 있다. 앞에 나왔다.

6 노룡(盧龍) : 양하에서 북경 쪽으로 2.4km에 있는 지명으로, 일명 노가장(盧家庄), 노가점(盧家店). 앞에 나왔다,

7 난주(灤州) : 상(商)나라 때 고죽국(孤竹國)이 있었던 곳으로 지금의 하북성(河北省) 난현(灤縣)이다. 앞에 나왔다.

8 천안(遷安) : 하북성(河北省) 천안현(遷安縣). 서북쪽 170리에 희봉구(喜峰口)라는 만리장성 관문이 있다. 현재의 천안시(遷安市) 남쪽의 남산(嵐山)을 백이산(伯夷山) 혹은 이산(夷山)이라 부른다.

9 비가 먼지를 적시고 : 왕유(王維)의 「원이(元二)를 전송하는 시」에 "위성의 아침 비는 가벼운 먼지 적시고, 객사의 푸른 버들 빛 새롭구나. 권하노니 그대여 한 잔 더 드시게나, 서쪽으로 양관을 나서면 아는 친구 없으리니.[渭城朝雨浥輕塵, 客舍青青柳色新. 勸君更盡一杯酒, 西出陽關無故人.]"라고 했다.

10 평주(平州) : 하북성(河北城) 노룡현(盧龍縣)에 딸린 지명.

백이·숙제 남긴 자취를 바다 구석에 붙여
채미정[11]이 조어대[12]를 압도하누나.
유람객은 그들 낚시 드리웠던 곳엔 이르지 않고
다만 백이·숙제 청풍묘[13]를 찾아가누나.

二老遺蹤寄海隈, 採薇亭控釣魚臺.
遊人不到垂綸處, 只向淸風廟裏來.

고죽성[14] 높고 석양은 희미한데
명난문(明灤門) 드넓고 물 안개 부슬부슬.
백이와 숙제 간 뒤 서산만 남아서
춘풍에 고사리와 고비가 한껏 자라게 두네.

孤竹城高夕照微, 明灤門敞水烟霏.
夷齊去後西山在, 一任春風長蕨薇.

급한 바람은 어두운 길에서 대장군 깃발을 낚아채니
풀 사이에 늙은 호랑이[15] 엎드려 있나 의심되네.
운근[16]이 살촉을 먹었다고[17] 허풍 떤다만

---

11 채미정(採薇亭) : 백이(伯夷)·숙제(叔齊)의 위패를 모신 사당인 이제묘(夷齊廟) 안에
    있었던 정자.
12 조어대(釣魚臺) : 여기서는 채미정에서 멀지 않은 곳에 있는 망해루(望海樓)를 가리키
    는 듯하다.
13 청풍묘(淸風廟) : 백이·숙제의 사당. 청풍각(淸風閣)이 있었다.
14 고죽성(孤竹城) : 백이·숙제의 고죽국(孤竹國)의 성. 고죽국은 주(周)나라의 제후국이
    었다.
15 오도(於菟) : 호랑이의 별칭이다. 『춘추좌씨전(春秋左氏傳)』선공(宣公) 4년에 "초나라
    사람들은 젖을 곡이라 하고, 호랑이를 오도라 한다.[楚人謂乳穀, 謂虎於菟.]"라는 말이
    나온다.

장군은 여덟 석 활¹⁸을 시험해 보았을 뿐.

風急牙旗掣暝途, 屮間疑伏老於菟.

雲根飮鏃徒誇說, 聊試將軍八石弧.

움펑한 벼랑은 구유 아니거늘 말 꼴을 용납하랴?

누가 길 가는 나귀를 길 모퉁이에서 먹이 주랴?¹⁹

종래 세상 사람은 괴상한 일 좋아하여

일찌감치 안중에 노자도 장량도²⁰ 만났던 것 아닌지?

嵌崖非櫪豈容蒭? 誰抹征驢向道隅?

自是世人多好怪, 眼中曾値老張無?

---

16 운근(雲根) : 산 위의 바위. 구름이 부딪쳐서 일어난다고 하여, 바위를 구름의 뿌리라고
한다. 『춘추정전(春秋正傳)』에 "돌을 부딪고 나와서 점차로 모이면, 하루아침이 다하지
않아서 천하에 비를 두루 내리게 하는 것은 오직 태산뿐이다.[觸石而出, 膚寸而合, 不
崇朝而徧雨乎天下者, 喩泰山爾.]"라고 했다. 또 두보(杜甫)의 시 「충주 용흥사의 거처
하는 벽에 적다[題忠州龍興寺所居院壁]」에 "충주는 삼협의 안에 있어, 마을이 운근 아
래 모여 있네.[忠州三峽內, 井邑聚雲根.]"라고 했다.

17 살촉을 먹었다고 : 원문의 '음족(飮鏃)'은 '음시(飮矢)'를 변형한 말이다. 음시는 화살이
깊이 박힌 것을 뜻한다. 『여씨춘추(呂氏春秋)』 「정통(精通)」에 "양유기가 외뿔소를 쏘
았는데 바위에 맞아서 화살이 깃털까지 박혔다.[養由基射兕中石, 矢乃飮羽.]"라고 했
는데, 고유(高誘)의 주석에 "음우(飮羽)는 화살이 박혀서 깃털까지 이른 것이다.[飮羽,
飮矢至羽.]"라고 했다.

18 장군의 여덟 석 활[將軍八石弧] : 한 무제 때 흉노를 무찔러 공이 커서 우북평 태수(右北
平太守)가 된 이광(李廣)이 바위를 호랑이로 알고 쏘아 바위에 그 화살이 박혔다고
한다. 영평부(永平府)에서 동쪽으로 6, 7리쯤 되는 곳에 그때의 바위라는 사호석(射虎
石)이 있다고 한다. 앞에 나왔다.

19 움펑한 벼랑은~먹이 주랴? : 진자점에서 노룡현까지 이르는 곳의 지형에 얽힌 전설인
듯하지만, 자세한 것은 알 수 없다.

20 노자도 장량도 : 원문은 '노장(老張)'. 무위이자연(無爲而自然)을 주장하는 노자(老子)
와 노후에 적송자(赤松子)를 따라 신선이 되었으리라 추정되는 장량(張良)을 가리킨다.

백부[21] 같던 분의 누정에서 놀던 옛일 추억하니
봄 오면 꽃과 새가 사람더러 머물라 한다만,
스스로 탄식하네, 두 아이(병마)가 방해하여
누대에서 초승달 뜨길 기다리는 일 저버리다니.

白傅園亭憶舊遊, 春來花鳥勸人留.
自嗟二竪能相厄, 却負登樓待玉鉤.

강 넓고 산 드높아 들판은 시야가 아득한데
쌍다리 걸친 강물에 석양이 잠겨 있네.
귀국하는 동국 길손을 춘풍이 전송하려는 듯
가녀린 풀이 부숭부숭 말발굽 따라 향내 내누나.

川豁山高野望長, 霓橋臥水蘸斜陽.
春風似送東歸客, 細屮茸茸逐馬香.

해설 1 영평부(永平府) 이제묘는 명나라 때 대대적으로 수축되었다. 본래『사기정의(史記正義)』가『괄지지(括地志)』를 인용하여 당나라 때 고죽국(孤竹國)의 옛 성이 "노룡현(盧龍縣) 남쪽 12리에 있다." 하고, 이제묘와 고죽군의 세 무덤만 있다고 했다. 명대에 이르러 1501년(홍치 14)의『영평부지(永平府志)』에 따르면, 1376년(홍무 9)에 동지(同知) 매규(梅圭)가 고죽국 옛 성 안에 있던 사묘(祠廟)를 영평부의 성 안 동북쪽 모퉁이로 옮겨 세웠다고 한다. 1454년(경태 5) 지부(知府) 장무(張茂)가 다시 엣 고죽성에 사당을 세웠다. 그 후 1473년(성화 9) 지부 왕새(王璽)는 사당을 수리하고 '청절(淸節)'의 편액을 하사받았다. 명나라 상로(商輅)

---

21 백부(白傅) : 만년에 태자 소부(太子) 벼슬을 지낸 백거이(白居易). 백거이는 만년에 여산(廬山) 향로봉(香爐峯)에 초당을 짓고 은둔했다.

의 「청절묘비기(淸節廟碑記)」에 따르면 이제묘는 정당(正堂) 3칸, 측칸 2칸, 문 둘, 신고(神庫)·부엌·재방(齋房)이 각 3칸이었다. 1497년(홍치 10) 지부 오걸(吳杰)이 사우(祠宇)·낭무(廊廡)·주고(廚庫)를 다시 짓고, 신상(神像)을 그렸다. 1547년(가정 26) 군수(郡守) 장빈(張玭), 1572년(융경 6) 지부 신응건(辛應乾), 1583년(만력 11) 병비(兵備) 뇌이인(雷以仁)과 지부 임개(任愷), 1599년(만력 27) 지부 서준(徐准)과 조대소(曹代蕭)가 각각 중수했다. 1563년(가정 42) 병비(兵備) 온경규(溫景葵)가 이제묘 뒤쪽 난하(灤河)의 작은 섬에 백이·숙제의 부모를 기리는 고죽군사(孤竹君祠)를 지었다. 1539년에 사신으로 간 권벌(權橃, 1478~1548)은 『조천록』에서 이제묘가 난하 상류의 토성인 고죽성(孤竹城) 안에 있고, 강 가운데 작은 섬에는 새로 고죽군의 사당과 정자를 지었다고 했다. 고죽성의 성문을 들어서면 정전(正殿) 앞쪽에 중문·누문·신문(神門)의 세 문이 있어 심진식(三進式) 정원이 이어진다고 묘사했다.[22] 허봉(許篈, 1551~1588)은 1574년 「조천기」(「荷谷先生朝天記」)에서, 귀국길인 9월 13일에 난하 상류의 토성에 있는 이제묘를 방문했다고 적었다.

"이제묘에 이르자 토성의 편액에 '고죽국(孤竹國) 현인구리(賢人舊里)'라고 했다. 성문으로 들어가자 사당 앞쪽 패루(牌樓)에 '칙사청절사(敕賜淸節祠)'라 했고, 왼쪽 담장의 문에 '고금사범(古今師範)', 오른쪽 담장의 문에 '천지강상(天地綱常)'이라 했으며, 대문의 편액은 '염완입나(廉頑立懦) 백이숙제(伯夷叔齊)'라고 했다. 위쪽에 영평부(永平府)가 백이·숙제를 받드는 전례를 거듭 천명한 비석(「永平府申明祀典之碑」)을 세웠는데 이중 지붕으로 위를 덮었다. 좌우의 벽에는 여러 시대에 걸쳐 백

---

22 권벌(權橃), 『조천록(朝天錄)』, 임기중 편, 『연행록전집』 제2권, 동국대학교출판사, 2001, 288쪽. 1539년(중종 34) 10월 12일의 참관 기록이다.

이·숙제를 존숭한 내력을 새겨두었다. 중문의 편액은 '백세지사(百世之師)'이다. 문에 세 개의 석비가 줄지어 있는데, 중간에는 공자의 말, 동쪽에는 증자의 말, 서쪽에는 맹자의 말을 기록했다. 동쪽 문에는 '염완(廉頑)', 서쪽 문에는 '입나(立懦)'라는 편액이 있다. 사당의 문에는 '명조봉사(明朝封祀)'라고 썼는데, 지부(知府)인 장비(張玭)가 글씨를 썼다. 뜰에 두 비석이 있는데 동쪽은 한림시독(翰林侍讀) 원위(袁煒)가 짓고 서쪽은 한림검토(翰林檢討) 곽반(郭鎜)이 지었다. 모두 가정(嘉靖) 경술년(1550)의 일이다. 정당(正堂)은 청절사(淸聖祠)로, 소상(塑像) 2좌를 안치했다. 소상 앞에 위판을 세웠는데, 하나는 소의청혜공(昭義淸惠公)이니 곧 백이(伯夷)이고, 다른 하나는 숭양인혜공(崇讓仁惠公)이니 곧 숙제(叔齊)이다. 동서로 긴 행랑(行廊)과 월대(月臺)가 있고, 돌 난간이 뻗어나갔다. 계단 아래 비석이 아주 많이 나열되어 있다. 하나는 원나라 어사중승(御史中丞) 마조상(馬祖常)이 지은 글을 쓴 비석이고, 하나는 성화(成化) 갑오년(1474) 이부상서(吏部尙書) 상로(商輅)가 짓고 태상시경(太常寺卿) 유후(劉珝)가 글씨를 쓴 것을 새긴 비석이며, 하나는 가정(嘉靖) 경술년(1550)에 행인(行人) 장정강(張廷綱)이 지은 글을 새긴 비석이다. 하나는 「영평부신명사전지비(永平府申明祀典之碑)」인데 지부(知府) 왕새(王璽) 등이 세웠다. 하나는 가정(嘉靖) 경술년에 제학어사(提學御史) 완악(阮鶚)이 노룡지현(盧龍知縣)을 파견하여 고사리[薇] 2품과 현주(玄酒) 2잔으로 제사를 드리고 글을 지었다고 했다. 정당(正堂)의 뒤는 일민조적문(逸民肇跡門)으로부터 읍손당(揖遜堂)으로 나아가는데, 당 앞 동쪽은 관천문(盥薦門), 서쪽은 재명문(齋明門)이다. 당의 북쪽은 청풍대(淸風臺)이고, 대 위에 채미정(采薇亭)을 세웠다. 동서로 돌을 쌓아 계단을 만들어서 올라가면, 동쪽 작은 문은 '고도풍진(高蹈風塵)'이라 편액하고 서쪽 작은 문은 '대관환우(大觀寰宇)'라고 편액했다. 채미정

앞의 좌우 석문에도 역시 '백세산두(百世山斗) 만고운소(萬古雲霄)' 여덟 개의 큰 글자를 새겼다. 정자의 편액은 '청풍고절(清風高節)'이라고 하고 또 '북해지빈(北海之濱)'이라고 했다. 사당 전체의 경승은 여기에 모두 모여 있다. 난하는 북쪽에서 흘러와 누대 아래에 이르러 다시 나뉘어 두 줄기가 되는데, 돌섬이 그 한 가운데 있다. 그 위에 묵씨묘(墨氏廟)를 지었는데, 곧 고죽군(孤竹君)이다. 아래로 흘러 꺾여 남쪽으로 가면서 강섬이 뒤엉키고 파란이 아주 맑아서, 아득하게 그윽하고도 심원한 뜻이 있으니, 참으로 관내(關內, 산해관 안 지역)에서 기절(奇絶)한 곳이다."[23]

해설 2 진자점(榛子店)은 난주에 있는 객점이다. 허균 이후, 계문란(季文蘭)의 고사로 유명하다. 계문란은 청나라 사람들에게 잡혀 노예가 되어 심양(瀋陽)으로 끌려간 강남(江南) 출신 여인인데, 진자점에 시를 남겼다고 한다. 남구만의 『약천집(藥泉集)』에 실린 시 「진자점 벽(壁)에 쓰여 있는 계문란의 시운에 차운하다」 서문에 이러하다. "난주의 진자점 벽의 먼지가 뒤덮인 곳에 시가 쓰여 있는데, 그 시에 '낭자한 몸 옛날 화장하던 일을 부질없이 가여워하고 길 가는 여인 월나라 비단 치마를 바꾸었네. 부모의 생사 어느 곳에서 알랴? 봄바람 심양에 올라오는 것 애통하네.[椎髻空憐昔日粧, 征裙換盡越羅裳. 爺孃生死知何處? 痛殺春風上瀋陽.]'라고 했으며, 그 아래에 '이 계집종은 강주(江州) 우상경(虞尙卿)의 아내이다. 남편은 죽임을 당했고, 이 계집종은 포로로 잡혀 왕장경(王章京)에게 팔려갔다. 무오년(1678) 정월 21일 눈물을 뿌리며 벽

---

23 허봉(許篈), 『하곡선생조천기(荷谷先生朝天紀)』(임기중 편, 『연행록전집』 제6권, 동국대학교출판사, 2001, 301쪽). 같은 갑술년(1574, 선조 7) 사행단의 질정관 조헌(趙憲, 1544~1592)이 작성한 『조천일기(朝天日記)』가 별도로 있다.

을 털고 이것을 쓰니, 천하에 유심(有心)한 사람이 이것을 보거든 가엾게 여겨 구원해 주기를 바라노라. 이 계집종은 또한 비루하고 속됨을 스스로 부끄러워하지 않았으니, 아! 서글프다. 계집종의 나이는 21세로, 계(季) 수재(秀才)의 딸이다. 어머니는 진씨(陳氏)이며 오라비 이름은 국상(國庠)이니 부학(府學)의 수재이다.'라고 쓰여 있었다."

3-3. 무령[24]에서 산해관[25]에 이르러[自撫寧抵山海關]

차가운 해가 첩첩 푸른 산 위로 살짝 솟아나니
유관[26]에서 동쪽으로 바다가 망망하다.
일찍 피는 꽃은 터지려 하여 빨간 몽우리 머금고
짧은 버들가지는 가지런하게 노란 잎을 토하네.
봄 경색은 석 달 중 벌써 반이 가깝지만
여행길은 일천 리의 절반도 못 왔구나.
산성은 나의 고향 땅이 아니다만
무슨 일로 귀향의 마음이 밤낮 바쁜가?

寒旭微昇疊峀蒼, 楡關東去海茫茫.
早花欲綻苞含絳, 短柳纔齊葉吐黃
春色三分將近半, 客途千里未渠央.
山城不是吾鄉土, 底事歸心日夜忙?

---

24 무녕(撫寧) : 지금의 하북성(河北省) 무녕현(撫寧縣).
25 산해관(山海關) : 지금의 하북성(河北省) 진황도시(秦皇島市) 동쪽의 관문이다. 앞에 나왔다.
26 유관(楡關) : 여기서는 산해관을 말한다. 다만, 지금의 하북성(河北省) 무녕현(撫寧縣) 동쪽 유관진(楡關鎭)이 별도로 있다.

요새와 높은 산이 늙고 창백한 이를 옥죄고
구름 가르는 날개는 미망의 시야를 깨뜨리네.
신식 다투는 유녀(遊女)들은 허리에 비취색 띠
굶주리고 피로한 백성들은 누런 얼굴.
바닷가 절은 안개 속 종소리를 은은하게 전하고
성채와 보루에는 깃발이 선명하게[27] 뒤집는다.
연로의 물색은 모두가 시 읊을 자료라서
경물 베껴내느라 여행의 흥취를 죄다 잊었네.

並塞崢山束老蒼, 劈雲歸翼破微茫.
爭新冶女腰拖翠, 忍餒疲岷面帶黃.
海刹烟鍾傳隱隱, 城譙風旆颭央央.
沿途物色皆吟料, 摸寫都忘客興忙.

3-4. 산해관의 조중산(曹重山)[28] 객점에서 병을 앓으며 짓는다[山海曹店抱
病有作]

대사(臺榭)가 정갈한데[29] 해는 벌써 어둑하고
병 든 몸 베개에 기대 보나 골머리 지끈지끈.[30]

---

27 선명하게 : 원문은 '앙앙(央央)'이다. 선명한 모습. 『시경』 「소아(小雅) 출거(出車)」에
     "왕이 남중(南仲)에게 명하되, 삭방(朔方)에 가서 성을 쌓게 하니, 수레를 낸 것이 많고
     많으며, 깃발이 선명하기도 하다.[王命南仲, 往城于方. 出車彭彭, 旂旐央央.]"라고 했다.
28 조중산(曹重山) : 산해관 숙소의 주인. 허균은 작년 사행 때도 조중산 집에 묵었다.
     이번 사행에서 북경에 갈 때도 조중산 집에 묵었다.
29 정갈한데 : 원문은 '매매(枚枚)'. 『시경』 「노송(魯頌) 비궁(閟宮)」에 "깊게 닫혀 있는
     사당이 고요하니 견실하고 치밀하도다.[閟宮有侐, 實實枚枚.]"라고 했다.
30 지끈지끈 : 원문은 '잠잠(岑岑)'. 『한서』 「외척전(外戚傳) 상」에 "내 머리가 지끈지끈하
     다. 약 속에 독이라도 들언 것은 아니겠지?[我頭岑岑也. 藥中得無有毒?]"라고 했다.

공적과 명성은 늘그막에 되돌려 볼 것 없고
골짝 숲에 귀향할 생각으로 마음만 괴로워라.
벽옥을 거듭 던질 때마다 모두 칼에 손을 대었으나[31]
거문고 붉은 줄[32] 끊겼으니 내 곡조 알아 줄 이 누구인가?
하늘 가의 길손 되매 머리에는 백발만 가득하고
월음[33] 본받아 숙소 창가에서 고향 노래 읊는다네.

幽榭枚枚日已陰, 病身伏枕睡岑岑.
功名到老休回首, 林壑思歸枉苦心.
白璧累投皆按劒, 朱絃已絶孰知音?
天涯作客頭渾雪, 獨向僑囱效越吟.

타국에 길손 되어 세월 흐름에 느끼나니
봄날 고향의 승경을 저버릴 것만 같아라.
객창의 등불 아래 병 든 몸을 슬퍼하고
산해관 길 모래 먼지에 역점 멀어 한탄하네.

---

31 벽옥을 ~ 대었으나 : 원문은 '백벽누투개안검(白璧累投皆按劒)'으로, 시가 하도 아름다
    워서 다른 사람들이 모두 깜짝 놀랐다는 의미이다. 『사기』「추양열전(鄒陽列傳)」에
    "신은 들으니, 명월주나 야광벽을 어두운 밤 길가는 사람에게 던져 주면 칼을 어루만지
    며 노려보지 않을 사람이 없다고 합니다. 왜냐하면 까닭 없이 보물이 앞에 이르기 때문
    입니다.[臣聞明月之珠, 夜光之璧以闇投人於道路, 人無不按劒相眄者. 何則? 無因而至
    前也.]"라고 했다.
32 붉은 줄 : 원문은 '주현(朱絃)'. 끓는 물에 삶아낸 붉은 실로 만든 거문고 줄인데, 그
    소리는 탁하지만 제왕의 등극 때나 종묘 제사 때 연주했다. 여기서는 거문고 줄이 끊어
    져 지음(知音)이 없다는 백아절현(伯牙絶絃)의 고사를 가져왔다. 즉, 춘추시대 초(楚)
    나라 백아(伯牙)와 종자기(鍾子期)의 고사를 이용하여, 마음을 잘 알아주는 벗이 없다
    는 고독감을 토로한 것이다.
33 월음(越吟) : 월나라 노래. 고향을 생각하고 고국을 그리워하면서 부르는 슬픈 노래를
    말한다. 장석(莊舃)의 고사에서 가져왔다. 앞에 나왔다.

상수(湘水) 단술을 깃 술잔으로 수고로이 돌린다만

변새의 비파 줄은 누굴 위해 연주하나?

지금을 슬퍼하고 옛일 아파하는 그 감정이 어떠한가?

앉은 채 새벽까지 아홉 번 한탄을 일으키네.

爲客殊方感歲華, 春期將負故園花.

旅囪燈火悲身病, 關路沙塵恨驛賖.

湘醴漫勞傅羽觴, 塞絃誰爲奏琵琶?

傷今愴古情多少? 坐到殘更九起嗟.

3-5. 산해관을 나가면서 임용초[34]를 그리워하여[出山海關憶任龍超]

강녀묘[35] 앞은 아득한 바다

갓 나온 금오(해)가 부상 바다에서 목욕하네.

산해관을 돌아보다가 이 마음 서글퍼

도리어 타향을 고향이라 여기누나.[36]

姜女祠前海渺茫, 金烏纔出浴搏桑

關城回望傷心地, 却把他鄉當故鄉.

---

34 임용초(任龍超) : 미상. 龍은 '龍'과 같다.

35 강녀사(姜女祠) : 진(秦)나라 천민(賤民) 범칠랑(范七娘)의 아내로 정절(貞節)이 뛰어났
    던 맹강(孟姜)의 사당이다. 산해관 밖 28리에 있으며, 일명 강녀묘(姜女廟)라고 한다.
    강녀의 성은 허(許)이다.

36 도리어 타향을 고향이라 여기누나 : 당나라 가도(賈島)가 시 「도상건(渡桑乾)」에서 "병
    주의 나그네살이 십 년이 지나도록, 밤낮으로 고향 함양이 그리웠네. 무단히 다시금
    상건수 물을 건너자니, 돌아보매 병주가 바로 고향처럼 느껴지누나.[客舍幷州已十霜,
    歸心日夜憶咸陽, 無端更渡桑乾水, 却望幷州是故鄉.]」라고 한 데에서 유래한다.

가을달이 얼음 병 같이 이 마음 비추기에
붉은 줄 타며 세 번 창하여 음곡이 맑아라.
아룡(阿龍)은 정말 범속을 초월했으니[37]
마주하여 말 잊으매[38] 뜻이 더욱 깊어라.

秋月氷壺照此心, 朱絃三唱有淸音.
阿龍固自超凡俗, 相對忘言意更深.

산해관을 동쪽으로 나와 자주 돌아보니
산을 압도하여 성 가퀴 형세가 우람도 하다.
높은 성이 차츰 멀어져 점점 보기 어렵거늘
성안의 그리운 사람이야 더 말해 무엇하나?

東出關城回首頻, 壓山城雉勢嶙峋.
高城漸遠漸難見, 況復城中相憶人?

남쪽 행랑에 기숙했던 지난 해가 기억하네
창 밖의 차가운 달이 서리 하늘에서 내리 비추었지.
성근 휘장 곁 촛불 다 하고 외론 잠 자고나선
호금(胡琴)의 네 줄[39] 켜는 소리를 누워서 들었네.

---

37 아룡은~초월했으니 : 『세설신어』 「기선(企羨)」에 보면, 왕 승상 즉 왕도(王導)가 사공
   (司空)에 배수되자, 환 정위(桓廷尉) 즉 환이(桓彝)가 머리를 빗어 두 끝을 세우고는
   갈포의 아랫치마를 입고는 지팡이를 집고 길가에서 왕도를 관찰하다가 찬탄하기를,
   "사람들은 왕도가 탈속했다고 하더니, 왕도는 확실히 탈속했도다![人言阿龍超, 阿龍故
   自超!]"라 말하고, 자기도 모르는 사이에 그의 뒤를 따라 대문(臺門, 관아의 큰 문)에까
   지 이르렀다고 한다.
38 마주하여 말을 잊으매 : 원문은 '상대망언(相對忘言)'이다. 『장자』 「외물(外物)」에 "말
   이란 그 목적이 뜻에 있는 것이니, 뜻을 얻으면 말을 잊는다.[言者所以在意., 得意而忘
   言.]"라고 한 데서 온 말이다.

寄宿南廂憶去年, 一牕寒月照霜天.
踈帷燭盡孤眠罷, 臥聽胡琴抹四絃.

3-6. 동관⁴⁰에 묵으면서 보고들은 일을 기록한다[宿東關記事]

동관성 한밤중에 호각소리 삑삑 나고
병졸들 말로는 되놈을 으를 것이라 하네.
되놈은 농삿달에 홀연 약탈을 하여
밭 가는 소도 사람도 많이 구축(驅逐)되었기에,
장군이 장벽이며 참호들 순시하여
나무 베고 산에 불 질러 변고⁴¹에 대비하네.
변방 백성은 고생스러움이 이와 같아
가을 벼를 씨 뿌린다 해도 굶어 죽을 지경.
어떻게 하여야 삼위⁴²의 땅을 다 회복하여
오랑캐 장막을 북쪽으로 옮기게 만들어,

39 호금(胡琴)의 네 줄 : 비파 등 중국의 현악기는 대개 네 줄이다. 특히 몽고족의 제금(提琴)은 호올이(呼兀爾)라고 한다.
40 동관(東關) : 동관역(東關驛). 사행의 귀로는 영평부(永平府), 무령현(撫寧縣), 산해관(山海關), 양수하(兩水河), 동관역(東關驛), 영원위(寧遠衛), 고교보(高橋堡), 소릉하(小凌河), 십삼산(十三山), 광녕(廣寧)으로 이른다.
41 변고 : 원문은 '불우(不虞)'. 『시경』「대아(大雅) 억(抑)」에 나오는 말로 "네 백성을 안정시키며 너의 제후로서의 법도를 조심하여 뜻밖의 변고를 경계하라.[質爾人民, 謹爾侯度, 用戒不虞.]"라고 했다.
42 삼위(三衛) : 명나라 성조(成祖)가 지금의 길림성(吉林省) 주변에 설치했던 군사 요충지였던 건주위(建州衛)·해면위(海面衛)·야인위(野人衛)를 이른다. 뒷날 건주위에 좌위(左衛)와 우위(右衛)를 증설하여 그것을 건주 삼위라 불렀다. 이 땅에서 청조(淸朝)가 일어나게 된다.

동쪽 번병의 사람들도 복을 얻어
무사히 해마다 요수를 건너게 하랴?

城上半夜角鳴鳴, 問聚兵, 將懾胡.
胡人農月輒搶掠, 耕牛耕民多被驅.
所以將軍巡障燧, 刊木燒山備不虞.
邊氓艱苦有如此, 雖種秋禾飢欲死.
安得盡復三衛地, 遂令虜帳稍北徙?
東藩之人亦徼福, 無事年年渡遼水?

[형식] 칠언 12구. 가행체. 제2구는 6자구. 6구 1전운.

3-7. 연산(連山)[43]

길손은 한 해만에 비로소 동쪽으로 귀환하니
봄풀이 무성한 때 옛 관문 산해관을 나오도다.
반평생 이 길에서 세월 보낸 것이 우스워라
늙은 느티와 새 버들잎 보고 연산인 줄 아노라.

行人隔歲始東還, 春草萋萋出故關.
自笑半生長此路, 古槐新柳識連山.

아지랑이 덮힌 풀에 따스한 바람 솔솔 불고
봄이 교외 들판에 넉넉하여 고운 빛 선명하다.
외진 변경에 근래에는 경보(警報)가 멎어

---

43   연산(連山) : 지금 요녕성(遼寧省)의 유가령(兪家嶺)과 회령령(會寧嶺) 사이에 있는 산
     줄기.

농사꾼 파종한 보리가 너른 밭에 가득하다.

暄風習習草和烟, 春足郊原麗景鮮.

絶塞近來邊警息, 耕人種麥滿平田.

3-8. 한식(寒食)[44]

한식날 집집마다 불 금하지 않으나

바람은 살구꽃 하늘에서 차갑게 불어오네.

들판의 밭은 곳곳마다 방초가 가득한데

묵은 묘엔 망자 위해 지전[45] 보낼 사람 없구나.

寒食家家不禁烟, 塞風吹冷杏花天.

原田處處皆芳艸, 古墓無人送紙錢.

분묘를 한강 가에 두어

적막한 송추(선영)에 한 해가 또 왔으니,

상상컨대 중용[46]이 술 뿌리는 곳에

산당화와 배꽃은 옛 비석 앞에 피었으리.

丘墳寄在漢江邊, 寂寞松楸又一年.

想得仲容燒酒處, 棠梨花發古碑前.

---

44 한식(寒食) : 동지일(冬至日)로부터 105일째날. 냉절(冷節). 태양력으로는 4월 5일(±1일)이다.

45 지전(紙錢) : 죽은 사람이 저승길에서 쓰도록 종이를 돈과 같은 크기로 잘라 만든 것을 말한다.

46 중용(仲容) : 조카. 진(晉)나라 때 문인으로 자가 중용(仲容)인 완함(阮咸)과 그의 숙부 완적(阮籍)이 함께 죽림칠현(竹林七賢)으로 명성이 높아 완적을 대완(大阮), 완함을 소완으로 칭했는데, 조카를 지칭하는 말로 쓰게 되었다. 여기서는 큰형(이복형) 허성(許筬)의 큰아들 허실(許實)을 가리키는 듯하다.

3-9. 진 상서[47] 묘를 지나면서[經陳尙書墓]

풍비(신도비)에 크게 간양공이라 새겼으니
높은 풍모 상상하면 나약한 이들도 격동되네.
비바람이 해마다 한식날에 몰아치기에
아무래도 유궁(무덤)까지는 향불이 못 이르리.

豊碑大刻簡襄公, 景想高標激懦衷.
風雨年年寒食日, 亦無香火到幽宮.

3-10. 대릉하[48] 가는 길에서 우연히 읊는다[大凌河道中偶吟]

객중에 동풍이 또 한 해 불어와서
하늘가에는 방초가 다시 무성하구나.
구름이 들판에 드리워 봄 그늘 암담하고
저녁 비는 점점이 떨어지고 물은 강에 가득하다.
반평생 참소 쌓여[49] 몸뚱이는 뼈만 남고
병 끌어안은 한 달에 정신만은 온전하다.
돌아가 한가함에 투신할 계획을 이룬다면

---

47 진 상서(陳尙書) : 남경 형부상서(南京刑部尙書)를 지내고 태자소보(太子少保)에 추증
    된 진수(陳壽). 요동(遼東) 영원위(寧遠衛) 사람으로, 자는 본인(本仁), 시호는 간양(簡
    襄)이다. 1-33 「송산(松山)」, 1-36 「탑산에서 추억하는 진상서 수[塔山所憶陳尙書壽]」
    에서 이미 진수를 추억한 바 있다.
48 대릉하(大凌河) : 연산역(連山驛)에서 조선 쪽으로 120리(48km)에 있는 지명. 광녕역
    (廣寧驛)에서 연경(燕京) 쪽으로 65리에 있는 강 이름이자 그 곳 지명이다.
49 참소 쌓여 : 원문은 '적훼(積毁)'. 전국시대 장의(張儀)가 위왕(魏王)에게 "뭇사람의 입
    은 무쇠도 녹일 수 있고, 참소가 쌓이면 뼈도 녹일 수 있다.[衆口鑠金, 積毁銷骨.]"라고
    말했다. 『사기』 「장의열전(張儀列傳)」 참고.

소진의 부곽전⁵⁰같은 전답을 찾아보고 싶어라.

客裏東風又一年, 天涯芳艸更芊芊.

春陰黯黯雲垂野, 晩雨斑斑水滿川.

積毁半生唯骨在, 抱痾經月獨神全.

還朝倘遂投間⁵¹計, 欲覓蘇郞負郭田.

맑은 시절 녹봉이나 좇아「벌단」⁵² 시인에게 부끄럽고

산림에 약속을 두었으니 관직을 쉴만 하다.

다섯 수레 분량 책⁵³이 있거늘 가난하다고 한탄하랴?

두 이랑 밭⁵⁴을 갈면 먹는 것이 어찌 괴로우랴?

요해(遼海)⁵⁵는 안개 끼어 하늘 끝에 광활하고

만리장성은 비바람 불어 말 머리가 차갑구나.

경포⁵⁶의 꽃에 달빛 가득한 곳으로 귀거래할 꿈이니

---

50 소진의 부곽전 : 원문은 '소랑부곽전(蘇郞負郭田)'이다. 전국시대 소진(蘇秦)이 성공한 후 자신을 무시했던 형수와 가족들을 만나 "만일 나에게 낙양 성곽을 등진 토지 두 이랑만 있었다면, 내가 어찌 오늘날 육국의 상인을 찰 수 있었겠는가?[且使我有洛陽負 郭田二頃, 吾豈能佩六國相印乎?]"라고 탄식한 고사가 전한다. 『사기』「소진열전(蘇秦 列傳)」참고.

51 間 : '한(閒)'으로 적어야 하는데, 통해 쓰기도 하므로 '간(間)'으로 적었다.

52 벌단(伐檀) : 『시경』「위풍(魏風) 벌단(伐檀)」을 말한다. 그 시에 "끙끙대고 박달나무 베어 왔거늘, 하수의 물가에다 내버려 두네.[坎坎伐檀兮, 寘之河之干兮.]"라고 했는데, 탐학스러운 자가 하는 일 없이 녹(祿)을 받아먹고 어진 자가 벼슬길에 나아가지 않는 것을 풍자한 내용이다.

53 다섯 수레 분량 책 : 원문은 '오거서(五車書)'로, 많은 양의 책을 말한다. 『장자』「천하 (天下)」에 "혜시의 학술은 다방면에 걸쳐 있으며, 읽은 책이 다섯 수레나 된다.[惠施多 方, 其書五車.]"라고 했다.

54 두 이랑 밭 : 원문은 '이경전(二頃田)'이다. 전국시대 소진(蘇秦)의 말에 '낙양 성곽을 등진 토지 두 이랑'이라고 했다. 위에 나왔다.

55 요해(遼海) : 요하(遼河) 동쪽 연해 지역. 혹은 요동(遼東)을 가리키는 말로 사용했다. 여기서는 요동을 뜻한다.

흰머리라 공명의 흥취는 진작에 다했다오.

徇祿淸時愧伐檀, 山林有約可休官.

五車書在貧何恨? 二頃田治食豈艱?

遼海烟波天際濶, 塞城風雨馬寒頭.

鑑湖花月長歸夢, 白首功名興已闌.

3-11. 청명일[57]에 여양[58]에 들어가서 지었다[淸明日入閭陽有作]

청명절 변새에는 아직 추위가 남았으니

봄 경색이 제왕의 도성에서 보던 것과 어떠한가?

나그네 한스러움은 번번이 시율로 깨뜨리지만

병든 몸은 여전히 객지의 홑옷을 두려워하네.

응탕·유정[59]같은 이들은 거의 죽어 마음이 서글프고

소만·번소[60]같은 여인들 있어도 흥은 역시 다했구나.

부디 한가함에 젖은 종전의 습벽을 씻고서

흰머리로 오로지 이 마음의 편안함을 찾으련다.

淸明塞國尙餘寒, 春色何如帝里看?

羈恨每憑詩律破, 病軀猶怯客衣單.

---

56 경포(鏡浦) : 원문은 '감호(鑑湖)'.

57 청명일 : 양력 4월 4일 또는 5일에 드는 절후의 하나. 대개 한식 전날이다.

58 여양(閭陽) : 대릉하(大陵河)에서 조선 쪽으로 65리에 있는 지명.

59 응탕·유정 : 원문은 '응유(應劉)'. 삼국시대 위(魏)나라의 응탕(應瑒)과 유정(劉楨)을
말한다. 왕찬(王粲)·공융(孔融)·진림(陳琳)·완우(阮瑀)·서간(徐幹)과 함께 건안칠자
(建安七子)라고 일컬어졌다. 위 문제(魏文帝)가 태자로 있을 때 이들을 총애하여 동궁
에 불러 놓고 주연(酒宴)을 베풀고 즐겼다.

60 소만·번소 : 원문은 '만소(蠻素)'. 당나라 백거이(白居易)의 두 첩인 소만(小蠻)과 번소
(樊素)를 아울러 부르는 말이다.

應劉略喪懷長愴, 蠻素雖存興亦闌.

願洗從前閑結習, 白頭唯覓此心安.

3-12. 주인 집 벽에 왕소군[61] 그림이 있기에 생각나는 대로 짓는다[主舍壁上有昭君圖漫賦之]

호지(胡地)에는 추위 남아 담비꼬리 귀마개[62]에 업습하고
분칠 지워지고 홍안이 시들어도 교태스럽네.
수심 찬 얼굴은 단청(회화)의 화가를 원망하는 듯하고
느릿느릿 비파 줄 눌렀다가 비벼뜯고 다시 튕귀누나.[63]

胡地餘寒襲珥貂, 粉消紅悴也嬌嬈.

愁容似怨丹青手, 慢撚琵琶撥復挑.

3-13. 내려오는 길에 곧장 반산[64]에 이르러서[從下路直抵盤山]

지친 말의 등에서 광녕성[65]을 손으로 가리키다가

---

61 소군(昭君) : 한나라 효 원제(孝元帝)의 궁녀 왕소군(王昭君). 앞에 나왔다.

62 담비꼬리 귀마개 : 원문은 '이초(珥貂)'. 본래 시중(侍中)·상시(常侍) 등의 관에 장식으로 꽂았던 담비 꼬리로 만든 장식으로, 황제의 근신(近臣)인 환관을 뜻한다. 그러나 여기서는 담비꼬리로 만든 귀마개를 가리킨다고 생각된다.

63 비벼뜯고 다시 튕귀누나 : 원문은 '발부도(撥復挑)'. 백거이(白居易)의 「비파행(琵琶行)」에 "가볍게 누르고 느긋이 뜯으며 튕기고 다시 돋우니 처음에는 예상우의곡을 타다가 뒤에는 육요령을 타네.[輕攏慢撚撥復挑, 初爲霓裳後六么.]"라는 표현이 있다.

64 반산(盤山) : 지금의 천진시(天津市) 계현(薊縣) 서북으로 북경시(北京市) 평곡현(平谷縣) 경계에 닿아 있는 산. 반룡산(盤龍山) 또는 동오대(東五臺)라고도 한다. 앞에 나왔다.

65 광녕성(廣寧城) : 여양역(閭陽驛)에서 조선 쪽으로 40리에 있는 지명. 북진묘(北鎭廟)가 있다. 앞에 나왔다.

비탈길에서 자빠지니 급히 달린 일 후회되네.

나그네길 타향에서 한식 절기를 맞아

하늘 끝의 방초가 고향의 정을 북돋누나.

의무려산[66]은 구름 걷혀 일천 봉우리 드러나고

급간[67]의 맑은 풍모는 백대토록 전하누나.

지난날의 유람지 돌아보다가 허망하여

사행 깃발 재촉해서 고평[68]으로 향하노라.

疲駸背指廣寧城, 仄徑顚欹悔捷行.

客裏□□[69]寒食節, 天涯芳草故鄕情.

醫閭雲捲千峰色, 給諫風傳百代淸.

回首舊遊空入望, 却催征斾向高平.

해설 『사고전서(四庫全書)』에 하흠(賀欽)의 『의려집(醫閭集)』이 들어 있
다. 하흠은 담약수(湛若水)와 함께 진헌장(陳獻章)의 제자이다. 담약수는

---

66 의려(醫閭) : 의무려산(醫巫閭山)의 준말. 일명 육산(六山)·광녕대산(廣寧大山)·여산
(閭山)이라고도 하며, 의무려산(醫巫閭山)의 약칭이다. 만주 요녕성(遼寧省) 북진현(北
鎭縣) 서쪽에 있는 산으로, 음산산맥(陰山山脈)의 지맥이다. 유주(幽州) 광녕우위(廣寧
右衛) 서쪽 5리에 있으며, 중국의 사방을 진압하는 네 개의 큰 산 가운데 하나다.
사산(蛇山)·반산(盤山)·첨산(添山)·백운산(白雲山)·안산(鞍山) 등 12개 산으로 이루
어져 있다. 『독사방여기요(讀史方輿紀要)』 권37 산동(山東) 조 참조. 조선 사신들의
경유지로, '의무려(醫無閭)' 혹은 '어미려(於微閭)' 등으로 쓰기도 하고, 줄여서 '의려(醫
閭)'라고도 표기했다. 앞에 나왔다.

67 급간(給諫) : 명나라 정통(正統, 1435~1449) 연간부터 성화(成化, 1464~1487) 연간까
지 활동한 성리학자 하흠(賀欽, 1437~1510)이다. 자는 극공(克恭)으로 1466년에 진사
에 합격했다. 절강성(浙江省) 정해현(定海縣) 사람인데, 병적(兵籍) 정리를 하는 과정
에서 요동 광녕위(廣寧衛)로 옮겨 왔다가 의주(義州)에 있는 의려산(醫閭山)에 우거(寓
居)하고 호를 의려라고 했다.

68 고평(高平) : 요동성(遼寧省) 반금(盤錦)에 있는 현(縣)이다. 현재 봉천부(奉天府) 반산
현(盤山縣)의 동북방 50리 지점에 있다. 간혹 '고평(高坪)'으로도 적는다.

69 □□ : 원문에 두 글자만큼의 여백이 있다.

"수처(隨處)에서 천리를 체인하라."고 하여 왕양명과 더불어 천하의 강단(講壇)을 주름잡았던 데 비하여, 하흠은 "학문의 요체는 고원(高遠)한 데 있지 않고, 경(敬) 공부를 위주로 하여 놓친 마음[放心]을 수습하는 데에 있다."라고 하여 요동(遼東)에서 심학의 중심이 되었다. 황종희(黃宗羲, 1610~1695)의 『명유학안(明儒學案)』 권5 백사학안(白沙學案)에 들어있다.

3-14. 눈 내리는 것을 무릅쓰며 사령[70]으로 향하다[冒雨雪向沙嶺]

요하 서쪽 2월에 추위가 여전히 괴롭구나
바람 급하여 변방 집 담장에는 눈이 꽃 모양 이루네.
문득 강남의 바람과 햇볕 좋은 풍광이 생각나네
살구꽃이 흰눈처럼 흩날리는 곳이 몇몇 집일까?

遼西二月寒仍苦, 風急邊墻雪作花.
却憶江南風日好, 杏花飄雪幾人家?

3-15. 삼차하[71]에 이르러 겪은 일을 즉흥적으로 노래한다[到三岔河卽事]

평생에 여섯 번 요하[72] 물을 건너
요하의 사계절 바람과 안개를 모두 겪었네.
비와 눈 내리다가 잠깐 개어도 바람은 여전히 높아
도무지 봄 경색이 시의 소재가 되지 않누나.

---

70 사령(沙嶺) : 지금의 북경시(北京市) 창평현(昌平縣) 북쪽 장릉(長陵) 뒤의 고개.
71 삼차하(三岔河) : 봉황성(鳳凰城) 서쪽에 있는 지명. 앞에 나왔다.
72 요하(遼河) : 내몽고(內蒙古)에서 발원하여 요녕성(遼寧省)으로 흐르는 물. 일명 요수(遼水).

平生六涉遼河水, 河上風煙閣四時.
雨雪乍晴風尙峭, 了無春色入吾詩.

진흙길 높은 담장은 말을 타고 가기 어렵고
부교는 수숫대로 묶어 미친 파란을 겨우 막았네.
벌벌 기며 험난한 곳 밟아 나가 깊은 땅에 임했다만
벼슬길과 비교하면 이곳이 조금 더 안전하군.

泥滑危墻並馬難, 浮梁束葦障狂瀾.
兢兢履險臨深地, 若比名途此稍安.

일천 마리 흰 새들은 물결 속에 반짝이고
진 치듯 널려 빙빙 나니 무슨 일로 바쁜가?
너는 물고기를 선망하고 사람은 너를 선망하니
매미는 제 뒤에 당랑이 있다는 걸 모르는 법.[73]

千群白鳥颭波光, 布陣回翔有底忙?
爾自羨魚人羨爾, 不知蟬後有螳蜋.

3-16. 안산[74]을 이별하며[別鞍山]

잘 있거라 안산역아!

---

73 매미는 ~ 모르는 법 : 눈앞의 이익에만 급급하여 바로 뒤에 자기에게 다른 위난(危難)
  이 이르는 것은 알지 못한다는 뜻이다. 『한시외전(韓詩外傳)』에 "느티나무 위에 있는
  매미가 날개를 치며 울고는 맑은 이슬을 마시려고 하지만 당랑이 뒤에서 몸을 구부리고
  움켜 먹으려 하고 있는 줄은 모른다."라고 했다.
74 안산(鞍山) : 요녕성(遼寧省) 요양시(遼陽市) 근처에 있는 산.

다시 올 일은 기약할 수 없구나.

여생에 다시 만나긴 어려우리니

이 길을 다시 차마 생각하랴?

기전(畿甸)의 보리는 이제 겨우 여무는데

숲의 꽃들은 가지에 멍울이 들지 않았네.

버드나무 실가지는 내 구레나룻 닮아서

봄 오자 나를 대해 흰 실을 드리웠네.

好在鞍山驛! 重來不可期.

餘生難再健,[75] 此路更堪思?

甸麥纔含穎, 林花未糝枝.

柳條如我鬢, 春到對垂絲.

3-17. 수산포[76]에 이르러[到首山舖]

행차하여 요양이 가까우매 미간이 펴져

고향의 집과 산에 봄이 돌아온 것 같아라.

연년토록 고향의 꿈에는 길흉이 섞여 있어

고향 소식 이르러 올까 되려 두렵다.

行近遼陽眉眼開, 家山猶得及春回.

逕[77]年鄕夢雜休咎, 却怕故園消息來.

---

75 健 : '逢'의 오기인 듯하다.
76 수산(首山) : 지금의 하북성(河北省) 진황도시(秦皇島市) 동북 쪽에 있는 산.
77 逕 : '經'의 오기이다.

3-18. 요동에 이르러 집에서 온 편지를 받아보니 조카 허친이 과거에 급제했다[78]고 하므로 기쁨을 기록한다[到遼東見家書猶子案登第云 志喜]

니금[79]으로 알리는 소식이 요양에 이르렀기에

연산에도 계수나무가 향기 띤 것을 알리노라.

선조께서 경복을 흡족히 끼치셔서

아이들에게 서향(書香)을 잇게 했다고들 말하네.

몸가짐과 평소 뜻이 안온하고 배부름[80]에 있으랴?

자식 교육의 유풍이 의방(義方)[81]에서 족하도다.

가업 잇고 어버이 드러내어 일을 잘 마쳤지만

급제 하나 과시하려고 술잔 머금지는 말아라.

[조카 허친이 술을 좋아하기에 끝구에서 경계한 것이다.]

泥金喜信到遼陽, 爲報燕山桂又芳.

---

78 조카 허친이 과거에 급제했다 : 원문은 '유자 친 등제(猶子案登第)'이다. '유자'는 조카라는 뜻이다. 조카 허친(許案)은 허봉(許篈)의 아들로, 자는 종지(宗之)이다. 집을 '통곡헌(慟哭軒)'이라 하여 허균이 기(記)를 써 준 일이 있다. 1583년(선조 16, 계미) 출생하여 1606년(선조 39, 병오)에 생원이 되고, 1615년(광해군 7, 을묘) 알성 문과(謁聖文科)에 병과로 급제했다. 벼슬은 북도평마사(北道評馬事)에 그쳤다.

79 니금(泥金) : 금분(金粉)으로 바름. 여기서는 금분으로 발라 장식한 서신인 금첩(金帖), 즉, 대과에 급제한 소식을 말한다. 당나라 때 새로 급제한 사람이 가서(家書)에 이금첩(泥金帖)을 첨부해서 등과(登科)의 소식을 전하던 데서 온 말이다.

80 안온하고 배부름 : 원문은 '온포(溫飽)'. 왕증(王曾)이 등제했을 때 유자의(劉子儀)가 장난삼아 "세 시험에서 장원했으니, 입고 먹는 데 끝이 없겠네.[狀元試三場, 一生喫著不盡.]"라고 하자, 왕증이 정색하며 "나의 평소의 뜻은 따뜻하고 배부른 데 있지 않네.[曾平生之志, 不在溫飽.]"라고 했던 일을 말한다. 『송명신언행록(宋名臣言行錄)』 전집(前集) 권5 「왕증기국문정공(王曾沂國文正公)」 참조.

81 의방(義方) : 『춘추좌씨전(春秋左氏傳)』 은공(隱公) 3년 조에, 위(衛)나라 장공(莊公)의 아들 주우(州吁)가 오만방자하게 굴자, 현대부(賢大夫) 석작(石碏)이 장공에게 "자식을 사랑하되 그를 의로운 방법으로 가르쳐서 사악한 길로 빠져들지 않게 해야 한다.[愛子, 敎之以義方, 弗納於邪.]"라고 충간한 말이 있다.

共道先人流慶洽, 遂令兒輩繼書香.

持身素志寧溫飽? 敎子遺風足義方.

紹業顯親能事畢, 休誇一第着啣觴.

[案喜飮, 故末句戒之.]

해설 허친(許宷)에게는 형으로 허채(許寀, 1576~)가 있었다. 허채는 사헌부 감찰을 지냈고 1610년(광해군 2) 진사시에 합격했다[1610년(광해 2) 경술(庚戌) 식년시 진사 2등 14위(19/100)]. 자는 군협(君協)이다. 『광해군일기』에 보면 광해군 10년 무오(1618) 허균의 반역 옥사가 성립되었을 때 9월 4일(기축) 허채와 허친이 공초한 기록이 있다. 허채는 연좌율을 면했으나, 1630년(인조 8) 10월 26일(신미) 의빈부 도사(儀賓府都事)의 직에서 파직되었다.

한편 허친에 대해서는 허목이 『기언』 별집 제17권에 「허 박사(許博士) 비음기(碑陰記)」를 남겼다. 한국고전번역원 제공의 번역문을 참고하면 다음과 같다.

"공의 휘는 친(宷), 자는 종지(宗之)이며, 성은 허씨로 양천(陽川)이 본관이다. 증조부 한(澣)은 남모르게 덕을 베풀어 훌륭한 행실이 세상에 알려지지 않았다. 조부 엽(曄)은 경상도 관찰사를 지냈으며, 부친 봉(篈)은 홍문관 전한(弘文館典翰)을 지냈다. 모친은 종실 이씨로 창수(倉守) 우빈(遇賓)의 따님이다. 공은 만력 11년 계미년(1583, 선조 16) 12월 26일에 태어났다. 34년 병오년(1606, 선조 39) 가을에 생원시에 합격했고, 43년 을묘년(1615, 광해군 7)에 알성시(謁聖試)에 제4인[82]으로 급제했으나 시의(時議)에 거슬려 이듬해가 되어서야 성환도 찰방(成歡道察

---

82 『문과방목』에는 을묘 알성시 병과 2위(05/08). 표(表): 한정균사행기제사상서록(漢鄭筠謝幸其弟賜尙書祿), 장원급제 권계(權脊).

訪)으로 처음 제수되었다. 무오년의 옥사[1618년, 광해군 10, 허균의 반역 옥안]가 일어나 온 집안이 화를 당하게 되었을 때 공은 사천(泗川)으로 유배갔다. 사천은 남해의 궁벽한 지역으로 서울과 천리나 떨어져 있는 곳이었다. 연로한 모부인이 차마 아들과 떨어지지 못하고 유배지로 따라 갔으나 4년 만에 별세하였다. 2년이 지나 인조가 반정에 성공하여 죄수들을 대대적으로 석방할 때 공도 석방되었고, 이로 인해 성주(星州) 지방을 떠돌아다녔다. 상기(喪期)를 마치고 성균관 박사에 제수되었으나 당시에 공의 병이 매우 악화되어 사은(謝恩)을 하고 곧바로 돌아왔다. 그해에 다시 북도 병마평사(北道兵馬評事)에 제수되었으나 부임하기도 전에 별세하고 말았으니, 을축년(1625, 인조3) 정월 19일, 공의 나이 43세였다. 처음에는 인동(仁同)의 소학산(巢鶴山) 아래에 안장하였다가 36년이 지난 경자년(1660, 현종 원년)에 원주(原州)의 노수(蘆藪)에 있는 조모 김씨 부인의 묘지 서쪽 축향(丑向)의 언덕에 반장(返葬)하였다. 공은 성품이 고결하고 소탈하며 우스갯소리를 잘했다. 불행히도 집안이 패망하여 바닷가로 귀양을 가게 되자 무료함을 달래려고 날마다 술을 마시면서 회포를 풀었다. 대부인이 별세하고 수년 뒤에 공이 마침내 성주에서 객사하니, 사람들이 모두 공의 궁한 운명을 슬퍼했다. 아! 공이 비록 말은 하지 않았지만 허씨 집안이 반드시 패망하리라는 것을 미리 알고서 일찌감치 변란에 대처하는 방법을 터득하고 있었다. 그래서 이 때문에 더 큰 화가 미치지 않았던 것이다. 숙인(淑人) 전의 이씨(全義李氏)는 예천 군수(醴泉郡守) 충가(忠可)의 따님이다. 공이 별세한 후 30년이 지난 갑오년(1654, 효종5) 4월 24일에 67세로 별세하였고, 노수에 합장되었다. 딸 둘에 아들 하나를 두었다. 사위는 연원도 찰방(連原道察訪) 이도장(李道章)과 사인(士人) 김요립(金耀立)이며, 아들 징(徵)은 진사이다."

3-19. 냉정[83]에 묵으며[宿冷井]

네 번이나 왕명 받아 요양에 들어오니
여덟 번 사행 수레 이 집에서 머물렀네.
어린 여종이 자식 낳아 어미 된 것 이제 보고
어린 송백 심더니만 담장보다 훨씬 크군.
세월이 가만히 바뀌어 나는 늙어가니
옛날 일 돌아보면 행적이 반나마 황당하다.
벼슬살이 23년[84]은 참으로 한 꿈이고
이 몸이 살아있어도 구레나룻이 서리같구나.
['빈여상(鬢如霜)'이 이본에는 '의감상(意堪傷)'으로 되어 있다. – '마음이 너무
도 서글프다.'로 번역된다.]

四啣君命入遼陽，八卸征輪宿此莊.
見弄小妮今抱子，看栽稚栢已過墻.
流光暗換吾將老，舊事回思迹半荒.
二十三年眞一夢，是身雖在鬢如霜.

['鬢如霜'：一作意堪傷.]

3-20. 연산관[85](連山關)

서너 치 울타리가 앞 언덕에 기대 있고

83　냉정(冷井) : 일명 왕보대(王寶臺). 연산관(連山關)에서 북경(北京) 쪽으로 110리
　　(44km)에 있다.

84　이십 삼년(二十三年) : 허균이 26세인 1594년(선조 27)에 문과에 급제한 이후 이
　　시를 짓던 1616년(광해군 8)까지를 가리킨다.

85　연산관(連山關) : 초하구(初河溝)에서 북경 쪽으로 28리에 있다.. 옛날의 아골관(鵶鶻

땅이 외져 얼음이 여태 냇물을 막고 있네

닭장과 돼지우리는 이제 열 지어 있고

손수레로 밭 갈고 땅에 불 놓아 비로소 밭 일구네.

천자 은택이 궁발[86]까지 뻗은 시기

변방 백성을 오래오래 짐 벗고 쉬게 하누나.

술 걸러 마시며 황제의 공력[87]을 노래하니

변새 지역이 유독 해마다 풍년을 맞이하네.

數村籬落靠坡前, 地僻寒氷尙塞川.

鷄柵豕圈初列格. 輂畬燔壤始治田.

正逢聖澤覃窮髮, 遂使邊氓久息肩.

釃酒家家謠帝力, 塞垣偏値屢豊年.

3-21. 길에서 두 사람의 창기를 만났는데 흙덩이를 가지고 군관 최율에게 던져 그를 때렸으므로 장난삼아 절구 세 수를 짓다[路逢二娼以土塊擊軍官崔嵂 戲賦三絶]

국경지대 계집은 얼굴이 붉은 옥반같고

활처럼 흰 신발[88]에 수슬 달린 단령 차림으로 뒤뚱뒤뚱.

사람 만나 외쳐대는 말 알아듣기 어려운데

關)이다.

86 궁발(窮髮) : 초목이 나지 않는 북극 지방을 뜻한다.

87 황제의 공력 : 원문은 '제력(帝力)'. 요(堯) 임금 때에 노인이 지었다는 「격양가(擊壤歌)」에 "해가 뜨면 일어나고 해가 지면 쉬면서 내 우물 파서 물을 마시고 내 밭을 갈아서 밥을 먹나니, 임금의 힘이 나에게 무슨 상관이 있겠는가?[日出而作, 日入而息, 鑿井而飲, 耕田而食, 帝力於我何有哉?]"라고 한 데서 온 말이다. 『열자(列子)』「중니(仲尼)」 참조.

88 활처럼 흰 신발 : 원문은 '궁혜(弓鞋)'. 앞뒤가 뾰족하고 활처럼 휘어진 신발로, 주로 전족한 한족 여인들이 신던 것이다.

웃으며 둥근 진흙덩이 쥐고 말 안장을 때리네.

塞婦顔如禎玉盤, 弓鞋繡領竝蹣跚.

逢人欲語嗔難解, 笑握泥團打馬鞍.

최율의 풍모 운치는 남보다 뛰어나서

창부들로 하여름 추파를 쏟게 만들지.

유여(사곤)[89]의 해학스런 재담이 아니거늘

되려 진흙덩이 내던져 베틀 북을 대신하네.

崔郞風韻較人多, 能使娟兒注眼波.

非是幼輿調謔語, 却抛泥塊替飛梭.

호인(胡人) 여성은 재주와 외모가 그저그래서

명창 나오는 낙양[90] 기녀만 같지 않기에,

귤 던져도 반악[91]이 돌아보지는 않을 터

고작 자갈 품고 최율 군관 엿보는 게지.

胡姬才貌亦尋常, 不比名謳出洛陽.

擲橘未應潘令顧, 只堪懷礫伺崔郞.

---

89 유여(幼興) : 진(晉)나라 때 죽림칠현(竹林七賢)의 한 사람인 사곤(謝鯤). 자가 유여이
    다. 사곤이 이웃에 사는 고씨(高氏) 집 딸에게 희롱을 걸자 그 여자가 화가 나 북을
    던져 사곤의 이빨 두 개가 부러졌다. 사람들이 "제멋대로 굴기를 마지않다가, 유여는
    이가 부러졌다네!" 했지만, 사곤은 "그렇더라도 나는 휘파람 불면서 노래하기를 그만두
    지는 않을 것이다."라고 했다. 『진서(晉書)』 「사곤전(謝鯤傳)」 참조.
90 낙양(洛陽) : 지금의 하남성(河南省) 낙양시(洛陽市). 동한(東漢)과 삼국시대 위(魏),
    서진(西晉)과 북위(北魏)의 수도(首都)이어서 때로는 서울을 이른다.
91 반악 : 원문은 '반령(潘令)'. 서진(西晉) 때의 문인이었던 반악(潘岳)을 말한다. 반악의
    자는 안인(安仁)이며, 반황문(潘黃門)이라고도 불렀다. 용모가 아름다워 젊은 시절 밖
    으로 나가면 여인들이 너도나도 과일을 던지며 유혹하여 수레에 가득 싣고 돌아올
    정도였다고 한다. 『진서(晉書)』 「반악열전(潘岳列傳)」 참조.

3-22. 초하[92] 길에서[草河道中]

봄 진흙이 햇볕에 다 마르고 바위 뾰족한데
물줄기가 어지러이 뒤섞여 말이 더디 건너네.
낮 시간은 길어지고 행로는 절로 먼데
고향 산이 장차 가까워져 기뻐하며 의심하네.
언덕에 풀 돋아나자 소가 먼저 알아차리고
음지 골짝에는 꽃이 오무러져 나비가 모르네.
초하[93]를 다 건너도 해가 아직 저물지 않아
시내 건너 아지랑이 속 실버들 금실이 하늘거리네.

春泥曝破石尖危, 亂水交流馬渡遲.
日咎漸長行自遠, 鄕山將近喜還疑.
平坡草苗牛先覺, 陰谷花緘蝶不知.
過盡楚河天未夕, 隔溪烟柳弄金絲.

3-23. 밤에 최가장[94]에 묵었는데, 꿈에 서 장안문 밖에 나아갔다가 관복의 일로 수보 방공[95]에게 하소연하자 방공이 '이미 복본에 급여라고 표했으니 번거롭게 말고 물러나라'고 했으므로, 깨어나 기록한다[夜宿崔家庄 夢詣西長安門外 以冠服事 訴於首輔方公 言已於覆本票給 勿煩而退云[96] 覺而紀之]

---

92 초하(草河) : 연산관(連山關)에서 조선 쪽으로 30리에 있는 지명. 조선후기 연행록에서는 '초하구(草河口)'로 나온다. 석우(石隅)까지 15리, 통원보(通遠堡)까지 29리이다
93 초하(楚河) : '草河'의 오기인 듯하다. 혹은 '괴로울 초(楚)'의 뜻을 살리려고 글자를 바꾸었는지 모른다.
94 최가장 : 초하구의 숙소인 듯하다.
95 방공(方公) : 방종철(方從哲, ?~1628), 자는 중함(中涵).

꿈에 서궐의 극문(戟門)⁹⁷앞으로 달려가
함옹⁹⁸이 전하는 길상의 말을 친히 들었네.
"왕비의 적복을 당에서 복급(覆給)하라고 표(票)를 내렸고
은총의 글이 각별한 성은에서 나왔다"고.
이 천한 사신의 충성이 간절하다고 말하지 말라.
본디 우리 국왕의 효념(孝念)이 전일했던 것이로다.
어명 띠고 다시 오는 일을 어이 감히 하랴?
완전한 예전(禮典)은 명년에 있으리라 점칠 뿐.

夢趨西闕戟門前, 親聽涵翁吉語傳.
翟服已票堂覆給, 寵章元出聖恩偏.
莫言賤价忠誠切, 自是吾王孝念專.
啣命再來臣豈敢? 只占完典在明年.

해설 이 시의 방공은 방종철(方從哲)이다. 북직례(北直隷) 순천부(順天府) 대흥현(大興縣)[지금의 북경] 사람으로, 조적(祖籍)은 절강성(浙江省) 호주부(湖州府) 덕청현(德淸縣)[지금의 절강성(浙江省) 덕청현]이다. 명나라 만력(萬曆)·태창(泰昌) 연간에 내각수보(內閣首輔)를 지냈다. 1583년(만력 11) 진사에 급제하고 서길사(庶吉士)가 되었으며, 한림원편수(翰林院編修), 국자제주(國子祭酒), 이부좌시랑(吏部左侍郎)을 역임하고, 만력 말에 내각수보가 되었다. 1628년(崇禎 元年) 졸했다. 태부(太傅)에 추증되었고, 시호는 문단(文端)이다.

---

96 필사본에 '玄'으로 되어 있으나 '云'의 오자인 듯하다.
97 극문(戟門) : 화극문(畫戟門). 화극은 채색으로 꾸민 창(槍)을 가리키는데, 본디 관아(官衙)의 문에는 화극을 벌여 세우므로, 전하여 관아를 뜻한다.
98 함옹(涵翁) : 명나라 내각수보 방종철. 자가 중함(中涵)이므로 함옹이라고 했다.

3-24. 또 꿈을 기록하다[又記夢]

이 같은 풍미는 광한궁[99]의 그것이라
노을이 봄 기틀을 물들여 붉은 비단을 직조했네.
반드시 복사꽃이 먼저 열매를 맺지는 않으리라
나무 끝을 새벽 오경 바람아 겁박하지 말아다오.

這般風味廣寒宮, 霞染春機織得紅.
未必桃花先結子, 樹頭休劫五更風.

3-25. 탕참[100] 길에서[湯站道中]

첩첩 산에는 쇠잔한 성가퀴가 종횡하여
천고의 흥망 역사에 감개하게 되누나.
동부의 대인들이 그 자취 남겼지만
차가운 아지랑이에 거주성[101] 풀들이 시들었구나.

亂山殘堞尙縱橫, 千古興亡感慨情.
東部大人餘舊迹, 寒烟衰草莒州城.

쌍천[102]을 다 건너자니 얼굴 수심 펴지니

---

99 광한궁(廣寒宮) : 달에 있는 궁전. 일명 월궁전(月宮殿). 광한부(廣漢府).
100 탕참(湯站) : 유전(柳田)과 총수참(葱秀站)의 사이에 있는 지명. 지금의 요녕성(遼寧省)
     단동시(丹東市)에서 북경 쪽으로 약 60리에 있다. 동팔참(東八站)의 하나이다. 최덕중(崔
     德中)『연행록(燕行錄)』의 「일기(日記)」 중 1712년 기록에 요동의 낭자산(狼子山) · 첨수
     참(甛水站) · 연산관(連山關) · 통원보(通遠堡) · 송참(松站) · 봉성(鳳城) · 탕참(湯站) · 구
     련(九連)을 동팔참이라 했다.
101 거주성(莒州城) : 지금의 산동성(山東省) 거현(莒縣). 금(金)나라에서 설치했다.
102 쌍천(雙川) : 일명 쌍하(雙河). 요녕성(遼寧省) 서풍현(西豊縣) 서남쪽을 흐르는 시내.

8월에 집을 떠나 2월에 돌아가누나.

본국이 가까워 옴을 마상에서 보다가

나무숲 저편으로 봉황산[103]을 먼저 알아보노라.

霍川涉盡破愁顔, 八月離家二月還.

馬上漸看鄕國近, 隔林先識鳳凰山.

3-26. 송골산[104]을 지나며[過松鶻山]

용만에서 보면 늘 드높이 푸르러

이 송골산을 대하여 주인과 손님이 되었지.

만리 길 돌아와서 첩첩 봉우리를 보니

의연히 고향 사람을 만난 듯하여라.

龍灣每眺碧嶙峋, 坐對玆山作主賓.

萬里歸來看疊岫, 依然如値故鄕人.

봄날 진흙길은 쭈그러져 말이 가기 어려우나

오랜 나그네는 귀향을 서둘러 한가한 틈 없구나.

2월이 저물어 화신풍[105] 급하고

저녁 바람이 비를 불어 앞 산을 지나가네.

---

103 봉황산(鳳凰山) : 요녕성(遼寧省) 봉성현(鳳城縣) 동남에 있는 산.

104 송골산(松鶻山) : 탕참(湯站)을 떠나 의주(義州)로 돌아올 때 유전(柳田) 다음에 있다. 이곳을 떠나 세천(細川), 금석산(金石山), 망강사(望江寺)를 거치면 압록강에 이른다.

105 화신(花信) : 꽃 소식은 흔히 '화신풍(花信風)'이라 하는데, 1년 24절기 중 소한(小寒)부터 곡우(穀雨)까지 4개월의 8절기 동안 24번 바람이 바뀌어 '이십사번풍(二十四番風)'이라 부르기도 한다. 이 중 살구꽃을 피우는 '행화풍(杏花風)'은 입춘(立春)과 경칩(驚蟄) 사이인 우수(雨水) 절기에 분다. 앞에 나왔다.

春泥半皺馬行艱, 久客催歸不暫閑.
二月已闌花信急, 晚風吹雨過前山.

3-27. 길에서 우레와 비를 만나다[道逢雷雨]

가고가서 고국이 가까워지나
봄 그늘 울울하여 아직 안 열렸네.
일천 산에 급한 비는 쏟아져 날고
큰 들판에 잦아드는 우레는 우렁우렁.
하늘의 뜻은 원래 사물을 낳음이니
길을 가다 보면 장차 먼지가 씻기리라.
나무숲 꽃이 모름지기 일찍 피어나리니
허리의 북[106]으로 재촉하진 말아라.

故國行將近, 春陰鬱未開.
千山飛急雨, 大野殷殘雷.
天意元生物, 征途且洗埃.
林花需早發, 腰鼓莫相催.

---

106 허리의 북 : 원문은 '요고(腰鼓)'로, 양쪽 머리 부분이 크고 가운데가 잘록한 북이다.
큰 것은 기와로 되어 있고, 작은 것은 나무로 되어 있다. 여기서는 갈고(羯鼓)를 말한다.
갈고(羯鼓)는 갈족(羯族)의 북이다. 당나라 현종(玄宗)이 갈고를 좋아하여 내정(內庭)
의 난간에 앉아 갈고를 칠 때 뜰아래에 버들 꽃과 살구꽃이 막 피고 있었는데, 현종이
그것을 가리키고 웃으면서 궁인(宮人)에게 말하길, "이 한 가지 일은 나를 조물주라
불러야 하지 않겠느냐?"했다. 여기에서 갈고를 쳐 꽃이 피기를 재촉했다는 고사가
생겼다. 『구당서』「음악지(音樂志)」참고. 또 당 현종이 화악루(花萼樓) 아래에서 이
북을 두드려, 그 곡조가 끝나면 근처의 꽃들이 일시에 피었다고 한다. 당나라 때 남탁
(南卓)이 쓴 『갈고록(羯鼓錄)』에 이야기가 전한다.

3-28. 망강사[107]를 지나며 지난번의 '연(筵)'자 운[108]을 쓰다[過望江寺 用前筵字韻]

소사[109]는 지난날 유람한 곳

향대(香臺)가 반공에 솟아 있네.

높은 봉우리는 아침 해가 먼저 떠오르고

그윽한 골짜기는 지난 밤 구름 이어 있다.

먼지 들쓰고 속박당하여 한스러워라

누가 장차 묘법을 전해줄 것인가?

무슨 인연으로 승경의 지난 모임을 이어

시와 술로 잔치 다시 여는지?

蕭寺曾遊地, 香臺在半天.

高峰初日上, 幽谷宿雲連.

恨被塵勞縛, 誰將法妙傳?

何緣追勝集, 詩酒更開筵?

---

107 망강사 : 압록강 건너 의주의 대안에 있는 절이다.

108 1-2「지난 해 압록강을 건너는 날 구 유융[구탄(丘坦)]이 망강사 연회에 초청하시기에 시를 지어 드렸는데, 금년에 또 사신으로서 다시 압록강을 건너게 되니 구공이 무예 시험의 일로 힐책 공문을 받고 요양으로 가서서 옛 모임을 이을 수 없게 되었으므로 느낌이 있어 짓다[客歲過江之日 丘遊戎邀宴望江寺 賦詩相贈 今年又使价再涉鴨江 則丘公以試武擧蒙臺檄 往遼陽 不獲屬舊會 感而賦之]」시를 말한다. 앞서 김중청의 시가 칠언율시였던 데 비하여 허균이 이 시는 오언율시이고, 운자도 평성 제1 先운으로 '筵'자를 골랐다.

109 소사(蕭寺) : 사찰. 남조(南朝) 양(梁) 무제(武帝)가 사찰을 짓고 나서 자기의 성씨인 소(蕭) 자를 크게 써서 붙이게 한 일이 있어, 사찰의 뜻으로 쓰였다. 여기서는 망강사(望江寺)를 말한다.

3-29. 3월 초하루 돌아와 압록강을 건너며 처음 강을 건널 때 지어서 걸었던 정자 시[110]의 운을 써서[三月初一日回渡江 用初渡江亭子韻]

구르는 해는 황금색 깃발 밝혀 주고
잔잔한 물결 위로 그림 배 달려가네.
제잠[111] 모양 우리나라는 큰 은택이 유별나고
먹색 까마귀는 중국 바깥 선향의 징표로다.
음악 연주로 피리소리 은은하고
오리와 백로 떼는 물가에 흩어져 있네.
옛 사람을 만나보는 듯하기로는
통군정[112]만 그러하여라.

日轉明金斾, 波平進畵舲.
鯷岑偏渥澤, 鴉墨自殊庭.
鼓樂傳微吹, 鳧鷺散極汀.
如逢故人面, 獨有統軍亭.

• 2월 초3일부터 3월 초하루까지 시는 50수이다.[自二月初三月初一日. 詩凡五十首.]

---

110 1-1 「9월 6일 압록강을 건너며[九月初六日渡鴨江]」를 말한다.
111 제잠(鯷岑) : 우리나라를 가리킨다. 『성호사설』 「제잠(鯷岑)」에 "『한서(漢書)』에 '회계해 (會稽海) 밖에 동제학(東鯷壑)이 있으니 그 지역을 나누어 20여 국이 되었고, 세시(歲時)가 되면 와서 조공(朝貢)을 바쳤다.' 했고, 좌사(左思)의 「제도부(齊都賦)」에 '그 동쪽에는 창명(滄溟)과 제학(鯷壑)이 있으니, 그 바다는 넓고 넓어 이루 헤아릴 수 없다.' 했다. 제(齊)의 동해(東海) 밖에는 오직 우리나라가 있을 뿐이다. 제(鯷)의 일명은 점(鮎)이요, 일명은 언(鰋)이니 곧 메기이다. 머리는 크고 꼬리는 작으며 등은 검푸르고 비늘이 없으며, 침이 많고 머리는 넓적하며 두 눈은 위로 붙었고 넓적한 배로 땅에 붙어 사는 고기니, 지금은 못에 많이 있다. 제잠은 제학으로 인하여 이름을 붙이게 된 것이다."라고 했다.
112 통군정(統軍亭) : 의주(義州)의 압록강 가에 있는 정자.

을병조천록 4부

(1616.3월 중)

4-1. 용만¹ 객지의 밤에 짓다[龍灣客夜作]

반금당²에서 밤새 끙끙 앓아
고운 먼지가 화려한 처마에서 일어나도³ 어쩌랴?
병 앓고 일어난 후 운우의 꿈⁴조차 못 이루고,
백옥루의 명월만 수정 발 안을 비추네.

伴琴堂裏夜憫憫, 無那芳塵隔畫簷?
病後不成雲雨夢, 玉樓明月水晶簾.

---

1 용만(龍灣) : 지금의 의주(義州). 원래는 평안도 용천(龍川)의 옛 이름이었으나, 뒤에
   의주(義州)에 붙었다. 중국 땅에서 의주로 가려면, 초하동(草河洞)에서 팔도하(八渡河)
   를 거쳐 삼강(三江)을 지나 의주에 닿게 된다.
2 반금당(伴琴堂) : 용만(龍灣, 의주)에 있는 숙소이다. 허균은 1616년 3월 3일 저녁 이곳
   에서 『을병조천록』의 서문을 짓게 된다.
3 고운 ~ 일어나도 : 아름다운 노래 소리가 일어난다는 뜻이다. 진(晉)나라 육기(陸機)의
   시 「의동성일하고(擬東城一何高)」에, 한(漢)나라 사람 우공(虞公)이 "한 번 노래를 부
   르면 사람들 모두가 탄식하고, 두 번 노래를 부르면 들보 위의 먼지도 진동하며 날렸
   다.[一唱萬夫嘆, 再唱梁塵飛.]"라는 말이 나온다.
4 운우의 꿈 : 원문은 '운우몽(雲雨夢)'으로, 남녀의 교정(交情)을 말한다. 전국시대 초(楚)나
   라 송옥(宋玉)의 「고당부서(高唐賦序)」에 관련 이야기가 나온다. 초나라 왕이 고당에서
   낮잠을 자는데, 꿈에 한 여인이 와서, "저는 무산(巫山)의 여자로서 고당의 나그네가
   되었는데, 임금님이 여기에 계신다는 소문을 듣고 왔으니, 원컨대 침석(枕席)을 같이해
   주소서." 하므로, 하룻밤을 같이 했다. 이튿날 아침에 그 여인이 떠나면서, "저는 무산의
   양지쪽 높은 언덕에 사는데, 매일 아침이면 아침 구름이 되고 저녁이면 내리는 비가
   됩니다.[旦爲朝雲, 暮爲行雨.]"라고 했다. 『문선(文選)』 「고당부(高唐賦)」 참조.

4-2. 고진강[5](古津江)

평생에 몇 번 고진강을 건넜던가?
번번이 맑은 파도에 그림배를 띄웠지.
이십 년전[6] 이별하던 땅
기슭 모래밭에는 물새만 쌍쌍이 나누나.

平生幾涉古津江? 每向淸波泛畵艭.
二十年前離別地, 岸沙鷗鷺獨雙雙.

4-3. 차련관[7]에서 황규양[8] 운[9]을 가지고 지어서 쌍정 상인[10]에게 드리다
[車輦館用黃葵陽韻贈雙晶上人]

묏부리의 초가 암자는 푸른 솔에 들러싸이고
한 조각 찬 구름이 바위 봉우리를 가려두었다.

---

5 고진강(古津江) : 지금의 평안북도 의주(義州) 동남 36리를 흐르는 강. 천마산 등 세
곳에서 흘러나와 압록강으로 흐른다. 서장관 강기수(姜耆壽)가 익사했으므로 서장강
(書狀江)이라고도 한다. 『신증동국여지승람(新增東國輿地勝覽)』 권53 「평안도」 참조.
6 이십 년전 : 허균은 29세 때인 1597년(선조 30) 정유재란이 일어났을 때, 원군을 청하는
변무사(辨誣使)의 서장관으로 연경(燕京)을 다녀왔다. 당시 가희(歌姬)와 이별하던 일
을 회상한 듯하다.
7 차련관(車輦館) : 구 평안북도 철산군(鐵山郡)에 딸린 차련역(車輦驛)의 객관(客館).
연행로(燕行路)에 위치했다.
8 황규양(黃葵陽) : 명나라 문신 황홍헌(黃洪憲). 규양은 그의 호. 자는 무중(懋中). 융경
(隆慶) 연간의 진사(進士)이다. 1582년(선조 15) 한림원 편수(翰林院編修)로서 우급사
중(工科右給事中) 왕경민(王敬民)과 함께 황자(皇子)의 탄생을 알리는 조서를 반포하
러 온 일이 있다. 저술로 『조선국기(朝鮮國紀)』・『벽산학사집(碧山學士集)』・『옥당일초
(玉堂日鈔)』・『유헌록(輶軒錄)』 등이 있다.
9 황규양 운 : 황홍헌(黃洪憲)의 시 「차련관의 반송[車輦館蟠松]」을 말한다.
10 쌍정 상인(雙晶上人) : 미상.

빈 숲 쉴 자리에는 오는 손님 없고
외진 길 거쳐가니 이끼가 수북하네.
나는야 벼슬살이[11]에 마음 식어 홀로 장왕(長往)하여
연하 강산과 어울려선 흥이 절로 짙어라.
스님은 군지[12] 들고 서쪽으로 달려 가더니
모래밭에서 혀 놀려 용을 항복시킬[13] 주문을 외네.

茅菴依崦匝靑松, 一片寒雲鎖石峰.

宴坐空林無客到, 經行幽逕有苔封.

灰心軒冕身孤往, 托契烟霞興自濃.

携得軍持西邁處, 沙頭彈舌呪降龍.

해설 명나라 한림원 편수 황홍헌(黃洪憲)이 1582년(선조 15) 차련관에
서 지은 칠언율시「차련관의 반송[車輦館蟠松]」이『황화집(皇華集)』권
35에 수록되어 있다. "거련관에 수레 멈추고 반송 아래 쉬노라니, 일만
골짝에 솔바람소리 뭇 봉우리에 울려난다. 중원에서 하나라 사궁(社宮)
에 의지하지 않았으니, 마치 이역에서 진 시황의 작위 수여를 피하려
고 하는 듯하네. 구불구불한 가지에는 푸른 비늘이 해묵었고, 무성하
게 드리운 솔잎은 취대처럼 짙어라. 들건대 오래 먹으면 장수한다고
하니, 모룡(茅龍)을 걸터 탄 영녀 농옥(弄玉)이 어이 없으랴?[停車車輦憩
蟠松, 萬壑松濤吼亂峰. 不向中原依夏社, 若爲殊域避秦封. 虯枝夭矯蒼鱗古, 羽

---

11 벼슬살이 : 원문은 '헌면(軒冕)'으로, 벼슬아치가 사용하는 수레와 면류관이다.『장자』
「선성(繕性)」에 "헌면이 몸에 있는 것은 본래 성명처럼 내 몸에 있는 것이 아니고, 외물
이 뜻밖에 우연히 와서 잠시 붙어 있는 것이다.[軒冕在身, 非性命也, 物之儻來寄者也.]"
라고 했다.

12 군지(軍持) : 물병. 범어(梵語)의 음역으로 군지(君遲)·군치가(裙穉迦)라고도 한다. 천
수관음(千手觀音) 40수(手) 중의 군지수(軍持手)가 들고 있는 병이라는 뜻이다.

13 용을 항복시킬 : 용을 항복시키는 것은 독룡(毒龍) 즉 욕심을 막는다는 뜻이다.

蓋扶疎翠黛濃. 聞道久餐能駐世, 豈無瀛女跨茅龍?]" 허균은 황홍헌과 같은
운자를 사용하여 역시 칠언율시로 지었다.

4-4. 왕구경은 촉땅 사람인데 우리나라에 머물러 용천과 철산 사이에
붙여 살고 있으면서 몹시 가난하여 어쩌지 못하고 있었는데, 마침
철산의 객관 차련관에서 만났기에 안타까워서 지어 준다[王九經 蜀人
也 留在本國 寓居龍鐵之間 貧不自聊 適相遇於車輦 憫而賦贈]

막료의 서기가 일찍이 훨훨 날아
조선 땅[14]에 떠돈 지 어언 스무 해.
고국에 돌아가는 길은 이제 막혀서
이향에서 근근이 연명하다니 애처로워라.
민강[15]에서 해동으로 잉어가 전하는 서찰[16]은 끊어졌네.
검각[17]은 구름을 뚫고 조도[18]는 공중에 매달린 그곳.

---

14 조선 땅 : 원문은 '기봉(箕封)'이다. 기자(箕子)가 봉해진 땅이라고 해서 우리나라를
   가리킨다. 『사기』 「송미자세가(宋微子世家)」에 보면. 기자가 주 무왕(周武王)의 봉함
   을 받고 백마를 타고서 조선으로 왔다고 한다.
15 민강(岷江) : 지금의 사천성(四川省) 송번현松潘縣)을 흐르는 강. 사천성 민산(岷山)에서
   발원한다. 왕구경이 촉땅 사람인데 동쪽 우리나라에 흘러 들어왔으므로 집에서 오는
   서찰이 오지 않는 것을 민강에서 해동으로 잉어가 전하는 서찰이 오지 않는다고 표현했다.
16 잉어 전하는 서찰 : 원문은 '인서(鱗書)'. 잉어가 전하여 주는 서찰이란 말이다. 「고악부
   (古樂府)」에 "먼 데서 온 손이 나에게 잉어 두 마리를 주었네. 동자(童子)에게 시켜
   잉어를 삶으니, 뱃속에서 척서(尺書)가 나왔네."라고 한 데서 온 말이다.
17 검각(劍閣) : 사천성(四川省) 검각현(劍閣縣)에 있는 관문의 이름. 장안(長安)에서 촉(蜀)
   으로 들어가는 길목에 위치해 있는데, 검각현의 북쪽으로 대검(大劍)과 소검(小劍)의
   두 산 사이에 잔교(棧橋)가 있는 요해처이다. 잔교가 각도처럼 통하므로 검각이라고
   한다.
18 조도(鳥道) : 새만이 다닐 수 있을 정도의 험준하고 좁은 산길. 이백(李白)의 시 「촉도난
   (蜀道難)」에 "서쪽으로는 태백산을 당하여 조도가 있으니, 아미산 꼭대기를 가로지를

하늘 밖의 금성[19]은 꿈에서나 그릴 테니

이승에선 영구히 완화계[20] 뱃놀이를 저버리겠군.

幕中書記早翩翩, 流落箕封二十年.

故國歸途今已阻, 異鄕艱食亦堪憐.

岷江入海鱗書斷, 劍閣攙雲鳥道懸.

天外錦城徒夢想, 此生長負浣花船.

4-5. 아무개 씨[21]가 서신으로 신안[22]에 도착했는가를 묻고, "전날의 잘못을 깊이 뉘우치며, 명교 중에 즐거운 경지가 이미 있음을 알겠습니다."라고 했는데, 가만히 나와 마찬가지로 초탈하여 깨달은 것이기에, 기쁨을 이루 말할 수 없을 정도이므로 이 시를 지어서 위로의 말씀을 부치고 다른날 인증의 바탕으로 삼는다[☒氏書 問到新安 深悔前非 已知名敎中有樂地 暗與不佞同時超悟 喜不能言 賦此寄慰以資他日印正云]

어려서는 부친의 가르침 어기고

몸가짐에 경계도 검속도 없어서,

유학 바깥 방외[23]의 노닒을 즐겨하여

수 있다네.[西當太白有鳥道, 可以橫絶峨眉巓.]"라고 했다.

19 금성(錦城) : 사천성(四川省) 성도(成都) 남쪽에 있는 '금관성(錦官城)'의 약칭으로, 후에 '성도'의 별칭으로 쓰였다.

20 완화계(浣花溪) : 사천성(四川省) 성도시(成都市) 서쪽 교외 금강(錦江)의 지류로, 이곳에 두보의 완화초당(浣花草堂)이 있다.

21 아무개 씨(氏) : 원문은 '氏'의 앞에 서너 글자가 빠져 있다. 시의 원문에는 '□郞'으로 나오는데, 역시 성(姓)이 빠져 있다. '낭(郞)' 벼슬에 있던 인물이다. 이 시보다 앞 시의 왕구경(王九經)을 가리키는 것이 아니다.

22 신안(新安) : 평안도 정주군(定州郡)에 딸리었던 역(驛).

23 방외(方外) : 세속의 테두리 밖. 도가(道家)나 불가(佛家)를 뜻한다. 『장자』「대종사(大宗師)」에, "공자께서 말씀하시길, 그는 방외에서 노니는 자이지만, 나는 방내에서 노니는

하늘의 원리에 조화하려²⁴ 지향했다만,

시문을 길쌈하듯 하고

경술은 또한 출세수단²⁵으로 삼았을 따름.

벼슬살이 길에 나선지 이십 년

고관 제수받음²⁶이 부끄러워라.

마음을 수고롭혀 세속 먼지와 들렘에 질리고

귀와 눈이 아아 진흙으로 더렵혀 졌도다.²⁷

자이다.[孔子曰 : 彼遊方之外者也, 而丘遊方之內者也.]'라고 한 데서 나온 말이다. 송나라 전역(錢易)의 『남부신서(南部新書)』에 "고황(顧況)은 지향이 소일(疏逸)하니 방외에 가깝다.[顧況志尙疏逸, 近于方外.]"라고 했다. 『시인옥설(詩人玉屑)』은 권20에 '방외(方外)' 항을 두고, 당나라 때 은사 장지화(張志和)가 지은 「어부사(漁父詞)」를 들었다.

24 하늘의 원리에 조화하려 : 원문은 '화천예(和天倪)'. '천예'는 자연의 도(道), 곧 천지조화를 말한다. 『장자』「우언(寓言)」에 "치언은 해가 저절로 뜨는 것과 같아서, 자연의 도와 조화한다.[巵言日出, 和以天倪.]"라고 했다. '치언'은 자연스럽게 마음 가는대로 하는 말을 가리킨다.

25 출세수단 : 원문은 '전제(筌蹄)'로, 전(筌)은 물고기 잡는 통발, 제(蹄)는 토끼 잡는 올무이다. 목적을 달성하고 나면 잊어버리는 방편을 뜻한다. 『장자(莊子)』「외물(外物)」에 "통발은 물고기를 잡는 도구인데 물고기를 얻으면 통발은 잊어버리고, 올무는 토끼를 잡는 도구인데 토끼를 잡으면 올무는 잊어버린다."라고 했다.

26 고관 제수받음 : 원문은 '석규(析珪)'로, '析圭'로도 표기한다. 본래 고대의 제왕이 작위에 따라 옥규(玉圭)를 반포하는 것을 말한다. 『한서(漢書)』「사마상여전(司馬相如傳) 하(下)」에, "옛날에는 부절을 쪼개어 봉하고, 옥규를 잘라서 작위를 주었다.[故有剖符之封, 析圭而爵.]"라고 했는데, '圭'는 다른 텍스트에 '珪'로 되어 있다고 했다. 안사고(顔師古) 주(注)는 여순(如淳)의 설을 인용하여, "석(析)은 가운데를 나누는 것[中分]이다. 흰 부분은 천자가 보관하고 푸른 부분은 제후가 보유한다.[白藏天子, 靑在諸侯.]"라고 했다. 후대에는 관직을 제수하는 것을 말한다. 당나라 이예(李乂)의 시 「여름날 사마 원외와 손 원외가 북쪽으로 가는 것을 전송하며[夏日送司馬員外孫員外北征]」에, "규옥을 나누어 맡아 부절 집고 가며, 관인을 지참하고 깃발을 나누어 받았네.[析珪行仗節, 持印且分麾.]"라고 했다.

27 진흙으로 더렵혀 졌도다 : 원문은 '도니(塗泥)'. 『주역』「규괘(暌卦) 상구(上九)」에 "규(暌)의 때에 외로워 돼지가 진흙을 뒤집어쓴 것과 귀신이 수레에 가득 실려 있는 것을 본다. 먼저는 활줄을 당겼다가 뒤에는 활줄을 풀어놓는 것이니, 적이 아니라 배우자이다. 가서 비를 만나면 길할 것이다.[上九, 暌孤. 見豕負塗載鬼一車. 先張之弧, 後說之弧, 非寇, 婚媾, 往遇雨則吉.]"라고 했다. 정이는 이에 대해, "[상구(上九)가 정응하는 육삼

비록 부처[28]에게 참예한다 해도

혼미함을 열기는 부족하기에,

버리고 떠나 노자[29]를 따르기도 하고

망령되이 구름 사다리[30]를 올라도 보았으나,

충과 효 두 일을 하나도 못 이루고

흰머리로 장독 속 초파리 꼴[31]이라 슬펐다.

올해에는 연경에 조회를 가서

기이한 서적을 살펴보았는데,

늦게야 용우기[32]의 설을 보았더니

손가락 짚어가며 나를 끝까지 이끌기에,

황연히 깨닫는 바 있어

가뭄에 구름 무지개 본 듯했지.

복희씨와 문왕과 주공 단과 공자는

높고 아득한 걸 누가 따라잡겠는가?

(六三)을 보기를] 돼지가 더러운 데다가 또 진흙을 뒤집어쓰고 있는 것처럼 여기니, 깊이 미워함을 나타낸 것이다. 깊이 미워하면 시기하여 그 죄악을 이루어서 마치 귀신이 한 수레에 가득 실려 있음을 보는 것과 같이 한다."라고 했다.

28 부처 : 원문은 '황면노(黃面老)'로 '황면노자(黃面老子)'의 준말이다. 석가여래(釋迦如來)를 가리킨다. 불상이 황금빛이기 때문에 이렇게 부른다.

29 노자 : 원문은 '백양(伯陽)'. 노자(老子)의 자(字)가 백양이다. 『사기』 「노자열전(老子列傳)」에 "노자의 성은 이(李), 이름은 이(耳), 자는 백양(伯陽), 시호는 담(聃)이다."라고 했다.

30 구름 사다리 : 원문은 '운제(雲梯)'. 신선이 승천(昇天)할 때에 타고 오르는 구름사다리이다.

31 장독 속 초파리 꼴 : 원문은 '해계(醢鷄)'로, 술에서 생긴 벌레인 초파리를 말한다. 견식이 아주 좁은 사람을 비유한다. 『장자』 「전자방(田子方)」에, 공자가 일찍이 노담(老聃)을 만나보고 나와서 안회(顏回)에게 이르기를 "나는 도에 대해서 마치 항아리 속의 초파리 같았구나. 부자께서 그 항아리의 덮개를 열어주지 않더라면 나는 천지의 온전한 전체를 모를 뻔 했다.[丘之於道也, 其猶醢雞與! 微夫子之發吾覆也, 吾不知天地之大全也]"라고 했다는 데서 온 말이다.

32 용공(龍公) : 『성학계관억설(聖學啓關臆說)』의 저자 용우기(龍遇奇). 앞에 나왔다.

현인이 성인 바람을 내 어찌 바라랴?

그나마 현인을 보며 닮고자 생각하니,[33]

연원을 위로 거슬러 올라가면

주자와 이정에서 주염계에 이르리.[34]

한스럽게도 뜻 같이 하는 사람 없어

끼친 지름길을 찾을 이가 없구나.

□낭(郎)[35]은 나와 같은 병을 앓아

서신을 패강[36] 서쪽까지 보내 왔기에,

봉함 열어보고는 그대 뜻을 알았으니

기쁜 기색이 귀한 골상[37]에 비꼈으라.

망념 버리고 홀연 바른 도로 돌아가

짐 수레 채장에 가로막대 있음[38]을 알겠으리.

---

33 현인을~생각하네 : 『논어』「이인(里仁)」의 "현인을 보면 그와 같이 되기를 생각하고, 그렇지 못한 자를 보면 안으로 자신을 살펴보아야 한다.[見賢思齊焉, 見不賢而內自省 也.]"라는 공자의 말을 발췌한 것이다.

34 주자와~이르네 : 원문은 '민락지염계(閩洛至濂溪)'이다. 지금의 복건성(福建省)에 해당하는 민중(閩中)과 하남성(河南省)의 성도 낙양(洛陽)에서 호남성(湖南省) 도현(道縣)에 있는 염계(濂溪)에 이른다는 말이다. 민중은 주희(朱熹), 낙양은 정호(程顥)·정이(程頤), 염계는 주돈이(周敦頤)가 각각 강학하던 곳이다.

35 □낭(郎) : 상대의 성(姓)은 필사본에 빈칸으로 되어 있다. 낭(郎) 벼슬에 있었던 인물인 듯하다.

36 패강 : 패수(浿水) 또는 패하(浿河)라고도 했다. 시대에 따라 청천강, 압록강, 대동강, 임진강, 예성강 등 가리키는 대상이 달랐다. 여기서는 대동강을 가리킨다.

37 귀한 골상 : 원문은 '각서(角犀)'로 '서각(犀角)'과 같다. 이마 양 쪽에 툭 튀어나온 뼈가 있는 것을 말하며, 귀상(貴相)의 하나로 간주되었다.

38 짐 수레 채장에 가로막대 있음 : 『논어』「위정(爲政)」에 "사람으로서 신의가 없다면 그런 사람을 어디에 쓸지 나는 알 수가 없다. 비유하자면 대거에 예가 없거나 소거에 월이 없으면, 어떻게 굴러갈 수 있겠는가?[人而無信, 不知其可也. 大車無輗, 小車無軏, 其何以行之哉?]"라는 공자의 말이 나온다. 대거는 짐수레, 소거는 병거(兵車)나 사냥 수레를 말한다. 예(輗)는 수레 앞에 뻗친 두 개의 채장[轅] 끝에 가로로 붙인 나무로,

두 사람 처지가 꾀하지 않고도 같아

하늘이 우리들을 계도하여,

옥 거문고³⁹로 세상에서 끊긴 음향을 연주하고

눈동자 막을 제거하도록 금 빗치게⁴⁰ 쓰려 하니,

유학은 이에 힘 입어 실추하지 않으리라만

임무 막중하니 떠밀지는 말구려.

세상 도리는 나날이 망쳐가니

다섯 별⁴¹이 규성에 모이기⁴² 어려워라.

몸이 궁하므로 장차 홀로 섭하게 하지⁴³

소의 멍에에 묶어서 끌게 한다. 월(軏)은 원(轅)의 끝에서 위로 구부러진 나무로, 가로
댄 나무[橫木]에 걸어서 말의 목에 얹어 끌게 한다.

39 옥 거문고 : 원문은 '요금(瑤琴)'이다. 주희의 시 「이 빈로의 옥간 시를 읽고 우연히
읊다[讀李賓老玉澗詩偶吟]」에, "옥 거문고 홀로 안고 옥계를 건너자니, 그 소리 낭랑하
게 퍼지누나 맑은 밤 달이 환할 때. 지금은 무심의 상태인지 오래지만, 그래도 산 앞의
은자가 알까 걱정되네.[獨抱瑤琴過玉溪, 琅然淸夜月明時. 祇今已是無心久, 却怕山前
荷蕢知.]"라고 했다.

40 금 빗치개 : 원문은 '금비(金篦)'. 금으로 만든 빗치개로, 고대 인도의 의사가 맹인(盲人)
의 안막(眼膜)을 제거해 주는 도구였다. 불가(佛家)에서 중생의 눈을 가린 무지(無智)의
막(膜)을 제거해 주는 도구를 상징한다. 두보(杜甫)의 시 「문공의 상방에 참알하고[謁文
公上方]」에 "금비로 내 눈을 틔어준다면, 값이 거거[큰 조개] 백 개보다 중해지리라.[金
篦刮眼膜, 價重百車渠.]"라고 했다.

41 오성(五星) : 오행의 정(精)이라는 다섯 별. 목성(木星)인 세성(歲星), 금성(金星)인 태
백성(太白星), 화성(火星)인 형혹성(熒惑星), 수성(水星)인 신성(辰星), 토성(土星)인
진성(鎭星)을 일컫는다.

42 다섯 별이 규성에 모이기 : 오성이 문창성(文昌星)인 규성(奎星)에 모이면 문운(文運)이
크게 번창한다고 한다. 북송(北宋) 태조 건덕(乾德) 5년에 수, 화, 금, 목, 토의 다섯
별이 규성에 모이는[五星聚奎] 길조가 있었다. 『송사(宋史)』「태조기(太祖紀)」와 『사략
(史略)』권6에 나온다. 그 외에 중국에서 이 현상은 여러 번 관측되었고, 조선에서도
영조 때 관측되었다.

43 홀로 선하게 하고 : 원문은 '독선(獨善)'. 『맹자』「진심(盡心) 상(上)」에 "옛사람은 뜻을
이루면 백성에게 은택을 입히고 뜻을 이루지 못하면 자신을 수양하여 세상에 드러난다.

여러 직책에서 시험 당하며 안절부절[44] 맙시다.

탄탄 대로가 이미 앞에 있으니

힘써 함께 제휴하여 나갑시다.

少小失嚴訓, 操行無町畦.

喜作方外遊, 志尙和天倪.

詞章等組織, 經術亦筌蹄.

宦途二十年, 高位慚析珪.

勞心厭塵囂, 耳目嗟塗泥.

雖參黃面老, 不足開昏迷.

棄去從伯陽, 妄意昇雲梯.

二事無一成, 白首悲醯鷄.

今年朝京師, 異書得考稽.

晚見龍公說, 指迪窮提撕.

怳然有所悟, 如旱覩雲霓.

羲文與周孔, 高遠誰追躋?

希聖吾豈敢? 見賢猶思齊.

淵源縱上泝, 閩洛至濂溪.

恨無同志人, 相與探遺蹊.

□[45]郎同我病, 書信及淇西.

開緘識君意, 喜氣橫角犀.

捨妄忽歸正, 大車知有輗.

궁하면 홀로 자신을 선하게 하고 영달하면 천하를 모두 선하게 한다.[古之人, 得志澤, 加於民. 不得志, 修身, 見於世. 窮則獨善其身, 達則兼善天下.]"라고 했다.

44 안절부절 : 원문은 '서서(栖栖)'. 『논어』 「헌문(憲問)」에 보면, 미생묘(微生畝)라는 은자(隱者)가 공자에게, "그대는 어찌하여 이렇게 안절부절 세상에 연연하는가?[丘何爲是栖栖者與?]"라고 했다. 공자가 세상에 뜻을 펴고자 하는 생각을 버리지 않았음을 지적한 것이다.

45 □ : 필사본 원본에 한 글자가 비어 있다.

兩地不謀同, 天欲啓吾儕.

瑤琴奏絶響, 割膜煩金篦.

斯文賴不墜, 任重毋推擠.

世道日交喪, 五星難聚奎.

身窮且獨善, 歷試休栖栖.

坦路已在前, 努力同提携.

[형식] 칠언고시. 48구. 일운도지(一韻到底). 평성齊운.

4-6. 납청정[46] 병풍에 변명숙[47]이 손수 쓴 절구가 있기에 그 시에 차운하다[納淸亭屛上有邊明叔手書絶句 仍次其韻]

멎은 구름이 뭉게뭉게[48] 엄화계[49] 서쪽에 이는데

---

46 납청정(納淸亭) : 가산(嘉山) 땅 즉 평안도 정주목(定州牧)의 동쪽 40리(16km)에 있었던
    정자. 1521년(중종 16) 명나라 세종의 등극반조사(登極頒詔使)로 조선에 왔던 명나라
    사신 당고(唐皐)가 정자의 이름을 지었고 사도(史道)가 기(記)를 썼다. 이해응(李海應)이
    1803년(순조 3) 연행 때 사실을 기록한 『계산기정(薊山紀程)』에 의하면, 정자는 당시
    허물어진 상태라고 했다. 이해응은 다음과 같이 말했다. " 옛날에 이곳에 거주하는 백성들이
    여기에 시장을 차렸는데, 병자년(1636, 인조 14) 만주족의 기병(騎兵)이 짓밟고 들어와서
    남김없이 노략질해 갔다는 것이다. 납청(納淸)이라는 이름은 혹 이 일을 예언한 것인가?
    지금 사람들이 물건이 망그러진 것을 납청정(納淸亭)이라고 하는 것은 이 때문이다."
    납청장(納淸場)이라는 속어가 '납청정'과 유사한 것을 두고 한 말이다. '납청장'은 "몹시
    얻어 맞거나 눌리어 납작해진 사람이나 물건"이라는 뜻이다.
47 변명숙(邊明叔) : 변응벽(邊應璧, 1562~?). 명숙은 그의 자이다. 호는 구강(九江), 본관
    은 원주(原州). 1600년(선조 33) 별시(別試) 병과에 급제했다. 1605년(선조 38) 3월 12일
    (병술) 경상 도사(慶尙都事)에 임명되었고, 1806년(선조 39) 1월 19일(무자) 황해도 도
    사로 있었으나 사헌부의 탄핵을 받았다. 『응천일록(凝川日錄)』에 의하면, 1627년(인조
    5) 동지사로 중국에 다녀왔다.
48 멎은 구름이 뭉게뭉게 : 원문은 '애애정운(靄靄停雲)'. 도잠(陶潛)이 벗을 그리며 지은
    시 「정운(停雲)」에서 "멎은 구름은 뭉게뭉게 일고, 때맞춰 내리는 비는 자욱하구나.

작은 병풍에서 옛 친구 시를 보고 깜짝 놀랐다.

봄 뫼에 비 내린 후 방초 물씬 자라나고

그에 따라 물살 차츰 불어나는 것도 보노라.

靄靄停雲罨磵西, 小屛驚見故人題.

春山一雨多芳屮, 坐看微波漸漲溪.

4-7. 가평관[50]에서 진달래꽃을 보고[嘉平館見杜鵑花]

변방 성에는 삼월에도 아름다운 경치[51] 없고

남은 추위가 푸른 깁 장막을 뚫고 스미더니,

봄빛이 홀연 봄비 따라 이르러 와서

조그만 뜨락에서 두견화가 터지기 시작하네.

邊城三月未韶華, 尙有餘寒透碧紗.

春色忽隨新雨至, 小庭初坼[52]杜鵑花.

팔방이 다 같이 어둑하고, 육지가 강이 되었네.[停雲靄靄, 時雨濛濛. 八表同昏, 平陸成江.]"라고 한 데서 가져왔다.

49 엄화계(罨畫溪) : 원문은 '엄계(罨溪)'. '엄화(罨畫)'는 아름다운 그림이 뒤덮고 있는 듯한 풍경을 말한다. 절강성(浙江省) 장흥현(長興縣) 서쪽에 수목이 울창하기로 유명한 엄화계가 있다. 송(宋)나라 손적(孫覿)의 시에, "엄화계 머리에서 새들이 서로 즐기네. 비바람 속에 서로 부르느라 쉬지를 못하누나.[罨畫谿頭鳥樂, 呼風喚雨不能休.]"라고 했다. 또 소식(蘇軾)의 시 「차운장영숙(次韻蔣穎叔)」에 "옥 숲의 화초는 지난날 두런거리던 말소리 이야기하고, 그림 덮은 듯한 개울과 산은 훗날 기약을 가리키네.[瓊林花草聞前語, 罨畫谿山指後期.]"라고 했다.

50 가평관(嘉平館) : 평안도 가산군(嘉山郡)에 있었던 객관(客館).

51 아름다운 경치 : 원문은 '소화(韶華)'. 아름다운 계절의 경치를 뜻하는 말로, 춘광(春光)을 가리킨다.

52 坼 : 필사본 원문에 '柝'으로 되어 있으나, 문맥에 따라 바로잡는다.

4-8. 대정강⁵³ 배 위에서 박천⁵⁴의 피리 연주자와 아쟁 연주자 두 사람을 읊는다[大定江船上詠博川笛箏二伎]

서리 계절에 해관⁵⁵을 길게 재단하여
봉황 가슴 모양⁵⁶이 쇠북과 생황을 압도하네.
이원⁵⁷의 옛 악보가 난삽하다 혐의 마오.
변방의 곡조는 남의 애를 끊기 쉬운 걸.

霜節裁成嶰管長, 鳳膺微漲壓銅簧.

梨園舊譜休嫌澁, 塞曲令人易斷腸.

줄기둥 바투어 거문고 곡이 느리지 않고
금속 안족⁵⁸ 옮겨 열을 이루지 않네.

---

53 대정강(大定江) : 평안도 박천군(博川郡)에 있는 강. 일명 대령강(大寧江) 또는 박천강(博川江). 『국역 신증동국여지승람』 권54 '평안도 박천군' 참조.

54 박천(博川) : 구 평안남도의 지명. 고덕창(古德昌)·박릉(博陵)·박주(博州)라고도 했다.

55 해관(嶰管) : 율관(律管). 해(嶰)는 곤륜산의 골짝이다. 황제 때 악관(樂官)인 영륜(伶倫)이 곤륜산 해계(嶰谿) 골짜기에서 나는 대나무로 황종(黃鍾)의 궁(宮)을 만들고, 또 12관(管)을 만든 다음 곤륜산 아래로 가서 봉황의 울음소리를 들어 12율(律)을 구별했다고 한다. 이때 수컷의 울음을 내는 양관(陽管)을 여섯, 암컷의 울음을 내는 음관(陰管)을 여섯으로 하여, 각각의 소리를 열두 달에 안배했는데, 황종(黃鍾)이 양관의 으뜸으로 11월에 해당한다. 『여씨춘추(呂氏春秋)』 권5 「중하기(仲夏紀) 고악(古樂)」에 나온다. 겨울이 되면 해관(율관)이 길어진다고 한다.

56 봉황 가슴 모양 : 이 표현은 소식(蘇軾)이 수룡음조(水龍吟調) 사(詞) 「조회지의 피리 부는 시종에게 준다[贈趙晦之吹笛侍兒]」에서 초산(楚山)의 큰 대나무를 형용하여, "용의 수염을 절반으로 자른 듯하고, 봉황의 가슴이 조금 부풀어 오른 듯하며, 옥같은 피부가 균질하게 에워싸고 있는 듯하다.[龍鬚半翦, 鳳膺微漲, 玉肌勻繞.]"라고 한 데서 가져왔다.

57 이원(梨園) : 악원(樂院), 악부(樂府). 본래 당나라 현종(玄宗) 때 금원(禁苑)에 있던 원(園) 이름으로, 악공(樂工)과 기생(妓生) 300명을 뽑아 이곳에서 음악과 노래를 가르쳤다. 이들을 이원제자(梨園弟子)라고 했다. 『신당서(新唐書)』 「예악지(禮樂志)」 참고. 조선에서는 장악원(掌樂院)이 이에 해당한다.

58 금속 안족 : 금속(金粟)은 황금색 곡식 낱알이란 말로, 여기서는 거문고의 안족(雁足)

이생[59] 또한 음률을 잘 알아
가희 목청이 청상곡 끄는 듯하다 비유하네.
柱促絃搓曲未長, 鴈移金粟不成行.
李生可是知音律, 却譬歌喉細引商.

4-9. 대동 서관[60]에서 두 무희를 읊는다[大同西館詠二舞妓]

새와 봉황[61] 수놓은 옷을 입고
표설과 가아는 옥같이 가는 허리.
빠른 춤이 여덟 번 돌며 비단 소매 휘감기니
몸이 채운되어 날아가지 않을까 근심할 정도.
百禽朝鳳繡成衣, 飄雪佳兒玉一圍.
舞促八盤回錦袖, 秪愁身化彩雲飛.

곤현[62]의 육요[63] 곡조가 잦은 소리더니

즉 기러기발을 형용한다. 당나라 이단(李端)의 시 「아쟁 연주를 들으며[聽箏]」에, "아쟁
은 금속 안족을 괴었고, 섬섬옥수가 옥 방 앞에서 연주하네, 주랑이 돌아보게 하려고,
이따금 줄을 부러 잘못 퉁기며.[鳴箏金粟柱, 素手玉房前. 欲得周郎顧, 時時誤拂弦.]"라
고 했다. 이단이 곽애(郭曖)의 연회에 갔을 때, 곽애가 '탄쟁(彈箏)'을 시제(詩題)로 시
를 지어 좌중의 객을 즐겁게 해 주면 애기(愛妓) 경아(鏡兒)를 주겠다고 제안했다. 이단
이 이 시를 읊으니 곽애가 경탄하면서 금옥(金玉) 주기(酒器)와 함께 경아를 이단에게
주었다고 한다. 『설부(說郛)』 권77하 '경아선쟁(鏡兒善箏)' 참고.

59 이생 : 허균이 자신을 이단(李端)에 견주었다. 이단은 위의 주를 참조.
60 대동 서관 : 평양 대동관(大同館)의 서관을 말한다. 대동관의 동쪽 헌(軒)은 쾌재정(快
    哉亭)이라 했는데, 서관의 명칭은 알 수 없다.
61 조양의 봉황 : 원문은 '조봉(朝鳳)'. 조양(朝陽) 즉 해 뜨는 동산의 봉황이란 말이다.
    『시경』「대아(大雅) 권아(卷阿)에, "봉황새가 우네, 저 높은 언덕에서. 오동나무 자라
    났네, 해 뜨는 저 동산에서. 오동나무 무성하니, 봉황새 소리 어울리네.[鳳凰鳴矣, 于彼
    高岡. 梧桐生矣, 于彼朝陽. 菶菶萋萋, 雝雝喈喈.]"라고 했다.

비파 한 곡조가 홀연 우레처럼 웅장하고,
춤사위 급하자 비단 허리 열 여덟 번 돌아
문득 몸이 비취 구름 타고 내려오는 듯.

鵾絃輥牏六么催. 一曲琵琶大忽雷.
舞急錦腰回十八, 却疑身駕翠雲來.

해설 이 편은 의미상 서로 짝을 이루는 두 수의 시이다. 특히 제3-4
구는 구조적으로도 짝을 이룬다. 무희의 춤 사위를 두 장면으로 나누
어 묘사했다. 같은 운자를 사용하지 않고 분장하여 운자를 달리 하는
것이 허균 시의 한 특징이다.

4-10. 서경에서 즉흥으로 일을 노래한다[西京賦事]

달빛 띤 꽃다운 기녀가 맑은 술을 압도하여
비단 자리맡 석류빛 치마에 술이 살짝 묻었군.
만리 길 돌아와 이 몸 다행히 건강하기에
거문고[64] 맞춰 부른다, 감군은[65] 한 곡을.

---

62 곤현(鵾絃) : 당나라 개원(開元) 연간에 악공 하회지(賀懷智)가 비파를 잘 연주했는데,
돌로 조(槽)를 만들고 곤계(鵾雞)의 힘줄로 현(絃)을 만들어 쇠로 퉁겼다. 소식(蘇軾)의
시에 "곤계의 현줄을 철로 퉁기는 솜씨여, 세상에 다시 볼 수 없도다.[鵾絃鐵撥世無有]"라
고 했다. 『산당사고(山堂肆考)』 권162 계근작현(雞筋作絃)에 나온다.

63 육요 : 비파곡(琵琶曲)의 이름인 전관육요(轉關六么)로, 지금은 전하지 않는다. 백거이
(白居易)의 「비파행(琵琶行)」에 "가볍게 누르고 느긋이 뜯으며 퉁기고 다시 돌우니 처
음에는 예상우의곡(霓裳羽衣曲)을 타다가 뒤에는 육요령(六么令)을 타네.[輕攏慢撚撥
復挑, 初爲霓裳後六么.]"라고 했다. 앞에 나왔다.

64 거문고 : 원문은 '단조(檀槽)'. 조(槽)는 현악기 위에 현을 올려놓는 움푹 파인 격자(格
子)를 말한다. 단목(檀木)으로 만든 것을 단조라 하고, 옥석(玉石)으로 만든 것을 석조

花妓帶月壓淸尊, 綺席榴裙染酒痕.
萬里歸來身幸健, 檀槽一曲感君恩.

• 이상 12수[已上十二首] 끝.

(石槽)라고 한다.

65 감군은(感君恩) : 조선 세종 때부터 연례(宴禮)에 사용된 악곡. 지은이와 지어진 연대를
알 수 없다. 세종 24년(1442) 2월 22일(계축) 조에 따르면, 세종이 관습도감(慣習都監)
에게 전지(傳旨)하기를, 중국 사신을 위한 위로연을 베풀 때에 「감군은(感君恩)」 등을
교대로 연주하라고 명했다. 가사는 모두 4절로, 1~2절은 왕의 덕택이 바다와 같이
깊고 태산과 같이 높다고 노래하고, 3~4절은 왕의 은택을 다 갚을 수가 없으므로 일편
단심으로 충성을 다하겠다고 다짐하며, 후렴은 만세토록 복을 누리시라고 축원했다.
명종 때 영의정을 지낸 상진(尙震)이 이 노래를 즐겨 불렀다고 한다.

을병조천록
乙丙朝天錄

—

부록

설조(薛調) 「무쌍전(無雙傳)」
전(傳) 왕세정(王世貞) 편집 『검협전(劍俠傳)』

설조(薛調) 「무쌍전(無雙傳)」

당나라 왕선객(王仙客)이란 사람은 덕종(德宗) 건중(建中) 연간의 조신(朝臣) 유진(劉震)의 생질이었다. 처음에 왕선객은 아버지를 여의고 어머니와 함께 외가 유진의 집에 의지했다. 유진에게는 무쌍(無雙)이라는 딸이 있어, 왕선객보다 서너 살이 적었다. 둘다 어렸으므로 희롱하며 서로 친압했다. 유진의 처는 늘 장난스레 왕선객을 '왕 사위[王郎子]'라고 불렀다. 이렇게 여러 해 동안 지냈다. 유진은 과부인 누님을 받들고 왕선객을 극진히 어루만졌다. 하루는 유진의 누이가 병이 들어 위중하게 되자, 유진을 불러 약조하기를, "내게 아들이 하나이니, 얼마나 생각하는지는 잘 알 것이다. 한스럽게도 정혼한 실가를 보지 못하는구나. 무쌍은 단아고 미려한데다가 총명하고 지혜로워 나는 깊이 생각해왔다. 다른 날 다른 족속에게 시집보내지 말라, 나는 선객을 부탁한다. 네가 정말로 내 말을 허여하면, 눈을 감더라도 한스러워할 것이 없겠다."라고 했다. 유진은 "누님은 안정하셔서 스스로 건강을 챙기시고 다른 일로 흔들리지 마십시오."라고 했다. 누이는 결국 회복하지 못했다. 왕선객은 모친의 상을 치르고, 등주(鄧州)·양주(襄州)의 고향으로 반장했다. 삼년상을 마치고 생각하기를, "신세가 늘 이렇듯 혈혈로 고단하므로 마땅히 혼취를 구하여 후사를 넓혀야 하겠다. 마침 무쌍이 장성했다. 우리 외삼촌이 지위가 높고 관직이 현달했다고 하여 옛 약속을 폐기하겠는가?"라고 했다. 이에 행장을 꾸려 경사(서울)에 이르렀다.
  당시 유진은 상서조용사(尚書租庸使)로서, 집안이 혁혁하고 찾아오는 고관들이 문을 메웠다. 왕선객이 뵙자, 외숙은 학사(學舍)에 두고 다른 문생 제자들과 대오를 이루게 했다. 외숙과 조카의 분의는 전과 같았으나, 다만 사위로 선발한다는 의론은 적막하게 듣지 못했다. 다시 왕선객이 창틈으로 무쌍의 모습을 엿보니, 자태와 자질이 밝고 고우며, 신선들 속의 사람과 같았으므로, 왕선객은 발광하며, 혼인의 일이 이루어지지 않을까 염려했다. 마침내 낭탁의 물건을 팔아 수백 만 전을 얻어, 외숙과 외숙모의 좌우 급사에서부터 마부와 종에 이르기까지 후하게 대접했다. 또 주찬을 거듭 베풀었으므로 중문 안으로 자유롭게 들어갈 수 있었다. 왕선객은 여러 사촌들과 함께 거처했으며, 그들을 일일이 공경했다. 외숙모 생신이 되어서는 신기한 물품을 사서 바쳐, 무소의 뿔과 아로새긴 옥으로 머리 장식을 삼게 했으므로, 외숙모가 크게 기뻐했다. 열흘이 지나, 왕선객은 초로의 할머니를 보내 혼친 구하는 일을 외숙모에게 아뢰었다. 외숙모는 "이는 내가 바라는 바이니, 즉시 그 일을 의논해야 하겠다."라고 했다. 며칠 지난 저녁에 한 시종이 왕선객에게 고하길, "주인 마님이 마침 혼인의 일을 주인님께 말했더니, 주인님이 '전에 허락한 적이 없소. 모호하게 운운했으니, 어긋난 듯하다.'고 하셨답니다."라고 했다. 왕선객은 듣고는 심기가 저상하여, 새벽까지 잠을 이루지 못했다. 외숙에게 버림받은 듯했다. 하지만 받들어 섬겨 감히 게을리하지 않았다.

하루는, 유진이 조정에 서둘러 나갔다가 해가 갓 돋을 때, 홀연 말을 달려 집으로 돌아와서는 땀을 흘리고 숨을 헐떡이면서, 그저 말하길, "대문을 닫아라, 대문을 닫아라!"라고 할 따름이었다. 온 집안 사람들이 당황하고 놀랐으나 어떻게 할 줄 몰랐다. 한참 있다가 마침내 말하길, "경원(徑原)의 병사들이 반란을 일으켰소. 요영언(姚令言)이 군사를 거느리고 함원전(含元殿)으로 들어가자, 천자께서는 비원의 북문으로 나가

시고 백관들도 행재소로 바삐 달려갔소. 나는 처자가 걱정 되어 잠시 집으로 돌아왔소."라 하고는, 얼른 왕선객을 불러서, "나를 위해 집안 일을 잘 처리하면, 나는 너에게 무쌍을 시집보내겠다."라고 했다. 왕선 객은 그 명을 듣고는 뛸 듯이 기뻐 공손하게 절했다. 유진은 마침내 금은과 비단을 스무 짐바리로 포장하고, 왕선객에게 말했다. "너는 옷을 바꿔 입고 이 짐을 압물하여 개원문(開遠門)을 나가 깊고 으슥한 객점을 찾아가 잘 보관하거라. 나는 네 외숙모와 무쌍과 함께 계하문(啓夏門)을 나서서 도성을 한 바퀴 돈 다음에 곧 뒤를 따라가겠다." 왕선객은 시키는 그대로 하고는, 해가 질 때까지 성밖 객점에서 오래도록 기다렸으나 외숙 일행은 오지 않았다. 성문은 오후부터 자물쇠로 잠겼으므로, 남쪽 을 뚫어지게 바라보다가, 마침내 청총마를 타고 등촉을 손에 들고 성을 빙 둘러서 계하문에 이르렀더니, 그 문도 잠겨 있었다. 문지기는 한 사람이 아니어서, 흰 몽둥이를 들고 있기도 하고, 혹은 서고 혹은 앉아 있었다. 왕선객이 말에서 내려 천천히 묻기를, "성안에 무슨 일이 있어 이러시오?" 하고, 또 묻기를 "오늘 어떤 사람이 이리로 나갔습니까?"라 고 했다. 문지기는 "주태위(朱太尉)[주자(朱泚)]가 이미 천자가 되었소, 오후에 한 사람이 짐을 많이 싣고 부인 네 다섯 무리를 이끌고 이 문을 나가려고 했는데, 거리의 사람들이 모두 알아보고, '이 사람은 조용사 유 상서다!'라고 했으므로, 수문장이 놓아주지 않았소, 밤이 가까워졌을 때 추격 기마가 이르러 와서 일시에 그들을 내몰아서 북쪽으로 갔소,"라 고 했다. 왕선객은 소리를 삼키며 통곡하고는 객점으로 돌아갔다.

삼경이 다 할 새벽녘이 되자 성문이 홀연 열리고 횃불이 대낮처럼 밝게 보이더니, 병사들이 모두 손에 무기를 쥐고 칼을 세우고는, "참작 사(斬斫使)가 성을 나가셔서, 성 밖으로 도망한 조정 관료들을 수색한 다!"라고 호령을 전했다. 왕선객은 짐 실은 말을 버리고 놀라서 달아나 양양(襄陽)으로 돌아가서, 시골 마을에 삼년 동안 거처했다.

　뒤에 관군이 반란군을 이기고 경사(서울)가 다시 안정되어 해내가 무사하다는 말을 듣고, 마침내 왕선객은 서울로 들어가 외숙의 소식을 알아보았다. 신창(新昌)의 남쪽 거리에 이르러, 말을 세우고 방황하던 때, 홀연 한 사람이 말 앞에 절을 했다. 자세히 보니, 바로 옛날부리던 창두(蒼頭)인 새홍(塞鴻)이었다. 새홍은 본시 왕씨 집에서 태어났으나, 그 외숙이 늘 힘을 얻었으므로 결국 외숙 댁에 머물러 두었었다. 그는 손을 잡고 눈물을 흘렸다. 왕선객이 새홍에게, "외숙과 외숙모는 안녕하신가?" 하자, 새홍이 "두 분 다 장안 흥화가(興化街) 댁에 계십니다."라고 대답했다. 왕선객은 너무도 기뻐서 말하길, "나는 곧장 흥화가로 가겠네." 라고 했다. 새홍은 "저는 이미 양민 신분이 되었습니다. 객호(客戶)에 작은 집이 있어 비단을 판매하는 일로 생업을 삼고 있습니다. 오늘 이미 밤이 되었으니, 도련님께서는 객호에서 하루밤을 주무시고, 내일 일찍 함께 가시더라도 늦지 않습니다."라고 했다. 마침내 왕선객을 이끌고 거처에 이르렀는데, 마실 것과 먹을 것을 아주 잘 갖추어 내었다. 깜깜하게 되자, 마침내 알리기를, "상서께서 반란군의 잘못된 명관(命官)을 받으셔서 부인과 함께 모두 극형에 처해지고, 무쌍은 이미 액정[후궁]으로 들어갔습니다."라고 했다. 왕선객이 슬프고 원통하여 엉엉 울고 곡을 하니, 이웃을 감동시킬 정도였다. 새홍에게 말하길, "사해가 지극히 넓고, 눈을 들어보면 친척이라고는 없어 몸을 맡길 곳을 모르겠네."라고 했다. 또 묻기를, "외숙의 옛 사람으로는 누가 남아 있는가?" 했다. 새홍은 "오로지 무쌍이 부리던 여종 채빈(采蘋)이라는 자가 지금 금오장군(金吾將軍) 왕수중(王遂中) 댁에 있습니다."라고 했다. 왕선객은 "무쌍은 볼 기약이 정말 없으니, 채빈이라도 볼 수 있다면 죽어도 족하겠네."라고 했다. 이로써 명함을 보내어, 종질(從姪)의 예로 왕수중에게 인사를 하고 본말을 갖추어 말하고, 높은 값을 납부하여 채빈을 속환하고 싶다고 했다. 왕수중은 왕선객을 대견스럽게 여기고, 그가 처한 상황에 느낀 바가 있어서 그의 제안을 허락했다. 왕선객은 가옥을 세 내어 새홍·채빈과 함께 거처했다. 새홍은 번번이 "도련님은 나이가 점점 드시므로 마땅히 관직을 구하셔야 할 텐데, 울울하여 즐거워하지 않으시니, 어떻게 시간을 보내시겠습니까?"라고 했다. 왕선객은 그 말에 감동하여 실정을 간곡하게 왕수중에게 고했다. 왕수중은 왕선객을 경조윤(京兆尹) 이제운(李齊運)에게 천거하여 만나보게 하자, 이제운은 왕선객의 지난날 직함이 부평현윤(富平縣尹)이었다고 하여 장락역(長樂驛)을 맡게 했다.

서너 달이 지니자, 홀연 중사(中使, 내시)가 내가(후궁) 30명을 압령(押領)하여 원릉(園陵)에 가서 사환의 역을 시키기 위해 장락역에 묵을 것이라는 보고가 있었다. 이어서 전거자(氈車子, 털담요 깐 수레) 십 승이 이르러 왔으므로 잘 처리한 이후에. 왕선객은 새홍에게, "듣자니, 궁빈(宮嬪)의 선발은 액정(掖庭)에서 이루어지는데, 대부분 의관자녀(衣冠子女, 귀한 집 자녀)라 하더군. 혹 무쌍이 거기에 있지 않나 싶으니, 네가 나를 위해 한 번 엿보아주지 않겠나?"라고 했다. 새홍은 "궁빈이 수 천 명인데, 어찌 무쌍을 찾을 수 있겠습니까?"라고 했다. 왕선객은 "너는 가기만 해라. 인간사는 예견할 수 없는 법이다."라고 했다. 그러고는 새홍을 시켜 역리로 가장하게 하여 주렴 밖에서 차를 달이고 있게 했다. 그리고 돈 삼 천 관을 주면서 약조하길, "차 도구를 단단히 지켜 잠시도 떠나지 말고 있다가, 홀연 보게 되면 즉시 와서 보고하라."라고 했다. 새홍이 네, 네 하고 갔다. 하지만 궁인이 모두 주렴 안에 있어서 살펴볼 수 없었고, 밤에 말 소리가 두런두런 날 따름이었다. 밤이 깊자, 모든 움직이는 것이 다 정지했다. 새홍은 그릇을 씻고 불을 지피면서 조금도 잠들지를 못했다. 홀연 주렴 안에서 말이 있어, "새홍, 새홍! 네가 어찌 내가 여기에 있는 줄 알았느냐? 낭군은 건강하시느냐?"라고 하더니, 말을 마치자 오열했다. 새홍은 말하길, "낭군께서 이 역을 담당하시는데, 오늘 낭자가 여기 계시지 않을까 하셔서, 새홍더러 문후하게 하셨습니다."라고 했다. 무쌍은 또 "나는 오래 말을 못한다. 내일 내가 간 뒤에, 너는 동북쪽 집 각자(閣子) 속의 자색 깔개요 아래에서 서찰을 취하여 낭군에게 보내다오."라 하고, 말을 마치더니 곧 가버렸다. 홀연 주렴 안이 아주 요란해지고, 누군가 말하길, "내가(內家)가 기절했다." 하더니, 중사가 탕약을 급히 찾았다. 기절한 사람은 곧 무쌍이었다. 새홍은 급히 왕선객에게 고했다. 왕선객은 놀라서, "내가 한 번 볼 수 있겠는가?"라고 말했다. 새홍은 "지금 막 위수(渭水) 다리를 고치고 있는 중입니다. 낭군께서 다리 수리관으로 변장하여서 수레가 다리를 지날 때 수레 가까이 서 계시면 무쌍이 만약 알아본다면 반드시 주렴을 젖힐 것이고 그러면 잠깐 보실 수 있을 것입니다."라고 했다. 왕선객이 그 말대로 했다. 세 번째 수레에 이르러 과연 주렴을 열기에, 엿보니 정말 무쌍이었다. 왕선객은 슬프고 감동하며 원망하고 사모하여, 북받치는 정을 이길 수가 없었다.

새홍은 각자(閣子) 속 깔개요 아래에서 서찰을 찾아 왕선객에게 보냈다. 화전(花箋) 5폭으로, 모두 무쌍의 친필이었으며, 이런저런 일들을 자세히 서술했다. 왕선객이 보고는 한을 곱씹으며 눈물을 흘렸다. 이로부터 영영 이별이었다. 서찰의 뒤에 "칙사가 말하는 것을 들으니, 부평현(富平縣) 고압아(古押衙)에 세상에 보기드문 배려 깊은 사람이 있다고 하니, 지금 찾아보실 수 있는지요?"라고 했다. 왕선객이 마침내 경조부(京兆府)에 정문(呈文)하여 역참의 직무를 해면해 줄 것을 청하고 본관인 부평현윤으로 돌아갔다. 마침내 고압아를 방문하니, 그는 시골에 거처하고 있었다. 왕선객이 나아가 알현하여 고생(古生)을 만나, 고생이 바라는 것은 반드시 힘을 써서 가져다 주었으며, 비단과 보옥 등 선물이 이루 기록할 수 없을 정도였다. 왕선객은 한 해가 가도록 입을 열지 않다가, 임기가 끝나자 그 현에 한가롭게 거처했다. 고생이 홀연 와서 왕선객에게, "저[원문은 '小夫' 혹은 '老夫'로 되어 있다. -역자 주]는 무부(武夫)로 나이도 적은데 무슨 소용이 있겠습니까? 낭군이 제게 분수를 다하셨으니, 낭군의 뜻을 헤아리건데 제게 구하시는 바가 있을 것 같습니다. 저는 한 조각 마음이 있는 사람입니다. 낭군의 깊은 은혜에 감동하여, 몸을 갈아서라도 보답하고자 합니다."라고 했다. 왕선객은 흐느끼며 절을 하고, 사실대로 고생에게 고했다. 고생은 하늘을 우러르며, 손으로 뇌 부분을 서너번 치더니, "이 일은 전혀 쉽지 않습니다. 하지만 낭군과 함께 구해보도록 하겠습니다만 아침저녁에 곧 바랄 수는 없습니다."라고 했다. 왕선객은 절하며, "생전에 볼 수만 있다면야, 어찌 시각을 제한하겠습니까?"라고 했다.

  반 년 동안 아무 소식이 없더니, 하루는 문을 두드리는 사람이 있었다. 곧 고생이 서찰을 보낸 것이었으며, 그 서찰에는, "모산(茅山)에 심부름 보냈던 사람이 돌아왔습니다. 잠시 와 주십시오."라고 했다. 왕선객이 말을 달려 가서 고생을 보니, 고생은 아무 말도 없었다. 모산에 보냈던 심부름꾼이 누구냐고 물었더니, "죽여 버렸습니다, 차를 드십시오."라고 했다. 밤이 깊자 왕선객에게, "댁에 무쌍을 아는 여자 종이 있습니까?"라고 했다. 왕선객은 채빈이 있다고 대답했다. 그리고 왕선객은 당장 채빈을 데리고 왔다. 고생은 자세히 살피더니, 한편으로 웃고 한편으로 기뻐하면서 말하길, "잠시 사나흘이나 닷새 동안 머물러 두시고, 낭군은 돌아가십시오."라고 했다. 뒤에 서너 날이 지나, 홀연 전하는 말에, "어떤 지위 높은 사람이 여기를 지나가다가 원릉의 궁인을 처치했다."라고 했다. 왕선객은 마음속으로 아주 이상하게 여겨, 새홍을 시켜 처치되어 죽은 궁인이 누구인지 탐문하게 하니, 바로 무쌍이었다. 왕선객은 통곡하면서 마침내 탄식하길, "본시 고생(古生)

을 기대했는데, 지금 무쌍이 죽었으니, 이를 어떻게 하랴?" 하고, 눈물
을 흘리면서 한숨을 푹푹 쉬어 스스로를 억제하지 못했다. 이날 저녁
아주 깊어서 누군가 문을 아주 급하게 두드리는 소리가 들리기에 문을
여니 고생이었다. 그는 거적 하나를 가지고 들어와 왕선객에게 말하
길, "이것이 무쌍입니다. 지금 죽었으나, 심장과 머리는 아주 조금 따
스하여, 후일 마땅히 살아날 것이니, 탕약을 조금씩 흘려 넣어주고,
절대 안정해야 합니다."라고 했다. 그가 말을 마치자, 왕선객은 무쌍을
끌어안고 각자(閣子)로 들어가서 홀로 지켰다. 아침에 이르러 온 몸에
따스한 기운아 돌았다. 무쌍은 왕선객을 보고는 한 마디 곡을 하다가
곧 혼절했는데, 가료하여 밤에 이르자 살아났다. 고생은 또 말하길,
"잠시 새홍을 빌려서 집 뒤에 구덩이 하나를 파겠습니다."라고 했다.
구덩이가 점점 깊어지자, 고생은 칼을 뽑아 새홍의 머리를 끊어 구덩
이 속에 두었다. 왕선객이 놀라고 두려워하자, 고생은 "낭군은 두려워
마시오. 오늘 낭군의 은혜를 충분히 갚았습니다. 최근 듣자니 모산의
도사에게 약술(藥術)이 있어, 그 약은 복용하면 당장은 죽지만 사흘만
에 살아난다고 했습니다. 저의 심부름꾼이 전담하여 환(丸) 하나를 구
하여서 어제 채빈을 시켜 중사처럼 꾸며서 무쌍을 역당이라 하면서
이 약을 내려 자진하게 했습니다. 나는 원릉 아래 이르러, 죽은 사람의
친구라고 가탁하여 일백 겸(縑)을 주고 그 시신을 속환했습니다. 모든
도로와 우전(郵傳)의 관료들에게 후한 뇌물을 주었으므로 반드시 누설
을 면할 것입니다. 모산 심부름꾼과 거적 나른 자는 야외에서 처치를
끝냈습니다. 저도 낭군을 위해 자결하겠습니다. 그대는 다시는 여기
거처해서는 안 됩니다. 문 밖에 담꾼 열 명, 말 다섯 필, 비단 이백
필이 있으니, 오경의 새벽에 무쌍을 데리고 즉시 출발하여, 성명과 자
취를 바꾸어 앙화를 피하도록 하십시오."라고 했다. 말이 끝나자, 칼을

들었다. 왕선객이 말려서 구하려 했지만 머리가 이미 떨어졌다. 마침 내 머리와 몸뚱이를 모아 함께 묻어주었다.

왕선객은 미명의 시각에 출발하여, 서촉을 거쳐 삼협을 내려가서 저궁(渚宮)[호남성(湖南省) 강릉현(江陵縣)]에 임시로 거처를 정했다. 경조 (京兆)에서 이와 관련된 소식이 전혀 들리지 않자, 마침내 집 사람들을 이끌고 등주·양주의 별업으로 돌아가, 무쌍과 더불어 해로했다. 남녀 자손이 무리를 이루었다.

아아! 사람 사는 세상에서는 이별과 회합이 많지만, 이러한 일에 견 줄 것은 드물기에 일찍이 고금에 없는 일이라고 말했다. 무쌍은 난세 를 만나 적몰당했으나, 왕선객의 뜻은 죽어도 빼앗기지 않았기에 끝내 고생(고홍)의 기이한 법술을 만나 무쌍을 취할 수 있었으되, 억울하게 죽은 사람이 십여 명이다. 고생고생하여 도망한 이후에 고향을 돌아가 부부로 살기를 오십 년 동안 할 수 있었으니, 얼마나 기이한가!

王仙客者, 建中中朝臣劉震之甥也. 初, 仙客父亡, 與母同歸外氏. 震有女曰無雙, 小仙客數歲, 皆幼稚, 戲弄相狎, 震之妻常戲呼仙客爲 王郎子. 如是者凡數歲, 而震奉孀姊及撫仙客尤至. 一旦, 王氏姊疾, 且重, 召震約曰: "我一子, 念之可知也, 恨不見其婚室. 無雙端麗聰 慧, 我深念之, 異日無令歸他族, 我以仙客爲托. 爾誠許我, 暝目無所 恨也." 震曰: "姊宜安靜自頤養, 無以他事自撓." 其姊竟不痊. 仙客護 喪, 歸葬襄鄧. 服闋, 思念: "身世孤子如此, 宜求婚娶, 以廣後嗣. 無雙 長成矣, 我舅氏豈以位尊官顯, 而廢舊約耶?" 於是飾裝抵京師. 時震 爲尙書租庸使, 門館赫奕, 冠蓋塡塞. 仙客旣覲, 置於學舍, 弟子爲伍. 舅甥之分, 依然如故, 但寂然不聞選取之議. 又於窗隙間窺見無雙, 姿 質明艶, 若神仙中人, 仙客發狂, 唯恐姻親之事不諧也. 遂罄囊橐, 得

錢數百萬, 舅氏舅母左右給使. 達於廝養, 皆厚遺之. 又因復設酒饌,
中門之內, 皆得入之矣. 諸表同處, 悉敬事之. 遇舅母生日, 市新奇以
獻, 雕鏤犀玉, 以爲首飾. 舅母大喜. 又旬日, 仙客遣小嫗, 以求親之
事, 聞於舅母. 舅母曰:"是我所願也, 卽當議其事." 又數夕, 有靑衣告
仙客曰:"娘子適以親情事言於阿郞, 阿郞云:'向前亦未許之. 模樣云
云, 恐是參差也.'"仙客聞之, 心氣俱喪, 達旦不寐, 恐舅氏之見棄也,
然奉事不敢懈怠. 一日, 震趨朝, 至日初出, 忽然走馬入宅, 汗流氣促.
唯言:"鎖卻大門, 鎖卻大門!"一家惶駭, 不測其由. 良久乃言:"涇原
兵士反, 姚令言領兵入含元殿, 天子出苑北門, 百官奔赴行在. 我以妻
女爲念, 略歸部署."疾召仙客:"與我勾當家事, 我嫁與爾無雙."仙客
聞命, 驚喜拜謝. 乃裝金銀羅錦二十馱, 謂仙客曰:"汝易衣服, 押領此
物, 出開遠門, 覓一深隙店安下. 我與汝舅母及無雙, 出啓夏門, 繞城
續至."仙客依所敎, 至日落, 城外店中待久不至. 城門自午後扃鎖, 南
望目斷. 遂乘驢, 秉燭繞城, 至啓夏門, 門亦鎖. 守門者不一, 持白梃,
或立或坐. 仙客下馬, 徐問曰:"城中有何事如此?"又問:"今日有何人
出此?"門者曰:"朱太尉已作天子. 午後有一人重戴, 領婦人四五輩,
欲出此門. 街中人皆識, 云是租庸使劉尙書. 門司不敢放出. 近夜追騎
至, 一時驅向北去矣."仙客失聲慟哭, 卻歸店. 三更向盡, 城門忽開,
見火炬如晝, 兵士皆持兵挺刃, 傳呼:"斬斫使出城, 搜城外朝官!"仙
客舍輜騎驚走, 歸襄陽, 村居三年. 後知克復, 京師重整, 海內無事,
乃入京, 訪舅氏消息. 至新昌南街, 立馬仿徨之際, 忽有一人馬前拜.
熟視之, 乃舊使蒼頭塞鴻也. 鴻本王家生, 其舅常使得力, 遂留之. 握
手垂涕, 仙客謂鴻曰:"阿舅舅母安否?"鴻云:"並在興化宅."仙客喜
極云:"我便過街去."鴻曰:"某已得從良, 客戶有一小宅子, 販繒爲
業. 今日已夜, 郞君且就客戶一宿, 來早同去未晩."遂引至所居, 飮饌

甚備. 至昏黑, 乃聞報曰:"尙書受僞命官, 與夫人皆處極刑, 無雙已入掖庭矣." 仙客哀冤號絶, 感動隣里. 謂鴻曰:"四海至廣, 擧目無親戚, 未知托身之所." 又問曰:"舊家人誰在?" 鴻曰:"唯無雙所使婢采蘋者, 今在金吾將軍王遂中宅." 仙客曰:"無雙固無見期, 得見采蘋, 死亦足矣." 由是乃刺謁, 以從姪禮見遂中, 具道本末, 願納厚價, 以贖采蘋. 遂中深見相知, 感其事而許之. 仙客稅屋, 與鴻 · 蘋居. 塞鴻每言:"郎君年漸長, 合求官職, 悒悒不樂, 何以遣時?"仙客感其言, 以情懇告遂中. 遂中薦見仙客於京兆尹李齊運, 齊運以仙客前銜爲富平縣尹, 知長樂驛. 累月. 忽報有中使押領內家三十人往園陵, 以備灑掃, 宿長樂驛. 氈車子十乘下訖. 仙客謂塞鴻曰:"我聞宮嬪選在掖庭, 多是衣冠子女, 我恐無雙在焉. 汝爲我一窺, 可乎?"鴻曰:"宮嬪數千, 豈便及無雙?"仙客曰:"汝但去, 人事亦未可定."因令塞鴻假爲驛吏, 烹茗於簾外, 仍給錢三千. 約曰:"堅守茗具, 無暫舍去, 忽有所睹, 卽疾報來."塞鴻唯唯而去. 宮人悉在簾下, 不可得見之, 但夜語喧嘩而已. 至夜深, 群動皆息, 塞鴻滌器構火, 不敢輒寐, 忽聞簾下語曰:"塞鴻, 塞鴻! 汝爭得知我在此耶? 郎健否?"言訖嗚咽. 塞鴻曰:"郎君見知此驛, 今日疑娘子在此, 令塞鴻問候."又曰:"我不久語, 明日我去後, 汝於東北舍閣子中紫褥下, 取書送郎君."言訖便去. 忽聞簾下極鬧, 云:"內家中惡!"中使索湯藥甚急. 乃無雙也. 塞鴻疾告仙客, 仙客驚曰:"我何得一見?"塞鴻曰:"今方修渭橋, 郎君可假作理橋官, 車子過橋時, 近車子立, 無雙若認得, 必開簾子, 當得瞥見耳."仙客如其言. 至第三車子, 果開簾子, 窺見, 眞無雙也. 仙客悲感怨慕, 不勝其情. 塞鴻於閣子中褥下得書, 送仙客. 花箋五幅, 皆無雙眞跡, 詞理哀切, 敍述周盡. 仙客覽之, 茹恨涕下, 自此永訣矣. 其書後云:"常見敕使說, 富平縣古押衙, 人間有心人, 今能求之否?"仙客遂申府. 請解驛務, 歸本官. 遂尋訪古押衙, 則居於村墅. 仙客造謁, 見古生. 生所願, 必力致之, 繒彩寶玉之贈, 不可勝紀. 一年未開口. 秩滿, 閑居於縣, 古生忽來, 謂仙客曰: "洪一武夫, 年且小, 何所用? 郎君於某竭分, 察郎君之意, 將有求於小夫. 小夫乃一片有心人也, 感郎君之深恩, 願粉身以答效." 仙客泣拜, 以實告古生. 古生仰天, 以手拍腦數四, 曰: "此事大不易, 然與郎君試求, 不可朝夕便望." 仙客拜曰: "但生前得見, 豈敢以遲晚爲限耶?" 半歲無消息. 一日扣門, 乃古生送書, 書云: "茅山使者回, 且來此." 仙客奔馬去, 見古生, 生乃無一言. 又啓使者, 復云: "殺卻也, 且吃茶." 夜深, 謂仙客曰: "宅中有女家人識無雙否?" 仙客以采蘋對, 仙客立取而至. 古生端相, 且笑且喜云: "借留三五日, 郎君且歸." 後累日, 忽傳說曰: "有高品過, 處置園陵宮人." 仙客心甚異之, 令塞鴻探所殺者, 乃無雙也. 仙客號哭, 乃嘆曰: "本望古生, 今死矣, 爲之奈何?" 流涕歔欷, 不能自已. 是夕更深, 聞叩門甚急, 及開門, 乃古生也. 領一篼子入, 謂仙客曰: "此無雙也, 今死矣, 心頭微暖, 後日當活. 微灌湯藥, 切須靜密." 言訖, 仙客抱入閣子中, 獨守之. 至明, 遍體有暖氣. 見仙客, 哭一聲遂絶, 救療至夜方愈. 古生又曰: "暫借塞鴻, 於舍後掘一坑." 坑稍深, 抽刀斷塞鴻頭於坑中. 仙客驚怕. 古生曰: "郎君莫怕, 今日報郎君恩足矣. 比聞茅山道士有藥術, 其藥服之者立死, 三日卻活. 某使人專求, 得一丸, 昨令采蘋假作中使, 以無雙逆黨, 賜此藥, 令自盡. 至陵下, 托以親故, 百縑贖其屍. 凡道路郵傳, 皆厚賂矣, 必免漏泄. 茅山使者及舁篼人, 在野外處置訖. 小夫爲郎君, 亦自刎. 君不得更居此, 門外有檐子一十人, 馬五匹, 絹二百匹, 五更挈無雙便發, 變姓名浪跡以避禍." 言訖, 擧刀, 仙客救之, 頭已落矣, 遂並屍蓋覆訖. 未明發, 歷西蜀下峽, 寓居於渚宮. 悄不聞京兆之耗, 乃挈家歸襄鄧別業. 與無雙偕老矣, 男女成群.

　噫！人生之契闊會合多矣, 罕有若斯之比, 常謂古今所無. 無雙遭亂世籍沒, 而仙客之志, 死而不奪, 卒遇古生之奇法取之, 冤死者十余人. 艱難走竄後, 得歸故鄕, 爲夫婦五十年. 何其異哉!

［『太平廣記』「雜傳記」三］

전(傳) 왕세정(王世貞) 편집 『검협전(劍俠傳)』

왕세정이 엮었다고 전하는 『검협전』은 4권본과 1권본이 있다.

『검협전』 4권본은 『고금일사』에 나온 것이 가장 빠르다. 명나라 신안(新安) 오관(吳琯)의 교(校)라고만 했고, 작자와 각 편의 출처는 밝히지 않았다.[1] 『검협전』 1권본은 요안(姚安) 도연(陶埏)이 순치(順治) 3년에 편찬한 총집 『설부』 120권에 나온 것이 가장 빠르다. 작자를 '당(唐)'이라고만 표시하고 성명을 기록하지 않았고, 각 편의 출처를 밝히지 않았다. 『검협전』 가운데 11편을 수록했다.[2] 이밖에 단행본으로 명나라 융경(隆慶) 3년 신각본 『검협전』이 있다.[3]

1 『秘書二十一種』은 康熙七年 星源 王士漢이 『古今逸史』 刊版에 의거해서 重編하여 인쇄했다. 『叢書集成初編』은 民國 24년부터 26년까지 上海商務印書館에서 『古今逸史』를 저본으로 만든 배인본(排印本)이다. 『劍俠傳』의 편목과 분권은 『古今逸史』와 같다. 卷1: 「老人化猿」・「扶餘國王」・「嘉興繩技」・「車中女子」・「僧俠」・「京西店老人」・「蘭陵老人」. 卷2: 「盧生」・「聶隱娘」・「荊十三娘」・「紅線」・「田膨郎」. 卷3: 「昆侖奴」・「許寂」・「丁秀才」・「潘將軍」・「宣慈寺門子」・「李龜壽」・「賈人妻」・「虬髯叟」・「韋洵美」・「李勝」・「乖崖劍術」. 卷4: 「秀州刺客」・「張訓妻」・「潘扆」・「洪州書生」・「義俠」・「任愿」・「花月新聞」・「俠婦人」・「解洵娶婦」・「郭倫觀燈」.
2 「老人化猿」・「車中女子」・「僧俠」・「京西店老人」・「蘭陵老人」・「盧生」・「聶隱娘」・「荊十三娘」・「紅線」・「田膨郎」・「昆侖奴」 등이다. 『五朝小說』에 수록한 『劍俠傳』 1권은 총집 『설부』와 같은데, 봉면(封面)에 '단성식(段成式)'이라고 서명했다. 『唐人說薈』・『龍威秘書』・『唐代叢書』・『藝苑捃華』・『說庫』는 모두 乾隆 이후 집본(輯本)으로 『劍俠傳』 1권 12편을 수록했다. 총집 『설부』와 비교하여, 「紅線」이 없고, 「가인처(賈人妻)」・「홍규수(虬髯叟)」가 더 있다. 모두 '唐段成式撰'이라고 서명했다.
3 4권본을 기초로 하고 부록 1권을 덧붙여, 「張守一」・「張祐」・「白廷讓」・「青城劍術」이 더 있다.

   그런데『고금일사(古今逸史)』와『비서넙일종(秘書卅一種)』에는『검협
전』의 저자와 출간시기를 밝히지 않았다. 1권본을 수록한『설부(說郛)』,
『당인설회(唐人說薈)』, 『용위비서(龍威秘書)』, 『예원군화(藝苑捃華)』,
『설고(說庫)』에서는 저자를 단성식(段成式)이라 했다. 노신(魯迅)은『중
국소설사략(中國小說史略)』(상해고적출판사, 1998)에서, 명나라 사람들이
단성식의 이름을 빌려 출판한 위작이라고 보았다. 여가석(余嘉錫)은『사
고제요변증(四庫提要辨證)』(중화서국, 1980)에서 왕세정의 「검협전소서
(劍俠傳小序)」를 근거로 왕세정이 당·송 시기 검협 소설을 모아 편찬했
으리라 추정했다. 다만 현대 연구자들 가운데는 왕세정의 이름 또한
차용되었으리라고 보는 사람도 있다. 그러나 허균은『검협전』의 편자
를 '왕 사구' 즉 왕세정으로 보았다.

   아래에『검협전』33편을 번역하여 소개한다.『검협전』4권본의 여
러 판본이나 본래 수록되어 있던 유서(類書)를 보면 자구에 이동(異同)
이 많다. 문맥을 고려하여 적절하게 원문을 확정하고 번역을 했으며,
원문의 이본 대교 내용은 번다함을 피하여 일일이 밝히지 않기로 한다.

01.『老人化猿』출처미상. (唐)歐陽詢『藝文類聚』일 가능성 있음.
02.『扶餘國王』(唐)杜光庭『虯髥客傳』(一說裴鉶所作).『太平廣記』에도 수록.
03.『嘉興繩技』(唐)皇甫氏『原化記』.『太平廣記』.
04.『車中女子』(唐)皇甫氏『原化記』.『太平廣記』.
05.『僧俠』(唐)段成式『酉陽雜俎』.『太平廣記』.
06.『京西店老人』(唐)段成式『酉陽雜俎』.『太平廣記』.
07.『蘭陵老人』(唐)段成式『酉陽雜俎』.『太平廣記』.
08.『盧生』(唐)段成式『酉陽雜俎』.『太平廣記』.
09.『聶隱娘』(唐)裴鉶『傳奇』.『太平廣記』.
10.『荊十三娘』(五代)孫光憲『北夢瑣言』.『太平廣記』.
11.『紅線』(唐)袁郊『甘澤謠』.『太平廣記』.

12. 『田膨郎』康駢『劇談錄』.『太平廣記』.
13. 『昆侖奴』(唐)裴鉶『傳奇』.『太平廣記』.
14. 『許寂』(五代)孫光憲『北夢瑣言』.『太平廣記』.
15. 『丁秀才』(五代)孫光憲『北夢瑣言』.『太平廣記』.
16. 『潘將軍』康駢『劇談錄』.『太平廣記』.
17. 『盲慈寺門子』(唐)王定寶『唐摭言』.『太平廣記』.
18. 『李龜壽』(唐)皇甫枚『三水小牘』.『太平廣記』.
19. 『賈人妻』(唐)薛用弱『集異記』.『太平廣記』.
10. 『虯髥叟』(宋)无名氏『燈下閑談』.
21. 『韋洵美』(宋)王銍『補侍兒小名錄』.
22. 『李勝』(宋)吳淑『江淮異人錄』.
23. 『乖崖劍術』(宋)何薳『春渚紀聞』.
24. 『秀州刺客』(宋)羅大經『鶴林玉露』.
25. 『張訓妻』(宋)吳淑『江淮異人錄』.
26. 『潘扆』(宋)馬令『南唐書』卷二十四.
27. 『洪州書生』(宋)吳淑『江淮異人錄』.
28. 『義俠』(唐)皇甫氏『原化記』.『太平廣記』에도 수록.
29. 『任愿』(宋)劉斧『青瑣高議』.
30. 『花月新聞』(宋)洪邁『夷堅志』.
31. 『俠婦人』(宋)洪邁『夷堅志』.
32. 『解洵娶婦』(宋)洪邁『夷堅志』.
33. 『郭倫觀燈』(宋)洪邁『夷堅志』.

소서(小序) [王世貞, 『弇州四部稿』 卷71]

무릇 검협은 경훈(經訓)에 수록되어 있지 않다. 그 대요는 『장자』·『월절서(越絶書)』·『오월춘추(吳越春秋)』에서 나왔으며, 혹자는 우언(寓言)의 웅자(雄者)로 간주한다. 태사공 사마천이 형경(荊卿)을 논함에 이르러, "안타깝구나! 형경은 검으로 찌르는 기술을 연마하지 않았다."라고 했으니, 그 뜻은 정말로 그런 일이 있다고 여긴 것이다. 그렇지 않다면, 무술에 뛰어난 항우가 노하여 큰 소리로 외치면 천 사람이 모두 움츠러들 것이지만, 끝내 '이루지 못했다'라고 했을 것이! 무릇 검을 연습하는 자는 선왕의 죄인이다. 성호사서(城狐社鼠, 성중에 사는 여우와 사중에 있는 쥐)처럼 몸을 숨기고 나쁜 짓을 하는 간악한 자는 천하가 사패(司敗, 법관)에게 처리를 요청할 수가 없으며, 한 사내라야 뜻을 얻을 수 있다. 전저(專著)와 섭정(聶政)같은 부류가 가까스로 얼추 그런 인물일 따름이다. 이 또한 어찌 그 설을 모두 폐기할 수 있겠는가? 그러나 천하의 뜻을 쾌청하게 하려면 사패에게 청할 수가 없고 그 일을 한 사내에게 청하므로, 군자도 이로써 세상의 변화를 볼 수 있었다. 우리 집에 검객 일을 잡박하게 말한 책이 아주 많으므로, 간간이 속마음에 개연하게 여겨, 부분부분 뽑아서 모아 권을 이루어, 때때로 하나하나 펼쳐서 그 울울한 기분을 틔우고 즐겁게 했다. 만약 호사자의 부류가 그 설을 신묘하게 여기고자 힘써서 이 술법을 얻어서 시험해보면 당장에 충거(沖擧, 신선)의 상태를 가져올 수 있다고 말하지만, 이것은 믿을 수 있는 바가 아니다.

凡劍俠, 經訓所不載. 其大要出莊周氏·『越絶』·『吳越春秋』, 或以爲寓言之雄耳. 至於太史公之論慶卿也, 曰："惜哉! 其不講於刺劍之術也." 則意以爲眞有之. 不然, 以項王之武, 喑嗚叱咤, 千人皆癈, 而乃曰無成哉! 夫習劍者, 先王之僇民也. 然而城社遺伏之奸, 天下所不能請之於司敗, 而一夫乃得志焉. 如專·聶者流, 僅其粗耳. 斯亦烏可盡廢其說? 然欲快天下之志, 司敗不能請, 而請之一夫, 君子亦以觀世矣. 余家所蓄襍說劍客事甚夥, 間有槪於衷, 薈撮成卷, 時一一展之, 以攄愉其鬱. 若乃好事者流, 務神其說, 謂得此術, 試可立致沖擧. 此非余所敢信也.

01. 「노인화원(老人化猿)」(趙處女)

월왕이 범려(范蠡)에게 손으로 검을 사용하는 술법을 묻자, 범려는 "제가 듣기에 조나라에 한 처녀가 있어 나라사람들이 칭송한다고 하니, 왕께서 문의하시기 바랍니다."라고 했다. 이에 왕이 여인을 청했다. 여인이 장차 왕을 만나보려 할 때 길에서 노인을 만났는데, 자칭 원공(袁公)[백원옹(白猿翁)]이라 했다. 원공이 여인에게 묻기를, "듣자니, 너는 영걸이어서 검을 다룬다고 하니, 한 번 보았으면 한다."라고 했다. 여인은 "제가 감히 감출 것이 없습니다. 공께서 시험해 보시기 바랍니다."라고 했다. 원공이 즉각 숲속의 대나무를 잡아당겨 길고(도르레)처럼 하여, 끝부분이 꺾여 땅에 떨어지자, 여인이 손을 뻗어 그 끝을 취했다. 원공은 그 몸통을 쥐고 여인을 찌르자, 여인은 박자에 맞추어 대나무 끝을 밀어넣어, 그런 식으로 세 번 밀어넣었다. 이어서 여인이 막대기를 들어서 공격하자, 원공은 즉각 날아서 나무 위로 올라, 흰 원숭이로 변했다.

越王問范蠡手劍之術, 蠡曰:"臣聞趙有處女, 國人稱之, 願王問之." 於是王乃請女. 女將見王, 道逢老人, 自稱袁公. 袁公問女曰:"聞女英爲劍, 願得一觀之." 女曰:"妾不敢有所隱也, 惟公所試." 公卽挽林杪之竹, 似桔槹, 末折墮地, 女接取其末. 公操其本而刺女. 女應節入之, 三入. 女因擧杖擊之, 袁公卽飛上樹, 化爲白猿.

02. 「부여국왕(扶餘國王)」

수나라 양제가 강도(江都, 揚州)에 행행하면서 사공(司空) 양소(楊素)에게 서경(장안)을 지키게 했다. 양소는 지위가 높고 성격이 교만한 데다가, 또 당시 정국이 혼란했으므로, 천하에서 권력이 중하고 명망이 높은 자는 나만한 이가 없다고 여겨, 사치하고 존귀한 생활로 자신을 떠받들어 예수(禮數)가 일반 신하의 본분과 달랐다. 같은 조정의 대신들과 말을 나누거나 빈객이 알현하여 오면, 양소는 탑상에 걸터앉아 만나보지 않은 적이 없으며, 미인들을 시켜 좌우에서 모시게 하고 시비(侍婢)들을 앞에 나열하게 하여, 황상의 기세보다 참월하게 굴었다. 말년에는 더욱 심하여, 책임으로 볼 때 위태로운 국가를 부지하고 국가를 안정시킬 마음을 지녀야 한다는 사실을 더 이상 알지 못했다. 하루는 위국공(衛國公) 이정(李靖)이 포의의 옷차림으로 배알하고는 기발한 정책을 제안했으나, 양소는 평상에 걸터앉아 만나보았다. 이정이 앞으로 나아가 읍례하고는, "천하가 바야흐로 어지럽고, 영웅이 다투어 봉기하거늘, 공은 황가의 중신으로서 호걸을 거두려는 마음을 지녀야 하지, 거만하게 빈객을 만나보아서는 안 됩니다."라고 했다. 양소가 용모를 추스르고 일어나서 이정에게 사죄하고, 함께 이야기하고는 크게 기뻐하여, 그 정책을 수용했으므로, 이정은 물러났다. 이정이 변설을 할 때에 뛰어난 미색을 지닌 한 기녀가 홍불[홍색 불진(拂塵)]을 손에 들고 앞에 서서 이정을 뚫어져라 바라보았다. 이정이 간 뒤에 홍불을 쥔 기녀는 당헌에 이르러 아전에게 손가락으로 가리키면서, "지금 간 처사는 배항이 몇 번째인가? 어디에 거주하는가?"라고 물었다. 아전이 일일이 대답하자, 기녀는 끄덕이고는 갔다.

　이정이 여관으로 돌아왔는데, 그 날 밤 오경 초에 홀연 문을 두드리면서 낮은 목소리로 말하는 자가 있어, 이정이 일어나서 누구냐고 물었다. 바로 자색 옷을 입고 모자를 쓴 사람이었는데, 어깨의 지팡이에는 주머니 하나를 걸고 있었다. 이정이 "누구인가?" 묻자, "저는 양 사공 집에서 홍불을 쥐고 있던 기녀입니다."라고 했다. 이정이 황급히 맞아들였다.

홍불을 쥐고 있던 그 기녀가 웃옷을 벗고 모자도 치우자 바로 열 여덟, 아홉의 아름다운 여인으로, 얼굴에는 분칠을 하지 않았고, 그림 그려진 옷을 걸치고 있었다. 이정에게 절을 하니, 이정은 놀라서 답례로 절을 했다. 그녀는 "제가 양 사공을 오래 모시며 천하의 인재를 많이 보았습니다만 그대 만한 사람이 없었습니다. 토사(菟絲)와 여라(女蘿)는 홀로 생장할 수 없으니, 바라건대 교목에 의탁하고자 하여, 이렇게 도망하여 왔습니다."라고 했다. 이정은 "양 사공은 경사(서울)에서 권세가 중하거늘 어떻게 하나?"라고 했다. "저 사람은 시신의 남은 기운에 불과하니, 두려워할 것이 없습니다. 여러 기녀들이 그가 공을 이루지 못할 것을 알고 있습니다. 도망한 사람이 많지만 저 사람은 그다지 추격하지 않습니다. 계획이 자세하니, 부디 의심하지 마십시오!"라고 했다. 그 성씨를 물으니, "장(張)입니다." 했다. 배항을 물으니, "제일 나이가 많습니다." 했다. 그 피부, 의태, 말씨, 기품을 보니 정말로 하늘의 선녀였다. 이정은 뜻하지 않게 이 여인을 얻고는 점점 기뻐하면 할수록, 점점 두려워져서, 순식간에 오만 생각이 일어나 불안해져서, 문틈으로 살피느라 발을 떼어 걸음을 멈추지 못했다. 서너 날이 지나 또한 추격하여 찾는다는 소리가 들리므로, 마음이 더욱 긴급해졌다. 마침내 홍불녀를 남장시켜 말에 태워 함께 객점의 문을 밀어젖히고 떠났다.

　장차 태원(太原)으로 돌아가고자 해서, 가다가 영석(靈石)[산서성(山西省) 태원(太原) 서남쪽]의 여관에 묵었다. 침상을 이미 펴고, 화로에 고기를 구워, 고기도 잘 익어 있었다. 장씨는 머리가 매우 길어 땅을 끌었으므로 침상 앞에 서서 머리를 빗고, 이정은 바야흐로 말 갈기를 손질했다. 홀연 보통 키에 붉은 수염이 규룡의 모양을 한 사람이 나귀를 타고 와서는 가죽 주머니를 화로 앞에 던지고, 베개를 취하여 비스듬히 누워서, 장씨가 머리 빗는 모습을 쳐다 보았다. 이정은 대단히 화가 나서, 분을 풀지는 못하고 앞서와 같이 말을 빗기고 있었다. 장씨는 규염을 드리운 남자의 얼굴을 뜯어보더니, 한 손으로는 머리칼을 쥐고 한 손으로는 뒷태를 흔들흔들 흔들어 보여, 이정에게 성 내지 말라고 시켰다. 장씨는 서둘러 머리를 다 빗은 뒤에 옷깃을 여미고 앞으로 다가가 그 성을 물으니, 누워있던 객은 "성이 장(張)이다."라고 했다. 장씨가 대답하여 "나도 장씨이니, 분명히 내가 누이일 것입니다."라고 하고는 갑자기 절을 했다. 장씨가 규염을 드리운 객에게 묻기를 "배항이 몇 번 째요?" 하니, "세번째요." 했다. 이어서 장씨에게 몇 번째냐고 묻자, 장씨는 "가장 위입니다."라고 했다. 그 남자는 흥분하여, "오늘 큰 누이를 만나다니, 정말 교묘하오!"라고 했다. 장씨는 멀리 외쳐, "이랑, 잠시 외서 셋째 남동생을 보세요."라고 했다. 이정은 황급히 절을 했다. 마침내 셋이 둘러 앉았다. 객이 묻기를, "끓이는 것은 무슨 고기입니까?" 하자, 이정이 말하길, "양고기[화육(華肉)]입니다. 헤아리건대 이미 익었을 것입니다." 했다. 객은 "너무 굶주렸습니다!"라고 했다. 이정은 나가서 호병(胡餠)[소병(燒餠)]을 사 가지고 왔다. 객은 허리춤에서 비수를 끄집어내어 고기를 잘라 함께 먹었다. 먹기를 마치자, 나머지 고기는 끊기 어려웠으므로, 나귀 앞으로 보내어 먹게 하니, 나귀가 재빨리 먹었다. 객은 "이랑의 행실을 보니 빈궁한 선비이군요. 어찌 이런 이인을 만났습니까?"라고 했다. 이정은 말하길, "내가 비록 궁하지만 그래도 마음을 지닌 자입니다. 다른 사람이 물으면 짐짓 말하지 않겠지만, 형이 물으니 숨길 것이 없습니다."라고 하고는 그 연유를 갖추어 말했다. 그 객은 "그러면 장차 어디로 가려 합니까?" 하므로, "장차 태원으로 피신하려고 합니다." 했다. 객은 "그렇군요. 내 생각에 그대가 능히 이룰 수 있는 것이 아니라고 봅니다."라고 했다, 또 "술이 있습니까?" 물었다, 이정은 "여관의 서쪽 머리에 주점이 있습니다." 했다. 이정은 가서 술 한 말을 가져왔다. 술이 한 순배 돈 뒤에 객이, "내게 안주가 조금 있으니, 이랑은 함께 들겠습니까?" 했다. 이정은 "감히 청하지 못하지만 정말 바라는 바입니다."라고 했다. 이에 객은 저 가죽 주머니를 열더니, 사람 머리와 심장 및 간을 꺼냈다가, 사람 머리는 도로 주머니 속에 넣고, 비수로 심장과 간을 잘라 함께 먹었다. 객은 "이 자는 천하의 배은망덕한 자로, 십년 동안 원한을 품고 있다가, 지금 바로 해치워서 나의 유감이 풀렸습니다."라고 했다. 또 말하길, "이랑의 의형과 신채·기우를 보건대, 정말 장부입니다. 역시 태원에 이인이 있는 것을 아십니까?"라고 했다. "전에 한 사람을 보았는데, 저는 진인이라 여깁니다. 나머지는 장수일 따름입니다." 했다. "무슨 성입니까?" 하니, "저(이정)와 같은 성씨입니다" 했다. "몇 살입니까?" 하자, "고작 스물입니다." 했다. 또 묻기를, "지금 무엇을 하고 있습니까?" 하자, 이정은 "주장(州將)[여기서는 태원유수(太原留守)]의 사랑하는 아들입니다." 했다. 객은 "아무래도 만나보아야 하겠군요. 이랑은 나를 한번 만나게 해 줄 수 있겠습니까?"라고 했다. 이정은 "내게 유문정(劉文靜)이라는 친구가 있는데, 그와 친압하므로 유문정을 통해서 만날 수 있습니다. 하지만 형은 무엇을 하려는 겁니까?"라고 했다. 객은 "망기(望氣)를 하는 사람 말이 태원 일대에 기이한 기운이 있다고 하면서 내게 찾아보라 했습니다. 이랑은 어느 날 태원에 도달합니까?"라고 했다. 이정은 일정을 계산해보고, "아무 날이면 당도하겠습니다."라고 했다. "태원에 도달한 다음 날 동 틀 무렵, 나를 분양교(汾陽橋)에서 기다리십시오,"라고 했다. 말을 마치고는 노새를 타고 가버렸는데, 그 행차가 나는 듯했으며, 돌아다보니 이미 간 곳을 알 수 없었다. 이정은 장씨와 함께 한편으로 놀라고 한편으로 기뻐하다가, 한참 만에, "열사(烈士)는 사람을 속이지 않으니, 정말 두려워할 것이 없다!"라고 하고는 채찍으로 재촉하여 길을 갔다.

　예정했던 날에 태원에 들어가 객을 기다렸다가 과연 서로 만나 크게 기뻐하고, 함께 유문정에게 갔다. 거짓으로 유문정에게 말하길, "관상을 잘 보는 사람이 낭군을 보고자 하니 맞아주기 바랍니다."라고 했다. 유문정은 평소 그 사람[이세민]을 기이하다고 여겨 바야흐로 국가를 바로잡아 보필할 일을 의론하고자 했는데, 하루 아침에 객 가운데 관상 볼 줄 아는 이가 있다는 말을 들으니, 그 마음이 어떠했을지는 알 만하다. 황급히 술을 가져오게 하여 태종을 맞아들였다. 이윽고 태종이 이르렀는데, 적삼도 입지 않고 신발도 신지 않고서 갖옷 위에 석의(裼衣)를 걸치고 오는데, 신기(神氣)가 양양하여 모습이 보통의 인물과 달랐다. 규염의 객은 묵묵히 좌석 끝에 있다가, 그를 보고는 마음이 철렁했다. 서너 순배를 마시고 일어나서 이정을 불러 말하길, "참 천자이시다!"라고 했다. 이정이 그 말을 유문정에게 고하자, 유문정은 더욱 기뻐하여 자부했다. 이윽고 나간 뒤에 규염의 객에게 가서 말하길, "내가 보건대, 열에 여덟, 아홉은 틀림없습니다. 그러나 반드시 도형(道兄)이 만나뵈어야 합니다. 이랑은 마땅히 누이와 함께 다시 서울로 들어가서, 아무날 정오에 마행(馬行, 마시장) 동쪽 주루(酒樓)로 나를 찾아오십시오. 주루 아래에 이 나귀와 또 하나의 마른 나귀가 있을 것이니, 나와 도형이 모두 거기에 있을 것입니다. 도착하면 그 주루로 올라 오십시오."라고 했다. 그러고는 또 이별하여 떠나갔다. 이정은 장씨와 함께 다시 응답하고, 기일에 맞추어 찾아갔다. 이정은 두 나귀가 오는 것을 보았다. 옷을 부여잡고 누에 오르니, 규염의 객이 한 도사와 바야흐로 대작을 하고 있다가, 이정을 보고 놀라 기뻐하면서 불러서 앉게 하여 둘러앉아 술을 마셨다. 십여 순배 돌자, 말하길, "주루 아래 궤짝에 십만 전이 있으니, 깊이 숨을 곳 한 군데를 가려서 누이를 머물게 하시오. 아무 날 다시 분양교(汾陽橋)에서 만납시다."라고 했다. 기약한 대로 이르자 도사는 규염객과 이미 도착해 앉아있었다. 함께 유문정을 알현했는데, 바야흐로 바둑을 두고 있다가, 일어나 읍례하고는 말을 나누었다. 조금 있다가 유문정이 서찰을 날려 문황(文皇)[이세민]을 맞이하여 바둑 구경하러 오시라고 했다. 도사는 유문정과 바둑을 두고, 규염의 객과 이정은 곁에 서서 구경을 했다. 이윽고 문황이 와서는, 길게 읍례를 하고 자리에 앉는데, 정신이 맑고 기운이 명랑했으며, 만좌에 바람이 일어나고, 눈동자의 빛이 형형했다. 도사는 한 번 보고는 참담한 빛이 되어 바둑돌을 거두고는, "이 판국은 졌습니다! 졌습니다. 여기서 판국을 잃었습니다. 기이합니다! 구하려고 해도 길이 없습니다! 다시 무얼 말하겠소!"라고 했다. 도사는 바둑을 파하고는 가겠다고 했다. 이미 나가고 나서는 도사가 규염의 객에게 말하길, "이 세계는 공의 세계가 아니오. 다른 방면에서 도모하도록 힘쓰시오. 마음에 두지 마시오!"라고 했다. 이어서 함께 서울로 들어갔다. 규염의 객이 길에서 이정에게 말하길, "이랑의 노정을 계산하면 아무 날에 서경에 도달할 것이니, 도달한 다음날 누이와 함께 아무 방곡(坊曲)의 저의 누추한 집으로 오시오. 이랑이 왕복하여 나를 따르시고 누이는 경쇠가 매달린 듯 고단하게 하여 미안합니다. 나는 나의 신부(처)를 시켜 다만 당신들을 배알하도록 하고 조용히 집일을 대략 상의하게 하고자 하오니 물리치지 마소서."라고 했다. 말을 마치고는 탄식을 하면서 떠나갔다.

이정도 역시 말에 채찍질하여 길을 빨리 가서 얼마 안 되어 서경에 이르렀다. 장씨 여인과 함께 가서, 하나의 작은 판문(板門)에 이르러 두드리니 응답하는 자가 나와서 절하며 말하길, "삼랑(三郎)이 이랑과 한 분 누이를 기다리게 하여 두 분을 기다린지 오래입니다."라고 하고는, 중문으로 맞아 들였는데, 문이 아주 장려(壯麗)했다. 노비와 시첩 서른 여 명이 앞에 나열하고, 청의(靑衣 : 종복) 20인이 이정을 이끌어 동청(東廳)에 들게 했다. 동청의 진설품은 진귀하고 기이함을 극도로

다 했으며, 건상(巾箱)·장렴(妝奩)·동경(銅鏡)·수식(首飾)이 성대하여
인간세계의 물건이 아니었다. 세수하고 빗질하며 화장하고 수식을 끝
내자, 의복을 갈아 입으라고 청하는데, 의복 또한 진기했다. 다 마치
자, 전하여 외치길 "삼랑이 오신다!"라고 했다. 바로 규염의 객으로 집
모자를 쓰고 자색 적삼을 입었으며, 구종(驅從)들은 용호(龍虎)의 모습
이었다. 규염의 객은 이랑과 장씨를 만나보고는 기뻐하고, 그 처를 나
와서 절하게 명했는데, 역시 천인(선녀)이었다. 마침내 중당에 맞아들
이니, 중당의 진설과 연석의 차림이 왕공의 집이라도 짝하지 못할 정
도였다. 네 사람이 대좌하여, 성찬을 다 차려낸 후, 여악(女樂) 20인이
중정에서 무리지어 연주하니, 마치 하늘에서 내려온 듯해서 인간세계
의 곡조가 아니었다. 다 먹고 난 후, 술이 돌았다. 그리고 창두(蒼頭
: 종)가 서쪽 당에서 20개의 상을 메고 나오는데, 각각 다시 수화(繡花)
의 조박(綢帕)으로 덮었다. 상탑들이 전부 나열되고, 그 조박을 전부
벗겨내니, 모두 문부(文簿, 장부)와 쇄시(鎖匙, 자물쇠) 따위였다. 규염의
객이 이정에게 고하길, "모두다 진보(珍寶)와 화천(貨泉, 돈)의 수목(數
目)으로 내가 지닌 것인데, 모두 증여하겠습니다. 왜냐고요? 나는 본디
이 세계에서 일을 추구하고자 해서, 혹 용전(龍戰, 천하 쟁패) 2, 30년을
행하여 작은 공업을 세우고자 했습니다. 지금 이미 주인이 있거늘 머
물러 있는다고 해도 무엇하겠습니까? 태원 이씨는 정말 영명한 군주입
니다! 3, 5년 사이에 즉시 마땅히 태평하게 될 것입니다, 이랑은 영특
한 재주로 청평(淸平)의 군주를 보필하여 마음을 다 바치고 힘을 다하
여, 필시 인신의 가장 높은 지위에 이를 것이고, 한 분 누이는 천인의
자태로 불세출의 기예를 온축하여 부군의 귀한 지위를 따라 영화가
헌상(軒裳)의 극에 이를 것입니다. 한 분 누이가 아니면 이랑을 알아볼
수가 없었고, 이랑이 아니면 누이를 만날 수 없었습니다. 성현이 마치

기러기가 땅 위 하늘길로 올라가듯 흥기하므로 성군과 현신이 기약한 듯 만날 것이고, 범이 휘파람 불어 바람이 일어나고 용이 분등하자 구름이 모이듯 할 것은 정말로 당연합니다. 내가 증여한 것을 가져다가 참 군주를 보좌하시고 공업을 협찬하십시오. 힘쓰십시오! 힘쓰십시오! 이후 십 여 년 뒤에 동남쪽 수천 리 바깥에 기이한 일이 있으면, 이것이 내가 득지한 때입니다. 한 분 누이는 이랑과 함께 술을 땅에 부어 축하해 주십시오."라고 했다. 다시 이어서 가동(家童)들을 열지어 절하게 하고는, "이랑과 한 분 누이는 너희들의 주인이다. 잘 섬기도록 하라!"라고 했다. 말이 끝나자 그 처와 함께 융복(군인 복장)의 행장으로 말에 오르니, 한 노비가 뒤를 따랐는데, 서너 걸음 가더니 더 이상 보이지 않았다. 이정은 그 집을 점거하여, 마침내 부호의 집이 되어, 문황(이세민)이 국가 기반을 체결하고 구축하는 자본을 도울 수 있었으며, 마침내 대업을 크게 이룰 수 있게 했다.

　정관(貞觀) 10년에 이정은 조정에서 지위가 복야(僕射)[좌승상]·평장사(平章事)에 이르렀다. 그때 마침 동남의 만족이 주달하길, "어떤 해적이 일천 척의 배에 갑병 수십 만을 태워 부여국에 들어가 그 군주를 죽이고 자립하여 나라 안이 이미 평정되었습니다."라고 했다. 이정은 저 규염의 객이 공을 이룬 것을 알았다. 돌아가 장씨에게 고하고, 함께 술을 지상에 뿌리고 동남방을 향하여 절을 해서 축하의 뜻을 표했다. 그리고 진인(眞人, 참 군주)이 일어나는 것은 영웅도 바랄 수 없다는 사실을 알았으니, 하물며 영웅이 아닌 사람은 어떠하겠는가? 신하된 사람이 잘못하여 난리를 일으키려 생각하는 것은 당랑이 약한 팔로 굴러가는 바퀴를 막으려 하는 것과 같을 따름이다. 우리 황가는 만세토록 복을 드리우리니, 이것이 헛되이 그러하랴? 혹자는 말하길, "이위공(李衛公)의 병법은 대부분 규염의 객이 전한 것이다."라고 한다.

　隋煬帝之幸江都也, 命司空楊素守西京. 素驕貴, 又以時亂, 天下之
權重望崇者, 莫我若也, 奢貴自奉, 禮異人臣. 每公卿人言, 賓客上謁,
未嘗不踞牀而見, 令美人捧出, 侍婢羅列, 頗僭於上. 末年愈甚. 無復
知所負荷有扶危持顚之心. 一日, 衛公李靖, 以布衣上謁, 獻奇策, 素
亦踞見. 公前揖曰: "天下方亂, 英雄競起, 公爲帝室重臣, 須以收羅豪
傑爲心, 不宜踞見賓客." 素斂容而起, 謝公. 與語, 大悅, 收其策, 而退.
當公之騁辨也, 一妓有殊色, 執紅拂, 立於前, 獨目靖. 靖旣去, 而執拂
者臨軒指吏, 問曰: "去者處士第幾? 住何處?" 吏具以對, 妓頷而去.

　公歸逆旅. 其夜五更初, 忽聞叩門聲低者. 公起問焉, 乃紫衣帶帽
人, 杖一囊, 公問: "誰?" 曰: "妾楊家之執拂妓也." 公遽延入. 脫衣去
帽, 乃十八九佳麗人也. 素面畫衣而拜. 公驚, 答拜. 曰: "妾侍楊司空
久, 閱天下之人多矣, 無如公者. 絲蘿非獨生, 願托喬木, 故來奔耳."
公曰: "楊司空權用京師, 如何?" 曰: "彼屍居餘氣, 不足畏也. 諸妓知
其無成, 去者衆矣, 彼亦不甚逐. 已計之詳矣, 幸無疑焉." 問其姓, 曰:
"張." 問其伯仲之次, 曰: "最長." 觀其肌膚儀狀, 言辭氣性, 眞天人也.
靖不自意獲之, 愈喜愈懼, 瞬息萬慮, 不安而窺戶者, 足無停履. 旣數
日, 聞追討之聲, 意亦非峻. 乃雄服乘馬, 排闥而去. 將歸太原, 行次靈
石旅邸. 旣設牀, 鑪中烹肉且熟. 張氏以髮長委地, 立梳牀前. 靖方刷
馬, 忽有一人, 中形, 赤髥而虯, 乘蹇驢而來. 投革囊於前, 取枕欹臥,
看張梳頭. 靖怒甚, 未決, 猶刷馬. 張熟視其面, 一手握髮, 一手映身搖
示, 令勿怒. 急急梳頭畢, 斂衽前問其姓, 臥客答曰: "姓張." 對曰: "妾
亦姓張, 合是妹." 遽拜之. 曰: "第幾?" 曰: "第三." 因問: "妹第幾?"
曰: "最長." 遂喜曰; "今夕幸遇一妹!" 張氏遙呼曰: "李郎且來見三
兄." 靖驟禮之. 遂環坐, 曰: "煮者何肉?" 曰: "羊肉, 計已熟矣." 客
曰: "饑甚." 靖出市胡餅, 客抽腰匕首, 切肉共食. 食竟, 餘肉亂切,

送驢前食之, 甚速. 客曰:"觀李郎之行, 貧士也, 何以致斯異人?"曰:
"靖雖貧, 亦有心者焉. 他人見問, 故不言. 兄之問, 則不隱耳."具言其
由. 曰:"然則何之?"曰:"將避地太原."曰:"然. 故非君所致也."曰:
"有酒乎?"曰:"主人西則酒肆也."靖取酒一斗. 旣巡, 客曰:"吾有少
下酒物, 李郎能同之乎?"曰:"不敢."於是開革囊, 取一人頭並心肝,
卻收頭囊中, 以匕首切心肝共食之, 曰:"此人天下負心者, 銜之十年,
今始獲之, 吾憾釋矣."又曰:"觀李郎器形神宇, 眞丈夫也. 亦聞太原
有異人乎?"曰:"償識一人吾謂之眞人, 其餘將帥而矣."曰:"何姓?"
曰:"靖之同姓."曰:"年幾何?"曰:"僅二十."曰:"今何爲?"曰:"州
將之愛子也."曰:"亦須見之, 李郎能致吾一見乎?"曰:"靖之友劉文
靖者, 與之狎, 因文靜可見之也, 然欲何爲?"曰:"望氣者言, 太原有奇
氣, 使予訪之. 李郎何日到太原?"靖計之曰:"某日當到."曰:"達之明
日, 日方署, 我於汾陽橋待耳."言訖, 乘驢而去. 其行若飛, 回顧已失,
靖與張氏且驚且喜, 久之, 曰:"烈士不欺人, 固無畏也."但促鞭而行.
及期, 入太原, 候之, 果下見, 大喜, 偕詣劉氏. 詐謂文靜曰:"有善相
者, 思見郎君, 請迎之."劉文靜素奇其人, 方議論岸輔, 一但聞有客善
相, 其心可知, 遽致酒延焉. 旣而太宗至, 不衫不履, 裼裘而來, 神氣揚
揚, 貌與常異. 虯髥默然居末坐, 見之心死, 飮數懷, 起招靖曰:"眞大
子也."靖以告劉. 劉益喜, 自負. 旣出, 如虯髥曰:"吾見之, 十八九定
矣. 然須道兄見之. 李郎宜與一妹復入京. 某日午時, 訪我於馬行東酒
樓. 樓下有此驢及瘦驢, 卽我與道兄俱在其所矣. 到卽登焉."又別而
去. 靖與張氏復應之. 及期訪焉. 見二乘來, 攬衣登樓. 虯髥與一道士
方對飮, 見靖驚喜, 召坐同飮. 十數巡, 曰:"樓下櫃中有錢十萬, 擇一
隱處駐一妹. 某日復會於汾陽橋."如期至, 道與虯髥已先坐矣. 俱謁文
靜, 時方奕棋, 起揖而語. 少焉, 文靜飛書迎文皇看棋, 道士與文靜奕,

虯髥與靖旁立而視. 俄而文皇來, 長揖而坐, 神淸氣朗, 滿坐風生, 顧
盼偉如也. 道士一見慘然, 斂棋子曰:"此局輸矣! 輸矣! 於此失卻局.
奇哉! 救無路矣, 復何言!"罷奕請去, 旣出, 謂虯髥曰:"此世界非公世
界也, 他方可勉圖之, 勿以爲念."因共入京. 虯髥路語靖曰:"計李郎
之程, 某日方到, 到之明日, 可與一妹同詣某坊曲小宅, 愧李郎往復相
從, 一妹懸然磬. 欲令新婦只詣, 略議從容, 無令前卻."言畢, 吁嗟而
去. 靖亦馳馬遄征, 俄卽到京. 與張氏同往, 到一小板門, 扣之. 有應者
出, 拜曰:"三郎令候李郎・一娘子久矣."延入重門, 門益壯麗. 奴婢
侍妾三十餘人, 羅列於前. 靑衣二十人, 引靖入東廳, 廳之陳設窮極珍
異, 巾箱妝奩, 冠鏡首飾之盛, 非人間之物, 巾櫛妝飾畢備. 請更衣,
衣又珍奇. 旣畢, 傳云:"三郎來!"乃虯髥也. 紗帽紫衫, 驅走有龍虎之
狀. 相見歡然, 命妻出拜, 亦天人也. 遂延中堂, 陳設盤筵之盛, 雖王公
家亦不侔也. 四人對坐, 陳饌次, 出女樂二十人, 旅奏於廷, 似從天降,
非人間之曲度. 食畢, 行酒, 有蒼頭自西堂舁出二十牀, 各復以錦帕.
旣列, 盡去其帕, 乃文薄匙鑰之類. 虯髥告靖曰:"此皆珍寶貨帛之數,
吾之所有, 悉以充贈. 何者? 某本欲於此世界求事, 或當龍戰二三年,
建少功業. 今旣有主, 住亦何爲? 太原李氏, 眞英主也! 三五年內卽當
太平. 李郎以英特之才, 輔淸平之主, 盡心盡力, 必極人臣. 一妹以天
人之姿, 蘊不世之藝, 從夫之貴, 榮及軒裳. 非一妹不能識李郎, 非李
郎不能遇一妹. 聖賢起陸之漸, 際會如期, 虎嘯風生, 龍騰雲合, 固非
偶然也. 將予之贈, 以佐眞主, 贊功業, 勉之!勉之! 此後十餘年, 東南
數千里外有異事, 是吾得意之秋也. 一妹與李郎瀝酒相賀."復因命家
童列拜, 曰:"李郎・一妹, 是汝主也, 可善事之!"言訖, 與其妻戎服乘
馬, 一奴從後, 數步遂不復見. 靖據其宅, 遂爲豪家, 得以助文皇締構
之資, 遂匡大業. 貞觀中, 公以左僕射平章事. 適東南蠻奏曰:"有海船

千艘, 甲兵數十萬, 入扶餘國, 殺其主自立, 國已定矣." 靖知蚩聱成功
也, 歸告張氏, 共瀝酒向東南拜而賀之. 乃知眞人之興, 非英雄所冀,
況非英雄者乎? 人臣之謬思亂者, 乃螳臂之拒走輪耳. 我皇家垂福萬
葉, 豈虛然哉? 或曰 : "衛公之兵法, 半是蚩聱所傳也."

03. 「가흥승기(嘉興繩技)」

당나라 개원(開元) 연간에 현종은 자주 칙령을 내려 주현(州縣)에 큰
연회를 거듭 내려주었는데, 가흥현(嘉興縣)은 백희(百戲)를 진설하여 사
감(司監) 측과 정교한 기예를 경쟁했으며, 감관(監官)이 각별한 마음을
두는 것이 아주 대단했다. 하급관리인 소유(所由)로서 옥(獄)을 담당하는
자가 옥중에 말하길, "만약 여러 유희가 현사(縣司)보다 뒤지게 되면
우리들은 필시 대단히 질책을 받을 것이다. 하지만 우리들이 다만 한
가지라도 조금 볼만한 것을 능히 한다면 곧 재물와 이익을 획득하게
될 것이되, 능력자가 없기에 탄식할 따름이다."라고 했다. 마침내 각각
물어서, 기와를 놀리거나 나무에 기어오르는 기예라도 있으면 모두
찾아내어 끌어들였다. 옥중에 한 죄수가 웃으면서 소유에게 말하길,
"제가 보잘 것 없는 기예가 있으나 구속되어 있는 상태라서 그 일을
조금이나마 바칠 수가 없습니다."라고 했다. 옥리가 놀라서, "네가 무엇에
능하냐?"라고 했다. 죄수는 "저는 승기(繩技, 줄타기)를 할 수 있습니다."라
고 했다. 옥리는 "필시 그러하다면 내가 널 위해 말해 줄 수 있다."라고
했다. 마침내 죄수의 능한 바를 감주(監主)에게 아뢰었다. 감주는 불러서
죄의 경중을 물었다. 옥리가 "이 죄수가 걸린 것은 포민(逋緡, 체납 세금)을
납부하지 않은 것이지, 다른 별 일은 없습니다."라고 했다. 감관은 "승기
는 사람들이 늘 하는 것이거늘, 또 무어 기이하다 하겠느냐?"라고 했다.

죄수는 "제가 하는 것은 다른 사람과는 조금 다릅니다."라고 했다. 감관은
또 이렇게 말했다. "어떤 식이냐?"라고 묻자, 죄수는 이렇게 말했다.
"뭇사람의 승기는 따로따로 두 줄 머리를 매어두고 그런 후에 그 위를
다니거나 서거나 돌거나 돌아섭니다. 저는 단지 손가락 굵기로 가는
줄 하나가 오십 척(자) 길이면 되고, 매어둘 필요도 없어서, 공중으로
내던져두고 튀어 올라 껑중 뛰고 뒤집고 엎어지는 것을 못하는 것이
없습니다." 관인이 놀라고 기뻐하여, 장부에 거두어 기록해 두게 했다.
다음 날 옥리가 데리고 연희 장에 이르렀는데, 여러 유희가 이미 시작되었
으므로, 이 사람을 불러서 승기를 바치라고 했다. 마침내 한 뭉치의
줄을 받쳐 들었는데 대략 백여 척이었다. 죄수는 그 줄을 한쪽 끝을
손으로 공중을 향해 던졌는데, 붓처럼 뻣뻣하게 곧았다. 처음에는 2,
3장(丈) 높이로 던지더니, 다음에는 4, 5장 높이로 던져, 꼿꼿하게 위로
선 것이 마치 사람이 끌어당기는 듯했으므로 뭇 사람들이 놀라고 기이하
게 여겼다. 뒤에 마침내 줄을 허공에 던져 높이 20여 장이 되어, 허공을
우러러보아도 끝이 보이지 않았다. 그 죄수는 줄을 따라 손으로 더듬더듬
찾아올라가, 몸과 다리가 땅에서 떨어지고는, 그 형세가 나는 새와 같아,
곁으로 한껏 날아가 멀리 떠올라서, 허공을 쳐다보면 간 곳이 없었다.
폐안(狴犴, 형상이 범같은 감옥)에서 몸을 빼낸 것이 이 날에 있었다.

唐開元年中, 數敕賜州縣大酺, 嘉興縣以百戲與司監競勝精技, 監
官屬意尤切. 所由直獄者語於獄中云："儻若有諸戲劣於縣司, 我輩必
當厚責. 然我等但能一事稍可觀者, 卽獲財利, 歎無能耳." 乃各相問,
至於弄瓦緣木之技, 皆推求招引. 獄中有一囚笑謂所由曰："某有拙
技, 限在拘係, 不得略呈其事." 吏驚曰："汝何所能?" 囚曰："吾解繩
技." 吏曰："必然, 吾當爲爾言之." 乃具以囚所能白於監主. 主召問罪

輕重. 吏云："此囚人所累逋緡未納, 餘無別事." 官曰："繩技人常也,
又何足異乎?" 囚曰："某所爲者, 與人稍殊." 官又問曰："如何?" 囚
曰："衆人繩技各係兩頭, 然後於其上行立周旋, 某只須一條繩粗細如
指, 五十尺, 不用係著, 抛向空中, 騰跳翻覆, 則無所不爲." 官人驚悅,
且令收錄. 明日吏領至戲場, 諸戲旣作, 喚此人令效繩技. 遂捧一團
繩, 計百餘尺, 置諸地, 將一頭, 手擲於空中, 勁如筆, 初抛二三丈,
次四五丈, 仰直如人牽之, 衆人驚異. 後乃抛繩虛空, 高二十餘丈, 仰
空不見端緖. 此人隨繩手尋, 身足離地, 其勢如鳥, 旁飛遠揚, 望空而
失. 脫身狴犴, 在此日焉.

04. 「차중여자(車中女子)」

당나라 개원(開元) 연간에 오군(吳郡)[소주시(蘇州市)]의 선비가 서울
에 들어가 명경과(明經科)에 응시하려고 했다. 서울에 이르러 곡방(曲
坊, 거리)을 한가하게 걷다가, 두 소년을 만났더니, 대마로 만든 적삼을
입고서, 선비에게 읍례를 하고 지나가는데, 안색이 대단히 공손하지만
전에 알던 사람은 아니었다. 선비는 잘못 알았지 하고 생각했다. 서너
날 뒤에 또 만났는데, 두 사람이 말하길, "공이 이곳에 이르렀을 때
저희들은 아직 의지할 주인이 없었는데, 오늘 바야흐로 맞이하여 받들
려고 했는데, 해후하여 만나니, 실로 우리 마음을 분명히 파악하셨습
니다."라고 하고는 읍례하고 청하더니 곧바로 갔다. 선비는 비록 아주
의아했지만 억지로 그들을 따라가서 서너 방(坊)에 이르렀다. 동시(東
市)의 작은 곡방(曲坊) 안에 길에 임하여 객점 서너 간이 있어, 서로
더불어 곧바로 들어가니, 사우(舍宇)가 극히 정숙(整肅)했다. 두 사람이
데리고 이끌어서 당에 올라갔는데, 진열한 연석(筵席)이 아주 성대했

다. 두 사람은 객과 더불어 승상(繩牀)에 걸터 앉아 마주 앉았는데, 다시 소년 서너 명이 있어 예법이 아주 근실했다. 그들은 자주자주 문밖으로 나갔는데, 마치 귀한 객을 기다리는 듯했다. 오후에 이르자, 바야흐로 "오십니다!"라고 했다. 수레 하나가 곧바로 문으로 오는 소리가 들리고, 서너 소년이 그 뒤를 에워싸고 곧바로 당 앞에 이르렀는데, 곧 나전으로 장식한 수레였다. 주렴을 말아올리자, 한 여자가 수레 안에서 나오는데, 나이는 열 일고여덟이었고 용모는 대단히 아름다웠으며, 꽃무늬 빗이 올림머리에 가득하고 상의는 흰 비단으로 만들었다. 두 사람이 나열하여 절했으나 여인은 답하지 않았다. 선비가 절하자 여인은 마침내 절을 했다. 마침내 두 사람은 객에게 읍례를 하고 들어오게 했다. 여인은 마침내 승상에 올라와서 자기 자리에 와서 앉고는, 두 사람과 객에게 읍례를 하고는 절하고 앉았다. 또 십여 명의 후생은 모두 의복이 가볍고 새로우며, 각각 절을 한 후 객의 아래쪽에 나란히 앉았다. 고품의 맛난 음식들을 진설하고, 반찬은 지극히 정결했다. 술이 서너 순배 돌고나서, 여자는 잔을 받들어 돌아보면서 말하길, "두 사람으로부터 선비님 이야기를 많이 들었는데, 지금 뵐 수 있게 되어 기쁩니다만, 이어서 묘기가 있다면 볼 수 있을까요?"라고 했다. 선비는 겸손하게 사양하면서, "어려서부터 성장하기까지 오로지 유가의 경전을 익혀, 관현(管弦)과 가성(歌聲)을 실상 일찍이 배우지 못했습니다."라고 했다. 여인은 "익히신 것은 이것이 아닙니다. 그대는 깊이 생각해 보십시오. 앞서 능했던 것이 무엇인가요?"라고 했다. 객은 또 한참 동안 깊이 생각하다가, "저는 학당(學堂)에서 벽 위에 신발을 붙이고 서너 걸음을 걸을 수 있었습니다. 그밖에 희극은 아직 해 본 적이 없습니다."라고 했다. 여인은 "그렇습니다. 그대는 한 번 해 보십시오."라고 했다. 선비가 일어나 벽 위로 걸어가니, 서너 걸음도 못 가서 떨어졌다. 여인은 "역시 크게 어려운 일입니다."라고 했다. 마침내 좌중의 여러 소년들을 돌아보면서, 각각 기예를 바치라고 시켰다. 모두 일어나서 절을 하고는, 그런 후에 벽 위를 가는 자도 있고, 손으로 서까래를 잡고 가는 자도 있어, 재빠른 몸놀림의 유희를 각각 서너 개씩 바쳤으니, 모양이 나는 새와 같았다. 이 선비는 공수(拱手)한 채로 놀라고 두려워 몸둘 바를 몰랐다. 조금 있다가 여자가 일어나 사직하고 나갔다. 선비는 놀라고 당황하여 불안해 했다. 또 서너 날이 지나서 길에서 다시 두 사람을 보았는데, "그대의 준마를 빌리려고 합니다만 괜찮겠습니까?"라고 했다. 선비는 허락했다. 다음날 듣자니, 궁궐 비원에서 물건을 잃어버려, 물건 훔쳐간 도적을 엄습하여 체포했는데, 오로지 말만 거두어들였으며, 이것은 장차 훔친 물건을 실으려는 것이었다고 했다. 그 말의 주인을 탐문하다가, 마침내 선비를 잡아가서, 내시성(內侍省)에서 감문(勘問, 취조)하려고 하여, 작은 문으로 내몰아 들어가게 했다. 옥리가 뒤에서 밀어서 서너 장(丈) 깊이의 구덩이에 고꾸라져 떨어졌으며, 우러러 바라보니 감옥의 꼭대기까지 7,8장이나 되었고 오로지 구멍 하나가 보여 가까스로 한 자 남짓 해 보였다. 새벽부터 아침 식사 때에 이르자, 줄에 음식 그릇을 매달아 아래로 내려주는 것이 보였다. 선비는 굶주려서, 급하게 취하여 먹었다. 다 먹고 나자, 줄은 곧장 끌어올려져 사라졌다. 깊은 밤에 서글프고 억울한 생각이 극에 달했는데, 홀연 한 물건이 새처럼 날아내려오는 것이 보이더니, 몸뚱이에 이른 것이 느껴졌으니, 곧 사람이었다. 그 사람은 손으로 선비를 다독이면서, "아주 놀라고 두려우리라 생각됩니다. 하지만 제가 있으니 걱정하지 마십시오."라고 했다. 그 소리를 들으니, 앞서 만난 여자였다. 그 여자가 말하길, "그대와 함께 나가지요."라고 하고는 비단으로 선비의 가슴팍과 팔뚝을 칭칭 다 묶고는, 비단머리를 여인의 몸뚱이에 묶고서, 여인은

몸을 놓아 위로 튀어 올라, 궁성을 날아서 나아가서, 성문을 수십 리
벗어난 뒤에 내려갔다. 그 여인은 "그대는 장강·회수의 곳으로 돌아가
십시오. 벼슬을 구할 계획은 다른 날을 기대하기 바랍니다."라고 했다.
선비는 큰 감옥을 벗어난 것을 다행으로 여겨, 걸식하면서 돌아갔다.
뒤에 끝내 감히 서쪽의 서울로 명리를 구하러 가지 않았다.

開元中, 吳郡士人入京應明經. 至京, 閒步曲坊, 逢二少年, 著大麻
布衫, 揖士人而過, 色甚恭敬, 然非舊識, 士人謂誤識也. 後數日, 又逢
之, 二人謂曰:"公到此境, 未爲主, 今日方欲奉迓, 邂逅相遇, 實獲我
心." 揖請便行. 士人雖甚疑怪, 然强隨之. 抵數坊. 於東市一小曲內,
有臨路店數間, 相與直入. 舍宇極整肅. 二人攜引升堂, 列筵甚盛. 二
人與客據繩牀對坐, 更有數少年, 禮亦謹, 數數出門, 若伺貴客. 及午
後, 方云:"至矣!" 聞一車直門來, 數少年擁後, 直至堂前, 乃一鈿車.
捲簾, 見一女子從車中出, 年可十七八, 容色甚佳, 花梳滿髻, 衣則紈
素. 二人羅拜, 女不答. 士人拜之, 女乃拜. 遂揖客入. 女乃升牀, 當席
而坐, 揖二人及客, 乃拜而坐. 又有十餘後生, 皆衣服輕新, 各設拜列
坐於客之下. 陳以品味, 饌至精潔. 酒數巡, 女子捧杯顧謂:"二君奉
談, 今喜得展見. 承有妙技, 可得觀乎?" 士人遜謝曰:"自幼至長, 唯
習儒經, 弦管歌聲, 實未曾學." 女曰:"所習非是也. 君熟思之, 先所能
者何事?" 客又沉思良久, 曰:"某爲學堂中, 著靴於壁上, 行得數步.
自餘戲劇, 則未爲之." 女曰:"然矣, 請君試之." 士乃起行於壁上, 不
數步而下. 女曰:"亦大難事." 乃回顧坐中諸少年, 各令呈技. 俱起設
拜, 然後有於壁上行者, 有手握椽子行者, 輕捷之戲, 各呈數般, 狀如
飛鳥. 此人拱手驚懼, 不知所措. 少頃, 女子起, 辭出. 士人驚恍不安.
又數日, 途中復見二人, 曰:"欲假駿騎, 可乎?" 士人許之. 至明日,

聞宮苑中失物, 掩捕失賊, 唯收得馬, 是將馱物者. 驗問馬主, 遂收士
人, 入內侍省勘問. 驅入小門, 吏自後推之, 倒落深坑數丈, 仰望屋頂
七八丈, 唯見一孔, 才見尺餘. 自旦至食時, 見繩垂一器食下. 土人餒,
急取食之. 食畢, 繩乃引去. 深夜, 悲惋之極. 忽見一物如鳥飛下, 覺至
身, 乃人也. 以手撫士曰:"計甚驚怕, 然某在, 無慮也." 聽其聲, 則向
所遇女子也. 云:"共君出矣." 以絹重縛士人胸膊訖, 以絹頭係女身,
女縱身騰上, 飛出宮城, 去門數十里乃下, 云:"君且歸江淮, 求仕之
計, 望伺他日." 土人幸脫大獄, 乞食而歸, 後竟不敢求名西上矣.

05. 「승협(僧俠)」

　당나라 덕종의 건중(建中) 연간 초에 선비 위씨(韋氏)가 여주(汝州)[하남
성 여주시]로 집을 옮기게 되었는데, 도중에 한 중을 만나서, 더불어
말 재갈을 나란히 하여 서로 이야기를 주고받아 상당히 잘 통했다. 해가
장차 저물어가려 하는데, 중이 갈림길을 가리키면서, "여기서 서너 리를
가면 저의 절이니, 낭군은 돌아보실 수 있겠습니까?"라고 했다. 선비는
허락했다. 그리고 식구를 앞서 가게 하니, 중은 종자에게 장막을 치고
먹을 것을 갖추게 처리했다. 십여 리를 갔으나 절에 이르지를 않았다.
위생에 물어보니, 즉시 안개 덮힌 한 숲을 손가락으로 가리키면서, "이곳
이 거깁니다."라고 했다. 그것에 이르자, 또 앞으로 나아갔다. 시각이
이미 어두운 밤이었으므로 위생은 의심하고는, 평소 탄환을 잘 쏘았기에
마침내 몰래 장화에서 활을 취하여 탄환을 매기고 구리 탄환 십여 알을
가슴에 품고는, 바야흐로 중을 꾸짖어 말했다. "제가 일정이 있었으나,
마침 스님과의 맑은 담론을 탐내어 억지로 초대에 부응했으나, 지금
이미 2십 리를 갔는데도 절에 이르지 않으니 어쩐 일이요?" 중은 다만,

"더 가시죠."라고 말했다. 이 중은 앞서 백 여 보를 갔는데, 위생은 그가
도적인 줄을 알아, 마침내 중에게 탄환을 쏘아 그 뇌에 정확히 맞추었다.
중은 처음에는 깨닫지 못하는 듯했으나, 다섯 번 탄환을 발하여 전부
적중시키자, 중은 비로소 탄환 맞은 곳을 문대면서 서서히 말하길, "낭군
은 못되게 장난을 마시오!"라고 했다. 위생은 놀랐으나, 어찌할 수 없음
을 알아서, 아무래도 다시 탄환을 쏘지 못했다. 한참 있다가, 한 별장에
이르렀는데, 수십 명이 횃불을 열지어 나와서 맞이했다. 중은 서생을
이끌어 한 청사(廳舍)에 앉히고 웃으면서, "낭군은 걱정 마시오!"라고
하고, 나가서는 좌우 사람들에게 묻기를, "부인께서 묵을 곳은 법도에
맞게 해두었는가?"라고 했다. 다시 말하길, "낭군은 잠시 그리로 가서
위로하고 안심시키고, 즉시 이곳으로 오시오."라고 했다. 위생은 처와
딸이 별도로 한 곳에 있는 것을 보았는데, 음식 차리고 장막 친 것이
아주 성대했다. 서로 돌아보며 눈물을 흘리고는 즉시 중에게 가니, 중은
앞으로 나와 위생의 손을 끌면서, "저는 도적입니다. 본디 좋은 뜻은
없었습니다. 낭군의 기예가 이와같으신 줄 몰랐습니다. 제가 아니면
역시 지탱하지 못할 것입니다. 지금은 정말 다른 뜻이 없으니, 부디
의심하지 마십시오. 마침 오면서 제가 맞은 낭군의 탄환은 모두 여기
있습니다."라고 했다. 그러고는 손을 들어 뇌의 뒤쪽을 꽉 잡아비틀자
다섯 개의 탄환이 떨어졌다. 조금 있다가, 연회석처럼 송아지 찜을 갖추
어 냈는데, 송아지 찜 위에는 칼 십여 개를 꽂아 두고, 재병(齏餠)으로
빙 둘러 두었다. 중은 위생에게 읍례를 하고 자리에 앉더니, 다시 말하
길, "저에게는 의제(義弟) 서너 사람이 있으니, 알현하게 하고자 합니다."
라고 했다. 말이 끝나자, 붉은 옷을 입고 큰 허리띠를 두른 다섯 명이
계단 아래 도열했다. 중이 꾸짖어, "낭군께 절하라! 너희는 아까 낭군을
만났더라면 재병 가루가 되었을 것이다!"라고 했다. 식사가 끝나자 중

은, "저는 오랫동안 이 사업을 해왔습니다만, 지금 나이가 들어가서 종전의 잘못을 고치고자 합니다. 불행히도 한 아들이 있어 기예가 저를 넘어섰으니, 낭군께서 저를 위해 그를 처단해 주시기 바랍니다."라고 하고는, 소리쳐서 "비비(飛飛)는 나와서 낭군께 참예(參詣)하라!"라고 했다. 비비는 나이가 열 예닐곱이었으며 벽색 옷에 긴 소매를 늘어뜨리고, 피부와 살은 밀랍같았다. 중은 "후당에서 낭군을 모셔라."라고 했다. 중은 이어서 위생에게 검 하나와 탄환 다섯 알을 주면서, 또 말하길, "낭군께서 기예를 다 부려서 그를 죽여, 노승에게 누(累)가 없게 해 주시기를 청합니다."라고 했다. 위생을 이끌고 당 안으로 들어가서는 마침내 바깥에서 자물쇠를 잠갔다. 당 안에서는 네 모퉁이에 등불을 밝히고 기다리고 있었다. 비비는 당을 마주하여 짧은 채찍 하나를 쥐고 있었는데, 위생이 탄궁을 당기고는 틀림없이 명중했다고 생각했지만, 탄환은 이미 비비가 쳐서 떨어졌다. 비비는 어느새 튀어 올라 대들보 위에 있다가, 벽을 따라 허공을 밟는데, 민첩하기가 원숭이 같았다. 탄환이 다하고 다시 맞힐 수가 없게 되자, 위생은 마침내 검을 휘둘러 그를 쫓았다. 비비는 눈깜짝할 사이에 멈칫하다가 이리저리 피하여, 위생의 몸뚱이에서 한 자도 되지 않는 곳에 다가섰다. 위생은 채찍만 서너 마디 잘랐고, 끝내 비비를 해칠 수가 없었다. 중은 함참 뒤에 마침내 문을 열고는 위생에게 묻기를, "저를 위해 해악을 제거했습니까?"라고 했다. 위생은 갖추어 말했다. 중은 서글프게 비비를 돌아보더니, "낭군께서 네가 도적이 되리란 것을 입증하셨다. 다시 어떻게 될지 알겠다!"라고 했다. 중은 밤이 다하도록 위생과 검술 및 호시(弧矢)의 일을 논했다. 하늘이 밝아지려고 하자, 중은 위생을 길 어구에서 전송하고 비단 백 필을 선물로 주고는, 눈물을 흘리면서 작별했다.

唐建中初, 土人韋氏移家汝州, 中路逢一僧, 因與連鑣, 言論頗洽. 日將夕, 僧指路歧曰: "此數里是貧道蘭若, 郎君能重顧乎?"士人許之. 因令家口先行, 僧卽處分從者供帳具食. 行十餘裡, 不至. 韋生問之, 卽指一處林煙曰: "此是矣."及至, 又前進. 時已昏夜, 韋生疑之, 素善彈, 乃密於靴中取弓銜彈, 懷銅丸十餘, 方責僧曰: "弟子有程期, 適偶貪上人淸論, 勉副相邀, 今已行二十里不至, 何也?"僧但言"且行."是僧前行百餘步, 韋生知其盜也, 乃彈之僧, 正中其腦. 僧初若不覺, 凡五發中之, 僧始捫中處, 徐曰: "郎君莫惡作劇!"韋駭之, 知無可奈何, 亦不復彈. 良久, 至一莊墅. 數十人列火炬出迎. 僧延書生坐一廳中, 笑曰: "郎君勿憂!"出問左右: "夫人下處如法無?"復曰: "郎君且處慰安之, 卽就此也."韋生見妻女別在一處, 供帳甚盛. 相顧涕泣, 卽就僧, 僧前㓞韋生手曰: "貧道, 盜也, 本無好意. 不知郎君藝若此, 非貧道亦不支也, 今固無他, 幸不疑耳. 適來貧道所中郎君彈悉在."乃擧手搦腦後, 五丸墜焉. 有頃, 如筵具蒸犢, 犢上簪刀子十餘, 以膾餅環之. 揖韋生就坐, 復曰: "貧道有義弟數人, 欲令謁見."言已, 朱衣巨帶者五人輩, 列於階下. 僧叱曰: "拜郎君! 汝等向遇郎君, 則成齏粉也!"食畢, 僧曰: "貧道久爲此業, 今向遲暮, 欲改前非. 不幸有一子, 技過老僧, 欲請郎君爲老僧斷之."乃呼: "飛飛出參郎君!"飛飛年才十六七, 碧衣長袖, 皮肉如臘. 僧曰: "向後堂侍郎君."僧仍授韋一劍及五丸, 且曰: "乞郎君盡藝殺之, 無爲老僧累也."引韋入一堂中. 乃反鎖之, 堂中四隅明燈而俟. 飛飛當堂執一短鞭, 韋引彈, 意必中, 丸已敲落. 不覺躍在樑上, 循壁虛躡, 捷若猱玃. 彈丸盡, 不復中, 韋乃運劍逐之. 飛飛倏忽逗閃, 去韋身不尺. 韋斷其鞭數節, 竟不能傷. 僧久乃開門, 問韋: "與老僧除得害乎?"韋具言之. 僧悵然顧飛飛曰: "郎君證成汝爲賊也, 知復如何!"僧終夜與韋論劍及弧矢之事. 天將曉,僧送韋路口, 贈絹百匹, 垂泣而別.

06. 「서경점노인(西京店老人)」

당나라 위행규(韋行規)는 그 스스로 이렇게 말했다. 위행규는 젊어서 경서(京西, 도성 서쪽)를 유람하다가 저물녘에 한 점사에 머물렀다. 다시 앞으로 나아가려고 했는데, 점사에 노인이 마침 일을 하고 있다가 말하길, "객은 밤에 다니지 마십시오. 이곳에는 도적이 많습니다."라고 했다. 위행규는 "저는 호시(弧矢)에 유심(유념)해 왔으니, 걱정할 것이 없습니다."라고 했다. 그러고는 수십 리를 갔는데, 날이 어두워졌다. 한 사람이 풀숲에서 일어나므로 그를 미행했다. 위행규는 소리쳤으나 그는 응답하지 않았으므로, 화살을 연달아 쏘아 적중시켰으나, 더 물러나지 않았다. 화살이 다하자, 위행규는 두려워져서 그곳에서 달아났다. 한참 있다가 바람과 우레가 함께 몰아쳤다. 위향규는 말에서 내려 큰 나무를 등지니, 공중에서 번갯불이 내려치는 것이 마치 국문할 때 치는 매의 형세와 같아, 점점 나무 끝에 가까이 다가왔다. [사물이 분분하게 그 앞에 떨어지므로, 위행규가 보니 바로 나무조각이었다. 잠깐 사이에 나무조각이 쌓여 무릎 높이에 이르렀다. 위행규는 놀라고 두려워]⁴ 활과 화살을 버리고 허공을 우러러보며 목숨을 구걸했다. 절을 수십 번 하자, 번갯불이 점차 높아지더니 소멸했고, 바람과 우레도 그쳤다. 위행규가 큰 나무를 돌아보니 줄기와 가지가 다 없어졌다. 채찍과 말도 이미 온데간데 없었으므로 마침내 점사로 돌아왔는데, 노인이 바야흐로 통에 테를 끼우고 있는 것을 보았다. 위행규는 그가 이인이라고 생각하여, 절하고는 또 감사하

---

4 『검협전』에는 이 부분이 없다. 『유양잡조(酉陽雜俎)』와 『태평광기(太平廣記)』를 따른다.

자, 노인이 웃으면서 "객은 활과 화살을 쥐지 마시오. 모름지기 검술을 알아야 하오."라고 했다. 위행규를 이끌고 후원으로 들어가 안장 있는 말을 손가락으로 가리키면서 말하길, "받아 가시오. 한번 시험해 본 것입니다."라고 했다. 또 통의 판자 한 조각을 꺼내주었는데, 지난 밤의 화살들이 모두 그 위에 적중해 있었다. 위행규는 노역하면서 일을 받들 겠다고 청했지만, 허락하지 않았다. 격검(擊劍)의 일을 조금 드러내 알려 주었으므로, 위행규는 역시 그 하나나 둘은 터득할 수 있었다.

唐韋行規, 自言少時游京西, 暮止店中. 更欲前進, 店有老人方工作, 謂曰: "客勿夜行, 此中多盜." 韋曰: "某留心弧矢, 無所患也." 因行數十里, 天黑. 有人起草中, 尾之. 韋叱不應, 連發矢, 中之, 更不退. 矢盡, 韋懼, 奔焉. 有頃, 風雷總至. 韋下馬, 負一大樹, 見空中有電光相逐, 如鞠杖勢, 漸逼樹杪. 覺物紛紛墜其前, 韋視之, 乃木札也. 須臾, 積札埋至膝. 韋驚懼, 投弓矢仰空中乞命. 拜數十, 電光漸高而滅, 風雷亦息. 韋顧大樹, 枝幹盡矣. 鞭馱已失, 遂返前店, 見老人方箍桶. 韋意其異人也, 拜而且謝. 老人笑曰: "客勿恃弓矢, 須知劍術." 引韋入後院, 指鞍馱言: "卻領取, 聊相試耳." 又出桶板一片, 昨夜之箭, 悉中其上. 韋請役力承事, 不許. 微露擊劍事, 韋亦得一二焉.

07. 「난릉노인(蘭陵老人)」

당나라 여간(黎乾)[5]이 경조윤(京兆尹)일 때, 곡강(曲江)에서 용을 그려

---

5 여간(黎乾)은 융주(戎州) 사람으로, 점성술과 술수학에 뛰어났다. 대조한림(待詔翰林) 에서 시작하여 간의대부(諫議大夫)에 이르고 경조윤으로 옮겼으며, 대력(大曆) 2년에 형부시랑이 되었다.

두고 기우제를 지내는데, 구경꾼이 수십 명이었다. 여간이 이르자, 한 노인만 지팡이를 세워두고 있으면서 피하지 않았다. 여간이 화가 나서 몽둥이로 치자, 마치 가죽신 발등 만드는 가죽을 치는 것과 같았고, 노인은 팔을 흔들면서 떠나갔다. 여간은 그가 보통 사람이 아니라고 의심하여, 늙은 방졸(坊卒)에게 찾게 했다. 노인이 난릉리(蘭陵里) 남쪽에 이르러 작은 문으로 들어가더니 큰 소리로 말하길, "내가 곤욕을 심하게 당했으니, 갖추갖추 탕척해야 하겠다."라고 했다. 방졸이 급히 돌아와 여간에게 아뢰자, 여간이 크게 두려워했다. 그리하여 해진 옷으로 공복을 안에 감추고, 방졸과 함께 그곳에 이르렀다. 그때는 이미 캄캄하게 어두웠는데, 방졸이 불쑥 들어가서, 여간의 관직과 문벌을 알려 통했다. 여간은 으흠 대답하고는 종종 걸음으로 들어가서, 절하고 엎디어 말하길, "앞서 어르신의 물색에 헷갈렸으니, 죄가 열 번 죽어도 마땅합니다."라고 했다. 노인은 놀라면서, "누가 경조윤 나리를 이끌고 여기 왔는가!" 하고는, 즉시 이끌고 계단을 올라갔다. 여간은 사리를 갖추면 벗어날 수 있으리라는 것을 알고, 천천히 말하길, "저는 경조윤인데, 경조윤의 위엄이 조금이라도 손상되면 관아의 정사가 잘못됩니다. 어르신께서 형체를 묻고 자취를 뒤섞었으므로, 혜안으로 입증하지 않으면 알 수가 없었습니다. 만약 이것으로 사람을 죄주신다면 이는 명리로 사람을 낚는 것이니, 의로운 인사의 마음이 아닙니다."라고 했다. 노인은 웃으면서, "노부가 지나쳤습니다."라고 했다. 그러고는 술을 갖추어 땅에 술자리를 마련하고, 방졸을 불러서 앉으라고 했다. 밤이 깊어, 담론이 양생의 문제에 미쳤다. 말은 간약하고 이치는 분명하여, 여간은 점점 경외하고 두려워하게 되었다. 노인이 그 참에 말하길, "노부에게 한가지 기예가 있으니 나리를 위해서 시설해보고자 합니다." 하고는, 마침내 들어갔다. 한 참 뒤에 자색 옷을 입고 붉은 주머니를 걸쳤으며, 그 주머니에 장검 일곱 개를 채워가지고 나와, 뜰 가운데서 칼춤을 추었다. 파도치듯 튀고 천둥이 일어나듯 하며 빛이 번쩍이고 번개가 격하게 치듯 하며, 혹은 비단을 잡아당기듯 옆으로 눕고 혹은 취화(欻火, 번개신)처럼 선회했다. 두 자 남짓하는 단검이 때 때로 여간의 옷깃에 이르렀으므로, 여간은 머리를 땅에 찧으면서 덜덜 떨었다. 식경(食頃)에 검을 땅에 던지기를 마치 북두칠성의 형상처럼 하고는 여간을 돌아보면서 말하길, "조금 전은 경조윤 나리의 담력을 시험해 보았습니다."라고 했다. 여간은 절을 하고, "오늘 이후로 성명 (목숨)은 어르신께서 하사하신 것입니다. 부디 좌우에서 심부름을 하고 자 합니다."라고 했다. 노인은 "경조윤 어른의 골상은 도기(道氣)가 없 으므로 갑자기 전수할 수가 없으니, 다른 날 다시 돌아보기로 합시다." 라고 말하고, 여간에게 읍례하고 들어갔다. 여간은 돌아와, 기색이 병 든 것 같았는데, 거울에 비춰보고 비로소 수염이 한 치 남짓 잘려나간 것을 깨달았다. 다음날 다시 갔지만 노인의 방은 이미 비어 있었다.

唐黎乾爲京兆尹時, 曲江塗龍祈雨, 觀者數十. 黎至, 獨有老人植杖 不避. 乾怒, 杖之, 如擊鞦革, 掉臂而去. 黎疑其非常人, 命坊老卒尋 之. 至蘭陵里之南, 入小門, 大言曰: "我困辱甚, 可具湯也." 坊卒遽 返, 白黎. 黎大懼. 因弊衣懷公服, 與坊卒至其處. 時已昏黑, 坊卒直 入, 通黎之官閥. 黎唯而趨入, 拜伏曰: "向迷丈人物色, 罪當十死." 老人驚曰: "誰引尹來此!" 卽牽上階. 黎知可以理奪, 徐曰: "某爲京 尹, 尹威稍損, 則失官政. 丈人埋形雜跡, 非證慧眼不能知也. 若以此 罪人, 是釣人以名, 則非義士之心也." 老人笑曰: "老夫過也." 乃具酒 設席於地, 招坊卒令坐. 夜深, 語及養生, 言約理辨, 黎轉敬懼. 因曰: "老夫有一技, 請爲尹設." 遂入. 良久, 紫衣朱囊, 盛長劍七口, 舞於中

庭. 迭躍揮霍, 批光電激, 或橫若掣帛, 旋若欻火. 有短劍二尺餘, 時時
及黎之衽. 黎叩頭股慄. 食頃, 擲劍於地, 如北斗狀, 顧黎曰 : "向試尹
膽氣." 黎拜曰 : "今日已後, 性命丈人所賜, 乞役左右." 老人曰 : "尹骨
相無道氣, 非可遽授, 別日更相顧也." 揖黎而入. 黎歸, 氣色如病, 臨
鏡方覺鬚剃落寸餘. 翌日, 復往, 室已空矣.

08. 「노생(盧生)」

당나라 헌종의 원화(元和) 연간, 장강(長江)·회수(淮水) 지역에 당산인
(唐山人)이란 자가 있어, 사전(史傳)을 섭렵하고 도를 좋아하며 늘 명산에
거처했다. 스스로 말하길, 축석(縮錫, 주석으로 황금을 만드는 연금술)을
잘한다고 해서, 그를 스승으로 삼는 자가 상당히 있었다. 뒤에 초주(楚
州)[강소성 회안시(淮安市) 일대]의 여관에서 노생(盧生)이라는 한 사람을
만났는데, 의기가 투합했다. 노생도 역시 말이 노화(爐火, 연단)에 미치
자, 당씨 족속이 바로 외척이라고 일컫더니 마침내 당산인을 외삼촌이라
불렀다. [당산인은 떨궈버릴 수가 없었으므로-『유양잡조』] 그를 맞아 함께
남악(南嶽)[호남성 형산(衡山)]으로 갔다. [노생도 역시 말하길, 친구가 양선
(陽羨)에 있어 장차 방문하려고 하는데, 지금 또한 외삼촌의 산림 노정을 탐내게
되었다고 했다.-『유양잡조』] 중도에 한 사찰에 머물게 되었다. 한밤에
야반에 담소가 바야흐로 무르익었는데, 노생이 말하길, "외삼촌이 축석
을 잘 하시는 것을 아는데, 대강 논해 보실 수 있겠습니까?"라고 했다.
당산인은 웃으면서, "내가 십 수 년을 거듭 발걸음을 옮겨 스승을 따라서
가까스로 이 술법을 터득했거늘 어찌 가벼이 말할 수 있겠나?"라고
했다. 노생은 다시 기원하다시피 하여 그치지 않았다. 당산인은 스승으
로서 전수해 줄 날이 있으리라고 사양하여 [산악 속에 들어가면 전해 줄

수 있다고 하자─『유양잡조』] 노생은 이에 얼굴에 분한 기색을 띠어, "외삼촌은 오늘 밤 전해주어야 하오. 등한히 하지 마시오!"라고 했다. 당산인이 꾸짖으며, "나와 공은 풍마우(風馬牛)['風馬牛不相及', 아무 상관 없는 관계]일 따름이네. 뜻밖에 우이(肝眙)[강소성 회안시(淮安市)]에서 만나서는 실로 군자를 흠모하였더니, 어찌하여 천한 추졸(騶卒)만도 못한 지경에 이르렀는가?"라고 했다. 노생은 팔을 휘두르고 눈을 부릅뜨고는, 노려보길 한참 동안 하다가, "나는 자객이다. 만일 얻지 못한다면 외삼촌은 여기서 죽을 거요."라고 했다. 그러고는 품속에서 까만 가죽 주머니를 더듬더듬 찾아서 비수를 꺼내는데, 칼날의 형세가 언월(偃月, 반달)같았다. 타오르는 불 앞의 울두(熨斗, 다리미)를 들고 비수로 자르는데 마치 나무조각 베듯 했다. 당산인은 몹시 두려워하여 자세히 진술했다. 노생은 마침내 웃으면서 당산인에게 말하길, "자칫 잘못하여 외삼촌을 죽일 뻔 했소. 이 술법은 열에 대여섯을 터득한 것입니다."라고 말하고는, 바야흐로 사과하면서, "저의 스승은 신선입니다. 저를 포함하여 열 명을 시켜 천하에 망령되이 황백술(黃白術, 연금술)을 전하는 자를 색출하여 죽이라고 했습니다. 심지어 첨금(添金, 황금을 불림)하거나 축석(縮錫)의 경우에도 그 술법을 전하는 자도 죽이라 했습니다. 저는 승교(乘蹻, 도가의 비행술)의 도를 터득한지 오래되었습니다."라고 하고는 당산인에게 공읍의 예를 하고, 홀연 있는 곳을 알 수 없게 되었다. 당산인은 이후 도류(道流, 도가의 부류)를 만나면 문득 이 일을 진술하여 경계했다.

唐元和中, 江淮有唐山人者涉獵史傳, 好道, 常居名山. 自言善縮錫, 頗有師之者. 後於楚州逆旅, 遇一盧生, 意氣相合. 盧亦語及爐火. 稱唐族乃外氏, 遂呼唐爲舅. 唐不能相舍, 因邀同之南嶽. 盧亦言親故在陽羨, 將訪之, 今且貪舅山林之程也. 中途, 止一蘭若. 夜半, 語笑方酣. 盧曰：“知舅善縮錫, 可以梗槪論之?”唐笑曰：“某數十年重跡從師, 只得此術, 豈可輕道也?”盧復祈之不已. 唐辭以師授有時日, 可達岳中相傳, 盧因作色：“舅今夕須傳, 勿等閒也!”唐責之：“某與公風馬牛耳. 不意旰眙相遇, 實慕君子, 何至驕卒不若也?”盧攘臂瞋目, 眄之良久曰：“某, 刺客也. 如不得, 舅將死於此.”因懷中探烏韋囊, 出匕首, 刃勢如偃月. 執火前熨斗, 削之如札. 唐恐懼具述. 盧乃笑語唐曰：“幾誤殺舅. 此術十得五六.”方謝曰：“某師, 仙也, 令某等十人, 索天下妄傳黃白術者殺之. 至添金縮錫, 傳者亦死. 某久得乘蹻之道者.”因拱揖唐, 忽失所在. 自後遇道流, 輒陳此事以戒之.

09. 「섭은낭(聶隱娘)」

섭은낭이란 자는 당나라 덕종의 정원(貞元) 연간에, 위박대장(魏博大將, 위박절도사) 섭봉(聶鋒)의 딸이다. 나이가 바야흐로 열 살일 때 비구니가 섭봉의 집에 걸식(탁발)하러 와서는 섭은낭을 보고 기뻐하여 말하길, “압아(押衙)[절도사 소속 무관. 절도사를 직접 지시하지 않고 공대하는 어법–역자 주]께 묻습니다만, 이 여자아이를 데리고가서 가르쳐도 될까요?”라고 했다. 섭봉이 크게 노하여 비구니를 욕하자, 비구니는 “압아께서 쇠궤짝 속에 딸을 담아둔다고 해도 역시 훔쳐가야 하겠습니다.”라고 했다. 밤이 되어 과연 섭은낭이 향한 곳을 알지 못하게 되었다. 섭봉은 크게 놀라고 괴이하게 여겨, 사람을 시켜 수색하게 했으나, 그림자도 소리도 전혀 없었다. 부모는 매번 생각할 때마다 서로 마주하여 눈물을 떨구며 울 따름이었다. 그 후 5년이 지나, 비구니는 섭은낭을 돌려 보내고, 섭봉에게 고하길, “가르침이 이미 이루어졌습니다. 그대가 잘 수령하시오.”라고 했다. 비구니는 훌쩍 보이지 않았다. 온 집안이 슬퍼하고 또 기뻐하면서, 그 배운 바를 물어보았다. 섭은낭은 말하길, "애당초 단지 불경을 읽고 주문을 외웠고, 다른 것은 없었습니다."라고 했다. 섭봉은 믿지 않고, 간절하게 힐문했다. 섭은낭은 말하길, "참을 말해도 또 믿지 않을까 염려됩니다만, 어떠하시겠습니까?"라고 했다. 섭봉은 "단지 참되게 말해라."라고 하자. 섭은낭은 말했다. "은랑은 처음에 비구니에 이끌려, 몇 리나 갔는지 모를 만큼 한참 갔습니다. 날이 밝을 무렵에 큰 바위에 굴혈이 움푹 들어가고 텅 빈 것이 수십 걸음이나 하는 곳에 이르렀는데, 고요하여 거처하는 사람이 없었고, 원숭이가 아주 많았으며, 소나무와 덩굴이 얽혀 더욱 깊숙했습니다. 비구니에게는 이미 두 딸이 있어, 역시 각각 열 살이었으며 모두 총명하고 아름다웠는데, 아무것도 먹지 않았습니다. 가파른 벽 위를 달리거나 날아오를 수 있어 마치 민첩한 원숭이가 나무에 오르듯 하여 자빠지거나 떨어지는 일이 없었습니다. 비구니는 저에게 약 한 알을 주고, 겸하여 보검 하나를 늘 쥐고 있으라고 했는데, 보검은 길이가 두 자 남짓하고, 칼끝이 예리하여 털을 불어서 벨 수 있을 정도였습니다. 두 여자를 따라서 벽을 더위잡고 오르는 것을 배우니, 점차 몸이 바람처럼 가벼워지는 것을 느꼈습니다. 한 해 뒤에, 원숭이를 찌르자 백에 하나도 실수가 없었습니다. 뒤에 범과 표범을 찔러, 모두 그 목을 따 가지고 돌아갔습니다. 3년 뒤에는 날 수 있게 되었으며, 날랜 매를 찌르더라도 적중하지 않는 것이 없었습니다. 검의 칼날은 점차 줄어들어 다섯 치가 되어, 날새나 길짐승을 만나더라도 저것들이 칼날이 이르러오는 것을 몰랐습니다. 4년 째 이르러서는 두 딸을 머물러 굴혈을 지키게 하고는 나를 도시로 이끌고 갔는데, 그곳이 어느 곳인지는 알 수 없었습니다. 비구니는 그 한 사람을 가리키더니, 하나하나 그 죄과를 헤아리며, '나를 위해 머리를 잘라서 가져오되, 다른 사람이 눈치채지 못하게 하라. 담(膽)을 잘 안정시키면, 나는 새처럼 용이할 것이다.'라고 했습니다. 양뿔 모양 비수를 주었는데, 칼의 너비는 세 치였습니다. 마침내 백주 대낮에 도시에서 그 사람 찔렀으나, 남들은 볼 수가 없었으며, 머리를 주머니에 넣고 주인 집으로 돌아와서 약을 써서 그것을 물로 변하게 했습니다. 5년 째 또 말하길, '아무개 고관에게 죄가 있으니, 무고하게 사람 몇 명을 해쳤다. 밤에 방에 들어갈 수 있을 것이니, 그 머리를 잘라 와라.'라고 했습니다. 다시 비수를 지니고 방에 들어가 그 문틈을 넘는데, 아무 장애가 없었으며, 대들보 위에 숨어 엎드렸습니다. 어두워지자 그 머리를 베어 지니고 돌아왔습니다. 비구니는 크게 노하여, '왜 이렇게 늦었느냐!' 하기에, 저는 "이 앞사람이 아이 하나를 희롱하는데, 그 아이가 사랑스러워서 차마 곧바로 손을 쓸 수가 없었습니다.'라고 하자, 비구니는 꾸짖어서 '이후 이런 무리를 만나면 먼저 그 사랑하는 사람을 끊어버리고 그런 후에 결판을 내라.'라고 했으므로, 저는 절하고 사죄했습니다. 비구니는 '나는 너를 위해 뇌(腦)를 연 후에 비수를 숨겨두겠으니 아무 손상도 없을 것이다. 사용하려면 뽑아써라.'라고 했습니다. 말하길, '너의 술법이 이미 완성되었으니 집으로 돌아가도 좋겠다.'라고 하며, '20년 뒤에 바야흐로 한 번 볼 수 있을 것이다.'라고 했습니다."

섭봉은 그 말을 듣고 아주 두려워했다. 뒤에 섭은낭은 밤이 되면 자취가 없어졌다가 새벽이면 돌아왔다. 섭봉은 감히 힐문하지 못하고, 이에 역시 그다지 가엾게 여기지도 못하고 어여뻐하지도 않았다. 홀연 거울 가는 소년이 문에 이르러왔다. 딸 섭은낭은 "이 사람은 나에게 남편이 될 만합니다."라고 하고는, 아버지에게 아뢰니, 아버지는 감히 따르지 않을 수가 없어, 마침내 시집을 보냈다. 그 지아비는 다만 거울을 잘 갈 뿐이지, 다른 재능은 없었다. 아버지 섭봉은 의복과 음식을 아주 풍부하게 주고, 외실에서 거처하게 했다. 수년 후 아버지가 졸했다.

위수(魏帥, 위박절도사)는 그녀가 기이함을 조금 알아서, 마침내 황금과 비단을 주고 좌우리(左右吏, 군리)로 임명했다. 이렇게 하길 또 서너 해가 되었다. 현종의 원화(元和) 연간에 이르러, 위수(魏帥, 위박절도사)는 진허 절도사(陳許節度使)[원화 3년(787) 창설] 유창예(劉昌裔)와 화합하지 못하 자, 섭은낭을 시켜 그 머리를 베도록 시켰으므로, 섭은낭은 위수의 곳을 사직했다. 유창예는 신산(神算)에 능하여, 이미 그가 올 것을 알고서, 아장(衙將)을 불러 명했다. "내일 일찌감치 성북에 이르러 한 장부와 한 여자가 오는지 살펴보라. 각각 흰 나귀와 검은 나귀를 타고 문에 이르면, 마침 까마귀가 앞에서 시끄럽게 울 텐데, 장부가 활로 탄환을 쏘지만 맞추지 못하고 처가 남편의 탄환을 빼앗아 하나의 탄환으로 까치를 고꾸라뜨리는 일이 있을 것이다. 그에게 읍례하고 내[유창예]가 뵙고자 하여 멀리 영접을 나왔다고 말하라." 위장(衙將)은 약속(約束)을 받고 그들을 만났다. 섭은낭 부부는 말하길, "유 복야(劉僕射)[유창예]는 과연 신인입니다. 그렇지 않다면 어떻게 우리 일을 통찰할 수 있겠습니 까? 부디 유공을 뵙고 싶습니다."라고 했다. 유창예는 그들의 노고를 위로했다. 섭은낭 부부는 절하고 말하길, "복야를 배반했으므로 만번 죽어 마땅합니다."라고 했다. 유창예는 말하길, "그렇지 않네, 각각 자기 주인을 친하게 여기는 것이 인간의 상정의 일이다. 위박(魏博) 절도사가 지금 허주(許州) 절도사[진허절도사]와 무엇이 다르겠나? 청컨대 여기에 머물러 주기 바라니, 의심하지 말게나."라고 했다. 섭은낭은 사례하면서, "복야의 좌우에 적절한 인물이 없으니, 원컨대 저쪽을 버리고 이쪽에 붙고자 합니다. 공의 신명에 감복했습니다."라고 했다. 위수(魏帥, 위박절 도사)가 유창예에게 미치지 못한다는 것을 알았기 때문이었다. 유창예가 그 필요로 하는 것이 무엇인지 묻자, "매일 단지 2백문이면 족합니다."라 고 했으므로, 마침내 청하는 대로 따랐다. 홀연 나귀 두 마리가 간 곳이

보이지 않았으므로, 유창예가 사람을 시켜 찾아보게 했으나, 향한 곳을
알지 못했다. 뒤에 몰래 베 주머니 속의 것을 수거했는데, 종이로 만든
두 나귀를 보았으니, 하나는 검은 색이고 하나는 흰 색이었다. 뒤에
한 달 남짓 지나서 섭은낭은 유창예에게 아뢰기를, "저 자는 제가 여기
머무는 것을 몰라, 필시 사람을 시켜 뒤이어 이르게 할 것입니다. 오늘
밤 머리카락을 잘라, 붉은 비단으로 매어 두어, 위수(위박절도사)의 베개
앞에 보내어 제가 돌아가지 않겠다는 뜻을 표시하게 해 주십시오."라고
했다. 유창예는 이 말을 받아들였다. 사경(四更, 새벽 1시부터 3시까지)에
되돌아 와서 말하길, "그 신표를 보냈습니다. 뒷날 밤에 필시 정정아(精精
兒)를 보내어 저를 죽이고 복야의 머리를 베어가려고 할 것입니다. 이때
역시 만반으로 계획하여 죽일 것이니, 근심하지 마십시오."라고 했다.
유창예는 활달하고 도량이 커서, 역시 아무 두려운 기색이 없었다. 이날
밤 등촉을 밝혀 두었는데, 한밤이 지난 후, 과연 두 번자(幡子, 깃발)가
하나는 붉고 하나는 흰 것이 표표하게 침상의 네 모퉁이에서 마치 서로
치듯이 했다. 한참 지나서 한 사람이 공중에서 떨어져 자빠졌는데, 몸뚱
이와 머리가 각각 다른 곳에 떨어졌다. 섭은낭이 역시 나와 말하길,
"정정아가 이미 고꾸라졌습니다."라고 했다. 당 아래로 끌고 나가서
약을 가지고 물로 변화시켰는데, 모발조차 남아 있지 않았다. 섭은낭은
말하길, "뒷날 밤 틀림없이 묘수(妙手) 공공아(空空兒)를 시켜 잇달아
이르게 할 것이나, 공공아의 신묘한 술수는 사람들이 그 효용을 엿볼
수조차 없고 귀신이 그 종적을 따라갈 수조차 없으니, 공허로부터 명계로
들어갈 수 있으며 아무 형체도 없고 그림자도 소멸하게 만들 수 있습니다.
은낭 저의 기예는 짐짓 그 경지에 나아갈 수 없으니, 이는 곧 복야의
복에 관계되어 있을 따름입니다. 다만 우전(于闐)의 옥을 목에 두르시고
이불로 꽁꽁 두르고 있으면, 은낭이 마땅히 멸몽(蠛蠓, 진디등에)으로

변화하여 복야의 장(腸) 속으로 몰래 들어가서 가만히 들으며 엿볼 것입니다. 그밖에 달리 도피할 곳이 없습니다."라고 했다. 유창예는 그 말대로 했다. 삼경에 이르러, 눈이 감기되 아직 잠이 깊지 않았을 때 과연 목 위에서 쟁그렁 소리가 들렸는데, 소리가 아주 사나웠다. 섭은낭은 유창예의 입 안에서부터 껑충 뛰어 나와, 축하하여 말하길, "복야께서는 이제 환난이 없으실 것입니다. 이 사람은 재빠른 송골매와 같아서, 한 번 쳐서 적중하지 않으면 즉시 훨훨 멀리 가버리는데, 적중시키지 못한 것을 부끄러워하여 고작 일경(一更)도 넘지 않아서 이미 1천 리를 가버립니다."라고 했다. 뒤에 그 목에 둘렀던 옥을 보니, 과연 비수가 그은 곳이 있었으며, 그인 흔적이 서너 분(分)[1분=한 치의 1/10]을 넘었다. 이로부터 유창예는 더욱 섭은낭을 후하게 예우했다. 원화 8년(818년)에 유창예는 허주에서부터 천자를 알현하러 도성으로 들어가게 되었는데, 섭은낭은 따라가고 싶어하지 않았다. 말하길, "이제부터 산수를 찾고 지인(至人)을 방문하겠습니다. 다만 하나하나 남편에게 급여하여 주시기를 바랍니다."라고 했다. 유창예는 약속대로 했다. 뒤에 차츰 간 곳을 모르게 되었다. 유창예가 군중에서 서거하자, 섭은낭도 역시 나귀에 채찍질하여 한 번 경사(서울)에 이르렀고, 영구 앞에서 통곡을 하고 떠나갔다. 문종(文宗)의 개성(開成) 연간에 유창예의 아들 유종(劉縱)이 능주자사(陵州刺史)에 제수되어, 촉(蜀)의 잔도(棧道)에 이르러 섭은낭을 만났는데, 용모가 접때 당시와 같았으며, 서로 만나 아주 기뻐하고, 여전히 옛날처럼 흰 나귀를 걸터타고 있었다. 섭은낭은 유종에게 "낭군은 큰 재앙이 있을 것이니, 이곳[촉땅 낭주]으로 가는 것이 옳지 않습니다."라고 하고는, 약 한 알을 꺼내어 유종에게 삼키게 하면서, "내년에 화급해지면 관직을 버리고 고향으로 돌아가셔야 바야흐로 이 화를 벗어날 수 있습니다. 나의 약의 힘은 다만 한 해의 환난으로부터 보전해 줄 따름입니다."라

고 했다. 유종은 아무래도 그다지 믿지 않으면서, 무늬 없는 비단과
채색 비단을 주었으나, 섭은낭은 하나도 받은 것이 없었고, 다만 깊이
술에 취하여 떠나갔다. 그 한 해 뒤에 유종이 관직을 쉬지 않고, 과연
능주에서 졸했다. 이로부터 다시는 어떤 사람도 섭은낭을 본 자가 다시는
없었다.

　聶隱娘者, 唐貞元中, 魏博大將聶鋒之女也. 年方十歲, 有尼乞食於
鋒舍, 見隱娘悅之. 云：“問押衙乞取此女敎？” 鋒大怒, 叱尼. 尼曰：
“任押衙鐵櫃中盛, 亦須偸去矣.” 及夜, 果失隱娘所向. 鋒大驚駭, 令人
搜尋, 曾無影響. 父母每思之, 相對涕泣而已. 後五年, 尼送隱娘歸.
告鋒曰：“敎已成矣, 子却領取.” 尼欻亦不見. 一家悲喜. 問其所學,
曰：“初但讀經念咒, 餘無他也.” 鋒不信, 懇詰. 隱娘曰：“眞說又恐不
信, 如何？” 鋒曰：“但眞說之.” 曰：“隱娘初被尼挈, 不知行幾里. 及明,
至大石穴之嵌空數十步, 寂無居人, 猿極多, 鬆蘿益邃. 已有二女, 亦
各十歲, 皆聰明婉麗, 不食. 能於峭壁上飛走, 若捷猱登木, 無有蹶失.
尼與我藥一粒, 兼令長執寶劍一口, 長二尺許, 鋒利, 吹毛令剚. 逐二
女攀緣, 漸覺身輕如風. 一年後, 刺猿百無一失. 後刺虎豹, 皆決其首
而歸. 三年後能飛, 使刺鷹隼, 無不中. 劍之刃漸減五寸. 飛禽遇之,
不知其來也. 至四年, 留二女守穴, 挈我於都市, 不知何處也. 指其人
者, 一一數其過曰：‘爲我刺其首來, 無使知覺. 定其膽, 若飛鳥之容易
也.’ 受以羊角匕首, 刀廣三寸. 遂白日刺其人於都市, 人莫能見. 以首
入囊, 返主人舍, 以藥化之爲水. 五年, 又曰：‘某大僚有罪, 無故害人
若干. 夜可入其室, 決其首來.’ 又攜匕首入室, 度其門隙, 無有障礙,
伏之樑上. 至暝, 持得其首而歸. 尼大怒曰：‘何太晚如是！’ 某云：‘見
前人戲弄一兒可愛, 未忍便下手.’ 尼叱曰：‘已後遇此輩, 先斷其所愛,

然後決之.' 某拜謝. 尼曰:'吾爲汝開腦後藏匕首, 而無所傷. 用卽抽
之.' 曰:'汝術已成, 可歸家.' 遂送還. 云 : '後二十年, 方可一見.'"
鋒聞語甚懼, 後遇夜卽失蹤, 及明而返. 鋒已不敢詰之, 因茲亦不甚憐
愛. 忽値磨鏡少年及門, 女曰:"此人可與我爲夫." 白父, 父不敢不從,
遂嫁之. 其夫但能淬鏡, 餘無他能. 父乃給衣食甚豐, 外室而居. 數年
後, 父卒. 魏帥稍知其異, 遂以金帛署爲左右吏. 如此又數年. 至元和
間, 魏帥與陳許節度使劉昌裔不協, 使隱娘賊其首. 隱娘辭帥之許. 劉
能神算, 已知其來. 召衙將, 令:"來日早至城北, 候一丈夫一女子. 各
跨白黑衛, 至門, 遇有鵲前噪, 丈夫以弓彈之, 不中, 妻奪夫彈, 一丸而
斃鵲者. 揖之云:'吾欲相見, 故遠相祗迎也.'" 衙將受約束, 遇之. 隱娘
夫妻曰:"劉僕射果神人, 不然者, 何以洞吾也? 願見劉公." 劉勞之.
隱娘夫妻拜曰:"合負僕射萬死." 劉曰:"不然, 各親其主, 人之常事.
魏今與許何異? 顧請留此, 勿相疑也." 隱娘謝曰:"僕射左右無人, 願
舍彼而就此. 服公神明也." 知魏帥之不及劉. 劉問其所須, 曰:"每日
只要錢二百文足矣." 乃依所請. 忽不見二衛所之, 劉使人尋之, 不知所
向. 後潛收布囊中, 見二紙衛, 一黑一白. 後月餘, 白劉曰:"彼未知住,
必使人繼至. 今宵請剪髮, 係之以紅綃, 送於魏帥枕前, 以表不回." 劉
聽之. 至四更卻返曰:"送其信了, 後夜必使精精兒來殺某及賊僕射之
首. 此時亦萬計殺之, 乞不憂耳." 劉豁達大度, 亦無畏色. 是夜明燭,
半宵之後, 果有二幡子一紅一白, 飄飄然如相擊於牀四隅. 良久, 見一
人自空而踣, 身首異處. 隱娘亦出曰:"精精兒已斃." 拽出於堂之下,
以藥化爲水, 毛髮不存矣. 隱娘曰:"後夜當使妙手空空兒繼至. 空空
兒之神術, 人莫能窺其用, 鬼莫得躡其蹤. 能從空虛之入冥, 善無形而
滅影. 隱娘之藝, 故不能造其境, 此卽係僕射之福耳. 但以于闐玉周其
頸, 擁以衾, 隱娘當化爲蠛蠓, 潛入僕射腸中聽伺, 其餘無逃避處." 劉

如言. 至三更, 瞑目未熟, 果聞頸上鏗然, 聲甚厲. 隱娘自劉口中躍出, 賀曰："僕射無患矣. 此人如俊鶻, 一搏不中, 卽翩然遠逝, 恥其不中. 才未逾一更, 已千里矣." 後視其玉, 果有匕首划處, 痕逾數分. 自此劉轉厚禮之. 自元和八年, 劉自許入覲, 隱娘不願從焉. 云："自此尋山水, 訪至人. 但一一請給與其夫." 劉如約. 後漸不知所之. 及劉薨於軍, 隱娘亦鞭驢而一至京師, 柩前慟哭而去. 開成年, 昌裔子縱除陵州刺史, 至蜀棧道, 遇隱娘, 貌若當時, 甚喜相見, 依前跨白衛如故. 語縱曰："郞君大災, 不合適此." 出藥一粒, 令縱呑之. 云："來年火急抛官歸洛, 方脫此禍. 吾藥力只保一年患耳." 縱亦不甚信, 遺其繒彩, 隱娘一無所受, 但沉醉而去. 後一年, 縱不休官, 果卒於陵州. 自此無復有人見隱娘矣.

10. 「형십삼랑(荊十三娘)」

당나라 진사 조중립(趙中立)[혹은 조중행(趙中行)]은 온주(溫州)[절강성(浙江省) 온주시(溫州市)]에 집을 두고, 호협(豪俠)을 일삼았다. 소주(蘇州)에 이르러 지산선원(支山禪院)을 여사(旅舍)로 삼았는데, 승방에 여자 상인 형십삼랑(荊十三娘)이 있어 망부를 위하여 대상재(大祥齋)를 베풀었다. 그러다가 조중립을 사모하여, 마침내 함께 배를 타고 양주(揚州)[강소성(江蘇省) 양주시(揚州市)]로 돌아갔다. 조중립은 기질이 의로워서 형십삼랑의 재물을 소모했지만, 형십삼랑은 조금도 개의하지 않았다. 조중립의 벗은 이씨 집안 제39 항렬인 정랑(正郞) 이(李) 아무개로, 이 아무개에게 애기(愛妓)가 있었는데, 그 기녀의 부모가 기녀를 빼앗아 제갈은(諸葛殷)에게 주었으므로 이 정랑은 서글퍼하여 마지 않았다. 이때 제갈은은 여용지(呂用之)와 함께 태위(太尉) 고변(高騈)을 현혹시켜 남들을 위복(威

福)으로 함부로 다루었으므로 이 정랑은 앙화를 두려워하여 울음을 삼킬 따름이었다. 조중립이 우연히 형랑에게 이야기하자, 형랑도 역시 분노하고 억울해 해서, 이삼십구랑(李三十九郎)에게 말하길, "이것은 작은 일입니다. 제가 그대를 위해 원수를 갚겠습니다. 다만 부디 강을 건너, 윤주(潤州)[강소성 진강(鎭江) 지역] 북고산(北固山)에서 6월 6일 정오 때에 나를 기다려주시기 바랍니다."라고 했다. 이 정랑도 역시 그 말을 따랐다. 그 날이 이르자, 형랑은 주머니에 기녀를 담고, 아울러 기녀의 부모의 머리도 가져다가, 이 정랑에게 돌려주었다. 다시 조중립과 함께 절중(浙中)[절강성]으로 들어갔으나, 가서 머무는 곳을 알 수 없었다.

唐進士趙中立家於溫州, 以豪俠爲事. 至蘇州, 旅舍支山禪院. 僧房有一女商荊十三娘, 爲亡夫設大祥齋. 因慕趙, 遂同載歸揚州. 趙以氣義耗荊之財, 殊不介意. 其友人李正郎第三十九有愛妓, 妓之父母, 奪與諸葛殷. 李悵悵不已. 時諸葛殷與呂用之幻惑太尉高騈, 姿行威福. 李愼禍, 飮泣而已. 偶話於荊娘, 荊娘亦憤惋. 謂李三十九郎曰 : "此小事, 我能爲郎仇之. 但請過江, 於潤州北固山六月六日正午時待我." 李亦依之. 至期, 荊氏以囊盛妓, 兼致妓之父母首, 歸於李. 復與趙同入浙中, 不知所止.

11. 「홍선(紅線)」

당나라 노주절도사(潞州節度使)[노주는 산서상 장치현(長治縣)] 설숭(薛嵩) 집의 청의(靑衣, 종·여종) 홍선(紅線)이란 자는 완함(阮咸)[비파 일종]을 잘 연주했으며 또 경사(經史)에 통했으므로, 설숭이 그 전표(箋表)의 제술을 관장하게 하고 '내기실(內記室)'이라 호했다. 당시 군중의 큰 연회 때에 홍선이 설숭에게 말하길, "갈고(羯鼓)의 소리가 상당히 너무 서글프기 짝이 없으니, 갈고를 치는 이는 필시 일이 있을 것입니다."라고 했다. 설숭은 음률을 잘 알았으므로, "네가 말한 그대로이다."라고 하고는 갈고 연주자를 불러서 물어보니, "저의 처가 어제 죽었으나, 감히 휴가를 구할 수 없었습니다."라고 했다. 설숭은 급히 휴가를 주어 돌려보냈다. 이 때는 숙종 지덕(至德) 연간의 뒤로, 하남(河南)과 하북(河北) 두 곳이 평온하지 못하여, 하북의 도양(淦陽)을 군진으로 삼아 설숭에게 굳게 지키도록 명하고, 산동(山東)을 억제하여 누르게 했다. 살상의 끝이고 군부(軍府)는 초창(草創)의 상태였다. 조정에서는 설숭에게 명하여 딸을 위박절도사(魏博節度使) 전승사(田承嗣)의 아들에게 시집보내게 하고, 또 설숭의 아들은 활박절도사(滑毫節度使) 영호장(令狐章)의 딸을 아내로 맞아, 세 군진이 서로 인척관계를 맺게 하여, 서로 더욱 접하게 했다. 전승사는 늘 폐질환을 앓아, 열을 만나면 더욱 심해졌으므로, 매번 말하길, "내가 만약 산동으로 군진을 옮겨서 그 서늘한 기운을 들이마신다면 서너 해의 수명을 더 연장할 수 있을 것이다."라고 했다. 마침내 군중에서 무용이 보통 군인의 열 곱절 뛰어난 자들을 모집해서 3천 명을 얻어 외택남(外宅男)이라 이름하고 봉급을 후하게 주었으며, 항상 3백 인으로 하여금 밤에 저택 안에서 숙직하게 했다. 그리고 좋은 날을 골라 노주(潞州)를 병합하려고 했다. 설숭이 듣고는 주야로 걱정하여 쯧쯧 거리면서 혼잣말을 했으나 어찌할 방도가 없었다. 이날 밤 물시계 시각이 깊어지고 원문(轅門)이 이미 닫혔을 때, 뜰 가에서 지팡이를 짚고 소요하는데, 오로지 홍선이 따랐다. 홍선은 말하길, "주공께서는 이 한 달에 주무시거나 잡수실 겨를도 없으셨으니, 마음 속에 골똘히 집중하시는 것이 있는 듯하오니, 이웃 군진과의 경계에 관련된 일이 아닌가요?" 하자, 설숭은 "일이 국가 안위에 매어 있으니, 네가 헤아릴 수 있는 일이 아니다."라고 했다. 홍선이 "저는 정말 미천한 존재이지만 주공의 근심을 풀어드릴 수 있습니다."라고 하자, 설숭이 듣고는 그 말이 기특하다고 여겨, 마침내 말하길, "내가 네가 이인인 줄 몰랐으니, 정말로 나는 캄캄했구나."라고 했다. 마침내 그 일을 갖추어 알려주고, "나는 조부의 유업을 계승하여 국가의 무거운 은혜를 받았으나, 하루 아침에 강토를 잃는다면 수백 년의 훈공이 다 없어지고 만다."라고 했다. 홍선은 말하길, "이 일은 아주 쉬울 따름입니다. 주공으로 하여금 근심하게 만들 것도 없습니다. 잠시 저를 놓아주셔서 한번 위박의 경계에 이르게 하여 그 형세를 보고 그 유무(허실)를 엿보게 하신다면, 지금 일경(一更)[저녁 7시에서 9시 사이]에 길을 나서면 2경이면 복명할 수 있습니다. 청컨대 말 타고 서신 전하는 심부름꾼을 먼저 정하여, 안부 서찰을 갖추게 하십시오. 그밖의 것은 제가 돌아오는 것을 기다리십시오."라고 했다. 설숭이 "그렇다면 일이 혹 제대로 되지 않아서 도리어 앙화를 불러온다면 또 어떻게 하겠는가?" 하자, 홍선은 "저의 이 행차는 잘못될 리가 없습니다." 했다.

　마침내 홍선은 내실로 들어가서 행장을 꾸리고는 오만계(烏蠻髻, 틀어올린 머리)를 빗질하고 금봉채를 꽂고[금작채(金雀釵)를 꿰고], 자색 수놓은 짧은 겉옷을 입고, 푸른 비단실로 만든 가벼운 신발을 신고는, 가슴팎에는 용무늬 비수를 패용하고, 이마에는 태을신(太乙神)의 이름을 쓰고는 두 번 절하고 떠나가는데, 순식간에 보이지 않았다. 설숭은 마침내 몸을 돌이켜 방에 들어가 등촉을 등지고 꼿꼿하게 앉았다. 늘 술을 마시되 서너 홉[1홉은 1升의 1/10]을 넘지 않았는데, 이날은 술잔을 들어, 십여 홉을 마셔도 취하지 않았다. 홀연 새벽 호각 소리가 바람결에 울리더니, 잎 하나가 떨어지기에, 놀라서 일어나 누구냐고 물으니, 곧 홍선이 돌아온 것이었다. 설숭이 기뻐서 노고를 위로하며, "일은 잘 되었느냐?"라고 하자, 홍선은 "감히 명령을 욕되게 하지 못했습니다." 하고, 또 설숭이 "살상은 없었더냐?"라고 말하자, "그런 상황에 이르지 않았습니다. 다만 침상 머리의 황금 합(合)을 신표로 가져왔습니다."라고 했다. 또 홍선은 이렇게 말했다. "저는 자야(子夜)[밤 11시부터 다음날 1시까지 사이]의 삼각(三 刻, 45분) 이전에 위성(魏城)에 도달했는데, 모두 서너 문을 거쳐서 마침내 침소에 이르렀습니다. 듣자니, 외택아가 방랑(房廊)에 머물고 있는데, 코고는 소리가 우레 치듯 했습니다. 중군 사졸을 보니, 뜰에서 걸어다니 면서, 외쳐서 명을 전하는데 바람이 일어날 정도였습니다. 마침내 왼쪽 문을 열고 침소의 휘장 밑으로 이르렀습니다. 전씨 집안의 가용인 전승사 는 장막 안에 머물러 있으면서 다리를 떨다가 접질리다가 하는 듯이 하며 깊이 잠들어 있었으며, 머리는 문양 있는 무소뿔 베개에 두고 상투는 노란 능사로 감싸 두었는데, 베개 앞에는 칠성검(七星劍)이 드러나 있고, 검 앞에는 황금 합이 하나 위로 열려 있었으며, 합 안에는 태어난 갑자와 북두신의 이름이 쓰여 있었습니다. 또한 이름난 향과 아름다운 구슬이 그 위에 흩어져 덮고 있었습니다[그 위를 누르고 있었습니다]. 그런 즉 옥같은 장막을 펼쳐두고 위엄 떨치는 장수가 마음을 허탄하게 지녀 생전에 활달하게 지내어, 난초 향의 화려한 당에서 숙면을 하면서, 자신 의 목숨이 제 수하에 달려 있는 것을 전혀 깨닫지 못하고 있었습니다. 어찌 칠종칠금(七縱七擒)의 병법을 수고로이 쓰겠습니까? 그저 슬픔과 차탄만 더할 따름이었습니다. 그 때는 밀랍의 촛불도 연기가 희미해지고 향로의 향기도 사위어 사라져서, 시종인이 사방에 깔려 있고 병장기가 교대로 나열되어 있으나, 혹은 머리를 병풍에 부딪혀가며 코를 드르렁 골고 쭉 늘어진 자도 있고, 혹은 손에 수건과 떨이를 쥔 채로 깊이 잠 들어 쭉 뻗은 자도 있었습니다. 저는 마침내 그들의 동곳과 귀거리를 뽑고, 그들의 치마와 윗옷을 들치기도 했는데[아래 치마를 흐트려뜨려],

병에 걸린 듯도 하고 깨어날 듯도 했으나 모두 잠에서 깨어날 수는 없었습니다. 마침내 황금 합을 가지고 돌아왔습니다. 위성(魏城)의 서문을 나와 길을 2백 리 쯤 갔을 때, 동대(銅臺)[동작대(銅雀臺)]가 높이 걸리고 장수(漳水)[장하(漳河)]가 동쪽으로 흘렀으며, 새벽의 닭은 들판에서 움직이고 빗긴 달은 숲에 걸려 있는 것이 보였습니다. 분한 마음으로 갔다가 기쁜 마음으로 돌아오니, 행역의 고통을 잠시 잊었습니다. 지우에 감동하고 은덕을 갚아, 짐짓 계책의 자문에 부응했습니다. 그래서 이날 밤 삼경의 시간 동안에 7백 리를 왕복하며, 위험한 지역의 한 길로 들어가서 대여섯 성을 경과하며, 주공의 근심을 덜어주길 바랐으니, 어찌 수고로움을 말하겠습니까?"

설숭은 마침내 사절을 파견하여 위성(魏城)에 들어가게 하여, 전승사에게 서찰을 보내어 말하길, "지난 밤에 어떤 객이 위성에서부터 돌아와 말하길, 원수(절도사)의 침상 머리에서 황금 합 하나를 포획했다고 하기에, 감히 머물러 둘 수가 없기에 삼가 돌려드려 바치고자 합니다."라고 했다. 전담 사신이 살별같이 달려가서 야반에 바야흐로 당도했다. 마침 황금 합을 수색하고 범인을 체포하느라 군대 전체가 두려워하고 의심하는 것을 보았다. 사자는 말 채찍으로 문을 드르륵 긁으면서 불시에 접견을 청했다. 전승사가 갑자기 나오자, 사자는 마침내 황금 합을 전승사에서 주었다. 전승사는 황금 합을 받아들 때에 놀라고 두려워하여 졸도할 지경이었다. 마침내 사자를 머물게 하여 저택에 묵게 하고, 친히 사사로운 연회를 주관했으며, 선물을 많이 주었다. 다음날 전승사가 전담 사신을 파견하여 3만 필의 비단, 2백 필의 말, 잡다한 진귀물 등을 가지고 가서 설숭에게 바치게 하여 이렇게 말했다. "아무개의 머리와 목은 그대의 은혜에 매여 있습니다. 곧 마땅히 지난 날의 과실을 알고 스스로 새로워져서, 다시는 그대에게 근심을 끼치지 않겠습니다. 전적으로 당신의 지시와 사역에 따를 따름입니다만, 감히 혼인의 친사(親事)를 의론하겠습니까? 저자[전승사 아들을 말함-역자 주]는 당신이 수레를 타고 나가면 마땅히 수레 뒤에서 바퀴를 밀고 당신이 오시면 말 앞에서 채찍을 휘둘러 벽제를 하겠습니다. 제가 설치하여 기강을 잡고 있는 외택아라는 것은 본디 다른 도적들을 방비하기 위한 것이지, 별스런 도모를 위한 것이 아닙니다. 지금 그들의 갑옷을 모두 벗기고 놓아주어서 농촌의 밭두둑으로 되돌려 보냈습니다." 이로부터 한 두 달 사이에, 하북과 하남에 통신사(通信使)가 교대로 이르러왔다.

　홀연히 하루는 홍선이 사직하고 떠나려 했다. 설숭은 "너는 우리집에서 태어났거늘 지금 어디로 가려 하느냐? 또 바야흐로 네 힘에 의지하려고 하거늘, 어찌 떠날 것을 의론한단 말이냐?"라고 했다. 홍선은 말했다. "저는 전생에 본래 남자였는데, 강호를 다니며 공부를 하고 신농씨의 의약서를 익혀서 사람들을 재앙과 병환으로부터 구해주었습니다. 마침 동네에 임산부 하나가 고증(蠱症, 횟병)을 앓기에 제가 완화주(芫花酒)를 먹여 내려보냈더니 부인과 뱃속의 쌍둥이가 모두 폐사했습니다. 이는 제가 일거에 세 사람을 죽인 것이어서, 명부의 힘으로 주살을 당하고 죄벌로 여자가 되어 이 몸을 천한 하녀의 지위에 있게 하여 품부받은 기질을 범속하고 비천하게 정해주었는데, 다행히 공의 집에 태어나 지금 19년이 되었습니다. 몸에는 비단옷을 실컷 걸치고, 입으로는 달고 신선한 음식을 먹을 만큼 먹었으며, 총애와 대우는 남보다 훨씬 더해주셨으니, 영광이 너무도 심합니다. 하물며 국가에서 올바른 정치를 이루어[황극을 건립하여] 경복이 무궁합니다. 이것은 하늘에 위배되며, 이치도 마땅히 다하여 끊어질 것입니다. 지난날 위방(魏邦)으로 가서 이러한 내용으로 은혜에 보답을 했습니다. 지금 두 곳 땅이 모두 성지(城池)를 보존하고 만 백성이 생명을 보전하여, 난신(亂臣)에게는 두려움을 알게 하고 열사에게는 안녕을 도모하게 했으니, 저 한 아녀자로서는 공이 아무래도 작지 않기에, 정말로 저의 전생의 죄를 보속하고 본래 모습인 남성으로 돌아갈 수 있게 되었으므로, 곧바로 마땅히 이 진세로부터 자취를 숨기고 물외에 마음을 깃 들여서, 맑고 깨끗한 한 기운으로 생사를 넘어 영구히 존재할까 합니다." 설숭이 "그러지 말아라. 천금으로 산에 거처할 곳을 마련해 주겠다."라고 했으나, 홍선은 "일이 내세에 관계된 것이거늘 어찌 미리 도모할 수 있겠습니까?"라고 했다. 설숭은 만류할 수 없음을 알고는 마침내 크게 전별하려고 하여 손님과 벗을 모두 모으고 밤에 중당에서 연회를 벌였다. 설숭은 노래와 함께 홍선에게 술을 보내고, 좌객 냉조양(冷朝陽)에게 사(詞)를 짓도록 청했다. 사(詞)는 이러하다. "채릉가(彩菱歌) 부르며 목난주(木蘭舟)를 원망하나니, 객을 보내자니 혼이 일백 척 누대에서 사그러드네. 마치 낙비(洛妃, 낙수의 여신)가 운무 타고 떠나듯, 푸른 하늘은 가이 없고 강물은 부질 없이 흐르누나." 노래가 끝나자 설숭은 슬픔을 이기지 못했으며, 홍선은 절을 하면서 흐느껴 울었다. 이어서 홍선은 거짓으로 취한 듯이 하며 자리를 떠나, 마침내 간 곳을 알 수 없게 되었다.

　唐潞州節度使薛嵩家靑衣紅線者善彈阮咸, 又通經史. 嵩乃俾掌其箋表, 號曰內記室. 時軍中大宴, 紅線謂嵩曰 : "羯鼓之聲, 頗甚悲切, 其擊者必有事也." 嵩素曉音律, 曰 : "如汝所言." 乃召而問之, 云 : "某妻昨夜身亡, 不敢求假." 嵩遽放歸. 是時至德之後, 兩河未寧, 以塗陽爲鎭, 命嵩固守, 控壓山東. 殺傷之餘, 軍府草創. 朝廷命嵩遣女嫁魏博節度使田承嗣男, 又遣嵩男娶滑亳節度使令狐章女. 三鎭交締爲姻婭, 使益相接. 田承嗣常患肺氣, 遇熱益增. 每曰 : "我若移鎭山東, 納其涼冷, 可以延數年之命." 乃募軍中武勇十倍者, 得三千人, 號外宅男, 而厚其廩給. 常令三百人夜直宅中. 卜良日, 欲倂潞州. 嵩聞之, 日夜憂悶, 咄咄自語, 計無所出. 時夜漏方深, 轅門已閉, 策杖庭際, 唯紅線從焉. 紅線曰:“主公一月, 不遑寢食. 意有所屬, 豈非鄰境乎?” 嵩曰:“事繫安危, 非爾能料.” 紅線曰:“某誠賤品, 亦能解主公之憂.” 嵩聞其語異, 乃曰:“我不知汝是異人, 誠我闇昧也.” 遂具告其事曰: “我承祖父遺業, 受國家重恩, 一旦失其疆土, 卽數百年功勳盡矣.” 紅線曰:“此易與耳, 不足勞主憂焉. 暫放某一到魏境, 觀其形勢, 覘其有無. 今一更首途, 二更可以復命. 請先定一走馬使, 具寒暄書. 其他卽待某卻回也.” 嵩曰:“然事或不濟, 反速其禍, 又如之何?” 紅線曰:“某之此行, 無不濟也.” 乃入閨房, 飭其行具. 乃梳烏蠻髻, 揷金鳳釵[貫金雀釵], 衣紫繡短袍, 著靑絲輕履, 胸前佩龍紋文匕首, 額上書太乙神名. 再拜而行, 倏忽不見. 嵩乃返身閉戶, 背燭危坐. 常時飮酒, 不過數合. 是夕擧觴, 十餘不醉. 忽聞曉角吟風, 一葉墜露. 驚而起問, 卽紅線回矣. 嵩喜而慰勞曰:“事諧否?” 紅線曰:“不敢辱命.” 又問曰:“無傷殺否?” 曰:“不至是. 但取牀頭金合爲信耳.” 又曰:“某子夜前三刻卽達魏城, 凡歷數門, 遂及寢所. 聞外宅兒止於房廊, 睡聲雷動. 見中軍士卒, 徒步於庭, 傳叫風生. 乃發其左扉, 抵其寢帳. 田親家翁止於帳內, 鼓跌酣眠, 頭枕文犀, 髻包黃縠, 枕前露七星劍, 劍前仰開一金合, 合內書生身甲子, 與北斗神名. 復以名香美珠, 散覆其上[壓鎭其上]. 然則揚威玉帳, 坦其心豁於生前, 熟寢蘭堂, 不覺命懸於手下. 寧勞擒縱? 只益傷嗟. 時則蠟炬煙微, 爐香燼委, 侍人四布, 兵杖交羅. 或頭觸屏風, 鼾而齁者. 或手持巾拂, 寢而伸者. 某乃拔其簪珥, 褰其裳衣[攃其襦裳], 如病如醒, 皆不能寤. 遂持金合以歸. 出魏城西門, 將行二百里, 見銅臺高揭, 漳水東流, 晨雞動野, 斜月在林. 忽往喜還, 頓忘於行役. 感知酬德, 聊副於咨謀. 所以當夜漏三時, 往返七百里, 入危邦一道, 經過五六城, 冀減主憂, 敢言其苦?” 嵩乃發使入魏, 遺承嗣書曰：
“昨夜有客從魏中來云, 自元帥林頭獲一金合, 不敢留駐, 謹卻封納.”
專使星馳, 夜半方到. 正見搜捕金合, 一軍憂疑. 使者以馬檛撾門, 非
時請見. 承嗣遽出, 使者乃以金合授之. 捧承之時, 驚怛絶倒. 遂留使
者, 止於宅中, 狃以私宴, 多其賜賚. 明日, 專遣使齎帛三萬匹‧名馬
二百匹‧雜珍異等, 以獻於嵩曰：“某之首領, 繫在恩私. 便宜知過自
新, 不復更貽伊戚. 專膺指使, 敢議親姻? 彼當捧轂後車, 來在麾鞭前
馬, 所置紀綱外宅兒者, 本防他盜, 亦非異圖. 今並脫其甲裳, 放歸田
畝矣.” 由是一兩個月內, 河北河南信使交至. 忽一日, 紅線辭去. 嵩曰：
“汝生我家, 今將焉往? 又方賴於汝力, 豈可議行?” 紅線曰：“某生前本
男子, 遊學江湖間, 讀神農藥書, 而救世人災患. 時里有孕婦, 忽患蠱症,
某以芫花酒下之, 婦人與腹中二子俱斃. 是某一擧殺其三人, 陰力見誅,
罰爲女子, 使身居賤隷, 氣稟凡俚. 幸生於公家, 今十九年矣. 身厭羅綺,
口窮甘鮮. 寵待有加, 榮亦甚矣. 況國家達治[建極], 慶且無疆. 此卽違
天, 理當盡弭. 昨往魏邦, 以是報思. 今兩地保其城池, 萬人全其性命,
使亂臣知懼, 烈士謀安, 在某一婦人, 功亦不小, 固可贖其前罪, 還其本
形. 便當遁跡塵中, 棲心物外, 澄淸一氣, 生死長存.” 嵩曰：“不然, 以千
金爲居山之所.” 紅線曰：“事關來世, 安可預謀?” 嵩知不可留, 乃廣爲
餞別, 悉集賓友, 夜宴中堂. 嵩以歌送紅線酒, 請座客冷朝陽爲詞. 詞
曰：“彩菱歌怨木蘭舟, 送客魂消百尺樓. 還似洛妃乘霧去, 碧天無際水
空流.” 歌竟, 嵩不勝其悲, 紅線拜且泣. 因僞醉離席, 遂亡所在.

12. 「전팽랑(田膨郞)」

당나라 문종(文宗) 황제는 일찍이 백옥침(白玉枕)을 보물로 여겼는데,

앞서 덕종(德宗) 때 우전국(于闐國)[타클라마칸 사막 남쪽 서역 지역]에서 공물로 바친 것으로, 조각이 기묘하니, 대개 희대의 보물이었다. 문종은 그것을 침전의 장막 안에 두었는데, 하루는 홀연 어디에 있는지 알 수 없게 되었다. 하지만 금위(禁衛)가 삼엄하여, 황은을 두텁게 입은 빈어(嬪御)가 아니면 그곳에 갈 수가 없었고, 여러 진귀한 노리개들이 나열되어 있거늘 다른 것은 없어지지 않았다. 황제가 한참을 놀라고 이상해하다가 조칙을 도성에 내려 도적을 찾게 했다. 은밀하게 추밀(樞密)의 측근과 좌우광중위(左右廣中尉)[좌우신책군(左右神策軍)과 위원군(威遠軍) 등 친위부대의 위(衛)]에게 말하길, "이것은 외부 침입자가 들어온 것이 아니니, 도적은 마땅이 금액(禁掖, 궁궐)에 있을 것이다. 만일 찾다가 붙잡지 못하면 장차 다른 변고가 우려된다. 베개 하나는 정말 아낄 것이 없지만, 경 등은 나의 황궁을 호위하고 있으므로, 반드시 죄인 이 자를 찾아내야 한다. 그렇지 않으면, 천자를 빙 둘러 호위하는 일이 이로부터 무용하게 된다."라고 했다. 내궁(內宮, 후궁)의 담당자들은 황공해하여 사죄하면서, 열흘 말미로 체포하겠다고 청했다. 대대적으로 황금과 비단을 상으로 걸고 구했으나, 찾아나갈 만한 자취라고는 아무 것도 없었다. 황제의 칙지가 엄중하여, 연관되어 옥에 갇히는 자들이 점점 많아져서, 방방곡곡과 여항 마을마다 수색하여 체포하지 않는 일이 없었다.

용무군(龍武軍)[용호군(龍虎軍)]의 제2 번장(蕃將)[이민족 출신 장수] 왕경홍(王敬弘)은 일찍이 젊은 종복을 두었는데, 나이는 겨우 18,9세 정도였으나, 신채(神采)가 준엄하고 영리하여, 일을 시키면 어디든 이르러갔다. 왕경홍은 전에 유배(流輩, 부류)와 위원군(威遠軍)에 모여 연회를 했는데, 한 시아(侍兒)가 호금(胡琴)을 잘 연주했으므로 만좌가 술이 얼근하게 취하여 그 김에 곡을 타달라고 청했으나, 악기가 오묘하지 않다는 이유로 사절하여, 늘 가까이하던 악기가 있어야 탈 수 있다고 하였는데, 밤의 종루가 났다[파루를 쳤다]는 보고가 이미 전해졌으므로 그 악기를 가져올 수가 없었기에, 시아는 일어나서 해대(解帶)[악기의 끈을 풀었다는 뜻인 듯함-역자 주]하고 말았다. 젊은 종복은 "만약 비파를 요구하신다면 경각에 가져올 수 있습니다."라고 했다. 왕경홍은 "금고(禁鼓)[궁궐문 닫는 시각을 알리는 북]가 이미 울리면 군문이 이미 닫힌 것을 늘상 너는 보지도 못했으냐? 무얼 잘못 본 것이냐?"라고 했다. 이윽고 술자리를 계속하여 서너 순배 돌리는데, 젊은 종복이 수놓은 낭탁에 비파를 담아서 이르렀으므로, 좌객이 기뻐하며 웃어대었다. 남군(南軍)[위원군]은 좌광(左廣)[용호군]으로부터 왕복 30여 리이며, 밤이 되어 더구나 항오(行伍, 군사)도 없거늘, 이미 순식간에 갔다가 온 것이었다. 왕경홍은 놀라고 기이하게 여기길 정신을 잃듯이 했다. 이 때에 또 수색하여 체포하는 일이 엄중하고 다급하여, 그의 생각에 그 젊은 종복이 절도한 짓이 아닐까 의심했다. 주연이 파한 뒤에 아침에 이르러, 급거 그 저택으로 돌아와, 그를 불러 묻기를, "너를 부리길 서너 해이다만, 네가 이렇게 날쌔고 민첩한 줄을 몰랐다. 내가 듣기에 세간에 협사(俠士)가 있다고 하는데, 네가 그런 자가 아니냐?"라고 하고는, 젊은 종복은 사죄하며, "그럴 일이 없습니다. 다만 잘 했을 따름입니다." 그러고는 부모가 모두 촉의 사천(四川)에 계시며, 최근 우연히 서울에 왔던 것이며, 지금 향리로 되돌아가고자 하는데, 한가지 보은할 일이 있다고 했다. 그는, 베개를 훔친 자는 일찍부터 그 성명을 알았으며, 서너 날 지나면 마땅히 죄를 스스로 인정하도록 하겠다고 했다. 왕경홍은 말하길, "이러한 일은 결코 등한하지 않으며, 결국 생명을 보전하게 해주는 것이 적지 않다. 도적이 어디에 있는지 모르니, 사존(司存, 해당관원)에게 보고하여 포획하는 것이 어떠하냐?"라고 했다. 젊은 종복은 이렇게 말했다. "베개를 훔친 자는 전팽랑(田膨郎)입니다. 시전(市廛)의 군오(軍伍)로 행동거지가 일정하지 않으며, 용력(勇力)

이 비상합니다. 또한 경공(輕功)에 뛰어나 잘 뛰어넘어 다닙니다. 정말 그 다리를 바로 부러뜨리지 않는다면, 천병만기(千兵萬騎)의 군대가 온다고 해도 장차 냅다 달아날 것입니다. 지금부터 이틀 밤 묵으면서 망선문(望仙門)에서 기다리면서 엿보면 곧 반드시 붙잡을 것입니다. 장군께서는 저를 따라 구경하십시오. 이 일은 모름지기 비밀로 해야 합니다." 이때 열흘이 넘도록 비가 내리지 않아 새벽 무렵 티끌먼지가 아주 심하여, 수레와 말이 튀어오르거나 발굽으로 밟아나가면, 한 발자국 반 발자국 사이에서도 사람들이 서로 알아 볼 수가 없었다. 전팽랑은 소년 여러 명의 무리와 함께 팔을 나란히 잇대어 장차 군문에 들어가려고 했다. 젊은 종복은 격구 채를 잡아서 공격하여, 순식간에 이미 왼쪽 다리를 부러뜨렸다. 전팽랑은 고개를 쳐들고 흘겨보면서, "나는 베개를 훔친 이래 다른 사람은 두려워하지 않고, 오로지 너를 무서워한다. 이렇게 만났으니, 다시 무슨 말을 하겠는가?"라고 했다. 이에 종복은 그를 들것에 실어 좌우군에게 이르렀고, 전팽랑은 단번에 자복했다. 문종 황제는 도적을 체포한 것을 기뻐하고, 또 죄인 체포가 금려(禁旅, 궁궐호위군)에서 이루어진 것을 알고, 전팽랑을 불러 누헌에 임하여 힐문하자, 늘 금영(禁營) 안을 왕래해 왔다고 진술했다. 문종 황제는 "이는 곧 임협(任俠)의 부류로, 늘 보는 절도범이 아니다."라고 했다. 궁궐 안과 밖에 수감되어 있던 수백 명을 이에 전부 용서해주었다. 젊은 종복은 전팽랑을 잡고나자마자 왕경홍에게 촉 땅으로 귀향하겠다고 이미 고했다. 그를 찾아보았지만 찾지 못하고, 단지 왕경홍에게 상을 내렸을 따름이다.

唐文宗皇帝嘗寶白玉枕, 德宗朝于闐國所貢, 彫琢奇巧, 蓋希代之寶. 置寢殿帳中, 一旦忽失所在. 然禁衛淸密, 非恩渥嬪御莫有至者, 珍玩羅列, 他無所失. 上驚駭移時, 下詔於都城索賊. 密謂樞近及左右廣中尉曰：“此非外寇所入, 盜當在禁掖. 苟求之不獲, 且虞他變. 一枕誠不足惜, 卿等衛我皇宮, 必使罪人斯得. 不然, 天子環衛, 自茲無用矣.” 內宮惶栗謝罪, 請以浹旬求捕. 大懸金帛購之, 略無尋究之跡. 聖旨嚴切, 收係者漸多, 坊曲閭里, 靡不搜捕. 有龍武二蕃將王敬弘嘗蓄小僕, 年甫十八九, 神采俊利, 使之無往不屆. 敬弘曾與流輩於威遠軍會宴, 有侍兒善鼓胡琴. 四座酒酣, 因請度曲, 辭以樂器非妙, 須常御者彈之. 鐘漏已傳, 取之不及, 因起解帶. 小僕曰：“若要琵琶, 頃刻可至.” 敬弘曰：“禁鼓才動, 軍門已鎖, 尋常汝起不見? 何見之謬也?” 旣而就飮數巡, 小僕以繡囊將琵琶而至, 座客歡笑. 南軍去左廣, 往復三十餘里, 入夜且無行伍, 旣而倏忽往來. 敬弘驚異如失. 時又搜捕嚴急, 意以盜竊疑之. 宴罷, 及明, 遽歸其第, 引而問之曰：“使汝累年, 不知矯捷如此. 我聞世有俠士, 汝莫是否?” 小僕謝曰：“非有此事, 但能行耳.” 因言父母皆在蜀川, 頃年偶至京國, 今欲卻歸鄕里, 有一事欲報恩. 偸枕者早知姓名, 三數日當令伏罪. 敬弘曰：“如此事, 卽非等閒, 遂令全活者不少. 未知賊在何許, 可報司存掩獲否?” 小僕曰：“偸枕者田膨郎也. 市廛軍伍, 行止不恒, 勇力過人, 且善超越. 苟非便折其足, 雖千兵萬騎, 亦將奔走. 自茲再宿, 候之於望仙門, 伺便擒之必矣. 將軍隨某觀之, 此事仍須秘密.” 是時涉旬無雨, 向曉塵埃頗甚, 車馬騰踐, 跬步間人不相睹. 膨郎與少年數輩, 連臂將入軍門, 小僕執球杖擊之, 欻然已折左足. 仰而窺曰：“我偸枕來, 不怕他人, 唯懼於爾. 旣此相値, 豈復多言?” 於是舁至左右軍, 一款而伏. 上喜於得賊, 又知獲在禁旅, 引膨郎臨軒詰問, 具陳常在營內往來. 上曰：“此乃任俠之流, 非常之竊盜.” 內外囚係數百人, 於是悉令原之. 小僕初得膨郎, 已告敬弘歸蜀. 尋之不可, 但賞敬弘而已.

13. 「곤륜노(崑崙奴)」

　당나라 대력(大曆) 연간에 최생(崔生)이란 자가 있었다. 그 부친은 현달한 관료였으므로 세상을 덮을 만큼 뛰어난 훈신(勳臣) 일품의 인물들과 친숙했다. 최생은 당시 천우(千牛)[금위군(禁衛軍)의 천우좌우(千牛左右), 정6품]으로, 그 부친이 일품관의 집에 가서 병문안을 하라고 했다. 최생은 소년으로, 용모가 옥과 같고, 성품이 곧았으며, 행동거지가 안정되어 있고, 발언이 청아했다. 일품관은 희첩에게 주렴을 걷어두라고 명하고, 최생을 불러서 방에 들였다. 최생은 절하고 부친의 명을 전했다. 일품관은 흔연히 애모하여, 그를 자리에 앉게 하여 함께 말을 나누었다. 당시 세 기녀는 염야(艶冶)가 한 시대에 비할 바 없었는데, 앞에 있으면서 황금 주발에 붉은 복숭아를 담아 그것을 갈라서 달콤한 우유에 담가서 바쳤다. 일품관은 마침내 홍초(紅綃)를 입은 기녀에게 명하여, 한 사발을 받들게 하고 최생에게 먹으라고 권했다. 최생은 나이가 어려 여러 기생들에게 부끄러움을 느껴, 끝내 먹지 않았다. 일품관은 홍초 기생에게 명하여 숟가락으로 퍼서 올리라고 했고, 최생은 부득이하여 먹었다. 기녀는 씩 웃었다. 마침내 사직을 고하고 떠나려 했다. 일품관은 말하길, "낭군이 한가할 때 반드시 한번 방문해 주오. 늙은이와 거리를 두지 마오."라고 했다. 홍초 기생을 시켜 정원을 나가기까지 전송하라고 했다. 이때 최생이 고개를 돌려보니, 기녀가 세 손가락을 세우고, 또 세 번 손바닥을 뒤집었으며, 그런 후에 가슴팍의 작은 거울을 손가락으로 가리키면서, "기억해 두시오."라고 했을 뿐, 달리 더 말이 없었다. 최생이 돌아와 일품관의 뜻을 전달하고, 학원(學院, 서재)로 돌아가는데, 정신이 혼미하고 마음이 빼앗겨 말수가 줄고 용모도 수척해져서, 황망하게 골똘한 생각에 잠기느라 나날이 밥을 먹을 겨를도 없었다. 다만 시를 읊기를, "잘못 봉래산 정상에 이르러 노닐자니, 명주(야광주) 귀걸이의 옥녀가 눈동자를 움직였네, 깊은 궁궐 반쯤 닫힌 붉은 사립문 위의 달은, 수심 겨운 경옥같은 선녀의 희고 고운 살갗을 비추리라."라고 했다. 좌우 사람들은 그 뜻을 깊이 파악하지 못했다. 당시 집에 곤륜노(崑崙奴) 마륵(磨勒)이 있어, 낭군을 돌아보면서 말하길, "마음 속에 무슨 일이 있으시기에 이렇듯이 한을 품어 마지 않습니까? 어찌 이 종에게 알려주지 않으시나요?"라고 하자, 최생은 "너희들이 어찌 알아서 내 금회(마음)의 일을 묻느냐?"라고 했다. 마륵은 "말씀만 하시면 마땅히 낭군을 위해 풀어드리겠으니, 조만간 반드시 성취하실 겁니다."라고 했다. 최생은 그 말이 기이한 것에 놀라서, 마침내 갖추어 고하여 알려주었다. 마륵은, "이는 작은 일입니다. 어찌 진작에 말씀하시지 않고 홀로 괴로워하셨습니까?"라고 했다. 최생은 또 수수께끼를 다 말했다. 마륵은, "무어 이해하기 어렵습니까? 세 손가락을 세운 것은 일품관 댁에 10원(院)의 가희가 있는데 이 사람은 바로 세 번째 원이라는 뜻입니다. 손바닥을 세 번 뒤집은 것은 수 15의 손가락으로 15일의 수에 응하게 한 것이며, 가슴팍의 작은 거울은 15일 보름날 밤의 달이 거울 같이 둥글 때, 낭군께 오시라고 한 것입니다."라고 했다. 최생은 크게 기뻐하여 어쩔 줄 몰라 하다가, 마륵에게 말하길, "무슨 계책으로 나의 울결한 마음을 틔워주겠는가?"라고 했다. 마륵은 웃으면서, "뒷날 밤이 십오야이니, 심청색의 비단 두 필을 주시면 낭군을 위해 속신(束身, 몸에 꼭 맞음)의 옷을 만들겠습니다. 일품관 댁에는 맹견이 있어 가희의 원(院)의 문밖을 지키고 있어 일반 사람은 쑥 들어갈 수 없으며, 들어가면 반드시 깨물어서 죽입니다. 그 경계함은 신과 같고, 그 맹렬함은 범과 같으니, 즉 조주(曹州) 맹해공(孟海公)[수나라 말 조주 맹해진 출신으로 농민 기의군의 영수]같은 개입니다. 세간에서 제가 아니면 이 개를 때려 죽일 수 없다고 합니다."라고 했다. 마침내 연회를 열어 술과 고기로 충분히 먹여주었다. 삼경에 이르러, 단련한 쇠몽둥이를 가지고 가서, 식경에 돌아와서는 "개가 이미 죽었으니, 정말 아무 장애도 없습니다."라고 했다. 이날 밤 삼경에 곤륜노 마륵은 최생과 함께 청의를 입고, 드디어 최생을 업고 열 겹의 담을 넘어서, 마침내 가기원(歌妓院) 안으로 들어가, 제3문에서 멈추었다. 수놓은 문은 잠그지 않았고, 황금 등잔은 미미하게 밝았으며, 오로지 기녀가 장탄식하다가 앉는 소리가 들렸는데, 마치 기다리는 사람이 있는 듯했다. 비취 운환이 땅에 갓 떨어지고 홍색 뺨은 가까스로 펴졌으며, 옥 여인의 한탄이 바야흐로 깊어지고 구슬 사람의 수심은 점점 맺어졌다. 다만 시를 읊기를, "깊은 골짝에 꾀꼬리 울어 가기원의 향내가 한스러우니, 몰래 와서 꽃 아래 구슬 귀걸이를 풀어주오. 푸른 구름은 휘휘 돌다 잘리고 음신도 끊어졌는 데, 부질없이 옥 퉁소에 의지하여 봉황 합하기만을 수심하네."라고 했다. 시위(侍衛)는 모두 취침하고 인근은 적막했다. 최생은 마침내 주렴을 밀치고 들어갔다. 미희는 묵묵히 한참 동안 있다가, 뛰듯이 탑상에서 내려와, 최생의 손을 잡고, "낭군이 영특하여 필시 묵묵히 아시리라 여겼으므로 손으로 말을 한 것입니다. 그런데 낭군이 무슨 신묘한 술법이 있어 여기까지 이르러 올 수 있었단 말인가요?"라고 했다. 최생은 마륵의 모책을 자세히 알려주고, 또 마륵이 업고 왔다는 사실을 말했다. 미희는 "마륵이 어디에 있는가?"라고 하자, "주렴 밖에 있습니다."라고 했다. 마침내 불러서 들어오게 하여, 황금 그릇에 술을 따라 마시게 했다. 미희는 최생에게 말하길, "저의 집은 본디 삭방(朔方, 북방)에 있었는데, 주인이 절도사 깃발을 옹위하고 와서 핍박하여 저를 희첩으로 삼았습니 다. 스스로 죽을 수가 없어서 여전히 구차한 목숨을 부지하고 있습니다. 뺨에는 비록 연화(鉛華, 연분)를 바릅니다만 마음은 아주 울결해 있습니다. 옥 젓자락으로 반찬을 들고 황금 화로에 장액(漿液)을 띄우며, 운모 병풍 아래서 번번이 비단 치마를 가까이 두고 수놓은 이불 덮고 늘 비취 구슬 자리에서 잠을 잔다고 하여도, 모두다 원하는 바가 아니어서, 마치 질곡에 매여 있는 듯합니다. 그대의 손톱과 어금니같은 마륵에게 신묘한 술수가 있으니, 폐뢰(狴牢, 감옥)에서 벗어나게 한들 무어 방해할 것이 있겠습니까? 소원을 이미 신술했으니, 죽어도 후회하지 않겠습니다. 청건대 종복이 되어 그대 빛나는 얼굴을 기다리고자 하오니, 모르겠습니다, 낭군의 높으신 뜻은 어떠한지요?" 최생은 서글퍼져 아무 말을 하지 않았다. 마륵은 "낭자께서 이미 굳건한 마음을 먹은 것이 이와 같으시니, 이는 또한 작은 일입니다."라고 했다. 미희가 아주 기뻐했다. 마륵은 먼저 미희를 위해 그 장렴(妝奩, 화장품 등)을 낭탁에 넣어 등에 지겠다고 청하여, 이와 같이 하기를 서너 번 반복했다. 그런 후에, "날이 밝을까 걱정입니다."라고 하고는 마침내 최생과 미희를 등에 업고, 높은 담 십여 겹을 날 듯이 나갔다. 일품관 집의 수어(守禦)들은 경보하는 자가 없었다. 마침내 학원(서재)으로 돌아와서 그 두 사람을 숨겨두었다. 아침에 이르러, 일품관 집에서 비로소 깨닫고, 또 개가 이미 폐사한 것을 보고는 일품관이 크게 놀라, "우리집 문과 담은 종래 으슥하고 비밀스러우며 자물쇠로 채운 것이 아주 엄하거늘, 형세가 날아 오른 듯하고 고요하여 아무 자취가 없으니, 이는 필시 협사(俠士)가 데리고 갔을 것이다. 더 이상 소문나게 하지 말아라. 그저 앙화를 걱정할 따름이다."라고 했다. 미희는 최생의 집에 두 해나 숨어 있었는데, 꽃피는 시절에 작은 수레를 타고 곡강(曲江)에 노닐다가 일품관 집 사람이 몰래 인지하고 마침내 일품관에게 알렸다. 일품관은 기이하게 여겨 최생을 불러서 일에 대해 힐문하자, 최생은 두려워하여 감히 숨기지 못하고 마침내 세세하게 단초와 연유를 말했는데, 모두 노복 마륵이 등에 업고 갔기 때문이라고 했다. 일품관은 "이는 희첩의 큰 죄과이다만, 다만 낭군이 부린 지 두 해가 되었으므로 시비를 따질 수가 없다. 나는 천하 사람들을 위해 해악을 제거하려고 한다."라고 하고는, 갑사 오십 인에게 명하여 병장기를 단단히 쥐고서 최생의 학원을 포위하게 하고, 마륵을 체포하게 시켰다. 마륵은 끝내 비수를 가지고 높은 담을 날아서 벗어나니, 날개달린 새처럼 별안간에 날아서 빠르기가 매와 같았으며, 화살이 비오듯 모여들었으나 적중시킬 수가 없었다. 경각의 사이에 향하는 곳을 알 수 없게 되었다. 하지만 최생의 집 사람들은 크게 경악했다. 뒤에 일품관은 후회하고 두려워하여, 저녁마다 가동에게 검과 창을 들고 호위하게 하는 일이 많아서, 이와같이 하여 한 해가 돌아와서야 바야흐로 그만두었다. 십여 년이 지나 최생 집의 어떤 사람이, 마륵이 낙양시에서 약을 파는 것을 보았는데, 용모와 모발이 지난날과 같았다고 한다.

　唐大曆中有崔生者. 其父爲顯僚, 與蓋代之勛臣一品者熟. 生是時爲千牛, 其父使往省一品疾. 生少年, 容貌如玉, 性稟孤介, 擧止安詳, 發言淸雅. 一品命姬軸簾, 召生入室. 生拜傳父命, 一品欣然愛慕, 命坐與語. 時三妓人豔皆絶代, 居前以金甌貯緋桃而擘之, 沃以甘酪而進. 一品遂命衣紅綃妓者, 擎一甌與生食. 生少年赧妓輩, 終不食. 一品命紅綃妓以匕而進之, 生不得已而食. 妓哂之, 遂告辭而去. 一品曰:"郎君閒暇, 必須一相訪, 無間老夫也."命紅綃送出院. 時生回顧, 妓立三指, 又反三掌者, 然後指胸前小鏡子云:"記取."餘更無言. 生歸達一品意, 返學院, 神迷意奪, 語減容沮, 恍然凝思, 日不暇食. 但吟詩曰:"誤到蓬山頂上游, 明璫玉女動星眸. 朱扉半掩深宮月, 應照瓊芝雪豔愁."左右莫能究其意. 時家中有崑崙奴磨勒, 顧瞻郎君曰:"心中有何事, 如此抱恨不已? 何不報老奴?"生曰:"汝輩何知, 而問我襟懷間事?"磨勒曰:"但言, 當爲郎君釋解, 遠近必能成之."生駭其言異, 遂具告知. 磨勒曰:"此小事耳, 何不早言之, 而自苦耶?"生又白其隱語, 勒曰:"有何難會? 立三指者, 一品宅中有十院歌姬, 此乃第三院耳. 返掌三者, 數十五指, 以應十五日之數. 胸前小鏡子, 十五夜月圓如鏡, 令郞來耳."生大喜不自勝, 謂磨勒曰:"何計而能達我鬱結耶?"磨勒笑曰:"後夜乃十五夜, 請深靑絹兩匹, 爲郞君製束身之衣. 一品宅有猛犬, 守歌姬院門外, 常人不得輒入, 入必噬殺之. 其警如神, 其猛如虎, 卽曹州孟海之犬也. 世間非老奴不能斃此犬耳. 今夕當爲郞君斃殺之."遂宴犒以酒肉. 至三更, 攜錬椎而往. 食頃而回, 曰:"犬已斃訖, 固無障塞耳."是夜三更, 與生衣靑衣, 遂負而逾十重垣, 乃入歌妓院內, 止第三門. 繡戶不局, 金缸微明, 惟聞妓長嘆而坐, 若有所俟. 翠鬟初墜, 紅臉才舒, 玉恨方深, 珠愁轉結. 但吟詩曰:"深谷鶯啼恨院香, 偸來花下解珠瑠. 碧雲飄斷音書絶, 空倚玉簫愁鳳凰."侍衛皆寢, 鄰近闃然. 生遂掀簾而入. 姬默然良久, 躍下榻, 執生手曰:"知郞君穎悟, 必能默識, 所以手語耳. 又不知郞君有何神術, 而能至此?"生具告磨勒之謀, 負荷而至. 姬曰:"磨勒何在?"曰:"簾外耳."遂召入, 以金甌酌酒而飮之. 姬白生曰:"某家本居在朔方. 主人擁旄, 逼爲姬僕. 不能自死, 尙且偸生. 臉雖鉛華, 心頗鬱結. 縱玉筋擧饌, 金爐泛漿, 雲屛而每近綺羅, 繡被而常眠珠翠, 皆非所願, 如在桎梏. 賢爪牙旣有神術, 何妨爲脫狴牢? 所願旣申, 雖死不悔. 請爲僕隷, 願待光容, 又不知郞高意如何?"生愀然不語. 磨勒曰:"娘子旣堅確如是, 此亦小事耳."姬甚喜. 磨勒請先爲姬負其囊橐妝奩, 如此三復焉. 然後曰:"恐遲明."遂負生與姬, 而飛出峻垣十餘重. 一品家之守禦, 無有警者, 遂歸學院而匿之. 及旦, 一品家方覺. 又見犬已斃, 一品大駭曰:"我家門垣, 從來邃密, 局鎖甚嚴, 勢似飛騰, 寂無形跡, 此必俠士而挈之. 無更聲聞, 徒爲患禍耳."姬隱崔生家二歲, 因花時駕小車而遊曲江, 爲一品家人潛誌認, 遂白一品. 一品異之, 召崔生而詰之

事. 懼而不敢隱, 遂細言端由, 皆因奴磨勒負荷而去. 一品曰："是姬大
罪過, 但郎君驅使逾年, 卽不能問是非, 某須爲天下人除害." 命甲士
五十人, 嚴持兵仗圍崔生院, 使擒磨勒. 磨勒遂持匕首, 飛出高垣, 瞥
若翅翎, 疾同鷹隼. 攢矢如雨, 莫能中之. 頃刻之間, 不知所向. 然崔家
大驚愕. 後一品悔懼, 每夕, 多以家童持劍戟自衛, 如此週歲方止. 十
餘年, 崔家有人, 見磨勒賣藥於洛陽市, 容髮如舊耳.

14. 「허적(許寂)」

촉(蜀)[사천(四川)]의 허적(許寂)은 소년 시절 사명산(四明山)[절강성(浙
江省) 동부 영파(寧波)의 산]에 숨어 살면서 진(晉) 징군(徵君)에게 『역』을
배웠다. 하루는 한 부부가 그의 산속 거처로 함께 찾아왔는데, 손에
술 병 하나를 들고 있으면서 말하길, "오늘 섬현(剡縣)[절강성 승현(嵊縣)]
을 떠났습니다."라고 했다. 허적은 "도로가 아주 먼데, 어떻게 하루만에
여기에 이르렀소?"라고 말하고, 아주 기이하게 여겼다. 하지만 남편은
아주 작으나, 부인은 용모와 색태가 그를 훨씬 넘어섰는데, 상모가 의연
하고 과묵했다. 그날 밤, 술병을 가지고 상명(觴命)[주령(酒令)]을 내걸고
함께 술을 마실 것을 허락했다. 이에 남편이 박판(拍板) 하나를 꺼냈으
니, 두루 황동 압정으로 못을 박은 것이었다. 마침내 항성(抗聲)으로
높은 노래를 불렀는데, 그 모든 내용이 검술을 설하는 뜻이었다. 이윽고
스스로 팔에서 두가지 물건을 뽑아내는데, 펼쳐서 갈도(喝道)하자, 곧
두 개의 검이었다. 두 검은 뛰어 오르더니, 허적의 머리 위에서 빙빙
돌며 서로 쳤으므로, 허적은 아주 놀라 해괴하게 여겼다. 한참 있다가
두 검을 거두어 칼집에 넣었다. 술을 다 마시고 잠자리에 들었다. 새벽에
이르자 상탑이 비었다. 한낮에 이르자, 다시 한 두타승이 와서 이 부부에

대해 물었으므로, 허적이 갖추어 말했다. 두타승은 말하길, "나도 그들과 같은 부류의 사람입니다. 도사는 검술을 배우겠습니까?"라고 했다[당시 허적은 도복을 하고 있었다]. 허적은 사양하면서, "젊어서 현학(玄學, 도가 학문)을 숭상했으므로 이는 원치 않습니다."라고 했다. 그 승려는 오만하게 웃더니, 곧 허적의 정수(淨水)로 다리를 닦았는데, 배회하는 사이에 보이지 않았다. 그 후 다시 화음(華陰)[섬서성(陝西省) 화산(華山) 북쪽]에서 만나고서는, 비로서 그 협객인 것을 알았다.

두광정(杜光庭)이 서울(장안)에서부터 촉으로 들어가서 재동(梓潼)[사천성 면양시(綿陽市)]의 청사에 묵었는데, 한 승려가 뒤미쳐 이르렀다. 현령 주 아무개[주악(周樂)]이 그와 친분이 있었다. 그 승려는 마침내 말하길, "오늘 흥원(興元)[섬서성 한중(漢中)]에서 왔소."라고 했다. 두광정은 기이하게 여겼다. 다음날 출발하는데, 승려는 먼저 떠난 뒤였다. 현령이 두광정에게 이르길, "이 승려는 바로 녹로교(鹿盧蹻)를 썼으니, 역시 협객의 무리입니다."라고 했다. 시승 제기(齊己)는 위산(潙山)[호남성 영향현(寧鄉縣) 서북쪽 산] 소나무 아래서 친히 한 승려를 만났는데, 엄지손가락 손톱 아래에서 두 자루의 검을 끄집어내어 도약하여 허공으로 솟구쳐 사라졌다고 한다.

蜀許寂, 少年棲四明山, 學易於晉徵君. 一日有夫婦同詣山居, 攜一壺酒, 云:"今日離剡縣." 寂曰:"道路甚遙, 安得一日及此?" 頗亦異之. 然夫甚少, 而婦容色過之, 狀貌毅然而寡默. 其夕, 以壺觴命許同酌. 此丈夫出一拍板, 遍以銅釘釘之. 乃抗聲高歌, 悉是說劍之意, 俄自臂間抽出兩物, 展而喝之, 卽兩口劍. 躍起, 在寂頭上盤旋交擊, 寂甚驚駭. 尋而收匣之, 飲畢就寢. 迨曉, 乃空榻也. 至日中, 復有一頭陀僧來尋此夫婦. 寂具道之. 僧曰:"我亦其人也, 道士能學之乎?[時寂按

道服也.]"寂辭曰："少尙玄學, 不願爲此." 其僧傲然而笑, 乃取寂淨水
拭脚. 徘徊間不見. 爾後再於華陰遇之, 始知其俠也. 杜光庭自京入
蜀, 宿於梓潼廳. 有一僧繼至, 縣宰周某與之有舊. 乃云："今日自興元
來." 杜異之. 明發, 僧逐前去. 宰謂杜曰："此僧乃鹿盧蹻, 亦俠之類
也." 詩僧齊己於潙山鬆下, 親遇一僧, 於頭指甲下抽出兩口劍, 跳躍凌
空而去.

15.「정수재(丁秀才)」

낭주(朗州)[지금의 호남성 상덕(常德)]
의 도사(道士) 나소미(羅少微)는 최근
모산(茅山)[강소성(江蘇省) 구용시(句容
市)]의 자양관(紫陽觀)에 임시로 묵었
다. 정수재(丁秀才)라는 자도 역시 자
양관에 함께 우거했는데, 거동과 풍
미는 보통 사람과 다르지 않았지만,
진취(進取)에 급급해하지 않았다. 서
너 해 소요하니, 자양관 주인도 역시
잘 대우했다. 겨울날 저녁, 싸라기눈
이 바야흐로 심할 때, 두 세 도사가
화로 주위에 둘러 있으면서. 살찐 양
고기와 맛있는 술을 먹었으면 하고 있
었다. 정수재는 말하길, "가져오는 것
이 무어 어렵소?"라고 했다. 당시는
장난으로 알았다. 잠깐 사이에 정수

정수재(丁秀才) 십오(十五)
"눈이 늦은 밤 내릴 때 한 잔을 마시노라.
[雪晚來, 飮一杯]"

재는 문을 열고 소매를 떨치고 가더니, 한 밤에 이르러 눈을 잔뜩 들러쓰고 돌아왔는데, 은제 주합 하나와 익은 양고기 다리 하나를 손에 들고 있으면서, 절강(浙江) 수부(帥府)의 부엌에 있던 것이라고 했다. 이로써 좌중이 한편으로 놀라면서 한편으로 즐겁게 웃었다. 정수재는 검을 버리고 춤을 추다가 훌쩍 뛰어올라 사라져서 간 곳을 알 수 없었고, 은합만 남았다. 자양관 주인은 서장(書狀)으로 현관(縣官)에게 보고했다. 시승(詩僧) 관휴(貫休)[선월대사(禪月大師)]의 「협객시(俠客詩)」에, "황혼녘 바바람에 주위가 경쇠같이 까만데, 나를 이별하고 어느 곳으로 갔는지 모르겠네."라고 했다. 관휴가 장강(長江)과 회수(淮水) 사이에서 전에 이 일을 들은 일이 있어서 이렇게 구상한 것이 아니겠는가?

朗州道士羅少微, 頃在茅山紫陽觀寄泊. 有丁秀才者, 亦同寓於觀中. 擧動風味, 不異常人. 然不汲汲於進取. 盤桓數年, 觀主亦善遇之. 冬夕, 霰雪方甚, 二三道士圍爐, 有肥羜美醞之羨. 丁曰："致之何難?" 時以爲戲. 俄見開戶奮袂而去. 至夜分, 蒙雪而回, 提一銀榼酒, 熟羊一足, 云浙帥廚中物. 由是驚訝歡笑, 擲劍而舞, 騰躍而去, 莫知所往. 唯銀榼存焉. 觀主以狀聞於縣官. 詩僧貫休俠客詩云："黃昏風雨黑如磐, 別我不知何處去." 得非江淮間曾聆此事而構思也?

16. 「반장군(潘將軍)」

경국(京國, 장안)의 호걸지사 반장군(潘將軍)은 광덕방(光德坊)에 거주했다[그의 이름은 잊었는데, 사람들이 반골사(潘鶻肆)/반골쇄(潘鶻碎)라고 불렀다]. 본가는 양양(襄陽)과 한수(漢水) 사이에 있어, 늘 배를 타고 이익을 추구했으며, 이에 따라 강변에 정박했다. 한 승려가 탁발의 걸식을 하므로, 서너 날 머무르게 하고, 온 마음을 다해 보시해주었다. 승려가 돌아가면서 반장군에게 말하길, "그대의 형모와 자질, 기량과 도량을 보니, 뭇 상인들과는 다릅니다. 처자식에 이르기까지 모두 두터운 복을 누릴 것입니다."라고 했다. 그러면서 옥 염주 한 꿰미를 남겨 선물로 주면서, "보물로 간직하면 재물이 통할 뿐만 아니라 다른 날 역시 관록(官祿)도 있을 것입니다."라고 했다. 이윽고 반장군은 이리저리 옮겨다니면서 무역을 하길 서너 해에, 마침내 모은 돈이 도주공(陶朱公, 범려)이나 등통(鄧通)[원문에는 정(鄭)]과 같아졌다. 그 후 좌광(左廣, 병거를 맡은 친위병)의 관직에 있으면서 경사(서울, 장안)의 저택 가에 집을 두었다. 늘 염주를 보물로 여겨, 수놓은 주머니에 넣어 옥합에 보관하여 도량(道場) 안에 두어, 매달 초하루면 꺼내어서 절을 했다. 하루는 옥합을 젖혀 수 주머니를 열어보니 이미 염주가 없었다. 하지만 봉함은 지난날과 같았고, 다른 물건도 망실할 것이 없었다. 이에 혼백이 나가고 정신을 잃어서, 그 집안이 장차 파하게 될 조짐이라고 여겼다. 보관물을 관리하던 자가 있어, 평소 경조부(京兆府)의 소유관(所由官)에서 해직된 왕초(王超)를 알고 있었는데, 왕초는 나이가 팔십에 가까웠다. 반장군이 은밀하게 그 일을 이야기하자, 왕초가 "기이하군! 이것은 절취하는 도적의 짓이 아니오. 내가 한번 찾아보겠으나, 과연 찾아낼지 어떨지는 모르오."라고 했다. 왕초는 다른 날 승업방(勝業坊) 북쪽 거리를 지나가는데, 때는 봄비가 갓 개던 참이었다. 세 갈래 쪽진 머리의 여자가 있어, 나이는 열 일고여덟쯤으로, 의복이 남루하고 나무 미투리를 신고 있었으며, 도로 곁 홰화나무 아래에 있었다. 마침 군중 소년들이 축국을 하고 있어, 그 여자가 자신에게 온 공을 보내주는데 서너 장 높이로 곧게 올라갔다. 이에 구경꾼들이 점점 많아졌다. 왕초는 홀로 기이하게 여겼다. 그녀는 승업방 북문의 작은 골목에 가서 걸음을 멈추었다. 어머니와 함께 거처하였고, 대개 삯바느질을 업으로 삼고 있었다. 왕초는 이때 다른 일로 그녀와 친숙하게 되어, 마침내 외삼촌과 조카 사이처럼 되었다. 살고 있는 집이 아주 가난하여, 어머니와 함께 흙 상탑에 누워 잤고, 밥짓는 연기가 움직이지 않는 것이 왕왕 서너날이나 되었다. 하지만 간혹 맛있는 음식을 진설했으며, 때로는 물과 육지의 진미가 있었다. 오중(吳中) [강소성 오현(吳縣)]에서 그해 처음으로 동정귤(洞庭橘)을 조정에 올리면, 천자는 재상과 조신에게 은사했다. 그 이외에는, 경련(京輦, 서울)이라도 이 과일이 없었는데, 그녀는 가만히 동정귤 하나를 왕초에게 주면서, "어떤 사람이 궁내에서 가져나온 것입니다."라고 했으나, 그녀의 품성이 강결(剛決)했으므로 왕초는 마음 속에 아주 의아해 했다. 이렇게 왕래하길 한 해가 되었다. 하루는 먹을 것을 가만히 그녀에게 주면서, 천천히 말하길, "이 외숙에게 깊은 정성이 있어, 조카에게 고하고자 하지만 어떨지 모르겠네?"리고 했다. 그러자 그녀는, "번번이 무거운 은혜에 감동하지만 답할 길이 없어 한스러워 했습니다. 만약 힘을 쓸 수 있다면 반드시 뜨거운 물로 달려들고 불이라도 밟을 수 있습니다."라고 했다. 왕초는 말하길, "반장군이 옥 염주를 잃어버렸는데, 아는지 모르겠네?"라고 하자, 그녀는 웃으면서 "어떻게 알겠어요?"라고 했다. 왕초는 그녀 뜻이 깊이 숨기지 않으리라는 것을 헤아려서, 다시 말하길, "조카가 홀연 찾아낸다면, 흰 비단과 채색비단을 후하게 갖추어 답품으로 주리다."라고 했다. 여자는 "남에게 말하지 마세요. 제가 우연히 친구와 장난을 했습니다. 결국 물려서 되돌려 보내려고 했지만 차일피일하다 겨를이 없었어요. 외삼촌이 내일 새벽에 자은사(慈恩寺) 탑원(塔院)에서 기다리시면, 저는 누군가가 염주를 거기에 둘 것이라고 알고 있어요."라고 했다. 왕초는 기약대로 가서, 경각에 이르렀다. 당시 절의 문이 갓 열렸는데, 탑의 문은 여전히 자물쇠로 채워져 있었다. 여자는 왕초에게 말하길, "조금 있다가 탑 위를 올려다 보면 분명 보이는 것이 있을 것입니다."
라고 했다. 말이 끝나자마자 달려가는데, 나는 새처럼 빨랐다. 홀연
탑의 상륜(相輪) 위에서 손을 들어 왕초에게 보이더니, 휙하니 염주를
가지고 내려와서 말하길, "곧바로 돌려드리지요. 재물과 비단으로 답할
생각은 마십시오."라고 했다. 왕초는 반장군에게 보내고 그에게 가서
그 취지를 갖추어 말했다. 그리고는 금, 옥, 민무늬비단, 비단을 몰래
증여했다. 다음날 여자의 집을 방문하니 이미 방이 비어 있었다. 급사(急
事) 풍감(馮緘)이 일찍이 경사(서울)에는 임협(任俠)의 무리가 많다는 말
을 듣고, 경조윤(京兆尹)이 되자 은밀하게 좌우 측근에게 물어보고는,
왕초를 불러 그 말을 갖춰 진술하게 했다. 반장군이 말한 것은 왕초가
말한 것과 부절을 맞추듯이 똑같았다.

京國豪士潘將軍住光德坊〔忘其名, 衆爲潘鵾肆也〕, 本家襄漢間. 常乘
舟射利, 因泊江塸. 有僧乞食, 留止累日, 盡心檀施. 僧歸去, 謂潘曰:
"觀爾形質器度, 與衆賈不同. 至於妻孥, 皆享厚福." 因以玉念珠一串
留贈之曰: "寶之不但通財, 他後亦有官祿." 旣而遷貿數年, 遂鏹均陶
鄭. 其後職居左廣, 列第於京師. 常寶念珠, 貯之以繡囊玉合. 置道場
內. 每月朔則出而拜之. 一旦開合啓囊, 已亡珠矣. 然而緘封若舊, 他
物亦無所失. 於是奪魄喪精, 以爲其家將破之兆. 有主藏者, 常識京兆
府停解所由王超, 年且八十, 因密話其事. 超曰: "異哉! 此非攘竊之盜
也. 某試爲尋之, 未知果得否?" 超他日曾過勝業坊北街, 時春雨初霽.
有三鬟女子, 可年十七八, 衣裝襤褸, 穿木屐, 於道側槐樹下. 値軍中
少年蹴踘, 接而送之, 直高數丈. 於是觀者漸衆. 超獨異焉. 而止於勝
業坊北門短曲. 有母同居, 蓋以紉針爲業. 超時因以他事熟之, 遂爲舅
甥. 居室甚貧, 與母同臥土榻, 煙爨不動者, 往往經於累日. 或設肴羞,

時有水陸珍異. 吳中初進洞庭橘, 恩賜宰臣外. 京輦未有此物. 密以一
枚贈超云:"有人於內中將出."而稟性剛決, 超意甚疑之. 如此往來周
歲矣. 一旦攜食與之從容, 徐謂曰:"舅有深誠, 欲告外甥, 未知何如?"
因曰:"每感重恩, 恨無所答. 若力可施, 必能赴湯蹈火."超曰:"潘軍
失卻玉念珠, 不知知否?"微笑曰:"從何知之?"超揣其意不甚藏密, 又
曰:"外甥忽見尋覓, 厚備繪彩酬贈."女子曰:"勿言於人, 某偶與朋儕
爲戲, 終卻送還, 因循未暇. 舅來日詰旦, 於慈恩寺塔院相候, 某知有
人寄珠在此."超如期而往, 頃刻至矣. 時寺門始開, 塔戶猶鎖. 謂超
曰:"少頃仰觀塔上, 當有所見."語訖而走, 疾若飛鳥. 忽於相輪上擧
手示超, 欻然攜珠而下曰:"便可將還, 勿以財帛爲意."超送詣潘, 具
述其旨. 因以金玉繪帛, 密爲之贈. 明日訪之, 已空室矣. 馮緘給事嘗
聞京師多任俠之徒, 及爲尹, 密詢左右. 引超具述其語. 將軍所說與超
符同.

17. 「선자사문자(宣慈寺門子)」

선자사(宣慈寺)의 문지기는 그 성씨를 기억하지 못하지만, 알려져 있지
않지만, 그 사람을 짐작하면 의협의 무리였다. 당나라 건부(乾符) 2년(875
년), 위소범(韋昭范)이 굉사과(宏詞科)에 등제했는데, 위소범은 곧 탁지사
(度支使) 양엄(楊嚴)의 의친(懿親, 가까운 친족)이었다. 위소범의 급제를
축하할 연석을 벌이게 되자, 염막(帘幕, 장막)과 기명(器皿) 따위를 계사(計
司)에서 빌렸고, 양엄은 또 탁지사 창고에서 물자를 제공하고 빌려주게
했다. 그 해 3월, 장안의 곡강(曲江)에 있는 정자에서 연회가 벌어져,
제공 물자나 장막의 성대함은 견줄만한 사례가 거의 없었다. 당시 동일
진사가 된 사람들이 연회를 하여, 도성의 사람들로서 구경하는 사람들이

아주 많았다. 술을 마셔 주흥이 바야흐로 무르익었을 때, 잠깐 사이에 한 소년이 나귀를 걸터타고 이르는 것이 보였는데, 교만하고 패려궂은 모습으로 옆에 사람이 있어도 괘념하지 않을 정도였다. 그러고서 몸을 구부려 연회 자리에 아주 가까이 오더니, 눈을 부릅뜨고[명나라 필사본에 는 '큰 귀를 늘어뜨리고'] 목과 어깨를 쭉 펴고는, 다시 긴 채찍으로 탁자 위의 술안주를 건드리고, 조롱하는 말을 함부로 하여 차마 들을 수가 없었다. 여러 사람들이 크게 놀라고 있던 차에, 홀연 무리 중 한 사람이 그 자의 뺨을 때리자, 그 자는 손가는대로 나가떨어졌다. 이에 연달아 구타하고 가격했으며, 또 그 자의 손에 쥐었던 채찍을 빼앗아 백여 대를 채찍질했다. 그러자 뭇사람들이 모두 분풀이를 하여 기와와 조약돌을 마구 던져, 그자는 거의 죽게 되었다. 이러한 때에, 자운루(紫雲樓)의 문이 삐그덕 열리더니, 자색옷을 입은 종자 여러 사람들이 내달려 와서 고하길, "때리지 마시오!"라고 하면서 전해 외치는 소리가 계속 이어졌다. 또 한 중귀인(中貴人)이 구종(驅從)을 아주 많이 데리고 말을 내달려 와서 구했다. 그 사람이 다시 채찍을 들어 대응하여 내리치니, 맞은 사람들은 땅에 얼굴을 박고 쓰러지지 않는 사람이 없었다. 칙사도 또한 맞았다. 그러자 모두 말을 치달려 돌아갔고, 좌우 사람들은 따라서 모두 문으로 들어갔으며, 문도 이에 따라 닫혔다. 좌중은 아주 흔쾌해 하면서 한편으로 부끄러워했다. 하지만 그 사람이 어디서 왔는지 알 수 없었고, 또 일이 궁금(궁궐)에 연관되어, 앙화가 발 돌릴 틈도 없이 이르러올까 두려워했다. 마침내 동전 꾸러미와 비단 묶음을 주면서 그 구타한 사람을 불러 묻기를, "그대는 어떤 사람이오? 여러 낭군들 가운데 누구와 평소 친분이 있기에 이와 같이 해주었소?"라고 했다. 대답하길, "저는 선자사 의 문지기이며, 여러 낭군과는 평소 친분이 없습니다. 다만 그 자가 남을 깔보고 무례한 것에 불만을 품었기 때문입니다."라고 했다. 사람들이 모두 훌륭하다 여기고 감탄하여, 돈과 비단을 모두 주고는 서로 말하길, "이 사람은 반드시 도망해야 한다. 그렇지 않으면 반드시 붙잡힐 것이다."라고 했다. 뒤에 열흘 지나고 한 달이 지난 후, 좌중의 빈객은 대부분 선자사 문지기가 가도(假途, 길을 통함)하는 일이 많았는데, 문지기는 모두 일일이 알아보았으므로, 공경을 더하지 않는 이가 없었다. 결국 추가로 힐문한 일이 있다고는 듣지 못했다.

宣慈寺門子, 不記姓氏, 酌其人, 義俠徒也. 唐乾符二年, 韋昭范登宏詞科, 昭范乃度支使楊嚴懿親. 及宴席, 帟幕器皿之類, 假於計司, 嚴復遣以使庫供借. 其年三月, 宴於曲江亭子. 供帳之盛, 罕有倫擬. 時進士同日有宴. 都人觀者甚衆. 飮興方酣, 俄睹一少年跨驢而至, 驕悖之狀, 傍若無人. 於是俯逼筵席, 張目[明抄本'張目'作'長耳']引頸及肩, 復以巨椎振卓佐酒. 謔浪之詞, 所不能聽. 諸子駭愕之際, 忽有於衆中批其頰者, 隨手而墮. 於是連加毆擊, 又奪所執椎, 椎之百餘. 衆皆致怒, 瓦礫亂下, 殆將斃矣. 當此之際, 紫雲樓門軋然而開, 有紫衣從人數輩馳告曰 : "莫打!" 傳呼之聲相續. 又一中貴驅殿甚盛, 馳馬來救, 復操椎迎擊, 中者無不面伏於地. 敕使亦爲所椎. 旣而奔馬而反, 左右從而俱入門, 門亦隨閉而已. 座內甚忻愧, 然不測其來, 又慮事連宮禁, 禍不旋踵, 乃以縑錢束素, 召行毆者訊之曰 : "爾何人? 與諸郎君阿誰有素? 而能相爲如此." 對曰 : "某是宣慈寺門子, 亦與諸郎君無素, 第不平其下人無禮耳." 衆皆嘉歎, 悉以錢帛遺之. 復相謂曰 : "此人必須亡去, 不然, 當爲擒矣." 後旬朔, 坐中賓客多有假途宣慈寺門者, 門子皆能識之, 靡不加敬. 竟不聞有追問之者.

18. 「이귀수(李龜壽)」

당나라 진공(晉公) 왕탁(王鐸)은 희종(僖宗) 때 다시 조정에 재상으로 들어왔는데, 권세가들과 화협하지 못하고, 오로지 공변된 마음으로 천하를 통솔했다. 그러므로 사방에서 청탁이 있어 정치에 방해되는 것에 대해서는 반드시 한사코 쟁집하여 윤허하지 않았으므로 번진(藩鎭)들이 기피했다. 그리고 오래된 경서에 뜻을 두어, 비록 문에는 통행을 저지하는 행마(行馬, 목책)를 설치하고 뜰에는 경계하는 부종(鳧鐘)을 늘어놓았지만, 서적의 이치를 찾는 일을 결코 게을리 한 적이 없었다. 영녕리(永寧里)에 별도로 서재를 얽어두고, 조정에서 퇴근할 때마다 그 속에 거처하여 흔흔해 하였다. 하루는 서재에 들어가려고 하는데, 사랑하는 짧은 다리의 개인 화작(花鵲)이 따라 들어왔다. 사립문을 열자 화견이 연이어 짖으면서, 공의 옷을 물고는 뒷걸음질했다. 공이 꾸짖어 가게 하면 다시 왔다. 누각에 들어가자 화작은 우러러보면서 더욱 급하게 짖었다. 공도 또한 의심하여, 마침내 칼집에서 천금검을 뽑아서 무릎 위에 두고는 허공을 향해 축도하길, "만약 이류(異類. 짐승)의 음물이 있다면 나와서 보라. 나는 장부이거늘 어찌 쥐새끼 무리를 겁내리라고 핍박하느냐?"라고 했다. 말이 끝나자 훌쩍 한 품물이 대들보 사이에서 땅에 떨어지니, 바로 사람이었다. 트레머리와 구레나룻은 붉고, 단후의(短後衣)를 입었는데, 안색은 검고 형모는 파리했다. 머리를 조아려 재배하고, 그저 말하길, "죽을 죄를 졌습니다."라고만 했다. 공은 그만두라고 하고는, 그 내력과 성명을 물었다. 대답하길, "이귀수(李龜壽)로, 노룡새(盧龍塞)[하북성 희봉구(喜峰口)] 사람입니다. 혹자가 귀수에게 후하게 뇌물을 주고 공을 불리하게 만들라고 했습니다만, 귀수는 공의 덕에 감격한데다가 다시 화작에게 놀라서 형체를 숨길 수 없었습니다. 공께서 만약 귀수의 죄를 놓아주신다면 남은 생애 동안 공을 섬기고자 합니다."라고 했다.

공은 그에게 말하길, "너를 죽이지 않겠다."라고 했다. 마침내 본래 자신을 따르는 도압아(都押衙) 부존초(傅存初)에게 명부에 그의 이름을 기록해 두라고 했다. 다음날 새벽에 한 부인이 문에 이르렀는데, 복장이 단출하고 다급해 보였다. 신발을 끌고는 포대기 아이를 끌어안고 와서 문지기에게 청해 말하길, "부디 나를 위해 이귀수를 불러주오."라고 했다. 이귀수가 나가보니, 바로 아내였다. 또한 말하길, "낭군이 조금 늦는 것을 의아해 하여, 지난 야반에 계현(薊縣)[어양(漁陽)]에서 찾으러 왔습니다."라고 했다. 왕탁이 죽자, 이귀수는 실가를 모두 데리고 떠나갔다.

唐晉公王鐸, 僖宗朝再入相, 不協於權道, 唯公心以宰天下. 故四方有所請, 礙於行者, 必固爭不允. 由是藩鎭忌焉. 而志尙墳典, 雖門施行馬, 庭列鼉鐘, 而尋繹未嘗倦. 於永寧里第別構書齋, 每退朝, 獨處其中, 欣如也. 一日, 將入齋, 唯所愛卑脚犬花鵲從. 旣啓扉, 而花鵲連吠, 銜公衣卻行. 叱去復至. 旣入閣, 花鵲仰視, 吠轉急. 公亦疑之, 乃於匣中拔千金劍, 按於膝上. 向空祝曰:"若有異類陰物, 可出相見. 吾乃丈夫, 豈懾於鼠輩而相逼耶?"言訖, 欻有一物自梁間墜地, 乃人也. 朱鬢鬢, 衣短後衣, 色貌黝瘦. 頓首再拜, 唯曰:"死罪." 公止之, 且詢其來及姓名. 對曰:"李龜壽, 盧龍塞人也. 或有厚賂龜壽, 令不利於公. 龜壽感公之德, 復爲花鵲所驚, 形不能匿. 公若舍龜壽罪, 願以餘生事公." 公謂曰:"待汝以不死."遂命元從都押衙傅存初錄之. 明日詰旦, 有婦人至門, 服裝單急, 曳履而抱持襁褓, 請於閽曰:"幸爲我呼李龜壽." 龜壽出, 乃妻也. 且曰:"訝君稍遲, 昨夜半自薊來相尋." 及公薨, 龜壽盡室亡去.

19. 「고인처(賈人妻)」

당나라 여간(餘干)[강서성 여간현]의 현위(縣尉) 왕립(王立)은 관리 선발 시험에 응하는 조선(調選) 때문에 대녕리(大寧里)[장안 서북쪽, 주작문 동쪽]에서 날품을 팔며 거처했는데, 문서에 잘못이 있어서 주사(主司)의 탄박을 받아 합격이 취소되어 방방(放榜)되었다. 재물이 탕진되고, 종복이나 말도 잃어버려, 곤궁하고 고단하기가 아주 심하여, 번번이 사찰과 사당에서 먹을 것을 구걸했다. 걸어서 저녁 늦게 돌아오다가, 아름다운 부인과 길을 같이 하게 되어, 앞서기도 하고 뒤에 가기도 하면서 의연히 따라갔다. 그 김에 마음에서 우러나와 말을 나누니, 의기가 아주 서로 통했다. 왕립은 자신의 거처로 부인을 맞았으니, 정분이 아주 흡족했다. 다음날 부인은 왕립에게 말하길, "그대의 생애(생계)가 너무도 고단하군요! 저는 숭인리(崇仁里)에 사는데 돈과 물품이 조금 넉넉하니, 따라와 지낼 수 있나요?"라고 했다. 왕립은 그 부인을 좋아하는데다가 그 물품의 제공도 다행으로 여겨, 즉시 말하길 "저의 궁액은 거의 구렁에 뒹굴 정도인데, 이렇게 정성스레 대해주시니, 감히 바랄 바가 아니지만 간청합니다. 그런데 그대는 어떻게 생활하십니까?"라고 했다. 대답하길, "저는 본디 상인의 처입니다. 남편이 죽은 지 십년에, 기정(旗亭. 술집)에 그나마 전부터 해오는 일이 있어서, 아침에는 점포로 나가고 저녁에는 집으로 돌아오고는 하는데, 날마다 삼백 전의 이문을 남기므로 지탱할 수 있습니다. 그대는 관직을 받을 기약이 아직 정해지지 않았고 나가서 노닐 자금도 또한 없으시니, 만약 저를 비루하다 여기지 않으신다면 함께 거처하면서 겨울의 모집을 기다리는 것이 좋겠습니다." 왕립은 마침내 따라갔다. 그 집을 둘러보니 풍요함과 검박함이 적절했다. 그 부인은 자물쇠 따위까지도 모두 왕립에게 맡겼다. 매번 나갈 때면 반드시 왕립이 하루 먹을 것을 먼저 마련해 두었고, 돌아와서는 또 쌀과 고기와 돈과 비단을 가져다가 왕립에게 맡겨, 하루도 빠진 적이 없었다. 왕립은 부인의 근로를 밍망하게 여겨, 종복을 사서 고용해보라고 했으나, 부인은 다른 일을 구실로 들어 거절했으므로 왕립은 강요하지 않았다. 한 해가 다 되자 아들 하나를 낳았는데, 다만 낮에 다시 돌아와 젖을 먹일 따름이었다. 왕립과 거처하길 두 해에 홀연 하루는 밤에 돌아왔는데, 의태(意態)가 황황했다. 부인은 왕립에게 이렇게 말했다. "제게 원수가 있어, 살갗과 뼈에 통한이 칭칭 감겨 있어 나날이 깊어갑니다. 편의를 보아 복수하려고 했는데, 지금 뜻을 얻었으므로, 곧바로 서울을 떠나야 합니다. 그대는 노력하소서. 이 거처는 5백 민(緡)으로 스스로 마련한 곳인데, 계약서가 병풍 사이에 있습니다. 실내의 물자와 저축은 죄다 드리겠습니다. 영아는 데리고 갈 수 없고, 또 그대의 아들이니, 그대가 잘 보살피십시오." 말이 끝나자 눈물을 거두고 이별했다. 왕립은 머물게 하지 못했다. 그런데 부인이 손에 든 가죽주머니를 살펴보니, 사람의 머리였다. 왕립이 아주 경악하자, 웃으면서, "그리 의심하고 염려하지 마십시오. 일에 얽히지 않을 것입니다."라고 했다. 마침내 가죽주머니를 손에 쥐고 담을 넘어 떠나가는데, 몸이 나는 새와 같았다. 왕립은 문을 열고 나가서 전송하려 했으나, 이미 미치지 못했다. 바야흐로 뜰에서 배회하는데, 갑자기 되돌아오는 소리가 들렸다. 왕립이 문에 나가 맞이하여 접하자, 말하길, "잠깐 갓난애에게 젖을 주어 이별의 한을 끊으렵니다."라고 했다. 부인은 가서 아이를 달래고는, 이윽고 다시 떠나가니, 왕립은 손을 흔들 뿐이었다. 왕립이 등잔을 돌리고 휘장을 걷어보니, 어린애는 몸과 머리가 이미 떨어져 나가 있었다. 왕립은 너무도 놀라서 새벽에 이르도록 잠을 이루지 못하고는, 재물과 비단으로 종복과 탈것을 사서, 가까운 고을에 이르러가서, 그 일을 탐문했다. 한참 되어도 끝내 아무 들리는 이야기가 없었다. 아무 해에 왕립은 관직을 얻고, 즉시 거처하던 집을 팔고는 임지로 돌아왔다. 그후로도 끝내 그 부인의 소식을 알지 못했다.

唐餘干縣尉王立, 調選備居大寧里. 文書有誤, 爲主司駁放. 資財蕩盡, 僕馬喪失, 窮悴頗甚, 每丐食於佛祠. 徒行晚歸, 偶與美婦人同路. 或前或後依隨. 因誠意與言, 氣甚相得. 立因邀至其居, 情款甚洽. 翌日, 謂立曰:"公之生涯, 何其困哉! 妾居崇仁里, 資用稍備. 倘能從居乎?"立旣悅其人, 又幸其給, 卽曰:"僕之阨塞, 阽於溝瀆, 如此勤勤, 所不敢望焉, 子又何以營生?"對曰:"妾素賈人之妻也. 夫亡十年, 旗亭之內, 尚有舊業. 朝肆暮家, 日贏錢三百, 則可支矣. 公授官之期尚未, 出遊之資且無, 脫不見鄙, 但同處以須冬集可矣."立遂就焉. 閱其家, 豐儉得其所. 至於局鎖之具, 悉以付立. 每出, 則必先營辦立之一日饌焉, 及歸, 則又攜米肉錢帛以付立. 日未嘗缺. 立憫其勤勞, 因令備買僕隷. 婦托以他事拒之, 立不之强也. 週歲, 産一子, 唯日中再歸爲乳耳. 凡與立居二載, 忽一日夜歸, 意態惶惶, 謂立曰:"妾有冤仇, 痛纏肌骨, 爲日深矣. 伺便復仇, 今乃得志. 便須離京, 公其努力. 此居處, 五百緡自置, 契書在屛風中. 室內資儲, 一以相奉. 嬰兒不能將去, 亦公之子也, 公其念之."言訖, 收淚而別. 立不可留止, 則視其所攜皮囊, 乃人首耳. 立甚驚愕. 其人笑曰:"無多疑慮, 事不相縈."遂挈囊逾垣而去, 身如飛鳥. 立開門出送, 則已不及矣. 方徘徊於庭, 遽聞卻至. 立迎門接俟, 則曰:"更乳嬰兒, 以豁離恨."就撫子, 俄而復去, 揮手而已. 立回燈褰帳, 小兒身首已離矣. 立惶駭, 達旦不寐. 則以財帛買僕乘, 游抵近邑, 以伺其事. 久之, 竟無所聞. 某年, 立得官, 卽貨鬻所居歸任. 爾後, 終莫知其音問也.

20. 「규수수(虯鬚叟)」

방사 여용지(呂用之)는 유양(維揚)[강소성 양주시(揚州市)]에 있을 때 날마다 발해왕(渤海王)을 보좌하여 정권을 휘둘러 사람을 해쳤다. 중화(中和) 4년(894년) 가을, 상인 유손(劉損)은 가솔을 이끌고 큰 배에 올라, 강하(江夏)[현재의 무한(武漢)]에서 양주(揚州)에 이르렀다. 여용지는 공적으로든 사적으로든 오는 사람을 만나면, 모두가 사람을 시켜 그 행동거지를 염탐하게 했다. 유손의 처 배씨는 경국지색이 있었다. 여용지는 음모를 꾸며 유손을 옥에 내려보내고, 배씨를 받아들였다. 유손은 1백 량을 헌금하고 죄를 면했다. 유손은 비록 뜻밖의 재앙에서 벗어났지만, 하지만 아무래도 화가 나고 억울하여, 시 3수를 이루었다. 첫째 수는 이러했다. "보배스런 비녀가 쪼개어져 합할 인연 없고, 물고기는 심연에 있고 학은 하늘에 있네. 득의한 자색 난새는 거울 보고 춤추는 것을 그치고, 자취를 끊은 파랑새는 편전(便箋) 물고 오는 것을 그만두었네. 금 술잔은 이미 엎어져 물을 거두기 어렵고, 거문고의 옥 기러기발은 영구히 내던져져 거문고 줄 이어 연주하는데 게으르다. 이로부터 미무(蘼蕪)를 따며 산 아래를 지나니, 멀리 붉은 눈물을 궁벽한 황천에 뿌리리라." 둘째 수는 이러했다. "난새는 먼 나무에 날아가지 어느 곳에 서식하나, 봉황은 새 오동나무를 얻었으니 마음에 합칭하리라 상상되네. 붉은 분칠은 여전히 남아 있어도 향내는 막막하고, 흰 구름은 갓 흩어져 소식이 침침하다. 정분은 옥을 진흙에 던져 오점 찍은 것을 알겠으나, 그래도 웃음 팔아 황금을 구하려고 경영하네. 원컨대 산 머리의 망부석이 되어서, 낭군의 옷 위에 눈물 자국을 짙게 남기고파라." 셋째 수는 이러했다. "지난날 늘 유람하던 곳을 홀로 찾아가 살펴보니, 비록 이는 생이별이지만 죽어 이별함과 같아라. 누각 앞에서 웃음을 팔던 꽃은 이미 시들었고, 창 아래 눈썹을 그리던 곳에는 그믐달이 허공에 가까스로 남아 있네.

구름이 무협(巫峽)으로 돌아간 후 목소리도 모습도 끊어져, 길은 성하(星河, 은하)와 동떨어져 가서 살기 어려워라. 시 이루어진 후 눈물이 떨어지지 않는다고 말하지 말라, 동해로 모두 흐른 뒤에야 눈물이 마르리라." 시가 이루어진 후 음영하기를 그치지 않았다. 그러다가 하루는 상당히 늦은 시각에 물가 창문에 기대어 있다가, 강가 길 위에 한 규룡 수염을 지닌 늙은이가 가는 것을 보았는데, 행보가 신속하고 골상이 우람하며, 눈동자의 빛이 사람을 쏘았고, 채색이 형형한 것이 마치 빙설의 빛을 끄는 것과 같았다. 그 노인은 풀쩍 배 위에 뛰어 올라 와서는 유손에게 읍례를 하고, "그대는 속마음에 무슨 불평스런 일이 있기에 울울하고 답답한 기운을 품고 있소?"라고 물었다. 유손이 갖추어 대답하자, 객은 말하길, "바로 오늘 곧바로 그대의 부인과 보화를 찾아 돌아오겠소, 그러면 즉시 떠나야 하지 이곳에 잠시도 머물러서는 안 됩니다!"라고 했다. 유손이 그 뜻을 헤아리니, 필시 협사(俠士)였다. 두 번 절하고 여쭙기를, "어르신은 인간세계의 불평사를 갚아주시는데, 덩굴과 뿌리를 제거하시지 않아, 어찌 다시 간악한 당을 허용한단 말입니까?"라고 했다. 노인은 말하길, "여용지가 생민을 도륙하고 박할(剝割)하며 그대의 사랑하는 가실(家室)을 탈취하니, 만약 주살하려 한다면 조금도 어렵지가 않습니다. 사실 그의 허물과 과실이 이미 가득하여, 신과 인간이 모두 분노하고 있으므로, 명령(冥靈, 하늘의 신령)이 기록을 취합하길 기다리면, 바야흐로 몸뚱이와 머리가 끊어질 것이니, 비단 난리가 그 한 몸에 미칠 뿐 아니라 반드시 재앙이 칠조(七祖, 칠대 선조)의 후손들에게까지 미칠 것입니다. 잠시 그대를 위해 그대의 가실을 취해 오겠으니, 감히 신명의 권한을 넘어설 수는 없습니다."라고 했다. 마침내 여용지의 집으로 들어가서 지붕받침인 두공(斗拱) 위에서 형체를 드러내어 꾸짖기를, "여용지가 군친을 배반하고 때때로 요얼(妖孽)을 행하여, 가학(苛虐)

에 뜻을 두고 음란(淫亂)으로 몸을 다스렸으며, 그런데다가 잠시 숨을 쉬는 사이에도 신선의 일을 흠모하고 있다. 명관(冥官)이 바야흐로 그 과실을 기록하여 상제가 즉각 형벌 내릴 것을 논의하게 했다. 나는 지금 너의 형해를 머물러두고, 다만 탈취한 유씨의 처와 그 보화를 이전 사람에게 돌려줄 것으로 먼저 죄를 준다. 만약 다시 미색을 좋아하고 황금을 탐내면 반드시 머리가 대번에 칼에 맞아 떨어지는 일을 당하리라!"라고 했다. 말이 끝나자마자 쟁그렁하더니 간 곳을 알 수 없었다. 여용지가 놀라고 두려워하여, 급거 일어나서 분향하고 재배했다. 그리고 밤에 간사를 보내 황금과 배씨를 데리고가서 유손에게 돌려주게 했다. 유손은 아침을 기다리지 않고 뱃사공을 재촉하여 닻을 풀게 했다. 규룡 수염의 노인도 자취가 없어졌다.

呂用之在維揚, 日佐渤海王擅政害人. 中和四年秋, 有商人劉損, 攀家乘巨船, 自江夏至揚州. 用之凡遇公私來, 悉令偵覘行止. 劉妻裴氏有國色, 用之以陰事下劉獄, 納裴氏. 劉獻金百兩免罪. 雖脫非橫, 然亦憤惋, 因成詩三首, 曰: "寶釵分股合無緣, 魚在深淵鶴在天. 得意紫鸞休舞鏡, 斷蹤青鳥罷銜箋. 金杯已覆難收水, 玉軫長抛懶續弦. 從此藘蕪山下過, 遙將紅淚灑窮泉." 其二: "鸞飛遠樹棲何處? 鳳得新梧想稱心. 紅粉尙存香羃羃, 白雲初散信沉沉. 情知點汚投泥玉, 猶是經營買笑金. 願作山頭似人石, 丈夫衣上淚痕深." 其三: "舊嘗游處偏尋看, 雖是生離死一般. 買笑樓前花已謝, 畫眉窗下月空殘. 雲歸巫峽音容斷, 路隔星河去住難. 莫道詩成無淚下, 盡傾東海也應乾." 詩成吟詠不輟. 因一日晚, 凭水窗, 見河街上一虯鬚老叟, 行步迅速, 骨貌昂藏, 眸光射人, 彩色晶瑩, 如曳冰雪. 跳上船來, 揖損曰: "子衷心有何不平之事, 抱鬱塞之氣?" 損具對之. 客曰: "只今便爲取賢閤及寶貨回. 卽

發, 不可便停於此也!"損察其意, 必俠士也. 再拜而啓曰:"長者能報
人間不平, 何不去蔓除根, 豈更容奸黨?"叟曰:"呂用之屠割生民, 奪
君愛室, 若令誅殛, 因不爲難. 實愆過已盈, 神人共怒, 只侯冥靈聚錄,
方合身首支離, 不唯難及一身, 須殃連七祖. 且爲君取其妻室, 未敢逾
越神明."乃入呂用之家, 化形於斗拱上, 叱曰:"呂用之背違君親, 時
行妖孼, 以苛虐爲志, 以淫亂律身, 仍於喘息之間, 更慕神仙之事. 冥
官方錄其過, 上帝卽議行刑. 吾今留爾形骸, 但先罪以所取劉氏之妻
並其寶貨速還前人. 倘更悅色貪金, 必見頭隨刀落!"言訖, 鏗然不見
所適. 用之驚懼, 遽起焚香再拜, 夜遣幹事並齎金及裴氏還劉損. 損不
待明, 促舟子解維, 虯鬚亦無跡矣.

21. 「위순미(韋洵美)」

위순미(韋洵美) 선배는 후당 태조 개평(開平) 연간에 급제하고, 업도
(鄴都)[하북성 임장현(臨漳縣)]의 종사(從事)의 징벽(徵辟, 초청)을 받았으
므로, 총애하는 소아(素娥)를 데리고 갔다. 나소위(羅紹威)는 그 여자가
어여쁘고 재주 있다는 소문을 듣고, 곧바로 2백 필과 양식·가축을 가
지고 가서 속내를 드러냈다. 위순미는 발 붙일 곳이 없었으므로, 마침
내 그녀로 하여금 단장하게 하고 옷을 갈아 입게 하여, 봉함 서찰을
지어 그에게 바쳤다. 소아의 성은 최씨로, 역시 대량(大梁)[하남성 개봉
(開封)의 양가 자제였으며 해학을 잘 했다. 위순미는 끝내 징벽을 받아
들이지 않고 밤에 시내를 건너 한 절에 묵고는 길게 탄식하다가 잠자리
에 들면서 말하길, "어느 곳의 사람이 능히 이 불평한 일을 처리해 줄
수 있으랴!"라고 했다. 절의 한 행자(사미승)가 문을 밀치고 읍례를 하
고는, "선배께서는 무슨 불평한 일을 쌓아 지니고 계십니까?"라고 했

다. 위순미는 갖추어 말했다. 행자는 휙하고 문을 나서서 가버렸다. 삼경에 이르러 홀연 한 가죽 주머니를 던져 문 안에 들여보냈으니, 곧 소아를 담아가지고 온 것이었다. 새벽이 채 되지도 않아서 절의 승려에게 물으니, 그 행자는 절에서 수고로이 종을 치기를 삼십 년 동안이나 했는데, 이미 간 곳을 모르게 되었다고 말했다. 위순미는 즉각 다른 곳으로 종적을 숨겼다.

韋洵美先輩, 開平歲及第, 受鄴都從事辟焉. 及摯所寵素娥行, 羅紹威聞其姝麗才藻, 便齎二百匹及生餼而露意焉. 洵美無所容足, 遂令妝束更衣, 修緘獻之. 素娥姓崔氏, 亦大梁良家子, 善諧謔. 洵美乃不受辟, 夜渡澗, 宿一寺, 長吁而寢, 曰:"何處人能報不平事!" 寺有行者, 排闥而揖曰:"先輩畜何不平事?" 洵美具語之. 欻然出門而去. 至三更, 忽擲一皮囊入門, 乃貯素娥而至. 侵曉, 問寺僧, 言在寺打鐘勤苦三十年, 已不知所之. 洵美卽遁跡他所.

22. 「이승(李勝)」

서생 이승(李勝)이 일찍이 홍주(洪洲) 서산(西山)[강서성 남창시(南昌市) 남창현] 속에 노닐다가, 처사 노제(盧齊) 및 동인 대여섯 명과 함께 눈 오는 밤에 술을 마셨다. 좌중에 한 사람이 우연히 말하길, "눈보라 기세가 이러하여 문밖으로 나갈 수가 없습니다."라고 했다. 이승은 "어디로 가려 하오? 나는 갈 수 있습니다."라고 했다. 이에 그 사람이 "내 서적이 성자(星子)[강서성 구강시(九江市) 성자현]에 있는데 그대가 날 위해 가져다 주겠소?" 했다. 이승은 "그러지요." 하고는 문을 나가 떠나더니, 술자리가 아직 파하기 전에 서적을 지니고 이르러 왔다. 성자는 서산에서 삼백 여 리나 된다. 유유관(游帷觀)의 도사는 결코 이승에게 무례하게 굴지 않았다. (그보다 앞서) 이승은 말하길, "나는 그 자를 죽일 수 없지만, 짐짓 그를 두려워 떨게 하겠다."라고 했다. 하루는 도사가 문을 닫고 방에서 자고 있는데, 이승이 동자로 하여금 문을 두드리고 '이 처사의 비수를 취하라!'고 말하게 했다. 도사는 일어나서, 누워 있던 곳의 베개 앞에 비수 하나가 꽂혀 있는데, 굳센 기세가 여전히 살아 움직이는 것을 보았다. 이로부터 마음을 바꾸어 이승을 예우했다.

　書生李勝, 嘗游洪洲西山中. 與處士盧齊及同人五六輩雪夜共飮. 座中一人偶言："雪勢如此. 因不可出門也." 勝曰："欲何之? 吾能往."人因曰："吾有書籍在星子, 君能爲我取乎?"勝曰："可."乃出門去, 飮未散, 攜書而至, 星子至西山凡三百餘里也. 游帷觀中道士, 嘗不禮於勝. 勝曰："吾不能殺之, 聊使其懼."一日, 道上閉戶寢於室, 勝令童子叩戶, 取李處士匕首. 道士起, 見所臥枕前揷一匕首, 勁勢猶動, 自是改心禮勝.

23. 「괴애검술(乖崖劍術)」

　찰원(察院) 축순유(祝舜兪)가 말했다. 자신의 큰 할아버지 은거군(隱居君)은 장괴애(張乖崖)[장영(張詠)] 공과 거처가 가까워 그와의 교유가 아주 긴밀했다. 장공의 문집 가운데 제일 첫 편인 「축은거에게 부친 두 수」가 이를 말한다. 은거군의 거처 동쪽 담에 대추나무가 있어 두 아름의 굵기였는데, 곧바로 쭉 뻗어서 사랑스러웠다. 장괴애가 홀연 대추를 가리키면서 은거군에게 말하길, "그대는 내게 주는 것을 아끼지 말라!"라고 했다. 은거군이 허락하자, 천천히 소매 사이를 더듬어 하나의 단검을 찾아 날리는데, 대략 보통 사람의 어깨 높이였으며, 단검은 대추 열매를 둘로 잘랐다. 은거군이 경탄하고 놀라서 그에게 물으니, "나는 지난날 이 술법을 진희이(陳希夷)[진단(陳搏)]에게서 전수받았으나 한번도 남에게 말한 적이 없소."라고 했다. 또 하루는 산동성 복수(濮水)에서 집으로 돌아가다가, 평야에서 한 거자(擧子, 서생)가 나귀를 타고 앞을 빠르게 지나가는데 의기가 매우 양양한 것을 보고는 마음에 홀연 분노가 치밀었다. 일백 걸음도 가기 전에, 거자의 나귀가 길을 피했으므로 장괴애는 이에 그에게 다가가서 읍례를 하고 그 성씨를 물었더니, 대개 왕원지(王元之)[왕우칭(王禹偁)]였다. 그가 인피(引避)한 연유를 묻자, "나는 그대가 우람하게 나는 듯이 걷는 것을 보고 신운(神韻)이 날아올라 필시 비상한 사람임을 알아보았으므로 예법을 더하고자 합니다."라고 했다. 장괴애도 그에게 말하길, "나는 처음에 그대가 나풀거리는 뜻이 있는 것을 보고 분노가 속에 일어나 실로 장차 그대에게 장차 불리하게 하려고 했습니다. 지금은 마을 숙소로 돌아가서 묵으면서 술을 가져다가 회포를 풀어야 하겠습니다."라고 했다. 마침내 손을 마주잡고 함께 가서, 둘이 이야기를 나누면서 밤을 새우고, 교분을 맺은 뒤에 떠났다.

祝舜俞察院言：其伯祖隱居君, 與張乖崖公居處相近, 交游最密. 公集首編寄祝隱居二詩是也. 隱居東垣有棗合拱矣, 挺直可愛. 張忽指棗謂隱居曰："子丐我勿惜也!" 隱居許之. 徐探手袖間, 飛一短劍, 約平人肩, 斷棗爲二. 隱居驚愕, 問之. 曰："我往受此術於陳希夷. 而未嘗爲人言也." 又一日, 自濮水還家, 平野間遇見一擧子乘驢徑前, 意甚輕揚, 心忽生怒. 未至百步, 而擧子驢避道. 張因就揖, 詢其姓氏, 蓋王元之也. 問其引避之由. 曰："我視君昂然飛步, 神韻輕擧, 知必非常人,

故願加禮焉." 張亦語之曰 : "我初視子輕揚之意, 忿起於中, 實將不利
於君. 今當回宿村舍, 取酒盡懷." 遂握手俱行, 共語通夕, 結交而去.

24. 「수주자객(秀州刺客)」

　　묘부(苗傅)와 유정언(劉正彦)이 송나라 고종을 협박해 황태자 조부(趙
旉)에게 황위를 넘겨 주게 했던 난리가 있었을 때, 장위공(張魏公)[장준
(張浚)]은 수주(秀州)에 있으면서 근왕(勤王)의 군사를 일으킬 의론을 했
다. 하루는 혼자 앉아 있고, 종자도 모두 잠이 들어 있었을 때, 홀연
한 사람이 칼을 들고 등촉 뒤에 서 있었으므로, 공은 자객인 줄 알고
천천히 묻기를, "묘부와 유정언이 너를 보내어 나를 죽이라 한 것이
아니냐?"라고 했다. 그 자는 "그렇다."라고 했다. 장위공은 "만약 그렇
다면, 나의 머리를 취하여 가면 된다."라고 했다. 그 자는 "나도 글을
알거늘 어찌 선뜻 적에게 쓰이겠는가? 하물며 공의 충의가 이와 같거
늘, 어찌 차마 공을 해하겠소? 아무래도 방한(방비)이 엄중하지 않아서
내 뒤에 또 이르러 오는 자가 있을 것이므로 와서 알려줄 따름이오."라
고 했다. 장위공이 묻기를, "황금과 비단을 원하는가?"라고 하자, 웃으
면서, "공을 죽인다면 무어 재물이 없을 것을 걱정하겠소?"라고 했다.
"그렇다면 남아서 나를 섬기겠는가?"라고 하니, 답하길, "노모가 하북
에 계시므로 머물 수가 없소,"라고 했다. 그의 성명을 물었으나, 고개
를 숙이고 답을 하지 않았다. 그는 옷자락을 거머쥐고 풀쩍 뛰어 지붕
위로 올라갔는데, 지붕의 기와는 아무 소리도 나지 않았다. 당시 바야
흐로 달이 밝았으며, 그는 나는 듯이 사라졌다.

　　苗劉之亂, 張魏公在秀州, 議擧勤王之師. 一夕獨坐, 從者皆寢, 忽

一人持刀立燭後. 公知爲刺客, 徐問曰:"豈非苗傅·劉正彦遣汝來殺
我乎?"曰:"然."公曰:"若是, 則取吾首以去可也."曰:"我亦知書,
豈肯爲賊用? 況公忠義如此, 何忍害公, 恐防閑不嚴. 有繼至者, 故來
相告耳." 公問:"欲金帛乎?" 笑曰:"殺公何患無財?""然則留事我
乎?"曰:"有老母在河北, 未可留也."問其姓名, 俯而不答. 躡衣躍而
登屋, 屋瓦無聲. 時方月明, 去如飛.

25. 「장훈처(張訓妻)」

장훈(張訓)이란 사람은 오나라 태조[효무제 양행밀(楊行密)]의 장교였
다. 오나라 때 사람들은 그를 '입 큰 장씨'라고 불렀다. 오 태조가 선주
(宣州)[안휘성 선성(宣城)]에 있을 때 오 태조가 언젠가 여러 장교에게
쇠미늘 갑옷을 주었는데, 장훈은 낡고 해진 것을 얻었으므로, 탐탁치
않게 여겨 그 기분을 얼굴에 드러냈다. 그 처가 그에게 말하길, "이것
은 개의할 것이 못됩니다. 다만 사도(司徒)[여기서는 오 태조를 간접적으
로 가리킴]가 몰랐을 것입니다. 만일 알았더라면 필시 이러지는 않았을
것입니다."라고 했다. 다음날 오 태조가 장훈에게 "네가 얻은 갑옷은
어떻든가?"라고 물었다. 장훈이 사실대로 오 태조에게 아뢰자, 마침내
바꾸어 주었다. 뒤에 오 태조가 광릉(廣陵)[양주(揚州)]으로 옮기고, 어
느 때인가 여러 장수에게 말을 하사했는데, 장훈이 얻은 것은 또 노둔
하고 쇠약하여, 불만의 뜻이 안색에 드러났다. 그러자 처가 다시 앞서
와 같이 말했다. 다음 날 오 태조가 또 묻자, 장훈은 사실대로 말했다.
오 태조가 "너희 집이 신을 섬기느냐?"라고 묻자, 장훈은 "없습니다."
라고 했다. 오 태조는, "내가 지난번 선주에 있으면서 일찌기 여러 장
교에게 갑옷을 주었을 때 그날 밤 한 부인이 진주 옷을 입고 와서는

내게 고하길 '공이 전에 장훈에게 내린 갑옷이 아주 헤졌으므로 마땅히 바꾸어 주어야 합니다.'라고 했다네. 지금 여러 장교에게 말을 하사했더니, 다시 꿈에 앞서의 진주옷 입은 부인이 내게 고하길, '장훈의 말이 좋은 말이 아니니, 그 이유가 무엇입니까?'라고 했다네."라고 했다. 장훈도 그 연유를 헤아릴 수 없었다. 장훈의 처에게는 옷 상자가 있어, 늘 혼자 열고 닫고 했지, 장훈은 한번도 그 안을 본 적이 없었다. 하루는 처가 외출하였을 때 장훈이 몰래 열어보니, 과연 진주옷 한 벌이 있는 것을 보았다. 처가 돌아와서는 장훈에게, "그대가 내 옷 상자를 열었습니까?"라고 했다. 애당초 그 처는 매번 밥을 먹을 때마다 반드시 남편을 기다렸다. 하루는 장훈이 돌아와 보니 처가 이미 밥을 먹고는 장훈에게 말하길, "오늘은 음식 맛이 평소와 달라서 그대를 기다리지 않고 먼저 먹었습니다."라고 했다. 장훈은 부엌에 들어갔다가, 시루 안에 한 사람의 머리를 찌고 있는 것을 보았다. 장훈은 마음 속으로 추악하게 여겨, 몰래 처를 죽이려고 했다. 처가 말하길, "그대가 나를 저버리려고 하는가! 하지만 그대는 바야흐로 서너 고을의 자사(刺史)가 될 것이므로 내가 그대를 죽일 수가 없다."라고 말하고는, 한 여종을 손가락으로 가리키며, "나를 죽이려거든 반드시 저 자를 먼저 죽이시오. 그렇지 않으면 그대가 필시 죽음을 면하지 못할 것입니다."라고 했다. 장훈은 마침내 처와 그 여종을 죽였다. 뒷날 과연 자사가 되었다.

張訓者, 吳太祖之將校也. 吳時人謂之大口張. 吳太祖在宣州, 嘗給諸將鎧甲. 訓得故弊, 不如意, 形於顔色. 其妻謂之曰："此不足介意, 但司徒不知, 苟知之, 必不爾." 明日吳公謂張曰："爾所得甲如何?" 張以告公, 乃易之. 後吳公移廣陵, 嘗賜諸將馬. 訓所得復駑弱, 形不滿意. 妻復言如前. 明日, 吳公又問之, 訓以爲言. 吳公曰："爾家事神耶?"訓曰:"無之." 公曰:"吾頃在宣州, 嘗賜諸將甲, 是夜夢一婦人, 衣眞珠衣, 告予曰:'公嘗賜張訓甲甚弊, 當爲易之.'今賜諸將馬, 復夢 前珠衣婦人告予曰:'張馬非良馬也. 其故何哉?'"訓亦莫之測也. 訓妻 有衣箱, 常自啓閉, 未嘗見之. 一日, 妻出, 訓竊啓之, 果見珠衣一襲. 及妻歸, 謂訓曰:"君開吾衣箱耶?"初, 其妻每食, 必待其夫. 一日訓 歸, 妻已先食, 謂訓曰:"今日以食味異常, 不待君先食矣."訓入廚, 見甄中蒸一人頭. 訓心惡, 陰欲殺之. 妻謂曰:"君欲負我耶! 然君方爲 數郡刺史, 我不能殺君."因指一婢曰:"殺我必先殺此, 不爾, 君必不 免."訓遂殺妻及其婢, 後果爲刺史.

26. 「반의(潘扆)」

반의(潘扆)는 자주 장강(長江)·회수(淮水) 사이를 유람했는데, 자칭 야 객(野客)이라 하며, 대범하여 큰 뜻을 지니고 있었다. 정광국(鄭匡國)이 해주자사(海州刺史)일 때 반의가 가서 알현하자, 정광국은 그리 예우를 하지 않고 바깥 마굿간에 묵게 했다. 하루는 정광국을 따라 사냥을 나갔 다. 정광국의 처가 그 김에 마굿간으로 가서 반의가 머무는 곳을 엿보았 더니, 헤진 좌탑과 왕골 자리에 대바구니가 있을 뿐이었다. 대바구니 속에는 주석 탄환 두 알이 있을 뿐이고 다른 것은 아무 것도 없었다. 반의가 돌아와 바구니를 열어 보고는 크게 놀라며, "틀림 없이 부인이 건드렸구나. 다행히 내가 그 광망(光芒)을 거두었다. 그렇지 않았다면 부인의 목을 끊었을 것이다!"라고 했다. 마부가 기이하게 여기고 정광 국에게 알렸다. 정광국이 가만히 반의를 불러 묻기를, "선생에게 검술 이 있습니까?"라고 했다. 반의가 "평소 익혔습니다."라고 하자, 정광국 은 "한 번 볼 수 있겠습니까?"라고 했다. 반의는 "좋습니다. 사흘간 재계

하고, 근교의 드넓은 땅으로 나아가서 시험해 보고자 합니다."라고 했
다. 정광욱은 기약대로 반의를 불러, 함께 동성(東城)으로 갔다. 반의는
품 속에서 두 개의 주석 탄환을 꺼내어 손바닥에 놓았다. 이윽고 두
가닥의 기(氣)가 있어, 마치 흰 무지개가 손가락 끝에서 희미하게 나오
듯이 하더니, 잠깐 사이에 빙글빙글 돌아, 정광국의 목 주위를 감아,
그 형세가 내달리듯 나꿔채듯 하고 그 소리가 쟁글쟁글했다. 정광국은
안장에 꼿꼿이 앉았는데, 정신과 혼백이 모두 없어질 정도였으므로,
사례하면서 말하길, "선생의 신묘한 검술은 정말로 잘 알겠으니, 부디
위엄스런 신령을 거두어 주시오."라고 했다. 반의가 한 손을 들자, 두
흰 기운이 다시 손바닥으로 꿰어들어갔다. 잠깐 있다가 다시 두 개의
주석 탄환이 되었다. 정광국은 이로부터 반의를 더욱 후하게 예우하고,
표(表)를 작성하여 열조(烈祖)[남당 개국군주 이변(李昪)]에게 추천했다.

潘扆常遊江淮間, 自稱野客, 落托有大志. 鄭匡國爲海州刺史, 扆往
謁之. 匡國不甚禮遇, 館於外廐. 一日, 從匡國獵. 匡國之妻因詣廐中,
覘扆棲泊之所, 弊榻莞席竹籠而已. 籠中有錫彈丸二顆, 餘無所有. 扆
還, 發籠視之, 大驚曰:"定爲婦人所觸, 幸吾攝其光芒, 不爾, 斷婦人
頸矣!"圉人異之, 聞於匡國. 匡國密召扆, 問曰:"先生其有劍術乎?"
扆曰:"素所習也."匡國曰:"可一現乎?"扆曰:"可. 當齋戒三日, 趨
近郊平曠之地, 請試之."匡國如期召扆, 俱至東城. 扆自懷中出二錫
丸, 置掌中. 俄有氣二條, 如白虹微出指端, 須臾旋轉, 繞匡國頸, 其勢
奔掣, 其聲挣縱. 匡國據鞍危坐, 神魄俱喪, 謝曰:"先生神術, 固已知
之, 幸收其威靈."扆笑擧一手, 二白氣復貫掌中. 少頃, 復爲二錫丸.
匡國自此禮遇愈厚, 表薦於烈祖.

27. 「홍주서생(洪州書生)」

성유문(成幼文)이 홍주(洪州)의 녹사참군(錄事參軍)일 때, 거처는 큰 길에 임하고 창문이 나 있었다. 하루는 창문 아래 앉아 있을 때, 마침 비가 지나간 뒤라서 진흙탕으로 되어 길이 희미했다. 한 어린 아이가 신발을 파는데, 외모가 아주 빈궁하게 보였다. 한 악소년이 그 아이를 만나 신발을 쳐서 진흙 속에 떨어뜨렸으므로, 어린 아이는 곡하면서 그 값을 요구했다. 악소년은 욕을 하였으며 값을 주지않았다. 아이는 "우리 집은 조석으로 먹을 것이 없어, 신발을 팔아 먹을 것을 도모했는데, 지금 모두 더러워지고 말았다!"라고 했다. 한 서생이 지나가다가 그를 불쌍이 여겨서 그 값을 보상해 주었다. 악소년은 부끄럽고 또 화가나서 욕하길, "아이가 내게 돈을 요구했거늘 네가 무슨 간섭이냐?"라고 했다. 서생은 대단히 성난 기색을 띠었다. 성유문은 그 의리를 가상하게 여겨, 서생을 불러서 더불어 말을 해 보고는 아주 기특하게 여기고 그대로 머물러 묵게 하여 함께 대화를 나누었다. 성유문이 잠시 안으로 들어갔다가 다시 나오니, 서생의 간 곳을 알 수 없었다. 바깥 문은 모두 닫혔으나, 아무리 찾아보아도 종적을 알 수 없었다. 조금 있다가, 서생이 다시 성유문 앞에 나타나서, "아침에 왔던 악소년을 나는 용납할 수가 없어서 이미 그 머리를 끊었소."라 하고는 땅에 던졌다. 성유문은 놀라서, "이 악소년은 정말 군자의 뜻을 거슬렀소, 하지만 머리를 끊어 유혈이 땅에 낭자하니, 누(累)를 보지 않겠소?"라고 했다. 서생은 "괴로워 마시오." 하고는 적은 양의 약을 꺼내어 머리 위에 바르고, 머리채를 쥐고 문지르니, 모두 물로 화했다. 그러고는 성유문에게 말하길, "보답을 할 길이 없으니, 이 술법을 전수할까 하오."라고 했다. 성유문은 "저는 방외(方外)의 사람이 아니므로 가르침을 받을 수 없습니다."라고 했다. 서생은 길게 읍례를 하고는 곧바로 떠났다. 중문이 굳게 닫혀 있었는데, 끝내 어디로 갔는 지 알 수가 없었다.

成幼文, 爲洪州錄事參軍. 所居臨通衢而有窗. 一日坐窗下, 時雨
過, 泥污而微有路. 見一小兒賣鞋, 狀甚貧縷. 有一惡少年與兒相遇,
擋鞋墮泥中. 小兒哭求其價. 少年叱之不與. 兒曰：“吾家日夕無食, 賣
鞋營具, 今悉爲所污！”有書生過, 憫之, 償其直. 少年愧怒, 罵曰：“兒
就我求錢, 汝何預焉？”生甚有慍色. 成嘉其義, 召之, 與語, 大奇之,
因留宿在共話. 成暫入內, 復出, 則失書生矣. 外戶皆閉, 求之不得.
少頃, 復至前曰：“且來惡子, 吾不能容, 已斷其首.”乃擲於地. 成驚
曰：“此人誠忤君子, 然斷人首, 流血在地, 豈不見累乎？”書生曰：“無
苦.”乃出少藥傅頭上, 捽其髮瀝之, 皆化爲水. 因謂成曰：“無可奉報,
願以授君.”成曰：“某非方外之士, 不敢領.”書生長揖便去, 重門鎖閉,
竟不知所之.

28. 「의협(義俠)」

최근 한 사인이 기보(畿輔)의 위(尉)가 되어, 늘 적조(賊曹, 치안 담당
관아)에 있었다. 마침 한 도적이 형틀에 묶여 있었으나, 옥사(獄事)는
아직 갖추어지지 않았다. 위(尉)가 홀로 청상(廳上)에 앉아 있을 때, 도
적이 틈을 타서 고하길, “저는 도적이 아닙니다. 공이 만약 벗겨준다면
보답 받드는 날이 있을 것입니다.”라고 했다. 위(尉)가 그 형모를 보고,
또 그 말을 기이하게 여겨서 마음으로는 이미 허락했으나, 짐짓 모르
는 체 하다가, 밤에 옥리를 불러서 풀어주게 했다. 그리고 그 옥리로
하여금 도망하여 숨도록 하라고 시켰다. 새벽에 이르러, 옥 안에 죄수
가 없어졌고 옥리도 또 달아났으므로 부사(府司)를 견책하여 벌을 줄

따름이었다. 뒤에 그 위(尉)가 서너 해의 임기가 차서, 객유하여 한 현에 이르렀다가, 자신이 놓아준 죄수와 그곳 현재(縣宰)의 성명이 같다는 것을 듣고는, 가서 알현하니, 그는 과연 자신이 놓아준 죄수였다. 그대로 중청(中廳)에 머물러 와탑에 나란히 누워 잠을 자며 너무도 환락에 젖었으므로 그 현재는 열흘이 되어도 댁에 들어가지 않았다. 하루는 집으로 돌아가자, 그 처가 묻기를, "공에게 어떤 객이 있기에 열흘 동안 안에 들어오지 않았습니까?"라고 하자, 현재는 "내가 이 사람의 큰 은혜를 얻어 목숨을 보전했는데도 지금까지 보답할 수 없었소."라고 했다. 처는 "공은 [오월 전쟁 때 월나라 대부 종(種)이 말했듯이] '큰 은혜는 보답받지 못한다'라고 한 말을 들으시지 않았습니까? 어찌하여 시기를 보지 않으십니까"라고 했다. 현재는 아무 말 없다가 한참만에 마침내 말하길, "그대의 말이 옳소."라고 했다. 위(尉)는 마침 측간에서 그 말을 듣고 중히 신뢰하는 종복을 급히 불러 말을 타고 곧바로 가버렸으니, 옷가지는 전부 취할 겨를이 없었다. 밤이 되어 이미 5,6십리를 가서 현의 경계를 나가 촌마을에 묵었다. 종복은 그가 달아나는 것을 괴이하게 여겨, 마침내 그 연유를 물었다. 위(尉)는 거친 숨이 그치고 안정되자, 마침내 이 현재의 배은망덕한 실상을 말하였다. 그는 말을 마치고 탄식을 하였고, 종복도 눈물을 흘렸다. 홀연 한 사람이 탑상 아래서 비수를 가지로 나와 섰으므로, 위(尉)의 무리는 모두 놀라 자빠졌다. 그 사람이 말하길, "나는 의사(義士)입니다. 현재가 나를 시켜 그대의 머리를 취해오라 시켰는데, 마침 말씀을 듣고는 비로소 이 현재가 배은한 것을 알았습니다. 그렇지 않았다면 잘못해서 의사를 죽일 뻔 했습니다! 이런 사람은 놓아두어서는 안 됩니다. 공은 주무시지 마시오. 마땅히 현재의 머리를 취하여 이 억울함을 씻어드리겠습니다."라고 했다. 위(尉)는 두렵기도 하고 부끄럽기도 하여, 그저 사례할 따름이었다. 그 사람은 창을 쥐고 날 듯이 문을 나아가, 이경[밤 9시부터 11시 사이]이 되어 돌아와서는 외쳐 부르길, "적의 머리가 왔습니다!"라고 했다. 위(尉)가 등불을 가져오도록 명하고 살펴보니, 현재의 머리를 자른 것이었다. 그 의사는 읍하고 이별했는데, 어디로 갔는지 알 수 없었다.

頃有土人爲畿尉, 常在賊曹. 有一賊係械, 獄未具. 尉獨坐廳上, 賊乘間告曰 : "某非盜, 公若脫, 奉報有日." 尉視其貌, 且異其言, 意已許之, 佯若不知, 夜呼獄吏放之, 仍令吏逃竄. 及明, 獄中失囚, 獄吏又走, 府司譴罰而已. 後, 官滿數年, 客游至一縣, 聞縣宰與放囚姓名同. 往謁之, 果放囚也. 因留中廳, 對榻而寢, 歡洽, 旬日不入宅. 一日歸, 其妻問曰 : "公有何客, 十日不入內耶?" 宰曰 : "某得此人大恩, 性命所保, 至今未能報之." 妻曰 : "公不聞大恩不報, 何不看時爲機?" 宰不語, 久之, 乃曰 : "卿言良是." 尉偶廁中, 聞其言, 急呼重僕, 乘馬便走, 衣袋悉不暇取. 至夜, 已行五六十里, 出縣界, 止宿村居. 僕人怪其奔走, 乃問其故. 尉歇定, 乃言此宰負恩之狀. 言訖吁嗟, 僕人亦泣下. 忽見一人從牀下持匕首出立, 尉衆悉驚倒. 其人曰 : "我, 義士也. 宰使我來取君首. 適聞說, 方知此宰負恩, 不然, 枉殺義士也! 不捨此人矣! 公且勿睡, 當取宰頭, 以雪其冤." 尉心懼愧, 謝而已. 其人捧劍, 出門如飛. 二更已返, 呼曰 : "賊首至矣!" 命火觀之, 刀宰頭也. 揖別, 不知所之.

29. 「임원(任愿)」

임원(任愿)의 자(字)는 근숙(謹叔)으로 경사(京師)의 벼슬 사는 집안 자식이다. 서예를 조금 배웠으나, 집에서 조상의 가업을 얼추 계승하였지, 다른 도모하는 바가 없어, 다만 문을 닫아 걸고 있을 따름이었다. 희녕 2년(1069) 정월 상원 낮에 거리에 노닐 때 수레와 기마가 쏟아져 나와 넘쳐나고, 남자와 여자가 서로 모였다. 임원은 취하여 자빠지며, 양인 집의 시첩을 건드렸으므로, 양인이 구타하고 또 가격하기까지 하여, 구경꾼들이 빙 둘러 바라보았다. 한 푸른 두건 쓴 자가 홀연 공평하지 못하다고 여겨, 잠깐 새 그 양인을 구타하여 땅에 쓰러지게 하고는, 임원을 이끌고 갔다. 임원은, "그대와 지난날 연분이 없었거늘 구해주시는 은혜를 극도로 입었습니다!"라고 했으나, 푸른 두건의 그 사람은 돌아보지 않고 가버렸다. 다른 날, 임원이 또 푸른 두건의 그 사람을 길에서 만나, 그에게 술을 마시자고 청하여 마침내 함께 저자의 주점으로 들어갔다. 자리에 앉은 후 그 사람을 뚫어지게 바라보니, 눈이 부리부리하고 정신은 우뚝하여, 강의하여 두려워할 만했다. 마시길 한참 동안 하다가, 임원은 감사하며 말하길, "지난 날 용인(傭人)에게 욕을 볼 때 의리를 존중하는 호걸의 분이 아니었다면 어찌 선뜻 그 일을 접수했겠습니까!"라고 했다. 푸른 두건의 사람은 "이것은 작은 일입니다. 어찌 감사의 뜻을 많이 받겠습니까? 다른 날 여기에서 그대를 다시 만나고자 하니, 미리 약속을 물리치지 마십시오."라고 했다. 마침내 각자 돌아갔다. 임원이 기약의 날에 맞추어 갔더니, 푸른 두건의 사람이 먼저 와 있었다. 함께 술집에 들어가서 술을 십여 배 들었다. 푸른 두건의 사람은 "나는 자객입니다. 아주 원통한 일이 있어 서너 해 동안 원망을 품어 왔는데, 오늘 비로소 조금 폈습니다."라고 했다. 그러고는 사타구니 사이에서 까만 가죽 주머니를 취하여 그 가운데서 죽은 사람 머리를 끄집어내어 칼로 반을 잘라 반을 임원에게 주었다. 임원은 놀라고 두려워 어찌할 바를 몰랐다. 푸른 두건의 사람은 그 고기를 먹어 조금도 남기지 않았다. 임원에게도 양보했지만, 임원은 사양하고 먹지 않았다. 푸른 두건의 사람은 웃으면서, 손을 더듬어 임원의 쟁반 속의 것도 취하여 또한 먹었으며, 뇌골을 취하여 단도로 깎기를 마치 썩은 나무 가르듯이 하고는, 땅에 버렸다. 다시 말하길, "내가 그대에게 술법을 전수하겠으니 배울 수 있겠습니까?"라고 했다. 임원이 "무슨 술법입니까?"라고 묻자, "나는 쇳덩어리를 달구어 황금으로 만들 수 있습니다."라고 했다. 임원은 "기정문(旗亭門)에 선친의 별업이 있어, 하루에 일민(一緡)을 만들어, 서너 식구의 집에서 추우면 솜옷 입고 더우면 갈옷을 입으며 날마다 고기와 생선을 먹고 있습니다. 스스로 분수에 지나치다고 여겨, 앙화를 불러오지 않을까 두렵거늘, 어찌 이것을 배우겠습니까? 부디 아껴주십시오."라고 했다. 푸른 두건의 사람은 탄복하여, "그대 같은 사람은 정말로 천명을 아는 사람입니다! 그대는 마땅히 장수할 것입니다."라고 하고는, 이내 약 한 알을 꺼내어, 말하길, "복용하면 백귀가 가까이하지 못합니다."라고 했다. 임원은 술을 들이켰다. 밤이 깊어지자 흩어지고, 뒤에는 다시 보지 못했다.

　任愿, 字謹叔, 京師宦家子也. 稍學書藝, 家粗紹祖業, 無他圖, 但閉戶而已. 熙寧二年正月上元晝, 遊街時, 車騎騈溢, 士女和會. 愿醉仆, 觸良人家從姬, 毆擊交至. 毆旣久, 觀者環繞. 有青巾忽不平, 俄毆其人仆地, 乃引愿而去. 愿曰 : "與君舊無分, 極蒙荷見救!" 青巾者不顧而去. 異日, 愿又遇青巾者在途中. 召之飲, 乃同入市邸. 旣坐, 熟視, 目聳神峻, 毅然可畏. 飲甚久, 愿謝曰 : "前日見辱於傭人, 非豪義之士, 則孰肯接哉!" 青巾曰 : "此乃小故, 胡足多謝? 後日復期子於此, 無前卻也." 乃各歸. 愿及期而往, 青巾者亦先至矣. 共入酒肆. 酒十餘擧, 青巾者曰 : "吾乃刺客也. 有至冤, 銜之數年, 今始少伸." 乃於跨間取烏革囊, 中出死人首, 以刀截爲半, 以半授愿. 愿驚恐, 莫知所措.

靑巾者食其肉, 無子遺. 讓愿, 愿辭不食. 靑巾者笑, 探手取愿盤中者, 又食之. 取腦骨, 以短刀削之, 如劈朽木, 棄之於地. 復云："吾有術授子, 能學之乎?" 愿曰："何術也?" 曰："吾能用點鐵爲金." 愿曰："旗亭門有先子別業, 日得一緡, 數口之家, 寒綿暑葛, 日食膏鮮. 自謂逾分, 常恐召禍, 安取學此? 幸愛之." 靑巾者歎伏, 曰："如子, 眞知命者也! 子當有壽." 乃出藥一粒, 云："服之, 百鬼不近." 愿以酒服之. 夜深乃散, 後不復見焉.

30. 「화월신문(花月新聞)」

치천(淄川)[산동성 치박시(淄博市)] 사람 강염부(姜廉夫) 조사승(祖寺丞)은 급제하기 전에 향교에서 수학했다. 언젠가 동사생(同舍生)과 함께 나가 놀 때 신사(神祠)에 들어갔다가 봉인(捧印)을 든 여자의 조각이 용모가 단정하고 미려한 것을 눈으로 보고는 미혹된 뜻이 있었다. 장난으로 손의 수건을 풀어서 그 소상의 팔에 묶고는 정혼을 했다. 돌아가려고 하는데, 곧 병에 걸렸다. 동사생은 그가 신에게 죄를 얻었다고 여겨, 희생과 술을 갖춰 가서 사죄하라고 시켰다. 이에 병을 무릅쓰고 가서, 제전의 예를 마친 후 제생이 먼저 돌아가고, 강염부는 뒤에 쳐져 길을 잃었는데, 황홀하게 흰 기운이 허공까지 뻗은 것이 말 머리에 바로 쏘이는 것을 보았다. 하늘이 이제 새려고 하여 비로소 집에 이르렀다. 아내와 솔가인들이 살펴보면서 노고를 물었다. 막 취침하려고 하는데 홀연히 바깥에서 벽제하는 소리가 들리더니, 한 절색의 여자가 가마에서 나와 당에 올라 강염부의 어머니에게 절을 하면서 아뢰었다. "저는 낭군과 가약이 있으니, 한번 뵈었으면 합니다." 강염부가 듣고는 흔연히 일어났다. 강염부의 아내가 이끌고 나아가자, 여인은 청하길, "제가 오랫동안 인간의 일을 버려두었으니, 저 때문에 그대 부부의 정을 이간할 수는 없습니다."라고 했다. 처도 잘 다독이고 접대하여, 자매같이 환락했다. 여인은 시어머니를 아주 근실하게 섬겼다. 단오절을 만나 하룻밤에 비단실 1백 벌을 만들어 족친들에게 모두 향응했는데, 인물과 화초, 자획과 점철을 또렷하게 하나하나 셀 수 있을 정도였다. 이로부터 모두 선고(仙姑, 선녀)라고 일컬었다. 얼마 되지 않아, 시어머니에게 말하길, "신부[여인이 자신을 가리키는 말 -역자 주]에게 큰 재액이 있을 것이라서, 잠시 다른 곳으로 피난하고자 합니다."라고 하고는 두 번 절하고 문을 나서더니 마침내 보이지 않게 되었다. 강염부 집안사람들은 모두 경악하고 우려했다. 얼마 있다가 한 도사가 와서 강염부에게 묻기를, "그대 얼굴이 상서롭지 못하니, 기이한 앙화가 장차 올 터이니, 어째서 이런 것인가?"라고 했다. 강염부는 곡절을 갖추어 알려주었다. 도사는 정갈한 방에 좌탑을 설치하게 하고, 다음날 다시 와서 강염부에게 곧바로 좌탑에 나아가 굳건히 누워 있게 하고, 집안 사람들에게는 정오를 기다렸다가 문을 열도록 경계했다. 한참 있자니 한기가 핍박하고 도검이 쟁그렁 거리는 소리가 끊이지 않다가, 홀연 한 품물이 좌탑 아래로 떨어졌다. 정오가 되어 문을 열자 도사가 이미 이르렀으므로 강염부가 나가서 맞이 했다. 도사는 웃으면서 "근심거리가 없어졌소!"라고 하고는 떨어진 품물을 보라고 하니, 바로 하나의 해골로, 다섯 말 크기였다. 상자에서 약숟가락을 꺼내 해골에 약을 스며들게 하자, 모두 물로 화했다. 강염부는 그 괴이한 현상에 대해 물었다. 도사는 "나와 이 여인은 검선(劍仙)인데, 이 여인은 다른 사람과 관계가 얽혔거늘, 집을 버리고 그대를 따랐으므로, 분한 마음을 품고 그대 두 사람을 죽이려 한 것이오. 나도 역시 전생의 약속이 있어서 특별히 힘을 내어 당신을 구한 것이오. 오늘의 일은 다행히 잘 마무리 되었으니, 나는 가겠소!"라고 했다. 도사가 가자마자 여자가 와서, 처음과 같이 한 방에서 정분을 나누었다. 모친의 상을 당하여, 여인은 슬피 곡을 하여 피를 토했다. 강염부의 처가 이어서 죽자, 그 자식을 자기의 소생처럼 잘 길렀다. 그 후 정강(靖康)의 변[1126년 송나라 흠종이 금나라에 포로가 된 사건] 이후에 어디로 가서 마쳤는지 알 수 없게 되었다.

淄川姜廉夫祖寺丞, 未第時, 肄業鄕校. 嘗與同舍生出遊, 入神祠, 睹棒印女子塑容端麗, 有惑志焉. 戲解手帕, 係其臂爲定. 方歸, 卽被疾. 同舍謂其獲罪於神, 使備牲酒往謝. 於是力疾以行. 奠享禮畢, 諸生先還. 姜在後, 失道, 恍惚見白氣亘空, 正當馬首. 天將曉, 始抵家. 妻率相視, 問訊勞苦. 方就枕, 忽聞外間呵殿聲, 一女子絶色, 自輿出, 上堂拜姜母啓焉:"妾與郎君有嘉約, 願得一見."姜聞, 欣然而起. 姜妻引進. 女請曰:"吾久棄人間事, 不可以我故, 間汝夫婦之情."妻亦相撫接, 謹如姊妹. 女事姑甚謹. 値端午節, 一夕制彩絲百副, 盡饗族黨, 其人物花草·字畫點綴, 歷歷可數. 自是皆以仙姑稱之. 居無何, 與姑言:"新婦有大厄, 乞暫適他所避之."再拜而出門, 遂不見. 姜盡室驚憂. 頃之, 一道士來, 問姜曰:"君面不祥, 奇禍將至, 何爲而然?" 姜具以曲折告之. 道士令乾淨室設榻. 明日復來, 使姜逕就榻堅臥, 戒家人須正午乃啓門. 久之, 寒氣逼人, 刀劍擊戞之聲不絶, 忽若一物墜榻下. 日午啓門, 道士已至, 姜出迎. 笑曰:"亡慮矣!"令觀墜物, 乃一髑髏, 如五斗大. 出篋中刀圭藥滲之, 悉化爲水. 姜問其怪, 道士曰: "吾與此女皆劍仙, 先與一人綢繆, 遽舍而從汝, 以故懷忿, 欲殺汝二人. 吾亦相與有宿契, 特出力救汝. 今事幸獲濟, 吾去矣!"才去, 女卽來, 同室如初. 罹姜母之喪, 哀哭嘔血. 姜妻繼亡, 撫育其子如己出. 靖康之變後, 不知所終.

31. 「협부인(俠婦人)」

동국도(董國度)의 자(字)는 원경(元卿)으로 요주(饒州)[지금의 강서성 지역] 사람이다. 선화 6년(1124)의 진사에 급제하여, 내주(萊州) 교수현(膠水縣)[지금의 산동성 평도현(平度縣)] 주부(主簿)에 임명되었다. 마침 북병[금나라 군사]이 출동했으므로, 가족을 고향에 머물러두고 홀로 관소에 거처했다. 중원이 함락되자, 돌아가지 않고, 관직을 버리고 촌락으로 달아났으며, 여관 주인과 상당히 뜻이 맞았다. 주인은 그의 곤궁함을 불쌍히 여겨 첩 하나를 사주었는데, 성도 이름도 몰랐다. 성품이 지혜롭고 자색이 있었다. 그녀는 동국도가 가난한 것을 보고 생계를 자기의 임무로 여겨, 집에 있는 모든 재물을 기울여 7, 8두의 맷돌 끄는 나귀와 보리 수십 곡(斛, 1곡=10말)을 사서, 그때마다 면을 만들어서 스스로 나귀를 타고 저자에 들어가 팔고, 저녁나절 돈을 지고 돌아왔다. 이와 같이 3년을 하여, 이익을 얻어 농토와 택지가 많아졌다. 동국도는 모친, 처자와 헤어진지 점점 오래되어, 소식이 아득히 통하지 않아, 평소 근심했으며 심사가 무료했다. 첩이 그 연고를 묻자, 동국도는 사랑이 아주 깊어서 더 숨기지 않고서 말하길, "나는 전에 남조(남송)의 관리였고, 일가가 모두 향리에 있는데, 홀로 표박하여 아득히 돌아갈 기약이 없어요. 한번 생각을 하기만 하면 마음이 혼란하여 죽고 싶어요."라고 했다. 첩은 "그렇다면 어째서 일찍 내게 알리지 않았어요? 나의 오라비는 남을 위해 일을 잘 계획해주는데, 조만간 올 것이니, 그대를 위해 주산(籌算)해 달라고 청하겠어요."라고 했다. 열흘 후 과연 장사치가 왔는데, 장신에 규염(虯髯)이 났으며, 큰 말을 타고 수레 십여 대를 몰고 문에 이르렀다. 첩은 "우리 오라비가 왔어요."라 하면서 나가서 맞이하고 절하고는, 동국도에게 만나보라 하여 인척의 예를 펴게 했다. 머물러 술을 마시게 하여 밤에 이르자, 첩이 비로소 앞의 일을 말하여 손님[첩의 오라비]에게

부탁했다. 이 때 오랑캐[금나라] 포고령에 '송나라 관리가 망명한 것을
보면 스스로 진술할 것을 허락하지만, 숨겨두고 말하지 않다가 적달된
자는 사형이다.'라고 했다. 동극도는 진작 이미 누설되어, 두 사람이
자기를 어찌할까 의심해서, 크게 후회하고 두려워하여, 마침내 속여서
"아무 일도 아닙니다."라고 했다. 객이 불끈 노하고 또 웃으며 말하길,
"여동생이 그대에게 의탁하여 서너 해를 살아, 서로 마치 골육처럼 되었
으므로, 금법(禁法)을 무릅쓰고 그대를 남쪽으로 돌아가게 해 주려 하거늘
이렇게 의심하다니! 만일 중도에 변고가 있다면 내게 누를 끼칠 것이니,
자네의 고신(告身)을 나에게 주어서 신표로 삼게나. 그렇지 않으면 날이
밝으면 붙잡다가 관청에 고발하겠네!"라고 했다. 동국도는 더욱 두려
워서, 반드시 죽을 것을 각오하고, 주머니 속에서 문서를 찾아 전부
주었다. 동국도는 저녁이 다 끝나도록 흐느껴 울면서 객이 시키는대로
그 말을 전부 들어주었다. 객이 가더니, 다음날 말 하나를 끌고 와서는,
"가세!"라고 했다. 동국도는 첩에게도 함께 가자고 청했다. 첩은 이렇게
말했다. "마침 일이 있어서 잠깐 머물러야 합니다. 명년에 반드시 찾아가
겠습니다. 제가 직접 납포(納袍, 겉옷)를 만들었으니 그대는 삼가 받으십
시오. 오로지 우리 오라비의 말 머리가 향하는 대로 따르세요. 남방
나라로 돌아가면 오라비가 혹시 수십 만 전을 줄 것인데, 받지 마십시오.
물리칠 수 없다면 제가 드린 그 겉옷을 들어서 보여주십시오. 오라비는
일찍이 나의 은혜를 받았으므로, 지금 그대를 남쪽으로 보내준다고
하여도 내 끼친 덕에 충분히 보답이 되지 못하므로 다시 나를 호송하여
데려갈 것입니다. 만일 그가 주는 것을 받는다면 저 사람의 책무는 이미
갚은 것이므로 다시는 나를 돌아보지 않을 것입니다! 이 겉옷을 잘 지켜
잃어버리지 마십시오!" 동국도는 놀라서 그 말이 도리에 맞지 않는 것을
괴이하게 여겼으나, 이웃이 알아채릴까 염려하여 문득 눈물을 뿌리면서

말에 올라, 재빨리 몰아 해상에 이르렀다. 큰 배가 있어 다가가자 밧줄을
풀었으며, 객이 지휘하여 타도록 하고는 읍례하여 이별했다. 배가 돌연
남쪽으로 행하여, 도로에서 쓸 재물이나 양식이 거의 없었으며, 망연하여
어찌 할 줄을 몰랐다. 배 안 사람들은 그를 받들기를 아주 근실하게
했고, 음식을 갖추어 대접하되 이러저러 묻지도 않았다. 배가 남쪽 기슭
에 닿자마자, 객은 이미 물가에 먼저 가 있으면서 기정(旗亭, 주루)에서
맞아들여 노고를 위로하고는 황금 2십 냥을 내어주며 말하길, "이것으로
태부인의 장수를 기원하오."라고 했다. 동국도는 첩의 말을 기억해서
힘껏 사양했다. 객은 안 된다고 하면서, "적수공권(赤手空拳)으로 돌아가
서 처자식과 더불어 굶어 죽으려오?"라 하고는 억지로 황금을 남겨두고
나갔다. 동국도는 뒤쫓아가 붙잡고는 겉옷을 보여주었다. 객은, "나의
지혜가 과연 저 사람 아래로군. 내 일이 아주 끝나지를 않았으니, 명년에
그대 예쁜 첩을 데리고 오겠소!"라고 하고는 쑥 가버리며, 뒤도 돌아
보지 않았다. 동국도가 집에 이르자 어머니와 처와 두 자식이 모두 탈
없이 지내고 있었다. 겉옷을 내어서 가인에게 보여주니, 헤진 곳에 황색
이 은연했으므로 뜯어서 보니 그 속에 가득한 것이 모두 박금(箔金)[엽자금
(葉子金)]이었다. 이듬해 객이 과연 첩을 데리고 왔으므로, 해로했다.

董國度, 字元卿, 饒州人. 宣和六年進土第, 調萊州膠水簿. 會北兵
動, 留家於鄕, 獨處官所. 中原陷, 不得歸, 棄官走村落, 頗與逆旅主人
相得. 憐其窮, 爲買一妾, 不知何許人也, 性意解, 有姿色. 見董貧,
則以治生爲己任, 罄家所有, 買磨驢七八頭, 麥數十斛. 每得麵, 自騎
入市鬻之, 至晩負錢以歸. 如是三年, 獲利益多有田宅矣. 董與母妻隔
別滋久, 消息杳不通, 居常戚戚, 意緒無聊. 妾叩其故, 董嬖愛已深,
不復隱, 爲言:"我故南官也, 一家皆在鄕里, 身獨漂泊, 茫無歸期. 每

一想念, 心亂欲死." 妾曰: "如是, 何不早告我? 我兄善爲人謀事, 且夕且至, 請爲君籌之." 旬日, 果有估客, 長身虯髥, 騎大馬, 驅車十餘乘過門, 妾曰: "吾兄至矣." 出迎拜, 使董相見, 敍姻戚之禮. 留飮至夜, 妾始言前事以屬客. 是時, 虜令: '見宋官亡命, 許自陳. 匿不言而被首者, 死.' 董業已泄漏, 又疑兩人欲圖已, 大悔懼, 乃紿曰: "無之." 客忿然怒且笑曰: "以女弟托質數年, 相與如骨肉, 故冒禁欲致君南歸, 而見疑如此! 倘中道有變, 且累我! 當取君告身與我以爲信, 不然, 天明執告官矣!" 董益懼, 自分必死, 探囊中文書悉與之. 終夕涕泣, 一聽於客. 客去, 明日控一馬來, 曰: "行矣!" 董請妾與俱. 妾曰: "適有故, 須少留. 明年當相尋. 吾手制一納袍贈君, 君謹取之, 維吾兄馬首所向. 若返國, 兄或擧數十萬錢相贈, 當勿取. 如不可卻, 則擧袍示之. 彼嘗受我恩, 今逆君歸, 未足以報德, 當復護我去. 萬一受其獻, 則彼責已塞, 無復顧我矣! 善守此袍, 亡失也!" 董愕然, 怪其語不倫, 且慮鄰里知覺, 輒揮涕上馬, 疾馳到海上. 有大舟, 臨解維, 客麾使登, 揖而別. 舟遽南行, 略無資糧道路之費, 茫不知所爲. 舟中奉侍甚謹, 具食不相問訊. 才達南岸, 客已先在水濱, 邀詣旗亭, 相勞苦, 出黃金二十兩, 曰: "以是爲太夫人壽." 董憶妾語, 力辭之. 客不可, 曰: "赤手還國, 欲與妻子餓死耶?" 强留金而出. 董追挽之, 示以袍. 客曰: "吾智果出彼下. 吾事殊未了, 明年挈君麗人來!" 迤去, 不返顧. 董至家, 母妻二子俱無恙. 取袍示家人, 縫綻處黃色隱然, 拆視之, 滿中皆箔金也. 逾年, 客果以妾至, 偕老焉.

32. 「해순취부(解洵娶婦)」

해잠(解潛)과 그 아우 순(洵)은 평소 우애가 있었다. 건염(建炎)과 정강(靖康) 연간에 해잠은 군공을 쌓아 호남의 장수가 되었다. 해순은 홀로 북방 국경지대에 함몰해 있었다. 해순의 처는 친정으로 돌아가다가 궤산하던 병사들에게 경악스런 일을 당했다. 몇 년 후, 해순은 고생고생하며 돌아와, 해잠을 보고는 서로 부둥켜안고 아주 슬퍼했다. 해잠은 술자리를 열어 노고를 달래주고는 해순에게 말했다. "아우는 불행히도 유락했지만, 이 형은 다행히 국은을 입어 병권을 쥐었네. 매번 오랑캐와 도적 무리들과 전투를 하고 조정에 공적을 살주할 때 반드시 아우를 위해 명부 속에 몰래 이름을 끼워두었어. 심지어 정사(正使)를 보내기까지 하여 고명(告命)이 모두 여기 있네." 그러고는 고명을 내주었다. 해순은 재배하며, 분에 넘친다고 하면서 사례하면서 말했다. "최근 변도(汴都)[개봉(開封)]에서부터 하삭(河朔)을 지나며 고단하게 타향에 떠도는데, 어떤 사람이 가엽게 여겨 장가들게 하여, 혼수가 풍족했으나 그 출처를 상세히 알아볼 겨를이 없었습니다. 바로 생활할 방도가 없어서 그로써 대단히 스스로를 위로했습니다. 마침 중양절에 술잔을 들다가 죽은 아내 생각이 나서 저도 모르게 눈물을 흘렸더니, 부인이 측은해 하면서 말하길, '그대는 본조(本朝, 본국)로 돌아가고 싶어하시지 않나요? 이 일은 쉽게 해낼 수 있습니다.'라고 했습니다. 열흘 지나 그 부인이 와서 알리길, '강과 육지로 이용할 계획은 이미 갖추었으니, 명하는 대로 따르겠어요. 저도 함께 가서, 만일 군부인(본처)이 생존해 계시다면 저는 다른 다른 사람에게 시집가고 낭탁의 반을 나눠 드리겠고요, 만일 돌아가셨다면 마땅히 해로하겠어요.'라고 했습니다. 마침내 길에 올라, 물가에서 자고 산길을 갔는데, 방비하고 경영하는 것이 모두 부인의 힘이었습니다. 지금 배 안에 있으나, 감히 불쑥 참알하지 못했습니다." 해잠이 차탄하며 기이하게 여겨, 도중에서 수레를 보내 영접하게 했다. 그녀의 미간이 수려하고 정돈되어 있고 언사가 분명하고 지혜로운 것을 보고는 더욱 존중했다. 당시 형초(荊楚)는 도적의 구역이었는데, 해잠은 지산현(枝山縣)[호북성 지강현 서남]에 주둔했다. 날씨가 점점 무더워졌으므로 별도로 거처를 하나 지어서 해순으로 하여금 머물게 하고 또 네 첩을 주었다. 해순은 부인이 용납하지 않으리라 여겨, 거절하고자 했다. 부인이 말했다. "마침 필요합니다. 얻으면 정말 크게 다행입니다. 딸자식들같이 보듬어주지요. 왜 거절합니까?" 하지만 해순은 무인이고 장년이라서, 점차 애정이 옮아갔으므로, 부인의 앙앙한 심사가 말과 얼굴빛에 드러났다. 하루는 술자리를 빌려 해순을 책망하여 말했다. "너는 지난날 북방의 조위(趙魏)에서 걸식하던 때를 기억하시지 못하는가? 나의 힘이 아니었다면 이미 굶어죽었을 것이다. 하루아침에 뜻을 얻고나서는 곧바로 은혜를 잊어버리니, 마음속에 부끄럽지 않단 말인가?" 해순은 막 술에 취해 있었는데, 홀연 분노를 터뜨려 연달아 주먹을 불끈 쥐어 그 가슴팍을 쳤다. 부인은 씩 웃으면서 움직이지 않았다. 해순은 욕을 하고 꾸짖어, 심지어 '늙은이 죽어서 귀신이나 되라!'라고 저주하기까지 했다. 부인은 몸을 뒤채어 일어났는데, 등촉이 갑자기 어두워지고, 차가운 바람이 사람을 엄습하며 소리를 냈다. 네 첩은 두려워해서 업드렸다. 잠깐 있다가 등불이 다시 밝아왔는데, 해순은 이미 땅에 시신으로 가로누워 있었고 그 머리는 없어진 뒤였다. 부인과 낭탁도 모두 보이지 않았다. 따라 다니던 병졸이 달려가서 해잠에게 알리자, 해잠은 장병 3천 명으로 하여금 추격하여 체포하라고 했으나, 잡을 수가 없었다.

解潛與其弟洵, 素相友愛. 建炎・靖康之際, 潛積軍功, 帥湖南. 洵獨陷北境. 其妻歸母家, 又爲潰兵所驚. 數年後, 洵間關得歸. 見潛, 相持悲慟, 潛置酒勞苦, 而語之曰: "吾弟雖不幸流落. 而兄幸蒙國恩,

握兵權. 每與虜及群盜戰, 奏功於朝, 必爲弟竄名籍中, 已至正使, 告
命皆在此." 卽畀之. 洵再拜謝過望, 因言: "頃自汴都過河朔, 孤單羈
困, 或見憐, 爲娶婦, 奩裝豐厚, 不暇深詳其出處. 正無以爲活, 殊用自
慰. 偶以重陽日把盞, 起故妻之思, 不覺墮淚. 婦惻然曰: '君豈非欲本
朝乎? 茲事易辦也.' 經句日來告曰: '川陸之計已具, 惟命是從. 我亦
俱行. 倘君夫人固存, 自當家嫁而分囊橐之半. 萬一捐館, 當爲偕老.'
遂登途, 水宿山行, 防閒營護, 皆此婦力也. 今在舟中, 未敢輒參謁."
潛嗟異, 途命車招迎. 見其眉宇秀整, 言詞明慧, 益加敬重. 時荊楚爲
盜區, 潛屯枝山縣. 以天氣向暑, 別創一廬, 令洵居止, 且贈以四妾.
詢意婦不相容, 欲辭之. 婦曰: "正需也. 得之, 誠大幸, 當兒女撫之,
何辭!" 然洵武夫壯年, 稍移愛, 婦快快見辭色. 一日, 因酒間責洵曰:
"汝不記昔年乞食趙魏時事乎? 非我力, 已爲餓莩矣. 一旦得志, 便爾
忘恩, 獨不內愧於心耶?" 洵方被酒, 忽發怒, 連奮拳毆其胸. 婦嘻不
動. 又唾罵之, 至詆爲老死魅. 婦翻然起, 燈燭陡暗, 冷風襲人有聲.
四妾怖而仆. 少焉, 燈復明, 洵已橫屍地上, 喪其首. 婦人並囊橐皆不
見. 從卒走報潛, 使壯勇三千人出追捕, 亡所獲.

33. 「곽륜관등(郭倫觀燈)」: 『이견지(夷堅志)』보권(補卷)

송나라 서울 사람 곽륜(郭倫)은 정월 보름날 집안 사람들을 거느리고
관등(觀燈) 행사에 참석했다. 조금 늦게 귀로에 올라 외진 골목길을 지
나는데, 불량배 십여 명이 길거리를 가면서 노래를 부르며 앞을 가다
가 만났다. 그들은 소매를 나란히 하고는 떠들며 웃으면서 눈을 부리
부리 뜨고 이쪽을 엿보면서 길을 막고 모욕을 주려고 했다. 곽륜은 힘
으로는 그들을 이길 수 없다고 헤아려 아주 군색한 형편이었다. 홀연

푸른 옷을 입고 각건을 쓴 도인이 와서, 무리를 꾸짖어, "저 집 권속이 밤에 돌아가는데, 너희들이 어찌 무례하냐!"라고 했다. 무리가 노하여, "우리가 재미 좀 보려하거늘, 이렇게 네가 미친 말을 할 줄은 꿈에도 몰랐다!"라고 하면서, 와자지껄 공격했다. 부녀들은 그 틈을 타서 빠져 나가고, 곽륜만 홀로 남았다. 도인은 이에 불끈 화를 내어, "정말로 광포하게 굴 것이냐? 내가 지금 너희를 다스려야겠다!"라고 하고는 팔을 휘둘러 되는대로 공격하기를 마치 어린아이들을 때리듯이 했다. 얼마 후, 모두 자빠지고 엎어져서 슬프게 외쳐대며, 서로 이끌고 도망했다. 도인은 천천히 길을 갔다. 곽륜이 뒤따라가서 절을 하며 사례하길, "선생과는 평소 알지를 못했거늘 홀연 구호해주셔서 처자들이 위급한 상황에서 빠져나올 수 있었습니다. 선생은 이인이십니까? 덕에 보답할 길이 없으니, 감히 여쭙겠습니다. 무엇을 바라시는지요?"라고 했다. 도인은 말하길, "나는 본디 무심하오만 홀연 불평스런 일을 보고서 의리상 말래야 말 수 없었소. 나는 세상에 대해 바라는 바가 전혀 없으니, 어찌 보답을 바라겠소? 한바탕 취하면 충분하오!"라고 했다. 곽륜은 기뻐하며 그를 집으로 맞아들였다. 도인은 실컷 마시고는 사직하여 떠나갔다. 곽륜이 "선생은 어디로 가십니까?"라고 묻자, 도인은 "나는 검협(劍俠)이라오. 세간 사람이 아니오."라 하고는, 술잔을 내던지고 길게 읍례를 했다. 도인이 문을 나서서 서너 걸음을 가니, 귓속에서 잘그랑하면서 검 하나가 튀어나왔다. 도사가 야단치자 검은 땅에 떨어졌고, 도사는 그것을 밟고 올라 허공으로 솟구쳐서 사라졌다.

　京師人郭倫, 元夕攜家觀燈. 歸差晚, 過委巷, 値惡少年十輩行歌而前, 聯袂喧笑, 睢盱窺伺, 將遮侮之. 倫度力不能勝, 窘甚. 忽有靑衣角巾道人來, 責衆曰 : "彼家眷夜歸, 若輩那得無禮!" 衆怒目 : "我輩作

戲, 何預爾狂道事!"哄起攻之, 婦女得乘間引去, 倫獨留. 道從勃然
曰:"果欲施狂暴耶? 吾今治汝矣!"揮臂縱擊, 如搏嬰兒, 頃之, 皆顚
仆哀叫, 相率而遁. 道人徐徐行. 倫追及, 拜謝曰:"與先生素昧平生,
忽獲救, 獲脫妻子於危難, 先生異人乎? 念無以報德, 敢問何所欲?"
曰:"吾本無心, 偶見不平事, 義不容已. 吾於世了亡所欲, 豈望報哉?
能一醉足矣!"倫喜邀至家, 痛飮. 辭去. 曰:"先生何之?"曰:"吾乃劍
俠, 非世人也."擲杯長揖. 出門數步, 耳中鏗然有聲, 一劍躍出. 叱之
墜地, 躡之騰空而去.

심경호

현 고려대학교 특훈명예교수.

1955년 충북 출생. 서울대학교 국어국문학과와 동 대학원 석사과정 졸업. 일본 교토(京都)대학 문학박사. 한국정신문화연구원(현 한국학중앙연구원)과 강원대학교 인문대학 국어국문학과의 조교수를 거쳐, 고려대학교 문과대학 한문학과 교수 역임. 고려대학교 한자한문연구소장 역임.

저서로 『강화학파의 문학과 사상』(단독 및 공저 1-4), 『조선시대 한문학과 시경론』, 『국문학연구와 문헌학』, 『한학입문』, 『한국한문기초학사』 1-3, 『다산과 춘천』, 『다산의 국토 사랑과 경영론』, 『여행과 동아시아 고전문학』, 『김시습평전』, 『안평 : 몽유도원도와 영혼의 빛』, 『한국한시의 이해』, 『한시기행』, 『한시의 세계』, 『한시의 서정과 시인의 마음』, 『한시의 성좌』, 『김삿갓 한시』, 『한문산문의 내면풍경』, 『(증보)한문산문미학』, 『간찰 : 선비의 마음을 읽다』, 『참요』, 『내면기행 : 옛 사람이 스스로 쓴 58편의 묘비명 읽기』, 『산문기행 : 산에 오르며 내면을 채우는 조선 선비의 산행기 65편』, 『나는 어떤 사람인가 : 선인들의 자서전』, 『국왕의 선물』 1-2, 『옛 그림과 시문』, 『한국의 석비문과 비지문』, 『호, 주인옹의 이름』 등 30여 종이 있다.

역서로 『주역철학사』, 『불교와 유교』, 『동성문파술론』, 『일본한문학사』(공역), 『금오신화』, 『한자학』, 『역주 원중랑집』(공역), 『한자 백가지 이야기』, 『선생, 세상의 그물을 조심하시오』, 『일본서기의 비밀』, 『증보역주 지천선생집』(공역), 『서포만필』 1-2, 『삼봉집』, 『기계문헌』 1-6, 『심경호 교수의 동양고전강의 : 논어』 1-3, 『육선공주의』 1-2(공역), 『동아시아 한문학 연구의 방법과 실천』, 『도성행락(圖成行樂)』, 『여유당전서』(시), 『춘향전·춘향가』 등 30여 종이 있다.

허균전집 2

을병조천록(乙丙朝天錄)

2022년 12월 30일 초판 1쇄 펴냄

옮긴이 심경호
발행인 김흥국
발행처 보고사

책임편집 이경민
표지디자인 김규범

등록 1990년 12월 13일 제6-0429호
주소 경기도 파주시 회동길 337-15 보고사
전화 031-955-9797(대표), 02-922-5120~1(편집), 02-922-2246(영업)
팩스 02-922-6990
메일 kanapub3@naver.com / bogosabooks@naver.com
http://www.bogosabooks.co.kr

ISBN 979-11-6587-375-2 94910
      979-11-6587-374-5 (세트)
ⓒ 심경호, 2022

정가 38,000원